南开大学历史学院教育基金资助（范曾先生捐赠）

南开大学中外文明交叉科学中心资助

南开史学家论丛

第四辑

中国政治思想研究法

张分田 著

中华书局

图书在版编目(CIP)数据

中国政治思想研究法/张分田著. —北京:中华书局,2023.1
(南开史学家论丛. 第四辑)
ISBN 978-7-101-15974-5

Ⅰ.中… Ⅱ.张… Ⅲ.政治思想史-研究方法-中国
Ⅳ.D092-3

中国版本图书馆 CIP 数据核字(2022)第 209435 号

书　　名　中国政治思想研究法
著　　者　张分田
丛 书 名　《南开史学家论丛》第四辑
责任编辑　杜艳茹
责任印制　管　斌
出版发行　中华书局
(北京市丰台区太平桥西里 38 号　100073)
http://www.zhbc.com.cn
E-mail:zhbc@zhbc.com.cn
印　　刷　三河市中晟雅豪印务有限公司
版　　次　2023 年 1 月第 1 版
2023 年 1 月第 1 次印刷
规　　格　开本/920×1250 毫米　1/32
印张 18¼　插页 2　字数 522 千字
印　　数　1-900 册
国际书号　ISBN 978-7-101-15974-5
定　　价　89.00 元

出版说明

新世纪伊始，南开大学历史学科魏宏运、刘泽华、张国刚等先生与著名国画大师范曾先生商定，设立“范伯子史学基金”，资助出版《南开史学家论丛》第一辑，一为纪念南开史学的奠基一代，二为总结南开史学文脉一系，三为传承郑天挺、雷海宗等先生的教泽。第一辑收录了郑天挺、雷海宗、杨志玖、王玉哲、杨生茂、杨翼骧、来新夏、魏宏运等先生的文集(中国日本史、亚洲史研究的开拓者吴廷璆先生，因文集另外出版故暂未收入)，九位先生可谓南开史学在20世纪50年代崛起的奠基一代，令人高山仰止。第一辑于2002年由中华书局出版后，产生了良好的学术和社会反响，形成了南开史学的品牌效应。

2003年，《南开史学家论丛》第二辑出版，收录刘泽华、冯尔康、俞辛焞、张友伦、王敦书、陈振江、范曾先生的文集。七位先生是20世纪80—90年代南开史学持续提升的学术带头人，可谓一时风流。

2007年，《南开史学家论丛》第三辑出版，收录南炳文、李治安、李喜所、陈志强、杨栋梁、王晓德六位先生的文集。确定入选者朱凤瀚、张国刚、李剑鸣先生此时调离南开，王永祥先生英年早逝，四位先生的文集未及编辑。诸位先生皆是南开史学崛起的股肱帅才。

《南开史学家论丛》第一至三辑，共收录了自郑天挺、雷海宗先生以下二十一位南开历史学科著名学者的文集，大致可分为三代学人，他们或治中古史、或修中近史，或览欧美文化，或观东洋史实。三代衣钵相继，奠基、传承、发扬，对相关学术方向皆有重要贡献，享誉史林，才有了南开史学近百年的无上荣光。这是一份能激动人心的史学积淀，一份能催人奋进的学脉遗产。

有鉴于此，南开大学历史学科学术委员会决定继续出版此套丛书的第四辑，委托江沛教授主持编务，以持续梳理南开史学的学术史，总结学科名家的高水平成果，向2023年南开史学的百年华诞献礼。

《南开史学家论丛》第四辑入选学者是：中国史学科的郑克晟、白新良、赵伯雄、张分田、杜家骥、乔治忠、许檀、王先明、常建华，世界史学科的杨巨平、李卓教授。十一位学者在各自领域皆有公认的学术成就，其学术活跃期多在20—21世纪之交前后三十年间，同样是南开史学第四代的代表性学者。

从四辑的入选学者名单可以看出，南开史学历经百年发展，先有梁启超、蒋廷黻、刘崇鋐、蔡维藩等先生筚路蓝缕，继有郑天挺、雷海宗先生代表的第二代深耕根基，再经刘泽华、冯尔康先生领衔的第三代发扬光大，继有多为20世纪50年代出生学者扛鼎的第四代学人守正创新，终于成就蔚然之史学重镇。

如今，南开史学百余名教师，秉承"惟真惟新、求通致用"的院训，以高水准的人才培养、求真创新的学术成果，打造出一支公认的实力雄厚、享誉全球的史学群体，努力为探寻中华传统文化、构建人类命运共同体而全力拼搏。

2019年，南开大学提出"4211"发展战略，其中一个"1"，即是建立十个交叉科学中心，努力实现跨学科融汇，强调人文与自然科学两大学科间贯通、协同发展，以服务于国家战略及社会发展需求，这是中外文明交叉科学中心的宗旨所在。在文科率先成立的中外文明交叉科学中心，依托历史学科建设。《南开史学家论丛》第四辑，是一个学术品牌的延续，也是中国史、世界史两大学科成果的总结，凝结了对中外历史与文明的比较及思考。故而第四辑的出版，得到了南开大学中外文明交叉科学中心的资助，在此衷心致谢。

在《南开史学家论丛》第四辑出版之际，衷心感谢著名国画大师范曾先生对本丛书连续四辑的慷慨捐赠和大力支持，他致力弘扬中华优秀传统文化、尊师重道的精神令人敬仰。希望早日迎来第五、六辑的持续出版，让南开史学始终站在历史学的潮头，共同迎接中华民族的伟大复兴。

南开大学历史学科学术委员会

2020年12月12日

目　录

前言

本书由32篇已经发表的学术论文构成，都是在中国政治思想研究法的运用上具有示范作用的论文，其中31篇是2004年以来撰写并发表的。为了便于读者理解论文的方法论意义，每一篇论文之前都有简要的说明，涉及写作背景、方法选择、实际成效、运用心得等。全书内容涉及我经常运用且取得实效的研究中国政治思想的学术方法，特别是若干获得好评的代表作的学术方法，故命名为《中国政治思想研究法》。

在我看来，确定学术目的，界定学术对象，设定学术论域，选定学术视角，敲定学术思路，恪守学术伦理，以及实施各种具体操作，包括谋篇布局、表述方式等，都属于广义的"研究法"，甚至可以说，除了客观存在的研究对象以外，学术研究中的一切主观因素，包括主观选择研究对象在内，都属于研究法范畴。狭义而言，学术目的是参与学术研究和选择学术对象的动因，学术对象是设定学术论域的依据，学术对象和学术论域是选择学术方法及选定学术视角和敲定学术思路的依据，学术方法及学术视角和学术思路等是认识学术对象、达到学术目的的操作方式，换言之，学术目的决定学术对象，学术对象决定学术论域，学术对象、学术论域决定学术方法及学术视角和学术思路等。广义而言，确定目的、看准对象、明确论域、运用方法、选择视角、形成思路也需要方法，也属于"研究法"范畴。"工欲善其事，必先利其器。"在一定意义上可以说，研究法的优劣决定研究成果的优劣。

关于政治思想研究的目的、对象、论域和方法，我有四个基本判断：

第一个基本判断是：政治思想研究的根本目的与一切学术研究的根本目的一样，都是为了认识世界，改造世界，而认识世界的目的归根结底是为了改造世界。为了达到改造世界的目的,研究者必须致力于客观、全面、准确地认识自己的研究对象。因此,没有科学的世界观、方法论及正确的历史观和人生观,就无法圆满地达到认识世界和改造世界的学术目的。

第二个基本判断是:政治思想研究的对象具有无限的开放性。自步入文明时代以来,人类社会的一切现象都不可避免地打上了"政治"的烙印,于是一切社会现象都与"政治"有某种关联,可谓概莫能外,而一切与"政治"相关的社会现象都必然或多或少蕴含"政治思想"的成分,亦可谓概莫能外。政治思想现象具有弥散性,政治思想的载体具有多样性。因此,文明时代的一切人类现象都是政治思想研究的素材。在现代学科分工中,政治思想研究被归入政治学或历史学,其合理性与不合理性共存。依据学科分工,政治思想研究的主要对象是学术界视为"政治思想"的那一部分,政治思想研究者的主要任务是研究被学术界视为"政治思想"的社会现象。但是,如果一个政治思想研究者只关注被视为"政治思想"的那一部分,那么他的做法比盲人摸象强不了多少。在我看来,政治思想研究的对象具有无限的开放性,这就要求研究者的视野必须相当广阔,尽可能地开拓研究素材的来源,使政治思想研究的论域推进至理应达到的范围。

第三个基本判断是:对象的无限开放性决定了论域的无限开放性。首先,政治行为、政治过程、政治思想、政治制度的区分只具相对性,不具绝对性,没有任何一种制度、政策、过程、行为可以脱离政治思想而独立存在,因而政治思想研究的核心论域应当覆盖政治学的全部论域,囊括制度、政策、过程、行为,只是更为聚焦相关的政治思想现象而已。其次,政治思想现象既是政治现象,又是历史现象,因而政治思想研究的主要论域应当同时兼具政治学的论域和历史学的论域,二者不可或缺。再次,政治、经济、社会、文化的分类方式只具有相对性,不具有绝对性,四者之间既同时并存,同体并存,又相互影响,相互贯通,在许多场合甚至彼此相即,融于一体,无法区分,无法分割,因而政治思想研究的重要论域应当覆盖政治、经济、社会、文化等哲学社会科学各领域,政治学的论域和历史学的论域仅仅是其主要论域而已。在我看来,政治思想研究的论域具有无限开放性,这就要求研究者的视野必须相当广阔,主动地将论域扩大到社会科学研究的各个领域。

第四个基本判断是:对象的无限开放性和论域的无限开放性决定了方法的无限开放性。一般说来,任何一种学术研究的重大突破都有赖于视野的扩大,论域的拓展,方法的创新,思路的独到。一切限定和固执某种特定的学术视野、学术论域、学术方法的做法都是不足取的。中国政治思想研究亦不例外。有鉴于此,我更为强调研究方法的开放性和综合性,亦即方以智、王夫之等中国古代著名思想家所倡导的“集千古之智”,换成今天的话来说,就是集古今中外之智。研究方法的开放性和综合性是由政治现象及政治思想的本质属性和主要特征所决定的。自人类创造“国家”这种社会文明现象以来,政治便是一种无所不及的社会现象,政治现象涉及社会生活的各个领域,政治思想与哲学、宗教、文学、艺术、道德的关系尤为密切。因此,在各种观念形态中,政治思想的“专门化”程度最低,这就决定了政治思想研究的“专门化”程度也最低,乃是一种问题研究,而不是一种学科领域。中国政治思想研究必然也必须介入和借助人文社会科学各门类及自然科学的若干门类。一般说来,一切超越具体的学科领域的具有普遍适用性的研究方法以及人文社会科学各大学科门类的重要研究方法,都可以用于认识与政治有关的精神现象,剖析历史上的政治学说,揭示政治思想的演化过程,分析政治观念的时代特征。这是由中国政治思想研究的主要目的及其研究对象的基本特点所决定的。这就决定了中国政治思想研究必须穷尽各种适用的研究方法,凡是人类认识各种社会现象乃至自然现象所积累的各种有价值的研究方法及其研究成果,只要是可以用于认识政治现象的,特别是与政治有关的精神现象的,都应该毫不犹豫地拿来,融入方法论体系。

中国政治思想研究是将历史问题研究与现实问题研究紧密结合为一体的哲学社会科学研究的一个特殊的专门领域。无论历史上发生的思想现象,还是现实中存在的思想现象,都属于历史现象范畴。因此,就本质属性而言,中国政治思想研究属于历史问题研究范畴。历史问题研究既是研究历史现象的实证科学,又是现实感极强的学问,其最根本的学术特点是真实性和通观性,即通过对客观存在的历史事实的理性分析,探究原因、本质、趋势乃至规律,从以往的事例中得到启示,以判定现在的位置,推断未来的前景。这种从客观存在的不可增删更改的既定历史事实出发，贯通昨天、今天、明天的思考方式是历史问题研究所固有的，也是历史问题研究具有永恒魅力的根本原因。历史问题研究者必须将求实、创新、致用这六个字作为座右铭。其中求实又是创新的基础和致用的条件。弄清事实是历史问题研究的起点、基础和最基本的任务。解释历史，评说历史，也是为了更好地弄清事实，进而为人们认识历史和现实提供可靠的知识和智慧。借鉴前车，判断趋势，改造社会，更需要以真实的成败、得失、盛衰、兴亡为前提，以通过实事求是的研究所掌握的客观法则、历史规律和经验教训为指导。如果鄙薄求实，弃置实证，史说就会变成戏说，史论就会变成空谈。如果一个人有“宰割历史，为我所用”的心态，那么他就不能成为名副其实的历史问题研究者。一旦历史问题研究沦落为某些凭空设定的东西的注脚，也就失去了独立存在的必要性。然而，对于“思想”的研究极易落入空疏和偏颇，甚至变成文本游戏，而导致这种现象的主要根源是脱离史实的赏析、望文生义的解读、无根无据的演绎。“史料即史学”的观点固不足取，从实证走向“实证主义”也无可称道，而脱离史实的“研究”和“历史注我”的“雄辩”则毫无学术价值，至少在历史问题研究领域是如此。因此，严肃的中国政治思想研究必须坚持历史与逻辑的统一、思想与社会的统一、抽象与具体的统一、理论与实践的统一。这应当是中国政治思想研究最一般的原则与方法。

学术研究必须致力于方法创新，这是毋容置疑的。然而，数千年人类文明所积累下来的方法资源颇可采择，很难真正地超越。实际上，方法无新旧之分，惟在于适用。研究成果的可靠性才是最重要的。尽管在完成项目、参加评奖或评审他人时，时常根据特定的要求写上了“方法创新”或“新方法”之类的字眼，而我认为，就中国思想研究领域而言，改革开放以来，包括我自己在内，在中国学术界并没有看到实质性的方法论创新。例如，我近年来关注的“普遍意识”、“制度原理”，常用的分析“组合命题”、“理论结构”，主张的一切历史材料都是“思想”的载体等等，这都是前有古人的。在马克思主义经典作家的著述中，这类学术现象可谓司空见惯。一大批西方的、中国的著名前辈学者也有相关论说与范例。我只是根据特定课题的特定需要，在综合运用上比较自觉并取得显著成效而已。由此可见，只要研究者能够做到集古今中外之智，充分借鉴各种行之有效的研究方法，善于根据特定课题的特定需要，在综合运用上做得比较到位，就可以推出优质的学术成果。如果能够名副其实地创造出新方法，那就更好了。

学术方法属于方法论范畴。对任何一种类型的哲学社会科学研究而言，建立系统的方法论体系、适用的分析框架和合理的学术范式都是至关重要的学术课题。这就犹如战争需要伐敌之谋，兵法讲究战阵布局，依据战争规律，参考兵法战策，摆出堂堂之阵，善于临机应变，则可以克敌制胜。岳飞有一句名言："阵而后战，兵法之常。运用之妙，存乎一心。"这就是说，伐敌之谋，应当因地制宜；兵法运用，应当灵活机动。即使最高明的兵法，也需要悉心体悟，融会贯通，灵活运用，达到战争目的才是最重要的。实际上，学术方法与战争方法是相通的，它们都既有一定之规，又无一定之规，纸上谈兵或固执成法会导致贻误战机。正是由于这个原因，在研究实践中，我们既要积极探索研究方法，建立适用的分析框架，设定合理的学术范式，又要不拘一格，因地制宜，灵活地选择方法，有效地运用方法，积极地创新方法。

专题探讨中国政治思想研究法的专著可以有两种写法，一种是理论教程的写法，一种是研究心得的写法。古往今来，国内域外，关于学术研究方法的宏论可谓多矣。关于研究中国政治思想的方法及具体对策的思考，所波及的领域相当宽泛，所涉及的内容十分丰富，所包纳的视角颇为众多，不是一本著作所能容纳的，也不是几个断语所能概括的。任何唯我独尊、包打天下的心态都是愚蠢的。任何画地为牢、自我束缚的做法都是狭隘的。更何况"运用之妙，存乎一心"，许多重要的研究方法乃是众所周知，而将这些研究方法恰当地运用于研究实践并取得成效才是最重要的。我也无意于摆出理论阐释的堂堂之阵，更不试图构筑完整的方法论体系和固定的分析框架。有鉴于此，我决定放弃理论教程的写法，而采用编选研究心得的写法，举其大端，略论一二，为读者开列若干可供借鉴、参酌的思路和范例。这种做法不只是为了藏拙，也是一种正确对待方法论的方法。纸上谈兵足以误人，前车之鉴不可忘记。

针对中国政治思想研究现有成果及其学术观点和研究方法的重

大错误或明显不足，结合将各种方法运用于相关研究实践所获得的心得，我发表过一批有关中国政治思想研究法的著述，一些是学术专著导论，一些是大学教材导言，一些是专题学术论文，一些是学术课题论证，一些是具体实施方案，涉及中国思想研究的现有成果、知识体系和分析概念的重大缺陷等，涉及中国政治思想研究的学术目的、研究对象、学科特征、论域范围、主要内容、史料来源等，涉及恪守学术伦理、采撷古今之智、定义研究对象、完善事实陈述、开放研究视野、拓展史料来源、夯实逻辑基础、注重本质判断、强化体系分析、剖析理论结构、揭示文化范式、考察政治实践、评说历史价值、探讨现代意义、抽绎学术概念、创新话语体系等，涉及历史过程研究、专制问题研究、统治思想研究、帝王观念研究、民本思想研究、中华帝制政治原理研究、中国传统理想政治模式理论研究、重要模式文本研究、著名思想流派研究、著名思想家研究、著名政治家研究等重大课题的研究对象、研究思路、研究视角及实施方案，涉及学术批评、学术展望和学术规划等，大体涵盖中国政治思想研究最重要的研究对象和最常用的研究方法。由于本书采用了编选学术期刊论文以介绍研究心得的写法，所以没有按照理论著作或大学教程的方式，将相关著述重新拆解和编排，仅依据若干大的板块依次排序。每一篇论文都基本保持原貌，只有个别大段文字重复部分作了适当的技术处理，以保证每一篇文章的思维逻辑、学术阐释及主要内容的相对完整性。

坐而论道不如起而行之。我既是论道者，又是践履者。编入本书的方法与对策都有相应的研究成果予以支撑，所设想的思路和视角都获得实证研究的检验。换句话说，有关方法论的思考都不是空泛无物的玄谈，更不是未经检验的纸上谈兵，它们都被运用于具体的研究实践，并形成一批评优获奖的学术专著和收到成效的政策建议。从几本主要代表作获得的学者评审、政府奖励、社会评价及相关学术论文转载转摘转引的情况看，所研讨的研究方法和所运用的研究视角还是颇有学术价值的，其可操作性及参考价值毋庸置疑，因而可以为读者提供一些可资相互切磋和深入研讨的方法、思路、视角、对策等。

在学术研究中，方法论的问题永远是至关重要的。古人云：临渊羡鱼，不如退而结网。“网”可以比喻某种方法和工具。“鱼”可以比喻某种目的和成果。方法是否得当，工具是否有效，在很大程度上决定了能否达到预期目的，能够获得何种成果。方法贵在创新。结“网”而捕“鱼”，必须借鉴前人，参酌现实，有所继承，有所发展。这样才能使研究方法更合用，研究成果更丰硕。古人又有“得鱼忘筌”之说。“鱼”是目的，“筌”是工具。可以得“鱼”之“筌”是有用的。成功之后就忘记本来依靠的方法和工具，这样的“得鱼忘筌”固不足取。然而，固执于一定的方法和工具，甚至自我限定，桎梏他人，这也是不足取的。因为“筌”是需要改进的，有时甚至需要放弃它而寻找更有效的工具。这样的“得鱼忘筌”颇有道理。有鉴于此，我既不排斥经验之谈，又不拘泥一定之规。呈现给读者的这本书依然是以探索的心态、尝试的方式提出问题并回答问题的，一些内容还涉及我对自己的主要代表作的自我批评和自我修订。展示成果，畅谈心得，其目的在于总结经验，启发来者，积极进取，开辟蹊径。我希望这些成果与心得能够为进一步的学术创新和理论创新提供一个平台与阶梯。

第一章　政治思想研究必须将本质判断置于首位

“专制”问题论纲

《“专制”问题论纲——关于“重建中国思想史知识体系”的若干思考》发表在《天津社会科学》2011年第3期。

无论从事何种研究，解决关键的学术问题都是难度很大的工作。惟有高瞻远瞩，胸怀全局，才能抓住关键，选准目标；惟有摆脱成见，积极探索，才能突破定势，柳暗花明；惟有苦心孤诣，抽丝剥茧，才能积累心得，克服难点；惟有百般求解，发挥想象，才能萌生顿悟，揭示真谛。关键性、重要性与难度越高，价值也就越大。重大学术价值决定了这种难度极大的研究课题值得有志者们去挑战。在我看来，专制问题是中国古代政治思想研究的核心问题，甚至可以称之为首要问题。惟有将“专制”设定为首要关键词，才能抓住本质，抓住纲领，抓住重点，抓住关键。将这个重点难点问题研究清楚，研究其他问题便可犹如破竹，迎刃而解。

我的判断是：古代汉语“专制”一词是系统研究中国古代政治学说体系，亦即中国古典政治学的主攻方向和突破口。专制是中国古代君主制度、宗法制度、等级制度的本质属性、首要法则和核心价值。这势必导致中国古代政治理论以“专制”为基本问题和本质范畴，以“君主专制”为首要命题，以“尊者专制”为核心价值，于是专制范畴及相关命题将精华与糟粕扭结为一体，既是政治智慧的借寓之所，又是价值悖谬的存身之地。如果我们将内涵丰富、错综复杂的中国古代统治思想及官方学说和主流学术简化为一个最简单的要素，那么就是由两个汉字组成的汉语单词——“专制”，而构成“专制”一词的“专”字和“制”字都是古代人最常用的“专制之辞”，其意义之源可以追溯到中国新石器时代。紧紧盯住“专制”这个关键词和思想要素，可以大大提高我们对中国古代统治思想及官方学说和主流学术的辨识度。从历史过程看，中国古代文明成于专制，败于专制，而缔造中华现代文明的历程就是颠覆专制的历程。这就意味着“专制”是揭示本质属性和基本特征的关键词，抓住了这个要害和关键，就牵住了“牛鼻子”，找到了“金钥匙”。正是基于这样的认识，我将“中国古代专制问题研究”列为个人的重点研究课题之一。

二十多年前，由于一系列偶然因素，我开始利用业余时间审视中国思想史研究领域，当时就感觉到中国古代政治文明及相关思想现象研究可能需要结构性的改造。随着研究的推进，特别是在完成国家社科基金重点项目“民本思想与中国古代统治思想关系研究”的过程中，我形成一个判断，即现有中国思想史知识体系存在重大缺陷，从事实陈述、概念分析，到阐释方法、理论基础，迟早会被人们做出具有一定颠覆性的重建。

在重建过程中，如何处置“专制”等概念是一个无法绕过的课题。本文侧重从政治思想史研究的角度，简要地谈一谈目前所能想到的主要操作路径及其理据，故名之曰《“专制”问题论纲》，并以副标题限定话题的宗旨和范围。

一　一场新的争论与一个老的问题

在中华民族日益崛起的历史条件下，在建设中国特色社会主义的现实背景下，在“国学热”泛滥一时的文化氛围下，“专制”问题再次成为学界关注的热点。许多文章见诸报刊，一场争论引人注目。

值得注意的是，当下的争论是由一些否定“中国古代专制”的人首先发难的。从文章的立意看，其主观动因有三大因素。一是学术性因素。许多学者力图从学理角度纠正一些简单化的历史认识，有的分析也不无价值。这类学术研究的结论虽值得商榷，而其探索精神却应当肯定。二是信仰性因素。许多人信仰儒学，力图使儒学与专制脱离干系，甚至为“三纲五常”撰写辩护词。如果仅仅出于个人爱好，自愿诵读儒经，恪守儒训，甚至“终身只学国学而不接受其他学科教育”，人们应当尊重其信仰自由。三是意识形态性因素。一些人图谋以儒学为工具，在意识形态领域挑战中国特色社会主义。他们极力否定孔孟之道的专制本质，夸大儒者之学在东亚现代化中的作用，鼓吹“儒化中国”乃至“儒化马克思主义”，主张重建“儒教社会”，将儒学立为“国学”乃至“国教”。这类“学术”毫无学术价值可言。

上述三大因素往往纠结在一起，不易清晰识别。其中，主要推手和中坚力量来自一批现代崇儒者。明乎此便不难知晓：当下的“专制”问题之争主要是儒学观之争，儒学观之争的焦点是儒学现代价值之争，而儒学现代价值之争的实质是中国现代化途径之争。

只要大致考察一下中国现代学术史，就会发现这场新的争论依然围绕一个老的问题展开。就连制导争论的三大因素都是原本所固有的。就基本理路而言，新发表的许多文章并无新意，所涉及的内容及提出的理据早已为学界所熟知。所谓“新”只是增添了一些新时代的新话语而已。

自从“民主与专制”预设介入之后，帝制与儒学的本质属性便成为中国学术界争论的重大问题。这场争论历时百余年，经久不息。主要特点有三：

首先，中国向何处去的问题始终是相关争论的主要现实关照。辛亥革命时期有推翻帝制与保留帝制之争，新文化运动时期有批判儒学与维护孔教之争，于是维护帝制国学的人主张立孔教为国教，甚至论证“孔孟民主”。国内革命战争期间，蒋介石统治集团以儒学为意识形态斗争的工具，推行“新生活运动”，于是一些御用文人坚称孔孟为“世界民主论之先驱”。新中国建立之后，港台、海外多有论说儒学“民主”、“民权”、“自由”之作，一些人毫不隐讳以儒学反共的政治目的。改革开放以来，无论用“专制”否定华夏文明的全盘西化派，还是用“民主”定性儒者之学的文化复古派，都旨在将中国引入其所设定的道路。这一重大非学术性因素的强烈干扰，是导致各种简单化的观点泛滥一时的重要原因。

其次，如何认识中国古代的社会性质与历史成就是广大中国学者的学术关照。学者们普遍赞同帝制专制说，且大多对中国古代文明有积极的评价。相关成果既为进一步的研究提供了学术基础，也有一些简单化的观点有待修正。

第三，诸子百家与君主专制的关系是争论的焦点，涉及中国古代所有重大思想现象，如《尚书》等一批经典著作，所有重要政治思想流派，天人相通、天下为公、以民为本、民贵君轻、以法治国、广开言路等重要政治命题，以及历代著名思想家的一些精彩论点等等。对同一研究对象属于民主还是专制，学者们的判断往往针锋相对。

这类争论将一个具有重大学术价值和现实意义的研究课题摆在人们面前。它不仅涉及对某一学派、某一思想家或某一思想命题的定位和定性，更涉及对中国古代政治文明一些带有根本性的问题的认识。对这类问题的解答直接关系到对中国古代思想文化基本特征的把握，关系到对一批经典著作、思想流派和著名思想家的历史价值的判断，关系到对以孔孟为代表的儒家学派基本属性的估计。甚至可以说，如果不能得出更接近历史事实的论断，就无法总体性地提高中国思想史研究的学术水平。其中，“儒家专制”与“儒家民主”之争还涉及如何正确看待传统文化的历史价值及现实意义，乃至如何正确选择中国现代化及文化建设的路径。

见仁见智乃是学界常态。一切正常的学术讨论都有益于方法的完善、认识的推进和理论的创新。从目前见到的情况看，否定“中国古代专制”的文章大多学术含量不高，观点与论据可谓似曾相识。一些文章甚至存在事实陈述错误、阐释逻辑混乱、辩论方式拙劣、学术观点荒谬、政见主张荒唐的现象。因此，当务之急是设法将争鸣引向对一系列重大问题的深入思考，积极探索解决这些问题的学术路径，进而为中华民族伟大复兴提供优良的学术资源。

二　选用更具有分析性的“专制”定义

一些学者从考察西方“专制”的词义、语境、译法及其一些论著对中国的偏见和误解入手，探寻解决问题的路径。这类思考有助于改进概念分析，却不能从根本上解决问题。原因很简单:学术概念有缺陷、歧义多、被滥用是一个广泛存在的现象。揭示这类现象只能起到一些辅助作用，弄不好反而会使一些人步入歧途。

例如，一些学者试图用“知识考古”的方法，推翻“中国古代专制”

说，却仅列举了一些有偏见或简单化的说法，无视支持“中国古代专制”说的大量历史事实的存在。由于学术思想的简单化和引据事实的片面性，不仅“知识考古”没有考好，得出的结论也经不起推敲。在当今学术界，诸如此类的文章数量偏多，其共同特征是历史信息结构性缺失和历史事实整体性判断失误。

“尺子的错误是最大的错误。”然而，我们使用的学术概念大多先天不足，歧义甚多。其中大部分来自西方现代学术，诸如民主、专制、封建之类。一部分来自中国古代学术，如儒家、道家、法家之类。在具体使用时，或有误解，或简单化，或不恰当的现象可谓林林总总。我们明知存在上述问题，却不得不继续使用这些概念，否则无法开展学术交流。以“儒家”为例，它当初就没有固定的指称对象和确定的内涵外延，学者们给出的定义又众说纷纭。还有“道德儒学”、“政治儒学”等名目繁多的说法。至于“儒学”的主旨是什么，特征是什么，说法更是多如牛毛。因此，时至今日，当人们谈及“儒家”和“儒学”的时候，很难知道其确切的意思表达。可是我们既无法让人们弃用沿袭已久的概念，也无法限制人们依据各自的理解去使用概念。因此，每当有人要与我争论“儒学”的时候，我往往先请他给出一个定义，然后根据他的定义与之展开讨论。

再举一个典型事例，涉及与“专制”密切相关的“民主”。美国政治学家乔·萨托利有感于“民主观的混乱”，力求以明确定义的方式，恢复“主流民主学”。在《民主新论》一书中，他将历史解释与概念分析结合在一起，涉及一系列史实及分析，诸如古希腊的民主没有以个人权利为基础的个人自由观念，与今天民主概念的相似性极其微小；亚里士多德所描绘的专制政治是建立在民众支持之上的；在两千余年的时间里，民主这一术语不仅从西方社会惯用词中消失了，而且完全丧失了褒扬性涵义；在17世纪，多数英美新教徒认为民主与自由是邪恶的；卢梭没有把民主推崇为最佳统治形式；康德断言民主政体的固有意义必定是专制政体；林肯的“民有，民治，民享”包含“人民是统治对象”的含义等等。简言之，在漫长的历史过程中，“民主”吸收了形形色色的意义，涉及完全不同的历史背景和完全不同的理想模式，其内涵与外延都发生了重大变化。在萨托利看来，只有“自由主义民主”才是“真正的民主”，从而将历史上和现实中其他各种民主观念统统归入另类，就连古希腊的“词源学民主”也在应当被颠覆之列。他鼓吹“多元化”，批评“整齐划一”，却企图用自己的价值观来实现民主观的整齐划一，从而掉入了自设的悖论之中。从这个个案不难看出，导致许多学术概念内涵与外延混乱的原因很多，要使所有的人“取得一致”是绝对不可能的。

实际上，仅仅借助理论分析给出明确的定义也是极其困难的。就我读书所见，各种过于复杂的“民主”或“专制”定义都难免落入捉襟见肘的困境。这里还以萨托利为例。他为民主下的定义是：“民主是这样一种制度，其中谁也不能选择自己进行统治，谁也不能授权自己进行统治，因此，谁也不能自我僭取无条件的和不受限制的权力。”[①]他极力以这个定义排斥其他定义。然而，如果学究似地死抠这个定义的表述，就会发现一个近乎悖论的历史现象，即世界古代的帝制王权或许也可以与“自由主义民主”搭上界。在中国古代，有一个公认的政治信条，即国家与君主为天下而设，天子之位是上帝、民众经选择而赋予的，违背“顺天应人”而获取最高权力的一切行为都属于僭越或篡弑，王权必须接受一系列限制，其统治必须符合“天心”与“民心”。但是，这类帝王观念显然不能定性为“民主”，更与“自由”无关。

“专制”是一个政治学的常用概念。因此，各种相关著述通常要辨析这个概念，而使用这个概念的学术名著更是不胜枚举。因此，这个概念所存在的问题早就被许多中外学者所认知，并非当下一些学者的新发现。例如，三十年前，一些中国学者争论先秦是否有民主制度，就曾涉及“专制”一词的辨析。

政治学的“民主”与“专制”可以溯源到古希腊。但是，“民主与专制”成为重要预设是近代以来的学术现象。在西欧封建社会向资本主义社会过渡的历史过程中，君主专制与民主共和相互对立，并以后者取代前者完成了人类社会的一大飞跃。因此，用民主与专制分别概括两种属性不同的政治形式及其核心理念是有历史依据的。但是，正是特定的历史背景，铸就了“专制”概念的两个主要缺陷：一是某些定义方法过于简单，经不起仔细推敲。二是具有浓重的批判性

① [美]乔·萨托利：《民主新论》，冯克利、阎克文译，东方出版社，1993年，第214页。

因素，很容易被滥用。

定义过于简单的典型当属孟德斯鸠。他的专制政体定义是："既无法律又无规章，由单独一个人按照一己的意志与反复无常的性情领导一切。"[①]受这类定义影响，许多学者用"君主有无限的权力"、"不受限制和约束之权"等定义专制制度，甚至将其视为"绝对权力"、"暴君政治"、"专横统治"、"寡头政治"的同义词。"专制主义"还含有"绝对主义"的意蕴。但是，众多中外学者的研究成果表明，古埃及中央集权制度、中国古代皇帝制度和西欧君主专制制度等，其最高权力都是有条件、有规范、有限制的，至少在制度法则及政治理念上是如此。由此可见，孟德斯鸠式的定义不严谨、不科学。这类简单化的专制定义及批判方式是导致一系列混乱的学术根源。

一般说来，现代民主制度优于古代君主制度，因而用具有批判意味的"专制"来判定古代君主制度的本质特征有其可取之处。但是，如果把握不好分寸，就很容易导致简单化和片面性。具体表现之一便是在使用"专制"概念时，学者们常常自觉或不自觉地掺杂过多的负面感情色彩。这种偏颇最初来自众多西方著名学者及其论著简单化的思维方式和情绪化的点评方式。西方中心主义和政治宗教化的民主教义进一步强化了这种混乱。在意识形态斗争中，"专制"常常被用作打人的棍子，西方政府、媒体和学者甚至将众多非西方的民选政府也统统说成是"专制"。

许多中国学者也把"专制"理解为不受任何限制的权力。因此，他们一见到对君权及君主有所限制、有所制约、有所批评的思想就定性为"反专制"。如果这种点评方式成立的话，那么只要稍加引申推论，就会得出一个荒唐的结论，导致一个天大的悖谬：在中国古代史上几乎找不到不"反专制"的人。原因很简单：规范性、制约性、批判性思维很强是中国古代统治思想的一大特色，其中立君为民、汤武革命、民惟邦本、道高于君等政治理念都对君权及君主有一定的限制作用。就连隋炀帝一类的暴君也多有这类言论。但是，如果据此否定"帝制专制"，也是有问题的。

在更合适的分析概念创造出来并被广泛使用之前，我们无法弃

---

① [法]孟德斯鸠：《论法的精神》上册，张雁深译，商务印书馆，1961年，第8页。

用“民主”与“专制”等，又必须直面相关的争论。因此，现实可行的学术路径之一是采用更具有分析性的“专制”定义，以便客观认识和全面评价各种历史现象。

在现代政治学的分析概念中，“专制”主要指政权组织原则，并集中体现于权力结构。任何国家的政治权力都可以从功能上分为立法权、行政权和司法权。“在三种权力中，行政权高于立法、司法两权，或者把立法权、司法权融于行政权之中，就形成专制、独裁的权力结构，其典型表现就是君主专制”①。一般说来，凡是主张“治权在君”的都必然认同国家最高权力归属于君主一人。按照这种组织原则构建政治制度，必然形成专制权力结构。大量事实表明，如果使用这个分析性的“专制”概念，并参用简单化的“专制”概念，可以毋庸置疑地判定：中国古代不仅存在专制制度，而且存在一系列与专制制度相匹配的社会现象、思想现象和文化现象。帝制皇权与儒者之学是这类历史现象的集中体现。

三　现代政治学的“专制”与古代汉语的“专制”具有通约性

一些学者试图从考察中国古代“专制”一词的词义及用法入手，探寻解决专制问题的路径。这类思考不无助益，却不能解决问题。原因很简单：现代政治学的“专制”与中国古代的“专制”不是同一概念。此“专制”非彼“专制”。要判定中国古代是否有专制政治，必须以现代政治学的“专制”概念为尺度。因此，辨析古汉语的“专制”词义只能起到一点辅助作用，弄不好还容易使一些人步入歧途。

例如，古代汉语的“专制”一词大多用于描述重臣、权臣的权力地位。于是一些学者便依据这类词语现象断言：中国古代只有人臣“专制”，没有君主“专制”，更没有制度“专制”。学术路径有问题，得出的判断也就不恰当。试想，古代汉语没有“君主制度”一词，难道我们可以据此而否认中国古代有君主制度这个事实吗？

我们现在使用的许多学术概念来自西方，它们大多在古代汉语体系中找不到恰当的对应词，又只能借用汉语词汇表达。这势必导

---

① 王惠岩：《当代政治学基本理论》，高等教育出版社，2001年，第28—29页。

致同一个汉语词汇出现歧义，很容易被误读。这种情况大体分为三类：第一类是词义截然相反。例如，古代汉语“民主”的词义是“民之主”。“为民做主”与“人民做主”的政治理念截然相悖。第二类是词义有些关联。例如，古代汉语“经济”的词义是治理国家，只是与国民经济有一点关联而已。封建、政体、社会等也属于这一类。第三类是词义相近，且大多似是而非，似非而是。专制、政治、制度、文化等就属于这一类。这类词语现象提示我们，在判断中国古代是否有民主思想、专制政体、封建制度、社会组织、商品经济、政治文化的时候，只能以现代学术概念为尺度。这就是说，即使古代汉语的“专制”与现代政治学的“专制”词义相悖，也不能据此否定“中国古代专制”说。

类似的学术路径错误并非罕见。对“政治”的误解与误判便是典型事例之一。“政治”一词的本义，在中国和西方有所不同。在西方，“政治”源于古希腊语的“城邦”（城市国家）一词，故政治学即国家学。在古代汉语中，“政治”主要指布政治事，通常又称“政”或“治”。《左传·昭公二十五年》孔颖达疏：“在君为政，在民为事。”政者，事也。治者，理也。政治、为政、执政即行使权力，治理国家，处理政事。《礼记·乐记》的“礼乐刑政”之“政”则指行政手段中的强制性较强的一种。这就是说，西方的“政治”以“国家”为核心词义，而古代汉语的“政治”以“行政”为核心词义。这种词义差异是迻译概念时遣词用字造成的。但是，一些学者却据此断定，中国古代政治思想只关注治国之道，在旨趣、对象、内容和范围方面与西方政治学有重大差异。这就大错特错了。

在撰写《中华文化通志·学术典·政治学志》（上海人民出版社，1998 年）一书时，我感觉到许多政治学论著和教科书的这类说法有问题，并依据历史事实予以纠正。我使用的学术路径很简单，即以政治学的“政治”为标准，考察中国古代是否提出过系统的政治学说，把考察的重点放在思想家们是否将国家与法的问题置于政治思维的核心地位，并提出了系统的理论。

我观察到的历史现象是：从词义内涵看，古代汉语的“政”与“治”包括国家制度问题，涉及确立政体、制度、法则及行为规范等。从学术旨趣上看，在亚里士多德之前，商鞅等人便使政治学说摆脱了道德的桎梏，成为一种专门化的国家学说。他们以立君为公、君主独一和以法治国为核心命题，设计政权组织形式，规划政府机构，设置暴力机关，确定权威性政策制定和执行的途径及社会价值权威性分配的方式。从核心内容上看，国家与法一直是中国古代政治学说所关注的重大问题。商鞅学派的政治学说是世界现存最早的系统的国家与法的理论。其他重要政治学派也提出了各自的国家论、政体论和法制论。从总体成果看，中国古代政治学说正是以国家政权问题为中心，兼及各种政治现象，提出系统政治理论的。以儒者之学为例，历代大儒是以“礼”来概括自己的政治学说的。礼的核心问题是社会结构、国家政体、权力关系及相应的各种具体制度及规范。儒者之学总是以天道、人性、道德来论证人类实行君主制度、等级制度、宗法制度的必然性、合理性和永恒性，并在这个前提下讨论王道仁政及礼乐刑政等治国之道，他们的政治学说几乎包纳古代社会的一切政治现象。其中，《孟子·尽心下》的“诸侯之宝三：土地，人民，政事”[①]，比西方提出“国家三要素”说早两千多年。《礼记·礼运》的“大同”思想，比西方提出的乌托邦思想至少早千年以上。我得出的结论是：中西方古代政治学说虽各具特点，各有侧重，而所涉及的对象、内容和范围并无大的差异。正是基于这个判断，我将诸子百家的国家论、政体论及论证君主制度一般法则的内容置于《政治学志》的首要地位。

应当指出的是，福柯的“知识考古”虽可以借鉴，却不是可靠的学术路径，弄不好就会东施效颦，很容易导出错误的认识。典型事例之一便是一些学者轻易断言古代汉语的专制“并非用来描述君主，更不是指一种政治体制”。在词义考察上，他们多有失误。这里仅列举一二，以见一斑。

一是中国古代有“君主专制”的提法，即“君道在阴，臣道在阳；君主专制，臣主定名；君臣隔塞，万物自明”[②]。这句话的基本思路获得广泛认同。其他思想家只是没有使用“专制”的提法而已。古代文献中也有反对君主“专制”的提法，如《国语·楚语上》的“（商王武丁）既得道，犹不敢专制”[③]。这类思路反映了中国古代君道理论的重要特

① 《孟子·尽心下》，朱熹：《四书章句集注》之《孟子集注》卷14，中华书局，1983年，第371页。

② 严遵：《老子指归》卷6《民不畏死篇》，中华书局，1994年，第105页。

③ 《国语·楚语上》，徐元诰：《国语集解》，中华书局，2002年，第504页。

点，即在君主独尊的前提下，强调君臣配合和君主纳谏，将独断与兼听结合在一起。这并不属于现代意义上的反专制思想。

二是古代文献通常用“独断”或“专政”等“专制”的同义词或近义词来界定和描述君权。例如，蔡邕的《独断》涉及一批帝制法则。《宋史全文》《儒林公议》记载的谏章有陛下“专政”的话语。在中国古代的权力话语中，还有数以百计的属于“专制之辞”的词语。最高权力必须由君主独享、独占，君主独尊、独断、专政，这是中国古代公认的制度法则。相关的政治命题不胜枚举。这类思想大体符合政治学的专制定义。

三是臣下不得“专制”是一般性的制度法则，即“人臣无专制之义”①。臣之权派生于君之权，只有在君主授权的情况下，才允许“居下而专制”②。因而臣下受君命而专制是合法的，不受君命而专制是非法的。这恰恰意味着专制是君主的特权，在通常情况下群臣不得染指。

四是权臣专制的实质是代行君权，即“专制天下，剖断万机，虽名曰臣，其实行君之事”③。在古人看来，惟有伊尹、周公等圣人贤相可以权宜行之，否则属于严重违背制度法则的行为。这正是“专制”一词常常用于描述臣下非法行为并具有负面色彩的主要原因。

五是在上者“专制”，在下者不得“专制”，这是一般性的社会法则。在儒者经典及其注疏中，不难找到臣下、妇女、子女不得“专制”的说法。例如，《大戴礼记》的“（妇女）无专制之义，有三从之道”④；《横渠易说》的“子之专制，虽意在承考，然亦危厉”⑤；《易笺》的“臣无专制之义，妇戒司晨之凶”⑥。这些说法都是“三纲五常”的表达方式之一，即“妇之从夫，犹臣之从君，子之从父，无专制之义，无刚亢之法”⑦。“三纲五常”是典型的君、父、夫专制论。

---

① 丘濬：《大学衍义补》卷128《治国平天下之要》，中州古籍出版社，1995年，第1632页。

② 程颐：《伊川易传》卷1《师》，上海古籍出版社，1989年，第30页。

③ 黄伦：《尚书精义》卷32，中华书局，1985年，第417页。

④ 《大戴礼记·本命》，王聘珍：《大戴礼记解诂》卷13，中华书局，1983年，第254页。

⑤ 张载：《横渠易说》卷1，《景印文渊阁四库全书》，第8册，台湾商务印书馆，1986年，第682页。

⑥ 陈法：《易笺》卷1，《景印文渊阁四库全书》，第49册，第7页。

⑦ 胡震：《周易衍义》卷9，《景印文渊阁四库全书》，第23册，第667页。

六是尊者“专制”为宇宙的普遍法则，即“阳有专制之功”[①]，“阴无专制之义”[②]。在《周易》等经典文献及其注疏中，用“天地法象”、“乾坤之体”、“阴阳之理”阐释这一类自然法则、社会法则、政治法则的文字可谓司空见惯。其基本逻辑是：被归入阳的天、君、父、夫等皆“有专制之功”，而被归入阴的地、臣、子、妇等皆“无专制之义”。这类认识并非儒者之学所独有[③]。

依据上述政治、社会、思想现象及与之相匹配的词义现象，我们可以有把握地断言：即使以古代汉语词汇描绘和定性，中国古代也存在专制制度、专制政治和专制社会，甚至可以说“尊者专制”是中国古代社会的一般法则，而其政治基础就是“君主专制”。与“君主专制”型匹配的政治思想只能判定为“专制思想”。

当然，中国古代是否有君主专制制度，还是应当依据现代政治学的专制概念来衡量。这就需要我们收集更为广泛的研究素材，考察更为全面的历史事实，进行更为深入的理论分析。但是，有一点是毋庸置疑，即中外两种“专制”的词义具有通约性。因此，古代汉语“专制”的主要涵义及内在理路为判定“帝制与儒学专制”提供了重要依据。

四 “帝制与儒学专制”是一个事实判断

一些学者担心判定中国古代专制会“自我矮化”。这类心情可以理解，却存在误区。钱穆声称不对本国历史秉持“温情与敬意”，就会被“文化征服”。这类说法夸大其词，也违背求实求真的学术精神。牟宗三渲染中华道统的“内在超越”路向，面对质疑，他竟然诡辩：“即

① 卫湜：《礼记集说》卷 56，《景印文渊阁四库全书》，第 118 册，第 189 页。

② 牛钮等：《日讲易经解义》卷 2《坤卦》，海南出版社，2012 年，第 72 页。

③ 以上内容节选自张鸿《古代汉语“专制”词义考析》一文的初稿。我提出的“中国传统理想政治模式理论研究”及说明文字被 2008 年国家社科基金课题指南采纳。这个题目已经连续四年列入国家社科基金课题指南。目前我正在主持“统治思想视野的中国传统理想政治模式理论研究”（批准号：08BZS003），子课题涉及统治思想的一批制度法则。其中，子课题《“君主专制”命题与理想制度法则》由张鸿负责。具体操作途径之一是系统考察古汉语“专制”词义。补注：近年来，在古代汉语“专制”一词的意义之源、核心词义、主要用法及其各种同义词和近义词的研究方面，以及专制问题的各个主要层面的研究方面，我们又取得重大进展，正在致力于将其锻造成精品，以系列专著的形式发表。

令没有，我们也应当使它有。这是我们作历史的回顾时，作为黄帝的子孙所应当有的责任。”[①]这种公然提倡篡改历史、文化造假的说法恰恰是不负责任的。

历史研究者的学术责任是描绘完整的历史图景，提供全面的历史认识，揭示真实的历史教益，抽绎客观的历史法则。因此，中国学者对待中国历史的正确态度是：直面史实，实事求是，是非分明，惩恶扬善，因而对中华文明演化历程中的各种负面因素不回避，不剪裁，不遮盖，不修饰，不篡改。理由很简单，一个国家，一个民族，只有客观、全面、准确地认识自己的历史，才能赖以克服形形色色的盲目性，始终保持求实、自信、进取、创新的精神，永远立于不败之地。因此，一个自信的民族应当勇于正视自己的历史并揭露其阴暗面。一个进取的民族应当摒弃传统文化中一切不适应新时代的东西。一个求实的民族应当以恰当的方式评估先民的历史贡献。一个明智的民族应当正确地借鉴传统文化资源。一个伟大的民族也有能力将传统性与现代性有机地结合在一起。

一些学者力图否认中国古代有专制制度，而他们无法回避帝制的本质属性问题。如果帝制不是专制，便足以断言中国古代没有专制。有人确实是沿着这个路径寻求理据的。钱穆便是代表人物之一。在他看来，秦汉以来，君权受到法的限制，相权可以制约君权，臣民有参政途径，“没有所谓特权阶级之存在”，因而“中国的传统政治，实不能说它是君主专制”[②]。但是，钱穆多有自相矛盾之处，他曾对明清政治下过“专制”的判词。学术逻辑混乱，论证方法牵强，必然导出错误的学术观点，招致众多著名学者的驳斥也就势在必然了。

中华帝制是否属于专制制度？绝大多数学者的回答是肯定的。帝制，亦即中央集权君主制度。这种政治制度滥觞于唐、虞、夏、商，萌芽于西周，形成于战国，确立于秦汉，鼎盛于唐宋，衰落于明清，终结于民初。依据帝制的制度法则，国家最高权力集中于君主手中；君主权位实行世袭制和终身制；君主诏旨便是“天宪”，国家立法必须

---

① 牟宗三：《中国文化的省察——牟宗三演讲录》，台湾联合报社，1983年，第25页。

② 钱穆：《中国文化史导论》（修订本），商务印书馆，1994年，第241—242页。

“制曰可”;决断国务、任用朝臣之权专属于君主,即“乾纲独断”;赏罚予夺是君主的特权,他人不得染指,即《尚书·洪范》的“惟辟作福,惟辟作威”[①];君主有权不依法典量刑断罪,即《唐律疏议·断狱》的“权断制敕,量情处分”[②]……依据制度设计,君主不仅是惟一有权立法者,而且是唯一有权法外行事者。因此,帝制及其权力结构完全符合分析性的专制定义。

由于存在重大制度性缺陷,独占最高权位、独掌最高权力、独断国家政务的君主往往违背既定制度及规范,设法将自己的权力推向绝对化。他们常常一意孤行,无法无天,专横暴虐,滥施淫威。即使那些“明君贤主”也多有此类行为。于是暴君暴政可谓司空见惯,许多行为令人发指。中国古代人常用暴、虐、残、贼形容这类现象,乃至有“毒蛇猛兽”的比喻,“罄竹难书”的形容,“可逐可诛”的诅咒,“愿与偕亡”的誓词。不仅众多著名政治批判思想家怒斥“凡为帝王者皆贼”[③],就连一些皇帝也用“猛兽肆毒,蝨螟为害”[④]抨击历代暴君。这又契合了简单化的专制定义,即使判定为“绝对君权”、“专制主义”亦不为过。

显而易见,如果帝制皇权不是专制制度,暴君暴政不是专制政治,那么不要说中国古代,就连古今中外也一律不曾有过专制了。

儒者之学是否具有专制属性?既然帝制是专制制度,那么作为帝制官方学说,儒者之学自然具有专制属性。道理很简单,任何一种政治制度都必然选择与之属性相同的理论体系作为官方意识形态。自汉武帝以来,儒者之学便是官方学说的主要载体和帝制国学的主修课程。无论皇帝还是官僚,统治者大多属于“儒生”范畴。皇帝诏旨、朝廷政令、国家法典、朝堂议政通常以儒者经典为权威性依据。儒者经典有时甚至可以凌驾于法典之上。帝制与儒学血肉相连,共存共荣,历时两千多年。因此,可以毋庸置疑地判定儒学是与帝制属

---

① 《尚书·洪范》,孔安国传、孔颖达疏:《尚书正义》卷12,《十三经注疏整理本》,北京大学出版社,2000年,第370页。

② 《唐律疏议》卷30《断狱·辄引制敕断罪》,中华书局,1983年,第562页。

③ 唐甄:《潜书》下篇《室语》,中华书局,1963年,第196页。

④ 唐太宗:《金镜》,吴云、冀宇校注:《唐太宗全集校注》,天津古籍出版社,2004年,第127页。

性相同的意识形态。帝制与儒学相互匹配,一个是硬件,一个是软件,共同构成中国古代社会政治体系的制度与思想的基干。这也是当初推翻帝制、创建共和的人们必然鄙弃孔教儒学的根本原因。

孔孟是否专制?这是争论的焦点与关键之所在。在中国古代,"孔子尊君"是一个获得广泛认同的赞语和定评,而一些现代学者却极力证明孔孟反专制、反王权。他们力图将原典儒学与帝制儒学区隔开来,声称前者的"民主"、"民权"被后者所篡改、阉割、泯灭。这类说法的最大困境是价值判断的自我混乱。只要认真检索一下文献,就不难发现,凡是被一些学者认定为"民主"、"民权"的孔孟思想都被帝制一一采纳。历代王朝还以开科取士等制度化的方式大力传播立君为民、天民相通、民为国本、民贵君轻等思想①。难道可以据此断言帝制皇权也主张"民主"、"民权"吗?在人类政治史上,还没有发生过这样一种现象:在漫长的历史时空内,一种政治制度及其统治者把对这种制度具有颠覆性的思想体系奉为官方学说并大加宣扬。因此,孔孟反专制、反王权的说法是站不住脚的。

实际上,只要考察一下孔丘、孟轲的制度设计,便不难判定其政论的本质属性。在"四书"中有一批制度性命题,如《论语·尧曰》记载孔丘称君位传承为"天之历数在尔躬"②;《孟子·万章上》记载孟轲认定君位传贤还是传子皆"非人之所能为也,天也"③,不合天意的"人与之"都是不合法的,祖宗的天命可以子孙世袭,未获天命的圣贤不能取而代之;《论语·季氏》记载孔丘的"礼乐征伐自天子出"④;《孟子·万章上》引孔丘的"天无二日,民无二王"⑤;《中庸》引孔丘的"非天子,不议礼,不制度,不考文"⑥;《中庸》引孔丘的"尊为天子,富

① 事实依据和具体分析参见张分田:《"民贵君轻"再解析——略论"民贵君轻"是中国古代统治思想》,《天津社会科学》2005 年第 6 期;张分田:《中国古代君主与"民贵君轻"观念》,《政治学研究》2007 年第 2 期。

② 《论语·尧曰》,朱熹:《四书章句集注》之《论语集注》卷 10,第 193 页。

③ 《孟子·万章上》,朱熹:《四书章句集注》之《孟子集注》卷 9,第 308 页。

④ 《论语·季氏》,朱熹:《四书章句集注》之《论语集注》卷 8,第 171 页。

⑤ 《孟子·万章上》,朱熹:《四书章句集注》之《孟子集注》卷 9,第 306 页。

⑥ 《礼记·中庸》,郑玄注、孔颖达疏:《礼记正义》卷 53,《十三经注疏整理本》,北京大学出版社,2000 年,第 1700 页。

有四海之内”[①];《孟子·万章上》引《诗经》的“普天之下,莫非王土;率土之滨,莫非王臣”[②]等等。在儒者经典中,这一类的制度法则及政治规范不胜枚举。这样的制度设计完全契合分析性的专制定义,怎么可能是反专制、反王权的呢?

儒者之学是统治思想的集中代表和重要载体。据此可以判定:就本质属性而言,中国古代主流政治文化是专制的。正是由于这个缘故,笼统地提倡“弘扬传统文化”是不恰当的,而“弘扬儒学”的提法则是完全错误的。正确的提法应当是“弘扬优秀传统”,包括儒者之学中的一些精华。弘扬优秀文化传统是需要仔细鉴识并慎重拣择的。这就必须对一种历史上的思想做出准确的事实判断。要做到这一点,就必须将本质判断放在首位。只有做出准确的本质判断,才能正确地判断某种思想是否属于优秀传统,或者在哪个意义上属于优秀传统。如果本质判断有误,往往会导出不恰当的路径设计。这里仅举两例。

第一个例子涉及政治思想研究。一些学者反对将“民惟邦本”与君主制度“绑在一起”,担心这样做会影响汲取传统文化资源。但是,只要认真检索一下历史文献,就不难发现“绑在一起”是一个客观存在的事实,而事实必须坦然面对,不能随意改动。在《民本思想与中国古代统治思想》(南开大学出版社,2009 年)一书中,我逐一考察所有重要政治思想学派、所有著名政治思想家、所有重要朝代、所有著名皇帝,揭示了一个重大历史事实,即现代学术界所说的“民本思想”与君主制度始终紧密地结合在一起,民为国家之本与君为政治之本的思路从来不曾分道扬镳。因此,在讨论如何借鉴传统文化资源以构建中国现代民主制度的思想基础的时候,必须清醒地认识到古代的“以民为本”与现代的“以民为本”有本质的差异。古今中外一切优秀思想都可以为构建现代中国的思想基础提供资源,这是一个众所周知的文化常识。儒者之学在中国古代盛行了二千多年,并没有解决中国的民主自由问题,这是一个众所周知的历史常识。孔孟之道的本质属性注定了它所能为现代民主政治提供的东西是很有限的。

第二个例子涉及哲学研究。我十分赞赏清华大学“自强不息,厚

① 《礼记·中庸》,郑玄注、孔颖达疏:《礼记正义》卷 52,第 1676 页。

② 《孟子·万章上》,朱熹:《四书章句集注》之《孟子集注》卷 9,第 306 页。

德载物”的校训。这两句话可以视为中国优秀传统之一。但是，弘扬这种精神也是需要把握分寸的，否则很容易导致偏差。一些学者认为，“国学的核心价值”是《易传》中的两句名言，即“天行健，君子以自强不息”[①]，“地势坤，君子以厚德载物”[②]。这种说法在事实判断和本质判断上都存在问题。依据现代科学成果衡量，“天行健”及“地势坤”不是正确的知识。依据现代社会观念衡量，“天行健”及“地势坤”不是正确的观念。在儒者经典思想及其诠释体系中，“天行健”属于“君道”范畴，“地势坤”属于“臣道”范畴。《易传》曰：“天尊地卑，乾坤定矣。卑高以陈，贵贱位矣。”[③]天地至大，尚有尊卑之别、贵贱之位、主从之分，因而君臣、父子、夫妇之别犹如天地之别。于是由天地、阴阳、乾坤的哲理，推导出君主制度和等级秩序的一般规定性。这样的宇宙观、社会观、政治观有资格成为现代中国的民族精神和核心价值吗？

“前事不忘，后事之师。”历史失真，文化造假，对中华民族根本利益和长远利益的损害甚大。因此，研究历史不能搞“甄士隐”，弘扬传统最忌讳“贾雨村”。然而，在当下广义的思想史研究领域，罔顾史实、戏说经典、粉饰儒学、美化旧俗的现象可谓不胜枚举。这类现象暴露了“国学热”在学风上的流弊。

在我看来，批判、反思、鉴识、扬弃是形成文化自觉、推动文化创新的必由之路。注重事实判断和本质判断是辩证思维的精髓。离开了实事求是，辩证法就会失去依托。离开了本质判断，有关思想文化变与常、异与同的思考就会跌入折衷主义的泥淖。因此，一切罔顾孔孟之道、四书五经的专制本质而设计的“弘扬”路径都必定是错误的。

尊重事实是研究者最基本的学术伦理。实话实说，我也曾期望在中国古代发现一个独立发展的民主思想体系。后来发现这种努力无法得到历史事实的支持。在教学科研中，我曾反复介绍自己的一个读书体会：“依据收集到的历史素材，我现在可以写三本书。第一本汇聚所有正面因素，写一本《儒家民主论》，甚至可以写得比现代崇

① 《周易·乾卦》，王弼注、孔颖达疏：《周易正义》卷1，《十三经注疏整理本》，北京大学出版社，2000年，第11页。

② 《周易·坤卦》，王弼注、孔颖达疏：《周易正义》卷1，第31—32页。

③ 《周易·系辞上》，王弼注、孔颖达疏：《周易正义》卷7，第302页。

儒者更到位。第二本汇聚所有负面因素，写一本《儒家专制论》，甚至可以写得比现代批儒者更深刻。但是，作为一名遵守学术伦理的研究者，我只能写第三本，即依据观察到的全部事实，在判定本质属性的基础上，充分揭示华夏先民的政治智慧，并对其历史价值做出恰当的评估。第三本最难写，一时也不容易获得广泛认可，而中国学术需要的是这第三本。要想培养出成千上万具有文化自觉、善于独立思考、富于创新精神的中国青年，也迫切需要学术界推出成系列的这种类型的教材和读物。”

五　全面评估“君主专制”的历史价值

我认为，与其回避帝制与儒学专制的事实，不如本着尊重历史的态度，明确提出“借鉴中国古代专制主义政治理论”的课题。这就要求我们全面评估“君主专制”的历史价值。这个操作路径涉及一系列重大事实判断和重大史学理论问题。限于篇幅，这里仅申说五个理据。

一是仿效一个学术典范，即马克思主义经典作家对资本主义的评价。在《共产党宣言》中，马克思、恩格斯论证了资本主义必然灭亡的历史趋势，同时又充分肯定了其在人类社会发展进程中的历史功绩。古今中外，能够以这种态度对待历史的著名思想家、政治家并不多见。马克思主义经典作家的博大胸怀和深邃洞见及其方法论的科学性，为我们提供了值得效法的理论、方法和范例。在评估帝制与儒学的历史价值时，我们应当充分肯定其历史合理性及某些制度法则和政治理念的现代意义。

二是体察一个历史过程，即“君主专制”是一种世界性的历史现象。当世界各地的文明发展到一定程度时，都无一例外地出现过可以称之为“君主专制”的政治体系。以欧亚大陆帝国化的过程为例，具有文化原生性的四大文明古国均经由早期王政，演变成专制王权，进而形成帝国；古希腊地区从早期王政分化出民主政体、贵族政体、君主政体等，然后由专制王权向帝制发展；古罗马的早期王政经由贵族共和制、元首制，最终演化为帝国；在外来文化影响下，一些后发地区则由部落联盟直接建立帝国，诸如匈奴帝国等。到公元纪年前后，欧亚大陆几个文化高度发达的核心区域都形成幅员辽阔、权力集中的大帝国。大汉帝国、贵霜帝国、安息帝国、罗马帝国从东向西一字排开，连成横贯欧亚大陆的文明地带。美国史学家斯塔夫里阿诺斯对这一历史现象及其“普遍性影响的根源”有深入的分析①。自罗马共和国蜕变为罗马帝国之后，直到资本主义政治制度产生之前，无论东方、西方，所有帝国、王国的权力结构都属于专制范畴。这种世界性的现象指示着历史的逻辑：君主专制是政治文明演进的一个重要阶段。在评估帝制与儒学的历史价值的时候，必须注意到这一点。

三是关注一个重大现象，即在资本主义社会形成之前，中国政治文明的发展程度最高，历史成就最大。先秦诸子共同创造的“大一统”理念及由此而构建的中央集权制度，不仅缔造了幅员辽阔的政治共同体，凝聚了人口众多的中华民族，而且在维护国家统一，提高行政效率，保持社会安定，促进经济发展，推动等级流动，实现社会公平方面，明显优于世界同一时期其他地区的政治制度。由此而形成的一些政治传统，至今仍是中国人民共同民族感情和共同文化认同的根本保障。在评价帝制与儒学的历史价值时，必须注意到这一点。

四是明了一个社会常识，即当不同时代、不同地区的人们面对相同或相似的客观事物的时候，很容易对其一般特征和普遍法则形成相同或相似的认识。自步入文明以来，世界各地的人们便共同面临若干超越历史时代、民族区域和制度形式的政治课题，诸如国家权力的公共属性问题，政治共同体及其首领的社会基础问题，执政规律及执政方略问题等。人们很容易形成一个朴素的政治认识，即广大群众是一个政治共同体及其首领的社会基础，多数人的意志在很大程度上决定着共同体的盛衰存亡，人心向背在很大程度上决定着首领的去留、成败、荣辱。身处领袖地位的人更容易获得这种感受，形成这种经验，接受这种常识。实际上，只要有社会组织存在，人们就会或多或少感知权力的公共属性和制约权力的各种因素，并为权力的获得与行使设定条件。这类课题是各种政治制度所共同面对的，有关认识符合一般性政治法则，因而必然具有普遍意义，很难简单地以“专制”或“民主”判定优劣。典型例证之一是，古埃及、古巴比伦等世

① 参见[美]斯塔夫里阿诺斯:《全球通史——1500 年以前的世界》第 7 章《最初的欧亚文化高度发达的核心区》，吴象婴、梁赤民译，上海社会科学院出版社，1988 年。

界各地的早期国家普遍存在这类被一些学者称为“国家伦理”[①]的政治观念。这就是说，有了人对人的统治，也就有了“以民为本”的理念，而最早申说这类理念的恰恰是统治者。典型例证之二是，在中国，“立君为民”、“无民无君”的思想至迟可以追溯到西周立国前后。春秋战国以来，这类理念成为诸子百家的普遍共识，并逐渐扩散为全社会普遍政治意识，最高统治者通常也认同其基本思路。典型例证之三是，现代学术界所说的“民本思想”始终是中国古代统治思想的重要组成部分。甚至可以说，中华帝制的政治原理是以民本思想为基础框架而精心构筑的庞大的思想体系。系统的证明参见我的《民本思想与中国古代统治思想》一书。在评说帝制与儒学的主要特征时，必须注意到这一点。

五是研究一个基本事实，即中国古代没有主张“绝对君权”的政治思想流派。1993 年秋冬，在撰写《中国政治思想史(隋唐宋元明清卷)》书稿时，唐甄的“凡为帝王者皆贼”、“治天下者惟君，乱天下者惟君”及其警示昏君、辅佐明主的政治抱负，启发了我的研究思路，于是以“尊君—罪君”范式阐释这种思维方式。沿着这个思路，我发现不仅清代著名政治批判思想家黄宗羲、王夫之、顾炎武、吕留良、龚自珍等都属于这个范式，就连明朝统治思想代表作《大学衍义补》也符合这个范式。在撰写《中华文化通志・学术典・政治学志》时，我翻阅了中国古代所有重要政治思想典籍，发现“尊君—罪君”范式具有普遍意义，除无君论者外，历代著名思想家无一例外。帝制的统治思想也完全符合这个范式。在《中国帝王观念》(中国人民大学出版社，2004 年)一书中，我对社会普遍意识中的“尊君—罪君”政治文化范式作了全面的考察和系统的论证。这个概括与其说是我的主观判词，不如说是对历史现象的客观摹写。“尊君”具有制导性，因而始终无法脱离“君主”这个理论中心；“罪君”是主要内容，因而始终没有脱离“天下”与“民众”这个理论重心。于是“尊君”与“罪君”并行不悖，难解难分。我还发现，历代思想家所着重阐发的是旨在限定、规范、制约、评价君权的“罪君”思想。历代皇帝及储君教育也以这类内容

---

① [德]罗曼・赫尔佐克:《古代的国家——起源和统治形式》，赵蓉恒译，北京大学出版社，1998 年，第 387—392 页。

为重点。在具体政治过程中,这类思想发挥着极其重要的作用。这表明,中国古代的"君主专制"很不简单,其统治思想将限制君权的思想因素置于重要的理论地位。在评说帝制与儒学时,必须注意到这一点。

我观察到的重大现象可以概括为两句话。第一句话:中国古代思想家都没有明确提出"治权在民"的主张,因而找不到名副其实的民主思想体系。第二句话:中国古代思想家都没有提出主张"绝对君权"的思想体系,立君为民、为公、为天下获得社会各阶层的广泛认同,因而帝制的统治思想包纳了那个时代所能想象得到的一切限定、制约、规范、调整最高权力的思想因素,许多内容属于普适性的政治价值。

正是依据上述历史事实,我做出这样的判断:中国古代统治思想不仅以规范君权、制约君权、调整君权、评价君权为主要导向和重要功能,而且包含若干超越时代的政治价值。这表明,中国传统政治思维很不简单,其现实的态度、缜密的构思、周详的规范、精巧的设计和理性的关切,在世界古代史上无人可与之匹敌。在总体上,中国传统理想政治模式理论所包含的理性成分之多、所体现的批判精神之强、所容许的调整维度之大,都远远超过古代地中海地区一度存在的相当粗糙的"民主"思想。甚至可以说,在中国古代专制主义政治理论体系中,很早就蕴含着许多在现代社会依然适用的政治法则。对于这个历史现象应当给予更为客观、全面、准确的评价。

六　适度超越"民主与专制"预设

在中国学术界,价值判断简单化的现象广泛存在,其中两种表现形式的"历史虚无主义"堪称典型。一类是显性的,即给中国古代贴上"专制"、"极权"的标签,然后彻底否定,全面涂黑,以论证全盘西化的主张。另一类是隐性的,即给孔孟等"寥若晨星"的思想家贴上"民主"、"自由"的标签,将其余的一律归入"篡改"、"歪曲"、"利用"的行列,然后基本否定,大部涂黑,以论证"回到孔孟去"的主张。两类历史虚无主义的本质特征是迷信"民主与专制"预设,盲从"民主"善而"专制"恶的善恶二元论,并将其套用在中国古代社会,于是欲扬之则冠以"民主",欲贬之则扣上"专制"。在当下学术界,类似的历史认知盲目性和价值判断简单化并非罕见，其中掩藏在“国学热”背后的隐性历史虚无主义最为流行。我称之为“民主幼稚病”。

我认为，民主与专制只是相对意义上的分析概念。将事实分析与价值判断混杂在一起的“民主与专制”预设既有合理性，又有局限性。因此，在学术研究中，应当适度超越这个预设。论证这个主张涉及若干重大理论问题，这里仅从一个具体的事实判断出发，讨论一个概念分析问题。

“民主是个好东西”的现实意义是毋庸置疑的。但是，如果将视野拓展到数千年人类社会历史，就不难发现“民主”未必是好东西。自马克思主义经典作家开其端，大量的政治学、历史学名著分析过民主各种历史形态的局限性及其被取代的社会动因。这类观点主要来自事实判断。从古希腊到当今世界，“民主”作恶的事例可谓不胜枚举。由此可见，一种政治制度的优劣归根结底取决于它与一定社会历史条件的匹配性。在分析历史、判定价值的时候，“民主与专制”既不是惟一的尺度，也不是可靠的尺度。因此，在学术界创造出更恰当的分析概念和价值尺度之前，我们应当把握好运用“民主与专制”预设的分寸。

在读书与思考中，我形成一个感觉：在研究世界古代政治文明的时候，“民主与专制”是一个亦真亦假的问题。说它是一个真问题的理据主要有二：一是古代地中海地区一度出现过民主制度，二是从古代向现代过渡的政治特征是民主制度取代了专制制度。说它是一个假问题的主要理据是，在世界各个地区都不曾发生过民主制度及其政治理论从古至今持续演进的历史过程。即使在西方，古代的与现代的民主制度之间也曾出现过漫长广泛的时空断裂，甚至导致“民主”一词不仅被大多数人遗忘，而且还一度成为贬义词。这就是说，无论在西方，还是在东方，各种关于民主思想体系独立、连续地演进的论述都缺乏事实的支撑。我们所面对的最基本的历史事实是，在一个漫长的历史时空中，无论东方、西方，其文明相对发达的区域都以君主制度为政治基础，主流政治文化都不具有民主属性。在那个时代，许多有价值的思想寄寓在与民主无关的事物上。与中华帝制相匹配的立君为民、民为国本、天下为公、民贵君轻等便是典型事例。于是我们所面对的重大课题可以表述为：为什么具有专制属性的帝制与儒学曾经缔造了那个时代世界上最辉煌的文明？因此，在研究古代政治文明时，简单地以“民主”与“专制”判定是非功过很容易导出错误的历史认识。

在评说与帝制相匹配的“民为国本”的历史价值时，有一个问题无法回避，即民本与民主是否有相通之处？这个问题还可以换一个问法，即具有专制本质的思想体系是否可能包含着一些具有普遍意义的政治价值？解决这个问题的途径之一是考察这样一个问题：专制制度与民主制度是否有相通之处？

在形式上和理念上，民主制度与专制制度有本质差异。在一定意义上，甚至可以说它们彼此对立，格格不入。但是，至少在若干更具一般性的问题上，各种在历史上存在过的民主制度与专制制度具有共性或相似性。

首先，两种制度都具有国家权力的一般特征。因此，相关的政治理念、政治形式和政治过程都在不同程度上体现出公共权力的属性。无论古代“民本”，还是现代“民主”，都宣称国家权力必须为公众利益服务，其合法性有赖于公众的拥戴。这是国家权力一般特征在政治观念上的反映。

其次，两种制度都具有政治统治的一般特征。在实际政治生活中，国家权力的阶级属性比具体的政体形式更具有决定意义。许多政治学家对此有深刻的揭示。这种认识是符合历史事实的。

第三，两种制度通常都由一个群体掌握国家权力。政治权力的一般运行法则注定“民主”不是全民做主，“专制”也不是一人独治。因此，两种制度的实质性区别不是群众治国与一人治国之别，而是执政者的群体构成及其施政理念更有广泛性还是更有局限性之别。因此，从亚里士多德到孟德斯鸠，再到众多现代政治学著作的政体分类方法大多是相当肤浅的。在学术研究中千万不要被这类定义死死框住。

第四，两种制度都面临处理领袖权威、精英施政和民众意向三者关系的问题。正如多数原则与少数统治如何结合是当代民主理论关注的重要课题一样，少数统治与多数原则如何结合是古代君主理论关注的重要课题。因此，专制制度也可以形成复杂的权力结构、组织章程和政治规范，相关的政治理论势必同时包含论证最高权力和规范最高权力的内容。中国古代政治思维特别重视关于君臣关系、君民关系和官民关系的讨论，其目的就是在既定前提下，寻求妥善处理君、臣、民三者关系的途径与方法。这类思考或多或少包含具有普遍意义的政治理念。

第五，两种制度都是人类组织社会、管理社会的政治形式。在两种制度下，人们都会考察与政治有关的各种现象，探寻调控社会政治组织的法则，研究执政规律和施政方略，并提出相关对策。因此，在“民主”中不难找到“专制”的因素，在“专制”中也不难找到“民主”的因素。相关的政治思维往往具有超越时代的普遍意义。

第六，在政治实践中，两种政治形式也多有相通之处。例如，中国古代帝王宣称他们的权力是“天与之，民与之”。罗马帝国的皇帝往往通过法律形式虚拟从人民手中接受统治权的委任。这就与“民主”有相通之处。至于两种政治制度一些较低层面的政治理念有相通、相似之处就更不足以为怪。大量的历史事实还表明，两种制度在作善作恶方面也不无相似之处。无论在古代希腊，还是在现代西方，也曾出现过以民选形式铸就的专制、暴政乃至法西斯主义。

从社会形态更替、现代化进程和现实政治需要的角度来看，以“民主”之“善”攻“专制”之“恶”是合理的、必要的。就中国而言，肃清君主专制流毒的任务尚未彻底完成，以致许多人对儒家政治价值体系的本质属性有错误的认识。但是，国家与政体是极其复杂的历史现象。当我们面对诸如帝制与儒学等产生于二三千年前的历史现象的时候，应当采取更为客观的态度。因此，历史研究者必须具有历史感，并对任何一种学术预设保持警惕，以避免形形色色的盲目性和简单化。面对极其复杂的历史事物，必须彻底摒弃摩尼教式的善恶二元法。

应当指出的是，“专制”覆盖了人类文明史的绝大部分时空，几乎成为世界古代史的唯一主题，就连现代社会也是在“专制”的娘胎中化育出来的。在进入现代以前，人们不会不思索并解决人类社会若干超越时代的课题。这类课题是各种政治制度所共同面对的，有关思想势必具有普遍价值。它们很难简单地以“专制”或“民主”判定优劣。如果将“专制”一口骂倒，一笔抹煞，人类历史的大部分篇章也就一团漆黑。

绝大多数学者将“民主思想”与“专制思想”视为两个相互独立、

相互排斥的发展序列。在他们看来，只有“民主”可以衍生“民主”，而“专制”绝对不可能为“民主”提供文化资源。其实不尽然。如果跳出一些简单化的预设，纵观一部人类政治文明史，就不难发现，无论在制度上，还是在思想上，“民主”与“专制”都没有单独构成一个连续的发展序列。因此，二者都可以成为政治理性和政治智慧的借寓之所，也都可能内蕴价值悖谬。

我认为，中国学者应当在坚定不移地批判君主专制及其各种流弊的同时，深入地研究中国古代政治学说的精到之处，并给予相应的评价。在研究实践中，我以儒家经典思想为中心，将“民本思想”、“帝王观念”、“统治思想”视为同一问题研究的三个主要视角，依据相当广泛的历史资料，在揭示其专制属性的基础上，充分肯定其历史价值及现实意义，提出了成体系的具有明显特异性的学术观点。依据这些研究成果，我做出这样的判断：既不应随意将“民主”、“民权”强加在孔孟大儒身上，又要清醒地认识到儒者经典思想中包含着一些现代因素。如果非要使用“民主”这个尺度的话，更为周到的说法应当是：中国古代的民本思想介于是与非是之间。就本质属性而言，它不是民主思想，而就许多因素而言，它又与民主思想相通。前者注定民本思想只属于传统社会，而后者注定民本思想的许多因素依然适用于现代社会。

马克思主义经典作家曾经表示：“我们对我们现在的认识极不信任，因为很可能我们还差不多处在人类社会的开端，而将来会纠正我们的错误的后代，大概比我们有可能经常以极为轻蔑的态度纠正其认识错误的前代要多得多。”[①]这个判断适用于一切学者和一切著述。

在读书过程中，我发现一个令人震惊的现象：在中国思想史研究领域，“食古不化”和“食洋不化”的现象广泛存在，许多流行的观点仅靠罗列事实便可以推翻。这就是说，一个重大课题依然摆在中国学者的面前，即如何客观、全面、准确地认识中国古代政治文明及相关的思想现象？完成这个课题必须将事实的重新梳理、概念的认真厘定、方法的系统完善与理论的重大突破有机地结合在一起。本文只是相关思考的一个局部。

---

① 《马克思恩格斯文集》第9卷，人民出版社，2009年，第91页。

中国学术界一个集体性的重大历史事实误判

本文发表在《史学月刊》2016 年第 9 期。发表时有删节,本书使用的是删节前的定稿。

研究前人成果是一种极其重要的研究方法,主要目的是发现前人研究的不足之处,特别是在事实陈述和事实判断方面的缺陷。事实是学术判断的主要依据,事实陈述错误属于低级错误。认识事实是学术研究的目的,学术研究的主要成果是事实判断,因而事实判断错误属于严重错误。学术创新的本质就是完善、修正、颠覆前人的错误见解,提出更符合事实的学术观点。自从我开始以一个研究者的目光审视中国政治思想研究领域,便不断发现过去学习的一些重要知识与历史事实是不相符合的。正是在解决这个问题的过程中,我收获了一批颠覆前人错误见解的重大学术成果。

事实判断的失误与本质判断的失误往往互为因果。表面上看,学术研究在事实陈述和事实判断方面的缺陷是技术性的问题造成的,而在政治思想研究领域,事实陈述和事实判断方面的缺陷却大多是本质判断的错误而造成的。我认为,导致中国学术界在若干重大历史问题上出现集体性误判的重要原因之一,是对中国古代的专制问题和中国政治思想演化过程还缺乏全面、系统、深入的研究,在总体性的宏观把握上出了大问题,特别是本质判断上出了大问题,为数众多的著名学者将立君为民、民贵君轻思想误认为统治思想的对立面便是典型例证。有鉴于此，我将“中国古代专制问题研究”和“中国政治思想演化过程研究”列为个人的重点研究课题之一。只有将这两个研究有机地结合在一起，才能避免宏观把握的失误，特别是本质判断的失误。

在完成一批重要科研项目、研究若干重大历史问题的过程中，我发现一个令人震惊的学术现象，即 20 世纪一大批著名学者所撰写的属于广义的中国思想史研究领域的学术名著，竟然存在一系列重大历史事实误判。这一类误判出自所有的学术流派，影响范围波及所有相关研究领域，被误判的研究对象囊括中国古代所有重大政治理论现象，具有宏观误判与微观误判、整体性误判与局部性误判相互交织的特征，其成因涉及学术判断的事实基础、逻辑基础和哲学基础，属于集体性、全局性、系统性和结构性的误判①。

本文旨在以“立君为民”命题及“民贵君轻”命题为典型例证，以六大类直接影响全局性判断的整体性判断为纲目，运用罗列事实的方法，证明集体性的重大误判确实存在，以期推动相关研究领域的学术改造和理论创新。为了缩小论域，减少枝蔓，本文标题的“重大历史事实”主要指“中国古代统治思想的政治理论体系”；“集体性”包括所有在著述中评判过相关政治理论现象的现代知名学者；“误判”特指直接影响全局性判断的真实性、准确性、恰当性的各种错误的学术判断。揭示一种兼具集体性、全局性、系统性、结构性的学术误判，需要罗列为数众多的历史事实及其文献依据，即使缩小论域，剖析典型，论其纲要，惜墨如金，文章依然会相当长。

一　立君为民命题占据至关重要的理论地位

大量事实表明，立君为民是中国古代统治思想的至关重要的命题，甚至可以称之为总命题或母命题。然而，中国学术界对立君为民命题普遍缺乏应有的关注、深入的考察、清晰的解读和准确的判断，

---

① 各种误判的始作俑者是一批闻名学界的前辈学者。他们的观点被后学广泛引用并有所发挥，迄今依然陈陈相因，广泛流行。我还没有发现丝毫未受到这样那样的错误观点误导的著述，我的许多著作也不例外。有鉴于此，本文仅概要陈述错误观点，不标明出处。

许多学者甚至不知道中国古代有这个影响深远的重大命题，即使有所论及者也都严重低估了这个命题的理论地位、影响范围和历史价值，更没有认识到它是统治思想不可或缺的组成部分。这必然导致对中国古代统治思想的一系列局部性误判和整体性误判，进而导致全局性误判。这种学术现象为“集体性误判”这个全称判断提供了至关重要的事实依据。

事实误判的主要特征就是违背事实。因此，从与中国古代统治思想密切相关的任何一种重大政治理论现象及重要政治命题和政治范畴入手，都可以依据翔实的历史文献记载，采用罗列事实这一最具基础性的学术方法，揭示集体性、全局性、系统性、结构性的重大历史事实误判。本文仅以立君为民命题及民贵君轻命题为典型例证，举其大端，略说一二，以期使读者见一斑而知全豹，乃至举一反三。

立君为民命题及民贵君轻命题都属于重大政治理论现象，对它们的误判本身也属于重大历史事实误判。我之所以选择这两个命题为典型例证，是因为前者在中国古代政治理论体系中占据至关重要的地位，后者在广义的中国思想史研究领域占据热点话题的位置。无论从抽象程度看，还是从理论功能看，民贵君轻命题在政治理论体系中的理论地位都不高。它是从立君为民命题及天下为公命题派生出来的，其理论地位比民惟邦本、汤武革命等命题还要低一个层次。但是，由于采用了引人注目的修辞方式，民贵君轻命题在学术研究及学术争鸣中所获得的关注度反而无与伦比。由这个命题而引发的误读、误判、误导最常见也最显著，这一类局部性误判势必导致一系列整体性误判，并最终导致全局性误判。一般说来，凡是对立君为民命题或民贵君轻命题做出错误判断的，都可以毋庸置疑地归属于“重大历史事实误判”一类。

立君为民命题是“立君为天下”命题的一种表达方式，而立君为天下命题的理论抽象程度更高一些。在现存文献中，最先以清晰明白的话语表述这个命题的是《慎子·威德》的“立天子以为天下”①。自《荀子·大略》明确提出“天之立君，以为民也”②，许多儒者用“天

① 《慎子·威德》，中华书局，1985 年，第 3 页。

② 《荀子·大略》，王先谦：《荀子集解》卷 19，中华书局，1988 年，第 504 页。

为民立君”来表述立君为天下的思想，而就基本思路而言，立君为民与立君为天下属于同义命题。这一类思想还往往以立君旨在为大众、为社稷、为国家、为公益、为道义等方式来表述。

在中国古代政治理论体系中，立君为天下命题及立君为民命题属于“设君之道”范畴。其基本思路是：君主（君主制度）为国家（政治共同体）而设，国家及君主制度为社会大众而设，因而国家与治者（包括君主及各级官吏）皆为天下群生而设，国家的政治制度也为构建秩序、养育民众、服务社会、维护道义而设。这一类命题旨在回答设立国家及君主制度的理据，涵盖国家的起源、统治的本质、政体的法则、政权的职能、君权的构成和施政的原则等政治理论的核心内容，涉及政治的本原、本体、本质及一批最基本的政治法则。

中国古代统治思想特别是帝制的统治思想是否讲究立君为民？对这个问题的整体性判断直接关系到一系列局部性判断及全局性判断。这个问题的正确答案是肯定的，而绝大多数学者明确地或实际上给出了否定的答案。我也是数年前才找到正确答案的。

在完成国家社科基金重点项目“民本思想与中国古代统治思想的关系研究”的过程中，我将统治思想、帝王观念、民本思想视为研究同一重大历史问题的三个主要视角，系统梳理相关历史事实，提出了一系列具有特异性的学术观点。核心命题是：现代学术界所说的“民本思想”始终是中国古代统治思想的重要组成部分。甚至可以说，中华帝制的政治原理是以民本思想为基础框架而精心构筑的庞大的思想体系。正是依据这个研究结论，我做出了本文标题所表达的全称判断。这个研究结论意味着以往各种对统治思想、帝王观念、民本思想的评论都或多或少包含误判的成分，许多误判甚至可以用大错特错定性。

中国古代没有“民本”和“民本思想”的提法。这个提法是现代学者仿效“民主思想”而创造的，可以视为“民惟邦本”的缩写。然而，中国学者普遍没有正确地界定“民本思想”这个极其重要的研究对象和分析概念。只有少数学者将立君为民命题列为民本思想的重要内容之一，而他们也没有将这个命题置于首要地位。这是导致相关研究成果普遍存在重大事实误判和重大逻辑错误的重要原因之一。有鉴于此，我按照本来面目、固有命题、内在逻辑、理论层次和实际内容厘定“民本思想”的定义，将其概括为一个核心理念与三个基本思路，即核心理念是以民为本，基本思路是立君为民、民为国本、政在养民。

我发现，在民本思想的各种命题中，立君为民命题的理论地位至关重要。从历史过程看，立君为民命题先于以民为本命题的提出；从理论价值看，立君为民是以民为本的终极依据；从思维逻辑看，民为国本、政在养民、民贵君轻等各种命题都是立君为民的推论；从影响范围看，立君为民比民本思想的其他命题获得更广泛也更明确的认同。这个命题从政治的本原、本体、本质的角度论证了民在政治生活中的地位，即国家、社稷、君主皆为民众而设。是否认同立君为民是判断是否属于民本论者的最重要、最可靠、最方便的尺度。现代学者所说的"民本思想"是统治思想、官方学说、主流学术和社会普遍意识，这是一个客观存在的历史事实。这就意味着统治思想及帝王观念不仅讲究立君为民，而且将其置于至关重要的地位。可以支持这个判断的历史事实堪称比比皆是①。

在完成国家社科基金项目"统治思想视野的中国传统理想政治模式理论研究"过程中，我统筹兼顾中国古代思想家们的问题意识和现代政治学的问题意识，依据中国传统政治思维的固有命题体系，超越现行的学派概念，采用系统检索历史文献的方法，考察一批重大政治命题的本源与流变，探究中国古代政治学说的问题意识、演化过程、总体成果、主要特征及思维方式，进而探究中国传统理想政治模式理论的基础框架，对立君为天下及立君为民命题作了更为全面系统的考察。

我发现，中国传统政治思维的基础框架由系统回答十大经典问题的十大经典命题组合而成，即主要回答政治的本原、本体和本质问题的"立君为天下"，主要回答国家元首及政治主体问题的"天下为公"，主要回答国家形式问题的"天下一统"，主要回答权力结构及政权组织原则问题的"政由君出"，主要回答政治关系及其一般规定性问题的"君臣合道"，主要回答施政纲领问题的"君主无为"，主要回答政治过程问题的"广开言路"，主要回答社会公平问题的"平均天下"，主要回答社会道德教化问题的"孝治天下"，主要回答制度建设及法律规范问题的"法理天下"等。这些命题集中体现了中国古代思想家

---

① 系统的分析论证及事实依据参见张分田：《民本思想与中国古代统治思想》上、下册，南开大学出版社，2009 年。

们的问题意识的一般特征及其回答经典问题的基本思路，堪称名副其实的经典命题。

我发现，就主要理论功能而言，十大经典命题可以分为两组，前五个命题侧重论说政制之道，共同设定了君主制度的一般规定性，属于一组制度性命题；后五个命题侧重论说政事之道，从不同角度阐释了国家治理体系，属于一组行政性命题。实际上，制度性命题与行政性命题也只是大致区分，每一个命题的内容都既涉及制度原理及法则，也涉及行政原理及法则。于是十大经典命题将政制理论与政事理论有机地统一在一起，全面回答了所有重大政治理论问题，共同构成一个具有完整性和基础性的政治理论框架。除无君论者外，中国古代思想家的政论普遍使用了这个基础框架。这个基础框架，源远流长，世代传承，贯穿古代，超越学派，形成一种模式化的政治学说体系。因此，这个基础框架堪称政治学说体系的中国古典模式，甚至可以称之为“中国古典政治学”的基本模式。

我还发现，十大经典命题并不是一种平行的关系。国家与君主为何而设是一个总问题，而立君为天下是一个总命题，这个回答总问题的总命题是论证其他经典命题的理论基础。先秦主要政治思想流派都对这个总命题做出各自的理论阐释，而基本思路大体相似，从而形成具有普遍意义的政治价值共识。秦汉以来，这个总命题是官方学说的最重要的理论基础，其基本思路获得广泛共识，乃至成为全社会的普遍政治意识。一般说来，中国传统政治思维是围绕立君为天下这个总命题展开的，相关的各种命题和思路都是由总命题引申和派生出来的。这个总命题可以涵盖中国古代统治思想的政治理论体系的全部内容。这就是说，立君为天下是中国传统政治思维十大核心命题的枢要和核心，贯通和制导一切重要的政治命题，甚至可以称之为理论原点。因此，中国古代统治思想的理想政治模式理论是以立君为天下命题为基础而精心构筑的庞大的政治理论体系。换言之，立君为天下命题堪称中国古代统治思想的顶层设计[①]。

---

① 参见张分田：《论“中国古典模式”的政治学说体系》，《天津师范大学学报（社会科学版）》2013 年第 3 期。系统的分析论证及事实依据载于国家社会科学基金项目“统治思想视野的中国传统理想政治模式理论研究”的最终成果《中国传统理想政治模式理论研究——隋唐君道理论的基础框架及其历史渊源》上、下册（打印稿），2012 年提交，2013 年结项。

我使用的研究方法是历史问题研究最具基础性和常规性的方法，即广泛收集前人提出的各种论点及论据，然后有针对性地收集相关史料，一一鉴别前人观点与历史事实的契合程度，进而提出自己的学术判断，并主要用罗列事实的方式完成阐释体系。我按照时间顺序，逐一分析每一个朝代、每一个重要学派、每一位著名思想家、每一位著名皇帝、每一个著名命题、每一个典型案例，引用文献的范围涉及二十五史及其他各种史学名著；五经四书及其各种重要注疏；中国古代所有重要思想流派的代表作；历代著名政治思想家的著作；历代著名皇帝的著作；各种重要的类书等等。大量的研究素材取自国家文告、帝王著述、朝堂议政、名臣奏议、科举试卷，乃至各种史籍笔乘、宗谱家范、宗教文献、笔记小说、诗词歌赋、通俗劝善书、占卜用书等等。凡是有可能引起争议的典型个案，我都一一探寻究竟，诸如秦始皇、隋炀帝是否认同民惟邦本及天下为公，历代皇帝是否认同立君为民及民贵君轻等等。正是这种研究方法，使我发现属于广义的中国思想史研究领域的众多学术名著的事实基础相当脆弱，违背历史事实的局部性判断和整体性判断很常见，越是与统治思想、帝王观念和民本思想密切相关的判断，违背历史事实的现象也就越严重。这种重大学术缺陷在中国古代哲学及政治思想研究领域表现得尤为突出，其影响也尤为广泛。

在对中国古代统治思想的各种整体性误判中，对立君为天下命题及立君为民命题的理论地位的误判堪称全局性误判。这个误判既是最具普遍性的，乃至没有哪一位学者能独善其身，也是最具致命性的，乃是导致形形色色的局部性误判和整体性误判的主要原因。中国学者普遍低估了华夏先民及众多统治者的认识能力、求实精神和政治智慧，低估了中国古代统治思想的内涵容量及周延程度。这必然导致一种普遍性的学术现象，即有意无意地将众多精彩命题与统治思想区隔开来。

二　最先构建立君为民及民贵君轻理论的是一批统治者

大量事实表明，立君为民及民贵君轻理论是一批统治者创造的，自产生之日起，就属于统治思想范畴。然而，在理论源头及思想属性的问题上,中国学者普遍做出了整体性的误判。

近年来,许多学者将"民惟邦本"说成"中国优秀传统文化"乃至"中国文化的根"。但是,只要大致翻检一下世界通史,就会发现这一类说法有夜郎自大之嫌。一般说来,世界各地的早期文明都有这一类"统治者的自我理解"。在两河流域的西亚文明古国和尼罗河流域的北非文明古国,统治者必须关爱下层民众的思想的产生时间比中国还要更早一些[①]。因此,这种国家伦理堪称世界文化的根,"民惟邦本"只是其汉语表达方式而已。实际上,在中国古代,民惟邦本是王权帝制的统治思想,其中既有精华,也有糟粕,甚至可以用"专制"来定性。因此,笼统地将其判定为"中国文化的根",不仅缺乏全球视野和历史感,而且存在鉴识有误和逻辑混乱的问题。

正是对各种简单、狭隘、盲目的"弘扬传统文化"现象的思考,使我发现了一个重新认识中国古代统治思想的最佳突破口和重要切入点,这就是立君为民命题及民贵君轻命题。在世界古代文明史上,以民为本是一种广泛存在的政治思想,而堪称中国特色的是,华夏先民最先提出君主为国家和民众而设、国家和民众重于君主的思想,并将其置于统治思想的首要地位。

有一种普遍性的误判认为,创造立君为民及民贵君轻理论的是战国时期的思想家。但是,历史事实是:这种观念源远流长,是中华民族群体性政治智慧的结晶,反映了中国古代政治文明的重要特点。迟至春秋时期,这种思想已经高度理论化。

值得注意的是,众多古代儒者也认为民贵君轻思想发端于远古的立君为民思想。例如,陆九渊指出,《周书》的天作君师与《孟子》的民贵君轻都旨在强调立君"所以为民","天下之事"以"百姓之命"[②]最为重要,并清晰地界定了"人主职分"[③]。凡是违背君道的君主都理应被取而代之,"汤放桀,武王伐纣,即'民为贵,社稷次之,君为轻'之义,孔子作《春秋》之言亦如此"[④]。民贵君轻旨在强调天从民欲,得民为君,而天从民欲,得民为君,又是论证民贵君轻的理据。因此,

---

① [德]罗曼・赫尔佐克:《古代的国家——起源和统治形式》,第 381—392 页。

② 《陆九渊集》卷 23《大学〈春秋〉讲义》,中华书局,1980 年,第 283 页。

③ 《陆九渊集》卷 34《语录上》,第 403 页。

④ 《陆九渊集》卷 35《语录下》,第 473 页。

在许多著名经学家的心目中,《周书》《诗经》是民贵君轻的经典依据。例如,宋朝林之奇解读《召诰》的革命观念,从“祈天永命,必在于小民”的角度,阐释“民为贵”[①];黄伦解读《泰誓》和《召诰》,从“上帝无心,以民为心”的角度,阐释“民为贵”[②];杨简解读《商颂》,从“人心所归,即上帝之所命”的角度,阐释“民为贵,君为轻”[③]。一些著名经学家甚至认为《夏书》中的《大禹谟》和《五子之歌》是阐释民贵君轻的经典著作和理论源头。例如,北宋史浩引据“民贵君轻”解读《五子之歌》,论说“失其民者,不可以为君”[④];林之奇引据“民贵君轻”解读《五子之歌》,论说“天下之危,必起于匹夫匹妇之怨”[⑤];袁燮引据“民贵君轻”解读《大禹谟》,论说君主轻贱民众乃“危亡之机”[⑥];陈经引据“民贵君轻”解读《大禹谟》和《五子之歌》,论说君主应“慎乃有位”[⑦],否则“失一愚夫愚妇之心,即失天下之心”[⑧]。这一类的说法在古代儒者群体中亦属常见。

由于对《夏书》《商书》的可靠性存在争议,因而无法毋庸置疑地断定夏、商时期一些帝王的思想就是立君为民及民贵君轻的源头。但是,《周书》及《诗经》的许多篇章是可靠或比较可靠的,据此可以断定:立君为民及民贵君轻理论化的时间不会晚于西周时期。孟轲也确实是遵循《周书》《诗经》贵民思想的基本思路,论说立君为民及民贵君轻的。因此,众多儒者将立君为民及民贵君轻的理论渊源追溯到春秋以前的观点是颇有道理的。

在论说某一思想命题的历史源流和影响范围时,我常常依据“基本思路”选择史料。在思想史上,有一种现象司空见惯,即思想家们使用不同的词语来表达相同或相似的理念,其论证逻辑、主要内涵、

① 林之奇:《尚书全解》卷30《召诰》,山东友谊书社,1992年,第1727页。

② 黄伦:《尚书精义》卷24《泰誓》,第320页。

③ 杨简:《慈湖诗传》卷20《商颂》,张寿镛辑:《四明丛书》(第9册),广陵书社,2006年,第5056页。

④ 史浩:《尚书讲义》卷6《五子之歌》,《景印文渊阁四库全书》,第56册,第222页。

⑤ 林之奇:《尚书全解》卷12《五子之歌》,第661页。

⑥ 袁燮:《絜斋家塾书钞》卷2《大禹谟》,《景印文渊阁四库全书》,第57册,第676页。

⑦ 陈经:《尚书详解》卷3《大禹谟》,中华书局,1985年,第51页。

⑧ 陈经:《尚书详解》卷8《五子之歌》,第137页。

核心价值和基本取向并无根本性的差异。还可以常常见到这样的现象，即思想家们从不同的角度切入话题，运用不同的方式予以论证，而基本结论却阐释了同一类理念。凡是属于上述情形的，都可以大体推定，他们的基本思路相同或相似。例如，《论语》和《商君书》都没有直接提到立君为民及民贵君轻，而从基本思路看，孔丘和商鞅都认同这一类思想。在系统研究立君为民命题及民贵君轻命题时，这一类史料均应纳入考察范围，成为重要的事实依据。正是由于自觉地采用了考察基本思路的方法，我发现中国学术界对许多重大政治理论的源头及创造者的属性的判断不符合历史事实，最典型的莫过于对立君为民及民贵君轻的误判。

我发现，在现存文献中，古公亶父是最先明确论说立君为民及民贵君轻的政治家和思想家。据《史记》记载，戎狄进攻，欲得豳地及民众，“民皆怒，欲战”。面对战则必败的情势，古公亶父讲了一句名言：“有民立君，将以利之。今戎狄所为攻战，以吾地与民。民之在我，与其在彼，何异。民欲以我故战，杀人父子而君之，予不忍为。”他毅然放弃君位，率宗族私属出走，而“豳人举国扶老携弱，尽复归古公于岐下。及他旁国闻古公仁亦多归之”[①]。《孟子·梁惠王下》“邠人曰”一节和《吕氏春秋·开春论·审为》“居邠避狄”一节也曾论及此事，只是发生地点略有差异。古公亶父所说的民、地、君就是国家三要素。民，即国家的人口；地，即国家的领土；君，即国家的权威(政权)。在他看来，人口和领土是构成国家的根本，国家需要君主，而君主是可以更替的。民众和国家重于君主，为了民众的利益，他应当放弃君主之位。这就是说，在国家三要素中，权威(政权)处于相对较轻的位置。古公亶父的见解是人类对国家权力公共属性的认识的一次重大飞跃，在世界政治史上也是值得大书一笔的。

在《尚书》中，最先表达天立君为民的基本思路的是《泰誓》的“天佑下民，作之君，作之师”和“民之所欲，天必从之”[②]，而《泰誓》是古公亶父的曾孙周武王发布的一篇战争誓词。许多历史材料表明，在早期王制时期，将自然与社会的各种现象最终归因于上帝(天、天帝)

① 《史记》卷4《周本纪》，《二十四史》简体字本，中华书局，2000年，第83页。

② 《尚书·泰誓上》，孔安国传、孔颖达：《尚书正义》卷11，第323、325页。

是一种普遍性的认识方式,商王甚至事事祈求或请示上帝,因而上帝为民作君择君的思想可能有更为古老的渊源。《泰誓》的天作君师命题和天从民欲命题都是《孟子》论说民贵君轻的经典依据。

《周书》的若干篇章保存了现知最早的一套比较完整的统治思想的政治理论体系。《周书》诸篇不仅以明确的话语论证了上帝为民众而设置君王、天从民欲而选择君主、天赋君权以治国理民的思想,而且为帝王做出基本的角色定位,即天下之君主、天下之师长、天下之父母三位一体,还论证了对暴君实行革命的合理性和王朝更替的必然性。这就包纳了立君为民命题、天下为公命题及民贵君轻命题的基本思路和主要理据,并形成尊君(天赋君权、立君治民、为民父母)与重民(为民立君、政在养民、天从民欲)一体两用的特定的思维方式和理论结构。凡是沿袭《周书》天作君师命题及其思维方式和理论结构的政治理论体系都必然具有这种基原性的一体两用特征。这一类理论的主要成分来自对君主制度的政治法则及执政规律的深刻认识,集中回答了国家及君主制度的起源、设置公共权力的目的及国家职能和君主规范等政治的基本问题。这标志着立君为民及民贵君轻思想的理论化。

古公亶父被其孙子周文王追尊为太王。周武王的《泰誓》是《周书》的名篇。周公等人的政治文告构成《周书》的主体,西周金文也为这一类思想的可靠性提供了实证依据。因此,古公亶父及周武王和周公等人的思想属于统治思想范畴,《周书》是周朝官方学说代表作。经西周最高统治者昭告天下和大力弘扬,这一类思想的影响范围至少包括当时所有的诸侯及大部分卿士。从此以后,天生烝民,作君作师,一直是论证立君为民及民贵君轻的经典依据,其影响极其广泛而又深远。

至迟到春秋时期,论证立君为民的理论已经相当完备,主要表现是君主为民众、社稷、国家、道义而设的理论进一步发展。有四个典型事例最能体现政治理论的新进展。一是晋国的丕郑论说立君旨在维护道义,他说:"吾闻事君者,从其义,不阿其惑。惑则误民,民误失德,是弃民也。民之有君,以治义也。义以生利,利以丰民,若之何其民之与处而弃之也?”[①]二是晋国的师旷论说立君旨在养民教民,他肯定“卫人出其君”的做法,指出:“天生民而立之君,使司牧之,勿使失性”,君主必须“养民如子”。“天之爱民甚矣。岂其使一人肆于民上,以从其淫,而弃天地之性,必不然矣。”[②]三是齐国的晏婴论说立君旨在为社稷。他说:“君民者,岂以陵民?社稷是主。臣君者,岂为其口实?社稷是养。”[③]四是邾文公论说立君旨在利民,面对迁都计划“利于民而不利于君”的问题,他讲了这样一个观点:“苟利于民,孤之利也。天生民而树之君,以利之也。民既利矣,孤必与焉。”[④]上述认识将民众、社稷、国家、道义摆在优先于君主个人的位置,其中君臣皆为治义而设命题和君臣皆为社稷而设命题蕴含公德先于私德、公利先于私利的意蕴,主张将维护国家及民众利益的公德置于维护君臣关系的私德之上,堪称立君为天下命题的先导。

与此相应,许多政论家明确指出:君主不履行养民职责,失去臣民信任,也就失去了做君主的资格。例如,晋厉公被晋人杀死。鲁成公问:“臣杀其君,谁之过也?”里革认定:“君之过也。”他认为:“夫君也者,将牧民而正其邪者也。”如果“君纵私回而弃民事”[⑤],就会导致覆灭。夏桀、商纣王、周厉王、周幽王都是前车之鉴。赵简子与史墨议论鲁昭公被季氏放逐而鲁国百姓并不指责季氏一事。史墨的看法是:“鲁君世从其失,季氏世修其勤,民忘君矣。虽死于外,其谁矜之?社稷无常奉,君臣无常位,自古以然。故《诗》曰:‘高岸为谷,深谷为陵。’三后之姓于今为庶,主所知也。”在史墨看来,施政为民才成其为君,“民不知君,何以得国”[⑥]。在政治斗争中,有人甚至认为君主的施政不利于国家,这就是不仁;为国家铲除无道之君,这就是仁,故“杀无道而立有道,仁也”[⑦]。保存于先秦文献的这一类事

① 《国语·晋语一》,徐元诰:《国语集解》,第256页。

② 《左传·襄公十四年》,杜预注、孔颖达疏:《春秋左传正义》卷32,《十三经注疏整理本》,北京大学出版社,2000年,第1063页、第1066页。

③ 《左传·襄公二十五年》,杜预注、孔颖达疏:《春秋左传正义》卷36,第1166页。

④ 《左传·文公十三年》,杜预注、孔颖达疏:《春秋左传正义》卷19,第628页。

⑤ 《国语·鲁语上》,徐元诰:《国语集解》,第172页。

⑥ 《左传·昭公三十二年》,杜预注、孔颖达疏:《春秋左传正义》卷50,第1759—1760页。

⑦ 《国语·晋语三》,徐元诰:《国语集解》,第312页。

例不胜枚举。

实际上，为利民而立君、为养民而立君、为教民而立君、为社稷而立君、为道义而立君的思想以及民惟邦本、天命靡常、天从民欲、得民为君之类的命题，都包含了民贵君轻的基本思路，也都是论证民贵君轻的重要依据。宋朝萧楚阐释旨在强调“以民众为重”的“春秋笔法”时指出：“众实国体，存亡系焉。孟子曰‘民为贵，君为轻’，是《春秋》之义也。”[①]这是颇有道理的。

值得注意的是，随着立君为民思想的广泛传播，诸多民贵君轻的同义命题或近义命题相继问世。其中，产生于老聃之前的主要有五大命题。

一是民本君末命题。《逸周书·武顺》有“元首为末”和“利本”之说，孔晁注：“本谓人也。”[②]元首，即最高统治者，亦即帝王。民人为本而元首为末，即等级卑贱的臣民为本，而等级尊贵的帝王为末。“本”、“末”之造字，借助一棵树木指事寓意：本是其根株、基干，末是其茎叶、枝梢。“本”字含有主要、尊显、贵重、上等、高级之义；“末”字含有次要、卑微、轻贱、下等、低级之义。中国古代思想家偏爱用“本”强调某个事物的重要性，常用本与末论说重与轻、贵与贱。民本君末亦即民重君轻，二者只有修辞的差异。民本君末堪称民贵君轻的同义命题。

二是民为神明之主命题。在解释国家盛衰、政治成败的原因时，许多思想家强调民众的作用，他们指出：民为神主，天从民欲，因而“圣王先成民而后致力于神”[③]，“民和而后神降之福”[④]。虢国的史嚣甚至说：“国将兴，听于民；将亡，听于神。”[⑤]只相信神意、不遵从民意的君主是极其愚蠢的。民为神明之主命题在一定意义上将民众置于优先于君主、社稷、神明的位置，属于民贵君轻的近义命题。

三是无民无君命题。面对所谓的天谴，宋景公拒绝采纳“可移于

① 萧楚：《春秋辨疑》卷2《侵伐辨》，中华书局，1985年，第30页。

② 《逸周书·武顺》，黄怀信等：《逸周书汇校集注》卷3，上海古籍出版社，2007年，第312、310、311页。

③ 《左传·桓公六年》，杜预注、孔颖达疏：《春秋左传正义》卷6，第201页。

④ 《国语·鲁语上》，徐元诰：《国语集解》，第144页。

⑤ 《左传·庄公三十二年》，杜预注、孔颖达疏：《春秋左传正义》卷10，第342页。

民"的建议。他指出:"为人君而杀其民以自活也,其谁以我为君乎!"[1]无民无君蕴含民贵君轻之义,可以视为民贵君轻的同义命题。吴国的公子光刺杀王僚,弑君自立。季札的态度是:"苟先君无废祀,民人无废主,社稷有奉,国家无倾,乃吾君也。吾谁敢怨?"[2]这一类民众、社稷、国家重于君主的思想也蕴含民贵君轻之义。

四是以民为本命题。在现存文献中,"以人为本"的提法最早见于《管子·霸言》,而"以民为本"的提法最早见于《晏子春秋·内问上》。据《管子·霸形》记载,管仲曾对齐桓公讲过一番"齐国百姓,公之本也"的道理。据此可以确认以民为本命题产生于春秋时期。既然百姓为本,那么君主为末。这就意味着君主必须以民为本、为重、为贵,并自觉地将自己置于相对较轻的地位。比较而言,以民为本命题比民贵君轻的涵义要丰富得多,而民贵君轻命题是以民为本命题的推论和论据之一。以民为本命题的提出标志着民贵君轻的理论基础发展到高屋建瓴的程度。

五是君以民为天命题。据《说苑·建本》记载,齐桓公曾问管仲:"王者何贵?"答曰:"贵天。"齐桓公仰头望天。管仲却说:"所谓天者,非谓苍苍莽莽之天也。君人者以百姓为天。百姓与之则安,辅之则强,非之则危,背之则亡。"[3]从造字方法看,"天"字的构件选择、构形模式、创字意图和本义设定都旨在表达"至高无上"的意义。在中国古代政治观念中,与天相对的是地,天与地之间有上与下、高与卑、贵与贱之别。天至高、至上、至大、至尊、至贵、至神,因而"天"字也包含高、上、大、尊、贵、神等义项。王者贵天、以民为天亦即君主贵民、以民为贵,这里所说的"天"与"贵"是同义词,"民为天"与"民为贵"只有修辞的差异。由此可见,君以民为天与民贵君轻是同义命题。实际上,"民为天"比"民为贵"的语感更强烈,毕竟"天"之"贵"乃"至贵",非寻常之"贵"。

三　先秦诸子普遍认同立君为民及民贵君轻

大量事实表明,先秦主要政治思想流派都论证了立君为民命题,

---

① 《吕氏春秋》卷6《季夏纪·制乐》,上海书店,1988年,第61页。
② 《左传·昭公二十七年》,杜预注、孔颖达疏:《春秋左传正义》卷52,第1708页。
③ 《说苑》卷3《建本》,向宗鲁校证:《说苑校证》,中华书局,1987年,第73页。

许多思想与民贵君轻异曲同工，若干重要理论贡献先于孟轲，也超越孟轲。然而，许多学者声称：民贵君轻是孟轲创造的，这种思想“在先秦诸子中极为罕见”，“明显超越前人和同时代人的思想水平”。这一类说法可谓大错特错。

在比孟轲年长的思想家中，老聃、孔丘、墨翟、商鞅都对立君为民及民贵君轻做出重要理论贡献。如果沿袭道家、儒家、墨家、法家等传统学派概念，老聃、孔丘、墨翟、商鞅恰好代表四类政治思想流派。必须指出的是，这一类学派概念的设定及使用有与生俱来的形式逻辑错误，后来又被古今学者滥用，无法用于准确地指称对象，也无法用于严谨地表达观点。使用这一类概念是导致相关著述普遍存在事实误判和逻辑错误的重要原因之一。中国学术界必须积极寻求更合适的分析概念，构建逻辑严整的学术话语体系。以下的分析也可以证明：至少在立君为民及民贵君轻的基本思路上，老聃之学、孔丘之学、墨翟之学、商鞅之学有内在的一致性。

老聃的理论贡献是将民贵君轻高度哲理化。在现存文献中，《老子·六十二章》最先明确提出君主制度遵循自然之道而设的思想，强调依据道义立天子以教化众生的必然性和重要性，即“道者，万物之奥，善人之宝，不善人之所保……人之不善，何弃之有？故立天子，置三公”[①]。这是立君为民命题的重要内涵之一。《老子·三十九章》提出了一个高度抽象、影响深远的政治命题，即“贵以贱为本，高以下为基”[②]。这就将民本君末、以民为天、民重君轻抽象为普遍适用的一般法则，即一切等级地位相对高贵的人都必须以等级地位相对低贱的人群为基本，因而卑贱者反而相对贵重，高贵者反而相对轻微。贵以贱为本不仅是民贵君轻的同义命题，而且是比民贵君轻抽象程度更高的理论命题。

孔丘的理论贡献是论证以贵下贱的重要性。孔丘参与整理诸多经典文本，精心研读《周易》。据此可以推定，他赞成立君为民、民本君末、无民无君的思想。《周易》的《乾卦》引“子曰”，告诫统治者“贵

---

① 《老子·六十二章》，王弼：《老子注》，上海书店，1986 年，第 38 页。

② 《老子·三十九章》，王弼：《老子注》，第 25 页。

而无位，高而无民”，则“亢龙有悔”[①]。《屯卦》指出，“以贵下贱”可以“大得民也”[②]。《易传》的“以贵下贱”与《老子》的“贵以贱为本”意旨相同。孟轲的“君为轻”和“民为贵”就是对这种政治本末观及君臣关系论的演绎发挥。

墨翟的理论贡献是论证先民后君命题。在现存文献中，《墨子·尚同》最先明确提出君主制度产生的社会动因是以刑政制止人类纷争，强调上帝鬼神立君以统一天下之义的必要性及各级正长以权力手段“尚同”的重要性，并从这个角度论证了立君为民和立君利民的道理。墨翟主张君主“必先万民之身，后为其身”[③]。这种思想为民贵君轻提供了重要依据。先民后君也是民贵君轻的同义命题。

商鞅的理论贡献是论证“为天下位天下”命题，强调国家权力的公共属性。商鞅倡导更礼变法，明确地将国家与法的问题置于政治思维的核心地位。《商君书·开塞》指出，人类社会发展和社会矛盾激化必然导致君主制度的产生，君主、礼法、刑罚的产生具有合理性，立君旨在统辖百官、统一法令、维护秩序、制止纷争、安定民生。这是立君为天下命题的重要内涵。商鞅主张建立公私分明的法制国家。《商君书·修权》指出，古代圣王明君之所以成功，是因为他们“爱权重信而不以私害法”，“故尧、舜之位天下也，非私天下之利也，为天下位天下也”[④]。依据这个思想，商鞅抨击徇私乱法的君主及官吏，称：“今乱世之君臣，区区然皆欲擅一国之利，而管一官之重，以便其私，此国之所以危也。”[⑤]“天下”是中国古代最重要也最常见的国家概念。立君为天下亦即立君为国家及大众。天下重于君主，君主没有为所欲为的绝对权力，统治者不能为私欲而危害国家利益，这正是立君为天下命题的主旨。在全球史的视野内，商鞅是最先清晰地将政治问题与伦理问题区别开来的理论家，也是最先提出系统的法制国家理论的思想家，其理论基础之一便是立君为天下。

在现存文献中，最先明确提出立君为天下命题的是慎到，对立君

---

① 《周易·乾卦》，王弼注、孔颖达疏：《周易正义》卷1，第21页。

② 《周易·屯卦》，王弼注、孔颖达疏：《周易正义》卷1，第41页。

③ 《墨子·兼爱下》，孙诒让：《墨子间诂》卷4，中华书局，2001年，第118页。

④ 《商君书·修权》，蒋礼鸿：《商君书锥指》卷3，中华书局，1986年，第82、84页。

⑤ 《商君书·修权》，蒋礼鸿：《商君书锥指》卷3，第85页。

为民及民贵君轻的理论贡献最大的先秦思想家也是慎到。慎到、商鞅、孟轲是同一时代的思想家。孟轲很可能还曾受过慎到的影响①。

慎到的理论贡献是论证贵公尚法的政治模式，提出强化国家体制之公、国家法制之公、国家治理之公和政治价值之公的政治理论，提升了“公”的理论地位。慎到所说的公是一种普遍适用的公共标准及相关事物的一般规定性。公与私相对而言，都是兼容哲学、政治、法律、道德涵义的范畴，立公去私则是最高价值标准。在慎到看来，一切“立公”的行为都旨在“弃私”，“蓍龟所以立公识也，权衡所以立公正也，书契所以立公信也，度量所以立公审也，法制礼籍所以立公义也。凡立公，所以弃私也”②。慎到将设立国家法制说成是立公义以体现国家利益和公众利益，他认为“法之功，莫大使私不行”，就连君主也不应“立法而行私”③。慎到主张公法高于私情，君主必须“缘法而治”④，不能“舍法而以身治”⑤，否则“立法而行私，是与法争，其乱甚于无法”⑥。慎到以维护国家利益和遵守国家法制为公，这就意味着公利高于私利，公德高于私德。他指出：国家需要贤能之士，却不必尚贤。国家需要忠臣孝子，却不能依赖忠臣孝子。与其信赖忠孝私德，不如遵循法制。君主、贤臣、忠臣均应依法办事，“故明主之使其臣也，忠而不得过职”，“将治乱，在乎贤使任职而不在于忠也”⑦。慎到明确提出立君为天下命题，其文曰：

> 古者立天子而贵之者，非以利一人也。曰：天下无一贵，则理无由通。通理以为天下也，故立天子以为天下，非立天下以为天子也。立国君以为国，非立国以为君也。立官长以为官，非立

① 慎到与孟轲属于同时代的人，但孰先孰后，说法不一。依据《孟子·告子下》及《汉书·艺文志》，慎到要比孟轲年长若干岁。依据《盐铁论》，慎到要比孟轲年轻若干岁。《汉书·艺文志》的可靠性更大一些。慎到与孟轲还可能曾一起在齐国稷下学宫讲学。在先秦，慎到的影响也比孟轲大得多，《荀子》《庄子》《韩非子》《吕氏春秋》都提到了慎到。

② 《慎子·威德》，第3页。

③ 《艺文类聚》卷54引《慎子》，中华书局，1965年，第968页。

④ 《商君书·君臣》，蒋礼鸿：《商君书锥指》卷5，第130页。

⑤ 《慎子·君人》，第7页。

⑥ 《艺文类聚》卷54引《慎子》，第968页。

⑦ 《慎子·知忠》，第6页。

官以为官长也。[①]

这就是说，为了履行国家职能，维护社会正义，必须设立天子及政权体系。但是，天子、国君、官长只是国家职能的执行者，立君设官是手段，维护秩序、公平和正义是目的。这就在理论上把天下与天子、国家与国君、政府与官长区别开来，将前者置于相对重要的地位，即国家高于君主。

慎到论证立君为天下，将道义、国家、法制、大众置于君主之上。明朝大儒方孝孺据此判定慎到赞成民贵君轻。他说："世以慎到与邓析、韩非之流并称。到（慎到）虽刑名家，然其言有中理者，非若彼之深刻也。其谓立天子以为天下，非立天下以为天子，不犹儒者所谓君为轻之意乎？"[②]方孝孺未能从儒者偏见的泥潭中彻底拔出脚来，而他的这个评判却合乎历史事实。

客观公正地比较《慎子》与《孟子》的理论成就，可以得出这样的判断：在抽象程度上，慎到的"立天子以为天下"更胜一筹；在修辞方法上，孟轲的"民为贵，社稷次之，君为轻"亦有优长；在理论高度上，以"天"及"天命"为君权合法性的终极依据的孟轲，比以"道"及"公"为君权合法性的终极依据的慎到要逊色得多；在求实精神上，虚构历史、夸大其词的孟轲无法与直面现实、实事求是的慎到同日而语，二人的反差有天壤之别。

孟轲提出"民为贵，社稷次之，君为轻"[③]，最先明确表述了民贵君轻命题。荀况提出"天之生民，非为君也。天之立君，以为民也"[④]，最先明确表述了立君为民命题。吕不韦提出"天下非一人之天下也，天下之天下也"[⑤]，进一步强化了立君为天下命题和天下为公命题的主旨。这些思想现象都是立君为民及民贵君轻理论不断完善的产物。就基本思路而言，孟轲、荀况、吕不韦的思想都不具有原创性。

---

① 《慎子·威德》，第3页。

② 方孝孺：《逊志斋集》卷4《杂著·读慎子》，宁波出版社，1996年，第112页。

③ 《孟子·尽心下》，朱熹：《四书章句集注》之《孟子集注》卷14，第367页。

④ 《荀子·大略》，王先谦：《荀子集解》卷19，第504页。

⑤ 《吕氏春秋》卷1《孟春纪·贵公》，第8页。

有一个问题是不应回避的，即被儒者归入“刑名家”的“邓析、韩非之流”是否认同立君为民及民贵君轻？从老聃、孔丘，到韩非、李斯，时间跨度两三百年，其间产生的思想家理应数以千百计。可惜的是，现存完整或比较完整的诸子之书屈指可数，邓析等人的著作早已散失，他们是否认同立君为民及民贵君轻，已无从考证。但是，迟至西周以来，立君为民及民贵君轻长期居于统治思想及主流学术的地位，相关理论不断发展，广泛传播。据此可以推定，绝大多数政治家、思想家认同这一类政治理论的基本思路，“刑名家”亦不例外。据《史记·李斯列传》记载，李斯曾经以“王者不却众庶，故能明其德”①告诫秦王嬴政。他自称推行“缓刑罚，薄赋敛，以遂主得众之心”的政策并取得成效。他还断言“大为宫室，厚赋天下，不爱其费”的秦二世必将招致覆灭，将其视为“不道之君”②。这位“刑名家”显然认同立君为民及民贵君轻的基本思路。

被古今学者归入“法家”的韩非有大部头著作传世，《韩非子》是一部体系完整、内涵丰富的政治理论著作。韩非贬低儒墨之论，张扬权势、法制、治术的作用，主张强化中央集权，因而招致古代儒者的刻薄非议和现代学者的激烈批判。这些非议或批判不无道理，但也多有偏颇。许多学者断言，鼓吹“绝对君权”乃至“极权主义”的韩非绝对不会将民众、国家、道义置于君主之上，韩非的许多言论便是证据，诸如“国者，君之车也”③。然而，如果超越古今学者诸多陈陈相因的说法，全面考察、客观评说《韩非子》的理论要素、基本思路和命题体系，就会发现韩非的政治理论具有明显的综合性，不是“法家”二字可以概括的。韩非兼容诸子百家的思想，为君主设置了一系列必须遵循的政治规范。他指出：“能去私曲就公法者，民安而国治；能去私行公法者，则兵强而敌弱”④；他主张君主仿效圣王，实现“天下公平，而齐民之情正”⑤；他主张“不引绳之外，不推绳之内，不急法之外，不

---

① 《史记》卷87《李斯列传》，第1981页。

② 《史记》卷87《李斯列传》，第1992页。

③ 《韩非子·外储说右下》，王先慎：《韩非子集解》卷14，中华书局，1998年，第343页。

④ 《韩非子·有度》，王先慎：《韩非子集解》卷2，第32页。

⑤ 《韩非子·守道》，王先慎：《韩非子集解》卷8，第202页。

缓法之内”,“使人无离法之罪”①;他主张君主“守自然之道,行毋穷之令”,凭借“得天时”、“得人心”、“因技能”、“得势位”,实现“天下一力以共载之,故安;众同心以共立之,故尊”②;他主张效法尧、舜的治国之道,称:“尧无胶漆之约于当世而道行,舜无置锥之地于后世而德结。”③《韩非子·安危》提出七种“安术”,六条“危道”,主张君主以法定是非、赏罚,察贤愚、善恶,立信义、威望,纳忠言,恤民生。《韩非子·解老》主张推行德政并告诫统治者不要虐民、好战、滥刑、弄权。《韩非子·五蠹》继承了《商君书》人类社会发展和社会矛盾激化导致君主制度产生及立君旨在构建秩序、安定民生的思想。韩非还有公、法、道高于君之论。这一类思想是立君为民、为国、为公、为道的常见表达方式。

韩非的主要理论贡献是系统阐释道高于君。道高于君是立君为民众、为社稷、为国家、为天下、为正义的理论抽象,也是道义、礼法、国家、民众重于君主的理论抽象。中国古代没有“道高于君”的提法。但是,可以用道高于君来概括这一类提法的基本思路和重要导向,即“道”注定了人类必须实行君主制度,而君主政治的一般法则高于任何一位具体的君主,所有君主必须遵循公认的自然之道、治国之道、为君之道,否则就会受到臣下的抵制和道义的惩治,而推翻无道之君是符合道义的。道高于君命题发端于早期王制的帝、天、礼、德高于君主和民众重于君主的思想,以及相关的君主规范和政治理论。春秋以来,相关理论的内容不断充实,民众、社稷、国家、法制、天下重于君主的思想日益深入人心,相关的理论命题也日益抽象,阐释义、公、道、理高于君主的命题相继产生。荀况明确提出“从道不从君”④。其弟子韩非使用“道”这个抽象概念,全面论证君主政治的一般法则,形成了比前人更全面更抽象的理论阐释。

韩非用道概括自然、社会、人生的一般法则。在《韩非子》中,既有属于本体范畴的大道、道、道理、用一之道、天之道、天地之道,又有

---

① 《韩非子·大体》,王先慎:《韩非子集解》卷8,第209、210页。

② 《韩非子·功名》,王先慎:《韩非子集解》卷8,第208页。

③ 《韩非子·安危》,王先慎:《韩非子集解》卷8,第201页。

④ 《荀子·臣道》,王先谦:《荀子集解》卷9,第250页。

作为政治典范的圣人之道、王道、明君之道、霸王之道，还有比较具体的主道、君道、守国之道、治之道、用众之道等等。韩非认为，“道者，万物之始，是非之纪也。是以明君守始以知万物之源，治纪以知善败之端”[①]。在他看来，体认道、道术则为有道之君、有道之臣、有道之士，否则为“无道”。因此，君主应“以道莅天下”[②]。

韩非主张依据道确立“要在中央”[③]的国家体制。他期望君主“因道全法”，“以道为舍”，“不逆天理，不伤情性”[④]，严禁各级官僚“背法而专制”[⑤]。韩非认为，公私相背，势不两立，“禁主之道，必明于公私之分，明法制，去私恩”，否则为“乱主”[⑥]。韩非肯定有道之士、辅弼之臣的作用，主张任霸王之佐，行霸王之道，成霸王之名。韩非最先明确提出君主“以道正己”[⑦]命题，并要求官僚“修身洁白”[⑧]。在韩非看来，遵循道义是普遍适用的社会规范，君主不能例外。据此，他把以道临天下，“内有德泽于民”，“遇诸侯有礼义”，称为“有道之君”，反之则为“无道”[⑨]。韩非重视道义与民心在确立君主地位中的作用，并引据大量史实证明，有道则天下无敌，无道则破国丧身。韩非指出：“天子失道，诸侯伐之，故有汤、武。诸侯失道，大夫伐之，故有齐、晋。”[⑩]在他看来，汤、武之所以违背君臣名分却能夺取天子之位，是因为他们比桀、纣更得民心，“故非其分而取者，众之所夺也；辞其分而取者，民之所予也”[⑪]。韩非告诫君主：道义是命根子，君有道则天下归之，君无道则天下弃之，故“战战栗栗，日慎一日，苟慎其道，天下可有”[⑫]。

---

① 《韩非子·主道》，王先慎：《韩非子集解》卷1，第26页。
② 《韩非子·解老》，王先慎：《韩非子集解》卷6，第142页。
③ 《韩非子·扬权》，王先慎：《韩非子集解》卷2，第44页。
④ 《韩非子·大体》，王先慎：《韩非子集解》卷8，第210、209页。
⑤ 《韩非子·南面》，王先慎：《韩非子集解》卷5，第118页。
⑥ 《韩非子·饰邪》，王先慎：《韩非子集解》卷5，第128页。
⑦ 《韩非子·观行》，王先慎：《韩非子集解》卷8，第197页。
⑧ 《韩非子·饰邪》，王先慎：《韩非子集解》卷5，第128页。
⑨ 《韩非子·解老》，王先慎：《韩非子集解》卷6，第144页。
⑩ 《韩非子·难四》，王先慎：《韩非子集解》卷16，第381页。
⑪ 《韩非子·难四》，王先慎：《韩非子集解》卷16，第382页。
⑫ 《韩非子·初见秦》，王先慎：《韩非子集解》卷1，第11页。

在诸子百家的政论中，孟轲与韩非的差异最大。许多学者甚至将孟轲与韩非分别置于“民主”与“专制”或“相对君权”与“绝对君权”的两极。但是，在道高于君的基本思路上，二者大体相同，别无二致。在理论阐释上，韩非反而比孟轲更系统一些，也更抽象一些。这一重大历史现象表明，道高于君的基本思路获得广泛认同。

总的说来，在春秋战国时期，不仅产生了号称“百家”的众多理论类型，还产生了《荀子》《吕氏春秋》《韩非子》等综合百家的理论文本及一批高度抽象的理论成果。这必然导致立君为天下理论具备完整的思路和丰富的内涵，立君为天下、天下为公、天下一统、政由君出、君臣合道、无为而治、广开言路、平均天下、孝治天下、法理天下等一系列重大政治命题形成相互论证的内在逻辑，道义高于君主成为影响极其广泛的政治理念及政治价值。后世著名思想家的政治理论大多具有兼采诸子、会通百家的特征，其基本思路的历史渊源都可以追溯到先秦。

一般说来，凡是认同道高于君、立君为民、无民无君、得民为君的，都必然认同道义、国家、社稷、民众重于君主。民为本、民为天、民为先、民为重、民为贵、贱为本、下为基都是同义词或近义词。重民、敬民、畏民等提法也包含民贵君轻命题的主旨和意蕴。依据立君为民及民贵君轻思想形成、发展、传播的历史过程，可以毋庸置疑地断定：民贵君轻不是孟轲的独到创见，他的理论水平也并非上乘。孟轲的贡献只是用明快的修辞，发挥前人的思想，构建自己的论述，使之提炼成一个语句简洁、语感强烈的命题而已。许多学者将修辞的精彩及词藻的夸张误判为独特创见，甚至声称孟轲“超越时代”，这种观点不符合思想演化的实际过程，也大大低估了华夏先民的政治智慧及诸子百家的理论贡献。

应当指出的是，我们对民贵君轻思想的普及程度，必须有足够的认识，否则就很容易相信各种不恰当的评说，特别是刻意拔高孟轲历史地位的各种错误说法。中华民族的庞大群体世世代代秉持立君为民的理念，高举以民为本的旗帜，张扬民贵君轻的主张，呼唤政在养民的治道，这种历史现象不是一两位“圣贤”或某一个学派所能造就的。一个民族的思想精华总是寄寓在这个民族的群体身上的。如果真的想弘扬中华优秀文化传统的话，就应当充分肯定华夏先民群体性的政治智慧和历史贡献，而不是盲目推崇被一个学派和一批皇帝炒作出来的少数“圣贤”。

四 《孟子》的民贵君轻不具有反专制的特质

一批著名学者用“专制”为民贵君轻定性，而另一批著名学者用“反专制”、“民主”、“民权”、“人民性”为民贵君轻定性。于是民贵君轻的本质属性成为学术界长期争论的焦点。通过对这种学术现象的研究，我发现：寻根溯源，中国学术界集体性重大历史事实误判是由一些低级误判引起的。

“低级误判”是指在评说理论层次较低的命题时，在事实陈述这一学术研究的初级阶段，便因望文生义、断章取义、随意演绎、主观臆断等低级错误导致重大误判。低级误判是最典型也最严重的事实误判。在中国学术界的各种误判中，最为常见也最为严重的当数对《孟子》民贵君轻本质属性的误判及由此而引起的一系列误判。在评说《孟子》及民贵君轻的著述中，兼具真实性、准确性、恰当性的判断甚少，不客观、不准确、不恰当的判断甚多，许多不符合事物本来的面目的虚假判断亦属司空见惯，且影响甚大。

一些学者的误判属于望文生义。他们将民贵君轻之“贵”误读为尊卑贵贱之“尊贵”，进而解读为与君尊民卑、君贵民贱相对立的命题，然后判定民贵君轻冲击等级秩序，否定君主专制。然而，事实上，孟轲将“民为贵”与“君为轻”相对而言，“贵”显然是“轻”的反义词，不是指“尊贵”，而是指“贵重”。因此，民为“贵”不是民为“尊”，而是民为“重”。民贵君轻即民众重于君主。在古代文献中，民贵君轻与民重君轻是同义命题，二者的差别是修辞性的和语感性的。前者更容易令人震撼，孟轲很擅长这一类行文方式。

望文生义的低级误判最初来自某些古代儒者。儒者之学的主要特征是论证君主制度、宗法制度、等级制度的一般规定性，维护上下有别、尊卑有序、贵贱有等的社会政治体系。民贵君轻的提法很容易触动某些儒者敏感的神经，他们担心孟轲的修辞方法会危害君权。

但是，绝大多数儒者没有犯这种低级错误。朱熹的看法颇有代表性及影响力，他说：“以理言之，则民贵，以分言之，则君贵，此固兼行而不悖也。各于其时视其轻重之所在而已。”[①]在朱熹看来，论道理，得民为君而民为贵；论名分，君尊民卑而君为贵，民贵与君贵并行不悖。一批宋明理学家赞成这个见解，明成祖将其收入《四书大全》。还有一些儒者之论也颇有代表性，或曰民贵君轻亦即民本君末，“即《大过》民为本，君为末之意也”[②]。或曰君贵为常义，民贵为变义，即“阴阳互为轻重”，尊崇君主是常理，推翻暴君是权变，“故有君贵民贱之常义，未尝不有民贵君轻之变义也”[③]。或曰民贵君轻之论旨在救弊，即“战国之时，视民如草芥，不知废兴存亡皆此焉出，故其言若此，使知民之贵甚于社稷，其敢以君之贵而嫚其民乎”[④]。或曰尊君为臣道，贵民为君道，即为民则尊君，为君则贵民，“《春秋》尊王正万世人臣之义，《孟子》贵民立万世为君之道”[⑤]。这一类儒者之论的共同之处是：全面认识《孟子》的理论特征，正确解读民贵君轻的思想特质，既肯定这个命题的特殊价值，又指出它并不违背王尊君贵的等级法则。在鉴别力和判断力上，众多“国学大师”竟然还不如古代儒者。

在学术研究中，望文生义属于最低级的错误。令人扼腕的是，近年来，犯有这种错误的“弘扬传统文化”的文章比比皆是。除民贵君轻命题外，典型例证莫过于众多弘扬“天行健，君子以自强不息”及“地势坤，君子以厚德载物”的文章。大多数作者显然没有研读过《易传》，他们不知道“天行健”与“地势坤”及“君子”旨在以天尊地卑、乾健坤顺，论证君道与臣道及等级制度的一般规定性，诸如上尊下卑、君主臣从之类。由此可见，我们必须全面解读，正视历史，揭露《尚书》民惟邦本、《孟子》民贵君轻、《易传》天人合一和《礼运》天下为公

① 朱熹：《四书或问》之《孟子或问》卷14，上海古籍出版社、安徽教育出版社，2001年，第503页。

② 李简：《学易记》卷3《大过》，《景印文渊阁四库全书》，第25册，第223页。

③ 魏荔彤：《大易通解》卷首《阴阳扶抑论》，《景印文渊阁四库全书》，第44册，第24页。

④ 真德秀：《大学衍义》卷29《诚意正心之要一·崇敬畏·临民之敬》，华东师范大学出版社，2010年，第469页。

⑤ 《日讲四书解义》卷26《孟子·尽心章句下》，华龄出版社，2012年，第393页。

的专制本质[①]。

许多学者的误判属于断章取义。他们研读过《孟子》，却由于某种主观原因，对相对正面的命题大加赞扬，将其定性为反专制、民主、民权、人民性，而对明显负面的命题，或者视而不见，或者轻描淡写，或者刻意隐瞒，或者故意曲解。历史信息的结构性缺失必然导出偏颇之论乃至极端之论，因此而导致的误判只能归入断章取义一类。

分析《孟子》的理论结构可以发现，其政治命题分为五大类，即宗旨性命题“以仁治国”、制度性命题“民无二王”、规范性命题“为民父母”、操作性命题“发施仁政”和评价性命题“法尧舜，师文王”。这些命题有各自的意思表达和特定的理论功能，并按照既定的思维逻辑组合在一起，它们相互关联、相辅相成、功能有异、取向一致，形成内在逻辑统一、本质属性一致的命题体系。《孟子》的政治命题无一例外地以君主为中心，旨在论说君主应如何谋划与应对。一些命题似乎以民为中心，而实际上依然以君为关注点，“民为贵”堪称典型例证。各种操作性命题的主语显然是君，而民是宾语的要件。许多命题有尊君与重民双重导向，从具体阐释方式看，两者的平衡点也大多向前者偏移。例如，天作君师命题有两个不可分割的基本涵义：一是立君治民，二是为民立君。前者着重论证君权，后者着重规范君权。从行文方式看，《梁惠王下》引用《泰誓》这个命题的段落，为民立君的涵义并不明显，而立君治民的涵义却十分清晰，显然旨在论证天赋君权，代天治民。这就是说，《孟子》政论的前提是实行君主制度、宗法制度、等级制度，《孟子》政论的主旨是王制、王道、王政，显然不属于“民主思想体系”，而属于“君主思想体系”[②]。

论说民贵君轻的属性，必须看到《孟子》的另一面，即一批决定其本质属性的制度性命题。这些制度性命题涉及君主制度的本原及合理性、君权的主要特征与构成、政治等级关系的基本准则和获得并保有君位的条件及其合法性，其基本功能是论证君主制度的一般规定

---

① 参见张分田：《“天行健”及“地势坤”不是中华优秀传统文化》，《天津师范大学学报(社会科学版)》2015年第1期。

② 系统的分析参见张分田：《从命题组合看〈孟子〉民本思想的本质属性》，《天津师范大学学报(社会科学版)》2009年第1期。

性,为其披上合理合法的外衣,并设定相应的各种政治规范。其中,至关重要的制度性命题包括论证君主制度合理性的"天降下民,作之君,作之师"[①],论证君权天赋的"天与之"[②],论证君权世袭的天之"命",论证君主独一的"天无二日,民无二王"[③],论证天下王有的"普天之下,莫非王土;率土之滨,莫非王臣"[④],论证治权在君的"无君子莫治野人,无野人莫养君子"[⑤]和"劳心者治人,劳力者治于人"[⑥],论证君为政本的"一正君而国定"[⑦],论证忠君孝父的"无父无君,是禽兽也"[⑧]等等。这些论证王制、王道、王政的命题所设定的政体形式和权力结构完全符合现代政治学的"君主专制"定义。这种政治理论怎么可能具有反专制的特质呢?

许多学者的误判属于解读不当。他们将孟轲以民贵君轻论证取代暴君的合理性解释为"反王权"或"反专制"。

反对暴君未必意味着反王权或反专制。设计理想化的王制、王道、王政的孟轲怎么可能反王权?全面论证君主制度一般规定性的《孟子》怎么可能反专制?对暴君可以实行"变置"乃至"革命",这是《尚书》《周易》汤武革命命题的题中之义。这一类命题属于统治思想范畴,又是百家共识和社会普遍意识,其前提是实行君主制度,将最高权力赋予王者,并不具有反王权或反专制的特质。

应当指出的是,民贵君轻的提法是否会导致人们觊觎天子之位,古代儒者之间有争论。占主流地位的意见认为这是不成问题的问题。例如,有人质疑:"'民贵君轻'之说得不启后世夺之端乎?"朱熹的看法是,如果图谋篡夺大位者想从"圣贤之说"中找借口,"则亦何辞之不可借!而所以启后人之祸者又岂止于斯言乎!"[⑨]又如,孟轲劝诸侯行王道,又说行王道的诸侯可以得天下,汤武革命合理合法,

① 《孟子·梁惠王下》,朱熹:《四书章句集注》之《孟子集注》卷2,第215页。
② 《孟子·万章上》,朱熹:《四书章句集注》之《孟子集注》卷9,第307页。
③ 《孟子·万章上》,朱熹:《四书章句集注》之《孟子集注》卷9,第306页。
④ 《孟子·万章上》,朱熹:《四书章句集注》之《孟子集注》卷9,第306页。
⑤ 《孟子·滕文公上》,朱熹:《四书章句集注》之《孟子集注》卷5,第256页。
⑥ 《孟子·滕文公上》,朱熹:《四书章句集注》之《孟子集注》卷5,第258页。
⑦ 《孟子·离娄上》,朱熹:《四书章句集注》之《孟子集注》卷7,第285页。
⑧ 《孟子·滕文公下》,朱熹:《四书章句集注》之《孟子集注》卷6,第272页。
⑨ 朱熹:《四书或问》之《孟子或问》卷14,第503页。

一些儒者质疑这种“行王道以得天位”的说法危害王权。陆九渊的看法是，“伏羲以来皆见此理”，孟轲有“教诸侯夺之罪”[①]的说法是不成立的。朱熹和陆九渊的观点可以代表历代官方学说通行的解释。

许多学者的误判属于随意演绎。他们将民贵君轻等四书五经中强调君主必须尊重民意的思想材料判定为“民约遗意”、“民治精神”、“民权思想”、“宪政思想”。一些人甚至称《孟子》为“最高民主精神”乃至“世界民主论之先驱”。

在帝制时代，孔孟尊君乃是儒者之定论，皇帝们也赞扬“《孟子》继往圣而开来学，辟邪说以正人心，性善仁义之旨著明于天下”，坚信“《论语》《大学》《中庸》《孟子》之书”堪称“道统在是，治统亦在是”[②]。帝制覆灭之初，又冒出一种亘古未有的新说法，即“孔孟民主”论。一些维护帝制国学的人主张立孔教为国教，他们抽取四书五经中的精彩命题，或望文生义，或断章取义，或随意演绎，或主观臆断，为其贴上“民主”标签。在现代崇儒者那里，这种掩盖四书五经的另一面的作伪手法屡见不鲜。具体说法形形色色，诸如“民众不仅能够借天来伸张自己的一己意愿和利益，而且被看作集体的主人，对天下享有天然的权利”，乃至“民意即人民的要求被规定为一切政治的终极合法性”等等。这一类曲解历史及文化造假的说法误导了许多盲目“弘扬国学”的人。

历史事实是，立君为民及民贵君轻旨在全面论证君主制度及其一般法则。古代儒者普遍将“天命”作为政治理论的终极依据，天从民欲命题也没有将民意规定为君位及君权的终极合法性。因此，孟轲只有君治理念，没有民治理念，更没有民权和宪政理念。

无论在《尚书》中，还是在《孟子》中，帝王的终极合法性不是“民意”，而是“天命”。据《孟子·万章上》记载，孟轲系统阐释禅让、革命、世袭等三大类帝位转移方式的合法性问题，在强调“人与之”的重要性的同时，他将“天与之”作为终极依据，即“天与贤，则与贤；天与子，则与子”[③]。不仅如此，孟轲还添加了重要的附加条件，即禅让必

---

① 《陆九渊集》卷34《语录上》，第424页。

② 清圣祖：《圣祖仁皇帝御制文集》初集卷19《日讲四书解义序》，《景印文渊阁四库全书》，第1298册，第185页。

③ 《孟子·万章上》，朱熹：《四书章句集注》之《孟子集注》卷9，第308页。

须具备“有天子荐之”且“天与之，人与之”的条件；革命必须同时具备暴君的“天命”确实被剥夺，且新兴王者的“天命”确实已授受；“天命”可以父死子继，只要一个王朝的“天命”依然存续，即使圣贤也不得取而代之；无论禅让、革命、世袭，凡是“非天与”的都属于“篡”。总而言之，“莫之为而为者，天也；莫之致而至者，命也。”帝王权位的终极合法性取决于天之命，“非人之所能为也”[①]。在帝制时代，《尚书》和《孟子》的上述思想成为论证皇权至上性和评说皇权合法性的经典依据，堪称帝制的政治原理。

这一类随意演绎导致的误判还要面对一个自设的价值判断困境：如果孟轲的民贵君轻可以定性为民主、民治、民权、宪政，那么后世为数众多的皇帝及官方学说代言人的民贵君轻又当如何定性？他们的经典依据直接出自《孟子》，解读也没有背离孟轲的基本思路，许多话语甚至比孟轲更明确，更到位，更精彩。他们的见解与孟轲文本一致，思路相同，却显然无法用民权宪政来定性。难道在张扬民贵君轻的庞大人群中，既有倡导民权宪政的，又有倡导集权专制的吗？

许多学者的误判纯属主观臆断。他们单凭个人的假设和想象，便毫无事实依据地断言：“孟轲的‘民贵君轻’这个口号振聋发聩，一经提出，便使社会震动。”一些学者甚至使用了“异端”的提法。

历史事实是，在战国文献中，找不到《孟子》民贵君轻之说震动当时思想界的任何迹象。如若民贵君轻之说果真振聋发聩，乃至使社会震动，至少应当引发两种历史现象，一种是积极呼应，乃至大为颂扬；另一种是提出商榷，乃至激烈抨击。然而，遍查先秦诸子的著作，根本找不到任何对孟轲的民贵君轻做出任何形式回应的证据，就连激烈抨击儒者之学的《韩非子》也仅有“孟氏之儒”这四个字，还可能不是指孟轲。在《孟子》一书中，孟轲反驳他人批评质疑的文字占据了很大篇幅，却没有只言片语涉及有关民贵君轻的争议。显而易见，在百家争鸣中，民贵君轻并没有成为一个颇有争议的话题，孟轲也没有成为一个备受关注的人物。

与上述现象密切相关的是，孟轲属于典型的体制内学者。依据《孟子》的记述，孟轲曾与齐宣王、魏惠王、邹穆公、滕文公等诸侯国君

---

① 《孟子·万章上》，朱熹：《四书章句集注》之《孟子集注》卷 9，第 307—308 页。

议论国政。他的社会政治地位很高，各国君主待以上宾，馈赠重金，赐以禄位。孟轲曾跻身齐国高官之列，有权参议国政。孟轲出行时，派头十足，“后车数十乘，从者数百人，以传食于诸侯”①。当时就有人批评他太奢侈了。据《史记》记载，梁惠王（魏惠王）对孟轲的批评只是有点迂阔而已。在孟轲的经历中，也没有发生过遭到各国君主制裁的事态。这些历史现象都表明，战国时期不曾出现孟轲的民贵君轻引发诸子抨击、诸侯恼怒、社会震动的事态，否则至少《孟子》会有所记述，《史记》会有所记录，汉儒也会有所记载。

试想，如果孟轲提出民贵君轻确实振聋发聩、震动社会乃至冲击王权、否定专制，必定在社会各界引发极大反响，许多专制君主会予以惩处甚至会动杀机。然而，实际情况是学者不予商榷，论者不予反击，王者不予制裁，在学术界、思想界、政治界都毫无反响，既没有积极的反响，也没有消极的反响。为什么会出现这样的现象？合理的解释只有一个，即孟轲的理论并不违背君主政治的一般法则，立君为民、民本君末、无民无君、君以民为天、民重君轻早已获得人们的广泛认同。如果孟轲以体制内高官及学者的身份讲述了一个古即有之、载于典籍、众所周知、广泛认同的大道理，即使修辞略有差异，语感略有夸张，学者又何必商榷？论者又何必反驳？王者又何必制裁？

无论在先秦，还是在汉唐，《孟子》都不具有异端的特征。宋元以来，《孟子》受到历代皇帝、官僚及体制内儒者的追捧，属于官方学说范畴。在帝制时代统治者的心目中，孟轲的地位仅次于孔丘。这种历史现象只能解释为孟轲民贵君轻之说契合帝制皇权的需要，不能解释为反王权或反专制。原因很简单：在人类政治史上，还没有发生过这样一种现象——在长达数千年的时间内，一种政治制度及其统治者把对这种制度具有颠覆性的思想体系奉为官方学说。

孟轲有一句名言：“君之视臣如土芥，则臣视君如寇仇。”②这句话也被许多学者定性为“反专制”。实际上，这句话旨在论说礼待臣下的为君之道，主张“欲为君尽君道，欲为臣尽臣道”③。这一类思想

① 《孟子·滕文公下》，朱熹：《四书章句集注》之《孟子集注》卷 6，第 267 页。

② 《孟子·离娄下》，朱熹：《四书章句集注》之《孟子集注》卷 8，第 290 页。

③ 《孟子·离娄上》，朱熹：《四书章句集注》之《孟子集注》卷 7，第 277 页。

是君臣合道命题的重要内容。君臣合道则是由立君为天下、天下为公、天下一统、政由君出推导出来的重要命题之一，其主要功能是设定君臣之道（君臣之义），进而论证政治等级关系及相关的政治规范。这个命题的核心思路是：在政治等级上，君主与臣民之间有严格的尊卑、主从、贵贱之别，二者同体共生，功能匹配，相互依存。所谓“君臣之道”的属性与特征是由具有本原、本体、本质属性的“道”（天、天道、天地之道）所规定的。故君有君道，臣有臣道，君、臣、民在政治中的地位与功能有本质的差异。惟有各种政治角色各尽其道，才能使国家政治步入理想境域。这种理论发端于三代，先秦诸子都做出重大理论贡献，其基本思路乃是百家共识。秦始皇和李斯也认同君臣合道的一般法则。汉唐以来，君臣合道是帝制统治思想十大核心命题中的五大制度性命题之一，据以论说帝王之制、为君之道及抨击暴君暴政的现象堪称司空见惯。魏征曾引据孟轲的这句话进谏唐太宗，留下广为传颂的政治佳话。在宋、元、明、清，孟轲的这句话具有官方学说的属性，读书人必须修习朱熹的《孟子集注》，明成祖将其收入《四书大全》，特意为清朝皇帝编写的《日讲四书解义》也大加申论。

《孟子》有一些激烈抨击暴君暴政的话语。误判这些话语的属性是导致许多学者误判《孟子》本质属性的重要原因。他们一见到对君权有所限制、制约、批评的言论，就定性为反专制、民主、人民性。如果这种或望文生义，或断章取义，或随意演绎，或主观臆断的点评方式成立的话，那么就连许多专制暴君也将跻身于“反专制”的行列。原因很简单，规范性、制约性、批判性思维很强是中国古代统治思想的政治理论体系的显著特色。思想家们都主张君主惟一，又都反对君主独治；都强调君为政本，也都强调民为国本。最高统治者通常也承认君权是有条件、有限度、有规范的，一些皇帝甚至反对专行独断。因此，猛烈抨击暴君暴政的帝王将相、文武百官及体制内学者比比皆是，引用《孟子》各种激烈话语的现象亦属常见。即使在皇帝的著作中，比《孟子》更激烈的话语也不胜枚举，唐太宗的《金镜》一文便是典型例证。

华夏先民抨击暴君暴政，偏好使用暴、虐、残、贼、酷、不道、无道等形容本性丑恶、罪孽深重的字眼，乃至有洪水滔天、毒蛇猛兽的比喻，有罪恶累累、罄竹难书的形容，有天诛地灭、可逐可诛的诅咒，有不共戴天、愿与偕亡的誓词。正是通过系统研究一种遍及朝野、历久不衰、影响深远的理论现象及文化现象，我发现了一种具有普遍意义的“尊君—罪君”理论结构和文化范式。《孟子》和《韩非子》这两本看似对立两极的著作的基本取向和本质属性都是尊崇君主专制制度，从而为揭示“尊君—罪君”理论结构及其普遍意义提供了典型例证。在立君为民及民贵君轻的“立君治民—为民立君”及“君为政本—民为国本”理论结构的制导下，中国古代著名思想家既没有主张绝对君权的，也没有明确主张治权在民的，统治思想也包纳了那个时代所能想象得到的一切限定、制约、规范、调整最高权力的思想因素。这种重大历史现象集中体现了中华帝制及官方学说和主流学术的主要特点，很值得深入研究并做出客观、全面、准确的评判[①]。我们甚至应当将“借鉴中国古代专制主义政治理论”列为重大研究课题。

五　民贵君轻始终是帝制的统治思想

有一种影响广泛的说法错得离谱，即“‘民为贵，社稷次之，君为轻’这个口号响彻了两千多年，成为批判君主专制的有力武器”。历史事实是：民贵君轻之所以“响彻了两千多年”，是由于历代皇帝使之成为帝制的统治思想。立君为民及民贵君轻明明白白地写在官方学说的主要载体四书五经中，这是帝制皇权始终推崇和倚重《孟子》及民贵君轻的最可靠也最有力的证据。但是，由于各种主客观原因，学者大多有意无意地将民贵君轻与帝制皇权对立起来，有几种整体性的误判堪称司空见惯且影响很大。

重大误判之一：民本思想遭到帝制统治者的压制及尊君思想的围剿。皇帝们对民贵君轻越来越反感。典型例证便是明太祖下令删节《孟子》。

历史事实是：秦始皇焚书不包括《孟子》；汉文帝一度设置《孟子》博士；汉武帝以来，推崇《孟子》的统治者及体制内儒者为数众多，孟轲的地位仅次于孔丘，“孔孟之道”一词也日益流行；到北宋，《孟子》确立了官方学说核心经典的地位；宋、元、明、清的众多皇帝及官方学

---

① 系统的分析论证及事实依据参见张分田：《中国帝王观念：社会普遍意识中的“尊君—罪君”文化范式》，中国人民大学出版社，2004年。

说代言人张扬民贵君轻。即使明太祖删节《孟子》这个特殊个案，也很值得思考和探究。

如果仔细分析一下许多学者所列举的“专制君主压制民本思想”的事例，就不难发现，皇帝们并非压制一种公认的理论，而是压制一种具体的主张。例如，汉朝皇帝认同“官天下”及“更命”之说。盖饶宽依据官天下，公然要求汉宣帝禅位，以维护“不得其人则不居其位”①的政治原则，结果招致杀身之祸，而谷永依据“天下乃天下之天下，非一人之天下”，批评汉成帝违背“王者以民为基”的政治原则，警告他不要招致上帝“更命有德”，却令皇帝“甚感其言”②。由此可见，盖饶宽蒙难不是由于理论触犯了皇帝，而是由于他主张当朝皇帝下台。同样高举官天下及更命旗帜的谷永由于被视为忠臣，反而得到皇帝的赞赏。立君为民及民贵君轻的重要功能之一是规范君权，常常被用来批评皇帝的具体政策。直言极谏的臣下既有可能因此而招祸，又有可能因此而得福。引据立君为民及民贵君轻议论朝政，皇帝通常会封赏、赞扬、默许或不予惩处，《历代名臣奏议》保存了许多典型例证，二十五史记载的这一类现象更是比比皆是。

明太祖诏令删节《孟子》是一个引人注目的变故。但是，令明太祖反感的是孟轲的措辞，因而他没有禁毁《孟子》，而是删节《孟子》。只要浏览一下《明太祖文集》《明太祖实录》等，便可知晓明太祖认同立君为民及民贵君轻的基本思路，并据以制定各项政策。明太祖对孟轲的态度也很微妙，他曾赞扬“孟子传道，有功名教”，并诏令“凡圣贤后裔输作者，皆免之”③。洪武五年，他还曾命人将阐释民贵君轻的《大学衍义》“大书揭之殿两庑壁”，并与宋濂等人讲析这一套“帝王之学”④。明太祖亲自选拔明朝第一位状元，其答卷的理论依据便是立君为民。

更为重要的是，删节《孟子》只是为时不久的小插曲。这种做法当时就遭到群臣的反对。明成祖下令恢复《孟子》原貌。明朝科举考试也要求考生通晓《孟子》全书。因此，删节《孟子》更像是一个老迈

---

① 《汉书》卷77《盖饶宽传》，《二十四史》简体字本，中华书局，2000年，第2424页。

② 《汉书》卷85《谷永传》，第2575、2572、2575、2579页。

③ 《明史》卷3《太祖纪三》，《二十四史》简体字本，中华书局，2000年，第29页。

④ 《明史》卷128《宋濂传》，第2511页。

专横的皇帝在特定情境下昏聩任性的行为。

重大误判之二：皇帝们忌讳、厌恶民贵君轻的提法。明英宗杀害于谦，是由于他宣扬民贵君轻，触犯了皇帝的禁忌。

历史事实是：皇帝们通常认同、赞赏、论证和宣扬民贵君轻，还要求官僚士子修习这个理念。于谦之死的全过程，恰恰是皇帝并不忌讳民贵君轻的重要证据。

可以推定两汉、魏晋、南北朝、隋唐五代的皇帝通常认同民贵君轻基本思路的史料相当丰富。在这个时期，皇帝认同立君为民、无民无君、民本君末的事例可谓司空见惯，很多皇帝认同“王者以民为基”①，如汉高祖认同“王者以民人为天”②；汉文帝表示“先民后己”③；隋炀帝宣扬“非天下以奉一人，乃一人以主天下”④；唐太宗体认“君依于国，国依于民”⑤。在历代朝廷文告、皇帝言论、群臣奏章和庶民议政中，民众、社稷、国家、道义重于君主，违背天意民心的君主理应垮台的说法很常见，乃是社会各阶层的政治价值共识。

自宋神宗下令将《孟子》升格为官方学说代表作和科举考试必读书，历代皇帝认同、赞赏、论证、宣扬民贵君轻的直接史料越来越多。有皇帝本人论说民贵君轻的，如元英宗告诫大臣：“朕思之，民为重，君为轻，国非民将何以为君？今理民之事卿等当熟虑而慎行之。”⑥清朝皇帝也多有论证及弘扬民贵君轻的言论、著述和举措。有大臣援引民贵君轻而得到皇帝的赞赏、认可或默许的，如据《历代名臣奏议》记载，石介上言宋仁宗论为君之道，陈瓘上书宋神宗论理应严惩奸臣章惇，均引用了民贵君轻。真德秀著《大学衍义》引民贵君轻论证君道并进献给宋理宗，宋理宗大加称赞；许衡上疏说：“天之树君，本为下民。故孟子谓‘民为重，君为轻’，《书》亦曰‘天视自我民视，天听自我民听’。”⑦元世祖颇为赞赏。有皇帝钦定著作中包含民贵君

---

① 《汉书》卷85《谷永传》，第2572页。

② 《史记》卷97《郦生陆贾列传》，第2081页。

③ 《史记》卷10《孝文本纪》，第302页。

④ 《隋书》卷3《炀帝纪上》，《二十四史》简体字本，中华书局，2000年，第43页。

⑤ 《资治通鉴》卷192《唐纪八》高祖武德九年条，中华书局，1956年，第6026页。

⑥ 《元史》卷136《拜住传》，《二十四史》简体字本，中华书局，2000年，第2192页。

⑦ 《元史》卷158《许衡传》，第2482页。

轻的，如宋、元、明、清皇帝钦定的官方学说代表作《孟子集注》、明成祖钦定的《四书大全》、清康熙帝钦定的《日讲四书解义》和清乾隆帝钦定的《四库全书》。有援引民贵君轻的著作获得皇帝赞赏的，如真德秀的《大学衍义》获得宋理宗、元武宗、明太祖、明成祖、清康熙帝、清乾隆帝的高度赞赏，成为储君教育与皇帝终身教育的必读书；钦定官修正史《辽史·能吏传》的论曰引用了“民为贵”；丘濬的《大学衍义补》引据民贵君轻论祭祀制度，主张君主应将民惟邦本作为座右铭，获得明孝宗、明神宗的赞赏并为之作序。大量事实表明，皇帝大多认同民贵君轻，众多皇帝甚至达到赞赏、论证、推崇、宣扬的地步。

明英宗兵败土木堡而被俘。于谦依据“社稷为重，君为轻”，主张立郕王为帝。英宗复辟，于谦被杀。明朝的王世贞、高岱及《明史纪事本末》的作者认为乃是于谦主张“君为轻”而招致的。许多现代学者也将此视为皇权忌讳、打压民贵君轻的重要证据。

历史事实是：依据“社稷为重，君为轻”而赞成拥立长君的遍及文武百官。这种做法违背《皇明祖训》，却符合四书之义。反对者也只是强调合法继承人乃英宗之子。作为既得利益者，景泰帝对于谦信任有加，还以“中国惟知社稷为重”[①]申诫边将不要为明英宗开门献币，后来又以“伏望大兄深念祖宗、社稷、生灵为重”[②]为口实委婉地拒绝退位让位。据《北征事迹》《正统临戎录》《虚庵李公奉使录》等记载，被俘后的明英宗也曾反复提到“社稷为重”，“天下生灵为重”。基于特定政治目的，明英宗将于谦处死，却承认“谦实有功”，罪名也不是于谦主张“君为轻”。明英宗的直系继承人明宪宗为于谦平反，明孝宗赐谥、建祠、旌功。在他们看来，于谦有“保社稷以无虞”之功，系“为权奸所害”，且“在先帝已知其枉”[③]。显而易见，明英宗、明代宗、明宪宗、明孝宗以及众多朝臣都认同民众和社稷重于君主，甚至赞扬或默认坚守这一价值的于谦是忠良和功臣。

在中国古代，民贵君轻命题有一个特殊的功能，即为人们认为合理的君位更替提供依据。每当涉及特殊的君位更替时，这类政治原

---

① 《明英宗实录》卷181，正统十四年八月乙亥条，上海古籍出版社，1983年，第3532页。

② 《明英宗实录》卷183，正统十四年九月乙巳条，第3604页。

③ 徐纮：《明名臣琬琰续录》卷6《少保兵部尚书肃愍于公神道碑》，《景印文渊阁四库全书》，第453册，第342页。

则就会影响人们的政治选择。靖康之变,徽、钦二宗被金人掳走;南宋末年,宋恭帝被元军掳走;土木之变,明英宗被蒙古掳走,面对朝廷无主,当时都有朝臣根据"君为轻"而主张另立新君。君主更替涉及最敏感的政治问题,当时的人会有所选择,后世的人会有所评判。即使反对某一拥立新君行为,也不意味着反对"君为轻"的一般法则。例如,文天祥依据"社稷为重,君为轻"相继拥立益王(宋端宗)和卫王为帝,清康熙帝赞扬这个说法"实千载忠臣之语"①,而乾隆帝赞赏孟轲以民贵君轻批评暴君,却谴责"论者每引'社稷为重'之言"为边将拒绝明英宗入城的做法辩解,认为"后之迂儒"对某些历史事件的评说乃是"妄以社稷与君分别重轻"②。因此,于谦之死不仅不能证明民贵君轻与帝制皇权格格不入,反而证明它是帝制的统治思想并对实际政治过程有重要指导作用。

重大误判之三:"秦汉以后的统治者剔除了孔孟儒学的许多实质性内容,'民贵君轻'变成了'君贵民轻'。""先秦儒学精华"遭到官方的阉割、歪曲、篡改,因而儒家及儒学的本质发生了根本性的变化。

历史事实是:从汉唐至明清,《孟子》的文本和要素,包括"民贵君轻"与"民无二王"等"实质性内容",不仅完整地保存下来,还逐渐占据了官方学说及主流学术的地位。只要不带偏见地仔细比较一下《孟子》《春秋繁露》《五经正义》《四书集注》的基本思路、命题体系和理论结构,就会发现帝制的官方学说囊括了孔孟之道的所有要素,包括所谓的"先秦儒学精华",儒家及儒学的本质并没有发生改变。

董仲舒是汉代主流儒学的代表人物。在他的理论体系中,可以找到《孟子》的各类命题,其组合方式与《孟子》相同。孟轲主张"天无二日,民无二王"③,董仲舒以天人合一、王道三纲及大一统系统论证这种思想;孟轲依据《周书》天作君师阐释立君治民与立君为民,董仲

---

① 清圣祖:《圣祖仁皇帝御制文集》第3集卷19《宋高宗父母之仇终身不雪论》,《景印文渊阁四库全书》,第1299册,第155页。

② 清高宗:《评鉴阐要》卷11《明·景帝·额森诡言奉上皇还京至大同总兵郭登不纳目》,《景印文渊阁四库全书》,第694册,第562页。

③ 《孟子·万章上》,朱熹:《四书章句集注》之《孟子集注》卷9,第306页。

舒讲得更明确:“天之生民非为王也,而天立王以为民也”[①];孟轲强调仁者无敌,董仲舒说:“得天下之群者,无敌于天下”[②];孟轲大讲治权在君,董仲舒亦称:“王承天意,以成民之性为任者也”[③];孟轲指斥“无父无君”[④],董仲舒说:“缘民臣之心,不可一日无君”[⑤];孟轲大讲君正而国定,董仲舒说:“为人君者,正心以正朝廷,正朝廷以正百官,正百官以正万民,正万民以正四方”[⑥];孟轲主张“与百姓同乐则王”,董仲舒说:“彼之所授命者,必民之所同乐也”[⑦];孟轲大讲保民而王,董仲舒说:“故天子命无常,唯命是德庆”[⑧];孟轲强调天从民欲,董仲舒依据天谴论,提出了系统的制约君权的思想;孟轲阐释得民心者得天下,董仲舒说:“其德足以安乐民者,天予之;其恶足以贼害民者,天夺之”[⑨];孟轲力辩汤武不弑君,董仲舒则以“有道伐无道,此天理也”,论证“尧舜不擅移,汤武不专杀”[⑩];孟轲主张“法尧舜,师文王”,董仲舒也主张效法“五帝三王之道”[⑪]。董仲舒的宗旨性命题及操作性命题也与孟轲相同,主张以仁治国,推行仁政。如果将视野从董仲舒扩大到整个汉代经学,就会发现五经诸派政治理论的基础框架及核心价值并无本质性的差异。

在汉唐时期流行的文献中,官学或私学论证民贵君轻的现象很常见,涉及各家各派的著作,如《公羊传》的“重爱民命”[⑫]、《榖梁传》的“民

① 《春秋繁露·尧舜不擅移汤武不专杀》,苏舆:《春秋繁露义证》卷7,中华书局,1992年,第220页。

② 《春秋繁露·灭国上》,苏舆:《春秋繁露义证》卷5,第133页。

③ 《春秋繁露·深察名号》,苏舆:《春秋繁露义证》卷10,第302页。

④ 《孟子·滕文公下》,朱熹:《四书章句集注》之《孟子集注》卷6,第272页。

⑤ 《春秋繁露·玉杯》,苏舆:《春秋繁露义证》卷1,第31页。

⑥ 《汉书》卷56《董仲舒传》,第1904页。

⑦ 《春秋繁露·楚庄王》,苏舆:《春秋繁露义证》卷1,第19页。

⑧ 《春秋繁露·三代改制质文》,苏舆:《春秋繁露义证》卷7,第187页。

⑨ 《春秋繁露·尧舜不擅移汤武不专杀》,苏舆:《春秋繁露义证》卷7,第220页。

⑩ 《春秋繁露·尧舜不擅移汤武不专杀》,苏舆:《春秋繁露义证》卷7,第220页。

⑪ 《汉书》卷56《董仲舒传》,第1900页。

⑫ 何休解诂,徐彦疏:《春秋公羊传注疏》卷10《僖公四年》何休解诂,《十三经注疏整理本》,北京大学出版社,2000年,第247页。

者，君之本"[1]、《韩诗外传》的"王者以百姓为天"[2]、《新书》的"民者，万世之本"[3]、《淮南子》的"民者国之本"[4]、《大戴礼记》的"百姓者卑贱而神"[5]、《白虎通》的"列土为疆非为诸侯，张官设府非为卿大夫，皆为民也"[6]、《道德指归》的"民者，君之根也"[7]、《太平经》的"无民以何自名为君"[8]、《孔子家语》的"上者尊严而危，民者卑贱而神"[9]、郭象《庄子注》的"任贱者贵，因卑者尊"[10]、《抱朴子》的"民散则国亡，气竭即身死"[11]等等。论说立君为民、民本君末的现象更是比比皆是。

奉唐太宗之命，孔颖达主编《五经正义》。这部钦定经典注疏大量引用孔丘、孟轲及其他儒者的论点，囊括了五经四书的各种宗旨性、制度性、操作性、规范性、评价性命题。《五经正义》对立君为民、民惟邦本、民本君末的阐释可谓提法明确，内容充实。在经典文本上，《五经正义》集前代之大成，融五经为一体，仅《尚书正义》就囊括了今文、古文的所有篇章。在理论阐释上，《五经正义》以《泰誓》的天作君师等为经典依据，囊括先秦诸子论证立君为民的各种理论要素，既有哲理性很强的天（上帝）立君师说、依据道义立君说、依据自然法则立君说，又有现实性很强的君主制度为构建秩序而设说（具体论点有立君以施政治民、立君以统一天下之义、立君以定分止争等）、君主制度为公众利益而设说（具体论点有依据宗法关系而立君、为养育民众而立君、为维护社会公正而立君等）和君主制度为教化人性而设说等等。这些理论是论证君主的地位、权力、职责和规范的主要理据，

---

① 《穀梁传·桓公十四年》，范甯集解、杨士勋疏：《春秋穀梁传注疏》卷4，《十三经注疏整理本》，北京大学出版社，2000年，第66页。

② 许维遹校释：《韩诗外传集释》卷4，中华书局，1980年，第148页。

③ 《新书·大政上》，阎振益、钟夏校注：《新书校注》卷9，中华书局，2000年，第341页。

④ 《淮南子·主术训》，高诱：《淮南子注》卷9，上海书店，1986年，第147页。

⑤ 《大戴礼记·子张问入官》，王聘珍：《大戴礼记解诂》卷8，第140页。

⑥ 《白虎通·封公侯》，陈立：《白虎通疏证》卷4，中华书局，1994年，第141页。

⑦ 严遵：《老子指归》卷2《天下有道篇》，第129页。

⑧ 王明：《太平经合校》卷48《三合相通诀》，中华书局，1960年，第151页。

⑨ 王肃注：《孔子家语》，辽宁教育出版社，1997年，第60页。

⑩ 郭庆藩：《庄子集释》卷4下《在宥》郭象注，中华书局，1961年，第398页。

⑪ 《抱朴子·地真》，王明辑校：《抱朴子内篇校释》卷18，中华书局，1985年，第326页。

系统阐释了君主制度的一般法则及各种为君治国之道。《五经正义》反复论说立君设官旨在为民的道理，对与民本君末、以贵下贱、尊卑相正相关的思想材料大加阐释。在《五经正义》的立君为民理论面前，孔孟大儒的思想相形见绌[①]。

值得注意的是，唐太宗的立君为民及民贵君轻理论也比孔孟大儒略胜一筹。孟轲大讲君权天与之，唐太宗强调“帝王之业，非可以智竞，不可以力争者矣”[②]；孟轲大讲民无二王，唐太宗强调“夫天地之大，黎元为本；邦国之贵，元首为先”[③]；孟轲大讲“无君子莫治野人”，唐太宗认为“下民难与图始”[④]；孟轲指斥无父无君，唐太宗强调“为子为臣，惟忠惟孝”[⑤]；孟轲大讲为民父母，唐太宗表示“王者视四海如一家，封域之内，皆朕赤子”[⑥]；孟轲大讲修身为本，唐太宗强调修身是“治国之要”[⑦]；孟轲倡导仁政，唐太宗标榜王道；孟轲大讲与民同乐，唐太宗认同与民同乐并强调“与民同利”[⑧]；孟轲主张取于民有制，唐太宗赞成“悦以使人，不竭其力”[⑨]；孟轲抨击暴君率兽食人，唐太宗痛斥暴君如“猛兽肆毒，蟊螟为害”[⑩]；孟轲警告“天子不仁，不保四海”[⑪]，唐太宗惊呼“君失道，人叛之”[⑫]；孟轲宣扬得人心者得天下，唐太宗写道：“天子有道，则人推而为主；无道，则人弃而不用，诚可畏也。”[⑬]他们提出的治民政策原则大体相同。唐太宗的一些提法比孟轲更明确，他赞成“以一人治天下，不以天下奉一人”[⑭]，主张“治

---

① 系统的论证及事实依据参见张分田等：《中国政治思想通史・隋唐卷》第 2 章第 2 节“立君为民”的国家政治本体论，中国人民大学出版社，2014 年。

② 《唐太宗集・帝范序》，陕西人民出版社，1986 年，第 204 页。

③ 《晋书》卷 1《宣帝纪》，《二十四史》简体字本，中华书局，2000 年，第 13 页。

④ 吴兢：《贞观政要》卷 2《直谏》，上海古籍出版社，1978 年，第 66 页。

⑤ 《唐律疏议》卷 1《名例・十恶》，第 7 页。

⑥ 《资治通鉴》卷 192《唐纪八》高祖武德九年条，第 6022 页。

⑦ 吴兢：《贞观政要》卷 1《君道》，第 1 页。

⑧ 《资治通鉴》卷 198《唐纪十四》太宗贞观二十一年条，第 6246 页。

⑨ 《旧唐书》卷 71《魏征传》，《二十四史》简体字本，中华书局，2000 年，第 1721 页。

⑩ 唐太宗：《金镜》，吴云、冀宇校注：《唐太宗全集校注》，第 127 页。

⑪ 《孟子・离娄上》，朱熹：《四书章句集注》之《孟子集注》卷 7，第 277 页。

⑫ 吴兢：《贞观政要》卷 10《灾祥》，第 291 页。

⑬ 《全唐文》卷 10《民可畏论》，中华书局，1983 年，第 122 页。

⑭ 吴兢：《贞观政要》卷 8《刑法》，第 240 页。

天下者以人为本”[①]，确定了“安人宁国”[②]的治国方略。实际上，孟轲的“民为贵，社稷次之，君为轻”与唐太宗的“君依于国，国依于民”[③]，一个是思想家激越的倡言，一个是政治家清醒的自诫，口气分寸有所不同，表达的却是同义命题。

朱熹汇集先儒之大成，阐释四书之义理，奠定理学之根基。与汉唐经学比较而言，宋明理学以四书为宗的经典体系进一步凸显了《孟子》经典地位，也保存了更为丰富的理论要素。就命题组合和理论结构而言，宋明理学属于典型的张扬民贵君轻的《孟子》模式。一般说来，推崇宋明理学的历代皇帝的立君为民及民贵君轻理论都属于《孟子》模式。只要认真研究一下《孟子集注》《大学衍义》《四书大全》《日讲四书解义》等皇帝教育必读书籍，便可以发现帝制皇权阉割、歪曲、篡改“先秦儒学精华”的说法是不能成立的。

朱熹的《四书集注》是一部理学名著。该书注释《孟子》“民贵君轻”一节，其文曰：

> 盖国以民为本，社稷亦为民而立，而君之尊，又系于二者之存亡，故其轻重如此。丘民，田野之民，至微贱也。然得其心，则天下归之。天子至尊贵也，而得其心者，不过为诸侯耳，是民为重也。诸侯无道，将使社稷为人所灭，则当更立贤君，是君轻于社稷也。祭祀不失礼，而土谷之神不能为民御灾捍患，则毁其坛壝而更置之，亦年不顺成，八蜡不通之意，是社稷虽重于君而轻于民也。[④]

朱熹的这一注释并没有曲解孟轲的思想，更没有抛弃这一“实质性内容”的意图。元朝以降，《四书集注》是官方学说的主要载体。历代皇帝反复下诏，不仅将其用作皇帝教育、储君教育及各级官学教育的必读书和科举考试的科场程式，而且要求家弦户诵，使之成为社会大众普遍知晓的道理。

《大学衍义》是经筵之臣真德秀编写并进献给宋理宗的教科书。

---

① 吴兢：《贞观政要》卷3《择官》，第90页。

② 吴兢：《贞观政要》卷8《务农》，第237页。

③ 《资治通鉴》卷192《唐纪八》高祖武德九年条，第6026页。

④ 《孟子·尽心下》，朱熹：《四书章句集注》之《孟子集注》卷14，第367页。

这部书师承朱熹，引经据典，阐释《大学》，论说"帝王之学"，用许多篇幅谈论"天心"与"民心"，指出："君民之分不可恃，而民之常情不可不察"，"民心即天心也，能保小民则能保天命矣。"[①]该书阐释《孟子》"民为贵，社稷次之，君为轻"，论说"临民之敬"，其文曰：

> 臣按：君者，神人之主，君为贵，社稷次之，而民又次之，乃其常也。而孟子顾反言之，何哉？战国之时，视民如草芥，不知废兴存亡皆此焉出。故其言若此，使知民之贵甚于社稷，其敢以君之贵而嫚其民！[②]

自宋理宗以来，《大学衍义》受到历代皇帝的重视，成为皇帝经筵用书。元武宗称"治天下，此一书足矣"，并指令"刊行赐臣下"[③]。明太祖、明成祖均盛赞《大学衍义》。清康熙帝命人将该书译成满文。清乾隆皇帝将其列入各级学校教育的必读书目。

《四书大全》是明成祖钦定的。明成祖崇道统，尊理学，以孔孟之道界定统治思想，下令儒臣编纂《五经大全》《四书大全》《性理大全》，还亲自作序并诏令颁行。编纂这套书的目的是通过"家孔孟而户程朱，必获真儒之用，佩道德而服仁义，咸趋圣域之归"，以实现"家不异政，国不殊俗"[④]。简言之，以孔孟之道统一全社会的思想观念及风俗习惯，使所有臣民都自觉地遵守孔孟之道。《五经大全》为五经的诸家传注汇编，《四书大全》相当于朱熹《四书集注》的扩充，《性理大全》为周、程、张、朱等理学宗师及诸多先儒性理之说的类编集成，各种所谓的"先秦儒学精华"囊括其中，许多规范性要求的严格程度和批判性话语的激烈程度超过《孟子》。上述著作都是明清官方学说的重要代表作，明清一批皇帝对其赞不绝口。

康熙皇帝钦定并为之作序的《日讲四书解义》由朝廷儒臣编写，是一部专门用于皇帝经筵日讲的经学著作。该书系统阐释四书的经

---

① 真德秀：《大学衍义》卷27《格物致知之要四・察民情・生灵向背之由》，第419、420页。

② 真德秀：《大学衍义》卷29《诚意正心之要一・崇敬畏・临民之敬》，第469页。

③ 《元史》卷24《仁宗纪一》，第364页。

④ 胡广：《进五经四书性理大全表》，程敏政编：《明文衡》卷5，《景印文渊阁四库全书》，第1373册，第550—551页。

义。在《孟子》"民为贵"一节，有五六百字的文字阐释，其文曰：

> 此一章书，见人君当爱民以保社稷，而勿自恃其尊也。孟子曰：国所恃以立者三，曰民，曰社稷，曰君。夫君为民神之主，贵矣，而不知国之所贵未有如民者。盖民为邦本，本固邦宁，无可尊之势而有可畏之形，其操重固无与伦矣。若立社以报本，立稷以祈谷，无非为民以祈报也，不可与民并重，而直居于次矣。至于国听于君畴，勿仰其尊者，然天生民而立之君以为民也，神之保佑由于民之爱戴，舍二者无以成君之尊，又不可与二者并论，而君为轻矣。何言乎民为贵也？盖以草野丘民之心而实操天子至尊之藉，得其心则民心之所归，即天意之所眷，而为天子矣。若夫天子，至尊也，然得乎天子之心者不过为五等之诸侯，天子之锡贵不如丘民。至如诸侯，亦君也，然得乎诸侯之心者不过为三命之大夫，诸侯之锡贵尤远出丘民下矣。民之贵为何如乎？何言乎君轻于社稷也？盖诸侯为民而事神，无以宁神即无以治民，社稷危则更立贤者，是君轻于社稷也。何言乎社稷轻于民也？盖事神之礼不恪，固无敢责望于神，若既成既备，春祈秋报，各以其时，然而恒旸为旱，恒雨为溢，既殚心于神而神不能降福以庇民，则迁旧谋新以庶几锡祉于民，是社稷虽重于君而实轻于民也。以此知《春秋》尊王正万世人臣之义，孟子贵民立万世为君之道。《书》曰："元后作民父母。"又曰："天子作民父母，以为天下王。"自古宗社奠安历世绵远者，未有不以怀保小民为首务者也。①

这段文字服膺立君为民、天民相通、民心即天心、民惟邦本、民贵君轻等一批所谓的"先秦儒学精华"，显然无法定性为阉割、歪曲、篡改，更谈不上压制、围剿。

误判之四：孔孟的真经遇到了歪嘴和尚，弘扬天民相通、民贵君轻等"先秦儒学精华"者寥若晨星。

历史事实是：如果将天民相通、民贵君轻视为"先秦儒学精华"，那么可以断言，这一类思想的传承状况及影响范围可以用"日益大众

① 《日讲四书解义》卷26《孟子·尽心章句下》，第393页。

化”及“社会普遍意识”来评说。

即使死扣“民为贵”和“君为轻”的具体提法，也可以判定：至迟自宋朝以来，认同民贵君轻的人遍及皇帝、官僚、庶民三大政治阶层。主要事实依据有六：一是汉魏以来，《孟子》的学术地位不断提升，凡是推崇《孟子》的人都可以推定为民贵君轻论者。二是宋朝以来，《孟子》官学地位的确立推动了民贵君轻命题的经典化、官学化、大众化，凡是参加科举考试的官僚士子都熟知民贵君轻的理据。三是依据《孟子》民贵君轻解读经典、论说治道的现象越来越多，到宋代已经相当普遍，主要代表作有史浩《尚书讲义》、林之奇《尚书全解》、袁燮《絜斋家塾书钞》、陈经《尚书详解》、杨简《慈湖诗传》、易祓《周官总义》、卫湜《礼记集说》、萧楚《春秋辨疑》、李明复《春秋集义》、唐仲友《帝王经世图谱》、许月卿《百官箴》等。四是民贵君轻成为主流学术的核心价值。宋代理学诸子多有论说民贵君轻的文字，如朱熹《四书集注》、陆九渊《象山先生全集》、张栻《癸巳孟子说》、真德秀《大学衍义》等。在其他思想家的著作中，这种现象也很常见，如金朝赵秉文《孟子解》和《唐论》、事功学派代表人物叶适《习学记言》等。宋代以降，张扬民贵君轻的理学传人不胜枚举，包括许多正直的名儒，方孝孺《逊志斋集》、黄宗羲《孟子师说》、吕留良《四书讲义》堪为典型。其他类别的思想家也多有张扬民贵君轻的著作，李贽《藏书》堪为典型。各种阐发《孟子》和引据民贵君轻的著作不胜枚举，被《四库全书》收录的便数以百计。五是民贵君轻的提法获得最高统治者的认同，最值得注意的当数清朝著名皇帝钦定的《日讲四书解义》《日讲书经解义》《钦定礼记义疏》等经学著作。六是在官僚、庶民中形成认同民贵君轻的庞大群体。无论就读于官学、私学，无论是否有志于应举做官，广大学子都会接触各种论说民贵君轻的书籍。他们大多不能获得功名，于是在庶民中形成认同并传播官方学说及主流学术的庞大群体。由此可见，上至皇帝，下至庶民，认同民贵君轻的人为数众多，民贵君轻是一种大众化的政治价值，属于社会普遍意识范畴。

重大误判之五：民惟邦本、民贵君轻一类的思想产生于中国早期某种非专制的制度、体制或政治，诸如原始民主、军事民主、城邦民主、贵族共和、贵族民主、封建分权等；先秦诸子中的少数人，如孔丘、墨翟、孟轲，发展了这一类思想；秦汉以来，这一类思想与帝制及其统治思想分道扬镳，形成“民本主义”与“君本主义”的对立；到明清时期，这一类思想被强化绝对君主专制的思想及措施所湮灭。简言之，规范性因素日益弱化是统治思想演化的总趋势。

历史事实是：立君为民及民贵君轻思想最先由一批统治者提出并实践；春秋以降，论证这一类理论的著名思想家几乎都是体制内学者，许多人还兼有帝王将相、封疆大吏的身份；《尚书》《孟子》《春秋繁露》《五经正义》《四书集注》一脉相承，重民思想与尊君思想始终一体两用，从来没有分道扬镳。因此，从理论的抽象程度、命题的清晰程度、用词的张扬程度和观念的普及程度看，这一类思想的演化始终保持向前推进的态势，总体趋势是：帝制越兴旺，立君为民理论就越发达，君权越集中，民贵君轻观念就越普及。帝制的统治思想不仅不排斥这一类旨在限定、规范、调整、制约皇权的政治理念，反而将其置于官方学说的核心地位，于是民为国本与君为政本这两大理论要素始终紧密地扭结在一起，既可以称之为“民本思想”，又可以称之为“君本思想”。下一部分的内容可以为这个判断提供更多的事实依据。

六　立君为民及民贵君轻是帝制的政治原理

中国学者普遍低估了民本思想在帝制条件下的普及程度和实现程度。许多学者极力将立君为民、天下为公、民惟邦本、民贵君轻之类的命题与帝制皇权区隔开来乃至对立起来。在评说帝王将相认同民本思想的现象时，学者大多判定为幌子、招牌、手段、策略，属于“虚假认同”范畴。即使指出民本思想与帝制的密切相关性的学者也视之为“君主专制主义的补充”，认为其作用受到重大限制，乃至沦为政治空话。

然而，只要系统地考察一下帝制统治思想的历史渊源、演化历程、一般特征及实际作用，就会发现，立君为民及民贵君轻对历代王朝的制度原理、统治方略、施政原则、政治规范及实际运作的影响既广泛又深刻。在政治精神层面，立君为民及民贵君轻长期居于官方学说的地位，其核心理念和基本思路获得社会各阶层的广泛认同，乃至成为正统思想、主流学术、帝王观念、大众心态所必备的要素，并作为公认的政治价值而支配着社会各阶层的政治意识和政治行为。在政治制度层面，立君为民及民贵君轻是许多重要制度和政治程式的经典依据。在政治过程层面，依据立君为民及民贵君轻制定的治民政策具有相当程度的实效性。四书五经模式的立君为民及孟轲模式的民贵君轻与帝制皇权始终是同生共荣的关系，怎么能说它具有反王权、反专制的功能或仅仅是一种补充手段、政治空话呢？

造成上述历史现象的根本原因是，具有特定社会属性的立君为民命题及民贵君轻命题，全面论证了君主专制制度的根本法则及各种一般规定性。这一套政治理论体系将道义性权力、制度性权力及人口、国土、经济、军事、文化等要素性权力奉献给最高统治者，为政治等级制度的各类关系及角色设置了系统的政治规范，论证了一套可供人们仿效、追求和憧憬的理想政治模式。其主要内容来自历史经验的总结，契合时代的特征，符合帝制的需要，甚至包含一些具有普遍意义的政治法则及政治价值。其理论特征可以概括为现实性与理想性的交织、论证君权与规范君权的交织、政制之道与政事之道的交织、价值悖谬与政治理性的交织。由于立君为民及民贵君轻可以为帝制皇权提供哲理性、道义性、功能性的理论支撑和理论指导，所以始终属于统治思想范畴，被历代王朝奉为官方学说，堪称帝制的政治原理。

全面揭示上述历史事实需要一套或几套系列化的学术专著。这里仅列举几个与立君为民及民贵君轻直接相关的重大历史事实。

重大事实之一：立君为民命题是帝制各种重要政治制度的理据。一般说来，四书五经模式的立君为民及民贵君轻始终是帝制与皇权的本原性依据，帝制的各种基本制度及政治程式，包括与最高权力及其转移相关的制度，与国家治理相关的制度，与官僚的培养、选任、管理相关的制度，与关注民生民意相关的制度，与皇帝及皇子教育相关的制度，与臣民教化及教育相关的制度，与祭祀和礼仪相关的各种礼乐制度等，以及应答天谴民怨的“禹汤罪己”程式、维新变法的“与民更始”程式、禅让大位的“天与人归”程式等，均以立君为民、天下为公、民惟邦本、民贵君轻为主要理据。因此，最高统治者必须自幼修习立君为民的道理；国家要求读书人必须研读阐释立君为民的著作；立君为民是科举考试常见的选题及科举制文常见的论据；依据立君为民议政施政的官员往往受到重用并赢得尊敬；国家文告、朝堂议政、群臣奏议常常引据立君为民；立君为民及民贵君轻也是国家祭祀和宫廷乐舞中最张扬的一个命题[①]。明朝丘濬《大学衍义补》和清乾隆帝《钦定礼记义疏》都是引据立君为民及民贵君轻论证各种制度、礼仪及治道的典型例证。这一类的现象持续了两千多年,堪称与帝制相始终。试想,如果历代王朝的帝王将相们仅仅是虚假认同,会导致如此重大且持久的历史现象吗?

重大事实之二:重要的皇帝诏旨和国家文告常常援引立君为民思想。一般说来,凡是即位诏书、册立储君诏书、传位诏书、禅位诏书等涉及王朝合法性、君权合法性的法律性文件都必然引据立君为民。在王朝更替中,革命之君及禅让者与被禅让者都大讲立君为民、天下为公、应天顺民、民贵君轻的道理,一种程式化的文字屡见不鲜,如晋武帝认同"夫天下者,盖亦天下之天下,非一人之天下也"[②];宋武帝认同"夫树君司民,天下为公,德充帝王,乐推攸集"[③];齐高帝认同"至道深微,惟人是弘,天命无常,惟德是与"[④];梁武帝认同"夫千人之聚,不散则乱,故须立君以治天下,不以天下养一人"[⑤];陈高祖认同"夫肇有烝民,乃树司牧,选贤与能,未常厥姓"[⑥]。这一类思想已经成为公认的政治信条。历代皇帝的罪己诏也往往引据立君为民。例如,汉文帝二年发生日食,汉文帝当即发布罪己诏,文中写道:"朕闻之,天生民,为之置君以养治之……天下治乱,在予一人。"[⑦]在涉及治民问题的政治文告中,也大多首先援引立君为民思想,如金世宗反对拜佛、老以祈福,他认为"且上天立君,使之治民,若盘乐怠忽,欲以侥幸祈福,难矣。果能爱养下民,上当天心,福必报之"[⑧]。《旌德龙峰俞氏族谱》收录了一份成化三年(1467)明宪宗发给全国各地的粮长的敕谕。这份敕谕是一篇白话公文,旨在论证皇权拥有合法的强制力量并阐释国家征收赋税的理据,告诫粮长们认真办差,不得侵

① 系统的论证及事实依据参见张分田:《儒家的民本思想与帝制的根本法则》,《文史哲》2008年第6期。

② 《晋书》卷48《段灼传》,第889页。

③ 《宋书》卷16《礼志三》,《二十四史》简体字本,中华书局,2000年,第285页。

④ 《南齐书》卷1《高帝纪上》,《二十四史》简体字本,中华书局,2000年,第14页。

⑤ 《魏书》卷79《董绍传》,《二十四史》简体字本,中华书局,2000年,第1188页。

⑥ 《陈书》卷2《高祖下》,《二十四史》简体字本,中华书局,2000年,第21页。

⑦ 《汉书》卷4《文帝纪》,第84页。

⑧ 《金史》卷7《世宗纪中》,《二十四史》简体字本,中华书局,2000年,第112页。

害百姓，其通篇立论的依据便是“百姓是国家的根本，抚治百姓是人君第一件事”[①]。在现存文献中，引据立君为民的国家文告可以用不胜枚举来形容。这表明，立君为民命题及其一系列衍生命题在帝制的政治理论和政治实践中占据举足轻重的地位。在如此重大的政治问题上出现如此持久的普遍的政治现象，显然不是仅仅用“虚假认同”所能圆满解释的。

重大事实之三：依据朝廷的制度，凡是读书应举的人都必须通晓立君为命及民贵君轻的道理。实际上，只要指出汉唐以来的应举者必须精通五经四书就可以证明这一点。这里列举几个与立君为民及民贵君轻直接相关的例证。元稹和白居易凭借精心备考，相继登科。白居易将自拟的试题和答卷集为《策林》，在“辨兴亡之由，由善恶之积”一题中写道：“邦之兴，由得人也；邦之亡，由失人也。”主要理据“凛乎若驭朽索”来自《五子之歌》，“忧乐同于人”来自《孟子》，“载舟之水”来自《荀子》。文中还写道：“君苟有善，人必知之。知之又知之，其心归之。归之又归之，则载舟之水，由是积焉。君苟有恶，人亦知之。知之又知之，其心去之。去之又去之，则覆舟之水，由是作焉。故曰：至高而危者，君也；至愚而不可欺者，人也。”[②]这个思想符合民贵君轻的基本思路。在宋、元，《孟子》成为正式的考试科目，相关试题司空见惯。建炎二年(1128)，宋高宗策士淮海，题目是“治道本天，天道本民”。胡铨对策万余言，批评朝政，直言不讳，获得皇帝赏识，其中有“汤、武听民而兴，桀、纣听天而亡。今陛下起干戈锋镝间，外乱内讧，而策臣数十条，皆质之天，不听于民”[③]。宋度宗咸淳七年(1271)殿试策题旨在考察对立君为民、天民相通、民贵君轻的理解，有“明威视听皆自我民，其不可轻者固如此欤”[④]之句。皇庆二年(1313)，元仁宗下诏，明确规定科举考试使用程朱理学的四书五经注本。因此，应考士子必须通晓四书五经中的立君为民、民贵君轻思想。在明朝，立君为民及民贵君轻依然是科举考试的重要内容。洪武三年(1370)，明太祖首开科举，亲制策问，他指出一个重要的历史事实，即“历代之亲策，往往以敬天

① 转引自汪琴鹤：《五百年前的一份白话公文》，《档案工作》1990年第8期。

② 《白居易集》卷62《策林一·十四辨兴亡之由》，中华书局，1979年，第1300—1301页。

③ 《宋史》卷374《胡铨传》，《二十四史》简体字本，中华书局，2000年，第9168页。

④ 刘壎：《隐居通议》卷31《杂录·前朝科诏》，中华书局，1985年，第335页。

勤民为务”。明太祖钦点明朝第一位状元，其答卷的主要理据便是“天生民而立之君，使司而牧之”[①]。万历丙戌会试第二场策论试题“帝天之命，主于民心”旨在考察考生对民心即天心、民贵君轻的理解。会试第一名是著名文学家袁宗道，其核心论点是：“张子曰：‘帝天之命，主于民心。’此人主重民之说也。”这篇试卷用激切的文字抨击“靡所顾忌”、“恣行胸臆”的君主不畏天谴、不重民生、荼毒天下，进而指出：“是以人主不重天则已，重天则必先重天所寄命之民心。”[②]这份没有落入俗套的试卷博得考官们的激赏。一些科举制文直接引用了“民为贵”。隆庆辛未进士、万历朝臣黄洪宪的《邠人曰》，题目出自《孟子·梁惠王下》。这篇科举制文赞赏古公亶父躬行立君为民及民贵君轻，称：“尝谓有国家者，民为贵，社稷次之。故失民得国犹失国也，失国得民犹弗失也。”[③]天启四年举人、著名文学家艾南英所作《民为贵》，其核心论点是“天为民而立天子”，故“失民心而危社稷”的君主必须下台，孟轲的本意是包括天子在内的。简言之，“夫君与社稷至不能与民比重，而顾可轻其民哉”[④]。清朝皇帝也将立君为民及民贵君轻列为考试内容之一。典型例证是《钦定四书文》收入了黄洪宪《邠人曰》和艾南英《民为贵》。上述事实表明，参加科举考试的人无需回避、阉割、曲解、篡改孟轲民贵君轻之说。

重大事实之四：立君为民及民贵君轻是最高统治者的必修课。实际上，只要指出皇帝终身教育及储君皇子教育以修习五经四书为主便可以证明这一点。这里仅举一个清朝皇帝的例证。乾隆皇帝是一位尊崇孔孟之道、主张乾纲独断、大搞文字狱的专制君主，又是一位倡导立君为民及民贵君轻的著名帝王。乾隆皇帝修习、体认、论说、倡导、传播民贵君轻的主要事实有以下十二种。

一是启蒙教育。明代万历朝编纂的《养正图解》是明清两代培养

---

① 吴伯宗：《荣进集》卷1《御试策》，《景印文渊阁四库全书》，第1233册，第233页、第244页。

② 《万历丙戌会试录》，《明代登科汇编》，第20册，学生书局，1969年影印本。

③ 黄洪宪：《邠人曰》，《钦定隆万四书文》卷5《孟子上》，《景印文渊阁四库全书》，第1451册，第275页。

④ 艾南英：《民为贵》，《钦定启祯四书文》卷9《孟子下之下》，《景印文渊阁四库全书》，第1451册，第568页。

皇储的教科书，内容主要是为君治国之道。在这本图文并茂、通俗易懂的启蒙读物中，有一则故事名为《善言格天》，讲的是宋景公深知无君则无民，拒绝将天谴转嫁给民众和国相，获得天的眷顾。乾隆皇帝著《题养正图》，他为《善言格天》所作题诗有“移相及民岁，孤立将焉托”[①]之句。无民无君是民贵君轻的同义命题。

二是学师训育。康熙皇帝命人将《大学衍义》译成满文。乾隆皇帝命令将《四书集注》《性理大全》《资治通鉴纲目》《大学衍义》《历代名臣奏议》列为皇子教育及官学教育的必讲书目。乾隆皇帝也曾接受过这样的教育，并获得立君为民及民贵君轻的知识。

三是祖宗训词。《太祖高皇帝圣训》《世祖章皇帝圣训》《圣祖仁皇帝圣训》《世宗宪皇帝圣训》都有论说立君为民、天下为公的内容。对乾隆皇帝而言，这都属于祖训范畴。

四是口头家训。康熙皇帝亲撰、钦定的著作有论说立君为民及民贵君轻的内容。自幼聆听祖父教诲的乾隆皇帝，理应接受过这一类庭训。雍正皇帝追记的《圣祖仁皇帝庭训格言》有引据《孟子》论说立君为民的内容。祖训、父训、庭训都属于家训范畴。立君为民及民贵君轻是清朝皇室家训的重要内容。

五是经筵日讲。经筵及日讲是设在宫廷的对皇帝进行继续教育的讲学制度，主要修习四书五经及《大学衍义》等。《日讲四书解义》和《日讲书经解义》是康熙皇帝命儒臣编写的经筵日讲专用教科书。《日讲四书解义》用五六百字阐释《孟子》民贵君轻。《日讲书经解义》对天为民立君多有阐释。由此可见，立君为民、天从民欲、天下为公、民惟邦本、民贵君轻是皇帝必须精通的重要政治原则。

六是题诗抒情。乾隆皇帝留下三篇体认“君轻”的诗作。《春仲躬祭社稷坛》有“立我蒸民知谷重，藐予小子识君轻”[②]之句。《仲春祭社稷坛礼成述事》的一则五绝是：“祈农念民重，自昔识君轻。三语钦斯两，余如《疑孟》评。”在后附说明文字中，乾隆皇帝质疑“社稷次之”的提法，批评孟轲“诿过于神而变置之”的主张，认为“其说为《礼

---

① 清高宗：《御制诗集》2集卷78《题养正图》，《景印文渊阁四库全书》，第1304册，第448页。

② 清高宗：《御制诗集》2集卷38《春仲躬祭社稷坛》，《景印文渊阁四库全书》，第1303册，第691页。

经》所无，不免过甚”[1]。在《仲春朔吉社稷坛礼成述事》中，他自诩：“升芗增肃穆，宿识已为轻。”[2]

七是撰写论文。乾隆皇帝为一首诗所作按语是论说民贵君轻的短文。他认为孟轲“民贵君轻”之说是成立的。但是，孟轲变置社稷的说法及朱熹的注解违背孔丘的思想，“实有悖于理之处”。在他看来，发生自然灾害时，君主有责任尽心救灾，不应归罪于社稷，“即有过，亦在君与民而已”。对孟轲所说“民贵君轻”之“君”是否包括天子，古代儒者有争论。一些儒者依据《孟子》论说“君为轻”一节的具体表述，认为孟轲所说的“变置”只适用于诸侯、大夫之类的封君，而不适用于天子。乾隆皇帝明确指出：“予以为天子亦大君也，不独诸侯。”[3]在他看来，天子是等级地位更高的君主，适用“君为轻”的法则。

八是评书作序。乾隆皇帝为众多阐释孔孟之道的著作题词作序。南宋袁燮的《絜斋家塾书钞》三次引据“民为贵，社稷次之，君为轻”，阐释《尚书》的经义。在《御题〈袁燮絜斋家塾书钞〉》一文中，乾隆皇帝赞扬这部经学著作“议论持醇正，兴亡鉴古今”。他还写过赞赏《大学衍义》及《大学衍义补》等一批著作的书评。

九是评说历史。在清初诸帝撰写、钦定的著作中，多有依据立君以为民、天下为公、民贵君轻、君为轻、以民为重评说历史的内容，如乾隆皇帝编辑的《御批历代通鉴辑览》和钦定的《评鉴阐要》。

十是经学义疏。乾隆皇帝钦定的经学著作有《钦定周官义疏》《钦定仪礼义疏》《钦定礼记义疏》和《钦定翻译五经四书》。《钦定礼记义疏》引用了陈祥道依据“民为贵，社稷次之，君为轻”，论说《礼记·祭法》“王为群姓立社曰大社”的文字。《钦定翻译五经四书》是为满族人修习经典而作。

十一是开科取士。清朝皇帝沿袭元朝以来的做法，以朱熹《四书

---

① 清高宗：《御制诗集》4集卷19《仲春祭社稷坛礼成述事》，《景印文渊阁四库全书》，第1307册，第566页。

② 清高宗：《御制诗集》5集卷45《仲春朔吉社稷坛礼成述事》，《景印文渊阁四库全书》，第1310册，第333页。

③ 清高宗：《御制诗集》5集卷45《仲春朔吉社稷坛礼成述事》，《景印文渊阁四库全书》，第1310册，第333页。

集注》为科举程式并要求家弦户诵。乾隆皇帝命大学士方苞等精选明清"大家制义数百篇"，辑成《钦定四书文》并颁布天下。在《〈钦定四书文〉上谕》中，乾隆皇帝宣布：此举旨在明示经义准的，衡文绳尺，使士子学童"以为矩矱"。在这些范文中，有题为《民为贵》的，有引据"民为贵"的，还多有论说立君为民、天下为公、民为国本、国依于民的文字。清朝的读书人大多专攻朱熹《四书集注》及《钦定四书文》，许多人甚至将通晓五经及史籍视为杂学。

十二是编辑图书。在乾隆皇帝钦定的《四库全书》中，引据、阐释立君为民及民贵君轻的经、史、子、集类著作比比皆是，明确使用"民贵君轻"、"民重君轻"、"民为贵"、"民为重"、"君为轻"、"民贵"、"君轻"之类字眼的就有数百部之多，包括一批皇帝钦定或亲著的书籍。本文引用的绝大部分史料都可以从《四库全书》中检索到。

上述历史现象表明，在通常情况下，从启蒙教育开始，储君便通过蒙训、家训、师训、学训修习立君为民及民贵君轻的道理，研读一批相关的典籍。修习并践行这一类"帝王之学"的过程贯穿皇帝们的一生。王朝还设置系统的制度及措施向各级统治者和士子庶民普及这一套理论。在治理国家、处理政务的过程中，这一套理论会经常性地发挥作用，并对政治制度和政治过程产生重大影响。

试想，如果皇帝们张扬立君为民及民贵君轻只是为了装装样子，又何必执意将其用作旨在培养储君及各级统治者的教科书和选拔官员的科举考试试题，甚至达到用王朝推崇四书五经、皇帝修习民贵君轻及以此培养选拔官员和教化臣民的方式推动全社会形成普遍共识的程度？难道维护帝制王朝和专制权力的皇帝们能够高明到敢于坚持不懈地用"反王权思想"、"反专制思想"、"民主思想"、"民权思想"教化广大臣民，成批量地培养忠于君主及朝廷的政治精英，甚至达到用这一类思想指导王朝政治的程度吗？

许多学者将帝制的衰亡归咎于统治者抛弃了"先秦儒学精华"，而事实恰恰相反。在康、雍、乾时期，推崇民贵君轻理念的社会群体相当庞大，这是千百年来皇帝们以膜拜孔孟、弘扬儒典、编纂注疏、开科取士、教化臣民等一系列措施，推崇、倡导、传播孟轲民贵君轻之说，并使之成为普遍认同的核心政治价值观和历史悠久的政治文化传统的产物。在思想、政治及学术上，影响最大的有三类人：一是激烈批判社会现实的思想家，主要代表人物是黄宗羲、王夫之、顾炎武、吕留良和唐甄；二是维护大清王朝的各级统治者，主要代表人物是康熙皇帝、雍正皇帝、乾隆皇帝；三是原教旨主义色彩浓厚的乾嘉汉学家，撰写《孟子正义》的焦循是代表人物之一。在政治态度、思想倾向和学术旨趣上，三者有重大差异，而他们的政治理论体系有共同的基础框架，思维方式、理论结构和命题组合都符合"尊君—罪君"文化范式。如果把黄宗羲等人的尊君思想专题摘录出来，他们与皇帝们和汉学家的差别甚小；如果把皇帝们和汉学家的立君为民、天下为公、民贵君轻之类的思想专题摘录出来，他们与黄宗羲等人的差别也没有许多学者所说的那么大。思想家、皇帝们、汉学家的基本思路并没有本质性的区别，至少在文字上和学理上是如此。这种思想现象、政治现象、学术现象是在特定历史条件下，四书五经之学已无法为中国社会的发展提供精神动力的重要证据。宋元以来，四书之学影响力的强大及其保守性的强韧，日益演化为一种严重阻滞思想创新、社会变革和政治发展的习惯势力。帝制及其国学对《孟子》越来越推崇，服膺孟轲之论的人群越来越庞大，民贵君轻的口号越来越响亮，而国家的创新能力和恢宏气度却越来越不如先秦汉唐，社会群体的英气和社会整体的生机也呈现日益弱化的趋势。这种历史现象很值得深入研究。

近年来，随着盲目"弘扬传统文化"思潮的流行，一种陈词以新语的面目再度登场。许多推崇《孟子》的学者断言，按照孟轲的民贵君轻来设计政治制度，"至少能发展出开明君主立宪制"。许多学者声称，《孟子》可以"创造性地转化"出民主、民权、宪政思想。一些人甚至主张在现代中国弘扬民贵君轻，推行"儒家宪政"。

历史事实是：从理论特质看，民贵君轻命题是一种全面论证和规范君主专制制度的政治理论；从制度设计看，民贵君轻命题与帝制皇权有高度的匹配性；从政治实践看，民贵君轻命题的主要功能是优化君主专制政治；从演化历程看，民贵君轻命题不仅没有自发地导出民主、民权、宪政，反而在很大程度上阻滞了新的政治思维的形成与发展。核心理念、本质属性、政治实践、演化历程都表明，孟轲民贵君轻之说不属于民主、民权、宪政思想，而属于专制主义政治理论。

中国古代君主制度及统治思想的演化历程表明，帝制的政治原理始终由立君为民、天下为公、天下一统、政由君出、君臣合道及民惟邦本和民贵君轻等一系列命题构成。历代王朝将这一类思想奉为官方学说，据以立制、定法、施政、治民，用以培养皇帝、官僚、士子、学童和教化庶民百姓。到帝制时代晚期，皇帝们将孟轲的地位抬高到无以复加的地步，《孟子》模式的立君为民及民贵君轻之说充斥各种官方学说代表作及各种经学著作和政论性著作，包括皇帝亲撰钦定的各种著作。然而，政治体制不仅没有丝毫向“开明君主立宪制”演进的迹象，反而持续向强化君主集权的方向演进。不仅如此，伴随《孟子》在官方学说中的地位登峰造极，中国古代文明步入衰亡阶段。在皇帝、官僚、士庶集体修习心性之学及民贵君轻的读书声中，中华民族的英气被消磨殆尽，中国这头雄狮也沉睡了，政治发展长期处于停滞状态，甚至将中华民族推向最危险的境地。如果没有契丹、女真、蒙古、满族等英气勃发的少数民族相继崛起，就连老祖宗开拓的领土疆域也会大幅度缩减。近代中国的民主、民权、宪政思想是向西方学习的产物。无论清末统治者筹划的君主立宪和民国时期的政治体制及宪法，还是中国特色社会主义民主建设，都没有也不会依据《孟子》民贵君轻之说。即使有人为民主、民权、宪政贴上儒家及儒学的标签，也不意味着现代中国的民主制度和民主思想与民贵君轻存在真实的继承关系。即使有人为儒家及儒学贴上民主、民权、宪政的标签，也不意味着这种方式的“创造性转化”是名副其实的思想创新。简言之，民贵君轻能发展出宪政的说法没有任何历史事实的依据，只是一种主观臆断和欺人之谈。

七　我的学术判断

我的学术判断是，以中国古代任何一个重要政治命题或重要政治范畴为典型例证，都可以撰写一篇与本文的标题、结构、方法、思路、规模大体相同的文章，并为本文的核心论点提供坚实的理据。本文只是文章标题所示的最重要也最容易写的那一部分。

在我看来，中国学术界集体性的重大历史事实误判已经达到极其严重的程度。一是误判具有集体性。集体性的误判持续了一百年，犯错的群体涵盖所有评说相关历史现象的学者，包括众多治学严谨、功力深厚、贡献卓著、令人敬重的著名前辈学者。二是误判具有全局性。涉及统治思想、帝王观念、官方学说、诸子百家等所有的重大政治思想现象，涉及立君为民、天下为公、君臣合道、民惟邦本等所有的重大政治理论命题，涉及道、德、礼、仁、忠、孝等所有的政治概念，涉及天人合一、自然之理、阴阳和合、中庸之道、三纲五常等所有的论证统治思想的哲学命题及哲学范畴，涉及社会根源、本质属性、核心价值、发展趋势、历史作用及现代意义等所有的宏观把握及整体评说的要素，堪称对中国古代政治文明及相关精神现象的全局性误判。三是误判具有危害性。在现有的相关著述中，不恰当的评说和想当然的成分太多，主观臆断的说法不少，作伪造假的东西亦属常见，一批整体性误判的影响相当广泛，严重误导了人们的历史认识。四是误判具有根本性。令人扼腕的是，这些误判不是出现在历史记载缺略的那一部分，而是发生在现存文献中极为常见、相当可靠，也最具群体性、持久性和连续性的那一部分。这一类文献都是华夏先民在记述历史、传承经验、阐释思想时所刻意保留的最重要、最凸显、最张扬的那一部分。在各种与政治密切相关的文献中甚至可以用俯拾即是、扑面而来、应接不暇来形容。研究者不必苦苦搜求，不必钩沉索隐，不必潜心考据，只要大致翻检一下中华元典、诸子之书、二十五史就不难获得非常可靠的文献依据，形成结构完整的事实陈述，得出相当准确的历史判断。可惜的是错综复杂的学术因素及非学术因素彼此交织，导致我们的问题意识、研究视野、价值预设、解读方式、逻辑基础和分析体系都受到负面影响，甚至达到集体性的对许多重要历史现象或视而不见，或见而不知，或知而不当，或故意回避的程度。其根本原因很值得探究。

导致失误的原因究竟何在？应当怎样改进我们的研究？如何全面认识、准确表述、正确对待中华民族的历史传统？如何恰当地汲取历史的经验教训及历史传统的优秀成分？如何避免“弘扬中国优秀传统文化”这个正确的方针被盲目“弘扬传统文化”、“弘扬国学”、“弘扬儒学”的学者们糟蹋？如何消除古今崇儒者篡改历史及文化造假所造成的恶劣影响？这需要群体性的思考，需要见仁见智的讨论，需要到研究实践中去探索，需要在社会变革中不断荡涤。但是，有一点是肯定的，即现有的中国思想史知识体系存在重大缺陷，从事实陈述、概念分析，到阐释方法、理论基础，迟早会被人们做出具有一定颠覆性的重建。

有鉴于此，中国学术界必须清醒地认识到，在彻底批判中国古代专制主义方面，我们依然任重道远；在正确弘扬中华优秀传统方面，我们依然任重道远；在客观、全面、准确地认识中国古代政治文明方面，我们依然任重道远；在全面创新中国历史理论及中国思想史知识体系方面，我们依然任重道远。全局性、系统性、结构性的学术改造是一场伟大的学术革命，必须从检讨失误、揭露虚妄、超脱窠臼、另辟蹊径起步，必须重建广义的中国思想史研究的事实基础、逻辑基础和哲学基础，必须完成体系化的理论创新、范式创新及话语创新，可能需要几代人的不懈努力。

《中国帝王观念》一书的修订原则

本文发表在《南开史学》2019 年第 1 期，是为《中国帝王观念》再版撰写的说明，其写作目的是自我反省、自我批判、自我修正，批判与修正的对象是我的主要代表作《中国帝王观念：社会普遍意识中的“尊君—罪君”文化范式》（中国人民大学出版社，2004 年）。

在我看来，研究他人，正本清源，是一种极其重要的研究方法；而研究自己，修正错误，也是一种极其重要的研究方法。学术规律是不可抗拒的，思想和学术的新陈代谢是不以人的意志为转移的。学术创新不仅是研究者批判和修正前人成果的过程，也是研究者自我反省、自我批判、自我修正的过程。自我批判精神是一种彻底的批判精神，自我修正能力是一种极其重要的能力。研究他人和研究自己都是中国政治思想研究法的重要组成部分。

1993 年秋冬，在撰写关于清初思想家唐甄的书稿时，经反复思考，数易其稿，我正式提出“尊君—罪君”命题。唐甄痛骂自秦汉以来“凡为帝王者皆贼”，被许多学者定性为“民主思想”。然而，正是他的“治天下者惟君，乱天下者惟君”的思维方式和“使我立于明主之侧……不出十年，天下大治”的政治抱负，启发了我的研究思路。“尊君—罪君”这个概括更能体现唐甄思想的性质与特点。不久，我发现不仅黄宗羲、王夫之、顾炎武、吕留良、龚自珍等批判意识极强的思想家都有类似的思维方式，就连明朝统治思想代表作《大学衍义补》也符合这个范式。在一定意义上可以说，我的概括来自唐甄的概括。这个概括与其说是我个人的主观判词，不如说是对历史现象的客观摹写。

在1994年完成的书稿《奴才·诤臣·隐逸》中，我把“尊君—罪君”命题用作一章的标题。在《中国政治思想史（隋唐宋元明清卷）》（浙江人民出版社，1996年）中，我对这个命题作了初步的论证。对“尊君—罪君”命题的系统论证完成于博士学位论文，题目是《“尊君—罪君”：帝王观念的理论结构》（1997年）。我的博士论文获得论文答辩委员会专家的肯定。

《中国帝王观念》是我担任第二项目主持人的教育部人文社会科学重点研究基地重大研究项目“中国政治理念、政治权力与社会关系研究”的成果之一，鉴定等级为优秀。在这本专著中，我将一些新的研究心得写入其中，使事实基础更加扎实，论证体系更加完整。补充的内容主要有三点：一是强化了社会普遍意识视角的分析；二是增添了有关帝王意识、皇帝人格等“文化的主观方面”的内容；三是丰富、完善论证体系，如研究方法的思考、历史过程的分析、阐释文字的推敲和若干政治调节理论的增补等。《中国帝王观念》出版后受到学术界的广泛认可，获天津市第十一届社会科学优秀成果二等奖。

从方法的角度看，“尊君—罪君”命题的成功之处是用凝练且醒目的方式表述契合客观事实的原创性学术观点，一些研究视角、思路和方法属于首创，论证也是相当严谨且严密的。但是，随着研究的不断深入，我发现《中国帝王观念》存在严重的学术缺陷，一些缺陷是当下学术界普遍存在的。我的判断是：迄今为止的中国思想史研究成果普遍存在严重的逻辑缺陷，重要表现之一是许多重要学术概念不符合形式逻辑，解决这个问题的根本途径是创新学术话语体系。恩格斯指出：“一门科学提出的每一种新见解都包含这门科学的术语的革命。”创造学术范畴，厘定分析概念，夯实逻辑基础，完善话语体系，这是学术研究的重要方法之一，也是创新学术的主要途径之一。我们必须夯实中国政治思想研究的逻辑基础，这项工作任重而道远。

《中国帝王观念》一书出版于2004年。十余年来，我取得一批学术进展，若再版此书理应依据新构想、新思路、新视角、新观点予以修改完善，而完成自我设定的“中国政治思想史重大历史问题探索性研究”乃是当务之急，系统修订该书的最佳时机理应选择在研究计划大体完成之后。考虑到这本书的学术方法和研究结论具有重要的现实意义，可以为客观、全面、准确地认识中华民族的历史传统提供学术资源，又考虑到《中国帝王观念》一书的基础框架、核心命题、主要论点依然是可靠的，即使原封不动地再版，也不会有大问题，遂决定在对该书修改思路有所说明的前提下予以再版。

写作《中国帝王观念》一书的初衷是客观、全面、准确地认识中国古代文明，将对中国古代专制主义的分析评论建立在更为扎实的学术研究基础之上。兼具学术性和论战性是预设的研究宗旨，主要论战对象是以“现代新儒家”为代表的文化保守主义者，主要批判靶子是颇有影响的“孔孟民主论”及“儒学反专制论”。近年来，一种鼓吹“回到孔孟去”的“新儒学”思潮在中国大地泛滥一时，力图将人们引向复归传统、膜拜孔孟、诵读儒经、迷信古方的歧途。一些人甚至打出“弘扬儒学”、“儒化中国”的旗号，主张“立儒学为国学”，“重建儒教中国”，“推行儒家宪政”。这股错误思潮否定中国近代以来社会变革所取得的历史成就，偏离反思传统、扬弃传统、创新传统的正确路径，违背文明创新、文化创新、理论创新、学术创新的时代精神，导致中国传统思想文化研究领域空疏之论流行，造假之风盛行，一批错误观点谬种流传，由此而引发的盲动性极大的“国学热、读经潮”甚至会消解中华民族的英气，迟滞变革社会、改造文化、创新文明的伟大历史进程。遏止这股错误思潮是中国学术界义不容辞的学术责任。有鉴于此，我决定将兼具学术性和论战性的研究宗旨贯彻到未来的研究中去。

系统修改《中国帝王观念》一书涉及学术研究的诸多层面，这里侧重从夯实中国思想史研究的逻辑基础的角度，说明四个重大修改思路，相关的形式逻辑、辩证逻辑、历史逻辑问题都是在中国学术界长期流行、影响极大的通病，已经达到积重难返的地步。

第一项重大修改是明确使用“一体两用”这个概念，更清晰地阐释“尊君—罪君”政治文化范式的一般特征。在《中国帝王观念》一书中，我一再使用“一而二，二而一”来描述“尊君—罪君”文化范式及“君本—民本”等理论结构的无法分割的一体性特征，甚至用“全息性"一词描述结构性体系中诸要素的一般特征,明确指出:"乍然看去似乎水火不相容的'尊君'与'罪君',不仅不是对立的关系,反而相辅相成,形成一种自我圆融的理论结构,这岂不是一种最奇特、最典型的组合命题吗?"在导论部分,我还特意将"'自相抵牾'式解读"列为五种常见的错误解读方式之一,指出:许多学者看到了古代思想家学说体系的复杂性,却把这种现象解释为自相矛盾、两端并存,其最大弊端是得出一个不符合形式逻辑的结论,即专制思想中包含民主思想。我们必须深入考察这种思想现象究竟是自相矛盾,彼此对立,还是自我圆融,相辅相成。然而,许多师长、朋友和读者依然将"尊君—罪君"理解为"内在矛盾";将揭示组合结构的方法理解为"矛盾分析";一些人甚至依然误以为"罪君"是好的,"尊君"是不好的,没有将二者视为同一思想现象的两种主要功能。因此,有必要进一步明确说明:我采用的研究方法是一体化论证,并非矛盾分析,而"尊君—罪君"是一体两用,不是自相矛盾。

我之所以使用"组合结构"及"命题组合"一类的词汇,用于描述运用思想体系分析法所观察到的历史现象,并揭示"尊君—罪君"理论结构和文化范式,其目的既不是要"一分为二",也不是要"合二而一",而是要证明原本浑然一体,原本体用合一,原本并无二致,原本本质相同,通过揭示思想体系的系统性、层次性、网络性、全息性,还原历史现象的本来面目,将批判专制主义的学术工作做到位,避免"专制也有民主"的逻辑混乱和错误判断。

在我看来,研究事物的发展需要矛盾分析,分析思想的特质不需要矛盾分析。"尊君—罪君"范式不是自相矛盾,而是自我圆融,属于逻辑自洽的体系,相关命题依据的是同一个理论目的及思想逻辑,这一目的及逻辑贯通整个理论体系。提出这种理论的古代思想家并不认为自己的理论存在自相矛盾之处,他们更不会特意制造自相矛盾,因为自圆其说是一种自发的理论思维倾向。然而,现代研究者却很容易误以为某些说法自相矛盾,许多误判就是来自这种简单化,诸如将"民本"与"君本"视为两种相互对立的思想体系或一种理论体系的内在矛盾。然而,历史事实是:在中国古代,"君本"与"民本"始终是一体两用关系,二者总是共处一体(同一种理论体系、同一位思想家的理论、同一本理论著作、同一个政治命题、同一个政治概念),从来没有分道扬镳，相互对抗。换言之，“君本思想”就是“民本思想”，“民本思想”就是“君本思想”，二者同体同质同用，原本就是一回事，始终都是一回事。《孟子》一书的基础结构“民无二王—民贵君轻”便是典型例证之一。当乾隆皇帝标榜“民贵君轻”的时候，并不认为这与他所标榜的“乾纲独断”自相矛盾。就连孟轲也不会认为“民贵君轻”会妨碍“民无二王”，或者“民无二王”会妨碍“民贵君轻”，否则也就不会将二者相提并论了。在目的上和逻辑上，孟轲都是要论证和维护君主专制制度的，他只是在特定的场合讲特定的话而已。以论证君主制度和规范君主制度的方式维护君主制度，必然形成“尊君—罪君”一体两用范式及“民无二王—民贵君轻”一体两用结构。从理论目的和实际功能看，“民贵君轻”又是论证王权的，“民无二王”又是规范王权的，我只是为了阐释的方便，依据其最常见的导向和功能，将前者说成是主要规范王权的，将后者说成是主要论证王权的，乃至将“君本—民本”描述成“组合结构”及“命题组合”，以契合现代话语体系，便于读者理解和认可。在孟轲和乾隆皇帝的心目中，这种“组合结构”的区分并不存在，他们更像是随手拈来，用得既自然又贴切。正是由于这个原因，古代的人们往往会引据同一命题或同一概念，一会儿论证王权，一会儿规范王权，一会儿赞扬圣王，一会儿抨击暴君，一体两用乃至一体多用的现象堪称司空见惯，“民贵君轻”在政治过程中的多种用法就是典型例证之一。中国古代主流学术的所有重要政治命题都有论证王权和规范王权这两种取向、功能和用法，这就是一体两用。最典型的例证莫过于有时皇帝会用“立君为民”及“民惟邦本”证明朝廷必须征收赋税，民众必须尊崇君王，服从朝廷，缴纳赋税，在这种场合“立君为民”及“民惟邦本”都是论证王权的。甚至还有批评皇帝违反了主要论证王权的命题（如“王者独断”、“天下一统”等）的现象，在这种场合，主要论证王权的命题反而被用来规范王权。如果用“自相矛盾”或“内在矛盾”来评说这一类思想现象，不仅会导致学术判断及历史认识的简单化，而且会导致研究结论违背历史事实。

我所说的“组合结构”和“一体两用”颇似古人所说的“道无二致”和“体用不二”。古人云：“孔子尊君，孟子尊道”，而尊道“无害于尊君”，孔孟都是尊君的楷模。这就是说，论证王权是方式直接的尊君，规范王权是方式间接的尊君，而尊君与尊道别无二致，并非自相矛盾。有鉴于此，分析命题组合结构的根本目的是揭示全息性，论证一体性，判定同质性。所谓全息性，即一个理论体系的每一个具体的概念和命题都蕴含整个理论体系的所有要素，特别是本质属性及核心价值，如"民无二王"蕴含"民贵君轻"，"民贵君轻"蕴含"民无二王"，又如"仁者爱人"包含"仁者杀人"，"仁者杀人"依据"仁者爱人"。这一类的具体例证可谓不胜枚举。在我看来，分析命题组合结构不是通过分析内在矛盾来揭示自相矛盾或内在矛盾，而是通过分析组合结构来考察各种具体的概念和命题的目的的一致性、逻辑的自洽性、理论的圆融性、功能的多样性，进而揭示内涵的全息性和要素的一体性，最终做出本质属性及核心价值具有同质性的判断。

思想现象是最复杂的人类现象，而思想史研究最容易犯简单化的错误。避免简单化的重要途径是全方位、多视角、深层次地剖析思想体系，将本质判断置于首位。本质判断正确，就不会导致全局性的误判。分析组合结构是辅助本质判断的研究程序和学术方法，第一步是弄清大的结构，如"尊君—罪君"及"君本—民本"之类，这就可以了解基本逻辑和总体特征，在相当程度上避免大的偏颇；第二步是弄清比二元结构更复杂的多种方式的组合，这就可以在很大程度上体认思维方式及思想的系统性、层次性、网络性，更接近对本质的把握；第三步是揭示全息性，为本质判断提供确凿的证据，把这一步做到位是至关重要的，而其难度也是最大的。更重要的还是要看一种思想体系的影响范围、具体运用、实际作用及历史价值，在揭示其逻辑的自洽性、理论的圆融性的基础上，全面认识和恰当评说其功能的多样性和导向的复杂性，然后依据事实及分析，深刻地认识到即使字面上极好且意义也有可取之处的命题和概念，如立君为民、民惟邦本、天下为公、施行仁政等，其本质属性及核心价值依然是专制，都不可能也不应当原原本本地弘扬于现代社会。惟有科学认识历史现象，正确判断本质属性，才能在批判和弘扬这两方面都提出有说服力的见解，进而积极探索弘扬中国优秀传统文化的正确途径。

在论文《思想体系分析法的构成要件及具体运用——以揭示"民贵君轻"专制本质的学术路径为例证》(《天津社会科学》2017 年第 1 期)中，我对分析思想体系、揭示一体两用、判断本质属性的研究方法作了框架性的说明。有兴趣的读者可以参阅。

第二项重大修改是尽量不使用儒家、道家、法家之类的概念。近年来,我设定了这样的原则,即在个人专著的学术分析和学术判断部分一般不使用古代学者创造的学派概念,必须使用时一律加上引号;因特殊需要而使用这一类概念时,如专门评论“儒家”及“儒学”的著作,在适当的地方说明使用方法,以避免形式逻辑错误,确保学术分析和学术判断的严谨性;学术论文及学术散文视具体情况而定,尽量不使用,而往往不得不使用;引用历史文献及他人论点则保持原样,不应改动也无权改动。如果将来系统修改《中国帝王观念》一书,将遵循上述原则。

设定这个原则的依据在国家社会科学基金项目“统治思想视野的中国传统理想政治模式理论研究”最终成果(打印稿)第一章第三节若干探索性的研究思路“六、淡化学派概念的运用”部分有具体说明,内容如下:

> 在研究汉唐以来的统治思想时,有些学者一见到主张礼治、仁政的思想就贴上“儒家”的标签,一见到主张集权、法治的思想就贴上“法家”的标签,一见到主张自然、无为的思想就贴上“道家”的标签。这种做法不利于准确地认识统治思想的内容、特点和流变。他们忽略了一个重要的历史现象:不管这一类思想的原创者属于哪家哪派,它们已经逐步获得广泛的认同。在这种条件下,它们已经不专属于某家某派,而属于更广泛的学术群体和社会群体,具有超越学派的属性。
>
> 如果仔细审视我们现在使用的各种学派概念,就不难发现它们既无统一的标准,又无准确的内涵,很容易造成混乱。“儒家”来自创始者的职业,“墨家”来自创始者的姓氏,“道家”来自一个概念,“法家”来自一种主张,“名家”来自一类课题,“阴阳家”来自一种学理。显而易见,这种命名方式先天不足,有与生俱来的形式逻辑缺陷。
>
> “法家”这个概念最容易被误读。在先秦,既没有人称“法家”的学派,也没有自称“法家”的学者。这个概念是后人创造的,它特指一批重视法制的“法术之士”。被归入“法家”的思想家大多与“儒家”有学术渊源,且大多精通“道家”哲学。他们之

间的政治思想也存在重大差异。后世之所以称这批思想家为"法家",是因为他们都非常看重"法"的政治功能,有的明确主张"以法治国"。然而只要大体浏览一下《黄老帛书》等,就不难发现"黄老"学派的政治主张与"法家"颇多相似之处。只要深入分析一下思想理路,就不难发现在一些基本问题上"法家"与"儒家"具有内在的一致性。

作为一种约定俗成的习惯用法,"儒家"、"道家"、"法家"等概念只能大体标示一个学派的理论风格和思维特征,即被归入"儒家"的思想家大多重"伦理"而尤为强调"为国以礼",被归入"道家"的思想家大多重"自然"而尤为强调"无为而治",被归入"法家"的思想家大多重"制度"而尤为强调"以法治国"。在与其他学派的争鸣中,每一种学派中都会有一些极端化的言论,诸如老聃为了张扬无为而非议礼法,孔丘为了弘扬教化而贬低刑政,商鞅为了宣扬法治而轻视伦理。但是,这并不意味着"道家"一概不要法制、教化,"儒家"一概不要法制、无为,"法家"一概不要无为、教化。只要仔细研读文献,就会发现礼、仁、无为、法等概念具有通用性。礼与法甚至可以作同义词使用,典型例证便是商鞅将"更礼"与"变法"相提并论,将法制与教化融为一体,大力推行礼及伦理的法制化,还将高度法治化的局面描绘成君主无为、臣民自治的理想境域。

许多学者忽略对诸子百家政治思想同质性的考察,有意无意地夸大了诸子百家之间的差异性,将"儒家"、"道家"、"法家"等概念标签化,由此而导出的一些观点颇值得推敲。

例如,许多学者一见到"体道行德"之类的字眼,就将它归属于"道家"。实际上,至迟从战国以来,这类思路就是百家共识。"儒家"自不待言,就连"法家"著作中都可以明确找到这一类思路。《韩非子·观行》的"以道正己"便是一例。一种思想越是具有超越学派的属性,就越有可能成为统治思想中必备的组成部分。正是由于"体道行德"已经获得普遍认同,所以它也见诸秦朝君臣撰写的纪功颂德碑文。

又如,许多学者不加分析地采用某些古代儒者的说法,分别为"儒家"、"法家"贴上"王道"、"霸道"的标签,然后一遇到统治者重视法制的政治现象便认为"儒家"没有或没有切实占据统治地位。在评价战国秦汉时期的思想演变过程时,此类评说很常见。实际上,早在先秦,"尊王贱霸"就是思想家们的共性。如果说有什么区别的话,仅在于对"霸道"价值的估计有所不同。孟轲及其后学认为"霸"毫无可取之处,而以《商君书》为代表的"法家"、以《文子》及"黄老"著作为代表的"道家"和以《荀子》为代表的"儒家"则在不同程度上肯定了"霸"、"霸王"的价值。汉唐以降的许多"儒家"思想家也属于后者。孔丘学说的基本宗旨是刚柔并济、文武兼备、德刑参用、宽猛交错。《礼记》的"王道"囊括了礼、乐、刑、政。《商君书》则以王道境域为"至德"理想,认为在动乱年代,"霸"是实现"王道"、通向"至德"的重要方略与必由之路。由此可见,"儒家"并非不要"刑政",而"法家"并非不讲"王道"。

在思想文化史研究中,特别是在统治思想、主流文化研究中,简单化地使用这一类学派概念的现象很常见。这是导致认识偏差乃至评说极化的重要原因之一,有时甚至会导致学术思维的局限,影响对历史过程的理解。许多误读、误解、误判与此相关。汉唐以来,这一类错误陈陈相因,积非成是,积重难返,不易纠正。学派概念已经成为惯用名词,也有一定的适用性,很难彻底弃之不用。但是,能不用就不用,尤其不要简单地贴上某种标签,形成符号化乃至极端化的历史认识。在研究历朝历代的统治思想的时候必须充分注意到这一点。

笔者的研究心得是:就其异而言,诸子即百家,百家即诸子。就连孔丘、孟轲、荀况亦可分成三家。只要比较一下孔丘与孟轲的政论,就不难发现无论在哲理上、心态上,还是在一些重要的概念和问题上,其政治理论的差异是相当明显的。就其同而言,先秦诸子大多又犹如一家的几个分支。就连《孟子》与《韩非子》的政论也有大体相似的基础框架和政治取向。《史记》把老聃、申不害、韩非归入同一列传,亦颇有道理。笔者甚至倾向这样的观点,即学者们所谓的"儒家"、"墨家"、"法家"、"阴阳家"大多属于孔丘后学的范畴,"儒者之学"(亦可简称为"儒学")始终是一个可以用于表述主流学术的概念。在一定意义上,甚至可以说

> 孔丘是“法家”的祖师爷。就求实的态度、变革的精神而言，孔丘与后来的法术之士更接近一些。这是一位兼具思想家和政治家风采的历史人物，“为政必霸”是当时一些人对他的评价。这位曾经主持过鲁国政法事务的官员，讲的大多是非常实在的道理，多有肯定当时的一些立法与变法活动的言论，强化中央集权及富国强兵也是他的政治理想，他甚至高度赞赏秦穆公之“霸”，认为可以与“王”等量齐观。如果出生于战国初期，孔丘很可能沿着自己的思路而成为著名的法术之士。在这个意义上，面向现实的荀况更像孔丘之学的嫡派，而孟轲的求实精神远逊于孔丘，其政治思想更像与孔丘之学对立的学派，哲学思想也与孔丘之学有重大差异。
>
> 本书主要研究统治思想的形成与演化过程，侧重分析主流政治文化的主要来源和理论基础，着力揭示若干源远流长的政治价值共识，因而不恰当的学派概念对相关的阐释会有所妨碍。
>
> 有鉴于此，笔者决定适度淡化“儒家”、“道家”、“墨家”、“法家”之类的学派概念，并给予各种流派和历代思想家们以平等的地位。因此，在行文中，尽最大可能回避使用传统的学派概念，努力探索更合适的表述方式。对历代思想家亦将采取直呼其名的方式，诸如“孔子”表述为“孔丘”，“商子”表述为“商鞅”，“慎子”表述为“慎到”，“孟子”表述为“孟轲”等等。至于《老子》的作者则以与“老子”贴近的“老聃”称之。探索新的表述方式涉及理论创新问题，而这一类的理论创新必须建立在更充分、更深入的研究之上。这需要学术界的共同努力。在本书中，笔者仅仅是感觉到需要改变表述方式，而有所尝试而已。[①]

在论文《中国学术界一个集体性的重大历史事实误判》(《史学月刊》2016 年第 9 期)中，我指出：使用儒家、道家、墨家、法家之类的概念是导致相关著述普遍存在事实误判和逻辑错误的重要原因之一。中国学术界必须积极寻求更合适的分析概念，构建科学的学术话语体系。在论文《“儒家讲王道，法家讲霸道”的说法违背史实》(《天津

① 张分田：《中国传统理想政治模式理论研究——隋唐君道理论的基础框架及其历史渊源》，2012 年提交，2013 年结项，打印稿上册，第 31—33 页。

师范大学学报(社会科学版)》2015 年第 6 期)中,我以孔丘崇“霸”与商鞅尊“王”为典型例证,依据历史事实,揭示了一种广泛存在的学术逻辑及历史阐释的混乱。在《“现代新儒家”不是真儒家》(《中国社会科学报》2016 年 2 月 25 日)一文和题为《科学认识儒学　正确判断本质》(《马克思主义研究》2016 年第 4 期)的访谈录中,我简要分析了“儒家”一词的形式逻辑缺陷,主张将“现代新儒家”正名为“现代伪儒家”。有兴趣的读者可以参阅。

第三项重大修改是尽量避免使用“文化”一词。政治文化、文化范式、文化结构、文化典型是《中国帝王观念》一书的重要分析概念,在书中我给出了自己的定义,并严格遵循了定义,不会导致形式逻辑错误。如果将来系统修改《中国帝王观念》一书,鉴于“文化”一词极易被误读误解,将采取两条措施:一是明确将文化定义为人类创造物的统称和通称,并主要用于指称社会模式、生活方式及价值体系或政治、经济、社会之文化。二是凡是可以不使用“文化”一词的地方一律改换其他词语。

中国现代学术话语体系的语言文字基础是现代汉语体系。现代汉语体系的词汇及词义有三个主要来源,一是古代汉语固有的词汇及词义;二是外来的词汇及词义,主要是汉译的西语词汇及词义,包括参照日本人用汉字翻译的西语词汇及词义而间接转译的;三是现代中国人新创词汇或新增词义。三大来源的许多词汇原本就存在歧义,容易导致逻辑悖谬,而三大来源的词汇及词义的混交及滥用更容易导致形式逻辑悖谬。中国现代学者经常使用的“国学”、“现代新儒家”、“民本思想”、“传统文化”等学术概念都是界定有误及使用有误而导致逻辑悖谬的典型例证,其中“文化”一词的滥用堪称司空见惯,比比皆是。

“文化”是从西方引进的学术概念,与政治、经济、社会同属现代中国学术话语体系的四大舶来概念之一,古代汉语中没有任何一个词可以准确地翻译或替代这四个舶来的概念。拉丁文“文化”(cultura)一词的原形为动词,本义是耕种、居住、学习、敬神等人类努力摆脱自然状态的行为。这个拉丁语词汇逐渐从人类的物质生产引向精神生产,可以用于指称人类的各种创造物。这个术语被西方学者广泛使用。各门学科、各种学派、各类学者从不同的学术领域、学术旨趣、研究视角、研究方法出发，给出各自的文化定义，种类达数百之多。然而，西语“文化”一词有相对稳定的核心意涵，即人类创造物，而标示文化学、文化史、文化研究之“文化”是一个中性词。

古代汉语“文化”是个褒义词，特指帝王或尊长的文德教化，显然不是西语“文化”的同义词及近义词。然而，西语“文化”一词引入中国后，很快便发生古今中外词义混交现象，甚至导致词性混淆现象。主要表现有四：一是引入并强化西语“文化”的词义混乱。中国学者大量译介西方各种学派的观点或依据各自的理解而采用不同的西语“文化”词义，这必然将西语固有的词义混乱引入现代汉语。二是混入古代汉语“文化”的词义。汉译西语“文化”借用了古代汉语“文”和“化”及“文化”，于是许多中国学者援引典籍中天文人文、人文化成、人伦化育、文德教化、文治武功之类的思想论说“文化”词义及中国古代的文化观念。这种做法必然导致古今中外的词义混淆，进而导致形式逻辑混乱。三是混入一些有别于西语“文化”的词义。这一类词义的主要来源是许多中国现代学者的著述，诸如“文化是人生发展的状况”或“文化，就是吾人生活所依靠之一切”，这一类说法很容易使人将“文化”视为褒义词，误以为“文化”都属于正面的社会现象。四是增添了新词义。现代汉语创制“文化程度”、“文化水平”、“文化层次”、“文化素质”之类的评判教育程度、知识水平及素质能力的词汇。这一类新创词汇及词义被广泛使用且深入人心，从而导致“文化”的有无、高低成为重要且常用的评判尺度，于是“有文化”及“文化高”成为全社会的习用赞语。这种用法的“文化”属于褒义词，很容易使人误以为文化都是好东西。西语“文化”是一个表述历史悠久、类型众多、内容庞杂、良莠不齐、善恶交错的各种人类创造物及社会现象的中性词汇，而古代汉语“文化”是一个赞颂帝王之道及相关事物的褒义词汇，现代汉语“文化”的某些用法也是评价素质的褒义词，多种词义及两种词性的混交，导致现代汉语“文化”无论词义、词性都具有不确定性，使用者稍有不慎，便会犯形式逻辑的错误。当下的许多著作、文章和文件甚至将“文化”一词的不同词义和词性不加辨析地混杂在一起使用。这就势必导致有关“文化”的各种宏论大多存在逻辑谬误，典型例证莫过于将“弘扬中国优秀传统文化”偷换成或简略为

“弘扬中国传统文化”的错误做法。“传统文化是好东西”之类的断语只能用大错特错来评判。由此可见，避免作者形式逻辑混乱和避免读者误解误读的最佳方式是尽量不用“文化”一词。

设定和使用经不起认真推敲或容易误解误导的概念，致使学术分析不严谨和学术判断不准确，这一类的现象还可以列举很多。典型例证是现代新儒家、国学、民本思想、传统文化等当下中国思想文化研究领域的常用概念。依据现代汉语词汇及词义的形成途经，现代新儒家、国学、民本思想、传统文化这四个学术概念恰好分别代表四种类型。

“现代新儒家”一词属于这样一种类型，即沿袭旧的学术概念，创制新的学术概念，由于学派命名不当，致使鱼目混珠，指鹿为马，不仅强化了“儒家”这个旧概念固有的逻辑缺陷，而且导致学派命名本身就存在重大逻辑谬误，致使许多人将“现代新儒家”误认为孔丘之学的现代传人。实际情况是：“现代新儒家”主张自由民主而“儒家”主张尊长专制，二者形似而质异，理应将“现代新儒家”厘定为“现代伪儒家”。

当下流行的“国学”一词属于这样一种类型，即在特定的历史时代，为了特定的学术旨趣，仿效日语“国学”的用法，创制了一个与古代汉语“国学”（特指帝王之制的国家学校）字面完全相同而用法完全不同的新的学术概念，又相继衍生出四种本质属性不同的指称对象，或指中国传统文化（中学、旧学、国故、国粹），或指研究中国传统文化的学术（“国学院”之国学），或指中国学术（“大国学”、“新国学”之类），或指被视为“儒学”及主张“儒化中国”的学术（如所谓“现代新儒学”的学术）。由于悖逆传统用法，定义众说纷纭，指称对象驳杂，使用过于随意，导致“国学”一词的使用者大多陷于形式逻辑混乱的泥潭。考察“国学”词义的演化过程及形形色色的“国学”定义和滥用“国学”一词的各种现象，可以撰写一篇大文章，题为《“国学”：从历史悠久的官署名称，到欺世盗名的学术招牌》。

“民本思想”一词属于这样一种类型，即借鉴西方学术话语及西语组词方式，比照“民主思想”和“民主主义”等，缩写“民惟邦本”等中国古代固有命题，创制新的学术概念，用于特指统治思想、官方学说、某个学派、某个思想家的主要用于表述爱民、重民、敬民、畏民思想的命题，由于以局部命名整体，以“民本”比附“民主”，定义又不够清晰明确，故极易误解、误用、误读，乃至混淆视听，形成错误的历史认识。“民本思想”一词的使用者很难避免误解、误用、误读、误导，最常见的逻辑谬误莫过于将民本与专制、民本与君本对立起来，甚至将“民本思想”与民主思想、反专制思想等量齐观。历史事实是：现代学者所说的“民本思想”始终是中国古代的统治思想，民本与君本、重民与尊君始终合为一体，从未分离，也无法分割；“儒家民本思想”始终是帝制的官方学说和根本法则，甚至可以用作帝制政治原理的代称；“民本思想”与“专制主义”也始终是一回事，乃至“民贵君轻”不仅是诸子百家的共识乃至全社会的共识，而且是典型的专制主义政治理论命题。具体分析和事实依据参见我的专著《民本思想与中国古代统治思想》（南开大学出版社，2009 年）。

“传统文化”一词属于这样一种类型，即引进西方学术对“文化”和“传统”的界定，并以古代汉语的“文化”和“传统”来表述，又注入了现代中国人对“文化”和“传统”的各种理解，由于古今中外词义混交，致使出现严重的内涵混乱、对象驳杂和词性混淆现象，进而导致“传统文化”一词的使用者大多存在逻辑谬误。近年来，因不恰当地使用上述概念而导致的逻辑谬误可以用司空见惯来形容。这从一个角度证明了创新中国学术话语体系的必要性和夯实中国思想史研究的逻辑基础的重要性。

第四项重大修改是适度超越“民主与专制”价值预设。自从步入中国思想史研究领域，我就意识到超越简单化的“弘扬”和简单化的“批判”的重要性。《中国帝王观念》一书的研究结论也表明，中国古代主流政治理论的本质属性只能判定为“专制”，而这种“专制”尤为重视政治规范和政治艺术，形成了历史传统和理论特色。随着研究的深入，我明确提出“适度超越‘民主与专制’预设”和“借鉴中国古代专制主义政治理论”。如果将来系统修改《中国帝王观念》一书，将设专门章节强化相关内容。

在国家社会科学基金重点项目“民本思想与中国古代统治思想的关系研究”的最终成果中，我明确指出，我观察到的重大现象可以概括为两句话：

第一句话：中国古代思想家都没有明确提出主张“治权在民”的

思想体系，在中国古代政治思想史上找不到名副其实的“民本主义”。

第二句话：中国古代思想家都没有提出主张“绝对君权”的思想体系，立君为民、为公、为天下获得社会各阶层的广泛认同，因此中华帝制的统治思想包纳了那个时代所能想象得到的一切限定、制约、规范、调整最高权力的思想因素，许多内容属于普适性的政治价值。

依据上述历史事实，我做出这样的判断：在研究世界古代历史的时候，“民主与专制”是一个亦真亦假的问题。我们必须抛弃许多不恰当的主观预设，既要坚定不移地批判“专制主义”，又要彻底摆脱“民主幼稚病”。

在此后相继发表的论文《统治思想视野的中国传统理想政治模式理论》(《天津师范大学学报(社会科学版)》2010 年第 2 期)和论文《“专制”问题论纲——关于“重建中国思想史知识体系”的若干思考》(《天津社会科学》2011 年第 3 期)中，我都提出全面评估中国古代专制主义的历史价值、克服民主幼稚病和借鉴中国古代专制主义政治理论的问题，并阐释了自己的研究思路。有兴趣的读者可以参阅。

上述重大修改表面上看属于逻辑层面的问题，而导致逻辑问题广泛存在的根源是当下用于指导中国思想史研究的学术理论及学术方法存在重大缺陷。在我看来，简单化地套用西方现代主流学术通行的“民主与专制”预设是导致这种现象的主要原因，典型例证莫过于许多文化保守主义者枉顾历史事实，绞尽脑汁地证明“孔孟民主论”，而许多文化虚无主义者借助“专制”一词将中国古代文明涂成一片漆黑。

近年来，在完成一批重要项目的过程中，笔者进一步形成这样的判断：现有中国思想史知识体系存在重大缺陷，从事实陈述、过程还原、概念分析，到价值预设、阐释方法、理论基础，迟早会被人们做出具有一定颠覆性的重建。完成重建工作必须在史料收集、事实梳理、方法改进、概念界定、理论创新方面下一系列的功夫，可能需要几代人的不懈努力。这项工作十分复杂艰巨，不可能一蹴而就。在提出新问题、开创新领域、探索新途径、运用新方法、形成新观点、导出新范式方面，存在许多不确定性，需要实事求是，脚踏实地，“摸着石头过河”。因此，在积极探索的同时，又要避免创新焦虑症，不能急于求成。

在笔谈《伟大的历史进程呼唤伟大的中国历史理论》(《史学月刊》2016 年第 3 期)中，我就创造新型中国历史理论问题发表个人见解，指出：

> (中国学术界的集体性的误判)涉及统治思想、帝王观念、官方学说、诸子百家等所有的重大政治思想现象，涉及立君为民、民惟邦本、天下为公、君臣合道、无为而治、广开言路、平均天下、孝治天下等所有的重大政治理论命题，涉及道、德、礼、仁、忠、孝等所有的政治概念，涉及天人合一、自然之理、阴阳和合、中庸之道、三纲五常等所有的论证统治思想的哲学命题及哲学范畴，涉及社会根源、本质属性、发展趋势、历史价值及现代意义等所有的宏观把握及整体评说的要素。
>
> 令人扼腕的是，这些误判不是出现在历史记载缺略的那一部分，而是发生在现存文献中极为常见、相当可靠，也最具群体性、持久性和连续性的那一部分。这一类文献都是华夏先民在记述历史、传承经验、阐释思想时所刻意保留的最重要、最凸显、最张扬的那一部分。在各种与政治密切相关的文献中甚至可以用俯拾即是、扑面而来、应接不暇来形容。研究者不必苦苦搜求，不必钩沉索隐，不必潜心考据，只要大致翻检一下中华元典、诸子百家、二十五史就不难获得非常可靠的文献依据，形成结构完整的事实陈述，得出相当准确的历史判断。这就是说，广义的中国思想史研究原本不应出现如此程度的重大失误，而这一类失误却一犯就是一百年，犯错误的群体可以涵盖所有的研究者，包括众多治学严谨、功力深厚、贡献卓著的著名前辈学者。这就不能不认真反思导致失误的深层次原因了。
>
> 原因究竟何在？这需要群体性的思考，需要见仁见智的讨论，需要到研究实践中去探索。但是，有一点是可以肯定的，导致失误的根本原因不是技术性的。

据此，我主张对中国政治思想史乃至中国历史做出具有一定的颠覆性的重新改写，在此基础上创建新型中国历史理论和科学的学术话语体系。显而易见，系统修改《中国帝王观念》一书的艰难程度可以用“任重道远”一词来形容。

科学认识儒学　正确判断本质

这篇文章以访谈形式发表在《马克思主义研究》2016年第4期，题目是《科学认识儒学　正确判断本质——访南开大学历史学院教授张分田》。

《科学认识儒学　正确判断本质》一文采用了在综合分析的基础上，做出本质判断的研究方法。看事物，看问题，要看本质，看主流。本质属性既具有区别性特点，又具有规定性（或固有性）特点。本质属性比一般的特有属性更具体更深刻。在全面揭示特有属性的基础上，对本质属性做出准确的判断，这是正确认识任何一种事物和现象的必备程序和最终成果。因此，本质判断是学术研究的一道必答题。凡是对研究对象没有做出本质判断的学术著述都是一张没有完成的答卷，往往导致研究成果有重大缺陷。对本质属性的误判必然导致对特定研究对象的认识出现根本性、全局性、整体性的错误，因而属于极其严重的学术错误。思想现象研究必须将本质判断置于首位。然而，我发现许多中国思想文化研究者的著作，要么不重视对本质属性做出判断，要么回避对本质属性做出评判，要么刻意掩盖恶劣的本质属性，当下流行的"弘扬国学"和省略了"优秀"二字的"弘扬传统文化"等错误提法都是典型例证。

近年来，弘扬传统文化的声音一浪高过一浪，不论学界还是政界，都有一些“任性者”有意无意地在取消“优秀”二字的背后，贩卖传统文化中的糟粕，这已经不仅仅是字面上说说而已；在现实生活中，早已被扫进历史垃圾堆的沉渣又重新泛起。比如，有学校要求学生集体磕头读经，如果不跪拜，会被校方“在大会上严厉批评”；有商家在弘扬传统文化的外衣下兜售封建糟粕，在某国学馆“女德班”拜师礼上，“女人们列队向孔子像下一个神情肃穆的男子鞠躬、叩首”。

以科学和民主为旗帜的新文化运动已经过去一百年了，然而“复活”封建礼教的闹剧仍在上演，许多人仍然看不清或不愿意承认封建礼教“吃人”的本质；只知道儒家有“仁者爱人”的说教，不知道儒家还有“仁者杀人”的理论。就中国传统文化特别是其中的代表——儒学，在中华民族走向伟大复兴的征程中，从整体上讲是“推动力”还是“绊脚石”，儒学的“核心”、“本质”究竟是精华还是糟粕等问题，我们专访了著名学者——南开大学历史学院教授张分田。

▲（采访者简称▲，下同）：近来国内学界对传统文化特别是儒家文化推崇备至，像找到了社会和谐以及实现中华民族伟大复兴的理论支撑。儒家文化真有那么大的力量？果真如此的话，儒家文化为什么没有将中国带到现代化？您是研究中国历史的专家，对传统文化研究有很深的造诣，请您谈谈自己的看法。

●（被采访者简称●，下同）：儒家学说是一种极其重要且极其复杂的历史现象。惟有科学地认识儒学，才能正确地对待传统。我们必须将本质判断置于首位，避免全局性的误判。判定儒学的本质要有事实依据，下面我们将围绕事实来进行判断。

一　“孔子尊君”乃古人之定评

▲：有一种“孔子民主”的说法。您怎么看？

●：孔丘是儒者宗师，而“孔子尊君”乃古人之定评。这是判定“儒学专制”的主要依据。

从《左传》《论语》《孟子》《史记》的记载看，孔丘赞美西周王制，阐发“文武之道”，论证“君臣之义”，抨击“礼崩乐坏”，儆戒“乱臣贼子”，主张“为国以礼”、“贵贱不愆”、“事君尽礼”、“以道事君”，倡导“君君、臣臣、父父、子子”。据说他作《春秋》“以明王道”。弟子们也称颂孔学为“百世之王，莫之能违”。孔丘论证“天无二日，民无二王”，将“礼乐征伐自天子出”[①]视为理想境域，曾为强化鲁国公室而“堕三都”，被敌国视为“为政必霸”的卓越人才。孔丘的许多学生及子孙担任诸侯或大夫的师傅佐辅，他们使孔丘扬名天下。作为那个时代一位博学、睿智、求实、进取的政治家、思想家和教育家，行道以尊君是孔丘的政治抱负和治学宗旨，他无愧于“孔子尊君”之赞。战国诸子多有非儒之论，却没有否认“孔子尊君”。汉唐以来，“孔子尊君”乃是朝廷之定见、儒者之定论和世人之定评。历代儒者都将是否符合“孔子尊君”的特征，作为判定真伪儒学的主要标准。就连抨击儒家的无君论者也将尊君视为“圣人”的莫大罪过。

孔丘生活在特定历史时代，他主张天子集权、尊君重道属于正常现象。实事求是地评说“孔子尊君”，不会贬低他的思想成就。如果将他的思想解读成“反专制”、“讲民主”、“倡自由”，反倒成了主观臆断，弄虚作假。

二　儒家的共性是维护尊者专制

▲：许多学者认为官方儒学是专制的，而孔孟儒学是“反专制”乃至“民主”的。这种说法成立吗？

●：将儒学截然劈成“民主”与“专制”两块，用同一个概念指称两种本质相反的学说，这在形式逻辑上就是错误的。

作为一个分析学派的概念，“儒家”泛指以《诗》《书》《礼》《易》《春秋》为经典并恪守其核心价值的儒者，主要代表人物有孔丘、孟轲、董仲舒、孔颖达、朱熹、王守仁等。历代名儒的共性是判定儒家学说本质属性的主要依据。

儒家学派，门户繁多，流派丛杂，变化纷纭，概括儒学的特征并非易事。例如，司马谈用“序君臣父子之礼，列夫妇长幼之别”论说“儒者”的特有属性，而历史事实是：他所说的“墨者”、“法家”、“阴阳”、“名家”及“道家”中的多数也讲究这一套。又如，班固用“留意于仁义之际”论说“儒家者流”，许多学者将“讲仁义”视为儒家的特有属性，而历史事实是：孔丘之时还没有“仁义”这个词，张扬仁、仁义的也并

① 《论语·季氏》，朱熹：《四书章句集注》之《论语集注》卷8，第171页。

非仅限于儒家。又如,许多学者称“儒家讲王道,反霸道”,而历史事实是:孔丘对秦穆公之“霸”的评价很高,有“虽王可也”的赞语。荀况、陆贾、董仲舒、桓谭、李觏、司马光、陈亮、陆九渊等历代名儒都认为“霸”、“霸道”具有正面价值及现实意义。又如,许多学者称“儒家讲性善”,而历史事实是:《三字经》的“人之初,性本善”只反映孟轲一派的观点。包括孔丘在内的先秦、汉唐名儒大多不赞成性善论,如荀况讲性恶,董仲舒讲性三品,扬雄讲性善恶混。就连推崇《孟子》的张载、朱熹也明确指出,孟轲的性善论有重大理论缺陷,无法解释性恶的来源。儒者天道论的分歧更大。董仲舒将“天”视为“百神之大君”,朱熹将“天”视为“自然之理”,二者分属两大哲学类型。儒者大多讲究“天人合一”乃至“天人感应”,而柳宗元、刘禹锡等主张“天道自然”、“天人相分”,二者也分属两大哲学类型。

▲请问儒学的共性是什么?

●:概括儒家的一般特有属性是一件相当困难的事情。我还没有见到过毫无瑕疵的“儒家”及“儒学”定义。

然而,揭示儒学的本质属性却是一件轻而易举的事情。历代儒者的最大共同点是:论证君主制度、宗法制度、等级制度的一般规定性。重要证据之一便是孟轲、荀况、董仲舒、扬雄、张载、朱熹运用各自的人性论,共同论证了实行君主专制制度的必然性、合理性和绝对性。“天人感应”与“天道自然”的重大哲学分歧并没有影响董仲舒与朱熹的“三纲”论的内在一致性。由此可见,儒家不是一个统一的哲学流派,却有共同的政治价值,儒学的核心要素可以概括为“尊者专制”。这也是判定“儒学专制”的主要依据。

三　尊者专制是儒典的核心理念

▲:如何判断儒家经典的本质属性?

●:儒典又称“帝典”,即天子之典、皇家经典及帝王法则。五经的原始文本乃王者之作、朝廷之典。四书及其他儒典也是论证王制、王道、王政之作。这就注定了君父专制是儒典的核心命题,如《尚书》的“惟辟作福,惟辟作威,惟辟玉食。臣无有作福作威玉食”[1];《诗

[1] 《尚书·洪范》,孔安国传、孔颖达疏:《尚书正义》卷12,第370页。

经》的“溥天之下,莫非王土。率土之滨,莫非王臣”①;《礼记》的“天无二日,土无二王,家无二主,尊无二上”②;《中庸》的“尊为天子,富有四海之内”③和“非天子,不议礼,不制度,不考文”④;《周礼》的“惟王建国,辨方正位,体国经野,设官分职,以为民极”⑤;《孝经》的“父子之道,天性也,君臣之义也”⑥等等。儒者尊奉儒典,而尊者专制是儒典的核心理念。这是判定“儒学专制”的又一主要依据。

▲:儒家经典的“天人合一”、“民惟邦本”、“天下为公”、“礼之用,和为贵”等,难道也是主张尊者专制的吗?

●:确实如此。“天人合一”主要为论证尊者专制而设。“民惟邦本”原本就出自王者之口。只需将《礼运》从头读到尾,便可知晓许多望文生义的解读与“孔子曰”的“天下为公”的意旨有天壤之别。就在“礼之用,和为贵”这一段,明明写着“知和而和,不以礼节之,亦不可行也”。“和”必须恪守“礼”,契合尊者专制的等级法则。这与社会主义核心价值观的“和谐”有本质的区别。

只要全面考察、深入分析儒典及其权威性注疏,便可以发现:专制既是儒学的文化之根,又是儒学的文化基因,尊者专制的核心价值浸透儒学各种范畴和命题,贯通儒学整个理论体系。

▲:尊者专制法则果真有这样的浸透力和贯通性吗?

●:兹举一例,以见一斑。一些学者将《周易》的“天行健,君子以自强不息”及“地势坤,君子以厚德载物”判定为“中国优秀传统文化”和“国学的核心价值”。然而,“天行健”及“地势坤”是典型的以天人合一论证尊者专制的命题,就连“自强不息”和“厚德载物”也被注入等级观念。

何谓“天行健”及“地势坤”?《周易》及其注疏的推演思路是:居

---

① 《诗经·北山》,毛亨传、郑玄笺、孔颖达疏:《毛诗正义》卷13,《十三经注疏整理本》,北京大学出版社,2000年,第931页。

② 《礼记·坊记》,郑玄注、孔颖达疏:《礼记正义》卷51,第1639页。

③ 《礼记·中庸》,郑玄注、孔颖达疏:《礼记正义》卷52,第1676页。

④ 《礼记·中庸》,郑玄注、孔颖达疏:《礼记正义》卷53,第1700页。

⑤ 《周礼·地官》,郑玄注、贾公彦疏:《周礼注疏》卷9,《十三经注疏整理本》,北京大学出版社,2000年,第263页。

⑥ 《孝经·圣治章》,李隆基注、邢昺疏:《孝经注疏》卷5,《十三经注疏整理本》,北京大学出版社,2000年,第40页。

上之“天”为阳、为乾，居下之“地”为阴、为坤；“阳以刚为德，阴以柔为用”；“健”乃“乾之训”，“顺”乃“坤之训”；“天行健”亦即“天行乾”，“地势坤”亦即“地势顺”；“行乾”之天“刚健”而“自强不息”，“势坤”之地“柔顺”而“厚德载物”；“天道即王道”，“地道即臣道”；“王道即天道”，“臣道即地道”；“自强不息”为君道，“厚德载物”为臣道；“本乎天者亲上，本乎地者亲下，则各从其类也”；天尊地卑，阳刚阴柔，乾健坤顺，注定君、父、夫等一切为君者属阳、类天、行乾、性刚、居上、位尊，而臣、子、妻等一切为臣者属阴、类地、势坤、性柔、居下、位卑；君臣、父子、夫妇、兄弟、长幼皆有“君臣之义”及“尊卑之序”；每个人都或君或臣、亦君亦臣，为君则行君道，为臣则行臣道，故“君子之道”有广泛的适用性。“君子之道”也是儒典论说“君臣之义”的重要范畴。

▲：如此说来，《周易》的“自强不息”和“厚德载物”也不能简单地判定为“优秀”了？

●：是的。如果评选最佳励志类座右铭，并限定只能选择一个，我会毫不犹豫地把票投给“自强不息”。因为“自强不息”不仅是中华民族的优秀传统，而且是全人类的优秀传统，具有超越族群、超越国度、超越时代的普遍意义。但是，若要弘扬《周易》的“自强不息”，我会毫不犹豫地投反对票。

实际上，《周易》还有一个影响更大的论证尊者专制的哲学命题，即“天尊地卑，乾坤定矣。卑高以陈，贵贱位矣”①。其主旨是：天地之大，尚有尊卑，“天地之道”、“阴阳之数”、“乾坤之体”注定万物皆有“君臣之辨”、“尊卑之序”、“贵贱之位”。这就由天地、阴阳、乾坤的哲理，推导出等级秩序的一般规定性，即君臣之间，包括男女、夫妻、父子、长幼、师徒等一切上下等级之间，在社会结构上有尊卑之别，在社会功能上有主从之别，在社会价值上有贵贱之别。简言之，尊者专制及君臣之义是先天注定、普遍适用的自然法则，是任何事物也无法逃避的“天秩”、“天序”、“天地之别”。

显而易见，依据现代科学成果和现代社会观念衡量，“天尊地卑”及“天行健”和“地势坤”既不是正确的知识，也不是正确的思想，其核心理念与社会主义核心价值观格格不入。因此，儒典及儒学的本质

---

① 《周易·系辞上》，王弼注、孔颖达疏：《周易正义》卷7，第302页。

属性只能用“专制”二字判定。

四 《孟子》是帝制法则的经典依据

▲:《孟子》一书,张扬仁义,否定霸道,其理论特征与《论语》和《荀子》有明显差异。孟子是否主张尊者专制?

●:确实有人干脆抛开尊君的“孔丘学派”,坚称“孟轲学派”还是“民主”的。甚至有人赞扬孟轲为“世界民主论之先驱”。

历史事实是:在先秦,孟轲之学是儒家的重要流派,其经典依据是《尚书》《诗经》和《论语》;汉魏以来,孟轲被一些儒者尊为“亚圣”;唐宋以来,孟轲被许多儒者纳入“道统”;宋元以来,孟轲的“亚圣”和“道统”地位获得朝廷的肯定,《孟子》也成为官方学说的核心经典。众多名儒及皇帝认为“孟轲之道”、“孟轲之学”将“圣人之道”、“仲尼之学”发展到顶峰,于是“孔孟之道”逐渐成为儒家学说的别称。孟轲的尊者专制理论为判定“儒学专制”提供了至关重要的事实依据。

决定一种政治理论本质属性的是其所论证和维护的政治制度的本质特征,而《孟子》是帝制法则的经典依据。《孟子》有一批制度性命题,诸如论证君主制度神圣性和绝对性的“天降下民,作之君,作之师”①;论证君权天赋的“天与之”;论证王位世袭的“天与子,则与子”②;论证君主独一的“天无二日,民无二王”③;论证王制一般特征的“天子之地方千里;不千里,不足以待诸侯”④;论证国家权力授受法则的“得乎天子为诸侯”⑤;论证天下王有的“普天之下,莫非王土;率土之滨,莫非王臣”⑥;论证治权在君的“无君子莫治野人,无野人莫养君子”⑦;论证君为政本的“一正君而国定”⑧;论证忠君孝父的“无父无君,是禽兽也”⑨等等。这些命题所设定的政体形式和权力

---

① 《孟子·梁惠王下》,朱熹:《四书章句集注》之《孟子集注》卷2,第215页。
② 《孟子·万章上》,朱熹:《四书章句集注》之《孟子集注》卷9,第308页。
③ 《孟子·万章上》,朱熹:《四书章句集注》之《孟子集注》卷9,第306页。
④ 《孟子·告子下》,朱熹:《四书章句集注》之《孟子集注》卷12,第345页。
⑤ 《孟子·尽心下》,朱熹:《四书章句集注》之《孟子集注》卷14,第367页。
⑥ 《孟子·万章上》,朱熹:《四书章句集注》之《孟子集注》卷9,第306页。
⑦ 《孟子·滕文公上》,朱熹:《四书章句集注》之《孟子集注》卷5,第256页。
⑧ 《孟子·离娄上》,朱熹:《四书章句集注》之《孟子集注》卷7,第285页。
⑨ 《孟子·滕文公下》,朱熹:《四书章句集注》之《孟子集注》卷6,第272页。

结构完全符合现代政治学的“君主专制”定义。《孟子》之所以成为帝制国学的主要经典，正是由于这个缘故。

在先秦儒学文献中，《孟子》对帝位获得与传承的各种方式及其合法性的论述最为系统。孟轲颂扬“尧舜禅让”，论证“汤武革命”，从“天与之，人与之”、“民贵君轻”、“得道者多助”和得民心者得天下的角度，强化了“道”及“民心”的理论地位。然而，其理论体系的终极依据依然是“天命”。孟轲以“天与贤，则与贤；天与子，则与子”[①]论说帝位的传承，并设定严苛的条件，即禅让必须“有天子荐之”；革命必须同时具备暴君的“天命”已剥夺且新兴王者的“天命”已授受，在一个王朝、一位君主的“天命”未绝之前不得有觊觎之心；“天命”可以父死子继，王位理当世袭，只要一个王朝的“天命”依然存续，即使圣贤大德也不得取而代之。这就是说，无论禅让、革命、世袭均“非人力所能为也”，凡是“非天与”的都属于“篡”。在帝制时代，这套理论成为论证皇权合法性并规范君主政治的经典依据，常常被帝王将相援引，堪称帝制的政治原理。古人云：“孔子尊君，孟子尊道”，尊君必尊道，尊道必尊君，因而孟轲之道“无害于尊君”。这个判断是正确的。

实际上，孟轲是典型的体制内学者，享有很高的社会地位。依据《孟子》的记述，孟轲曾与齐宣王、魏惠王、邹穆公、滕文公等诸侯国君议论国政。各国君主待以上宾，或赐以禄位，或馈赠重金。孟轲派头十足，“后车数十乘，从者数百人，以传食于诸侯”[②]，乃至彭更觉得老师太奢侈了。这样的学者怎么可能“反王权”、“反专制”？

五　“三纲”是尊者专制的要义

▲：众多崇儒者主张恢复礼教，弘扬“三纲”，“重建儒教社会”。一些学者也为孔学撰写辩护词，认为“三纲”违背孔子的思想。这种观点站得住脚吗？

●：“三纲”是儒学最看重的部分，也是儒学最糟糕的部分。中国革命的重大成果之一就是颠覆纲常，摒弃礼教，发展民主，实行平等。这种翻天覆地的观念更新和文明更新是中华民族的历史性选择。然

---

① 《孟子·万章上》，朱熹：《四书章句集注》之《孟子集注》卷 9，第 308 页。

② 《孟子·滕文公下》，朱熹：《四书章句集注》之《孟子集注》卷 6，第 267 页。

而，现代崇儒者竟然将糟粕奉为精华。盲目“弘扬国学”所导致的荒腔走板由此可见一斑。

儒家讲究纲常，纲常重视名分，名分由礼而定，礼制体现礼义，礼义的核心是君臣之义，因而纲常的要义是尊者专制。依据纲常，推行教化，这就是礼教，又称名教。礼教与纲常是儒学的根本，“王道三纲”、“三纲六纪”、“三纲五常”都是概括这种学说的著名命题。“三纲”集中体现了儒学的本质，也是判定“儒学专制”的主要依据。

“三纲”即“君为臣纲，父为子纲，夫为妻纲”。网之大绳为纲。提网总绳，纲举目张，于是“纲”成为主宰者的喻体之一。“君如网之纲，臣如网之目。”在儒者看来，君臣之义普遍适用于宇宙万物，包括天地、阴阳、男女、夫妇、父子、兄弟、长幼、嫡庶、婆媳、主仆、师徒等等。夫妻造端“人伦”，故为三纲之首；父子乃是“天伦”，故为五伦之首；君臣乃“天下之纲纪”，非“一家之纲纪”，故为三纲之要、五伦之本。将“三纲”翻译成现代汉语，即君为臣做主，父为子做主，夫为妻做主，顺从君、父、夫是臣、子、妻的本分。依据纲常名分，君父为“至尊”，君为臣之至尊，父为子之至尊，夫为妻之至尊，因而就连妻妾亦可称夫君为“君父”。这显然是典型的君、父、夫专制论。

▲：请问“三纲”理论的原创者究竟是谁？

●：关于“三纲”理论的原创者，学界有汉儒、董仲舒、韩非、孔丘等不同观点。有人辩称孔丘不讲“三纲”，汉儒曲解了孔学的真谛。然而，“三纲”的经典依据来自儒典，其中一些标明为“子曰”、“孔子曰”、“仲尼曰”，诸如《左传》的“贵贱不愆，所谓度也”[①]；《论语》的“礼乐征伐自天子出”[②]、“唯女子与小人为难养也”[③]和“无违”[④]；《孟子》的“天无二日，民无二王”[⑤]；《中庸》的“非天子，不议礼，不制度，不考文”[⑥]；《坊记》的“天无二日，土无二王，家无二主，尊无二

---

① 《左传·昭公二十九年》，杜预注、孔颖达疏：《春秋左传正义》卷53，第1741页。
② 《论语·季氏》，朱熹：《四书章句集注》之《论语集注》卷8，第171页。
③ 《论语·阳货》，朱熹：《四书章句集注》之《论语集注》卷9，第183页。
④ 《论语·为政》，朱熹：《四书章句集注》之《论语集注》卷1，第55页。
⑤ 《孟子·万章上》，朱熹：《四书章句集注》之《孟子集注》卷9，第306页。
⑥ 《礼记·中庸》，郑玄注、孔颖达疏：《礼记正义》卷53，第1700页。

上”[①]等等。《孟子》的“无父无君，是禽兽也”[②]、“不顺乎亲，不可以为子”[③]、“以顺为正，妾妇之道也”[④]，也是“三纲”的经典依据。由此可见，孔孟大儒都赞成“三纲”的基本法则。

▲：这是否意味“三纲”的始作俑者就是孔孟大儒？

●：《孔子家语》将“（妇女）无专制之义，而有三从之道”记为“孔子曰”。这很可能是孔丘的原话。“三纲”条文定型于汉代。但是，这种观念源远流长，孔丘、孟轲也只是“三纲”的论证者和维护者而已。

旨在判定君与臣、父与子、夫与妻之间支配与被支配关系的“三纲”，是宗法社会及君主政治的产物。“父为子纲”、“夫为妻纲”的源头可以追溯到原始社会末期的父权家长专制；“君为臣纲”的源头可以追溯到早期华夏国家的君父专制。从甲骨文的君、父、夫、妇、臣、妾的字形看，这种支配与被支配关系很早就是一种社会存在和主流文化。《尚书》的“惟辟作福，惟辟作威，惟辟玉食”[⑤]、“元恶大憝，矧惟不孝不友”、“牝鸡之晨，惟家之索”都是“三纲”的表达方式和经典依据。

春秋战国以来，中国社会不断变革，而君主制度、宗法制度、等级制度依然是基本制度。于是以儒典为依据，设定夫妻、父子、君臣这三种基础性社会关系的社会规范成为官方学说及主流学术的重大任务，先秦儒学、汉唐经学、宋明理学可谓一脉相承。儒典及其权威性注疏是这一价值体系的主要载体。“三纲五常”的本质显然是专制。

▲：“三纲五常”中有积极成分吗？

●：“三纲”纯属糟粕，“五常”则糟粕与精华混杂。新文化运动的先驱者们彻底否定“三纲”，却对包含合理因素的“五常”手下留情。这是颇有道理的。

应当指出的是，儒学体系有一个命题组合结构，大体可以分为五个层次的内容，即“阳尊阴卑”与“君尊臣卑”的社会等级论；“乾健坤顺”与“君主臣从”的社会主体论；“天地合德”与“君臣一体”的社会关

---

① 《礼记·坊记》，郑玄注、孔颖达疏：《礼记正义》卷51，第1639页。

② 《孟子·滕文公下》，朱熹：《四书章句集注》之《孟子集注》卷6，第272页。

③ 《孟子·离娄上》，朱熹：《四书章句集注》之《孟子集注》卷7，第287页。

④ 《孟子·滕文公下》，朱熹：《四书章句集注》之《孟子集注》卷6，第265页。

⑤ 《尚书·洪范》，孔安国传、孔颖达疏：《尚书正义》卷12，第370页。

系论；“刚柔迭用”与“宽猛相济”的统治方略论；“尊卑相正”与“正君以礼”的政治调节论。一批相关命题互依互证，相辅相成，共同构成一个功能完备、逻辑自足、理论圆融的学说体系。这一套理想政治模式理论不仅在历史上发挥过积极作用，而且蕴含一些在现代社会依然适用的法则。我们对此应当给予客观、全面、准确的评价。

但是，“君臣之道，万世不易”乃是儒学的命根子。孔丘倡导“以道事君”，而基于君臣之义，他对取代商纣王的周武王颇有微词。孟轲抨击“无父无君”，他颂扬“汤武革命”的方式是辩称受命新王取代独夫民贼并不违背君臣之义。董仲舒明确提出“天立王以为民也”①，又声称“王道之三纲，可求于天”②，“天不变，道亦不变”③。孔颖达弘扬立君为民，他大讲“变易”，又强调“不易”。朱熹大讲道有变有不变，而一从自然回到社会，又宣扬“纲常千万年磨灭不得”④，“君臣父子，定位不易”⑤。因此，无论这种思想体系包含多少积极成分，也只能将其本质判定为专制。

实际上，儒学原本就是用“专制”一词论说尊者专制的，如《春秋繁露》的“为人臣者，其法取象于地……委身致命，事无专制，所以为忠也”⑥；《大戴礼记》的“（妇女）无专制之义，有三从之道”⑦；《横渠易说》的“子之专制，虽意在承考，然亦危厉”⑧；《大学衍义补》的“人臣无专制之义”⑨等等。这些说法都是“三纲”的表达方式之一，所谓“妇之从夫，犹臣之从君，子之从父，无专制之义，无刚亢之法”⑩。儒者还以天人合一证明“三纲”符合“天地之道”，源于“自然之理”。在他们看来，宇宙的普遍法则是“阳有专制之功”，“阴无专制之义”，因

① 《春秋繁露·尧舜不擅移汤武不专杀》，苏舆：《春秋繁露义证》，第220页。

② 《春秋繁露·阴阳始终》，苏舆：《春秋繁露义证》，第351页。

③ 《汉书》卷56《董仲舒传》，第1915页。

④ 黎靖德编：《朱子语类》卷24《论语六·为政下·子张问十世可知章》，中华书局，1994年，第597页。

⑤ 《甲寅行官便殿奏札一》，《朱子全书》，第20册，上海古籍出版社，2002年，第665页。

⑥ 《春秋繁露·天地之行》，苏舆：《春秋繁露义证》卷17，第459页。

⑦ 《大戴礼记·本命》，王聘珍：《大戴礼记解诂》卷13，第254页。

⑧ 《横渠易说》卷1，《景印文渊阁四库全书》，第8册，第682页。

⑨ 丘濬：《大学衍义补》卷128《治国平天下之要》，第1632页。

⑩ 胡震：《周易衍义》卷9，《景印文渊阁四库全书》，第23册，第667页。

而在上者“专制”，在下者不得“专制”，这是宇宙万物及人类社会的一般规定性。历代儒者使用“专制”及其他“专制之辞”，论说尊者专制，相关文献可以用汗牛充栋、俯拾即是来形容。这种理论怎么可能为民主留下容身之地！

上述历史事实表明，维护尊卑有别、贵贱有等、尊者专制、贱者服从的社会法则是儒学的宗旨和核心。论证“三纲五常”的儒学必然将“君臣之义”的文化基因植入其理论体系的每一个范畴和每一个命题。即使用儒学的常用范畴为儒学的道统、王道、纲常、礼教、仁义定性，也是“专制”二字。

六　“专制”是中国古代政治学说的核心范畴

▲：孔子的“以道事君”、孟子的“诛独夫”、荀子的“从道不从君”可以证明“儒家反抗王权，批判专制”吗？

●：这种观点只见皮毛，未见本质。实际上，必须规范、限定、制约君权是诸子百家的共同主张。例如，《韩非子》主张统治者“以道莅天下”①、“以道正已”②，告诫他们“战战栗栗，日慎一日，苟慎其道，天下可有”③，否则“天子失道，诸侯伐之”④。不可否认，这一类思想蕴含丰富的积极因素。但是，从核心价值及基础框架看，《论语》《孟子》《韩非子》并没有本质区别。在论证道高于君的哲理性和系统性方面，《论语》《孟子》《荀子》反倒比《韩非子》相形见绌。

▲：这么说在论证君权和规范君权方面，儒家和法家还是有很多共性的？

●：确实如此。以往的研究有一个明显的薄弱点，即对诸子百家的共性，特别是本质属性、政治价值和基础框架的共性缺乏全面深入的研究。有鉴于此，在完成一批重要项目的过程中，我将“统治思想”、“帝王观念”、“民本思想”视为研究同一重大历史问题的三个主要视角，超越现行的学派概念，用系统检索历史文献的方法，考察一批重大政治命题的本源与流变，探究中国古代政治学说的问题意识、

---

① 《韩非子·解老》，王先慎：《韩非子集解》卷6，第142页。

② 《韩非子·观行》，王先慎：《韩非子集解》卷8，第197页。

③ 《韩非子·初见秦》，王先慎：《韩非子集解》卷1，第11页。

④ 《韩非子·难四》，王先慎：《韩非子集解》卷16，第381页。

演化过程、总体成果、主要特征及思维方式，取得一系列成果。

我发现，以儒学为典型代表的中国传统理想政治模式理论的基础框架，由系统回答十大经典问题的十大经典命题构成，包括主要回答政治的本原、本体和本质问题的“立君为天下”（“立君为民”）；主要回答国家元首及政治主体问题的“天下为公”；主要回答国家形式问题的“天下一统”；主要回答权力结构及政权组织原则问题的“政由君出”；主要回答政治关系及其一般规定性问题的“君臣合道”；主要回答施政纲领问题的“君主无为”；主要回答政治过程问题的“广开言路”；主要回答社会公平问题的“平均天下”；主要回答社会道德教化问题的“孝治天下”；主要回答制度建设及法律规范问题的“法理天下”。这些命题将政制理论与政事理论有机地统一在一起，全面回答了所有重大理论问题。除无君论者外，不同学派的历代著名思想家普遍使用了这一基础框架，从而形成独具特色的“中国古典政治学”。

如果适度超越“民主与专制”的评判尺度，就会发现中国传统政治思维很不简单，其现实的态度、缜密的构思、周详的规范、精巧的设计和理性的关切，在世界古代史上无可匹敌。对这个历史现象应当给予客观、公正的评价。但是，我们必须清醒意识到，某些积极因素并不意味着“反专制”，更不意味着“民主”、“民权”。由于是特定历史时代的产物，这一套博大精深的政治学说体系明确将“专制”及“君主专制”作为核心范畴和首要命题，其核心价值贯通整个理论体系。儒家的“天为民立君”命题便是典型例证。

《孟子》的“民为贵，社稷次之，君为轻”[1]和《荀子》的“天之立君，以为民也”[2]都是从《尚书》“天作君师”、“天择民主”、“天从民欲”命题派生出来的。汉唐以来，“天为民立君”是官方学说及主流学术的核心命题。这个命题的基本思路分二合一，即天立君以治民，民众必须服从君主；天立君以养民，君主必须关爱民众。“天为民立君”命题一体两用，一方面论证君主制度，将最高权力赋予君主，另一方面规范君主制度，为君主设定了严格的规范，其本质只能定性为专制。

实际上，无论立君为民、民重君轻、以道事君、诛除暴君，还是王

---

① 《孟子·尽心下》，朱熹：《四书章句集注》之《孟子集注》卷14，第367页。

② 《荀子·大略》，王先谦：《荀子集解》卷19，第504页。

权至上、君父专制、恪守纲常、忠君孝父，都堪称百家共识。社会存在决定社会意识。尊者专制是中国古代社会秩序及社会意识的一般特征。诸子百家的政治学说都是论证现实秩序、抽象普遍意识、探索执政规律、设定理想政治的产物。王权、纲常、礼教的专制属性决定了各种论证王权、纲常、礼教的政治学说的专制属性。儒学只是影响最大的一种而已。因此，在诸子百家的文献中，“专制”及其同义词和近义词很常见。

七　“民贵君轻”是帝制的统治思想

▲：“民贵君轻”也是专制理论吗？众多著名学者可是用“民主”或“反专制”评说这个命题的。

●：陈独秀等众多著名学者早就指出：所谓民视民听、民贵君轻、民为邦本，与民主政治“绝非一物”。这个论断堪称真知灼见。

“民贵君轻”的提法极易被误读误解，如果望文生义、断章取义、随意演绎、主观臆断，就会导致重大误判。研究者必须注意一个重要事实，即《孟子》既讲“民贵君轻”，又讲“民无二王”，二者相互匹配，全面论证了君主制度的基本法则。

一些古代儒者也担心“民贵君轻”冲击“君贵民贱”的统治秩序，而历代大儒却不这样看。朱熹的观点颇有代表性，即“以理言之，则民贵；以分言之，则君贵。此固兼行而不悖也，各于其时视其轻重之所在而已”[①]。许多皇帝赞成朱熹等人的观点。元英宗告诫辅臣：“朕思之，民为重，君为轻，国非民将何以为君？今理民之事，卿等当熟虑而慎行之。”[②]康熙皇帝甚至用“实千载忠臣之语”来赞扬文天祥依据“君为轻”而拥立新君。

▲：众多崇儒者称“民贵君轻”为“最高民主精神”、“民权主义的精义”、“儒家宪政主义”。这种颇有影响的观点能迷惑许多人，要揭露“民贵君轻”字面背后的实质，驳倒附加在其上的正面意义，不是一件容易的事。

●：是的。我发现，在数十年的学术争论中，“民贵君轻”既是“孔

① 朱熹：《四书或问》之《孟子或问》卷14，第503页。

② 《元史》卷136《拜住传》，第2192页。

孟民主”论赖以据守的最后一块阵地，也是“孔孟专制”论最难攻克的一个堡垒。

为了全面评估这一类思想，我依据历史文献，按照时间顺序，逐一分析每一个朝代、每一个重大事件、每一个重要学派、每一位著名思想家、每一位著名皇帝。凡是有可能引起争议的典型个案，都一一探寻究竟。依据现在掌握的史料，只需罗列历史事实，便足以证明“孔孟民主”论不能成立。

“民贵君轻”命题是从“立君为民”命题派生出来的。最先构建“立君为民”及“民贵君轻”理论的是一批上古王者。至迟从商周之际开始，立君为民及民重君轻始终是统治思想及主流学术的核心要素。这是判定“儒学专制”的主要依据之一。

▲：这么说“民贵君轻”并非孟轲首创？

●：可以这么说。“民贵君轻”观念极有可能滥觞于华夏国家发轫之时。在孟轲之前，这种理论已经相当成熟。孟轲的贡献只是将其提炼成一个语句简洁、语感强烈的命题而已。

在现存文献中，古公亶父是世界上第一个从国家三要素的角度，以清晰明确的语言，表述立君为民及民重君轻思想的政治家和思想家。据《孟子》《吕氏春秋》《史记》记载，面对戎狄入侵，国家危亡，古公依据“有民立君，将以利之”[①]，将臣民、国土置于君主之上，他毅然放弃君位，反而赢得了民心。一份明朝进士的科举试卷将古公亶父视为躬行“君为轻”的典范。这是符合历史事实的。

古公被周文王尊为太王。周武王和周公是太王的嫡派曾孙。《周书》是周朝官方学说代表作。《周书》的天作君师、天择民主、民视民听、天从民欲、汤武革命等，都是儒者论证立君为民及民重君轻的经典依据。《孟子》就引用了这些命题。

在春秋时期，一批“民贵君轻”的同义命题相继产生。例如，管仲告诫齐桓公必须“贵天”，亦即“君人者以百姓为天”[②]。“天”与“贵”是同义词，“天”之“贵”乃“至贵”，非寻常之“贵”，故“民为天”比“民为贵”的语感更强烈。立君为庶民、立君为社稷、立君为治义、无民无

① 《史记》卷4《周本纪》，第83页。

② 《说苑》卷3《建本》，向宗鲁校证：《说苑校证》，第73页。

君、以民为本、民本君末、民为君天等命题也都出自统治者之口，甚至有“杀无道而立有道，仁也”[①]的主张。众多古代经学家将《尚书》《诗经》及《左传》视为论证“天立君为民”及“民贵君轻”的经典。这个观点是正确的。

▲：一些学者认为，孟子提出“民贵君轻”，先秦诸子“无人企及”。这种观点还能站得住脚吗？

●：立君为民及民贵君轻既不是孟轲的创见，也不是儒学的专利，更不是无人企及。《老子》的“贵以贱为本”[②]、《墨子》的“先万民之身，后为己身”[③]、《商君书》的“为天下位天下”[④]、《慎子》的“立天子以为天下”[⑤]都与“民贵君轻”异曲同工。在理论抽象程度上，老聃、慎到的命题比孟轲的命题更胜一筹。明朝大儒方孝孺认为“其（慎到）谓立天子以为天下，非立天下以为天子，不犹儒者所谓君为轻之意乎”[⑥]，这个见解是正确的。

▲：一些学者声称孟轲的“民贵君轻”一经提出便“振聋发聩”，乃至“社会震动”。这种说法有事实依据吗？

●：纯属主观臆断！在汉朝以前的文献中找不到任何涉及孟轲“民贵君轻”的议论，既没有高度赞赏的，也没有严词批驳的，堪称反响不大，波澜不惊。就连秦始皇焚书，也不包括《孟子》。汉文帝还曾一度设置《孟子》博士。为什么会出现这样的现象？合理的解释只有一个，即来自悠久政治传统的立君为民、民重君轻、以民为天观念早已获得广泛认同。如果孟轲讲述了一个古即有之、载于典籍、众所周知、广泛认同的大道理，即使修辞略有差异，语感略有夸张，学者又何必商榷？论者又何必反驳？王者又何必制裁？

▲：一些学者称：孟子的“民贵君轻”思想“响彻了两千多年，成为批判君主专制的有力武器”。这符合历史事实吗？

●：孟轲的思想确实“响彻了两千多年”，而其成因却是“民贵君

---

① 《国语·晋语三》，徐元诰：《国语集解》，第 312 页。

② 《老子·三十九章》，王弼：《老子注》，第 25 页。

③ 《墨子·兼爱下》，孙诒让：《墨子间诂》卷 4，第 118 页。

④ 《商君书·修权》，蒋礼鸿：《商君书锥指》卷 3，第 84 页。

⑤ 《慎子·威德》，第 3 页。

⑥ 方孝孺：《逊志斋集》卷 4《杂著·读慎子》，第 112 页。

轻”获得历代皇帝的赞赏、论证、推崇、宣扬，使之成为遍及君主、官僚、庶民三大政治阶层的社会普遍意识和公认的政治价值。就连下令删节《孟子》的明太祖，也曾一度将“民贵君轻”书写于宫廷殿堂，还曾下诏称赞“孟子传道，有功名教”，并免除孟轲后裔的赋税。“民贵君轻”怎么可能有“批判君主专制”的功能！

“孔孟民主”论还必须面对一个自设的价值判断困境：如果孟轲的“民贵君轻”可以定性为“民主”，那么皇帝及官方学说代言人的“民贵君轻”又当如何定性？他们的经典依据出自《孟子》，解读也没有背离孟轲的基本思路，许多话语甚至比孟轲更明确，更到位，更精彩，却显然无法用“民主”定性。难道在张扬“民贵君轻”的庞大人群中，既有倡导“民主”的，又有倡导“专制”的吗？

▲：许多学者认为，皇帝及官学阉割了孔孟学说的精髓，剔除了许多实质性内容，特别是“民贵君轻”。是这样吗？

●：这种看法要么是不懂历史，要么是别有用心。只要仔细比较一下先秦儒学、汉唐经学、宋明理学的理论结构和命题组合，就会发现：《孟子》的各种理论要素，包括“民贵君轻”与“民无二王”，被官方学说全盘继承下来。一般说来，儒典的立君为民、天下为公、民贵君轻等得到皇帝及朝廷的充分首肯，始终是官学的核心要素。皇帝及群臣大多有背诵五经四书的童子功，他们都属于“儒生”乃至“儒宗”范畴。

典型例证莫过于乾隆皇帝。依据皇子教育及皇帝终身教育制度，他自幼诵读并终身修习“民贵君轻”；多次撰写与“民贵君轻”相关的诗歌、论文、史评、书评；将一批论说“民贵君轻”的著作列入各类学校的必修书目；《钦定四书文》收录了两篇论说“民贵君轻”的明朝科举范文；收入《钦定四库全书》的阐发“民贵君轻”的著作更是不胜枚举；依据历代通行的制度，以膜拜孔孟、弘扬儒学、编纂儒典、开科取士等方式播扬孔孟之道及“民贵君轻”。只要浏览一下《日讲四书解义》，便可知晓这本特意为清朝皇帝编写的教科书完整地保存了孔孟之道的所有要素，仅对“民贵君轻”的阐释就用了五六百字。

▲：历代统治者确实推崇“天立君为民”及“民贵君轻”。这是否属于一些学者所说的“虚假认同”？

●：显然不是仅仅用“虚假认同”所能圆满解释的。试想，如果皇帝们张扬“民贵君轻”只是为了装装样子，又何必执意将其用作旨在培养储君及各级统治者的教科书和选拔官员的科举考试试题，甚至达到用王朝推崇四书五经、皇帝修习“民贵君轻”及以此培养选拔官员等制度化的方式制造“普遍共识”的程度？难道维护帝制王朝和专制权力的皇帝们能够高明到敢于坚持不懈地用“民主思想”、“民权思想”或“反专制思想”成批量地培养忠于君主及朝廷的政治精英，甚至达到用这一类思想指导王朝政治的程度吗？

应当指出的是，“孔孟民主”论将孔孟之道与帝制皇权切割开来的各种解释方式，既违背历史事实，也违背政治常识。在人类政治史上，还没有发生过这样一种现象：在漫长且广阔的历史时空内，一种政治制度及其统治者把对这种制度具有颠覆性的思想体系奉为官方学说并大加宣扬。帝制统治者对孔孟之道坚定不移的选择、历时久远的推崇和千方百计的弘扬，恰恰是判定“孔孟专制”的最重要的事实依据。

八　儒家民本思想是帝制的根本法则

▲：应当如何评估儒家民本思想？人们普遍认为民本思想是“反王权”、“反专制”的。秦汉以来，由于遭到统治者的压制，民本思想与尊君思想分道扬镳。

●：“民本思想”这个概念是现代学者仿照“民主思想”创造的，很容易被误读，甚至误以为“民本主义”与“君本主义”是对立的。许多著名学者就做出过“君主专制兴，而民本思想衰”的判断。然而，历史事实是：帝制越兴旺，“民惟邦本”理论就越发达；君权越集中，“民贵君轻”观念就越普及。儒家民本思想堪称帝制的根本法则。这也是判定“儒学专制”的主要事实依据。

▲：民本思想有哪些重要含义？

●：依据本来面目、固有命题、内在逻辑、理论层次和实际内容，民本思想可以概括为一个核心理念与三个基本思路。核心理念是“以民为本”，基本思路是“立君为民”、“民为国本”、“政在养民”，而“天下为公”、“民贵君轻”、“尧舜禅让”、“汤武革命”、“设官为民”、“爱民敬民畏民”等都是从“立君为民”推导出来的。这个理论体系源远流长，乃是中华民族群体性政治智慧的结晶和诸子百家的共识，反映了中国古代政治文明的重要特点。儒家只是论说民本思想的一个流派而已。

▲:应当如何判定民本思想的本质属性?

●:必须强调的是,古代的"以民为本"与现代的"以民为本"有本质的差异。在中国思想史上,社会主义的"以民为本"是对马克思主义的一种民族表达方式,其民主、自由、平等、法治的核心要素与儒家的"以民为本"没有继承关系。

为了全面评估民本思想与专制主义及统治思想的关系,我系统检索历史文献,涉及四书五经及各种重要经学著作,所有重要政治思想流派的代表作,所有著名思想家的著作,还有历代国家文告、帝王著述、名臣奏议、科举试卷,乃至各种史籍笔乘、宗谱家范、宗教文献、笔记小说、诗词歌赋、通俗劝善书、占卜用书等。研究结论是:现代学术界所说的"民本思想"始终是中国古代统治思想的重要组成部分。甚至可以说,中华帝制的政治原理是以民本思想为基础框架而精心构筑的庞大的思想体系。换言之,"民本思想"就是"君本思想","君本思想"就是"民本思想",君本民本,合二为一,一体两用,相辅相成,共同构成中国古代统治思想的核心要素。

四书五经是儒家民本思想的经典依据。历代王朝将其置于帝典国宪的地位。一些皇帝甚至称颂四书五经"道统在是,治统亦在是"。显而易见,儒家民本思想是典型的专制主义政治理论。

▲:人们普遍认为,虽然民本思想没有被排除在官方意识之外,却只是一种根本无法实现的空谈。实际情况是怎样的?

●:历史事实是:民本思想既没有局限在思想家的书斋中,也没有停留在社会大众的头脑中,而是不断地在精神、行为、政策、制度等政治现象的各个层面之间涌动。在政治精神层面,儒家民本思想长期居于官方学说的地位,其核心理念和基本思路获得社会各阶层的广泛认同,乃至成为正统思想、主流学术、帝王观念、大众心态所必备的要素,并作为公认的政治价值而支配着社会各阶层的政治意识和政治行为。在政治制度层面,儒家民本思想是许多具体制度和政治程式的经典依据。在政治过程层面,与儒家民本思想相关的治民政策具有一定的实效性,常常得到贯彻实施。儒家民本思想对帝制的政治精神、政治制度、政治过程的影响既广泛又深刻，怎么能说它仅仅是一种政治空谈呢？

▲：揭示上述历史现象的主要依据是什么？

●：在古代文献中，相关记载不仅极为常见、相当可靠，也最具群体性、持久性和连续性。它们是华夏先民在记述历史、传承经验、阐释思想时所刻意保留的最重要、最凸显、最张扬的那一部分，甚至可以用俯拾即是、扑面而来、应接不暇来形容。研究者不必苦苦搜求，不必钩沉索隐，不必潜心考据，只要大致翻检一下中华元典、诸子百家、二十五史就不难获得非常可靠的文献依据，形成结构完整的事实陈述，得出相当准确的历史判断。这里仅以“天立君为民”及“民贵君轻”和“天下为公”为典型例证，罗列主要历史事实。

其一，儒典及儒学受到帝制的尊崇，包括皇帝在内的社会精英大多有深厚的儒学功底。无论《春秋繁露》《五经正义》《四书集注》等名儒之作，还是唐太宗、明太祖、清康熙帝、清乾隆帝的帝王著述，都将“天立君为民”及“民贵君轻”和“天下为公”置于重要的理论地位，大多比《孟子》的表述更清晰，认识也更到位。许多皇帝还依据这一类思想抨击暴君暴政，其言辞比孟轲更激烈。在《金镜》一文中，唐太宗用“悖恶之甚”、“猛兽之俦”抨击历代暴君，将他们比作“猛兽肆毒，蝨螟为害”，判定众多弊政“乃是君之过也，非臣之罪也”①。在帝王将相的文章中，这种现象堪称司空见惯。

其二，通晓“天立君为民”及“民贵君轻”和“天下为公”始终是选拔官僚的主要条件。正如明太祖所说：“历代之亲策，往往以敬天勤民为务。”②自从《孟子》被列为科举考试科目之后，参加科举的读书人必须精通“民贵君轻”，明朝进士黄洪宪的《邠人曰》和举人艾南英的《民为贵》是典型例证。在清乾隆帝指令编纂的科举考试参考书《钦定四书文》中，可以找到立君为民、民贵君轻、天下为公、民为国本、国依于民、富民足君等一批重要命题。因此，朝堂之上、著述之中援引这一类命题的事例越来越常见。在特定情境下，朝臣们甚至会

---

① 唐太宗：《金镜》，吴云、冀宇校注：《唐太宗全集校注》，第127、128页。

② 吴伯宗：《荣进集》卷1《御试策》，《景印文渊阁四库全书》，第1233册，第233页。

依据"君为轻"而另立皇帝，宋高宗、宋端宗、明代宗都是典型例证。

其三，皇帝们大多赞成"天立君为民"及"民贵君轻"和"天下为公"。诸如汉高祖认同"王者以民人为天"[①]，隋炀帝标榜"非天下以奉一人，乃一人以主天下"[②]，唐太宗论证"君依于国，国依于民"[③]，元世祖赞赏"民为重，君为轻"[④]，清乾隆帝吟诵"藐予小子识君轻"[⑤]的诗句并明确肯定"民贵君轻"适用于天子。还有一大批历代皇帝亲著或钦定的书籍皆有论证"民贵君轻"的文字。

其四，儒典的"天立君为民"及"民贵君轻"和"天下为公"堪称帝制的根本法则。帝制的国家宪章、权力结构、治理体系、法律制度、君位继承制度、帝王及储君教育制度、官僚培养及选拔制度、谏议及民意采集制度、礼乐及名号制度、国家祭祀制度、应答天谴民怨的"禹汤罪己"程式、维新变法的"与民更始"程式、禅让大位的"天与人归"程式等，其经典依据都采自四书五经，儒家民本思想是各种制度、程式及政策的主要理据。凡是即位诏书、禅让诏书等对王朝合法性及君权合法性至关重要的法律文件，都必然引据"天立君为民"及"天下为公"和"民贵君轻"。在皇帝的罪己诏中，这一类说法也是必备的内容。就连征收赋税、建筑宫室、兴兵动武也往往引据"天立君为民"及"民惟邦本"。文景之治、光武之治、贞观之治、洪武之治、康乾之治等都是实施这一类思想的产物。

▲：儒家民本思想为什么能够得到如此程度的实现？

●：根本原因就是儒学与帝制高度契合，相互匹配。民本思想系统回答为何立君、如何立君、何以为君，全面论证君民关系的一般规定性。这种关于民的政治思维归根结底是关于君的政治思维。甚至可以说，儒家民本思想是一种帝王观念。以帝王之尊，贯彻帝王观念，其实现程度必然相当大。

儒家民本思想论证了君主专制制度的理想政治模式。就像资产

---

① 《史记》卷97《郦生陆贾列传》，第2081页。

② 《隋书》卷3《炀帝纪上》，第43页。

③ 《资治通鉴》卷192《唐纪八》高祖武德九年条，第6026页。

④ 《元史》卷158《许衡传》，第2482页。

⑤ 清高宗：《御制诗集》2集卷38《春仲躬祭社稷坛》，《景印文渊阁四库全书》，第1303册，第691页。

阶级民主理论在资本主义制度下无法彻底实现一样，儒家民本思想在君主专制制度下也无法彻底实现。造成这种现象的原因错综复杂，而统治思想的统治属性是其根本原因。

九　孔孟道统堪称张扬“仁义”的专制统治

▲：有一种说法影响很大，即儒家以道统制衡君统（治统、政统），孔孟道统及其造就的师儒、官僚、士人群体和乡绅社会是专制政治的对立物。这种说法成立吗？

●：儒学与帝制同质，它不会造就专制政治的对立物。要害在于所谓的“孔孟道统”以论证和维护尊者专制为宗旨。儒家尊君重道，主张道义高于君主，道统制导君统。这种思想本身就是把道与君紧密地联系在一起的。道，指君主制度一般原则；君，指现实中的具体君主。所谓道义高于君主，即君主制度的一般原则高于现实中的一切君主。孔孟之道既论证了君主制度的神圣性、合理性、绝对性，又论证了具体君主的行为规范和君主权位的相对性。因此，孔孟之尊君，即尊崇君主制度；孔孟之尊道，即尊崇君主制度的一般法则。“道”中有“君”，“道统”与“君统”相互匹配，故尊君必尊道，尊道必尊君。这种全面论证君主制度的理论既有规范王权、抨击暴君的功能，又有皈依王权、憧憬圣王的导向，其所追求的充其量是理想化的君主专制。孔孟道统所造就的师儒、官僚、士人群体及乡绅社会正是维护帝制及宗法社会的主要社会力量，他们可以影响现实中的君主政治，却坚定地维护尊者专制的一般法则。孔孟之道及其虔诚信徒怎么可能是君主专制的对立物？

▲：许多学者认为专制君主利用了儒学。儒家的王道仁政没有全面实现只能归咎于统治者。在中国彻底清除专制主义之后，孔孟的“民主思想”可以“大放光彩”。您如何评价这种观点？

●：十分荒谬。一旦王朝政治出了问题，古代儒者都会归咎于帝王将相，指责他们没有贯彻孔孟之道。宣扬“孔子至圣，德盛神化”的儒者绝对不会想到重大弊端恰恰源于孔孟之道论证并维护君主专制制度。“孔子无过、错在众生”的论证方式传承了两千多年，许多夸大儒学现代价值的人也沿袭了这种说辞。他们声称孔孟大儒是讲“民主”、“民权”的，只可惜一部真经遇到了歪嘴和尚，被后儒篡改了，被帝制阉割了,被皇权利用了。我认为,这种说法既不符合历史事实,也缺乏历史感和现实感。

所谓的“孔孟道统”及“王道仁政”以实行君主专制制度为前提,以维护尊者专制为目的,怎么可能只有善政,没有恶政?帝制与儒学,相互匹配,血肉相连,共存共荣,历时甚久。由于孔孟之道是帝制的官方学说、精神支柱和价值符号,即使完全彻底地实现,也只是一种理想化的君主专制,这就注定它势必成为真情与伪善、理性与谎言、理想与幻梦的综合体。就积极因素而言,它是一些具有普遍意义的政治法则的借寓之所;就消极因素而言,它是专制统治的谋士及辩护士。由于积极因素与消极因素同胎共体,难分难解,孔孟之道既可以造善,也可以作恶。作恶也是孔孟之道全面实现的重要表现。唯其如此,儒学才能长期占据官方学说的地位。

▲:还有一种说法也很常见:儒家讲究“仁者爱人”,崇尚“以德服人”,倡导“中庸”及“和为贵”,因而“礼教吃人”不应归罪于儒学。这是历史事实吗?

●:当然不是。许多人只知道儒家有“仁者爱人”的说教,不知道儒家还有“仁者杀人”的理论。儒学之“礼”、“仁”、“中”、“和”是以尊卑、主从、贵贱及严格的等级规范为前提的,怎么可能放弃暴力,弃置刑罚?《书》《易》《礼》《春秋》有许多以“刚克”、“天罚”、“五刑”维护统治秩序的论述,还有一套刚柔相济、宽猛互补、德刑相须、礼乐协调的施政方略。孔丘推崇礼治,赞赏霸道,肯定猛政。孟轲讲“仁义”,只要读一读庞朴先生的《中国文化十一讲》,便可知晓“杀的理智”原本就是“仁义”的题中之义。《乐记》将“王道”定义为“礼以道其志,乐以和其声,政以一其行,刑以防其奸。礼、乐、刑、政,其极一也”①。《孝经》主张以重刑严惩“要君”、“非圣”、“非孝”之人。《尚书正义》宣扬“圣人作法,以刑止刑,以杀止杀”②。朱熹指出:“礼本天下之至严,行之各得其分,则至和”,正如吃茶,“茶本苦物,吃过却甘”③,这就是“礼之用,和为贵”。一批理学家论证“典礼爵刑,莫非天理”④,主张

① 《礼记·乐记》,郑玄注、孔颖达疏:《礼记正义》卷37,第1253页。

② 孔安国传、孔颖达疏:《尚书正义》卷15《召诰》孔颖达疏,第474页。

③ 黎靖德编:《朱子语类》卷138《杂类》,第3294页。

④ 《陆象山全集》卷19《荆国王文公祠堂记》,中国书店,1992年,第148页。

"严刑以威",声称"以辟止辟"的做法"虽曰杀之,而仁爱之实行乎中"①。历代王朝的刑法及基层社会组织的私刑均依据儒典制定并实施,违逆"纲常名教"属于必杀之罪。为履行统治职能而大开杀戒的儒宗代有其人,孔丘、周敦颐、朱熹、王守仁、曾国藩都名列其中。戴震抨击的"以理杀人"则是比刑罚更甚的以"天理"、"经义"、"礼法"、"名教"摧残生灵。"礼教吃人"更是司空见惯的社会现象。梳理相关史料可以写一部题为《张扬"仁义"的专制统治》的专著。这也是判定"儒学专制"的主要依据。

十　孔孟之道不可能转化为民主思想

▲:许多学者认为孔孟之道可以发展出民主思想,清初政治批判思潮便是例证。黄宗羲、王夫之的思想有民主属性吗?

●:正如萧公权所指出的,黄宗羲"仍因袭孟子之故辙,未足以语真正之转变"。孔孟之道不可能自发地导出民主思想。

我对清初政治批判思潮的评语是:形成群体,汇成思潮;关注现实,切近实际;思想激烈,言辞犀利;议论精彩,不乏创见;立论思辨,思想升华;引领潮流,显露新意;因循传统,未脱窠臼。

▲:非常精彩。但"未脱窠臼"的判断是怎么得出的?

●:依据一个证据链。诸如主张"循天下之公"的王夫之是一位思想巨人,然而专题辑录他的尊君思想却颇似一部主张绝对君权的著述。黄宗羲笃信"宇宙一团生气,聚于一人,故天下归之,此是常理",将平天下的希望寄托于"令君心自悟"。《明夷待访录》"天下为主,君为客"那一段的思维逻辑是:无君之时,天下混乱;王者大公,天下太平;君主谋私,则为大害。这种"设君之道"古即有之。清初政治批判思潮的思维方式、理论范式、基本思路乃至激烈话语,在历代王朝的官方学说中也不难找到。

正是通过对清初政治批判思潮的研究,我发现了一个在中国古代具有普遍意义的"尊君—罪君"政治文化范式,除少数无君论者外,所有的思想家都没有超越这个范式。在新的历史条件下,儒家政治思维方式严重阻滞了中华民族的观念更新,而清初政治批判思潮的

① 黎靖德编:《朱子语类》卷78《尚书一·大禹谟》,第2009页。

局限性恰恰是典型例证之一。

尤为值得注意的是，就在一批在野思想家高举“天下，天下之天下”的旗帜，将儒家民本思想推向极致的时候，清朝的皇帝们也在以“立君为民”、“天下为公”、“民贵君轻”为皇权定位，为帝制张目。就理论的基本架构而言，二者存在实质的相似性。这一历史现象应当纳入我们的研究视野。

▲：难道“民贵君轻”也有阻滞观念更新的作用吗？

●：确实如此。在康乾盛世，张扬《孟子》“民贵君轻”的有三类群体：第一类是以黄宗羲为代表的政治批判思想家，他们力图超越，却未脱窠臼；第二类是以乾隆皇帝为代表的帝王将相及士大夫，他们大体保持宋明理学的特征；第三类是以焦循为代表的乾嘉汉学家，他们大多有“回到孔孟去”的原教旨主义色彩。三者都是四书五经之学的不同流变，理论的基础框架大同小异，都没有提出超越孔孟之道的政治理论。观察这种历史现象，既可以感受到四书五经之学影响力的强大，又可以感受到四书五经之学保守性的强韧。在亟待与时俱进的时代，孔孟之道、四书之学不仅无法为政治发展提供思想驱动力，反而成为严重阻滞社会变革的精神力量。后来的历史又一再证明了这一点。儒学的这种历史作用也是判定其专制性质的主要依据。

▲：一些学者认为如果按照孟子的“民贵君轻”来设立政治体制，至少能发展出“开明君主立宪制”。您同意这种看法吗？

●：这种假设没有任何事实依据。“民贵君轻”始终居于主流学术乃至官方学说的地位，却从未导出民主、民权思想。到宋、元、明、清，孟轲及《孟子》的地位登峰造极，“民贵君轻”之说充斥各种官方及私家的著作，绝大部分社会精英堪称四书五经的虔诚信徒。然而，政治体制不仅没有丝毫向君主立宪演进的迹象，反而向皇权日益强化的方向演进，中国古代文明也日益走向衰落。

拿破仑用狮子的睡与醒比喻中国的态势。睡与醒主要是指一种精神状态。当初中国为什么沉睡了？这只能归咎于孔孟之道支配了人们的精神世界，正是在皇帝、官僚、士子集体修习“天立君为民”及“民贵君轻”的读书声中，中国落伍了。甲午之败乃是国家之败；国家之败败于制度，败于文化，败于教育；当时的制度、文化、教育可以归结为帝制、礼教、儒学这三个关键词。如今中国为什么醒了？这应当归功于儒学的边缘化。群体性的觉醒推动了国家精神要素的全面改造。中华民族伟大复兴靠的不是儒学，这是一个基本的历史事实。

近代中国的民主思想是向西方学习的产物。清末统治者筹划"君主立宪"也没有依据《孟子》。中国特色社会主义建设没有也不会依据四书五经进行。即使有人为儒学贴上"民主"的标签，也不意味着社会主义民主与"民贵君轻"存在真实的继承关系。夸大儒学的现代意义，指望儒学为当今世界及中国解决它独尊两千多年都未能解决的诸多社会问题，也是缺乏历史依据和现实依据的。如果在实行社会主义民主的现代中国弘扬"民贵君轻"，势必贻笑大方。

"儒学专制"是注定不能转换为"儒学民主"的。剔除了儒学的纲常礼教，转换了儒学的尊者专制，这种新质的学术还是"儒学"吗？如果有人声称通过"返本开新"，"创造性地转化"出张扬"民主宪政"的"新儒学"，这种"新儒学"也是地地道道的伪儒学。

▲：现在有些人喜欢把"中华复兴"和"儒学复兴"连为一体，把儒家价值观看成实现社会主义核心价值观的重要支撑，甚至提出要"重建儒教国家"。这有利于今天我们所要实现的中华民族的伟大复兴吗？

●：这纯粹是开历史倒车。名副其实的儒教国家已经被中华民族伟大复兴的历史进程彻底颠覆，推行儒教政治的社会基础也被基本铲除。凡是有一点历史常识的人，都会坚决反对"重建儒教国家"的政治图谋。任何开历史倒车的人迟早都会在现实面前碰得头破血流，复辟帝制并尊崇孔教的袁世凯、搞国家儒学的伪满洲国皇帝溥仪和将三民主义儒学化并推行尊孔读经的蒋介石统治集团，都是前车之鉴。

帝制与儒学，一个是硬件，一个是软件，共同构成中国古代文明的政治基础和文化基础。君主专制及孔孟之道，既是推动中国古代文明兴盛的政治因素和文化因素，也是促使中国古代文明衰亡的政治因素和文化因素。中国特色社会主义是颠覆君主专制及孔孟之道，开创中华新文明、新传统的产物。孔孟之道的核心内容已经丧失了继续存在的历史条件。中华民族的伟大复兴绝对不能走"回到孔孟去"的道路。

▲：最后还有两个问题想请您谈谈看法。请先对"君主专制"的

历史价值给予客观的评定。

●：在科学对待历史传统方面，马克思、恩格斯的《共产党宣言》是值得仿效的学术典范。这部深刻批判历史传统的经典著作，并没有简单地割裂历史传统。他们论证资本主义必然灭亡的历史趋势，宣布与资本主义的基本制度及核心价值“实行最彻底的决裂”，同时又充分肯定了资本主义的历史功绩，准确地预见到社会化大生产必将导致全球化。马克思、恩格斯的博大胸怀和深邃洞见及其世界观、历史观和方法论的科学性，为我们提供了值得效法的理论、方法和范例。在评估儒学的历史价值时，我们应当在揭露其专制本质的同时，充分肯定其历史合理性及某些制度法则和政治理念的现代意义。

我认为，与其回避“帝制和儒学的本质是专制”这一历史事实，不如本着尊重历史的态度，摈弃简单化的“弘扬”或“批判”，实事求是地提出“借鉴中国古代专制主义政治理论”的问题意识及研究课题，全面评估君主专制的历史价值及现代意义。

我们应当分析四种重大历史现象：一是体察一个历史过程，即“君主专制”是一种世界性的历史现象。当世界各地的文明发展到一定程度时，都无一例外地出现过可以称之为“君主专制”的政治体系。这种世界性的现象指示着历史的逻辑：君主专制是政治文明演进的一个重要阶段。二是注意一个社会常识，即当不同时代、不同地区的人们面对相同或相似的客观事物的时候，很容易对其一般特征和普遍法则形成相同或相似的认识。典型例证便是“以民为本”的“国家伦理”在世界古代文明普遍存在，最早申说这种“统治者的自我理解”的是古埃及和古巴比伦的君主。在中国，最先论说立君为民、民惟邦本、无民无君、民重君轻并使之成为统治思想的也是一批王者封君。三是研究一个基本事实，即在中国古代，既没有明确提出“治权在民”的思想家，也没有一味追求“绝对君权”的思想家，立君为民、天下为公、以民为本、民重君轻获得诸子百家及社会各阶层的广泛认同，因而帝制的统治思想包纳了那个时代所能想象得到的一切限定、制约、规范、调整最高权力的思想因素。四是关注一个重大事实，即在世界古代文明史上，中国政治文明的发展程度最高，历史成就最大。中国古代统治思想不仅以规范君权、制约君权、调整君权、评价君权为主要导向和重要功能，而且包含若干超越时代的政治价值。由此而形成的一些政治传统，至今仍是中国人民共同民族感情和共同文化认同的根本保障。

“前事不忘，后事之师。”历史问题研究的主要功能是建立准确的知识体系，提供有益的历史鉴戒，求索深邃的生活哲理，引导恰当的社会选择。唯有具有一定科学性的学术成果才能切实有效地发挥这些功能。因此，研究历史问题的中国学者必须坚持实事求是的科学精神，坚持独立思考的批判精神，坚持与时俱进的变革精神，坚持超越传统的创新精神，致力于为中华民族伟大复兴提供优质学术资源。

▲：近来有一个词——“现代新儒家”比较热，不知您怎么评价“现代新儒家”？

●：我的总体评价是，“现代新儒家”不是真儒家。在古代社会，“孔孟尊君”是赞语颂词，并将儒学推上帝制官学的地位。近代以来，“孔孟尊君”转化成批判用语，并导致孔教与帝制一同式微。崇儒者只得另辟蹊径，创造“孔孟民主”的说法。于是原本众口一词的“孔孟尊君”，演化为“孔孟专制”与“孔孟民主”之争。显而易见，“孔孟民主”是帝制及礼教覆灭之后冒出来的一种前无古人的新说法。

近年来，中国出现了一股被称为“现代新儒家”的政治思潮。这股思潮的一般特征是：掩盖儒家学说的本质属性，摘取儒家经典的某些话语，将其判定为“民主主义”、“自由主义”、“宪政主义”、“社会主义”等，进而宣扬“回到孔孟去”、“儒化中共”、“儒化中国”、“立孔教为国教”、“立儒学为国学”、“推行儒家宪政”之类的政治主张。许多学者将其视为“儒家”一个新的发展阶段。然而，从本质属性看，“新儒家”不是真儒家。

孔丘曰：“名不正，则言不顺。”这是至理名言。概念属于“名”的范畴，而概念是揭示思维对象的特有属性的思维形式。在特有属性中，本质属性既具有区别性，又具有规定性，为一个事物内部所固有，并能决定这个事物成其为这个事物的性质。如果一个学术概念不能反映特有属性，特别是不能反映本质属性，就会“名不正”，进而“言不顺”，导致指鹿为马、张冠李戴的学术现象。“现代新儒家”这个概念便是典型例证之一。

“新儒家”的要害是扭曲儒家思想，变换儒学本质，打着“弘扬传统”的旗号，贩卖个人的政治主张。这批人虽推崇“孔孟”，号称“儒家”，标榜“儒学”，却违背了四书五经的“君臣之义”。名副其实的儒家主张尊者专制，“现代新儒家”主张民主宪政，二者虽形式相似，却本质相反，可谓“道不同，不相为谋”。试想，孔丘为人正直，恪守其道，他明确主张君位得自“天禄”，理应“土无二王”，严守“君臣之义”，维护“贵贱不愆”。然而，现代崇儒者却声称孔丘主张自由、平等、民主、宪政，将许多现代观念强加在他的身上。如果孔丘在天有灵，肯定会责备这种做法曲解了儒家的纲领、灵魂、精髓，悖逆了儒学的圣道、王制、名教。

必须指出的是，怀有特定意识形态目的“新儒家”属于刻意造假者。牟宗三公然提倡文化造假，渲染中华道统的“内在超越”路向。面对质疑，他竟然诡辩：“即令没有，我们也应当使它有。这是我们作历史的回顾时，作为黄帝的子孙所应当有的责任。”①钱穆声称不对本国历史秉持“温情与敬意”，就会被“文化征服”。他歪曲历史事实，极力证明帝制是“君主立宪”而“绝非君主专制”。他明知“‘国学’一名，前既无承，将来亦恐不立”，究竟哪些内容算作“国学”，“实难判别”，却依然撰写《国学概论》。一些主张在现代中国推行“儒家宪政”的人，明知古今“三统”非一脉相承，且“道不同”，却基于“如果儒家想在现代社会赢得生存权利，就必须有效地吸纳民主”的考虑，宣称要以“引进民主宪政要素”的方式，“弥补古典儒家的不足”，将“儒家”和“民主”整合在一起，以“重建中华道统”。这无异于公开宣称要用作伪的手法无中生有，用讹变的方式变黑成白，将儒家转换成与其本质属性截然相反的东西。历史上不乏伪冒“儒家”的伪作伪造和假冒“儒学”的假托假造，而公然宣称必须作假偷换的惟有现代冒出来的“新儒家”。

篡改历史及文化造假是对历史和文化的最大不敬。我主张严谨的学术分析应当将公然造假、欺世盗名的“现代新儒家”正名为“现代伪儒家”。批判他们的虚妄之学及荒谬之论是中国学术界义不容辞的责任。

研究传统文化必须实事求是，弘扬优秀传统更要实事求是。隐去真相的“弘扬国学”，弄虚作假的“文化传承”，对民族与国家的根本

---

① 牟宗三：《中国文化的省察——牟宗三演讲录》，第25页。

利益和长远利益的损害甚大。然而,令人扼腕的是,在当下学界,将糟粕当精华的现象司空见惯,许多专家学者有意或无意地参与了文化造假,这是造成思想混乱的重大因素之一。因此,遏止现代伪儒学思潮的有效途径之一是遏止文化造假之风。

第二章　政治思想研究必须保持学科的开放性

伟大的历史进程呼唤伟大的中国历史理论

本文发表在《史学月刊》2016 年第 4 期。2015 年 9 月，我应李振宏教授的邀请，到北京参加由河南大学主持召开的“新时期史学理论的回顾与展望学术研讨会”。发言稿约 9000 字，发表的笔谈压缩为 3000 字。

为创新中国历史理论提供优质的学术资源应当是历史问题研究者的追求。我认为，在系统阐释中国历史进程方面，创建更具说服力的新型中国历史理论是中国学术界必须面对的一个重大课题。

学术回顾应当主要看成绩；学术展望应当主要看问题。看成绩，可以学习他人之长，增强学术自信，避免虚无主义和妄自菲薄；看问题，才能认清努力方向，拓展研究思路，避免夜郎自大和故步自封。这里想讲一点个人的感觉、判断和展望，主要分析中国学术目前存在的若干重大问题。

一　创造新型中国历史理论的必要性及其主要理据

我的几本代表作获得同行的肯定，也都获得好的奖项。然而，这几本书的最大缺憾是“重大理论缺位”。在我看来，重大理论缺位的问题普遍存在。这里所说的理论缺位，是指迄今尚未形成一种适用于研究中国历史现象的、相当系统的、经过检验的、比较成熟的中国历史理论，从而导致我们的问题意识、研究视野、价值预设、解读方式、逻辑基础和分析体系都受到负面影响，甚至达到集体性的对许多重要历史现象或视而不见，或见而不知，或知而不当的程度。

在完成诸多课题的过程中，我发现一个令人震惊的现象，即20世纪一大批著名学者所撰写的属于广义的中国思想史研究领域的学术名著竟然普遍存在重大历史事实的误判，涉及所有的重大政治思想现象。这一类缺陷严重影响了中国哲学史、思想史、学术史、文化史研究领域各种著述的学术质量，也严重误导了人们的历史认识。许多错误观点至今依然被各种通史、教科书、学术著作及宣传文章广泛引用，可谓陈陈相因，积非成是。

对"民贵君轻"命题的误判堪称典型例证。历史事实表明，"民贵君轻"思想产生于西周以前；在孟轲之前，这种思想已达到理论化的程度；自先秦至明清，中国所有的政治思想流派都主张民众重于君主；历代官方学说及许多帝王将相的相关论述甚至比孟轲更精彩；在皇帝们的大力倡导下，"民贵君轻"观念广泛传播，从政者和读书人大多精通这种思想；在政治过程中，"立君为民"、"民贵君轻"常常发挥重大作用，所有对王朝合法性、君权合法性及国家政务至关重要的法律文件，都必然引据这一类的思想；统治思想演化的总体趋势可以概括为帝制越兴旺，"民惟邦本"理论就越发达，君权越集中，"民贵君轻"观念就越普及；在皇帝、官僚、士子集体修习"民贵君轻"的读书声中，中国古代文明衰亡了。依据上述历史现象，我们可以判定："民贵君轻"是华夏先民的政治价值共识，是绝大多数思想家的共同主张，是中国古代统治思想，是中华帝制的根本法则。然而，只要大致翻阅一下众多知名学者的相关著述，特别是"弘扬儒学"、"弘扬国学"的著述，就不难发现中国学术界对"民贵君轻"命题的误判有多么严重，其影响有多么广泛。

实际上，同样的误判不胜枚举，涉及统治思想、帝王观念、官方学说、诸子百家等所有的重大政治思想现象，涉及立君为民、民惟邦本、天下为公、君臣合道、无为而治、广开言路、平均天下、孝治天下等所有的重大政治理论命题，涉及道、德、礼、仁、忠、孝等所有的政治概念，涉及天人合一、自然之理、阴阳和合、中庸之道、三纲五常等所有的论证统治思想的哲学命题及哲学范畴，涉及社会根源、本质属性、发展趋势、历史价值及现代意义等所有的宏观把握及整体评说的要素。

令人扼腕的是，这些误判不是出现在历史记载缺略的那一部分，而是发生在现存文献中极为常见、相当可靠，也最具群体性、持久性和连续性的那一部分。这一类文献都是华夏先民在记述历史、传承经验、阐释思想时所刻意保留的最重要、最凸显、最张扬的那一部分。在各种与政治密切相关的文献中甚至可以用俯拾即是、扑面而来、应接不暇来形容。研究者不必苦苦搜求，不必钩沉索隐，不必潜心考据，只要大致翻检一下中华元典、诸子百家、二十五史就不难获得非常可靠的文献依据，形成结构完整的事实陈述，得出相当准确的历史判断。这就是说，广义的中国思想史研究原本不应出现如此程度的重大失误，而这一类失误却一犯就是一百年，犯错误的群体可以涵盖所有的研究者，包括众多治学严谨、功力深厚、贡献卓著的著名前辈学者。这就不能不认真反思导致失误的深层次原因了。

原因究竟何在？这需要群体性的思考，需要见仁见智的讨论，需要到研究实践中去探索。但是，有一点是可以肯定的，导致失误的根本原因不是技术性的。这就意味着，现有的中国思想史知识体系存在重大缺陷，从事实陈述、概念分析，到阐释方法、理论基础，迟早会被人们做出具有一定颠覆性的重建。

在我看来，必须重新改写中国政治思想史，这种改写具有系统性和结构性，甚至具有一定的颠覆性。政治思想始终是思想的核心内容。如果中国政治思想史有必要重新改写，那么广义的中国思想史也就有必要重新改写，特别是那些与政治思想密切相关的内容。政治思想又是政治的核心要素。如果中国政治思想史有必要重新改写，那么中国政治史也就有必要重新改写，特别是与“统治思想”、“帝王观念”、“民本思想”等重大思想现象直接相关的内容，以及与政治发展、政治理论、政治制度、政治过程等重大政治要素密切相关的内容。这就意味着对中国历史上一些重大专门问题和重要专门领域需要重新认识，对中华帝制、官方学说、主流学术、儒家学说等重大历史现象也需要重新认识。

正如许多学者所指出的，中国需要一部更好的中国通史。中国学术的理论体系及其话语体系存在严重缺陷。显而易见，写好中国通史与创建新型理论是相辅相成的学术创新过程。

二　创造新型中国历史理论的必然性及其主要特征

历史经验告诉我们,伟大的历史进程催生伟大的思想及伟大的学术,而与伟大历史进程相契合的新型思想及新型学术的核心要素之一便是新型历史观及历史理论。近代以来,中华民族颠覆旧文明、创建新文明的伟大历史进程孕育着新型历史观,这一错综复杂的历史进程及一百年来中国现代学术所取得的重大进展也为创造新型中国历史理论提供了最佳的研究对象及重要的学术资源。改革开放以来,中国学术界所取得的新进展也表明,一种新型中国历史理论正在不断探索中逐步形成。历史法则及学术规律注定了新型中国历史理论必将在中国大地产生。

理论创新的一般法则及所要解决的问题决定了新型中国历史理论必须也必然具备的某些特征,主要关键词是中国的、世界的、超越的和开放的。

中国的,即中国学者原创的、从中国实际出发的、契合中国特点的历史理论。学术无国界,学者有祖国。就像许多核心技术无法靠引进来解决一样,新型中国历史理论的某些核心要素最有可能出自中国学者的手笔。中国学者必须清醒地意识到这一义不容辞的重大学术责任。

世界的,包括学术视野的世界性、理论资源的世界性、理论适用的世界性和话语体系的世界性等等。

新型中国历史理论必须博采众长,兼收并蓄,具有"集古今中外之智"的特征。近年来,一些"弘扬国学"的人主张用"中国固有方法"研究中国学问。"中国方法"是一个伪命题,其主要论据经不起推敲。无论一种方法的最初发明者是哪个国家的,只要被中国人采纳了,这种方法就是中国的。在学术思想不断开放、方法论资源极其宏富的当代世界学术界,盲目夸饰"中国方法"的做法只能用"狭隘"、"愚昧"等词汇来评判。

新型中国历史理论必须揭示普遍性的历史法则,具有理论适用的世界性。新型中国历史理论重点关注中国历史的特殊性。但是,研究特殊性的根本目的是抽绎普遍性。中国历史是世界历史的一部分。研究世界问题,必须研究中国问题;研究中国问题,必须研究世界问题;中国问题与世界问题之间并无樊篱。因此,中国历史的研究者必须"立足中国,胸怀世界",揭示普遍法则和一般规律。没有全球性的学术视野,没有对世界历史的通盘了解和正确解读,没有对普遍性历史法则的深刻体察和准确揭示,不可能形成对中国历史的科学认识。就实质而言,新型中国历史理论是新型世界历史理论的一个组成部分和一种表达方式。

新型中国历史理论的话语体系必须具有世界范围内的学术话语可通约性,在国际学术界获得广泛的话语认同。构建中国学术话语体系是当下学界的一个热点话题。在拒绝"西方中心论"亦即"西方特殊论"这一点上,思考的大方向是正确的。但是,构建中国学术话语体系的主旨是摒弃各种不适用的理论体系及其表述体系,提出符合中国实际的理论体系及其表述体系,提升中国问题研究的科学性及可信度,增强中国学术在世界舞台的话语权。历史经验告诉我们:取得成功,感召力强,乃是话语权之本;实事求是,以理服人,乃是话语权之基;打动人心,获得认同,乃是话语权之翼。话语权的强弱归根结底取决于国家的综合实力和学术的综合实力。因此,"自己讲"不能自说自话;"讲自己"不能自以为是。如果用"中国特殊论"对抗"西方特殊论",很容易导致公说公话,婆说婆话,甚至将中国问题研究引向歧途。

超越的,即堪称名副其实的理论创新。创建新型中国历史理论并不意味着一切都重起炉灶。人类的传统认识、学界的长期探索可以为理论创新提供丰富的学术资源,我们必须充分吸收古今中外的各种历史理论的科学成分,许多思路、方法、视角可以借鉴,一些要素、内容、观点甚至可以径直拿来。但是,惟有某些特有属性、核心要素及重要内容是前所未有的,方堪称超越性创新。超越性创新并非一般性的改进和完善,而是一种质变,其实质是颠覆传统认识。因此,新型中国历史理论的重要特征之一可以用"前无古人"来描述。

开放的,意味着理论创新永无止境。马克思主义经典作家拒绝将自己的理论视为非历史的和超历史的教条,他们曾经表示:"我们对我们现在的认识极不信任,因为很可能我们还差不多处在人类社会的开端,而将来会纠正我们的错误的后代,大概比我们有可能经常以极为轻蔑的态度纠正其认识错误的前代要多得多。”①这个判断适用于一切既成的理论。一种好的历史理论必然是开放的体系和发展的学说。

三　创造新型中国历史理论的主要途径和必须具备的主观因素

历史经验告诉我们：一种具有划时代意义的伟大理论往往成就于一个或几个伟大思想家的手笔，而通过各种途径和形式参与理论创建过程的人则不胜枚举。伟大的理论是群体智慧的产物，是伟大时代的产物。这就意味着我们每一个历史研究者都可以以自己的方式积极参与新型中国历史理论的创建。每一种高质量的学术著述都会为理论创新添砖加瓦。

创建新型中国历史理论需要借助众多学术资源，包括研究世界上已有的各种历史理论。但是，单凭借鉴现有的各种历史理论是无法完成超越性理论创新的。许多具有创新性的理论要素只能通过研究具体的历史进程去发现。我们必须做到历史理论研究与历史过程研究相结合，二者不能相互脱节。这就需要历史理论研究者和历史过程研究者共同努力，相互配合。

一切有价值的历史理论的本源是历史现象本身。中华民族连续数千年的波澜壮阔的文明演化史是历史研究的一大富矿，充分利用这个富矿所提供的资源足以提出系统的、科学的历史理论。创建新型中国历史理论归根结底需要在具体地、全面地、深入地研究中国历史的基础上，探究历史演化的过程、动因和法则，考察诸多历史要素的具体作用及其相互关系，做出整体性的解释，抽绎具有一般意义的历史认识。这是一个重新构筑中国历史研究的事实基础、逻辑基础和哲学基础的理论创新过程。

社会形态的变革最能展示历史的法则。数千年来，中国人自我主导了三个具有社会形态变革意义的伟大历史进程，即创建华夏早期文明的历史进程、中国古代文明定型及鼎盛的历史进程和中华民族重新崛起的历史进程。我认为，应当在全面研究中国历史的基础

---

① 《马克思恩格斯文集》第9卷，第91页。

上，重新审视这三个伟大的历史进程。能否创造新型中国历史理论，在很大程度上取决于这一类研究能否取得重大突破。

在研究三个伟大的历史进程时，若干重大专门问题及重要专门领域尤为值得关注。例如，无论研究中国古代文明，还是研究中国现代文明，都必须回答“古代文明何以衰亡”这个重大专门问题。全面回答文明衰亡的问题必然涉及经济、社会、政治、文化等专门领域。要令人信服地回答文明衰亡的问题，必须面对一个最基本的事实，即当下许多人所要“弘扬”的恰恰是导致中国古代文明衰亡的历史要素。“政治思想史”显然是需要重新审视的重要专门领域之一。

马克思有一句众所周知的名言：“哲学家不仅要解释世界，更重要的是要改造世界。”创新理论及改造学术的根本目的是改造世界，改造中国，创造更加辉煌的未来社会。新型中国历史理论的创建过程是探究真相真理的学术过程，是冲决传统樊篱的思想过程，有志参与者必须拒绝思想平庸及学术平庸，充分发挥学术特长，谋求重大理论突破。

导致学术平庸的主观原因是缺乏创新的追求、能力、睿智、胆识和毅力。思想平庸是学术平庸的主要成因，学术平庸是思想平庸的重要表现。历史造假、文化造假、学术造假往往是思想平庸及学术平庸的产物。学术泡沫太多是最容易观察到的学术平庸现象。近二十年来，在众多历史的、社会的、政治的、思想的因素的交互作用下，学术平庸化现象呈现不断蔓延的趋势。这种现象在广义的中国思想史研究领域最为明显，又以与中国古代哲学及政治思想密切相关的著述最为突出。一些人甚至将历史复古主义与历史虚无主义扭结在一起，全面涂黑中国近现代革命史，否定颠覆帝制及礼教的社会变革，否定创建中华新文明及新文化的历史进程。这种力图将人们引向复归传统、膜拜孔孟、诵读儒经、阐释旧说、迷信古方的主张，违背文明创新、文化创新、理论创新、学术创新的时代精神，不仅导致空疏之论泛滥和文化造假盛行，也为现代伪儒学的流行及“回到孔孟去”、“立儒学为国学”、“重建儒教中国”、“推行儒家宪政”之类的荒谬主张提供了思想资源。

历史观是一切思想体系的基础。历史研究是一切社会科学的基础。在任何一种理论体系中，历史观及历史理论都是核心要素之一。

大量事实表明，在现代中国，古代儒者虚构历史、伪造文化的复古主义历史观及被其扭曲的历史陈述，依然对人们的精神世界有重大影响。在西方主流学术的文化决定论的深刻影响下，这种复古主义历史观还产生了现代变种——文化复古主义。我们甚至可以清晰地感觉到一股主张文化复古、反对社会变革的思潮正在蔓延。显而易见，历史观的转型及历史理论的创新并不是一个单纯的学术问题，而是一个直接关系到中华民族能否全面实现思想文化更新的大问题。无论全面深化改革，建设法治国家，还是全面发展学术，建设创新国家，都要求进一步解放思想、转变观念、创新理论。

能否实现超越，成就伟业，归根结底取决于中国学术界群体性的才华、胆识和毅力。无论在何种环境下，质疑权威，挑战教条，推翻成说，提出创见，都需要智慧和勇气。在复古思潮泛滥、思想平庸日显、学术浮躁成风的大环境下，有志气、有胆识、有定力、有韧劲的中国学者应当弘扬“疾虚妄”和“志不求易，事不避难”的中华优秀传统，坚持实事求是的科学精神，坚持独立思考的批判精神，坚持与时俱进的变革精神，坚持超越传统的创新精神，致力于为中华民族伟大复兴提供优良的学术资源，并将批判的矛头直指泛滥于当下学界的各种虚妄之学及虚妄之论。

政治思想现象的弥散性与政治思想载体的多样性

本文原名为《中国政治思想史研究必须拓展学术视野》，发表在《天津师范大学学报（社会科学版）》2012 年第 2 期。在《中国政治思想通史·隋唐卷》（中国人民大学出版社，2014 年）导言部分，我将标题改为“政治思想现象的弥散性与政治思想载体的多样性”，并略有修改。

政治思想现象的弥散性与政治思想载体的多样性提示我们：中国政治思想研究必须坚持学科属性的开放性，研究对象的开放性，研究方法的开放性，史料来源的开放性，形成极其广阔的学术视野，全面覆盖应有的学术论域。

我们的中国政治思想史研究存在一些明显的局限性。例如，中国古代政治文明是在隋唐时期步入巅峰状态的。这种状态的形成与保持有赖于丰富多彩、充满活力、富于理性的政治精神。然而，在广义的“思想史”著述中，涉及隋唐政治思想的内容可以用“贫乏”、“浅陋”来形容。就总体规模而言，就连专门化的隋唐政治思想史研究也难免“贫乏”、“浅陋”之讥。这就是说，隋唐政治思想原本相当可观，而现有研究却未能充分揭示。导致这种现象的原因很多。其中之一便是研究对象的界定有所偏颇，因而研究领域受到局限，学术视野受到遮蔽，取材范围受到限制。

关于政治思想史的研究对象，前人多有学术性的界定，可谓见仁见智，众说纷纭。我认为，凡是历史上出现过的与政治密切相关的各种思想现象及与之密切相关的各种社会现象，都是政治思想史的研究对象，均应纳入政治思想史研究者的学术视野。政治、思想、历史是界定政治思想史研究领域的三个关键词，对这三个关键词的理解直接关系到问题意识的形成、研究对象的设定和取材范围的选择，进而影响学术视野的广度、学术分析的深度和学术判断的准度。

一 “思想”与思想现象的弥散性

“政治思想史研究”是思想现象研究的一个重要组成部分，而思想史之“思想”是一个歧义众多的概念。思想史的研究对象是什么？只要看一看中外学者提出的形形色色的定义，就不难理解这原本就没有统一的定义，也不可能产生获得公认的严格定义。每一种对“思想”的理解都会给出不同的领域范围和研究视角。

思想是人类特有的禀赋，它属于一种认识性的精神活动。在汉语中，“思想”一词用于指称思忖、思虑、思索、思考、思维、思辨等，涵盖这类精神活动的过程及结果。在这个意义上，思想是一切认识活动的过程及其结果的总称。

依据认识程度，思想的成果可以划分为感性认识和理性认识。感性认识是观察事物所形成的直观的、表面的感觉和印象，而理性认识则是在感性认识的基础上，经过深入思考而形成的比较全面、比较深刻的认识。一般说来，只要一种精神活动达到自觉地认识某种事物的程度，无论其结果是感性认识，还是理性认识，都属于广义的思想范畴。在思想史研究中，人们所能直接面对的是一些历史上的思想现象的结果，有的保存了一定篇幅的文本，更多的则仅是片段言论。这些思想结果的形成过程大多需要依据间接的实证材料求索。在这个意义上，作为思想史研究实体对象的“思想”，特指在一定历史背景下人类认识过程的结果，包括形成的观点、提出的主张、表达的观念、论证的学说等。

学者们通常将思想史的研究对象设定为层次较高的思想成果。一些学者将研究对象限定在理论、学说，有的甚至主张思想史的研究对象仅限于思想家的思想。笔者认为，每一位研究者都可以为自己设定一个“思想”定义，以便形成对象明确、逻辑自足的思考与阐释。无论出于学术旨趣、问题设定，还是基于学科分化、学术分工，这类做法都无可厚非。但是，如果试图用任何一种相对狭隘的定义框定学科领域，乃至自设畛域，就会导致许多问题。因此，无论怎样设定具体对象，一个思想史研究者都应当将各种广义的思想现象收入眼底。主要理据有以下三点。

首先，感性认识是认识的根源和基础。理性认识之所以靠得住，正是由于它来源于感性认识。因此，即使旨在解读一种理论、学说，也必须考察其根源和基础。以孟轲政治学说研究为例，许多学者夸大“民贵君轻”之论的特异性，甚至断言这是“异端”、“野花”、“绝唱”、“无人企及”，乃至“前无古人，后无来者”。然而，只要认真地翻检一下历史文献，就不难发现，民众重于君主的观念发端甚早，源远流长。它来自对政治现象和执政规律的深刻认识，其基本思路获得广泛认同，乃至成为华夏先民的政治常识。孟轲既不是最初的创意者，也不是最佳的阐发者，他更像是一种影响广泛的思潮的代言人，其贡献在于用精彩的话语阐释了群体性的政治认知。由此可见，如果不广泛地考察相关思想材料，便轻易判定孟轲政治学说的本质属性与历史价值，就难免招致失实、浅陋之讥。

其次，思想家的一些“理论”未必不是感性认识。以孟轲的性善论为例，它是思想史、哲学史的研究对象，也确实具备“理论”乃至“哲学”的形式。但是，这类貌似抽象的“理论”实际上并没有达到理性认识的程度。且不说孔丘、荀况、董仲舒、扬雄、孔颖达、韩愈等历代名儒都不赞成简单化的人性本善论，就连张载、朱熹等著名理学家也明确指出孟轲的见解是不恰当的。从对客观事物的认识程度看，孟轲的人性论是相当肤浅的。如果用“全面的、本质的和内部联系的”来界定理性认识，用“片面的、现象的和外部联系的”来界定感性认识，孟轲的人性论只能归属于后者。此类事例不胜枚举。

第三，社会大众的“感知”未必不是理性认识。历史上的社会大众思想成果很难保存下来。保存下来的也大多是一些片断。但是，不能据此便断言社会大众的思想统统属于层次不高的感性认识。常识告诉我们：不仅每一个心智正常的人都有分析、综合、推理、判断的能力，而且每一个时代都会涌现为数众多的具备理论思辨能力的人。换言之，心智正常的人有能力创造较高层次的思想成果。历史文献保存下来的许多民谚、歌谣、警句、口号具有深刻的思想性乃至哲理性，便是明证。这类思想成果大多仅留下只言片语，却相当精彩，其中一些足以展示深刻的思考、时代的诉求和普遍的价值，属于一种相对稳定或固化的思想。实际上，这类思想成果的创造者大多具备思想家的素质，这类思想成果的形成也经历了理性思维的过程。笔者主张，思想史研究者必须将这类思想现象纳入自己的视野。

顾名思义，"政治思想"即有关政治的思想。依据系统化的程度，研究者所能观察到的历史上的政治思想成果大体可以分为三个层次，即普通人的政治观点、政论家的政治主张和思想家的政治学说。被文献保存下来的普通人的政治观点大多比较零散，许多观点具有自发性或直接感受性。但是，这类记载是研究政治文化和大众心态的重要事实依据。政论家的政治主张通常以政论文章的形式保留下来，这类主张是一种在分析、综合、推理、判断的基础上形成的思想成果，因而大多比较系统，比较深刻。思想家的政治学说则是体系化乃至哲理化的思想成果。政治学说是思辨的产物，有独创见解并能自成体系，大多比较完整。一种政治学说一旦为人们所接受，就会对他们的心理、观点、主张、取向有重大的影响，进而支配他们的政治行为。占统治地位的政治学说是一定政治体系的重要构成之一。作为国家意识形态的核心，它不仅直接表现为理论形态，以体现统治意志，还贯彻到国家政治制度和政策法令中，以维护现存秩序，并积极干预社会生活的各个领域，为人们的行为提供基本准则和规范，进而支配、影响其他各种社会意识。

从发生过程看，零散的观点、系统的主张、完整的学说三者构成递进的关系，有一个从感性认识到理性认识，进而理论化、体系化乃至哲理化的演化过程。因此，依据个体思考所达到的高度，可以将人群大体区分为有所感知的普通人、颇有见地的政论家和见解独到的思想家三大类别。从互动过程看，政治观点、政治主张、政治学说三者交互作用，并无天壤之别。社会大众的政治观点既是系统的政治主张和完整的政治学说的源泉，又往往是受到一种政治主张或政治学说影响的产物。在现实生活中，心智正常的人都有能力对其所感知的政治现象进行分析、综合、推理、判断，大多还能从不同途径获得比较完整的政治知识，因而普通人的政治观点通常都有理性认识的支撑。群体性的政治观点大多与某种政治主张、政治学说有千丝万缕的关系。这就是说，普通人的政治观点往往包含理性的成分，具有思想的属性。实际上，普通人、政论家、思想家的界限也只是大体而言。一些只留下只言片语的"普通人"可能原本应当划入"政论家"乃至"思想家"的范围。他们之所以被研究者忽略或割舍，只是因为其系统的阐释没有留存下来而已。不能简单地将社会大众的政治观点统统归于低层次的思想成果。因此，只要一种观点被记录在案，就应当纳入思想史的研究对象。其中保存相对完整、经过推理判断的观点、理论、学说是思想史研究的重点对象。

是否可以将大众思想列为思想史的研究对象？学界对此多有争论。笔者的观点是：就学术分工而言，剖析具有一定理论色彩的思想现象是思想史研究的主要任务。以思想家为主要线索之所以成为传统套路，其根本原因就在于这是思想史研究的主体部分。但是，思想并非仅仅演绎于精英的头脑。大众思想并非总是滞后的，被给予的，也不仅仅是经典思想、精英思想的背景和陪衬。思想家的思想并非无源之水，无本之木。即使认识高度哲理化的思想的形成原因和演化过程，也必须面对一切曾经发生过的人类心智现象，其中全面、深入地研究大众思想尤为重要。因此，系统的思想史研究必须将大众思想摆在重要位置。

思想多从大众出，哲学寓于常识中。只要看一看我们所身处其中的普通人群的思想状况，就不难感知在社会大众中蕴藏着多么丰富的智慧，他们提出的一些真知灼见未必比思想家逊色，他们升华的一些生活哲理甚至比哲学家更高明。实际上，社会大众并不缺少"反思思想"的思想，更不缺乏"思想思想"的能力。包括一些哲理性思维在内的精神财富，大多是由社会大众所首创的，他们的精神世界也不仅仅是一种"平均值"。主流思想必须由庞大的群体承载，许多思潮也并非由精英发端首倡。离开了群体性精神求索的启示与养育，思想就会成为无源之水。离开了社会普遍意识的有力支撑，精英思想往往会显得苍白无色。就像江河湖海一样，大众思想是庞大的水体，社会思潮是涌动的波涛，而精英思想是泛起的浪花。浮于表面的浪花最为引人注目，也容易被抓拍到，所以观察者们首先盯住了它，还极易形成波涛由浪花引领、水体由波涛带动的错觉。丰富多彩的浪花展示了水体的主要信息，所以研究它可以回答许多重要问题。但是，如果因此而忽略了对波涛与水体本身的深入考察，往往会导出皮毛之论。

大量事实表明，用“精英”与“大众”来界定思想层次并不具有可靠性。一些出自普通人的政论往往比某些思想家的玄谈、政论家的说教更切实，更到位，更精辟。大众思想的某些内容可以达到很高的理论层次，甚至应当成为哲学研究的重要对象。这类事例不胜枚举。因此，在充分肯定思想家的独特贡献的同时，切忌低估普通群众的认知能力、思考能力和创造能力，更不能因为历史记载的疏略而将其弃置一旁。

在思想史研究领域，将社会的普遍精神状况作为重要研究对象的历史已经有二三百年了。自意大利学者维科(1668—1744)运用丰富的历史素材研究各民族的“共同意识”以来，中外许多著名学者为我们树立了典范。黑格尔重视考察整个民族的一般世界观，马克思和恩格斯注重探讨具有普遍形式的思想，罗素把哲学家视为社会所共有的思想与感情的产物，他们都是这类研究的先驱者和典型代表。中国思想史研究也有这个优良传统。许多学术前辈注重对各个层面的精神现象及相关社会现象给予整体性关照和综合性解释。侯外庐等主编的《中国思想通史》、任继愈主编的《中国哲学发展史》都是典型代表。

但是，从研究现状看，大众思想、共同价值、普遍意识视角的中国思想史研究依然相当薄弱，主要表现为由于学术思路、认识能力和历史资料的局限，现有成果缺乏应有的广度与深度。因此，必须充分认识思想现象的弥散性和思想载体的多样性，大力拓展、深化这方面的研究。

二 “政治”与政治现象的弥散性

“政治思想史研究”是政治现象研究的一个重要组成部分，而“政治”却是一个歧义众多的概念。古今中外的学者给这个词下的定义很多，诸如国家事务说、公共权力说、权力关系说、管理众人之事说、政府制定政策的过程说、价值物的权威性分配说、统治术说等等。实际上，就连究竟什么是“国家”、“权力”，学术界也没有一致的意见。各种说法差异很大，每一种定义都会给出不同的领域范围和研究视角。

大体说来，政治是围绕国家政权问题而发生的一系列特殊的社会现象的总称。政治是历史范畴，政治现象与国家相伴生，又随着社会的发展而不断改变其内容及活动的形式和范围。政治与国家、政权、统治、公共权力、社会管理、政府、法制、法律、社会秩序等现象及与此有关的各种现象直接相关联。政治的基本内容是参与国家事务，指导国家，确立国家活动的方式、任务和内容。政治活动是利益，特别是经济利益的重要表现形式。一切集团或个人参与政治的根本目的都是力图通过掌握或分享国家权力，参与或影响政府决策，以维护自己及相关社会群体的切身利益。各个阶级、阶层之间的关系，特别是它们之间的政治关系，都要通过国家结构表现出来。政治又是各种重大的社会关系及社会矛盾的集中体现。在一个既定的国家体制和社会秩序中，政治关系在各种社会关系中居于中心地位，它影响、制约甚至支配其他各种社会关系。社会优势群体，特别是在经济上处于支配地位的社会群体，通常也是国家统治权力的真正拥有者、掌握者。这就是说，国家是政治现象的基本形式。各种政治现象都围绕国家政权这个中心展开。政治思想本身就是一种极其重要的政治现象，国家问题必然成为历史上各种政治思想所关注的重点。政治学说亦即国家学说。因此，政治思想史的研究重点也应随之确定。

但是，国家问题不能包纳所有的政治现象。社会是一个有机体，因而政治是一种极其复杂的社会现象。政治是经济的集中表现，又在上层建筑领域居于主导地位，渗透到社会生活的各个领域。政治是上层建筑中最活跃、最敏感的部分，制约并渗透到哲学、宗教、道德、文学、艺术等上层建筑的各个部分。政治的活动范围极其广泛，几乎无所不及。它往往主动参与乃至以强制性规范干预各种重要的社会生活。人类的各种社会活动都可能自觉或不自觉地与政治发生关系。因此，各种社会现象与政治息息相关，有的在一定条件下可以转化为政治现象。例如，“政教合一”、“神道设教”既是一种宗教现象，又是一种政治现象。战争是政治斗争的最高形式。在祭祀和征伐被视为国家头等大事的时代，宗教与战争就是最大的政治。孝道本属家庭伦理范畴，而在统治者“以孝治天下”的时候，道德规范便直接转化为强制性的政治规范和法律规范。当人们以“天”、“自然”、“道”、“阴阳”、“气”之类的概念来论证社会公共权威、政治关系及其规范之时，哲学思想就是政治思想。军事、法律、财政、外交等都属于与国家政权直接相关的政治范畴。这方面的事例还有很多。实际上，就连政治、经济、社会、文化的划分也只在相对意义上成立，它们之间并没有截然相分的界限。以探究政治的特性、本质和规律为己任的政治思想家必然将各种相关社会现象纳入自己的视野，进而提出系统的解释和全面的论证。政治现象及相关的思想现象具有弥散性，这就要求政治思想史研究的对象设定和取材范围应该与之相应。

就总体成果而言，中国古代政治思想正是以国家政权问题为中心，兼及各种政治现象，提出系统政治主张的。长期居于主流地位的儒家经典思想是典型例证。儒家是以“礼”来概括自己的政治学说的。礼的核心问题是社会结构、国家政体及相应的社会政治规范。儒家经典以天道、人性、伦理来阐释王道、王制、王政、王者，论证宗法制度、等级制度和君主制度的绝对性，然后以此为前提，进而讨论礼治仁政等治国之道及礼乐刑政等施政手段。儒家的政治学说几乎涵盖中国古代一切政治现象。其他学派的政治学说大多有与此相类似的特点。

中国古代思想史实际上是一部政治思想形成与演化的历史。自先秦以来，政治问题就是诸子百家共同关注的核心问题，他们都将社会与政治统一在一起思索，同一个哲理性命题大多兼顾自然、社会、人生的方方面面。因此，重大思想流派及历代著名思想家的思想体系总是围绕政治问题展开，几乎找不到“纯哲学”、“纯经济”、“纯伦理”、“纯文学”的踪影。“大一统”、“三纲五常”等命题的贯通性便是典型例证。“天人合一”的哲学思想、“政教合一”的宗教思想、“内圣外王”的道德思想、“以农为本”的经济思想、“家国一体”的社会思想、“兵为王之本”的军事思想、“圣人王者立法”的法律思想、“文以载道”的文学思想等，有的原本就是政治命题，有的主要是政治思想，有的与政治思想息息相关。这些思想现象既可以划归其他思想史的研究领域，也可以划归政治思想史的研究领域。

政治现象的弥散性与思想现象的弥散性是结合在一起。这就注定人们很难为“政治思想”树立公认的界标，划定独占的领地。无论如何定义“思想”与“政治”，都会留下广袤的有争议的边缘地带。这就决定了政治思想史研究必须面对一个范围广阔的领域。因此，政治思想史研究者应当有宽广的学术视野，其取材范围、观察视角、研究方法等，必须超越各种相对狭隘的“政治”定义与“思想”定义的局限。

作为一种专门化的研究，政治思想史研究应当强化政治学视角的分析，这是不言而喻的。但是，无论古今中外，政治现象、经济现象、社会现象和文化现象总是同寓一体，血肉相连，或彼此渗透，或相互依托，或互为因果，或亦此亦彼。因此，政治思想研究必须有凌驾于众多学科的学术关照。如果没有哲学、社会学、法学、经济学、文化学、伦理学等其他视角的介入，其研究结果充其量只能反映“政治思想”这头大象的胴体。学科分化是一种现代学术现象。专门化分工的客观需要是导致这种现象的根本原因。分科旨在分工，分工旨在合作。不同学科会形成特定的对象、视角、方法、范式，这就产生了学科独立性的问题。一旦学科独立性被放大到不合理的地步，原本积极的学科分工也就极易演化成消极的盲人摸象。在现有学术著述中，这种片面性可谓司空见惯。

大量事实提示我们：中国古代政治思想不仅内涵丰富，包罗万象，而且与其他领域的观念、理论、学说紧密交织在一起。因此，中国古代政治思想史研究不能过分强调专门化，更不应画地为牢。在确定对象、内容及取材的范围时，研究者应当宁失之于宽，勿失之于狭。有鉴于此，我主张中国政治思想史研究不仅应当将中国人认识政治现象所形成的精神成果统统纳入研究视野，而且将与这些精神成果有关联的各种历史现象都纳入研究视野，从而使学术论域达到应有的宽度。

三 “历史”研究是一种问题研究

“政治思想史研究”是历史现象研究的一个重要组成部分。“历史”的本义是指人类社会曾经发生过的事情及对这些事情的记录和记忆，涵盖形形色色的"历史现象"，亦即研究者所面对的"历史事实"。历史研究的对象是人类社会过去的事情及其演化历程，是一个包罗万象的概念。因此，无论作为一个客观对象，还是作为一种学术领域，"历史"都是一个覆盖一切学科领域的概念。马克思主义经典作家早就指出："我们仅仅知道一门唯一的科学，即历史科学。"[①]这是颇有道理的。

作为学科名目，"历史"学科是现代学科体系中诸多重要学科门类之一，而作为研究对象，任何"历史"现象都不能毫无争议地专属于某一学科。原因很简单：在历史上和现实中，根本找不到具有单纯学科属性的社会实体和历史现象。兹举若干与"政治"和"思想"密切相关的例证。

依据学科分工，学者们通常将各种社会现象分别划归政治、经济、社会、文化等，诸如将国家归属政治、家庭归属社会之类。但是，在现实生活中，根本找不到属于纯政治、纯经济、纯社会、纯文化的社会实体。以我们每一个人为例，就公民、党派、政见等因素而言，我们是"政治"现象；就父母、子女、长幼等角色而言，我们是"社会"现象；就劳动、消费、投资等行为而言，我们是"经济"现象；就语言、风俗、习惯等特征而言，我们是"文化"现象……任何一个学科都可以把每一个人作为研究对象，而任何一个学科都无法全面地解释"我"这样一种极其复杂的社会实体。以中国古代的历史现象为例，大到王朝、朝廷等政治组织，中到宗族、家庭等社会组织，小到君主、臣民等个体角色，所有的社会实体无不具有上述特征。这就是说，不仅通常被归属政治的社会实体都具有经济、社会、文化属性，而且许多通常被归属经济、社会、文化的社会实体都具有政治属性。因此，政治思想史研究者必须充分注意各种社会实体的本然状态，并给予必要的学术关照。

例如，家庭是主要以亲子血缘关系组成的共有财产的亲属集团，通常被视为一种"社会"现象。但是，家庭也是一种重要的"政治"现象。这一特征在古代社会尤为明显。在中国古代，以宗法关系构成并维系的家庭是最基本的社会单位、经济单位和政治单位。以"户"

---

① 《德意志意识形态》第1卷第1章"费尔巴哈"，《马克斯恩格斯选集》，第21页。

的形式存在的家庭组织是一个基本的生产单位，在财产上成为权利和义务的主体。家长与家庭其他成员、夫与妻、亲与子、长与幼、男性家庭成员与女性家庭成员及主人与奴婢之间有明确的尊卑等级关系。父家长对其他家庭成员拥有统治权，甚至有生杀予夺的支配权。在法律上，父家长在家庭中的统治地位及其支配子女的各种特权受到保护，户同国家和其他人发生赋税、债务、买卖、不动产处置等经济往来关系只能由家长做主。"族"及"户"还被依法赋予连带刑事责任。具有这种属性的家庭的基本等级结构是其他重要的社会等级结构的根源，其统治模式是国家统治模式的缩影，其伦理道德理念是其他社会道德和政治道德的基础。在这种历史条件下，家族、家庭制度也是政治体系的重要构成之一。家国一体、君父一体、忠孝一体的观念之所以根深蒂固，纲常伦理之所以成为主流政治文化的基干，儒家学说之所以成为统治思想，就是这种社会现实在政治思想领域的反映。因此，全面审视这类社会实体及历史现象是政治思想史研究的重要工作之一。

依据学科分工，学者们通常将哲学史、思想史、学术史、文化史等视为独立的学科领域。但是，在现实生活中，抽象的哲理、理性的思路、精深的学术、感性的心态，彼此血肉相连，无法分割。为了专门化研究的方便，学者们可以将不同形态的精神现象人为地分割为哲学、思想、学术、文化等。然而，哲学又何尝不是思想、学术、文化？思想又何尝不是哲学、学术、文化？何曾有过一种思想、学术没有哲学的、文化的依托，又何曾有过一种哲学、文化没有经过思想、学术的锤炼？只要大体翻一翻哲学史、思想史、学术史、文化史的研究成果，就不难发现这样的现象：学者们都强调各自研究范围、对象与方法的区别，而他们面对的是同一类实体，解读的是同一类文本，引用的是同一类材料，只是问题有所不同，侧重有所不同，关怀有所不同而已。由此可见，无论分属何种学科，无论关怀有何差异，每一个研究者都必须对一个或一类实体作全面考察。中国古代的哲学、思想、学术、文化往往是以政治为中心的。因此，政治思想史研究者的视域必须涉及相关精神现象的各个层次、各种形式和各类载体，不可自设畛域，更不应作茧自缚。

就本然状态而言，各种历史现象都是无法依据现行的学科名目分割解析开来的整体。换言之，任何学科分类只具有相对意义。这就意味着，研究任何一种历史现象都必须具有超越学科的学术视野。以“思想”研究为例，不仅绝大多数人都有抽象思维、逻辑推理的能力，许多人或多或少拥有独自感知的、带有个人特点的概念化、哲理化的思想，而且每一个人的思想通常都将政治、经济、社会、文化等交织在一起。每一个“我”都兼备从“哲思”到“无意识”等各个层面的心智现象，兼有“政治”、“经济”、“社会”、“文化”等思想成果，这些因素不可分割地共同构成一个人的心灵，而这样的精神世界是无法单纯以“哲学”、“宗教”、“学术”或“政治”、“经济”、“社会”、“文化”给予圆满解释的。社会科学的研究对象通常都具有上述特征。正是由于这个缘故，关于“哲学”的解释只能到“思想”之外寻求最重要的答案，关于“国家”的解释只能到“政治”之外寻求最重要的答案，关于“家庭”的解释只能到“社会”之外寻求最重要的答案。因此，任何一种学术研究都必须以问题意识统辖学科意识，将问题意识与学科意识有机地结合在一起。

研究对象自身所固有的客观属性决定了强化问题意识的重大意义。笔者认为，一个研究者理应重视的是一个客观对象，而不是一个学科名目。任何一种社会科学研究都应当是问题研究，而相关的历史研究更应当强调这一点。“政治”只是众多社会实体及相关历史现象的一个要素，而客观、全面、准确地认识一种“政治思想”现象有赖于对这些社会实体及相关历史现象的系统研究。因此，政治思想史研究应当界定为一种问题研究。换言之，“政治思想史”只是一个专门化研究所设定的客观对象，不是一个主观划分的学科领域，更不应将其视为“政治”、“思想”、“历史”三个学科领域的交叉、叠加、综合。

拓展学术视野也是政治思想史研究自身的需要。研究任何一种政治思想现象，无论是通史的、断代的，还是群体的、个体的，都必须回答实况、过程和意义等一系列问题。要想全面回答这个问题，必须收集广泛的史料，采用众多的视角，考察丰富的史实，形成完整的认识。

实况，即一个个体、一个群体、一个流派或一个时期的政治思想及相关历史现象的实际存在状态。追寻、描述、评估实况是一切研究的基础和初级阶段，而历史研究尤为重视对实况的探索和揭示。这里想要指出的是,“思想史”研究并不等同于“思想发展史”研究。思想史研究旨在全面揭示实况,思想发展史研究则侧重揭示进展,因而前者是后者的重要基础,后者是前者的重要内容。一般说来,断代思想史研究必须注重揭示实况,以便对这个时代的思想状况形成比较全面的认识。例如,隋唐政治精神的基础框架是由前代继承下来的,在这个时期,众多儒、道、佛的经典文献有广泛而又深刻的影响。在系统展示“隋唐政治思想”的专著中,必须涉及这一类历史现象。实际上,任何一种有新意或有特点的经典解读也属于进展的范畴。这就是说,如果只盯住少数著名思想家,反而有可能忽略了一些进展。对实况缺乏全面的认识,也不利于准确评估思想家的历史贡献及一个时代的思想特点。

过程,即一种政治思想由何而来,因何而生,向何而去。历史过程的考察主要回答为什么会出现这种思想现象的问题,通常要涉及各种重要的历史因素,特别是政治状况、经济进展、社会基础、制度背景、文化传统等。分析是思想史研究的重要内容。这一类研究必须广泛借助人文社会科学各个学科的视角、方法和成果。

意义,即进展、特色和价值。进展,即一种政治思想的超越前人之处,包括扩充、完善、移植、修改、融通、创新等。特色,即一种政治观点、主张或学说的独特、独到之处。价值,包括对一种政治思想的各种角度的价值评估,诸如对错优劣、是非曲直、理论贡献、历史作用、社会影响及其现代意义等等。意义评估是思想史研究的关注点,也是最容易出错的地方。客观、全面、准确的意义评估需要有更宽阔的学术视野。以对孟轲政论的价值判断为例,许多学者认定倡导“民贵君轻”的孟轲是“民主”或“反专制”的,他们还断言张扬这类思想的人“寥若晨星”,乃至这一类思想遭到专制君权的“压制和围剿”。但是,如果用现代政治学的尺度考察孟轲的制度理念,就会发现他的王道、王制、王政符合“专制政体”的一般规定性。如果仔细考察历史过程,就会发现在孟轲阐释“民贵君轻”之前,立君为民、民重于君的思想早已达到理论化的程度。如果系统比较各种重要政治思想流派及历代著名思想家的政论,就会发现,在一定意义上,民重于君是历代著名思想家的共识。如果考察更广泛的历史资料,就会发现许多帝王将相认同乃至赞赏民重君轻的基本思路,他们的一些论述甚至比孟轲更精到。这样一来,就可以将对孟轲思想的价值判断建立在更扎实的研究基础之上。

思想史研究者很容易将目光仅仅局限在思想家身上。过分抬高少数著名思想家的历史价值是最常见的弊病之一。一般说来,任何一种具体的思想成果最初都是由某一个体创造的。但是,在思想与社会互动的过程中,思想成果往往呈现多种多样的存在形式。与此相应,思想的载体也会多种多样。依据社会影响的广度和深度,政治思想的存在形式及主要载体可以分为五大类型,即个体提出的主张、政府制订的政策、国家实行的制度、大众认同的价值、全民缔造的文明等。旨在全面揭示实况、分析过程、评估意义的政治思想史研究必须全面考察政治思想的存在形式及主要载体。要做到这一点,也需要强化问题意识,拓展学术视野,使学术论域的宽度与问题研究的实际需要相匹配。

应当指出的是,当今一切有关人类社会的以某一类学科的面目出现的具有科学属性的学问,实质上都无一例外地属于广义的历史问题研究。其具体考察的事物都是已经发生的社会现象。其研究过程也无一例外地必须包括收集记录、考订事实、陈述现象、分析解读、做出结论等步骤。即使是当代问题研究,亦概莫能外。这就是说,各种社会科学研究都是广义的历史学的一个分支、一个领域、一个角度。如果说它们与历史研究有什么区别的话,仅仅在于研究依然存在、正在发生的现象比较容易收集到更为可靠的事实依据。以人类学的研究为例,它可以通过田野调查收集到第一手的材料。但是,严格地说,正在发生的事也是往事,第一手的材料也属于记录的历史。在可靠性方面,当代口述者所讲的话语与前代笔录者的记载并没有天壤之别,它们都属于“记录的历史”。迄今为止,人类还没有发明过一种不以往事及其记录为依据而进行研究的学问。正是由于这个缘故,从任何一个学科的角度都可以基于同一对象和同一目的而整合其他学科的学术资源,形成质量更好的研究成果。比较而言,历史研究者的优势更明显一些,原因很简单,其他学科更容易形成强烈的学科领地意识,而历史问题研究者不仅更为关注对象的整体性,如一个过程、一个朝代、一个事件、一个人物等,而且必须从诸多领域、诸多层面、诸多角度认识这些研究对象,因而其学科领地意识往往比社会科学其他门类的研究者薄弱一些，也更容易自觉地超越学科的藩篱。当然，各学科优秀的研究者都不会囿于单一学科领域开展问题研究。一般说来，对人类社会有长久且深刻影响的学术著作都会具有这种特征。马克思、恩格斯的研究成果最为典型，他们的著作都无法归属于某一个学科。试想，《资本论》是哲学、经济学、政治学、社会学、历史学吗？都是，也都不是。由此可见，超越学科樊篱乃是创造高水平的学术成果的必由之路。这是中国政治思想研究者必须遵循的普遍适用的学术规律、学术逻辑和学术法则。如果研究者不了解这一点，其研究视野就会受到局限，其研究成果也会因此而存在缺陷。

一般说来，学科应当从属于问题，方法应当适用于对象，理论应当服从于事实。浏览一下古今中外学术史，便不难发现，问题研究早于学科研究，学科分化缘于问题研究，许多新兴交叉学科也创始于问题研究。那些提出原创性学术见解的研究者都有很强的问题意识。许多价值极高的视角、思路、方法、范式都是问题研究的产物。实际上，划分学科的目的在于提高问题研究的专门化程度，而不是将问题研究限定于某一个专门化领域。“政治思想”是一种极其复杂的社会历史现象，每一种重大政治思想现象的形成、扩散和演化都与社会的众多领域、众多层面有着密切的关系。政治思想史研究所波及的领域相当宽泛，所涉及的内容十分丰富，所包纳的视角颇为众多。因此，凡是志在有所创见的研究者都不应让狭隘的学科意识遮蔽自己的学术视野，而应强化问题意识，从特定的问题出发选择课题，并针对具体研究对象自身的属性与特点来确定视角、思路、方法及取材范围。

大力弘扬思想史研究所固有的开放性

《大力弘扬思想史研究所固有的开放性——关于中国思想史学科定位问题的若干思考》一文发表在《天津社会科学》2008 年第 3 期。这篇论文侧重从学科定位的角度申说思想研究的开放性，主张思想史研究者将强化问题意识与强化正确的学科意识有机地结合在一起。

中国思想史学科的定位、对象、方法和评价标准等一直是备受关注的问题。长期以来，学者们歧见纷纭，争鸣不已。这种现象势必与思想史学科相始终。我认为，思想史学科的独立性并不依赖于对象、方法、范式及其评价标准的独特性。我们必须将弘扬思想史研究与生俱来的开放性作为思考这类问题的主要立脚点。这里仅以自己比较熟悉的中国政治思想史研究为主要例证，谈几点想法。

一　学科有边无界，不必跑马圈地，更不应画地为牢

思想史研究的开放性首先表现为从学科分类的角度看，它同时具有无所不及的“侵略性”和无可设防的“被侵略性”。在现代学术形态中，思想史研究是最应也最能不受学科分类限制的一种学问。

按照现行学科分类，中国思想史是划归历史学专门史的“三级学科”。然而，思想史研究却是专门化程度最低的一种学问。只要将任

何一个学科名称与“思想”连缀，思想史研究就可以介入这个学科领域。任何一个学科也可以由此而登入思想史的殿堂。思想史研究不受任何一种学科藩篱的限制，同时又向一切学科开放。覆盖一切历史现象的思想史学科实际上是一个“超级学科”。

作为一种学科分工，思想史研究有人为划定的边际，而作为一种学术领域，思想史研究没有不可逾越的界限。有边际的缘由在于学科有分工，无界限的缘由在于分工模糊不清。思想史研究必须跨学科攻城略地，其他学科也有必要攻略思想史学科的领地。因此，思想史学科没有独占、独享、独尊的地盘，其“独立性”只具有相对意义。在为中国思想史学科定位的时候必须充分注意这一点。

思想史的各个门类也具有同样的特征。例如，中国政治思想史是中国思想史的一个专门化的分支，而其“侵略性”与“被侵略性”依然甚强。这是由政治现象的弥散性所决定的。政治是围绕国家政权问题而发生的一系列特殊的社会现象的总称。自国家产生以来，政治就几乎无所不在。在各种社会关系中，政治关系居于中心地位，它影响、制约甚至支配其他社会关系。政治现象往往涉及社会生活的各个领域，并与哲学、宗教、道德、经济、法律、军事乃至文学艺术等有密切关系。实际上，政治、经济、社会、文化的划分也只在相对意义上成立，它们之间并没有截然相分的界限。军事、法律、财政、外交等都属于与国家政权直接相关的政治范畴。中国古代的思想体系总是围绕政治思想展开，根本找不到阐发“纯哲学”、“纯伦理”、“纯文学”的思想家。“大一统”、“三纲五常”等命题的贯通性是典型例证。诸如“天人合一”的哲学思想、“政教合一”的宗教思想、“内圣外王”的道德思想、“以农为本”的经济思想、“家国一体”的社会思想、“兵为王之本”的军事思想、“圣人王者立法”的法律思想、“文以载道”的文学思想等，有的原本就是政治命题，有的主要是政治思想，有的与政治思想息息相关。这些思想现象既可以划归其他思想史的研究领域，也可以划归政治思想史的研究领域。这就决定了政治思想史研究不能局限于专门化。在研究实践中，学科之间彼此越界也是势在必然，理所当然。

学科分化是一种现代学术现象。专门化分工的客观需要是导致这种现象的根本原因。分科旨在分工，分工旨在合作。分科之后的不同学科会形成特定的对象、视角、方法、范式,这就产生了学科独立性的问题。但是,如果独立性被放大到不合理的地步,就很容易导出强烈的领地意识。于是原本积极的学科分工也就极易演化成消极的盲人摸象。例如,政治思想史研究必须强化政治学视角的分析,这是不言而喻的。但是,如果没有哲学、社会学、法学、经济学、文化学等其他视角的介入,其研究结果充其量只能反映"政治思想"这头大象的胴体。在现有成果中这种片面性可谓司空见惯。

将学科意识等同于领地意识是当今学术界一大流弊。领地意识过于强烈的现象在各个学科普遍存在。许多学者力图圈占一片独享的领地,使之成为不容他人染指的禁脔。这种努力在"学科管理"上常常占上风,而在"科学研究"上却往往陷入悖论。造成这个问题的主要原因有二:一是学术思想狭隘,二是维护既得利益。一旦自我限制与限制他人交织在一起,势必形成强烈的封闭性。

无论古今中外,从来不曾有过单纯的"政治"现象、"经济"现象、"社会"现象和"文化"现象。它们总是同寓一体,血肉相连,或彼此渗透,或相互依托,或互为因果,或亦此亦彼。任何学科的边界都永远不可能具有完备的合法性,因而将学科分工绝对化的做法是错误的。如果一种学术研究没有跨学科的视野,它就注定是局部的、片断的、残缺的。或许正是由于这个原因,关照综合解释的中国思想史研究者更容易理解政治现象、经济现象、社会现象、文化现象的弥散性及其彼此之间的不可分割性。与某些领地意识过于强烈或学术视野相对狭隘的研究者相比较,许多中国思想史研究者对"政治"、"经济"、"社会"、"文化"等概念的内涵与外延的理解往往更具有包容性,因而与事物的本来面貌也更接近一些。

中国思想史研究正确的学科意识应当是一种超学科意识。在这方面,以梁启超、侯外庐、匡亚明为代表的一批前辈学者堪为典范。匡亚明主张把一切领域的思想作为中国思想史的研究对象,这个观点体现了思想史原本就是一个广阔的学术领域的特点。

当今世界具有先进性的学术研究越来越具有开放性的特征。开放性学术创新的重要特征之一就是超越学科的藩篱,广泛吸纳多学科的学术资源。中国思想史研究领域一些重要的最新进展也具有这样的特征。开放性学术创新只有一种风险,即对现有的研究成果形成挑战与冲击。这种挑战与冲击可能不利于一些学者的既得利益，而对学术本身则有百利而无一害。一切有科学良知的学者和有学术价值的成果是不会惧怕这种挑战与冲击的。原因很简单，这是提高创新水平的重要途径。

在学科定位问题上，我主张保持开放的心态，不必过于强调独立性，更不必忧虑自主性。换言之，思想史学科的独立性与自主性不应当也不可能以跑马圈地的方式实现，而应当以特有的学术风格、自主的研究范式和独到的学术贡献来体现。一个优秀的中国思想史研究者必须具有跨学科的视野。无论深入考察思想史的重大课题，还是参与回答社会历史的重大课题，这样的学术视野都是必要的。

二　对象有界无边，不可囿于畛域，更不应作茧自缚

思想史研究之所以具有与生俱来的开放性，其根本原因是任何人都无法对它的研究对象的具体范围做出精确的界定，这就为研究者的自主选择提供了一个开放的空间。研究对象的开放性是中国思想史研究开放性的主要表现。

顾名思义，思想史即“历史的思想”与“思想的历史”。历者，过也；史者，事也。所谓历史，即过去的事情及其演化历程。无论作为学科分工，还是作为学术旨趣，思想史的任务就是研究过去的思想和思想的历程。这本当是毫无疑义的对象界定。然而，作为学科名称和研究对象的“思想”并无严格的定义。公认的界限是“思想”，而“思想”的边际却可以因人而异。于是中国思想史的研究对象也就有界无边。

什么是“思想”？这原本就没有统一的定义，也不可能产生获得公认的严格定义。试想，就连“哲学”、“政治”、“经济”、“社会”等界定一级学科的概念，学术界都多有歧义，莫衷一是，更何况从诸多精神现象中硬性切割出来的，又直接关乎哲学、政治、经济、社会、文化的“思想”。出于学术分工与实际研究的需要，人们通常将哲学史、思想史、文化史视为独立的学科，而实际上从抽象的哲学思维，到感性的日常心态，都与“思想”血肉相连，也可以纳入广义的“思想”范畴。为了专门化研究的方便，学者们可以将其人为地分割为哲学、思想、观

念、文化等。然而,哲学又何尝不是思想、观念、文化?思想又何尝不是哲学、观念、文化?何曾有过一种思想没有哲学的、观念的、文化的依托,又何曾有过一种哲学、观念、文化没有经过思想的锤炼?只要大体翻一翻中国哲学史、中国思想史、中国文化史的研究成果,就不难发现它们实际上面对的是同一类对象,解读的是同一类文本,引用的是同一类材料。任何试图为"思想"严格定义的尝试都难免捉襟见肘。只要看一看中外学者提出的形形色色的"思想"定义,就不难理解为什么思想史学科有边无界,其研究对象也有界无边。因此,对"思想"的界定不可能,也不应当强求一致。

对"政治思想"的界定比对"思想"的界定更复杂。古今中外的政治学家给"政治"下的定义很多,主要有国家事务说、权力关系说、统治权术说、制定政策过程说、价值物的权威性分配说。还有一些思想深刻的理论家试图通过一系列关系的综合考察来多层次、多角度地界定这个概念。甚至就连究竟什么是"国家"和"权力",政治学界内部也没有一致的意见。各种说法差异很大,每一种定义都会给出不同的领域范围和研究视角。实际上,政治思想史研究的视野原本就应当相当宽泛,必须超越相对狭隘的政治学视角。因此,无论专攻政治思想史的学者如何定义"思想"与"政治",都会留下广袤的有争议的边缘地带,很难树立起公认的界标。

是否应当将"民众思想"作为中国思想史的重要研究对象成为近年来争论的热点之一。一部分学者注重民众思想、民众观念研究,并取得了新的学术进展。另一部分学者则从学科定位出发,反对将民众思想写入思想史。他们自觉或不自觉地贬低民众思想的价值与作用,将其视为精英思想的附庸、陪衬、龙套。有人认为精英思想有变革性和启蒙性,而民众思想则是滞后的、被给予的。有人甚至认为思想只演绎于精英的头脑。即使注重民众思想研究的学者,也大多只是把民众思想视为经典、精英思想所普遍依凭的背景而已。于是民众思想被简单地统统归于非理论思维形式的精神现象。

就学术分工而言,剖析具有一定理论色彩的思想现象是思想史学科的主要任务。哲学之所以为思想史研究者所共同关注,以思想家为主要线索之所以成为传统套路,其根本原因就在于这是思想史研究的主体部分。但是,系统的思想史研究必须将民众思想摆在重要的位置。即使认识高度哲理化的思想的演化过程，也必须面对一切曾经发生过的人类心智现象，其中全面、深入地研究民众思想尤为重要。用“精英”与“民众”来界定思想层次并不具有可靠性。民众思想的某些内容其实已达到很高的理论层次，甚至应当成为哲学研究的重要对象。因此，在充分肯定思想家的独特贡献的同时，切忌低估普通民众的认知能力、思考能力和创造能力，更不能因为历史记载的疏略而将其弃置一旁。

思想多从大众出，哲学寓于常识中。只要看一看我们所身处其中的普通人群的思想状况，就不难感知在广大群众中蕴藏着多么丰富的智慧，一些敏锐的思考并不比学者们的理论逊色，一些生活的哲理甚至比许多专门研究哲学的人更高明。实际上，芸芸众生并不缺少“反思思想”的思想，更不缺乏“思想思想”的能力。包括一些哲理性思维在内的精神财富，大多是由这个群体所首创的，他们的精神世界也不仅仅是一种“平均值”。主流思想必须由庞大的群体承载，许多思潮也并非由精英发端。离开了群体性精神求索的启示与养育，思想就会成为无源之水。离开了社会普遍意识的有力支撑，精英思想往往会显得苍白无色。就像江河湖海一样，民众思想是庞大的水体，社会思潮是涌动的波涛，而精英思想是泛起的浪花。浮于表面的浪花最为引人注目，所以观察者们首先盯住了它，还极易形成波涛由浪花引领、水体由波涛带动的错觉。丰富多彩的浪花展示了水体的主要信息，所以研究它可以回答许多重要问题。但是，如果因此而忽略了对波涛与水体本身的深入考察，往往会导出皮毛之论。

以孟轲政治思想研究为例，许多学者夸大“民贵君轻”之论的特异性，甚至断言这是“异端”、“野花”、“绝唱”、“无人企及”，乃至“前无古人，后无来者”。然而，只要认真地翻检一下历史文献，就不难发现，孟子既不是最初的创意者，也不是最佳的阐发者，他更像是一种影响广泛的思潮的代言人，其贡献在于用精彩的话语阐释了群体性的政治认知。民众重于君主的观念发端甚早，源远流长，真可谓“前有古人，后有来者”。这是一种全社会的普遍政治意识，它的基本思路获得社会各阶层的广泛认同，乃至成为华夏先民的政治常识。就连下令删节《孟子》的明太祖，也曾令人将“民贵君轻”书写在宫廷庑壁之上。为了明示经义“准的”和衡文“绳尺”，清乾隆帝甚至将一篇出自明人之手的题为《民为贵》的八股制义，以钦定科举范文的形式颁布天下。[①] 因此，如果轻易断言“民贵君轻”只属于“寥若晨星”的“反专制”思想家，就难免招致失实、肤浅之讥。

在思想史学科，将社会的普遍精神状况作为重要研究对象的历史已经有二三百年。自意大利学者维科(1668—1744)运用丰富的历史素材研究各民族的“共同意识”以来，中外许多著名学者为我们树立了典范。黑格尔重视考察整个民族的一般世界观，马克思和恩格斯注重探讨具有普遍形式的思想，罗素把哲学家视为社会所共有的思想与感情的产物。中国思想史研究的许多学术前辈注重对各个层面的精神现象及相关社会现象给予整体性关照和综合性解释。侯外庐等主编的《中国思想通史》、任继愈主编的《中国哲学发展史》都是典型代表。这一类的学术成果不胜枚举。但是，从研究现状看，民众思想、一般知识、共同价值、普遍意识视角的中国思想史研究依然相当薄弱，主要表现为由于学术思路、认识能力和历史资料的局限，现有成果缺乏应有的广度与深度。因此，有必要大力开掘、拓展这方面的研究。

每一位研究者都可以为自己设定一个“思想”定义，或使用流行的定义，或采纳某种定义，或自定义，以便形成对象明确、逻辑自足的思考与阐释，否则相关研究就会丧失学术逻辑的完整性。研究者群体最好能认同一个大致的范围，以便形成共同关照、相互对话的领域，构成一个学科的基本轮廓。但是，为了保持学科的开放性，只能大体认定一下边际，不可能也没有必要划定不得逾越雷池的严格界限。

三　方法各有价值，不可厚此薄彼，更不应预设禁区

在学术研究中，方法论的问题是至关重要的。古人云：“临渊羡鱼，不如退而结网。”“网”可以比喻某种方法和工具，“鱼”可以比喻某种目的和成果。方法是否得当，工具是否有效，在很大程度上决定了

---

① 主要文献依据参见张分田:《“民贵君轻”再解析——略论“民贵君轻”是中国古代统治思想》,《天津社会科学》2005 年第 6 期;《中国古代君主与“民贵君轻”观念》,《政治学研究》2007 年第 2 期。

能否达到预期目的，能够获得何种成果。方法贵在创新。结“网”而捕“鱼”，必须借鉴前人，参酌现实，有所继承，有所发展。这样才能使得方法更合用，成果更丰硕。古人又有“得鱼忘筌”之说。“鱼”是目的，“筌”是工具。可以得“鱼”之“筌”是有用的。成功之后就忘记本来依靠的方法和工具，这样的“得鱼忘筌”固不足取。然而，固执于一定的方法和工具，甚至自我限定，桎梏他人，这也是不足取的。因为“筌”是需要改进的，有时甚至需要放弃它而寻找更有效的工具。这样的“得鱼忘筌”颇有道理。

在研究方法上，思想史研究也有与生俱来的开放性。在各种经典性研究成果中，可以找到一切已知的有助于认识社会现象和精神现象的学术方法，可谓不拘一格。这是学科的开放性和对象的开放性的客观要求和必然结果。

一部分中外学者偏爱依据研究方法界定学科。我们通常也有诸如“哲学研究方法”、“思想史研究方法”、“政治学研究方法”、“历史研究方法”之类的习惯性说法。实际上，学科界限不是研究方法的畛域。一种有效的方法通常首先被一个学科的突破性成果所证明，然后被其他学科所借鉴。某种特定的方法只是形成学派的重要因素。除某些高度专门化、特质化的方法只适用于某一学科、某一领域或某一学派外，大多数研究方法都具有广泛的适用性。

特定的学科分工与学术视野要求中国思想史的研究者必须善于从社会科学各个门类的研究成果及其方法中汲取知识与智慧，进而把它们用于对思想现象的整体性认识和综合性解释。一种高水平的思想史研究应当汲取人类认识各种社会现象、自然现象所积累的所有有价值的研究成果及其研究方法。凡是可以用于认识思想现象的，都应当毫不犹豫地拿来。这就是前人所说的“集千古之智”。

在呼唤学术创新的时代，我们常常喜欢用“新方法”、“原创性”之类的词语表达一种学术诉求，赞誉一种学术构思。然而，只要仔细翻检一下学术史，就不难发现，今人所说的新方法大多古已有之，名符其实的可谓少之又少。在经历了漫长的人类认识发展史之后，重要的研究方法大多曾被前人提出并运用过。几乎没有什么方法不是前人为我们提供的。在方法创新上，我们只是改进、完善、综合、发挥、融会了前人的某些东西。还有一些属于再发现，并不具有真实意义上的首创性、独到性。古今中外的知识宝库太丰富了,那里有我们取之不尽的方法论源泉。如果不恰当地以“新”与“旧”论方法,就很容易落入误区。判定方法优劣的唯一标准是适用性和有效性。无论新旧,只要能做出经得起检验的成果,它就是好方法。这就好比《孙子兵法》常用常新,在现代战争中依然可以发挥重要作用。后世的许多军事理论反而相形见绌。因此,在锲而不舍地探索新方法的同时,还要留意对前人方法的再认识,切忌轻率地鄙弃“旧方法”。

以阶级分析法为例,由于“阶级斗争”曾被滥用,并在政治领域和学术领域引发一系列恶果,当今的中国学者多有摒弃之论。从国际学术界的视野看,这种现象绝非常态。许多不同学术背景的学者,包括许多认同现代西方主流价值观的学者,依然使用阶级分析法。只要一个社会中存在阶级,研究这个社会的相关现象就需要相应的分析法。许多学者主张改用考察利益集团来分析政治问题,而基于共同的经济地位所形成的社会群体,难道不是最常见最重要的利益集团吗?忽视乃至否认这个集团的存在是不可能深刻地认识任何重大政治现象的。阶级分析法的提出是西方学术界对社会科学方法论的重大贡献。这个方法为认识历史、解剖社会提供了一把利器,其合理性内核是颠扑不破的。我们没有理由弃置任何合理、适用、有效的研究方法,而应根据具体情况,实事求是地予以改进,恰如其分地加以运用。

四　范式日新月异,不可故步自封,更不可唯我独尊

古今中外思想大家和学术大师给我们提供的重要启示之一,是任何一个学科、任何一种研究都必须保持开放性。严格意义上的“研究”都是旨在完善、超越、推翻前人的研究。在对象与课题面前,人人平等。因而,无论学科的、方法的、范式的,一切人为的设限迟早会被突破,重大学术进展通常也来自这类突破。因而既要有适当的定位、定义、定规以便有所遵循,又不能拘泥于定位、定义、定规而作茧自缚。

对于一个学科、一种研究最有害的莫过于分析方法和研究范式的同质化。围绕同一类对象,形成不同的学派,这是学术发展的客观规律。任何一种范式迟早会被突破,而视野的拓展、方法的更新、范

式的改进则是学科最新进展的集中体现。重大的结构性的学术创新有赖于研究范式的创新。研究范式必然是、应当是、也永远是多元的，任何试图整齐划一的尝试都是不必要、不可能的。因此，中国思想史研究必须在建立范式与突破范式的辩证过程中探索发展之路。

不管将思想史研究列入哪一个学科，它都属于历史研究的范畴。一般说来，历史研究本身并不旨在“赋予意义”，它不应为客观存在的历史现象添加任何其原本所没有的东西。弄清事实是包括思想史在内的一切历史研究的起点、基础和最基本的任务。解释历史，评说历史，也是为了更好地弄清事实，进而为人们认识今天、思考未来提供可靠的知识和丰富的智慧。作为历史研究的现代关怀，借鉴前车，认识当今，判断趋势，展望未来，更需要以真实的成败、得失、盛衰、兴亡为前提。因此，评判一种思想史研究范式的利弊得失的标准，归根结底是要看其最终成果与历史真相的贴近程度、对思想现象解读的准确程度及对思想真谛的揭示程度。现有学术范式都或多或少受到学科分类的桎梏。它们可以推出很好的思想史著作，而在构思与形成更符合“思想”的本来面目的成果方面并不尽如人意。这方面的探索任重道远。

见仁见智，争鸣不已，此乃学界之常态。学术研究强调个性化，允许一定意义上的“自我中心”，以避免单一化、模式化。由于各种主客观原因，学者们在对象把握、概念界定、方法选择、范式设计等问题上有不同的见解是很正常的。在不断求索的过程中，每一个学者也会调整自己的思路。因此，对于任何一种严肃的学术研究所设定的对象、方法、思路、范式，我们可以不赞成，却必须给予尊重。

五　将问题意识与学科意识有机地结合在一起

学术视野不够宽阔是当今学者普遍存在的通病。就连许多知名学者也缺乏“兼容并蓄，有容乃大”的学术气度。导致这类通病的重要的原因之一是学科意识走向误区，而问题意识相对薄弱。近年来，许多学者主张淡化学科意识，强化问题意识，这是颇有道理的。但是，学科意识与问题意识原本并不是相互对立的。学科意识发端于由学术分工所决定的特定责任，问题意识则基于一切研究者所理应承担的普遍责任。因此，应当摒弃的不是担当分工、发扬优长、有容乃大的学科意识，而是以占山为王、画地为牢、夜郎自大为主要特征的狭隘的学科意识。

一般说来，学科应当从属于问题，方法应当适用于对象，理论应当服从于事实。浏览一下古今中外学术史，便不难发现，问题研究早于学科分化，学科分化缘于问题研究，许多新兴交叉学科也创始于问题研究。具有原创性思维的学者都有很强的问题意识。他们既有专门的特长，又有宽广的视野。各个学科具有经典示范意义的学术成果都是出自这类学者之手。许多学术价值极高的视角、思路、方法、范式都是问题研究的产物。实际上，划分学科的目的在于提高问题研究的专门化程度，而不是将问题研究限定于某一个专门化领域。一些政治学的学者正在致力于“政治社会学”或“政治历史学”的研究。这一类新学科或新方向的名称在其他学科也很常见。其命名方式虽或多或少有学科本位、自我限定的意味，却提示人们：主观的学科划分最终还是要服从客观的学术问题。作为各学科共同研究对象的人类社会，在本质上是不能以现行的学科划分来人为地加以肢解的。思想是一种极其复杂的社会历史现象，每一种重大思想现象的形成、播扬和演化都与社会的众多领域、众多层面有着密切的关系。这就要求思想史研究尤为需要强化问题意识。

研究对象自身所固有的属性决定了强化问题意识的重大意义。以我们每一个人为例，就公民、党派、政见等因素而言，我们是“政治”现象；就父母、子女、长幼等角色而言，我们是“社会”现象；就劳动、消费、投资等行为而言，我们是“经济”现象；就语言、风俗、习惯等特征而言，我们是“文化”现象……因此，任何一个学科都可以把我们作为研究对象，而任何一个学科都无法全面地解释“我”这样一种极其复杂的社会历史现象。从“思想”的角度看，绝大多数人都有抽象思维、逻辑推理的能力，或多或少拥有独自感知的、带有个人特点的哲理化、概念化的思想。每一个“我”都兼具从“哲思”到“无意识”等各个层面的心智现象，这些现象不可分割地共同构成一个人的心灵，无法单纯以“哲学”、“宗教”、“文化”等给予圆满解释。社会科学的研究对象大多具有上述特征。正是由于这个缘故，关于“哲学”的解释只能到“思想”之外寻找最重要的答案，关于“国家”的解释只能到“政治”之外寻求最重要的答案……因此，学术研究必须以问题意识统辖学科意识。

任何一个学科的核心问题都具有综合性。越是对一个学科具有举足轻重意义的问题，越是不可能单凭这个学科自身的力量加以圆满解决。最能体现学科独立性的东西，反而不是这个学科的命脉之所在。以“国家”问题为例，乍一看来，这是政治学的主业、本行，而政治学所处理的只是国家现象的主要部分。国家现象的一些重要组成部分，如财政、军事、法律、社会等，是其他学科的主业、本行。更为典型的还是“思想史”，它甚至可以被大体均匀地分解到人文社会科学的各个一级学科。因此，圆满解答任何一种重大问题的途径只有两条。第一条途径是由学术素质颇高的某一学科的研究者，通过广泛汲取其他学科的学术资源，整体性地考察这个问题，从中得出比较全面的认识。第二条途径是以各个相关学科分工协作的方式，分别破解这个问题的各种信息，然后做出整体性的解释。无论选择哪一条途径，都必须打破学科壁垒，调动多学科的学术资源。强化问题意识之所以重要，保持学科开放性之所以重要，其根本原因就在于此。

我主张将强化问题意识与强化正确的学科意识有机地结合在一起。凡是志在有所创见的研究者都不应当被狭隘的学科意识遮蔽学术视野，而要针对具体研究对象自身的属性与特点来确定研究的视角、思路、方法及取材范围。在研究过程中，充分发扬自己的学科优势和学术特长，为圆满解释研究对象做出独特的学术贡献。惟有如此，才能为开放式创新提供广阔的空间。

中国古代“民本思想”内涵与外延刍议

本文发表在《西北大学学报(哲学社会科学版)》2005年第1期。

这篇论文的写作目的是确定研究对象。这是任何一种学术研究都必须做的基础性的工作。如果一本学术专著对研究对象的主要学术概念的内涵与外延都搞不清楚,那就是一本糊涂账,其学术价值将被打上大大的问号,甚至毫无学术价值。有鉴于此,在每一本专著中,我都会花费一些篇幅界定标示研究对象的主要学术概念的内涵与外延。我的研究心得是:自选定自己的研究对象伊始,就要持续不断地思考研究对象的基本特征,而关于研究对象的定义只有在研究结束时,才能最终确定。定义研究对象的具体方式就是概括研究对象的各种特有属性,特别是本质属性,以便将其与其他事物明确地区别开来。比较准确的定义是依据最终研究成果界定的。定义必须揭示研究对象的本质。定义的正确意味着对研究对象的认识正确。

必须提请读者注意的是,任何认识都是阶段性成果,随着研究的深入,我们还必须依据新的认识重新定义研究对象。本文也只是一个阶段性的成果。

我现今给出的“民本思想”定义是:现代学术界所说的“民本思想”始终是中国古代的统治思想,甚至可以说,中华帝制的政治原理是以民本思想为基础框架而精心构筑的庞大的思想体系。所谓的

“民本思想”与“君本思想”乃是同一套思想体系的两种表达方式。换言之,“民本思想”亦即“君本思想”,“君本思想”亦即“民本思想”,二者是一体两用、分二合一的关系。

任何具有客观属性的学术研究都必须首先界定研究对象。惟有正确地界定对象,才能客观审视,宏观把握,深入考察,全面认识,准确定性。因此,深化民本思想研究的第一项工作是重新审视“民本思想”的定义,对这个概念的内涵与外延做出更准确、更全面的界定,以便为选择研究对象确定适当的标准。

内涵,即一个概念所反映的事物的本质的总合;外延,即一个概念所确指的对象范围。实际上,围绕民本思想的学术争论大多与对民本内涵与外延的不同认识有关。在对民本思想的定义上,以往的研究存在一定的缺陷,从而导致人们将许多的学派、思想家和政治家排斥在民本论者的行列之外,也没有将许多重要的思想命题与民本思想挂钩。这就有意无意地自我遮蔽了研究视野、束缚了研究思路,也使相关研究存在着许多盲点、空白、误区乃至错误。

经过长期的读书与研究,笔者有一个基本估计:在中国古代,民本思想是全社会普遍政治意识。它具有超越学派、超越阶层的特点,甚至可以说是古今共识、百家共识、大众共识。民本思想的外延相当宽泛,它几乎涉及乃至包纳中国古代政治思维所有重要的内容,并全面回答了政治学说所应关注的所有重要层面的问题。为了提供这个估计的事实依据,本文着重探究一下判定民本思想的尺度。

一　“民本”范畴的缘起

“民本”是一个现代学术界创造并经常使用的学术范畴。有关民本思想的各种学术争论,大多由对这个范畴的本质特征和对象范围的认识差异引起。这一差异进而导致学术界在民本思想的产生时间、演变历程、波及范围、基本特点、思维方式、历史价值等一系列重大问题上歧见纷纭。

在中国古代的政治词典中,原本没有“民本”这个范畴。历史文献中也有一些上下行文将“民”与“本”连写的例子,但它们都不是具有特定含义的“民本”范畴的同义词或近义词。实际上，“民本”是中国古代固有的“民惟邦本”、“以民为本”等思想命题的缩写。学术界用这个范畴来概括与这类命题相关的一套重民的政治思想。

在《先秦政治思想史》一书中，梁启超专辟“民本的思想”一章，使用“民本主义”这个概念讨论先秦相关的政治思想，并将其视为中国古代政治思想的一大特色。在他看来，重民思想都可以称之为“民本思想”。从此以后，“民本”逐渐成为研究中国思想文化的学者们经常使用的一个学术概念。还有一些学者使用“重民思想”概括中国古代同一类思想现象。一般说来，学术界通常用“民本”、“重民”这类概念指称中国古代“以民为本”的思想及相关的治民政策。

“民本”范畴的产生显然与由西方传入的“民主”范畴有关。在民本思想研究中，许多学者将其与民主思想相比较，在二者的对比中认识民本思想的内容、特点与性质。关于民本与民主、民本与专制的关系问题也受到普遍的关注。

在这方面，梁启超的一个观点具有开创性，即对比“民本”与“民主”的特征，认识“民本主义”的特质。在1863年葛底斯堡演说中，林肯说过一句脍炙人口的话：“Government of the people, by the people, for the people.”许多学者将其视为对民主特征的概括。在汉语中，这句话被约定俗成地译为：“民有，民治，民享。”在《先秦政治思想史》一书中，梁启超使用“民本”这个概念讨论相关的政治思想，他指出：民本思想不具有“民治”理念，而有“民有”、“民享”的内容。一批著名学者有类似的论断。

这类思路的学术价值很高，基本上是可取的。它也为大多数人所认同，许多学者赞之以“真知灼见”。但是，这类思路或多或少存在着一些问题。一旦将其简单化，就会产生误导。与此相关的错误可以分为两大类。

第一类是看不到民本与民主可以有共同的本质和思路。

将“of the people”译为“民有”不够确切。“of”短语兼有“人民的”和“对人民的”两种含义，既可以理解为“人民的统治”，也可以理解为“对人民的统治”，还可以具有双重含义。正如美国学者乔·萨托利在《民主新论》一书中所指出的：这句话可以有几种理解，即自治的人民；人民是统治对象；统治源于人民；统治是经人民选择的；统治接受人民指导。它能够涵盖政治的全部范围，从民主到对人民的统治①。这就是说，即使可以将这个"of"短语译为"民有"，那么所谓"民有"也包含了民治与治民双重含义。

就笔者读书所见，在"对人民的统治"或"为了人民而实行统治"的意义上，中国古代的民本与西方现代的民主有相通之处，这是二者的共同本质。民本思想也或多或少包含着"统治源于人民"、"统治是经人民选择的"的意蕴。不充分地认识到这一点，将会影响到对"民本"与"民主"的全面比较、深度分析和客观评价，进而导致对民本思想历史价值及其现代意义的低估。但是，中国古代的民本思想基本上不具备"人民的统治"、"自治的人民"的理念。不看到这一点，也会导致对"民本"的本质属性的错误理解。

第二类是简单地将"民本"与"君本"对立起来。

许多学者偏爱"民本主义"这个概念，并将民本主义与民主主义相提并论，这是有问题的。仿效"民主"范畴而创造的"民本"范畴本身就很容易误导人们的历史认识，使人误以为"民本"已经被奉为最高原则，"民本"与"君本"是对立的概念。"民本主义"的提法进一步强化了这种误导。它很容易使人产生一种误解，即民本思想主张庶民至上或民权至上，乃至成为一种"主义"。许多学者就是基于这种认识而将"民本"置于"专制"的对立面，甚至将民本思想限定为个别学派、部分思想家和少数政治家的主张。这类思路与历史的本来面目不相符合。

如果全面地审视民本思想发展史，就会清晰地感觉到中国古代多有"民本"之论，却没有"民本主义"。在通常情况下，民本与君本可以共处于同一思想体系，它们之间是相辅相成的关系。只要认真翻检一下文献，就不难发现，根本找不到一种专门讨论"民本"的思想体系，更找不到只讲"民本"而不讲"君本"的思想家。许多重要的思想命题既可以论证"民本"，也可以论证"君本"。如果非要使用"民本主义"这个概念，那么它也是与"君本主义"连为一体的。

笔者认为，用"民本"范畴来标示中国古代有关"民"的一系列政

① ［美］乔·萨托利：《民主新论》，第38—39页。

治思想，并将其与“民主”相比较，这是可取的，在学术界也已经具有通用性。但是，切忌望文生义或任意演绎，否则会导致一系列不准确的乃至错误的解读和评价。因此，应当摒弃“民本主义”这个不准确的概念，而使用“民本思想”这个更接近历史本来面目的概念。即使如此，在使用“民本”这个概念的时候也要避免添加任何中国古代相关思想原本所不具有的意义。

二 中国古代关于政治之“本”的思考

中国古代思想家特别重视考察事物的本源、根本、主体、关键，偏爱用“本”字强调某个事物的重要性，进而讨论“务本”、“本务”、“本作”的问题。《论语·学而》：“君子务本，本立而道生。”何晏集解：“本，基也。”[①]做大事者要善于区别轻重，统揽全局，提纲挈领，抓住关键，这就是所谓务本。因此，政论家们常常使用“本”这个概念讨论政治，并用“国本”、“政本”、“治本”之类的词语，来论说在国家政治生活中举足轻重的事物。“民为国本”之论便是典型的一例。

“本”字的本义是树之根、木之干。《说文解字·木部》：“本，木下曰本。从木，一在其下。”[②]本在树下，树的根株为本。《吕氏春秋·士容论》：“不丧本茎。”高诱注：“本，根也。”[③]树干也属于本的范畴。《说文解字·木部》：“榦(干)，一曰本也。”段玉裁注：“木下曰本，木身亦曰本。”王筠句读：“本，今谓之干是也。”[④]《广雅·释木》：“本，干也。”[⑤]树木始于根株，所以“本”也含有初始的意义。《周易·大过·彖传》：“本末弱也。”李鼎祚集解引王弼注：“初为‘本’而上为‘末’也。”[⑥]根与干是一株树木的初始、根本、基干、要害。由此而衍生了“本”字的各种引申义。

在根本、基干、初始的意义上，“本”可以用来比况自然、社会、人

① 何晏集解、皇侃疏：《论语集解义疏》卷1《学而》，中华书局，1985年，第3页。

② 《说文解字·木部》，段玉裁：《说文解字注》卷11第6篇注上，上海书店，1992年，第248页。

③ 《吕氏春秋》卷26《士容论·辩土》，第336页。

④ 《说文解字·木部》，段玉裁：《说文解字注》卷11第6篇注上，第248页。

⑤ 张揖：《广雅》卷10，中华书局，1985年，第131页。

⑥ 李鼎祚：《周易集解·大过》，李道平：《周易集解纂疏》卷4，中华书局，1994年，第290页。

生中各种具有同类属性的事物。例如，在宇宙间，天地为本。据说，天地乃“生之本”[①]、“性之本”[②]、“元气之所生，万物之祖”[③]、“万物之总名”[④]。《礼记·礼运》：“必以天地为本。”孔颖达疏：“本，根本也。”[⑤]在万物中，并称为“三才”的天、地、人为本。《春秋繁露·立元神》：“何谓本？曰：天地人，万物之本也。”[⑥]在人体上，躯干、心脏为本。《吕氏春秋·处方》：“本不审。”高诱注：“本，身。”[⑦]《礼记·礼器》：“凶事不诏。”郑玄注：“二者反本也。”孔颖达疏：“本，谓心也。”[⑧]在宗族内，宗子（族长）为本。《诗经·大雅·文王》：“文王孙子，本支百世。”毛亨传：“本，本宗也。”[⑨]朱熹注：“本，宗子也。”[⑩]在道德体系中，孝悌为本。《孝经·圣治章》：“其所因者本也。”唐玄宗注：“本，谓孝也。”[⑪]在经济中，农业为本、农田为本、农民为本、农事为本。《汉书·董仲舒传》：“皆在力本任贤。”颜师古注：“本谓农也。”[⑫]这类事例还有很多。

宇宙以天地为本，万物以三才为本，人体以身心为本，家庭以宗族为本，道德以孝悌为本，经济以农业为本，而国家也有“本”，政治也有“本”。《逸周书·武纪》：“国有本。”[⑬]各种国家政治之本通常称之为“国本”、“政本”、“治本”。诸如民为国本、君为政本、礼为治本之类。

“主”亦可以训为“本”。《大戴礼记·曾子立事》：“言必有主。”王聘珍解诂：“主，本也。”[⑭]《礼记·礼器》郑玄注也有类似的说法。凡具有“主”的属性的事物都属于“本”的范畴。因此，作为政治主宰的君主

---

① 《荀子·礼论》，王先谦：《荀子集解》卷13，第349页。
② 《大戴礼记·礼三本》，王聘珍：《大戴礼记解诂》卷1，第17页。
③ 郭庆藩：《庄子集释》卷5上《天地》陆德明释文引《礼统》，第403页。
④ 郭庆藩：《庄子集释》卷1下《逍遥游》郭象注，第50页。
⑤ 《礼记·礼运》，郑玄注、孔颖达疏：《礼记正义》卷22，第814页。
⑥ 《春秋繁露·立元神》，苏舆：《春秋繁露义证》卷6，第168页。
⑦ 《吕氏春秋》卷25《似顺论·处方》，第324页。
⑧ 《礼记·礼器》，郑玄注、孔颖达疏：《礼记正义》卷24，第874页。
⑨ 《诗经·文王》，毛亨传、郑玄笺、孔颖达疏：《毛诗正义》卷16，第1122页。
⑩ 朱熹注：《诗经集传》，中国书店，1994年，第182页。
⑪ 李隆基注、邢昺疏：《孝经注疏》卷5《圣治章》，第38页。
⑫ 《汉书》卷56《董仲舒传》，第1907页。
⑬ 《逸周书·武纪》，黄怀信等：《逸周书汇校集注》卷10，第1082页。
⑭ 《大戴礼记·曾子立事》，王聘珍：《大戴礼记解诂》卷4，第74页。

也可以称为本。《周易·大过·彖传》:“本末弱也。”李鼎祚集解:“本,君也。”[①]据说,君主据于“天位”,肩负“天职”,相当人体的“元首”,又可以称之为“主”、“宗”等。在这个意义上,君主是天下、国家之本。

由此可见,事物的本源、主体、基础或关键部分等是“本”这个字最基本的含义。顾名思义,所谓“民本”,即国之有民,犹如树之有根、木之有干,民众是国家的基础。

然而,在中国古代思想家的心目中,堪称国家基础、政治之本的并非只有“民”。分析各类“国本”、“政本”、“治本”的意蕴,有助于准确地理解“民惟邦本”的基本思维逻辑。

在中国古代政论中,除民众之外,还有许多事物也被称为“国本”。诸如储君为国本[②]、宰辅为国本[③]、封疆大吏为国本[④]、选贤为国本[⑤]、京畿为国本[⑥]、财政为国本[⑦]、诚信为国本[⑧]等。

在政论中,“政本”、“治本”、“为政之本”、“致治之本”的提法更多。诸如君为政本[⑨]、食为政本[⑩]、农为政本[⑪]、道义为政本[⑫]、移风易

---

① 李鼎祚:《周易集解·大过》,李道平:《周易集解纂疏》卷4,第290页。

② 例如,《隋书》卷45《文四子传·房陵王勇传》:“太子之位,实为国本。”《新唐书》卷81《三宗诸子传·燕王忠传》:“正本则万事治,太子,国本也。”

③ 例如,《晋书》卷46《刘颂传》称辅臣为“国本”。《汉书》卷78《萧望之传》:“中书政本。”《陈书》卷27《江总传》:“文昌政本。”《魏书》卷19中《景穆十二王传中·任城王云传附子澄传》:“尚书政本。”

④ 例如,《旧唐书》卷129《韩滉传附子皋传》:“京邑为四方之则,长吏受亲人之寄,实系邦本。”《金史》卷109《完颜素兰翼传》:“夫守令,治之本也。”

⑤ 例如,《后汉书》卷4《孝和帝纪》:“选举良才,为政之本。”《后汉书》卷54《杨震传》:“政以得贤为本。”《新唐书》卷138《赵憬传》:“国本在选贤、节用、薄赋敛、宽刑罚。”

⑥ 例如,《逸周书·本典》:“帝乡在地曰本。”《隋书》卷63《卫玄传》:“京师国本,王业所基,宗庙园陵所在。”

⑦ 例如,《旧五代史》卷69《唐书·王正言传》:“邦计国本。”《金史》卷50《食货志五》:“积贮为国本。”

⑧ 例如,《旧唐书》卷80《褚遂良传》:“信为国本,百姓所归。”

⑨ 例如,《史记》卷23《礼书第一》:“天地者,生之本也。先祖者,类之本也。君师者,治之本也。”《荀子》等一批古代文献均有这种说法。

⑩ 例如,《后汉书》卷3《肃宗孝章帝纪》:“王者八政,以食为本。”典故出自《尚书·洪范》。

⑪ 《晋书》卷33《石苞传》:“农殖者,为政之本,有国之大务也。”《宋史》卷137《乐志十二·乐章六·祭先农先蚕条》:“农为政本,食乃民天。”

⑫ 例如,《魏书》卷2《太祖道武帝纪》:“是故道义,治之本。名爵,治之末。”

俗为政本[①]、赏善罚恶为政本[②]、礼乐为政本[③]、孝为政本[④]、德治为政本[⑤]、夫妇为政本[⑥]等。一般说来，属于“国本”的也大多可以说成“政本”。

不同学派的“政本”观也有所不同，诸如老聃之学主张以道（自然）为本，孔丘之学主张以礼（仁）为本，墨翟之学主张以义（兼爱）为本，商鞅之学主张以法（刑名）为本。上面列举的国本、政本、治本大多依据儒者的经典，属于学术界通常所说的“儒家经典”范畴。

在谈论民本思想，特别是判定其本质属性的时候，不仅应当看到有许多事物与民同列为国本、政本、治本，还应当看到君与民的本末关系也不是固定不变的，在不同论题中君与民互为本末。换句话说，研究者不能忽略这样一个事实：在中国古代思想家看来，民为“本”而君亦为“本”。

本与末对称。《说文解字·木部》：“末，木上曰末。从木，一在其上。”[⑦]在下为本，在上为末，二者相对而言。由此可见，“本”、“末”之造字，借助一棵树木指事寓意：本是其根株、基干，末是其茎叶、枝梢。

在中国古代政治思维中，借用本末之喻论说事物轻重缓急是很常见的。诸如农业为本，工商为末；中央为本，地方为末；君主为本，臣民为末。其中，君与民的本末关系相当微妙。

在论及民本时，思想家们普遍指出：无民则无君。在这个意义上，在下之民为本，在上之君则为末。《逸周书·武顺》：“元首曰末”，“顺地以利本”。孔晁注：“本谓人也。”[⑧]众生为本，而元首的地位犹如末茎梢头。离开了众生这个“本”，元首这个“末”就失去了存在的

① 例如，《辽史》卷87《夏行美传》：“移风俗为治之本。”

② 例如，《明史》卷148《杨溥列传附马愉列传》：“赏善罚恶，为治之本。”

③ 例如，《史记》卷24《乐书第二》：“审乐以知政。”张守节正义：“乐为政本。”《魏书》卷108《礼志四》：“礼者为政之本。”《隋书》卷38《卢贲传》：“夫乐者，治之本也。”

④ 例如，《周书》卷46《孝义传·秦族传》：“孝为政本，德乃化先，既表天经，又明地义。”

⑤ 例如，《管子·七臣七主》：“夫上好本。”尹知章注：“本，谓道德之政。”

⑥ 例如，《后汉书》卷30下《郎顗传》：“故《周南》之德，《关雎》政本。”李贤注：“《周南·诗序》曰：‘《关雎》，风之始也，所以风化天下而正夫妇也。’故夫妇为政本也。”

⑦ 《说文解字·木部》，段玉裁：《说文解字注》卷11第6篇注上，第248页。

⑧ 《逸周书·武顺》，黄怀信等：《逸周书汇校集注》卷3，第312、310、311页。

条件。因此,君主必须“顺天利本”,重视民生。《老子·三十九章》的说法更具有一般性:“贵以贱为本,高以下为基。”[①]孟子的“民贵君轻”就是这种政治本末观的演绎发挥。

在论及君本时,思想家们又普遍指出:无君则无民。《春秋繁露·十指》:“强干弱枝,大本小末,则君臣之分明矣。”[②]这句话中的“本”指中央、君主,而“末”指地方、臣民。《周易·大过·彖传》:“本末弱也。”李鼎祚集解:“本,君也;末,臣也。”[③]在这里,君主与臣民的本末关系被颠倒过来。君主为本,而臣民的地位犹如末茎梢头。还有一种比喻与这种思维逻辑类似:“君者心也,民犹支体。”[④]君臣关系犹如腹心与四肢,腹心是本,四肢是末。《论语·宪问》:“君子上达,小人下达。”何晏集解:“本为上,末为下也。”[⑤]这就是说,政治上的君主或道德高尚的君子为本、为上,而政治上的庶民或道德卑鄙的小人则为末、为下。值得注意的是,讲这类的话的人都认同“民本”。

由此可见,君与民究竟何为本末,不可一概而言。涉及的话题不同,答案也就有所不同。在讨论国家的来源、根本和基础的时候,人们认为“民为国本”;在讨论政治的首脑、主体和关键的时候,人们认为“君为政本”。就国家基础而言,民为本,君为末;就政治主宰而言,君为本,民为末。

在中国古代文献中,特别是在儒者之学的政治思维中,上述两种君主臣民本末观是并行不悖的。实际上,包括孔丘、孟轲、董仲舒、孔颖达、朱熹、王守仁等历代最有影响的大儒在内,人们普遍认为,君为政本,而民为国本。朱熹的思维逻辑最有代表性。他一方面注释孟轲的“民贵君轻”,称:“盖国以民为本,社稷亦为民而立,而君之尊,又系于二者之存亡,故其轻重如此。”[⑥]另一方面又论证君为政本,说:

---

① 《老子·三十九章》,王弼:《老子注》,第25页。

② 《春秋繁露·十指》,苏舆:《春秋繁露义证》卷5,第146页。

③ 李鼎祚:《周易集解·大过》,李道平:《周易集解纂疏》卷4,第290页。

④ 《汉书》卷6《武帝纪》,第124页。

⑤ 何晏集解、皇侃疏:《论语集解义疏》卷7《宪问》,第202页。

⑥ 《孟子·尽心下》,朱熹:《四书章句集注》之《孟子集注》卷14,第367页。

“天下事有大根本，有小根本。正君心是大本。”[①]显而易见，民为国本与君为政本并不是一个相互对立的命题。

“君之心，政之本”[②]。自商周以来，人们普遍认为君主一人的品性言行决定着政治的盛衰，并从不同角度全面地论证了这个思路。概言之，各种国本、政本、治本都必须通过君的治理加以实现、维护。显而易见，君为政本才是各种国本论、政本论、治本论的归结点。

民本思想主要讨论并规范君民关系。在中国古代，占主流地位的君民关系论的基本思路是：君主是国家政治的核心和主宰，关乎庶民和社稷的安危存亡，但是，庶民和社稷是国家的根本和基干。民是国之本，而君是政之本。就国家存亡而言，庶民群体比在位之君更重要；就政治盛衰而言，在位之君比庶民群体更重要。“君为政本”与“民为国本”相提并论、并行不悖，形成一种笔者称之为“组合命题”的理论结构。孟轲堪称这种思想现象的典型。他一方面主张“民贵君轻”，抨击“率兽食人”的暴政；另一方面又主张“民无二王”，斥责“无父无君”的言行。前者属于民本思想，后者属于君本思想。

上述事实表明，在全面讨论国家政治之本的时候，民本只是思想家们所提出的各种命题之一。在这个系统化的有关“本”的思想体系中，民众并不总是居于“本”的位置。有时民众甚至被摆在“末”的位置。如果脱离中国古代思想家谈论民本问题时的思维方式和具体语境，随意演绎其意蕴，判定其性质，很容易得出偏颇的结论。

三　各种“民本”概念的利弊得失

在许多学术著作中，“民本”之义通常以罗列其内容的方式表达。对于民本思想的内容，学者们的看法存在差异。这里仅列举几个最有代表性的例子。

一些学者主要从正面的治民政策的角度认识民本思想的内容。例如，田广清认为，民本思想的主要内容有五，即尚德治，倡仁政；得

---

① 黎靖德编：《朱子语类》卷108《朱子五・论治道》，中华书局，1994年，第2678页。

② 《陆九渊集》卷30《政之宽猛孰先论》，第356页。

民心，顺民意；爱民；利民；取信于民[①]。陈启智认为，“民本主义就是以民众为社会主体和以民众为发政施治基础与标准的政治伦理学说”[②]。这类思路不无道理，“重民”的确是民本思想的显著特征之一。但是，它也有明显的不足，即基本上把关注点局限在各种正面的治民政策和政治道德层面。因而忽略了这样一个事实：无论在政策层面，还是在道德层面，民本思想都存在着显而易见的负面因素。

一些学者侧重从“重民”的角度来认识民本思想，他们将爱民与制民、利民与愚民视为两种对立的治民政策。在研究实践中，这种思路常常面临困境。例如，孔丘既主张爱民、富民，又主张使民、愚民；商鞅既主张弱民、制民，又主张利民、爱民。这种历史现象不是单纯用“重民”与“制民”两种治民政策的对立所能圆满解释的。

一些学者看到了民本思想的另一面，即“民本”、“重民”的一些主张并不像许多人想象得那么美好。例如，王得后认为，民本主义包括民养、民服和民愚等三个方面的内容[③]。这类思路很有价值，即认识到在治民的问题上，各种民本思想都具有两面性，其主要着眼点是维护现存秩序。从各种文献记载看，中国古代许多民本论者，包括孔丘、孟轲，都提出过教化民众、控制民众、愚弄民众的政策指导原则。忽略了这一重大的历史事实，就很容易导出不准确乃至完全错误的解读和定性。注意到这一点也有利于拓展民本思想研究的视野和范围。但是，这个思路依然仅从治民的角度考察民本思想，其视野显然过于狭窄了。

有学者从君民关系的角度，考察民本思想的内容。例如，邓小军认为民本思想包括民贵君轻、君权有限合法性、君臣关系相对性三大组成部分[④]。这类思路具有合理性。民本思想尤为关注有关政治关系的思考，它比较全面地界定了君民关系，并涉及君权的合法性和相对性的问题。就中国古代各种政治调节理论的侧重与分工而言，甚

① 田广清：《和谐论——儒家文明与当代社会》，中国华侨出版社，1998 年，第 257—265 页。

② 陈启智：《孟子民本思想述评》，谢祥皓编：《孟子思想研究》，山东大学出版社，1986 年，第 131 页。

③ 王得后：《鲁迅新解》，浙江文艺出版社，1996 年，第 178 页。

④ 邓小军：《儒家思想与民主思想的逻辑结合》，四川人民出版社，1995 年，第 276 页。

至可以说民本论是君民关系论。但是，民本思想所包含的内容远远超出政治关系论的范围。这类思路依然窄化了民本思想的内容。

有学者试图从民本思想体系的构成的角度，提出更具概括性的见解。例如，陈胜粦认为，民本主义是一个完整的思想体系，其主要构成有三：民在国家中的地位与作用；君主、政权与民的关系；固本与宁邦的关系[①]。这类思路力图从几个重要的理论层面把握民本思想体系，这是值得肯定的。但是，它没有将一些重要的思路纳入视野，其概括力也尚显不足。其前两项内容基本上属于彼此相关的同一类问题，即中国古代的两个同义或近义命题——“国以民为本”与“君以民为本”。在这两个命题之上还有更具一般意义的命题。

有学者单纯或主要依据儒家思想的特点来判定民本的内容。例如，金耀基认为“儒家民本思想”有六大要义，即以人民为政治之主体；天立君为民，故君之居位必须得到人民的同意，君与民之间存在双边的契约关系；得民养民为君之最大职务；重义利之辨；离不开王霸之争；涉及君臣之际的互约关系的认定[②]。这个思路将“儒家民本思想”视为一个完整的思想体系，很有参考价值。其主要缺点有三：一是将关于民本的内容及其特点的思考限定在“儒家”这个框架内，不利于全面研究、深度分析和高度概括。二是增加了现代解读的内容，这就容易导致各种争论。三是概括性不强。这三个缺点都不利于更准确地确定研究对象，进而全面地认识民本思想的内容、特点及基本属性。

有些学者的视野更为宽广一些，因而对民本思想有更为全面的审视和更为概括的界定。例如，冯天瑜认为民本思想包括四方面的内容，即民众是国家的根本；民意即天意，民心即圣心；自民众中选举贤能以用之；安民重民[③]。韦政通认为中国古代的民本思想有六种涵义，即民惟邦本；民意即天意；安民爱民；重视民意；民贵君轻；革命思想[④]。这类思路也很有参考价值。但是，它忽略了民本思想的一个最重要的命题，即立君为民。

---

① 陈胜粦：《民本主义论纲》，《学术研究》1991 年第 3 期。

② 金耀基：《中国民本思想史》，台湾商务印书馆，1993 年，第 5—12 页。

③ 冯天瑜：《人文论衡》，武汉出版社，1997 年，第 277—278 页。

④ 韦政通：《中国的智慧》，中国和平出版社，1988 年，第 31—32 页。

一些学者的思路更具有全面性、概括性。例如，朱义禄认为，民本思想可以归结为四个基本观念，即民众为国家的根本；立君为民；民贵君轻；爱民富民[1]。这个思路没有采用罗列一批具体内容的方式，却抓住了民本思想的要点和基本思路，因而简明扼要，提纲挈领。可惜的是，它有意无意地突出了“民贵君轻”这个命题的重要性，很容易导致自我限定对象、视野与思路。许多学者正是由于过分夸大了“民贵君轻”命题的独特性、重要性，从而导致相关研究在一系列重大问题上得出不够准确乃至错误的认识。其实“民贵君轻”是由“立君为民”、“民为国本”中推导出来的。在系统化的君民关系论中，它仅仅是一个具体的命题。“爱民富民”也不足以概括与民本思想相关的一系列治民政策的宗旨与内容。

近年来，研究民本思想的文章甚多，有的发表在一些重要的报章和学术刊物。然而，关于民本思想内涵与外延的认识没有得到进一步的推进。许多学者仍将研究对象与研究视野限定在比较狭窄的历史时空和文献材料内。这方面的缺陷严重制约了民本思想研究的深化。

---

① 朱义禄、张劲：《中国近现代政治思潮研究》，上海社会科学出版社，1998 年，第 14 页。

第三章　中国政治思想研究必须注重完善事实陈述

“历史”的四种形态与“史学”的学术伦理

《“历史”的四种形态与“史学”的学术伦理》一文发表在《天津师范大学学报(社会科学版)》2011 年第 2 期。

尊重历史事实是历史研究最基本的学术伦理,也是历史研究最基本的学术方法。作为一种历史问题研究,中国政治思想研究的根本目的可以概括为认识历史,认识世界,改造社会,改造世界。认识历史、认识世界必须实事求是,改造社会、改造世界必须求实求是。惟有坚持实事求是,客观、全面、准确地认识和评判历史,创新知识体系,提出真知灼见,才能使研究成果有效地服务于改造世界、创新文明的社会实践。因此,“实事求是”这四个字,既是历史问题研究者必须恪守的学术伦理,又是历史问题研究者必须掌握的学术方法。然而,受某些现代西方学术思潮的影响,一些否定历史研究客观性的说法在中国学术界颇为流行,许多学者认为历史研究没有科学性可言,有的甚至认为历史研究不可能还原历史真相,更不可能探究历史法则。本文就是针对这种错误观点而作。

在当今中国学术界,一些否定历史研究客观性的说法颇为流行。这类议论者把各种相关而不相同的“历史”混为一谈,导出许多似是而非之论。讨论这类问题涉及认识论、方法论和历史观等一系列重大理论。本文仅依据常识,谈一点见解。

一 实在的历史:历史的本义与本原

历者,过也;史者,事也。第一种形态的“历史”是指曾经实实在在发生过的往事,它与本义上的“故事”是同义词。这种“实在的历史”亦可称之为“人类社会过去时”,它是“历史”的本义与本原,其他形态的“历史”都是从实在的历史中衍生出来的。换言之,史事、史迹、史实,亦即通常所说的“历史事实”是“历史”这个词最基本的义项。

一些西方学术名人认定,历史在本质上是一种“话语虚构”,与小说没有什么两样。许多中国学者拾人牙慧,好似发现真理一样。可是他们忘记了他们自己的经历就是历史,这些经历并非虚构。人生之旅是由许多往事构成的历程。这一历程及其每一个环节与细节如此现实、真实、充实、翔实,并无半点虚构。如果历史果真是一种话语虚构,岂不等于说我们自身的存在与经历都是子虚乌有的!

过去的事情是一种不以人的意志为转移的现象。它发生了,存在过,又逝去了,因而无法抹杀,无可增删,再也不能改动。例如,明太祖指令罢孟子配享孔庙。尽管他很快又下令“配享如故”,却永远无法改变他曾经下令“罢享”这个事实。明太祖还诏令删节《孟子》中的“民贵君轻”等,禁止将删节的内容用于科举取士。为时不久,明成祖恢复《孟子》原貌。这可以拨乱反正,却无法改变已经发生过的事情。即使我们自己身边刚刚过去的事情也是如此,哪怕一思一念、一言一行、一举一动、一笑一颦都已经在发生时定格,一丝一毫也无法改变。不仅事实不能改变了,就连其原委、性质、意义也统统不能改变了。因此,“实在的历史”的客观属性是毋庸置疑的。在评说历史研究的对象、目的、功能、态度、方法和价值的时候,必须充分注意到这一点。

学问有很多种,依照旨趣大体可以分为两类:一类以求实的“研究”为主,旨在为人类的生存需求探求客观知识;一类以玄妙的“想象”为主,旨在为人类的精神需求提供文化资源。它们各有其特定的功能和价值,二者之间的界限也并非总是判然分明。一种学问是否属于“研究”范畴,取决于其对象和目的是否具有客观属性。凡是不必拘泥事实的学问都不属于“研究”,而一切“研究”必须以客观事实为对象,以尊重事实为前提,以实事求是为准则。名副其实的"历史研究"以客观存在的历史事实为研究对象,以揭示和解释历史事实为主要目的,因而具备成为科学研究的最基本的条件。

积累知识是人类社会存续与发展的根本保证,而曾经实实在在发生过的事情是一切知识的唯一源泉。人类能不能触摸到实在的历史,获取客观的知识?答案是肯定的。因为人类有能力记住许多往事。

二　记录的历史:以各种方式保存下来的往事

"记录的历史",即史记、史录、史笔是第二种形态的"历史"。《说文解字·史部》:"史,记事者也。"[①]往事已逝,一去不返。人们只能凭借记忆、记录来留住对往事的印象。因此,在古文字中,"史"字为"记事者"的象形,其造字之义是执笔记事之人。《孟子·离娄下》:"其事则齐桓、晋文,其文则史。"[②]实在的历史以记录的历史的形式得以流传。

广义而言,记录的历史包括口头传说、文字记载、文化遗存等一切被人们以各种方式有意或无意地保存下来的往事。许多"历史传说"并非凭空捏造,它们包含着一些往事的信息。忠实的记录者提供了比较贴近往事的"历史文献"。文化遗存大体保存了往事的原貌或为追寻原貌提供了可靠的线索,可以称之为"历史遗迹"。以各种方式留存的往事痕迹都属于历史记录范畴。

否认历史研究客观性的主要论据之一是历史记录不可靠,诸如漏记、错记、歪曲、篡改等。但是,许多学者有意无意地把问题简单化了。实际上,记录的历史与实在的历史之间的匹配关系可以归纳为四种情形:或高度吻合,或大体相符,或不太准确,或完全错误。无论属于哪一种情况,都可以为揭示某些历史真相提供可靠的研究素材。

可以帮助人们准确地或比较准地认识历史真相的记录还是相当多的。例如,云梦秦简中有些内容,是一位秦朝法吏珍藏的国家法律摘抄、工作文件及其他个人笔记。他无意编造什么,因此这些陪葬品

---

① 《说文解字·史部》,段玉裁:《说文解字注》卷6第3篇注下,第116页。

② 《孟子·离娄下》,朱熹:《四书章句集注》之《孟子集注》卷8,第295页。

忠实地记录了实在的历史。那些抄录的秦朝法律条文就是还原了的实在的历史，从中可以获得许多有关秦法的内容及其理据的客观知识。又如，关于明太祖下令删节《孟子》的记录是可靠的，可以据此大体了解事件的动因、过程和当时人们的一些反应。人类以各种形式保存了许多可以客观反映事物原貌的历史材料。由此而形成的历史知识是可靠的或比较可靠的。这些知识是当今社会科学各门类所共同使用的基本研究素材。

有些记录属于这样一种情况：主要事实大体可靠而具体细节未必准确。例如，在《史记》中，司马迁借助收集到的历史纪录，绘声绘色地叙述了“鸿门宴”的过程。一些细节刻画未必可靠，却不影响后人大致掌握“楚汉相争”的基本过程和重要情节。

属于记录的历史的各种传说通常不能作为信史看待，而许多传说又确实保留了一些实在的历史的信息。例如，关于三皇五帝的传说显然经过后人的整理、添加乃至篡改，而其中的一些内容源于实在的历史。近年来考古发现的许多文化遗存证明：华夏先民曾经经历过与传说相似的时代。在当时的中国大地的确出现过一批三皇五帝式的英雄。这就是说，原原本本地照搬三皇五帝的传说是错误的，而否定那样一个时代曾经存在过也是错误的。

历史记录多出自史家之手。但是，即使严肃的史家也会由于各种主客观因素而做出不正确的历史记录。例如，晋灵公为赵穿所杀。太史董狐记为“赵盾弑其君”。他的依据是：赵盾身为正卿，逃亡没有越过国境，返回又没有讨伐赵穿。为了恪守某种价值观，董狐扭曲历史真相，算不得“良史”。孔子笔削《春秋》，这类毛病也可谓多多。然而，借助这些历史素材，我们可以大体了解当时的社会政治状况，从而形成许多具有客观性的历史知识。

人为编造的记录有时也可以为我们认识历史提供可靠的依据或有用的线索。例如，历代帝王的“实录”往往为了美化帝王而篡改事实。如何美化？无非是让人觉得这位帝王符合公认的价值标准。因此，研究者可以据此获知当时的人们是用什么样的尺度来规范和评价帝王的。例如，据文献记载，在应对土木之变的过程中，皇帝与群臣都曾反复强调“社稷为重”、“生灵为重”。其中，既得利益者景泰帝不仅依据这种说法登上帝位，还以此为口实拒绝退位。单凭记载无法确认明英宗是否心口一致地认同"君为轻"。但是,这类记载可能掩盖了一种事实,却又彰显了另一个事实。它足以证明:在当时,应当把社稷、生灵置于皇帝之上是公认的政治价值。在考察一个时期的思想文化现象时,这类记录可以提供重要的事实依据。

一些思想家常常用编造历史的方式来张扬自己的学说。例如,孔子主张"从周",孟子主张"法尧舜"。于是他们及其后学编造了一套"西周王道"的纲领,描绘了一幅"唐虞之治"的图景。至今仍有许多"新儒家"相信这类虚构的话语,并传承类似的学风。但是,相关文献又是研究一种思想体系的可靠的历史记录。据此我们可以准确无误地认定:一批儒者曾经憧憬"王道乐土",张扬"民贵君轻"。

一种研究成果是否具有客观性,取决于它是否在一定程度上揭示了客观事物的真相和真谛。前人遗存了大量的可靠或比较可靠的"记录的历史"。人们可以通过检索文献、调阅档案、考古发掘和田野调查等手段获得许多符合或大体符合"实在的历史"的知识。例如,秦始皇主张"以法治国",这个历史知识的真实性是毋庸置疑的。又如,清乾隆帝下令编辑《钦定四书文》并收入两篇阐释"民为贵"的明代科举制文,这个历史知识也是有据可考的。大量的历史知识相当准确或比较准确。凡是看到这一点的人都不会武断地判定历史研究根本不具有客观性。实际上,现代社会科学各门类的研究课题同样只能借助他人记录的往事进行研究。因为各种各样的原因,这些记录也存在不完整、不准确、不可靠的问题。我们能够据此断言其研究成果不具有客观性吗?

一般说来,由于历史记录的缺失和缺陷,追寻久远的往事比追寻晚近的往事困难,考察具体细节比考察大的过程困难,揭示内在的心理比揭示外显的行动困难,分析背后的动机比分析道出的话语困难。但是,认识难度极大与根本无法认识是两回事。正是由于史实是可以求索的,人们才不断地追忆、复述、诘问、反思和探究"人类社会过去时"。由此便衍生出历史的另一种形态。

三　陈述的历史:致力于实事求是的历史研究成果

"陈述的历史"是第三种形态的历史。寻求历史的真相与真谛,并把历史的图景及其解说传达给其他人,必须借助"记录的历史",认识“实在的历史”，写成“陈述的历史”。陈述的历史是历史研究的产物。

史学是人类最古老的学问。作为一种研究，史学的主要功能可以概括为四句话：建立准确的知识体系，提供有益的历史鉴戒，求索深邃的生活哲理，引导恰当的社会选择。正是这些功能注定了史学必将与人类相始终，而唯有具有一定客观性、科学性的史学成果才能切实发挥历史研究的主要功能。

“史，史籍也。”历史研究的成果通常以史话、史册、史乘、史论等形式存在。严肃的史学著作都具备三大要素，即史考，史叙，史评。史考，即搜罗、选择、考据、援引各种形式的历史记录。史叙，即史实的描写和过程的再现，至少在作者心目中它是与“实在的历史”吻合或接近的。史评，即依据所认定的历史事实做出的各种分析性、评价性、探索性的议论，诸如揭示原委，判定性质，阐发意义，论说是非，探求法则等等。史考、史叙、史评都是历史研究的产物，它们通常交织在一起。即使以客观陈述的形式表达的史籍，也是作者研究的心得，而非历史记录本身。

史籍的内容大多具有不可靠性。这是人们质疑历史研究客观性的主要原因。但是，如果据此而断言历史研究毫无客观性，更谈不上科学性，那就又犯了简单化的错误。

导致史学著作不可靠的主要原因之一是历史记录的缺失。例如，《史记》是一部公认的优秀史籍，而它的一些内容并不可靠。司马迁是一位严肃的史学家，他的失误大多源于历史记录的缺失，有的只好存疑，有的干脆不谈。关于老子为何人，《史记·老子韩非列传》同时保存了三种说法，即与孔子同时的李耳、春秋末期的老莱子或战国中期的太史儋。这种做法恰恰体现了一个优秀的史学家的道德良知和学术素质。具有这种品德和素质的研究者是有能力在搜集、辨识、分析史料的基础上获取客观知识的。例如，在研究历史记录的基础上，司马迁编写了商王世系，其可靠性曾遭到人们的质疑。但是，现代殷墟考古发现的卜辞证明，这一研究成果是相当可靠的。这是“陈述的历史”可以大致还原“实在的历史”的典型事例。实际上，许多历史研究的成果往往比零散的历史记录更可靠。人类社会积累的许多准确或比较准确的历史知识往往来自高质量的史学研究。

“历史无法还原”是一些人否定历史研究客观性的主要口实。他们甚至断言还原历史的说法是“梦呓”。其论据并非毫无道理，而其结论依然过于简单了。

历史是否能够还原？一些流行的说法是根本不可能。正确的答案是：一部分能，大部分不能；能一定程度还原，无法完全还原。以历代君主对“民贵君轻”的态度为例，由于文献的缺失，大多数君主的具体想法无法确知，而依据文献记载，又可以确认在通常情况下皇帝们不反对“民贵君轻”的说法。相关实证材料很多，诸如汉、魏、隋、唐的众多皇帝有民重于君的说法；宋代以来，一批写有“民贵君轻”的典籍属于官方学说代表作，并被列为经筵和科举的必读书；在宋代的朝堂议政中，一些人援引“民贵君轻”；元世祖、元英宗等都曾称赞或引用这种说法；明成祖、明孝宗、明神宗等都曾为写有“民贵君轻”的著作作序；清康熙帝、乾隆帝等撰写过阐发“民贵君轻”的文字；《钦定四库全书》收录了一批阐释“民贵君轻”的历代名著，有的还有御批赞语等。笔者还搜寻到一条重要的历史信息：明太祖曾经命人将阐发“民贵君轻”的《大学衍义》书写在宫殿建筑上。能够还原的这一部分事实已经可以为我们判断“民贵君轻”的本质、功能、价值和影响提供可靠的事实依据。

有人可能会争辩说：我们所说的是历史无法“完全”还原。诚然，任何往事都不可能完全还原，包括我们亲历、亲见的。问题的关键恰恰是：不能完全还原历史是否就意味着根本无法获得正确的历史认识？回答这个问题的最佳方式是跳出既定的思维定势，思考一下这样的问题：人类哪一种研究曾经借助“完全还原的事实”？

孙子曰：“知己知彼，百战不殆。”这就是说，掌握的信息越完整，就越有可能做出准确的判断。但是，何曾有过凭借完整无缺的战场信息而取得胜利的军事家？何曾有过凭借完全复原的往事而形成的军事理论？迄今为止，人类的一切研究都不曾依据“完全”的事实。人们常常仅凭局部现象乃至端倪、征兆便能做出恰当的判断。这表明，利用不完整的事实是有可能得出比较准确的认识的。

实际上，历史研究所面临的最大困难不在于历史难以还原，而在于历史难以认识。错综复杂的人类社会本身就很难全面、准确地认识与评说。就连研究当今社会问题都有诸多的难度，以致令人跌破眼镜的“专家”之言司空见惯，更何况研究早已逝去、史料残缺的社会问题！绝大多数错误源于认识能力的局限、主观预设的失误和价值尺度的偏差。例如，没有人质疑明太祖删节《孟子》一事的真实性，而对这件事的历史意义却有完全不同的解读。许多学者坚称这是“民贵君轻”属于民主思想或反专制思想的明证，而一些学者则依据更深入的剖析提出反驳意见。显而易见，争议的焦点不在于史实，而在于史评。

大量事例表明，历史研究不仅可以形成客观知识，而且可以寻觅规律与法则。在人类历史上，每当条件大体相同的时候，就会出现似曾相识的事物，其间必有某种规律与法则在起作用。这就是历史的经验教训常常可以提供借鉴的根源之所在。《孙子兵法》就是研究军事史的产物。它的主要内容符合客观存在的军事规律与法则，所以至今仍有宝贵的价值。人类已经掌握的这一类规律与法则难道还少吗？显而易见，历史研究不仅可以追寻真相，而且可以揭示真谛。

司马迁致力于“究天人之际，通古今之变”。这正是史学的主要任务。人类研究历史的最根本的目的是总结经验教训，认识社会法则，探索演化趋势，以便指导当今的行动，预测未来的前景。因此，陈述的历史是“描述”，不是“复述”，更不是“复制”。“描述”也更像“摄影”，而且只是“特写”，即在现存史料所允许的范围内，选择独特的视角，“抓拍”一些重要的往事影像。只要能将重大的标志性的历史事件的重要的内容大体还原，将比较重要的事情的比较重要的内容大体还原，将反复出现的彼此相似的历史事件大体还原，并深入考察其原委根由，我们就可以大体感知历史的趋势和社会的法则。在面临重大事变的时候，许多明智之士可以做出正确的预判和恰当的抉择，其原因之一就是他们具备良好的历史感，而这恰恰来自对客观知识的把握和客观法则的体悟。

由于各种主客观原因，形成正确的历史认识极其困难。因此，围绕同一种历史现象会形成歧见纷纭的争论。研究者的主观因素，诸如价值观的介入，是导致歧见的重要原因。这种现象很容易使人形成历史研究不可靠的感觉。于是有了“一切历史都是当代史”的说法。这种说法不无道理，却很容易导向简单化。“历史只是一种解释”就是一些人否定历史研究客观性的理据。在他们看来，主观解释不能获取客观知识。然而，他们忘记了一个极其重要的事实，即人类的一切客观知识都是主观解释的产物，而人们通常将比较贴近事实真相的解释称之为“科学”。

实际上，任何科学研究的成果都是一种解释。因此，问题的关键不在于历史研究是不是属于解释范畴，也不在于研究者是否必须“价值中立”，甚至不在于一种解释是否准确，而在于一种解释是如何产生的。只要具备对象的客观性、目的的客观性、态度的客观性和过程的客观性，即使结论不准确，也属于具有客观性乃至科学性的解释。这类解释的理与据可以为人们提供有价值的知识和智慧，并成为进一步探索真相与真谛的阶梯。

“错说”颇似“戏说”，而二者的初衷、旨趣、过程有本质的差异。尊重历史事实是历史研究最基本的学术伦理。如果只是借用历史而已，便只能沦为戏说。

四　戏说的历史：有意不忠实于历史的“历史”

第四种形态的“历史”可以称之为“戏说的历史”，即一些被人们称为“历史”或貌似“历史”却实非历史的事物。其共同特点是：制作者只是利用历史素材以实现某种主观设定的功能或目的，为此而有意不忠实于实在的历史、记录的历史和陈述的历史。

“历史文学”属于典型的“戏说的历史”。史学研究与文学创作是目的、手段、功能、价值、态度、过程有本质差异的两种文化行为。史学意在实事求是，文学意在以情感人；史学必须忠实复述往事，文学可以随意构思情节；史学叙事以“准确”的实录为最高境界，文学说史以“逼真”的演义为最高境界。虚构是文学的固有属性之一，它可以而且必须任思绪随意遨游，任感触尽情挥洒，任想象无限发挥。虽属假语村言，却也形象逼真，这才是“历史文学”的极致。优秀的文学作品也追求真实，而这种真实属于“不似之似”。典型的真实并不等同于历史的真实，其创作的初衷也不是为人们提供准确的历史知识。这与严禁虚构、探索真相的历史研究旨趣迥异，功能有别。一进入文学创作范畴，就与“研究”二字脱离了干系。

史学与文学都以讲“故事”见长，而写作这两种故事的初衷和判定其优劣的标准却迥然不同。评价《三国志》的主要尺度是它与“实在的历史”的贴近程度，而用同样的尺度评价《三国演义》则是荒谬的。《史记》只因绘声绘色地描绘鸿门宴便遭人诟病，而《西游记》却因活灵活现地编造唐僧取经而成为不朽的名著，其根本原因就在于它们所讲述的是性质完全不同的故事。正像不能要求史学著作虚构、臆测、戏说一样，不能要求文学作品忠实于历史。出于不同的目的，同一个人既可以做正说历史的“史学家”，也可以做戏说历史的“文学家”。但是，当他研究历史的时候，必须恪守实事求是的原则，不应有丝毫虚构、臆测之心，而当他创作小说的时候，必须充分发挥想象力，只要故事动人，不必尊重事实。简言之，旨在正说，就不可有戏说之心；旨在戏说，就不必有正说之意。

影射史学是披着史学外衣的戏说，即表面上是在研究历史，实际上是在借题发挥。鲁迅先生所说的“假小说以施诬蔑”[①]，就是指这一类的“历史研究”。影射史学的成果未必都没有正面的价值。在特定情境下，它往往是人们曲折地发表意见的一种方式。但是，它实属一种“思想”、“情感”、“意见”，仅仅在表面上看似有事实依据而已。作者明知非真是假而故作曲笔。因此，影射史学不是一种严肃的学问，更不是名副其实的研究。

“陈述的历史”与“戏说的历史”多有相似之处，诸如错误的陈述很像戏说的故事，戏说的故事貌似陈述的历史。一般说来，不应虚构也无意虚构的属于前者，理应虚构或有意虚构的属于后者。例如，《三国志》为陈述历史而作，属于“正说”中的“正史”，它被列入史籍，有很高的史学价值，而《三国演义》为演绎故事而作，属于“戏说”中的“正剧”，它被列入小说，有很高的文学价值。“正剧”比较严肃，却必须虚构，所以也是戏说。一般说来，凡是有意虚构的便是戏说。

还有许多“历史研究”也应当归入戏说的范畴，诸如一切旨在“赋予历史意义”的著作。历史研究的目的是发掘历史意义，而不是赋予历史意义。“发掘”是寻觅其固有的，“赋予”是添加其没有的。历史的事实与意义都一定而不可改。因此，人们只能发掘事实与意义。任何试图“赋予历史意义”的行为要么是过于自负，要么是自欺欺人。这种做法从心态上就有不忠实于历史事实的故意。无论研究者是否

---

① 鲁迅：《中国小说史略》，上海古籍出版社，1998年，第45页。

意识到这一点,他已经违背了历史研究的基本准则。许多学者一方面声称历史真相不可求索,另一方面又大谈特谈历史的意义,诸如"历史是一种意义资源而非确定的事实"之类。由此而产生的"历史著作"都属于戏说的范畴。我们可以称之为"戏说的历史研究成果"。

这类戏说的典型莫过于现代新儒家中的一些名人。他们明知主张"民无二王"的孔孟思想与现代民主观念不可同日而语,却执意要"返本开新",即"返儒家之本,开科学民主之新"。因此,所谓"开新"实质是为孔孟思想添加民主观念。这种"新"一方面为"本"之所无,另一方面也并不新鲜。此类"历史研究",披着史学的外衣,发表一己之宏论,张扬个人之政见。这种做法既强暴古人,又欺诳今人。孔孟若在天有灵,会怒斥他们"无父无君"。世人若获知真相,也会指责他们"欺世盗名"。

"戏说的历史研究成果"实属利用历史题材,发挥个人的思绪。这类著述不仅毫无史学价值,而且极大地损害了历史研究的严肃性和可信度。"假作真时真亦假。"历史研究的客观性之所以常常遭到质疑,恰恰是由于这类以假充真的东西的数量过于庞大。

五　广义的史学研究无所不在

人类最初的学问就是史学。换言之,人类的各种学问最初是以"史"的形式存在的。即使在今天,"史"依然是社会科学各门类共同的研究对象。甚至可以说,广义的史学研究无所不在。相关例证不胜枚举,兹举其三。

例证一:社会科学研究。当今一切有关人类社会的以某类学科的面目出现的具有科学属性的学问,实质上都无一例外地以"实在的历史"为研究对象。其具体考察的事物都是已经发生的社会现象。其研究过程也无一例外地必须包括收集记录、考订事实、陈述现象、分析解读、做出结论等步骤。即使是当代问题研究,亦概莫能外。这就是说,各种社会科学研究都是广义的史学的一个分支、一个领域、一个角度。如果说它们与历史研究有什么区别的话,仅仅在于研究依然存在、正在发生的现象比较容易收集到更为可靠的事实依据。以人类学的研究为例,它可以通过田野调查收集到第一手的材料。但是,严格地说,正在发生的事也是往事,第一手的材料也属于记录的历史。在可靠性方面,当代口述者所讲的话语与前代笔录者的记载并没有天壤之别,它们都属于“记录的历史”。迄今为止,人类还没有发明过一种不以往事及其记录为依据而进行研究的学问。马克思主义经典作家早就指出:“我们仅仅知道一门唯一的科学,即历史科学。”①这是颇有道理的。

例证二:法官断案。法官断案的过程与历史研究别无二致:首先要聆听“陈述的历史”(告诉、申诉之类,这类一面之词大多有结构性的信息缺失)。然后要凭借未必完整可信的“记录的历史”(当事人提供和法庭收集的证据、证言,其中不乏假证、伪证),探求“实在的历史”(案情),确认基本事实(法律事实)。接下来要经过合议庭合议(类似学术争论),按照法律条文(价值尺度),做出司法判决(历史评议)。可靠证据的缺失、认识能力的局限、对法律理解的偏差、感情因素的不恰当介入和请托行贿等其他社会因素的干扰等,都有可能导致误判。案件研究就是历史研究。二者的研究过程及影响其可靠性的因素大体上是一样的。如果说司法判决与历史评议有什么区别的话,只是刚刚形成的历史比早就发生的历史更容易遗存比较可靠、比较完整的证据而已。我们可以嘲笑误判多多,却不可以据此断言法官根本不可能对事实真相做出准确或比较准确的判断。

例证三:人生思考。历史就是往事,而历史研究就是对往事的思考。实际上,每一个人都既是历史的创造者,又是历史的研究者。我们几乎每天都在创造往事,记录往事,回忆往事,搜罗往事,还常常据以探究一些关乎社会、人生的课题,以便思考人生,指导人生,应对人生,娱乐人生,升华人生。人生思考的对象还可以大体分为政治、社会、经济、文化、法律、道德等等。人生思考所借助的一些素材是个人亲历并记忆下来的往事(亦即“实在的历史”或“记录的历史”),更多的则是从各种途径获得的他人的记录和陈述(亦即“记录的历史”和“陈述的历史”),这一认识过程还必须借助自己所积累的客观知识,其中绝大多数是前人“研究历史”的产物。人生思考就是历史研究。或由于关键信息的缺失,或由于认识能力的不足,或由于情感因素的干扰,人生思考常常出现偏差,然而它却可以不断强化我们理解过

① 《德意志意识形态》第1卷第1章“费尔巴哈”,《马克思恩格斯选集》,第21页。

去、认识今天、推测未来的能力。正是这种思考及由此而形成的能力，常常使我们获得有益的借鉴，引导我们走向成功，有时还让我们相当准确地预见了未来。有益或比较有益的借鉴，成功或比较成功的引导，准确或比较准确的预测，恰恰验证了人生思考（亦即"历史研究"）的可靠性。这种可靠性就是来自所依据的事实的真实性、所掌握知识的客观性和所得出的结论的科学性。实际上，历史学之所以是人类最古老的学问，就是因为人类的生存始终有赖于在人生思考中所获得的知识与智慧。准确地说，人类的生存必须依赖这种知识与智慧的可靠性。如果一种可以产生可靠的知识与智慧的思考不是科学，那么什么样的思考才算是科学呢？

如果否认真实的历史是可以触及、可以认识的，如果否认这种认识或多或少具有可靠性，也就否定了你自己的人生思考以及你用来指导自己的各种依据和用来说服别人的各种话语。如果这种否定果真可以成立的话，人类也就只能算是整天胡思乱想、胡说八道的动物了。我们的人生思考常常犯错误，却大多不是胡思乱想。这个事实本身就足以驳倒许多流行的说法。

近年来，为数众多的学者深受后现代主义的影响。他们用许多历史记录的不可靠性，推出历史记录完全不可靠的论断；用历史不容易还原，推出历史根本不可能还原的论断；用历史认识有很大难度，推出历史根本不可认识的论断……这一类的"极论"可谓不绝于耳。实际上，如果否定历史研究客观性的各种说法可以成立，那么用相同或相似的说法可以否定一切社会科学乃至自然科学的客观性。在西方，早就有一种哲学力图做到这一点，它的名字叫"不可知论"。不可知论揭示了人类认识能力的局限性，却走向了彻底否定人类一切认识的可靠性的极端。在这方面，只拿历史研究开刀的各种论调可谓望尘莫及。

笔者认为，历史研究的困境不是认识历史的困难。认识的困难是历史研究与生俱来的，还将与历史研究相伴始终。它并非困境之所在，反倒是魅力之所在。认识困难才需要不断地求索，不断地考问，不断地修正。如果学者们由此而敬畏自己的研究对象，兢兢业业，如履薄冰，这正是历史研究的幸事。

历史研究最大的困境是为数众多的"研究者"出于种种原因而无

意在探求事实真相方面下功夫，甚至压根就不相信有找到贴近事实的答案的可能性。这也是一切具有科学研究属性的学问所共同面临的困境。试想：如果操持司法权力的法官大多不相信法律事实是断案之本，更不千方百计地让法律事实贴近真实的案情，那会导致什么样的局面？

如果说用历史认识的局限性否定认识历史的可能性是可悲的，那么更可悲的是这常常成为规避责任的遁词、掩盖无能的饰词和主观臆断的托词。中国学术最大的隐忧是为数众多的“研究者”并不笃信一切研究的操作原则和道德底线是实事求是，却执意要以“研究”谋生，以“研究”扬名。正是由于这样的“研究者”太多太多，他们的“研究成果”也太多太多，致使人们越发相信“历史研究”毫无客观性可言。

《文献通义·史德》有一句名言：“能具史识者，必知史德。德者何？谓著书者之心术也。”史德，亦即历史研究者的学术伦理。名副其实的历史研究者必须坚守一个最基本的职业的或学科的道德准则，即尊重实在的历史，重视记录的历史，写好陈述的历史，不搞戏说的历史。

求实精神是"国学"研究之魂

本文的大部分文字发表在《光明日报》2010年1月18日"国学"版，题目是《"民贵君轻"是帝制的统治思想》。2009年12月7日，《光明日报》"国学"版刊登了一篇题为《论国学研究的态度、立场与方法——评刘泽华先生王权主义的"国学观"》的文章，作者抓住刘先生提出的"王权主义"和"阴阳组合结构"的学术缺陷大做文章。我撰写题为《求实精神是"国学"研究之魂》的文稿，投给《光明日报》"国学"版。文章发表时有删节，本书使用了投稿的原题和原文，以呈现其原貌。

一些学者所谓的"国学观"之争主要是"儒学观"之争，而且更多的是"儒学现代价值"之争。态度、立场与方法呈现多样性，这是学界常态，并无一定之规，而名副其实的"研究"必须坚持实事求是，这是不能有半点含糊的。在这个意义上，求实精神是"国学"研究之魂。

一 不应将"国学"列入一级学科名录

就专业属性而言，我是典型的"国学"研究者，因而赞成弘扬优秀文化传统，主张深化儒学研究，希望国家有关部门加大对中国古代思想文化研究的支持力度，也深知自己的学术使命。正是基于对求实精神的固执，我反对教育行政机构以“国学”命名一级学科。

何谓“国学”，说法不一，其对象范围，小则仅指儒家经典之学，中则泛指整理国故之学，大则涵盖中华五十六个民族的古今之学。还有以学术方法来界定“国学”的。时至今日，“国学”这个概念已经无法用于准确表达观点，更无法用于界定学科。

“国学”原本是帝制的国家学校之称，与之相关的学术主要是“我注六经”、“六经注我”之学。儒学即国学、国学即儒学的涵义已然根深蒂固。在从帝制走向共和的起步阶段，帝制国学是阻滞社会变革的主要精神力量。一大批志士仁人以极难炸毁的“铁房子”形容由儒家礼教所构建的“精神家园”。章太炎等倡言国学无疑另有新义。且不论袁世凯和伪满洲国搞的国家儒学，就连具有合理性的“整理国故”也曾对思想解放起过阻滞作用。因此，“国学”一词容易导致名实相混，弄不好就会使人们误将儒学视为国学的正宗或核心。这种担心并非杞人忧天，而是来自一种显而易见的社会现实。当下社会上流行的“国学热”多半是儒学热。一些人混迹其中，倡导“儒教社会”、“少儿读经”、“马克思主义儒学化”之类，这显然与严肃的学术研究有本质的区别。更为令人担忧的是，许多对学术界知之不多的群众误以为“国学”就是儒学，还有一些人甚至误以为现代中国要以儒学作为国家意识形态。

有鉴于此，我建议设定一个更合适的名称来表述所应提倡的学术与学科。这样既可以防止学者自我尊大，有意无意之间贬抑其他学术，也可以避免鱼目混珠，减少招摇撞骗之辈。“国学”的研究对象不清晰。如果国家教育行政机构将“国学”列入一级学科名录，难免导致“六经注我”之学主导现代中国的“国学”，反而会对名副其实的“中国学”或“中华民族学”乃至中国现代学术的发展产生严重的负面影响。

二 建设现代化的精神家园必须“集千古之智”

应当怎样为建设中华民族的共有精神家园提供有益的学术资源？这是摆在中国学者面前的重大课题。

现代民族的精神家园涉及世界观、科学观、社会观、政治观、法律观、道德观、人生观等一系列精神要素。由于必须与现代中国相匹配，必须为五十六个民族所共有，因而必须汇集古今之精要、民族之精要和中外之精要，亦即华夏先哲所说的“集千古之智”。因此，其所需要的学术资源不是时下一些人倡言的“国学”所能包办的，而是必须由自然科学和人文社会科学的所有学科共同参与的。我们“国学”研究者切忌夸大自己的作用。

我们这些以古代史为主要研究对象的“国学”研究者所肩负的学术责任还有其特殊性，这就是必须以求实的精神，充分做足反思传统、发掘精要的学术工作，为人们提供比较准确的知识和比较可靠的智慧，促使中华民族形成全面的历史记忆。

以“和谐”为例，我们至少要如实地告诉人们三句话：一是中华先民十分重视和谐问题，确实应当发扬这一优良传统。二是中国古代的和谐论有其特定的思维逻辑与历史内容，许多成分与现代社会格格不入。三是世界上所有民族的文化都重视和谐，这并不是中华文化所独有的。诸如“仁义”、“礼仪之邦”之类亦可类推。只有这样做才可以避免由于偏见而导致对本民族文化的盲目颂扬。如果良好的愿望与宏大的理想没有建立在求实与务实的基础之上，会有程度不同的片面性。片面性虽人人难免，但以尽量减少为上。

有一类说法很常见：离开了儒学，中华民族就丧失了精神家园。这种说法经不起历史的检验。在儒学没有诞生之前，中国已经跻身“文明古国”之列，而当代中国的崛起，恰恰得益于儒学的边缘化。夸大儒学现代价值的各种观点既缺乏历史感，又缺乏现实感，也违背了孔子之学的真谛。求实精神的不足是造成这类学术现象的思想根源。许多学者之所以致力于批评儒学的阴暗面，其目的之一就是要揭示被现代崇儒者所遮盖的东西，展示一幅历史图景的另一面，防止人们由于误导而将“弘扬优秀文化传统”与“弘扬儒学”划上等号。

三　理论结构分析是一种平实的分析方法

儒家是否尊君？这原本是不成问题的问题。且不说司马谈《论六家要旨》将“序君臣父子之礼”视为儒家的特长，只需在《四库全书》上检索一下“尊君”或“君尊”，就不难发现“尊君亲上”、“尊君亲亲”是儒家经典的核心命题。儒家对礼仪、礼义、仁义解读的基本点始终没有脱离这个命题，诸如“仁莫大于爱亲，义莫先于尊君”之类。儒家经典还用天地之道、阴阳哲理证明“天无二日”、“君尊臣卑”是符合自然法则的。“儒家尊君”可谓铁案如山的判词。如果儒学与君主制度不相匹配，它有资格成为帝制的国学吗？

近代以来，由于对儒学现代价值的看法相互对立，于是儒学的本质属性成了辩论的焦点。围绕民本思想展开的“反专制”与“专制”之争最为典型。夸大儒学现代价值的学者反复引述“民惟邦本”、“民贵君轻”、“从道不从君”，声称这是“对专制的批判”。他们有意无意地回避儒家经典中将最高权力赋予君主的制度性命题。诸如《论语》记述孔丘的“礼乐征伐自天子出”[①]，《孟子》引述孔丘的“民无二王”[②]，《中庸》引述孔丘的“非天子，不议礼，不制度，不考文”[③]等等。只要对照一下政治学专业的大本教科书，就不难判定这种制度设计属于“专制政体”范畴。

这类学者大多有良好的愿望。但是，事实搞错了，判词还准确吗？判词不准确，宏论还可靠吗？当今众多弘扬儒学的文字，不仅少了一点求实精神，也违背了孔丘之学的真谛。正是由于这个缘故，他们张扬的“历史价值”多为不实之论，议论的“当下意义”往往更为虚夸不实，设计的“现代路径”则实属歧途。这种做法不利于中华民族形成真正的文化自觉、文化自信、文化自立。

分析理论结构是思想史研究最基本的方法。针对那些故意造成“结构性信息缺失”的现代崇儒者，许多学者采用摆事实、显道理的方法，证明儒家的尊君与重民并行不悖。他们分别使用了“比翼双飞”、“和谐统一”、“极吊诡的整体”、“阴阳组合结构”等提法，旨在形成比较完整的事实陈述，进而在揭示本质的前提下，发掘积极因素。

在借鉴并发挥一批前辈学者的研究思路的基础上，我注重分析思想体系和命题组合，逐一考察个案，以事实证明“尊君—罪君”的理论结构普遍存在。除无君论者外，中国古代著名思想家的著作无一例外。因此，我称之为中国传统政治思维的“文化范式”。

---

① 《论语·季氏》，朱熹：《四书章句集注》之《论语集注》卷 8，第 171 页。

② 《孟子·万章上》，朱熹：《四书章句集注》之《孟子集注》卷 9，第 306 页。

③ 《礼记·中庸》，郑玄注、孔颖达疏：《礼记正义》卷 53，第 1700 页。

四 “民贵君轻”是帝制的统治思想

“民贵君轻”是中国古代最精彩的思想命题之一，其核心理念是：在政治权力本原的意义上，民众比君主更重要。正是对这个命题的深入研究，使我认识到一个更精彩的“立君为民”命题。儒、道、墨、法等重要学派普遍认同这个命题，其中法家的理论贡献尤为突出。慎子的“立天子以为天下”[①]和商鞅的“为天下位天下”[②]就是孟子“民贵君轻”的理论先导。据此，我不仅找到重新认识中国古代政治理论体系的突破口，而且也看到了现代崇儒者的众多说法与历史事实相悖。

在宋元明清，写有“民贵君轻”的《孟子》是官方学说的主要载体。面对陈独秀、胡适等不是民主的断语，现代崇儒者固执是民主或反专制的论点。他们不仅一再强调先秦儒学的民主精神被后儒和帝王篡改、阉割、压制，还常常以明太祖删节《孟子》为重要论据。但是，这种说法经不起事实的检验，这里仅举三类事例。

一是明太祖曾命人将《大学衍义》“大书揭之殿两庑壁”。这部“帝王之学”是宋、元、明、清皇帝与皇子的必读书，其中有专门阐释孟子“民贵君轻”的段落。由此可见，一度将“民贵君轻”视为座右铭的明太祖，后来采取了截然相反的态度。

二是众多皇帝认同“君为轻”。例如，石介上书宋仁宗论为君之道，陈瓘上书宋神宗主张严惩奸臣章惇，均引用了“民贵君轻”。许衡依据“民为重，君为轻”论朝政，元世祖大加赞赏。元英宗告诫臣下：“朕思之，民为重，君为轻，国非民将何以为君？今理民之事，卿等当熟虑而慎行之。”[③]明成祖恢复《孟子》原貌，颁行《四书大全》，御制《大学衍义赞文》。丘濬著《大学衍义补》，引据“民贵君轻”论说治平之道。明孝宗、明神宗为之作序，下旨刊行。专门为清朝皇帝编纂的《日讲四书解义》指出“国之所贵未有如民者”。康熙帝撰文赞扬文天祥依据“君为轻”拥立宋端宗。乾隆帝明确肯定民重君轻适用于天

---

① 《慎子·威德》，第3页。

② 《商君书·修权》，蒋礼鸿：《商君书锥指》卷3，第84页。

③ 《元史》卷136《拜住传》，第2192页。

子,还曾吟诵“藐予小子识君轻”[①]和“自昔识君轻”[②]的诗句。在《钦定四库全书》中,“民为贵”、“民为重”、“君为轻”之类的字眼不胜枚举。其中,一批皇帝钦定、亲著或撰写书评的书籍皆有论证“民贵君轻”的文字。实际上,汉高祖认同的“王者以民人为天”[③],隋炀帝标榜的“非天下以奉一人,乃一人以主天下”[④],唐太宗论证的“君依于国,国依于民”[⑤]等,都将民众置于相对重要的地位。

三是科举考试要求通晓民重君轻。例如,明朝隆庆进士黄洪宪的科举制文《邠人曰》写有“民为贵,社稷次之”[⑥]。万历丙戌会试会元袁宗道的策试答卷,申说“帝天之命,主于民心”,阐释“天为民立君,君为天重民”,主张君主“不敢一念一事,自先而后民,自贵而贱民,自勇而弱民,自智而愚民”,还以激切的文字抨击“靡所顾忌”、“恣行胸臆”的暴君。这份答卷博得考官们的激赏,写出“必雅抱忠忱,期摅匡翼者”的评语[⑦]。天启四年举人艾南英题为《民为贵》的科举制文依据“天为民而立天子”,深入解读“民贵君轻”[⑧]。黄洪宪、艾南英的文章均收入清乾隆帝下令编纂的《钦定四书文》,以作为衡文绳尺。由此不难理解,为什么自从《孟子》被列为科举考试必读书之后,朝堂之上、著述之中援引“民贵君轻”及其基本思路的事例越来越常见。在特定情境下,朝臣们甚至会依据“君为轻”而另立皇帝。

沿着这个线索,我发现一批重要的儒学命题始终处于统治思想的核心地位,构成官方学说的理论基础。诸如被说成“反专制”的“天

---

① 清高宗:《御制诗集》2集卷38《春仲躬祭社稷坛》,《景印文渊阁四库全书》,第1303册,第691页。

② 清高宗:《御制诗集》4集卷19《仲春祭社稷坛礼成述事》,《景印文渊阁四库全书》,第1307册,第566页。

③ 《史记》卷97《郦生陆贾列传》,第2081页。

④ 《隋书》卷3《炀帝纪上》,第43页。

⑤ 《资治通鉴》卷192《唐纪八》高祖武德九年条,第6026页。

⑥ 黄洪宪:《邠人曰》,《钦定隆万四书文》卷5《孟子上》,《景印文渊阁四库全书》,第1451册,第275页。

⑦ 《万历丙戌会试录》,《明代登科汇编》,第20册。

⑧ 艾南英:《民为贵》,《钦定启祯四书文》卷9《孟子下之下》,《景印文渊阁四库全书》,第1451册,第568页。

民相通”，被说成“人民主体”的“民心即天心”，被说成“非程序民权”的“汤武革命”，被说成“民主思想”的“天下为公”等等。只须大致翻检一下《钦定四书文》就不难发现，凡是想走科举仕途的人都必须弄懂这些道理。

由此可见，官方学说不仅没有将这类命题视为异端邪说，反而将其奉为至理名言。试想，如果皇帝们张扬“君为轻”只是为了装装样子，又何必一而再、再而三地将它用作旨在选拔官员的科举考试，以制度化的方式制造共识？难道帝制的统治者能够高明到敢于用对帝制具有颠覆性的思想成批量地培养忠于朝廷的政治精英？

面对上述事实，我们还能轻易地断言儒家反抗王权、批判专制吗？还能轻信那些“着力突显、提倡传统文化的正面价值”的简单做法吗？

实际上，“以民为本”和“民贵君轻”都是从一个更高层次的命题中引申出来的，这就是“立君为民”。从现存文献看，“立君为民”命题发端于商周，经过儒、道、墨、法等重要学派的论证，逐渐成为社会普遍政治意识。它的使用频率远远高于“民惟邦本”。在欧亚大陆帝国化的漫长岁月中，这种政治现象为中国所独有。它是中华民族群体性政治智慧的产物，反映了中国古代政治文明的重要特点，很值得深入研究。

五　应当深入研究中国古代政治文明

我的学术心得是：更为深入的研究必须直面“立君为民”、“民贵君轻”可以与帝制相匹配这一重大的历史现象，以期对儒学与帝制做出客观、全面、准确的认识和判断。这项研究直接关系到能否科学地认识与恰当地评估中国古代政治文明及相关的思想文化现象，进而为探索建设中国现代政治文明的正确途径提供可靠的学术资源。研究者要想担当这个重任，就必须将求实精神奉为最高法则。

前些日子《光明日报》刊载了一篇批评文字。刘泽华先生征询我的意见。我的判断是：在如此重要的报章上展示观点，是一桩极大的好事。

第一，如果因此而促使教育行政部门慎重对待将“国学”列为一级学科名录的问题，可以使国家避免决策失据。

第二，如果因此而推动学界在全面审视传统文化及其现代价值方面取得重大突破，这是学术之大幸。

第三，如果因此而使得莘莘学子对“孔子”、“儒家”等重要文化符号形成比较完整、比较准确的记忆，这是教育之大幸。

第四，如果子孙后代依据我们的文章判定，面对泛滥一时的“国学热”，当年有一批研究儒家经典的学者出于对学术的责任感，曾提出尖锐的批评，这是个人之大幸。

在我们看来，无论反思传统文化，还是弘扬优良传统，包括我们在内的中国学术界都做得还很不到位，许多重要问题需要探讨，若干重大理论尚未解决，一些陈陈相因、积非成是的说法须要质疑。

良性的学术互动总是有益于学术发展的。治学者必须多研究一些他人，也要拷问一下自己，并藉以寻求超越的途径。否则就会导致一种自我屏蔽，不愿把主要精力投放在深入研究各种不利于个人见解的事实和观点中去。实际上，研究这类事实和观点的价值尤为珍贵，它可以使人们增加一些思路，开阔一些视野，扫除一些盲点，排除一些误区。学术的多元化争论虽难免偏向一极，却有利于研究的深化。但是，持不同见解的学者必须强化以事实明道理的学术准则。我们愿与持不同观点的学者共勉。

“国学”不宜用于命名一级学科

《“国学”不宜用于命名一级学科》一文发表在《天津社会科学》2010年第3期。这篇论文属于国是建言及学术思考范畴，是我向国家行政机构直接署名递交的第一份政策建言。

2010年3月3日，全国人大、政协两会期间，我将这份政策建言及附件《“国学”不宜用于命名一级学科》寄呈教育部袁贵仁部长。时隔月余，教育部在网上公开向国内学者征集哲学社会科学方面的咨询报告。我按照规定的形式和字数，将其修改成咨询报告，发给指定的电子邮箱，并告知论文发表在《天津社会科学》。我的方法选择是集中谈“国学”这个词有问题，使明白人一看便知以“国学”为学科名目必将贻笑大方，乃至后患无穷。在国家教育行政机构即将就设置一级学科问题做行政决定之时，这种写法最容易被决策者理解、认可和采纳。事实证明我的方法选择是正确的。

当下学界最出格的“国学热”莫过于欲将“国学”推上超级学科或一级学科位置的盲动。令人欣慰的是，众多有识之士纷纷提出颇具说服力的批评意见，国家教育行政机构也采取了慎重的态度。

孔子曰：“名不正，则言不顺。言不顺，则事不成。”本文侧重从内涵混乱、名实相混的角度，进一步申说国学不应纳入一级学科名录的理据。

一 独尊儒术的“国学”不适用于现代

大多数学者没有注意到一个重大历史事实:“国学”一词不仅古即有之,而且很早就是一个常用词汇。这个词的本义及由此而衍生的特定涵义,始终有形无形地制导人们对国学的理解。追本溯源,当下的国学之争就发端于这种特定的涵义。

“国”的核心词义是国家。《说文解字・囗部》:“国,邦也。”[①]凡以“国某”形式组成名词,大多指“国家的”,如国都、国土、国民、国事等;或指“代表国家的”,如国旗、国徽、国歌等,或指“中国特有的”,如国画、国术、国剧等,而后两类词义大多属于现代现象。

顾名思义,国学指国家之学,即“邦国庠序”。这样解读既符合汉语习惯,又契合国学本义,并非望文生义。国学原本用于指称国立学校,例如《周礼・春官・乐师》的“乐师掌国学之政”[②]。“国”字亦有“学”之义,在特定语境下可以用为国立学校的简称。如《礼记・王制》:“六十养于国。”郑玄注:“国,国中小学,在王宫之左。”孔颖达疏:“国亦是学也。”[③]汉唐以来,国学主要指国家最高教育行政机构及其附属的等级地位最高的国立学校,如汉的太学、晋的国子学、北齐的国子寺和隋、唐、宋、元、明、清的国子监及其下设的国子学。在文献中,这种用法很多,如《后汉书・朱浮传》的“国学既兴,宜广博士之选”[④],《宋书・武帝纪下》的“选备儒官,弘振国学”[⑤]等。在《四库全书》中,可以检索到数千条直接与“国学”匹配的史料,涉及国学的设置、国学的状况、在国学发生的事情和纳入国学的学术等。由此可见,国学原本有特定的指称对象,其涵义确切,且沿用了数千年之久。

“国”字有一国之选、冠绝一国的意蕴。这类用法很常见,诸如才能优秀谓之“国士”、才艺出众谓之“国手”、技艺高超谓之“国工”、医术杰出谓之“国医”、棋艺最高谓之“国棋”、色盖一国谓之

---

① 《说文解字・囗部》,段玉裁:《说文解字注》卷12第6篇注下,第277页。

② 郑玄注、贾公彦疏:《周礼注疏》卷23《乐师》,第701页。

③ 《礼记・王制》,郑玄注、孔颖达疏:《礼记正义》卷13,第491、493—494页。

④ 《后汉书》卷33《朱浮传》,《二十四史》简体字本,中华书局,2000年,第768页。

⑤ 《宋书》卷3《武帝纪下》,第40页。

“国色”等。因此，国有最尊、最好、最美的词义。“国学教胄子，太学招贤良。”在各种学校中，国学的等级最高。国学的学生亦称“国学生”，如《文献通考·学校二》的“国学生皆取冠族华胄”[①]。在这个意义上，国学可以释读为最高等、最优秀、最高超的学校及相关的学术。

“夫国学者，立教之本也。”国学的等级地位显要，政治功能重要，于是国学的教育内容及相关学术便被赋予官方学说，亦即“国家学术”的地位。史籍多有关于哪一种学术可以立于国学的记载。如《隋书·经籍志》：“梁、陈（《周易》）郑玄、王弼二注，列于国学。”[②]一般说来，帝制国学以儒学为独尊学术，以“六艺”为教育科目。汉、晋、隋、唐的国学以《诗》《书》《礼》《易》《春秋》等“五经”为主，兼修《论语》《孝经》等。宋、元、明、清的国学以《大学》《中庸》《论语》《孟子》等“四书”为主，兼修其他儒家经典。国学的教育宗旨是灌输原典精神，修习礼义度数，陶冶人格性情，培养忠臣孝子等，所谓“国学教人之法，《诗》以理性情，《书》以道政事，《礼》以谨节文，《乐》以和心声。四者入道之路，则崇尚之”[③]。国学及其他各类学校凭借朝廷的配套制度和政策，将修习经典与选任官吏结合在一起，成为那个时代培养政治精英的主要途径和教化广大民众的重要手段。由于儒学与帝制血肉相连，我们很难三言两语便全面评定这种国学的功过是非。

“国学者，天子之学也。”自汉唐至明清，惟有儒学（儒教）始终处于国家学术的地位。“京师首善之地，国学教化之原。”皇帝独尊儒术，朝廷设立国学，于是选任学官“掌邦国儒学训导之政”。这就以国家学校和国家教化为媒介，将儒学等同于国学、国教。在古代文献中，儒学与儒教词义相通，“崇儒学”亦即“重儒教”。唐朝李邕《兖州曲阜县孔子庙碑》就有“我国家儒教”的提法。无论国家儒教，还是国家儒学，本质上是一种国家意识形态。因此，在特定历史条件下，“国学”一词被注入了特定的内涵，即儒学是国家学术或国家意识形态。

---

① 马端临：《文献通考》卷41《学校二》，浙江古籍出版社，1988年，第390页。

② 《隋书》卷27《经籍志一》，第619页。

③ 《钦定礼记义疏》卷18，《景印文渊阁四库全书》，第124册，第516页。

国学与儒学紧密相连,始终难分难解。2008 年 6 月 24 日的《文汇报》刊载一篇题为《国学与当代世界》的文章。作者提到朱熹的一段文字:"国学者,圣贤之学也,仲尼孟轲之学也,尧舜文武周公之学也。"这段话的出处不知何在,无法据此断言古人已经径直将国学等同于儒学。但是,儒学即国学的意蕴显然由来已久。正是由于儒学即国学、国学即儒学的涵义根深蒂固,时至今日,人们一提到国学,依然会首先想到儒学。

由于历史的缘故,国学一词还内蕴贬义。在从帝制走向共和的起步阶段,帝制国学是阻滞社会变革的主要精神力量。一大批志士仁人以极难炸毁的"铁房子"形容由儒学孔教所构建的"精神家园"。让儒学边缘化是历史进程的必然选择。在国学与帝制一同寿终正寝之后,一些人依然张扬旧的国学传统,诸如康有为等的请定孔教为国教之议和众多学者的中小学恢复读经之议。这类主张也曾见诸政府行为,诸如复辟帝制的袁世凯尊崇孔教,伪满洲国皇帝搞国家儒学。将三民主义儒学化的蒋介石统治集团还曾大搞尊孔祀圣和中小学恢复读经,并美其名曰"新生活运动"。就连具有合理性的"整理国故"也曾对思想解放起过阻滞作用,诸如一些学者截然区隔东西方文化的"孔化"主张。

很多学者坚称国学是一个现代概念,这只说对了一半。新国学虽不乏新的学术旨趣,却实为旧国学的衍生物,以儒学为核心是其共同特征。因此,无论一批现代学者如何设法使新国学与旧国学分道扬镳,却始终无法让新国学摆脱旧国学的缠绕。当下社会上流行的"国学热"多半是儒学热。只须看一看当下"国学争鸣"的内容及双方的理据,就会发现论辩的重点依然是儒学,而为国学辩护的主要论点则是"儒学反王权"。明乎此便不难知晓:当下一些学者所谓的"国学观"之争主要是儒学观之争,而儒学观之争的焦点又是儒学现代价值之争。在这个意义上,新国学就是旧国学的现代变种,二者的遗传基因相同,核心内容一致。

设国学,立国教,以确定国家意识形态,这是一种在前现代国家广泛存在的政治现象。这种做法显然不适用于现代社会。现代国家都有其"国家学术",却从来没有一个发达国家采用传统社会的做法,而是运用"多元化"的方式。在当下力主将国学列入一级学科的学者中，大多并非主张设立国家学术。但是，这并不意味着他们都不想这样做。其中一些人公开主张重建“儒教社会”，倡导“少儿读经”，鼓吹现代中国应将儒学立为“国教”。至于主张由儒学主导现代中国国家意识形态的文章亦可谓不胜枚举。在这种背景下，如果用国学命名一级学科，就很容易导致误读、曲解、滥用，乃至被某种不良的目的所利用。学界对此不能不有所警惕。

二　区隔中西的“国学”存在重大偏弊

旨在标示学术科目的“国学”产生于晚清。1902 年梁启超、黄遵宪在通信中就使用了国学一词。人们以此指称中国固有文化与学术。自是以来，学界争鸣的对象主要是这种国学。

“国”有域中的、本国的词义。仅从构词方式看，将国学作为“中国的学术”的简称未尝不可。但是，这种国学概念有与生俱来的两大偏弊：一曰以国名学，世所罕见；二曰区隔中西，自设畛域。

遥想晚清民国之际，挽救危亡，迫在眉睫。无论批判孔教、非议儒学而寻求自新，还是整理国故、护卫国粹而寻求自信，一批有识之士高举爱国主义旗帜，为民族复兴而殚精竭虑。他们以不同方式影响社会革新和文化重构的历史进程，虽各有偏颇，却彪炳史册。

在特定情境下形成的“国学”一词缺乏学理论证，难免有所偏颇。从衍生过程看，旧学、中学、国粹、国故、国学的涵义有内在关联。“国碎”才会激发“保存国粹”之说，“国衰”才会萌生“整理国故”之意。如果国势强盛，文化强势，何必特意张扬国学！显而易见，所谓国学是为了对抗西学而设的，它与稍早问世的“中学”是同义词。在西方文化的冲击之下，一些中国学者倡导“国学”，这实属无奈之举，所谓“守阙抱残非好事，神州国粹太飘零”。正如许多学者所指出的，如果没有西学的流行，根本不可能冒出旨在标示学术科目的国学来。

现在人们常说的“学贯中西”是指一个学者的学术根底，与学术科目无关。但是，这不是“中学”一词原本的功能。张之洞提出“旧学为体，西学为用”。梁启超转引为“中学为体，西学为用”。显而易见，在中国固有学术的意义上，旧学、中学、国学是同义词。与西学对称的中学从对象到方法将中外之学区隔开来。国学这个科目名称也具有同样的功能，而这种功能正是它无法用于命名一级学科的主要原因。

在现代学科体系中,没有任何一个一级科目是旨在区隔中外之学的。无论自然科学的生物学、物理学、化学等,还是社会科学的文学、历史学、哲学等,一级学科名称都旨在界定研究领域。只有社会科学的二级学科才可以出现国别,如历史学之下有中国古代史、中国近现代史等,而中国史学科也只是界定研究领域,并不界定研究方法。换言之,研究中国史的学者也是应当学贯中西的。由此可见,用国学一词界定学科是存在诸多问题的。

一些学者早就发现了这个偏弊。20 世纪 20 年代,国学一度流行,中学设有“国学概论”课程。钱穆编写教材,未能免俗而以《国学概论》命名。但是,在《弁言》中,他开篇即表明自己的态度:“学术本无国界。‘国学’一名,前既无承,将来亦恐不立。特为一时代的名词。”①在他看来,究竟哪些内容算作国学,“实难判别”。钱穆堪称力主弘扬中国固有学术的著名学者,他的质疑与判断是颇有参考价值的。无论怎样看待中学、西学在文化重构中的地位,都不足以成为设置国学一级学科以区隔中西之学的恰当理据。

笔者孤陋寡闻,还没有听说过哪个发展程度较高的现代国家用“国学”的名义特意为本国传统文化设置具有行政属性的学科。即使有“某国学”之类的科目,那也并非指“某国的固有学术”,而是指“研究某国的学术”。有鉴于此,中国政府与中国学者理应重视中国学以及相关的传统文化研究,却切忌混淆“中国学”与“国学”,而错将“国学”列入一级学科名录。否则,要么会使人误以为中国人夜郎自大,要么会使人误以为中国人逻辑混乱。无论如何,都会贻笑大方。

区隔中西之学一直是为国学争取学科地位者的主要说辞。这种错误的做法势必遭到有识之士的诟病。中国现代学术先驱王国维早就张扬“学无中西”的道理。在《国学丛刊》序中,他从深入研究经学等必须借助西方学术资源的角度立论,指出:“故一学既兴,它学自从之。此由学问之事本无东西,彼鳃鳃焉虑二者之不能并立者,真不知世间有学问事者矣。”②这位国学大师的说法很有说服力,因而获得

① 钱穆:《国学概论》,商务印书馆,1997 年,第 1 页。

② 《王国维全集》第 4 卷,浙江教育出版社,2010 年,第 367 页。

广泛的认同。何兆武的见解更到位："我不赞成'中学''西学'的提法，所以我也不赞成所谓的'国学'。每个国家都有'国学'，都要去宣扬他的'国学'吗？……我同意这样的说法，真理是放之四海而皆准的，不应该戴中学、西学、国学这种帽子。"①

华夏先哲云："世易时移，变法宜矣。"在民族振兴、国家崛起的今天，我们已经有条件以平常心态和严格学理来设计学科名目，何必还要固守夹杂自尊与自卑、善意与偏颇的国学概念？

国学与现代学术分科问题是"国学争鸣"的重点之一。学界占主流的意见可以概括为：既要重视传统文化研究，又要尊重现代学术分科。胡适的意见很有代表性。他倡导运用科学方法来整理国故，同时主张文学的归文学，史学的归史学，哲学的归哲学。胡适在北京大学"国学门"成立时就明确指出，"国学门"不是具体的学科。1922 年成立的北京大学国学门和 1925 年成立的清华大学国学研究院就是在这类思想指导下成立的。但是，即使据此而设置的国学机构，也无法为国学在现代学科体系中谋取独立学科的位置。在中国的大学相对平稳发展时期，既不缺乏自主权，又不缺乏资源的两校国学机构先后于 1927 年、1929 年停办，可谓短命夭折。

近年来，一些学者旧话重提，一些学校成立国学院，一些校长力推国学一级学科。其理由之一便是设立国学学科可以打破西方现代学术分科壁垒，贯通文史哲，校正西方学术方法的弊端，凸显传统学术方法的优长。有的人甚至主张将国学建设成超级学科而凌驾于文、史、哲等一级学科之上。

诚然，只要有学科之别，就难免出现有形无形的壁垒。但是，这类壁垒通常不是来自学术分科本身，而是来自一些学者出自学术偏见或自身利益而设置的不合理的排他性障碍，有的甚至来自学者的自设畛域，自我束缚。难道国学被纳入一级学科名录就可以避免这类人为的壁垒吗？实际上，学者要超越人为壁垒并非难事。试想，文、史、哲三大一级学科的设置何曾限制文学教授、史学教授、哲学教授将文学名著《诗经》、史学名著《史记》、哲学名著《庄子》等作为共同的研究对象？现代学术分科并不限制一个学者依据问题意识设置研

① 何兆武：《"学"不应有中西之分》，《中国教育报》2007 年 3 月 8 日。

究对象,并综合性地运用各种研究方法。

古往今来,国内域外,关于学术方法的宏论可谓多矣。要言之,学问无国度之别,惟取其高明;方法无新旧之分,惟取其适用。"中国传统文化"是一个极具包容性的概念。这个研究对象的内涵与外延涉及现代学科体系中自然科学和社会科学的所有一级学科。因此,各种具有普适性的方法都可以用于研究中国传统文化。更何况学科分类只是研究领域的区分,不是研究方法的畛域,凡是有助于剖析某一研究对象的方法都可以采用。中国传统文化的研究者应当把视野拓展到更广泛的领域,即人类认识各种社会现象、自然现象所积累的一切有价值的研究方法。这就是方以智、王夫之等古代著名思想家所主张的"集千古之智"。我们又何必为传统学术方法而特意设立国学一级学科呢?

正如许多学者指出的,不依照国别与方法设置一级学科是现代学科体系的通则,而将国学纳入一级学科名录的主张违背这一基本常识。现代学科分类只是一种大体的学术分工,这种专业化的分工并不旨在构筑研究对象的壁垒,更不旨在构筑研究方法的壁垒。以学术方法有差异为口实,为设置国学一级学科寻找理据,这种做法难免思虑不当之讥。无论中国、外国,其固有学术皆包罗万象,理工农医,文史哲经,尽在其中。难道我们可以依据中国的方法与外国的方法而设置"国学"和"非国学"两大类分别统辖一切的超级学科吗?

三　涵义混乱的"国学"无法界定学科

当下的"国学"还真让一批学者和校长弄成了超级学科的规模。在他们看来,国学如此宏大,设立国学学科"是一个并不需要过多学理论证的问题"。岂不知过于宏大,内涵膨胀,反倒彻底葬送了以国学命名学科的合理性。更何况按照管理科学的基本法则,设置任何一级学科都是必须通过学理证明这一关的呢?这一关过不去,"怎么设立"的问题就无从谈起。

何谓国学?学界众说纷纭,莫衷一是,其对象范围,小则仅指儒家经典之学,中则泛指整理国故之学,大则涵盖中华五十六个民族的古今之学。如果综合考虑宗旨、对象、方法、时限等诸多要素,甚至以一人一义来形容也不算太夸张。依据主要研究对象定义的国学概念大体可以归纳为六大类，它们都不适宜界定一级学科。

一是儒家经典之学说（经学说）。

在《泰和会语》中，马一浮给出的定义是："今楷定国学者，即是六艺之学，用此代表一切固有学术，广大精微，无所不备。"六艺之学亦即儒家经学。"六艺"亦称"六经"，是指据说由孔子删定的《诗》《书》《礼》《乐》《易》《春秋》等。研习经典需要文字、音韵、训诂等"小学"功底。经学与小学共同构成中国固有学术的核心。因此，一些学者力主将国学界定为体现中华文化源头和原典精神的六艺之学。

曾经长期占据帝制国学的儒家经典之学是名副其实的中国古代主流学术。国学即经学的定义与历史传统一脉相承，可以准确表述国学的基本义涵。"用儒家思想表征我们的民族传统与精神"也是许多张扬国学者的本意。但是，这种国学定义与倡导国学的初衷不相吻合，也有损国学设为一级学科的理据。因此，大多数学者或不同意，或回避这种定义方法。

二是固有学术思想说（思想说）。

章太炎《国故论衡》、钱穆《国学概论》等均以"二千年来本国学术思想界"界定并介绍国学的主要内容，涉及先秦诸子、两汉经学、魏晋玄学、南北朝以来佛学和经学、宋明理学、乾嘉汉学及近代以来的学术思想等。

思想说既保留了儒学这个主线，又超越了经学说的局限。依据这种定义，国学的研究领域大体相当属于三级学科的广义的中国思想史。其规模不足以支撑一个二级学科，更不用说一级学科了。

三是经史子集之学说（旧学说）。

赞同这种定义的学者指出，国学不等于传统文化，它只是传统文化的一部分。国学亦即旧学，包括关于经史子集的各种传统学问。旧时的经史之学、金石小学、诗词歌赋、散曲小说、音韵训诂、版本目录校勘等等都是国学。

经史子集是传统学术的分类方法，经史子集之学是传统学术的主要载体。其中经学居于核心地位，其他则如众星拱月。因此，旧学即国学的定义有明显的合理性。但是，将旧学设为一级学科显然不合适。

四是一切历史文化说（国故说）。

在《国学季刊》“发刊宣言”中，胡适认为，章太炎著《国故论衡》，于是“国故”一词成立。中国一切过去的历史文化都是国故，而“国学”是“国故学”的缩写，因而国学是指研究“一切过去的历史文化的学问”。

国故说在传统文化与国学之间划上等号。传统文化的外延相当宽泛。如果限定为精神文化，则涉及社会科学各个学科。如果包括精神文化和物质文化，则涉及现代学科体系的所有学科，包括自然科学的各个学科。传统文化研究包罗万象，除非设置超级学科，否则无法承载内涵如此宽泛的研究领域。

五是中华民族之学说(大国学说)。

季羡林主张搞大国学，其内在理路获得广泛赞同。其主要理据是：将中国传统文化局限于汉族文化既不符合实际，也不利于民族团结与国家统一。国学应当是整个中华民族的共同之学，中华民族大家庭的五十六个民族个个有份。

“大国学”的提法值得推敲。难道中华民族之学只有戴上国学的帽子才更合适吗？季羡林意识到国学之弊，却未能摆脱窠臼，依然使用这个不恰当的词汇。“国学”一词被搞得这么乱套，用它来标示中华民族之学难免使人有不伦不类的感觉。

六是学术文化整体说(新国学说)。

许多人意识到以往的国学概念不够稳妥，因此提出“新国学”的说法。其中一种意见就是将中国学术文化统统纳入国学范畴。这就意味着发生在中国疆域内的一切文化学术，无论古今、地区、民族、宗教、流派等等，都属于国学。

这类特大号的新国学概念难免大而无当之讥。就连一些正面谈论这类话题的人也承认“‘大国学’大到什么程度，‘新国学’新到什么程度，还是需要展开讨论的”。不客气地说，“大国学”、“新国学”之类都是为了强调国学的重要性，特别是设置国学一级学科的必要性，而特意设计出来的壮大门面之辞。其主要说辞是：国学的内涵如此丰富，这是文、史、哲学科所不能涵盖的。

实际上，这类宏大之论是经不起推敲的。这里仅举两个重大事实。其一，在自然科学和社会科学各个一级学科内部都有名曰“中国某某”的科目，诸如中国科技史、中国文学、中国哲学、中国史、中国政治理论等等，综合在一起足以包罗万象。其二，按照现行学科体系，笔者属于历史学专业，而主要研究对象就是中国传统文化。历者，过也；史者，事也。“历史”二字的核心词义就是过去的事情，而“历史学”的专业分工就是研究一切过去的事情。只要大致浏览一下历代史家的著述，就不难知晓这样一个常识：仅仅一个历史学便足以覆盖中国历史的所有内容，而五十六个民族的传统文化也只是中国历史的一个局部。这就是说，国学的内涵无论如何膨胀，都不会达到现行学科体系无法覆盖的地步。

主张设置国学一级学科的各种理据有一个最大的弊病，这就是学理不通。学理不通的集中体现是违背现代学科体系的分类原则。面对各种批评，一些学者提出冲破现行学术分科的主张。但是，冲破一种体系之后，总是要重建另一种体系的，否则会造成管理上的严重混乱。如果依据设置国学学科的理据，重建的学科体系理应设置“国学”与“非国学”两大超级学科，否则就会成为四不像，至少国学与文学、历史学、哲学是不相匹配的。然而，设置超级学科的做法行得通吗？

四　夸大功能的“国学”不能使之太热

导致国学内涵无限膨胀的思想根源在于国学功能被无限夸大。积极推动设置国学一级学科的人们多有太过宏大之论。其中最能耸动视听的说法可以概括为“是否设立国学学科关系国家兴亡和国学兴废”。这些论调貌似有理，却经不起推敲。事实胜于雄辩。本文限于篇幅，仅举两个基本的事实。

第一个基本的事实是：当今世界上没有任何一个发达国家为本国的传统文化特意设置具有举足轻重地位的国学学科，这种现象已经持续了很久很久。可是这些国家并没有因此而衰亡，也没有影响其软实力，更没有影响民族优秀文化传统的传承和专门研究本国问题的各种学术的繁荣。实际上，当今世界各国大多属于这种情况。现代学科体系是国际通行的，没有哪个国家因此而深受其害。

第二个基本事实是：自推翻帝制以来，中国没有设置国学学科，儒学也被边缘化，而中国却实现了民族独立，走上重新崛起之路。除各种学术研究都深受负面影响的“文革”时期外，传统文化研究始终保持着向前推进的态势。改革开放以来，这方面的新进展有目共睹，就连当下的“国学热”也是学术繁荣的产物。

实际上，不设置国学学科并不影响学者们深入研究中国传统文化。近年来，国家建立了一批专门研究传统文化的人文社会科学重点研究基地和创新基地，国家及各省市科研管理机构设置的传统文化研究课题越来越多，学有所成的学者获得课题的难度越来越小，课题的支持力度也越来越大。在传统文化研究领域，优秀成果不断推出。这也是有目共睹的事实。

在学科设置问题上，一个负责任的管理者切忌使用或听信一种不妥当的论证方式，其基本套路是：如果不重视乃至尊崇某种学术，就会导致人欲横流，道德沦丧，传统断绝，亡国亡种。在古代中国，儒学为了争取官学地位，就曾使用过这种论证方法。在现代中国，国学为了争取一级学科地位，再次使用了这种论证方法。无论有意还是无意，这种论证方法都内蕴谋求一统与独尊的倾向，而这种倾向如果得到重大行政措施的支持，肯定会有损于各种学术的正常开展。就连被尊崇的学术本身也极有可能深受其害，诸如中国古代儒学内部的争夺正统地位之患。在学科设置问题上，还是本着实事求是的精神，以现代学术通行的方式处置为好。

应当指出的是，现代民族的精神家园涉及世界观、科学观、社会观、政治观、法律观、道德观、人生观等一系列精神要素。由于必须与现代中国相匹配，必须为五十六个民族所共有，因而必须汇集古今之精要、民族之精要和中外之精要。因此，其所需要的学术资源不是时下一些人倡言的“国学”所能包办的，而是必须由自然科学和人文社会科学的所有学科共同参与的。我们这些传统文化研究者切忌为了博取声誉和获得资源而夸大自己的作用。

应当看到，力主国学成为一级学科的学者都有良好的愿望。但是，良好的愿望必须与冷静的思考、恰当的路径和妥当的措施结合在一起，否则也会造成某种重大失误乃至悲剧性的灾难。这样的前车之鉴还少吗？

历史的教训一再告诉我们，导致一种学术虚火上升的主要动因多非来自学术本身，而是来自这种学术被夸大的社会功能。社会功能一旦被盲目夸大，势必会导致这种学术日后蒙羞乃至蒙难。“国学热”能否避免这个学术定律尚待时间的考验，而前车倾覆之辙，学者不可不察。因此,最恰当的处置办法是让学术回归学术本身。

新设学科,兹事体大,一旦失误,很难调整。凡内涵不清晰、学理不分明、学界争议大的更应慎重对待。有鉴于此,笔者的建议可以归纳为两条:

其一,有关部门应当以适当方式加大对中国古代思想文化研究的支持力度。一些学校设立以国学命名的教学科研机构,一些学人组成推动国学研究的学术团体,一些学者倾心自我设定的国学研究,都属于学术自由的范畴。其事成与不成,皆自有其道理。

其二,国家教育行政机构不应将"国学"列入一级学科名录。否则难免导致"六经注我"之学主导现代中国的"国学",反而会对名副其实的中国学或中华民族学乃至中国现代学术的发展产生严重的负面影响。

最高统治者的提倡与“民贵君轻”观念的普及

本文发表在《政治学研究》2007 年第 2 期，编辑将题目改为《中国古代君主与“民贵君轻”观念》。我觉得还是使用原来的题目为好，“普及”确实是历代帝王“提倡”的结果，也确确实实地普及了。

从方法论的角度看，这篇文章主要采用罗列事实的方式，通篇没有理论分析的文字。理论分析是社会科学研究必备的手段，思想类研究必须重视理论分析，还必须将罗列事实和理论分析有机地结合在一起，这是毋庸置疑的。但是，很多研究者没有意识到罗列事实的方式比理论分析的方式更具有基础性，一切脱离客观事实的理论分析都不会取得有价值的学术研究成果，而一些特定课题单靠罗列事实就可以获得很好的成果。人们通常说的“摆事实，讲道理”就是指罗列事实的方法。当然，没有理论的支撑，也是不可能把事实罗列好的。

孟子的“民贵君轻”是一个极其醒目的民本思想命题。学术界对这个命题的价值判断有重大分歧，其中“专制思想”说[①]与“民主

① 一般说来，凡是判定儒家民本思想属于专制主义范畴的学者都属于这一类。例如，在《再质问〈东方杂志〉记者》一文中，陈独秀指出：“民贵君轻……与以人民为主体，由民主之民主政治，绝非一物。”参见《陈独秀文章选编》（上），生活·读书·新知三联书店，1984 年，第 353 页。

思想”说[①]可谓有天壤之别。许多学者没有将“民贵君轻”判定为“民主思想”，在他们看来，它与尊君思想要么有重大区别，要么有内在冲突，要么势不两立，因而属于“反专制思想”[②]。这类争论直接关系到对中国古代政治思想史上一些带有根本性的问题的认识。

政治思想研究必须做出价值判断，而恰当的价值判断首先有赖于比较准确的事实判断。在完成国家社会科学基金重点项目“民本思想与中国古代统治思想关系研究”的过程中，笔者系统地重返历史文献，得出的结论不仅修正了自己以往的一些认识，还对许多著名学者提出的、现在依然流行的学术观点具有一定的颠覆性。

本文主要采用罗列事实的方式，说明这样一个论点：最高统治者的认同、论证、提倡是“民贵君轻”的基本思路成为社会大众价值共识的主要原因。

一　从一篇题为《民为贵》的科举制义谈起

许多著名学者断定：在清朝，民本思想遭到官方压制而处于消沉之中[③]。实际情况却远非这么简单。就在黄宗羲等一批社会政治批判思想家高举“天下，天下之天下”和“天下为主，君为客”的旗帜，将中国古代的民本思想推向极致的时候，皇帝们也在以“天下为公”、“民贵君轻”为王权定位，为帝制张目。他们不仅援引民本思想论学、评史、施政，还要求读书做官的人必须通晓“天民相通”、“民贵君轻”的道理。

---

① 以刘师培、孙诒让为代表的国粹派，以熊十力、徐复观为代表的现代新儒家，都是这一类观点的典型代表。还有一些著名学者也持这类观点。例如，张岱年认为，孟子讲“民为贵”，“这可以说是民主思想”。参见《张岱年哲学文选》，中国广播电视出版社，1999年，第35页。

② 例如，梁启超的《先秦政治思想史》、萧公权的《中国政治思想史》、萨孟武的《中国政治思想史》、韦政通的《中国思想史》都明确指出儒家的民本之论、孟子的民贵之说与近代民主思想有别，却又在行文中提到民本思想受到专制王权的排斥。许多学者认定：“民本思想经常受到尊君思想‘围剿’和专制君主压制。”参见胡波：《20世纪中国民本思想研究评述》，《学术月刊》2001年第5期。

③ 例如，金耀基认为，在康雍乾时期，民本思想被强化绝对君主专制思想所湮灭。参见金耀基：《中国民本思想史》第五章《民本思想销沉时期》，台湾商务印书馆，1993年。萧公权认为，自康熙末年以来，“久经清廷压制以后，不特民本、民族之观念失其光芒，即一般政论之兴趣已渐趋冷淡”。参见萧公权：《中国政治思想史》，辽宁教育出版社，1997年，第603页。

一篇题为《民为贵》的科举制义就是毋庸置疑的例证。

这篇八股文为明朝举人艾南英所作。艾南英，字千子，明朝东乡人，天启四年举人。因对策“有讥刺语”，触怒魏忠贤，而“停三科”。“庄烈帝即位，诏许会试。久之，卒不第，而文日有名。”与公安派的“三袁”一样，艾南英也是《明史》有传的著名“文学之士”。《明史·文苑传》概要阐述有明一代文风流变，指出：“至启、祯时，钱谦益、艾南英准北宋之矩矱，张溥、陈子龙撷东汉之芳华，又一变矣。”[①]艾南英是一代文风的典型代表人物之一。“万历末，场屋文腐烂，南英深疾之，与同郡章世纯、罗万藻、陈际泰以兴起斯文为任，乃刻四人所作行之世。世人翕然归之，称为章、罗、陈、艾”[②]。《民为贵》就是艾南英为此而撰写的一篇范文。从这个事实可以推定：当时的读书人在学习与备考的时候必须修习乃至精心研读“民为贵”的经义。因为它有成为科举试题的可能性，至少在回答其他考题的时候有可能成为一个应知应会的知识点。

艾南英的解读符合孟子的本意，其论证比孟子更为丰满。他的核心论点是“天为民而立天子”，诸侯、大夫皆为辅助天子治民而设。因此，诸侯“失民心而危社稷”就应当下台。在他看来，失民心才是关键的关键，“然则为社稷而变置诸侯，岂为社稷哉？为失民而已矣。”他还借用柳宗元《封建论》的思路与话语而有所发挥。艾南英认为，为制止人类的纷争，诸侯与天子递次产生。诸侯是“百里之民从而听命”的“德之大者”，而天子是“四海之民从而听命”的“德之愈大者”。无论天为民立天子，还是德大为天子，都说明“得乎丘民而为天子”。至于为什么孟子“言诸侯、社稷而不及天子”，是因为当时“民心既散，诸侯皆叛，天子将无与立。而不忍言之者，所以尊天王大一统也”。在他看来，孟子的本意是包括天子在内的。简言之，“夫君与社稷至不能与民比重，而顾可轻其民哉”[③]。由此可见，当时的官方学说不仅没有将“民贵君轻”视为异端邪说，反而将其奉为至理名言。因而参加科举考试的人根本无需回避、阉割、篡改孟子的思想。

---

① 《明史》卷285《文苑传一·序》，第4883页。

② 《明史》卷288《文苑传四·艾南英传》，第4948页。

③ 艾南英：《民为贵》，《钦定启祯四书文》卷9《孟子下之下》，《景印文渊阁四库全书》，第1451册，第568页。

清朝科举考试沿用明制，尤为重视四书之文、性理之书。经义诠释和衡文标准以朱熹的《四书集注》为依据。乾隆皇帝又命大学士方苞等精选明清“大家制义数百篇”，辑成《钦定四书文》（含《钦定化治四书文》《钦定正嘉四书文》《钦定隆万四书文》《钦定启祯四书文》《钦定国朝四书文》）。艾南英的《民为贵》及其他引用“民贵君轻”、阐释“立君为民”的科举制义入选其中。朝廷将这部科举范文汇编颁布天下，旨在明示经义“准的”，公布衡文“绳尺”，使学者、士子“以为矩矱”[①]。由此可见，清朝皇帝也要求参加科举考试的人必须通晓“民贵君轻”的道理。

《钦定四书文》可以大体反映明清科举考试的内容与要求。在一批程、墨范文中，明明白白地写着“立君为民”、“天下为公”、“民为国本”、“国依于民”、“民贵君轻”、“民事甚重”、“富民足君”等民本思想命题。涉及民本思想的考题和答卷更是不胜枚举。入选文章大多选自科举中式的答卷，脍炙人口的名稿又经皇帝钦定，树为范文，其影响颇为广泛。显而易见，在最高统治者看来，通晓“民贵君轻”的道理是培养忠臣良吏的有效途径。

大量事实表明，在明清，读书人都懂得“民贵君轻”的缘由。国家以百姓为根本，君主以养民为要务，几乎是家喻户晓的道理。这个历史现象足以证明，明清大多数皇帝对“民贵君轻”等民本思想命题，不仅不予压制，反而大加提倡。至少坐而论道之时是如此。

二　判定“民贵君轻”观念大众化的主要依据

迟至宋朝，“民贵君轻”就在官僚士人阶层获得广泛认同。在元、明、清，这类观念进一步向社会大众普及，因而君主、官僚、庶民三大政治阶层都大量存在着认同“民贵君轻”观念的个体。据此可以大体推断，“民贵君轻”的基本思路已经成为社会大众的价值共识。

以下几个相互关联的历史现象共同构成“民贵君轻”观念大众化的主要原因，它们也是判定“民贵君轻”观念大众化的主要依据。

其一，《孟子》的学术地位大幅度提升。

---

① 方苞等编：《钦定四书文》上谕，《景印文渊阁四库全书》，第1451册，第568页。

这一点集中体现在孟子被纳入道统和《孟子》被列为经典。自唐代的韩愈开其端，北宋的石介承其绪，南宋的朱熹张其目，宋、元、明、清的大多数儒者认定孟子为道统传人，其学术地位仅次于孔子。以朱熹为代表的宋明理学诸子堪为典型。他们的观点有广泛的影响。与此相应，《孟子》被列为《四书》之一，提升到经书的地位，甚至被奉为经中之经。《孟子》的经典化势必强化孟子学说的权威性和影响力。一般说来，凡是将孟子纳入道统、将《孟子》奉为经典的人都可以被推定为“民贵君轻”论者。

其二，依据《孟子》解读儒家经典的现象普遍化。

这个现象在宋代已经相当显著。许多宋代经学著作引据“民贵君轻”解读儒家经义。例如，史浩的《尚书讲义》、林之奇的《尚书全解》、袁燮的《絜斋家塾书钞》、陈经的《尚书详解》等均以“民贵君轻”解读《尚书》诸篇。在众多宋儒看来，《大禹谟》《五子之歌》《汤誓》《盘庚》等体现了“民贵君轻”的政治理念。杨简的《慈湖诗传》、易祓的《周官总义》、卫湜的《礼记集说》、萧楚的《春秋辨疑》、李明复的《春秋集义》等也以“民贵君轻”解读各种儒家经典。与此相应，许多论说治道的著作也纷纷援引《孟子》的“民贵君轻”，诸如唐仲友的《帝王经世图谱》、许月卿的《百官箴》等。

元朝以来，引据“民贵君轻”解读经典、评说历史、论说治道的现象可以用“不胜枚举”来描述。只要检索一下《四库全书》，就会大体证实这一点。这种做法不仅凸显了《孟子》在儒家经义中的地位，而且将儒家经典中的许多相关命题直接与“民贵君轻”挂钩，进而使之获得更为广泛的认同。一般说来，凡是赞同用“民贵君轻”解读儒家经典的人都不会对“民贵君轻”的基本思路提出质疑。

其三，《孟子》的官学地位得到确立。

在北宋，《孟子》正式列入科举考试科目。宋神宗改革科举考试内容，明确规定：“罢诗赋、帖经、墨义，士各占治《易》《诗》《书》《周礼》《礼记》一经，兼《论语》《孟子》。”[①]这个举措促进了“民贵君轻”的经典化、官学化、大众化。元朝以降，《孟子》在科举考试中的重要性进一步提升。这就要求所有想中举做官的人都必须精通《孟子》。《孟

① 《宋史》卷155《选举志一·科目上》，第2419页。

子》一书与科举仕途的结合大大提高了它的政治地位和普及程度。一般说来，凡是试图通过参加科举考试而步入仕途的人都必然通晓“民贵君轻”的道理。

其四，“民贵君轻”成为主流学术的核心价值。

宋代理学诸子多有论说“民贵君轻”的文字。诸如朱熹的《四书集注》、陆九渊的《象山先生全集》、张栻的《癸巳孟子说》、真德秀的《大学衍义》等。其中朱熹对“民贵君轻”的注释获得历代官方的推崇，而陆九渊对“民贵君轻”的张扬获得众多学者的称赞。在其他思想家的著作中，这种现象也很常见，诸如金朝著名学者赵秉文的《孟子解》和《唐论》、事功学派著名代表人物叶适的《习学记言》等。

宋代以降，理学逐渐成为主流学术。元朝的“皇庆条制”将程朱之学定为科场程式。明清科举考试进一步促进了理学的普及。与此相应，在官方编纂、刊刻的图书中，涉及“民贵君轻”经文、经义及其注释的很常见，明成祖敕令编纂的《四书大全》和清乾隆帝敕令编纂的《四库全书》堪为典型。阐释并张扬“民贵君轻”的理学传人不胜枚举，方孝孺的《逊志斋集》堪为典型。其他类别的思想家也多有援引“民贵君轻”的著作，李贽的《藏书》堪为典型。各种注释《孟子》的著作更是不胜枚举。

自朱熹、陆九渊以来，许多儒家传人认定：孟子之说，为君立范；民贵君轻，毋庸置疑；变置对象，适用天子；若要假借，何辞不可。许多诠释《四书》的著作持这种观点，诸如宋朝赵顺孙的《四书纂疏》、明朝湛若水的《格物通》、黄宗羲的《孟子师说》等。还有许多读物辑录了朱熹、陆九渊等人的见解。明清朝皇帝还以上谕、钦定、御笔等方式予以确认，加以阐发，进一步提升了这类说法的权威性。

这些现象都表明“民贵君轻”已经成为主流学术的核心价值之一。因此，无论就读于私学、官学，无论是否有志于应举做官，广大学子都会接触到解读“民贵君轻”的书籍。读书人普遍研读《孟子》，而他们大多不能获得功名，步入仕途。这就必然在庶民中形成知晓、认同乃至传播主流学术核心价值的群体。这是判定“民贵君轻”大众化的重要依据之一。

其五，“民贵君轻”获得最高统治者的认同。

在通常情况下，宋、元、明、清的皇帝们并不讳言“民贵君轻”。至少大多数皇帝是如此。只要不涉及在位皇帝的切身利害,依据“民贵君轻”行事的臣子还会被视为忠良之臣。有的皇帝甚至据以决定自己的政治行为。实际上,只要指出《孟子》是官方学说代表作就足以证实这一点。这个事实为普遍性推定提供了毋庸置疑的证据。但是,为了解答可能提出的质疑,将在下面专题说明。

正是在上述的政治、思想、文化、学术背景下,“民贵君轻”不仅常常出现于治学的著述之中,而且屡屡见诸于议政的朝堂之上,成为公认的论学、评史、议政的经典依据。上至皇帝,下至庶民,都有引用“民贵君轻”的事例。认同这类思想的人形成庞大的群体,涵盖众多皇帝和官僚在内的绝大多数读书人。据此,可以有把握地断言:“民贵君轻”是一种大众化的政治价值。

三　宋、元、明、清皇帝认同、论证、倡导“民贵君轻”的重要证据

“民贵君轻”获得最高统治者的认同、论证、倡导,既是其大众化的主要表现,也是其大众化的主要推动力。如果没有皇帝的认同和官方的介入,“民贵君轻”观念的普及势必遇到重大的政治障碍。反之,如果皇帝认同“民贵君轻”,乃至采取有效措施向广大臣民灌输相关的思想观念,就会为它的普及提供政治上、制度上的保障。

先看一个典型个案。清朝的乾隆皇帝推崇程朱理学,实行“乾纲独断”,大兴文字狱,从理论上、制度上、实践上将君主专制推向极致,同时他又是皇帝认同、论证、倡导“民贵君轻”的典型。乾隆皇帝不仅亲自撰写过阐发“民贵君轻”的文字,并将其列为科举考试的重要知识点,还曾吟诵“藐予小子识君轻”[①]和“自昔识君轻”[②]的诗句。实际上,与孟子相比较,乾隆皇帝的民本思想内容更丰富,不仅囊括了儒家经典所有的民本思想命题,包纳了宋明理学的基本思路,而且在理论上也有所发挥。如果将精华部分单独摘录出来,一些话语比孔孟大儒说得更到位。

---

① 清高宗:《御制诗集》2 集卷 38《春仲躬祭社稷坛》,《景印文渊阁四库全书》,第 1303 册,第 691 页。

② 清高宗:《御制诗集》4 集卷 19《仲春祭社稷坛礼成述事》,《景印文渊阁四库全书》,第 1307 册,第 566 页。

孟子的"民贵君轻"是否颠倒了君与民的尊卑贵贱？是否适用于天子？是否有"教诸侯夺之罪"？这一直是儒家内部有争论的话题。乾隆皇帝的观点很明确，他一再声称"素识己为轻"，并指出："孟子民为重，君为轻之语似矣。予以为天子亦大君也，不独诸侯。"[①]它适用于一切为君者，自然包括天子。天子违背了尊天爱民的政治法则，也应当变置。乾隆皇帝还一再指出：朱熹的注释将过失推诿给社稷，这种做法是不恰当的。即便有过失，其责任也要由君与民承担。这就在理论上强化了君主的责任、义务与规范

清朝皇帝多有论证"民贵君轻"之举。据《清史稿·莽古尔泰传》记载，清太祖深知"无民何以为君"，康熙皇帝及其侍臣认为"君为民神之主，贵矣"，而"国之所贵，未有如民者"，与民众、社稷相比较，"君为轻矣"[②]。康熙皇帝还赞扬在宋恭帝被俘的情况下，文天祥依据"君为轻"而拥立新君的说法"实千载忠臣之语"[③]。依据清朝的皇子教育制度和经筵制度，《孟子》《四书集注》和《日讲四书解义》等是皇帝与储君的必修课程。由此不难做出一个普遍性的推定：清朝皇帝都认同"民贵君轻"的基本思路。

一般说来，清朝皇帝的民本思想属于典型的《孟子》模式。主要依据是：孟子是清朝皇帝心目中的圣人，他们将《四书》视为"帝王立政之要"，奉为"驭世之鸿模"。康熙朝一批"日讲官"编纂的《日讲四书解义》对《孟子》的政治命题做出系统阐释，并要求皇帝深通这类圣贤之旨。乾隆朝编纂的《钦定四书文》选用一批阐释"民为贵"等民本思想命题的范文，以设定科举考试的衡文标准。在《钦定四库全书》中，"民为贵"、"民为重"、"君为轻"之类的字眼出现数百处之多。其中，一批皇帝钦定或亲著的书籍有引用、论证"民贵君轻"的文字。乾隆皇帝还为一些引用了"民贵君轻"的著作撰写了赞赏性的御制书评。

依据许多直接或间接的证据可以推定：宋、元、明、清的情况大体

---

① 清高宗：《御制诗集》5 集卷 45《仲春朔吉社稷坛礼成述事》，《景印文渊阁四库全书》，第 1310 册，第 333 页。

② 《日讲四书解义》卷 26《孟子·尽心章句下》，第 393 页

③ 清圣祖：《圣祖仁皇帝御制文集》第 3 集卷 19《宋高宗父母之仇终身不雪论》，《景印文渊阁四库全书》，第 1299 册，第 155 页。

相似。自北宋以来，许多皇帝认同“民贵君轻”的说法。主要事实可以分为以下五类。

其一，皇帝本人论说“民贵君轻”。

据《元史·仁宗纪一》记载，元仁宗告诫大臣：“民为邦本，无民何以为国。”据《元史·拜住传》记载，元英宗认为：“民为重，君为轻。国非民将何以为君？”清朝诸帝多有类似言论。这是皇帝本人认同乃至宣扬“民贵君轻”的最为直接的证据。

其二，大臣援引“民贵君轻”议论政务而得到皇帝的赞赏、认可或默许。

这是皇帝认同“民贵君轻”的直接证据之一，兹列举一些事例。据《历代名臣奏议》记载，石介上言宋仁宗论为君之道，陈瓘上书宋神宗论理应严惩奸臣章惇，均引用了《孟子》的“民贵君轻”。据《三朝北盟会编》等记载，一些人依据“民贵君轻”拥戴宋高宗。宋高宗显然认可这类说法。在《大学衍义》中，真德秀引“民贵君轻”论证“临民之敬”。赞赏这本书的宋理宗也应列为“民贵君轻”论者。文天祥依据“君为轻”相继拥立益王（宋端宗）和卫王为帝。宋廷君臣显然认同这个说法。据《元史·许衡传》记载，许衡上疏元世祖，文中有曰：“天之树君，本为下民。故孟子谓‘民为重，君为轻’。”元世祖大加赞赏。

其三，援引“民贵君轻”的著作得到皇帝的赞赏。

这样的著作很多，这里仅举三例。一是南宋真德秀的《大学衍义》。自宋理宗称赞它“备人君之轨范”以来，这本包含阐释“民贵君轻”的内容的著作成为许多皇帝的必读书。据《元史·仁宗纪一》记载，元武宗称“治天下此一书足矣”，并指令“刊行赐臣下”。据《明史·宋濂传》记载，明太祖命人将其“大书揭之殿两庑壁”。明成祖御制《大学衍义赞文》。清朝康熙皇帝命人将该书译成满文。二是元朝右丞相脱脱监修的《辽史》。《能吏传》论曰：“孟子谓‘民为贵，社稷次之’，司牧者当如何以尽心。”这部官修正史所使用的价值尺度显然可以代表官方的观点。三是明朝丘濬的《大学衍义补》。这本书引据“民贵君轻”论祭祀制度，主张君主应将“民惟邦本”作为座右铭。明孝宗、明神宗都曾为之作序，大加赞赏，并特命刊刻。上述现象至少可以作为皇帝认同“民贵君轻”的间接证据。

其四，《孟子》等一批著作是储君教育与皇帝再教育的必读书籍。

迟至元朝,《孟子》和朱熹的《四书集注》就是皇子教育和皇帝经筵、日讲的必读典籍。一批经筵用书也包含阐释“民贵君轻”的内容,如真德秀的《大学衍义》等。皇子幼年教育的启蒙读物也不乏民本思想的内容。例如,明代万历朝翰林焦竑奉敕修撰、宫廷画家丁鹏云配图的《养正图解》是特为培养皇太子而作的通俗性启蒙读物。清朝沿用此书,乾隆皇帝、嘉庆皇帝还作过题赞。这本书讲述了许多与民本思想直接相关的历史典故。当皇帝的人必须修习一批论述民本思想的经典著作和历史文献,这是大多数皇帝通常认同“民贵君轻”的重要证据。

其五,皇帝钦定的官方学说代表作中包含论证“民贵君轻”的内容。

自宋神宗始,《孟子》被列入科举考试科目。自宋理宗始,朱熹的《孟子集注》被列为官学课本。自元朝始,朱熹的《四书集注》成为最重要的官方学说代表作。明成祖钦定的《五经大全》《四书大全》《性理大全》是明清官方学说的重要代表作。这都是官方认可、论证、倡导“民贵君轻”的主要证据。明清一批皇帝对这些著作赞不绝口,众多名儒沉湎于性理的研究,大部分读书人一头钻进这些《大全》以猎取功名富贵,而“天从民意”、“民惟邦本”、“民贵君轻”、“汤武革命”、“民心即天心”等民本思想命题尽在其中,许多规范性要求的严格程度和许多批判性话语的激烈程度超过《孟子》。据此足以做出普遍性推定:“民贵君轻”是获得君臣、朝野广泛认同的政治价值。

四　历代皇帝通常认同“民贵君轻”的基本思路

由于文献阙如,无法用直接证据判定一些王朝的官方学说是否认同“民贵君轻”。为了使本文的核心论点建立在更丰满、更扎实的历史事实的基础之上,笔者提出一个研究思路,即着眼于考察“基本思路”。

在思想史上,常常可以见到这样的现象:思想家们使用不同的话语来表达相同或相似的理念,其论证逻辑、主要内涵和基本取向并无根本性的差异。还可以常常见到这样的现象:思想家们从不同的角度切入话题,运用不同的方式予以论证,而基本结论却阐释了同一类理念。凡是属于上述情形的,都可以大体认定,他们的基本思路相同或相似。

孟子“民贵君轻”之说的主旨是立君为民，得民为君。如果君主不能履行保社稷、安民生的职责，就应当由适当人选取代他。得民心者得天下，失民心者失天下。庶民为国之本、政之本、君之本。为君者必须敬畏庶民。在这个意义上，庶民贵重，而君主相对较轻。

如果不拘泥具体表述方式，而着眼于基本思路，就不难发现，汉唐以来，皇帝们通常认同这样的政治理念：在一定意义上，民本君末、民先君后、民重君轻。甚至可以说它已经成为全社会的价值共识。主要有三大类证据：一是百家著述，二是官方学说，三是皇帝之言。

华夏先民早就有立君为民、无民无君、民本君末的说法。据《国语·周语上》记载，《夏书》有“后非众，无与守邦”[①]。据《史记·周本纪》记载，周人的先君古公认为“有民立君，将以利之”。带有理论色彩的立君为民思想至迟可以追溯到《周书》，诸如《泰誓》的“天佑下民，作之君，作之师”[②]。《逸周书·武顺》的“元首曰末”[③]也很有可能属于那个时代。西周时期的天作君师、天选民主、天从民欲、汤武革命、以民受命、民惟邦本等思想命题为后世重民轻君的思想提供了基本思路。春秋时期，丕郑的设君为民治、晏婴的社稷重于君主、师旷的天立君养民、邾文公的天立君以利民、宋景公的无民则无君、史嚚的国之兴听于民等都是“民贵君轻”的先导。先秦诸子几乎众口一词：立君为民、为公、为天下。《老子·三十九章》的“贵以贱为本”[④]，《墨子·尚同中》的上帝立正长“将以为万民兴利除害”，《慎子·威德》的“立天子以为天下”[⑤]，《商君书·修权》的“为天下位天下”，《荀子·大略》的“天之立君，以为民也”[⑥]，《吕氏春秋·孟春纪·本生》的立君以“养天之所生”[⑦]等，都在理论上将君主置于比天下、公众、庶民相对较轻的地位。其中《孟子·尽心下》的“民为贵，社稷次之，

---

① 徐元诰：《国语集解》，中华书局，2002年，第32页。

② 《尚书·泰誓上》，孔安国传、孔颖达疏：《尚书正义》卷11，第323页。

③ 《逸周书·武顺》，黄怀信等：《逸周书汇校集注》卷3，第312页。

④ 《老子·三十九章》，王弼：《老子注》，第25页。

⑤ 《慎子·威德》，第3页。

⑥ 《荀子·大略》，王先谦：《荀子集解》卷19，第504页。

⑦ 《吕氏春秋》卷1《孟春纪·本生》，第3页。

君为轻”[①]是这一思想的最为醒目的表达方式。因此,无论统治者选择哪个学派作为官方学说,都会在理论上承认立君为民,得民为君,以民为本。

汉唐以来,这类说法在各种流派的思想家的著作中很常见。这里仅列举官方学说代表作中的一些说法。汉代今文经学的名著多有阐释立君为民、得民为君的文字。诸如《春秋繁露·尧舜不擅移汤武不专杀》有“天立王以为民也”[②],《韩诗外传》卷四有“王者以百姓为天”[③],《大戴礼记·子张问入官》有“百姓者卑贱而神”[④],《礼记·礼运》有“天下为公”[⑤]。在东汉皇帝钦定的《白虎通》中,可以明确找到立君为民,诸侯、公卿、百官为百姓而设的思想。唐太宗敕令孔颖达等编撰《五经正义》。孔颖达等全面阐释了儒家经典中的天下为公、天作君师、天选民主、天从民欲、汤武革命、以民受命、民惟邦本、政在养民等思想。从基本思路上看,汉唐大儒的思想都符合“民贵君轻”的主旨。其中一些推崇《孟子》的儒者显然属于“民贵君轻”论者。

在讨论君与民的依存关系时,许多皇帝的认识符合“民贵君轻”的基本思路。据《史记·郦生陆贾列传》记载,汉高祖认同“王者以民人为天”[⑥]的说法。据《史记·孝文本纪》记载,汉文帝亦称:“先民后己,至明之极也。”[⑦]这就是说,在一定意义上,庶民重于天子,先于皇帝。汉文帝等一批皇帝发布“罪己诏”,其依据是:天立君为民,不重视民生的皇帝将招致天谴乃至革命。在改朝换代过程中,类似说法司空见惯。这也符合“民贵君轻”的主旨。很多统治者认识到“王者以民为基”。据《隋书·炀帝纪》记载,隋炀帝认同“民为国本”,宣称:“非天下以奉一人,乃一人以主天下也。”[⑧]唐太宗认同天下为公、得

---

① 《孟子·尽心下》,朱熹:《四书章句集注》之《孟子集注》卷14,第367页。

② 《春秋繁露·尧舜不擅移汤武不专杀》,苏舆:《春秋繁露义证》,第220页。

③ 许维遹校释:《韩诗外传集释》卷4,第148页。

④ 《大戴礼记·子张问入官》,王聘珍:《大戴礼记解诂》,第140页。

⑤ 《礼记·礼运》,郑玄注、孔颖达疏:《礼记正义》卷22,第769页。

⑥ 《史记》卷97《郦生陆贾列传》,第2081页。

⑦ 《史记》卷10《孝文本纪》,第302页。

⑧ 《隋书》卷3《炀帝纪上》,第43页。

民为君、君舟民水，著有《民可畏论》等。在他看来，“君依于国，国依于民”[1]。这类思想也将民众置于相对重要的地位。只要检索一下《二十五史》就会发现，几乎在每一个朝代都可以找到皇帝认同民本思想的直接证据。皇帝认同无民无君、民本君末、君以民为天、君有赖于民的事例并非罕见。违背天意民心的君主理应垮台的说法常常见诸历代朝廷文告、群臣奏章和皇帝的著作。由此可见，不管是否使用了“民贵君轻”的提法，它的基本思路获得历代统治者的认可。

如果仔细分析一下许多学者所列举的“专制君主压制民本思想”的事例，就不难发现，皇帝们大多并非压制一种公认的理论，而是压制一种具体的意见。例如，依据“官天下”思想，盖饶宽公然要求汉宣帝禅位，以维护“不得其人则不居其位”[2]的政治原则，结果招致杀身之祸。然而，谷永依据“天下乃天下之天下，非一人之天下”，批评汉成帝违背“王者以民为基”的政治原则，警告他不要招致上帝“更命有德”，却令皇帝“甚感其言”[3]。由此可见，盖饶宽蒙难不是由于“更命”理论触犯了皇帝，而是由于他想以此打倒当朝皇帝。同样高举“更命”旗帜的谷永由于被视为忠臣，反而得到皇帝的赞赏。民本思想的主要功能是规范君权，因而常常被用来批评皇帝的具体政策。直言极谏的臣下既有可能因此而招祸，又有可能因此而得福。在历代史记中，很容易找到依据民本思想非议朝政而获得当朝皇帝赞赏的事例。

或许一些学者会列举明太祖删节《孟子》和明英宗杀害于谦等典型事例反驳本文的核心论点。但是，只要全面地分析这类事例就会发现，它们都不能推翻皇帝通常认同“民贵君轻”基本思路的论点。

在思想史上，明太祖删节《孟子》是一个值得深入分析的历史事件。明太祖曾一度下令撤去孟子在孔庙中的配享牌位，又命大学士刘三吾删节《孟子》的“民贵君轻”等 85 条材料，还指令删去的部分不得作为科举取士的试题。一些学者据此断言：事起之因是由于“民贵君轻”等“有民主因素”。其实不然。首先，明太祖深知“君天下者，不

---

① 《资治通鉴》卷 192《唐纪八》高祖武德九年十一月条，第 6026 页。

② 《汉书》卷 77《盖饶宽传》，第 2424 页。

③ 《汉书》卷 85《谷永传》，第 2572、2575、2579 页。

可一日无民"[①]。他的民本思想完全符合"民贵君轻"的基本思路。只要浏览一下《明太祖文集》《明太祖实录》等，便可深知此说不谬。其次，明太祖对孟子的态度也很微妙。在下令罢孟子配享的第二年，他又下令配享如故。洪武五年，他还曾命人将引用"民贵君轻"的《大学衍义》"大书揭之殿两庑壁"。明太祖亲自选拔明朝的第一位状元，其答卷也引用了立君为民的经典依据。再次，明太祖下令删节《孟子》只是为时不久的一个小插曲。这种做法当时就遭到群臣的反对。永乐九年，明成祖下令恢复《孟子》原貌。明朝科举考试也要求考生通晓《孟子》全书。因此，删节《孟子》更像是一个专横的皇帝在特定情境下昏聩任性的行为。它意在维护皇帝的绝对权威，却并不意味着官方学说背离了孔孟之道的核心政治价值，更不意味着官僚士大夫群体抛弃了"民贵君轻"之说。

明英宗率军抵御蒙古入侵，在土木堡兵败被俘。面对危局，于谦依据"君为轻"，主张立郕王为帝。英宗复辟后，于谦被杀害。许多学者认为，于谦之死是由于儒家的"民贵君轻"与专制王权有内在的矛盾与冲突。其实不然。

在"土木之变"中，生灵、社稷为重而君为轻的观念对朝廷上下的应变对策和政治行为有重大影响。首先，于谦的主张有经典依据，可谓公论。"君为轻"的说法并没有遭到群臣的批驳。反对拥立景泰帝(明代宗)的人也只是强调皇太子才是合适的继承人。其次，景泰帝没有申斥于谦的说法。作为既得利益者，他还一再依据社稷为重、生灵为重委婉地拒绝退位或让位。第三，明英宗认同君为轻。据《北征事迹》《正统临戎录》《虚庵李公奉使录》等记载，被俘后的明英宗也曾在各种场合反复提到，与皇帝相比，社稷为重，天下生灵为重。第四，皇帝们公认于谦是功臣。明英宗虽将于谦处死，却也承认他有功于国，因而所加罪名并不是主张"君为轻"。作为明英宗的直系继承人，明宪宗为于谦翻案，明孝宗进而赐谥、建祠、旌功。他们都认为于谦是忠臣，也没有指责"君为轻"的说法有不妥之处。因此，于谦之死不是他的主张违背了公认的政治原则，而是他的具体做法不利于明英

---

① 《明太祖实录》卷53，洪武三年六月戊午条，上海古籍出版社，1983年，第1033页。

宗个人。由此可见，只要不危及切身利害，明朝皇帝及朝廷百官普遍认同“君为轻”的价值准则。于谦之死不仅不能证明“民贵君轻”与君主专制格格不入，反而是其基本思路符合中华帝制一般政治原则的证据。

在中国古代，“民贵君轻”命题有一个特殊的功能，即为人们认为合理的君位更替提供依据。每当涉及特殊的君位更替时，这类政治原则就会影响人们的政治选择。靖康之变，徽、钦二宗被金人掳走。南宋末年，宋恭帝被元军掳走。土木之变，明英宗被瓦剌掳走。面对朝廷无主，当时都有朝臣根据“君为轻”而主张另立新君。君主更替涉及最敏感的政治问题，由于对具体政治情势的判断有所不同，或切身的利害关系有所不同，人们会有所选择。一般说来，忠直之臣往往从大局出发，主张采取非常措施而另立新君，而旧君及其利益集团往往强调维持既定的君臣关系。在评说相关历史事件时，人们的态度也会因人因事而有所差异。例如，康熙皇帝明确认定依据“君为轻”而另立新君的文天祥是忠臣，而在乾隆皇帝的著作中，既有社稷重于一切的说法，又有反对依据社稷为重而动摇明英宗地位的评说。这些微妙的现象为全面认识“民贵君轻”基本属性和实际功能提供了重要的素材，却不足以推翻“民贵君轻”的基本思路是中华帝制的统治思想乃至社会各阶层政治价值共识这一判语。

五　最高统治者传播民本思想的主要手段

“民贵君轻”基本思路大众化的途径很多。诸如政治常识的自我认知、学术流派的思想传承、大众媒介的传播扩散、统治集团的社会教化、学校教育的经典研读、选拔官员的考试制度等。其中考试制度起着至关重要的作用。

操控学校教育内容和设定选官录用标准是国家政权直接影响乃至干预政治社会化过程的重要手段。中华帝制的成功之处就在于紧紧抓住录用这个关键环节，通过贤良对策、科举考试等制度化的方式，将研读经典与选任官吏（政治社会化与政治录用）有机地结合在一起，形成了系统、稳定、有效的培养、选拔、录用社会精英（主要是官僚）的机制。由此而造就了一个庞大的以通晓民本理念、掌握治民法则为基本特征的官僚群体和士人群体。官僚、士人的政治观念又会以各种方式进一步向下层社会传播。

早在科举制度产生之前，与民本思想相关的重民政策原则就是举贤良、策秀才、升官职的主要考察内容之一。《汉书》保存的董仲舒的“贤良对策”，《南齐文纪》保存的齐武帝的“策秀才文”，都是典型事例。

在隋唐，无论每一次科举考试的试题是否与民本思想相关，准备应举的士子都必须做好应对这类策问的准备。白居易的《策林》是典型证据。元稹和白居易精心备考，相继登科。白居易将他们自拟的试题和答卷编为《策林》。其中，“凛乎若驭朽索”来自《五子之歌》，“忧乐同于人”来自《孟子》，“载舟之水”来自《荀子》。由此可见，当时的士子若欲应举登科，步入仕途，就必须通晓民本思想。

在宋元，科举制度进一步发展。其中与民本思想直接相关的新变化，是《孟子》成为重要的考试科目。从这个时期的科举试题看，涉及《孟子》的越来越多，民本思想依然占据重要位置。例如，欧阳修、司马光、王安石等人拟定的进士策多与民本思想相关。宋度宗咸淳七年殿试的御试策题本身就直接来自儒家经典中天作君师、天从民欲等命题，对策者必须依据民本思想回答一系列与治民政策相关的问题[①]。皇庆二年，元仁宗下诏，明确规定科举考试使用程朱理学的四书五经注本。引据“民贵君轻”解经、评史、议政的现象日益增多，与科举考试的新变化有直接的关系。

明朝的皇权更加强化、专横，而明朝的第一次殿试就涉及民本思想。明太祖亲制策问，征询求贤取士以“敬天勤民”的方略。状元吴伯宗依据儒家经典的立君为民、天作君师之说，阐释君权的来源、权力、职能、规范，主张皇帝敬天、任贤、安民[②]。明太祖对他的答卷非常满意。这也是明太祖赞同立君设官为民、皇帝敬天畏民，并大力提倡民本思想的可靠证据。

一些学者断言“天民相通”、“民心即天心”是民主思想或反专制思想。然而，它却可以堂堂正正地成为科举考试的试题。万历丙戌会试是一个非常典型的例证。据《万历丙戌会试录》记载，当年会试

---

① 刘埙：《隐居通议》卷31《杂录·前朝科诏》，中华书局，1985年，第335页。

② 吴伯宗：《荣进集》卷1《御试策》，《景印文渊阁四库全书》，第1233册，第233—236页。

第二场策论试题是:“帝天之命,主于民心。”这一试题出自《张子全书·天道篇》。它是典型的民本思想命题之一,旨在论说天民相通、民心即天心、民重君轻。

万历丙戌会试中式的考生都对这道策论做出符合朝廷要求的答案。这道策论的标准答案由现存会试第一(殿试获二甲头名)的一份试卷可见一斑。这次的会元名叫袁宗道,是公安派的著名文学家。其答卷的核心论点是:“张子曰:‘帝天之命,主于民心。’此人主重民之说也。”①关于这篇试卷内容及考官评语,前面一节已经介绍。从试题、答卷和考官评语看,考生必须经精通“天民相通之旨”,阐明“天为民立君”的道理,敢于劝诫君主敬天、畏民、无欲,乃至援引民本思想抨击暴君暴政,才能达到朝廷设定的选士标准。由此可见,历代大儒的“天民相通”、“立君为民”思想并不具有否定君主专制制度的意义。它不仅一再出现在统治者的诏旨中,还是入仕者必须通晓的一个先圣哲言。在许多皇帝、朝臣看来,“重民”是为君之道、治国之方,而惟有深明“天民相通之旨”的士子才能培训成为志在匡翼的忠臣。

最高统治者认同、论证、提倡“民贵君轻”的基本思路是导致相关理念在官僚士人阶层广为传播的最重要的政治因素,而科举考试是最高统治者向广大臣民灌输民本思想最重要、最有效的手段。通晓民本理念是皇帝们对百官、士子的一般要求,这势必导致民本思想的大众化。由此不难理解,为什么自从《孟子》被列为科举考试必读书之后,“民贵君轻”逐渐成为朝野上下的价值共识。

六　一点思考

与绝大多数学者一样,笔者也曾受到一些不完整的事实陈述、不恰当的主观预设和不全面的价值判断的误导。它们有的来自古代博学鸿儒,有的来自西方主流学术,有的来自当代著名学者。自从以一个研究者的目光审视中国古代政治思想及相关研究以来,笔者感到在研究视野的开拓性、事实陈述的完整性、主观预设的恰当性、价值判断的全面性和历史认识的科学性方面都有许多应当改进的地方。

① 《万历丙戌会试录》,《明代登科汇编》,第20册。

其中首先要解决的是事实陈述的完整性问题，它直接关系到价值判断的全面性和历史认识的科学性。即便认识到这一点，如果不是由于课题研究的需要而系统地重返各种文献的话，依然不可能写出这篇论文。这一点很值得深入反思。

就笔者读书所见，被学者们判定为“民主”、“反专制”、“与专制制度有内在冲突”的各种民本思想命题大多可以明确无误地在帝制的官方学说中找到。诸如被说成“反专制”的“天民相通”、被说成“人民主体”的“民心即天心”，被说成“非程序民权”的“汤武革命”，被说成“肆无忌惮”的“民贵君轻”，被说成“民主思想”的“天下为公”等。它们常常出现在皇帝的著作、言论和诏令中。这种现象延续了两千多年，不仅历久不衰，而且愈演愈烈。大量确凿无疑的事实表明：民本思想不仅最先由统治者提出、阐发并实践，而且帝制越完善，相关的理论就越成熟，相关的理念就越普及。“民贵君轻”观念的大众化就是典型例证之一。由此可见，“民贵君轻”等民本思想命题并不具有与帝制相抗衡的政治属性，而帝制的统治思想也的确包容着许多限定、规范、调整君权的成分。

许多学者没有充分注意到这种历史现象。他们对“民贵君轻”做出的价值判断大多值得推敲。试想，如果孟子的“民贵君轻”论可以定性为“反专制”，那么为数众多的皇帝和官方学说代言人的“民贵君轻”论又当如何定性？他们的经典依据直接出自《孟子》，解读也没有背离孟子的基本思路，许多话语甚至比孟子更明确，更到位，更精彩。他们的见解与孟子文本一致、话语类似、思路相近，却显然无法用“反专制”来定性。不仅如此，从民本思想对主流学术、官方学说、大众心态、政治制度、帝王观念的影响的广度和深度来看，这种现象也是无法仅仅用“篡改”、“利用”、“虚假认同”等来解释的。如果皇帝们张扬民本思想只是为了装装样子，又何必一而再、再而三地将它作为旨在选拔官员的科举考试试题？

在人类政治史上，还没有发生过这样一种现象：在漫长的历史时空内，一种政治制度及其统治者把对这种制度具有颠覆性的思想体系奉为官方学说并大加宣扬。因此，更为深入的学术研究必须直面“民贵君轻”可以与帝制相匹配这个重大的历史现象，抛弃一些不恰当的主观预设，超越一些不合理的思维定势，对儒家学说和中华帝制做出更客观、更全面、更准确、更公允的价值判断。这项研究工作直接关系到能否科学地认识与评估中国古代政治文明，进而为探索建设中国现代政治文明的正确途径提供历史依据。

秦汉之际法、道、儒三种“无为”的互动与共性

《秦汉之际法、道、儒三种“无为”的互动与共性——兼论“无为而治”是中国古代的一种统治思想》一文发表在《政治学研究》2006 年第 2 期。这篇论文也是采用罗列事实的方式进行论证，论文通篇没有理论分析的文字。

我所说的“罗列事实”，主要是指一种客观、全面、系统、准确的事实陈述。“事实胜于雄辩”，这是众所周知的名言。我认为，一切门类的社会科学研究都必须将罗列事实置于首要位置。甚至可以说，凡是关于思想的研究，都必须将罗列事实置于首位。

关于秦汉之际统治思想演变的过程、特点和原因，有一种学术观点影响很大，即法家的“有为”失败，导致汉初盛行黄老的“清静无为”，而“无为”之说毕竟妨碍“有为”之政，于是宏图大略的汉武帝决意尊崇“有为”的儒术。这种说法虽不无道理，却又不够准确。它忽略了一系列重要的历史现象，简单化地理解“法家”、“道家”、“儒家”之类的概念，将“清静无为”与“道家”划上了等号，从而人为地放大了秦汉之际统治思想的变化曲线。

本文采用罗列事实的方式，论证这样一个观点：“虚静无为”是法、道、儒三家的共同话题。在若干最基本的思路上，三家存在共识。甚至可以说，“无为而治”是中华帝制统治思想的重要组成部分。因

此,汉武帝决不会因为“无为”之说不适宜“有为”之政而改换官方学说的旗帜。

一 董仲舒的“寂寞无为”论

有一个重要的思想现象很容易被人们忽略,即董仲舒引述孔子之言,赞同“无为而治”,并据以论天道、君权、等级、治术。

董仲舒是推动汉武帝尊儒术的功臣。他的学术思想和政治主张对汉代儒学和统治思想的演变有重大的影响。他明确地将“垂拱无为,而天下太平”视为理想的政治境界①,并系统阐释了无为而治。

董仲舒认为,无为而治是一种“自然致力之术”。其宗旨是“因天地之性情,孔窍之所利”。其诀窍是“为君虚心静处,聪听其响,明视其影,以行赏罚之象”。其特征是“为人君者居无为之位,行不言之教,寂而无声,静而无形,执一无端,为国源泉”。其要点是“固守其德,以附其民;固执其权,以正其臣”。其措施是“立尊卑之制”、“设官府爵禄”、“设赏以劝之”、“设罚以畏之”。制民则“使之有欲,不得过节;使之敦朴,不得无欲”。御臣则使之“分职而治,各敬而事,争进其功,显广其名”。其功效是“功出于臣,名归于君”②。

无为的宗旨和第一要义是因天道,即效法自然,因循道理,顺从天志。董仲舒阐释大道之要,以天道论证“王道之三纲”③,以“天道无二”④论证王权一统,以“天不变,道亦不变”⑤论证君主制度的永恒性。他又引述孔子的“无为而治”,论证“王者有改制之名,无易道之实”,并将舜承继“尧之道”视为范例⑥。在他看来,“人伦、道理、政治、教化、习俗、文义”⑦等大纲要旨是永远不得改易更革的。儒家之道的核心是贵贱等级、伦理道德,因而君主制度是儒家无为的政治

① 《汉书》卷56《董仲舒传》,第1906页。
② 以上见《春秋繁露·保位权》,苏舆:《春秋繁露义证》卷6,第172—176页。
③ 《春秋繁露·基义》,苏舆:《春秋繁露义证》卷12,第351页。
④ 《春秋繁露·天道无二》,苏舆:《春秋繁露义证》卷12,第345页。
⑤ 《汉书》卷56《董仲舒传》,第1915页。
⑥ 《春秋繁露·楚庄王》,苏舆:《春秋繁露义证》卷1,第19页。
⑦ 《春秋繁露·楚庄王》,苏舆:《春秋繁露义证》卷1,第18页。

基础。

无为的基本法则是因臣，即君无为而臣有为。董仲舒认为，人主“法天之行”，必须泛爱、施仁、任贤，“不自劳于事，所以为尊”；人臣“法地之道”，必须“竭情悉力而见其短长，使主上得而器使之”。因此，君主治国应当尊高其位，泛爱众生，设官分职，任贤使能，深藏不露，明察秋毫，赏罚分明，教化天下。“以无为为道，以不私为宝。立无为之位而乘备具之官。足不自动而相者导进，口不自言而摈者赞辞，心不自虑而群臣效当，故莫见其为之而功成矣。”实施这套治术的诀窍是“任群贤，所以为受成”①。

董仲舒不仅用“天地之行”论君、臣、民之理，主张君主取法于天，还用人的身体比喻君、臣、民，阐释“无为致太平”。在他看来，“一国之君，其犹一体之心也”。君隐于深宫，若心藏于胸膛；君“至贵无与敌，若心之神无与双”；君“内有四辅，若心之有肝肺脾肾”；君任用群臣，若心支配四肢……依此类推，君主“无为致太平”，犹如人体神清气爽。在董仲舒看来，无为而治可以实现君、臣、民各安其位，各得其所，互相补充，整体和谐。他大讲心坚体顺、君明臣贤的哲理，强调任贤使能的重要性，指出：“心所以全者，体之力也；君所以安者，臣之功也。”②

实现无为而无不为的关键是任贤能，辨忠奸，充分发挥臣下的作用。董仲舒以“寂寞无为”概括驾御群臣的为君之道，即“为人君者，谨本详始，敬小慎微，志如死灰，形如委衣，安精养神，寂寞无为”③。相关的统治手段既有光明正大的，也有深藏不露的。这无疑是一种政治技巧，多属于权术范畴。

董仲舒认为，君主为“国之元”、“国之本”、“国之证”，他的一言一行都关系重大。因此，“为人君者，其要贵神”。君主既要“以德为国”，弘扬孝悌“以奉天本”，重视农桑“以奉地本”，施行教化“以奉人本”，又要善于运用各种“能冥能昏”的政治技巧，神妙而不可测。例如，“休形无见影，揜声无出响，虚心下士，观来察往”，不动声色地以

---

① 《春秋繁露·离合根》，苏舆：《春秋繁露义证》卷6，第165页。

② 《春秋繁露·天地之行》，苏舆：《春秋繁露义证》卷17，第461页。

③ 《春秋繁露·立元神》，苏舆：《春秋繁露义证》卷6，第166—167页。

各种方式考察臣下的忠佞贤愚。又如，"不可先倡，感而后应。故居倡之位，而不行倡之势，不居和之职，而以和为德，常尽其下，故能为之上也"。又如，要使群臣"视而不见其形，听而不闻其声"，不能测度君主的意图和取向。又如，"执无源之虑，行无端之事"，以"不问问"、"不求夺"的方式实现"终日问之，彼不知其所对；终日夺之，彼不知其所出。吾则以明而彼不知其所亡"。简言之，"君贵居冥而明其位，处阴而向阳"①。

儒家的无为以礼乐、仁义、教化之政为依归，而五帝三王则被树为这种无为之政的典范。董仲舒说："仁人者正其道不谋其利，修其理不急其功，致无为而习俗大化，可谓仁圣矣。三王是也。"②如果全面体察《春秋繁露》关于天地、阴阳的哲理，关于家国、君臣的界定，关于礼治、仁政的阐释，及其内在的逻辑和关联，就不难得出这样的印象：董仲舒的无为而治囊括了各种治国之道、为君之道。换句话说，他的政治思想也可以用"虚静无为"来加以概括，属于典型的儒家的无为而治论。

在汉代的儒家文献中，"无为"这个范畴很常见。《新语》《韩诗外传》《孔子家语》《大戴礼记》《盐铁论》《法言》《白虎通》及一些儒家经典注疏等多有无为之论。在儒家内部，天道无为、君道无为获得广泛的认同。

汉武帝以来，儒家的无为对汉代的政治过程也有重要的影响。匡衡上书汉元帝，主张皇帝以"正家"的方式"定天下"，使"海内自修，百姓从化"，实现"天下无为而治"③。在《汉书》《后汉书》中还有一些类似的事例。汉元帝、汉光武帝等一批皇帝也赞成这类说法。

上述事实表明，尊崇儒术的汉武帝绝对不会简单地鄙薄无为之说。否则就很难回答这样一个问题：为什么同样主张无为而治的孔子之学、董子之说却受到汉武帝的青睐？

许多学者认为，汉代儒家的无为来自道家。其实不尽然。儒家

---

① 《春秋繁露·立元神》，苏舆：《春秋繁露义证》卷6，第167、170、171、172页。

② 《春秋繁露·对胶西王越大夫不得为仁》，苏舆：《春秋繁露义证》卷9，第268页。

③ 《汉书》卷81《匡衡传》，第2489页。

的无为发端于孔子。相关的法天、因人思想还可以追溯到各种中华元典所产生的时代。孔子说:“无为而治者,其舜也与?夫何为哉,恭己正南面而已。”[①]许多儒者高颂《尚书》的“元首丛脞”之戒。《周易》以“无思”、“无为”论“天下之至神”。《中庸》以“天地之道”博厚高明、覆载万物,论与天地同体的圣人“不见而章,不动而变,无为而成”。荀子引述孔子之言,以“水大遍与诸生而无为也,似德”[②],论无为的基本特征,又以尧、舜、禹、汤、文、武、周公、孔子为典范,论圣贤仁者体道“虚一而静”和行道“无为”、“无强”[③]。荀子指出“人主者以官人为能者也”,并提出一套“守至约而详,事至逸而功”[④]的治术。自是以来,儒家一直以自己的方式阐释相关的政治主张,并以孔子之言为最具权威性的论据。

在诸子百家的互动中,儒家的无为显然借鉴、汲取了其他学派的思路,却又始终保持着自身固有的属性,即紧紧围绕礼治仁政这个中心阐释无为而治。这里仅以颇有争议的陆贾为例。

在《新语》中,陆贾专辟《无为》一篇,申论“道莫大于无为”。一些学者据此将其归入“道家”或“新道家”。实际上,陆贾的“道”与黄老的“道”有明显的差异。陆贾颂扬尧舜、周公以诗书礼乐治天下,奉之为无为而治的范例。他抨击秦朝的法治政治,美化儒家的礼治政治,主张“君子尚宽舒以苞身,行中和以统远”,从而“民畏其威而从其化,怀其德而归其境,美其治而不敢违其政”[⑤]。陆贾所说的“道”、“道术”是仁义礼智之道、君臣父子之礼,亦即儒家的“王道”。他的无为是典型的儒家无为。

陆贾抨击秦始皇违背无为原则,穷兵黩武,严刑酷罚,穷奢极欲,横征暴敛。这无疑是切中要害的。但是,不能据此便断定秦始皇不知晓无为原则。理由很简单:不仅道家、儒家主张无为,法家也有系统的无为之论。即使简单地将“秦政”与“法家”划上等号,我们也可以相当有把握地推定秦始皇曾认同“虚静无为”。

---

① 《论语·卫灵公》,朱熹:《四书章句集注》之《论语集注》卷8,第162页。

② 《荀子·宥坐》,王先谦:《荀子集解》卷20,第524页。

③ 《荀子·解蔽》,王先谦:《荀子集解》卷15,第404页。

④ 《荀子·王霸》,王先谦:《荀子集解》卷7,第212页。

⑤ 《新语·无为》,王利器:《新语校注》,中华书局,1986年,第59、64页。

二 韩非的“虚静无为”论

有一个重要的思想现象被许多学者忽略了，即韩非力主君主“虚静无为”。其基本思路与黄老的“清静无为”颇相类似。

法家无为论的历史起点至迟可以追溯到慎到、申不害等生活的年代。其基本特征是：借鉴、改造道家的道论，兼采儒墨相关思想，以法制刑名为依归，以君无事而臣有事为核心命题，提出了思辨性、系统性、规范性很强的君主无为的政治理论。在法家看来，一切事务皆决断于法便可以达到“有道之国，治不听君，民不从官”[①]的理想境界，于是“人主处匡床之上，听丝竹之声，而天下治”[②]。

应当指出的是，与道、儒两家比较而言，法家的无为尤为强调制度设置的关键性作用。在法家看来，无为不仅仅是一种政治境界和政治技巧，它需要用“法”来加以保证和具体实施，涉及中央集权、设官分职、考课监察、谏议兼听等一系列制度的建设。因此，不能简单地将法家的无为定性为“阴谋权术”。

慎到的思想颇具典型性。他的基本主张是：“君臣之道，臣事事，而君无事，君逸乐而臣任劳，臣尽智力以善其事而君无与焉。仰成而已，故事无不治。”[③]他的主要依据是天道无为。《慎子·威德》以“天无事”、“地无事”、“圣人无事”论政治，主张仿效天无为而光明普照，地无为而博施财富，圣人无为而百姓归心，推行一人在上、得助于众、百官尽职、上下和谐的政治模式。他设计的主要方略有二：一曰因道，二曰因人。《慎子·因循》：“天道因则大，化则细。因也者，因人之情也。”君主不应“自任而躬事”，而应设法因人成事，人尽其才，使臣民“莫不可得而用”[④]。他提出的关键措施是厉行法治，即《慎子·君臣》所说的“上下无事，唯法所在”。慎到的无为也涉及治民，诸如因应民心、关爱民众、刑罚适中等。他明确反对统治者吹毛求疵，滥用刑罚，玩弄权术，横征暴敛。

韩非综合百家之言，发展了法家无为论。与黄老、儒家的无为一

---

① 《商君书·说民》，蒋礼鸿：《商君书锥指》卷2，第41页。

② 《商君书·画策》，蒋礼鸿：《商君书锥指》卷4，第111页。

③ 《慎子·民杂》，第5页。

④ 《慎子·因循》，第4页。

样，韩非的无为也涉及从遵循天道、设定制度，到驾驭群臣、治理百姓等各个层面的政治问题。在他的各种具体主张中，既有阳谋，又有权术。

《韩非子・扬权》是颇具典型性的篇章。该篇从大道之本、天人之命、阴阳之理的高度，构思了一整套理想的政治模式。概言之，即"虚静无为"。韩非从诸多层次诠释这种"圣人之道"。一是以"天有大命，人有大命"，论"去甚去泰"的"无为"，认为理想政治的基本特征是："事在四方，要在中央。圣人执要，四方来效。虚而待之，彼自以之。"①二是以"四海既藏，道阴见阳"，论"上下无为"，主张任贤使能，人尽其才，而"上乃无事"②。三是以"用一之道，以名为首"，论"圣人执一以静，使名自命，令事自定"，主张君主"去智与巧"③。四是以"道无双，故曰一"，论"君臣不同道"，"明君贵独道之容"，主张"君操其名，臣效其形，形名参同，上下和调"④。五是以"虚静无为，道之情也"，论"听言之道，溶若甚醉"，主张君主"去喜去恶，虚心以为道舍"⑤。六是以天地莫测、无私，论驾驭群臣的方略，主张君主依法施治，"欲治其内，置而勿亲；欲治其外，官置一人"⑥。上述思路表明，建立中央集权政体与实行法治是韩非所说的"虚静无为"的制度保证和关键措施。韩非的无为是典型的将厉行法治、维护威势、运用权术结合在一起的法家无为论。

韩非强调为政要"虚"、"静"、"简"、"朴"。在他看来，治理国家必须"贵静"，厉行法治必须"闲静"，驾驭臣民必须"虚静"。

韩非既主张严刑重罚，又反对滥用刑罚。《韩非子・大体》主张君主"淡然闲静，因天命，持大体"，体察天地、江海、山谷、日月、四时、风云等所揭示的自然法则，"守成理，因自然"，实现"上下交顺，以道为舍"⑦，从而立功于当今，垂德于后世。他提出了一批相应的为君

---

① 《韩非子・扬权》，王先慎：《韩非子集解》卷 8，第 43、44 页。
② 《韩非子・扬权》，王先慎：《韩非子集解》卷 8，第 44 页。
③ 《韩非子・扬权》，王先慎：《韩非子集解》卷 8，第 45 页。
④ 《韩非子・扬权》，王先慎：《韩非子集解》卷 8，第 46、47 页。
⑤ 《韩非子・扬权》，王先慎：《韩非子集解》卷 8，第 47、48 页。
⑥ 《韩非子・扬权》，王先慎：《韩非子集解》卷 8，第 49 页。
⑦ 《韩非子・大体》，王先慎：《韩非子集解》卷 8，第 210 页。

之道。简言之,即“不以智累心,不以私累己;寄治乱于法术,托是非于赏罚,属轻重于权衡”[①]。韩非还指出,“至安之世”的特点是“法如朝露,纯朴不散,心无结怨,口无烦言”[②]。由此可见,“利莫长于简,福莫久于安”[③]。君主不得法外行罚,不应吹毛求疵,不可一味弄巧,不能滥施淫威。这样才能使“上无忿怒之毒,下无伏怨之患”[④]。

韩非既主张君主独断,又主张君主无为。在他看来,“虚静”是明君驭臣的诀窍。《韩非子·主道》以作为“万物之始,是非之纪”[⑤]的道,论证以“虚静无为”为基本特征的为君之道,主张君主因人之智,尽臣之才,信赏必罚,以实现“明君无为于上,群臣竦惧乎下”。例如,“去好去恶,臣乃见素,去旧去智,臣乃自备”[⑥],即君主不要显露自己的好恶和见解,以使群臣无法迎合君心,而充分表达各自的意见。又如,“去智而有明,去贤而有功,去勇而有强”[⑦],即君主不要依恃个人的聪明、才智、勇气,而要充分调动并发挥臣下的聪明、才智、勇气。这样一来,不仅可以使“智者尽其虑”、“贤者敕其材”,实现“臣有其劳,君有其成功”[⑧],而且可以使君主“不贤而为贤者师,不智而为上智者正”[⑨]。如果君主通晓“道在不可见,用在不可知”[⑩]的为君之道,就可以防止大臣擅权。如果君主不懂的“虚静无事”的道理,反而会“以暗见疵”。因此,“人主之道,静退以为宝。不自操事而知拙与巧,不自计虑而知福与咎”[⑪]。

韩非既主张君主制民,又反对君主扰民。在他看来,“贵静”也是治民的原则。《韩非子·解老》阐释“上德无为而无不为”[⑫],赞同老

---

① 《韩非子·大体》,王先慎:《韩非子集解》卷8,第210页。
② 《韩非子·大体》,王先慎:《韩非子集解》卷8,第210页。
③ 《韩非子·大体》,王先慎:《韩非子集解》卷8,第210页。
④ 《韩非子·大体》,王先慎:《韩非子集解》卷8,第209页。
⑤ 《韩非子·主道》,王先慎:《韩非子集解》卷1,第26页。
⑥ 《韩非子·主道》,王先慎:《韩非子集解》卷1,第27页。
⑦ 《韩非子·主道》,王先慎:《韩非子集解》卷1,第27页。
⑧ 《韩非子·主道》,王先慎:《韩非子集解》卷1,第27页。
⑨ 《韩非子·主道》,王先慎:《韩非子集解》卷1,第27页。
⑩ 《韩非子·主道》,王先慎:《韩非子集解》卷1,第28页。
⑪ 《韩非子·主道》,王先慎:《韩非子集解》卷1,第29页。
⑫ 《韩非子·解老》,王先慎:《韩非子集解》卷6,第131页。

子的“治大国者若烹小鲜”[1]，主张“有道之君贵虚静”[2]，既要适时变法，又要保持法令的稳定，以减少对民生的干扰。该篇还抨击君主“伤民”、“虐民”、“黩武”的行为，斥之为“天下无道”。

全面考察《韩非子》的思想体系，不难得出这样的结论：以韩非为代表的法家中的重罚主义一派也主张推行以“清”、“静”、“虚”、“简”、“朴”为特征的政治。他们反对君主行私、弄权、苛察、滥罚、扰民，并将“虚静无为”奉为最佳的施政方略和理想的政治境界。这个思路无疑包含着理性的成分。这表明，如果韩非生活在汉初，他也会依据自己对“虚静无为”的理解而抨击秦朝政治。

众所周知，秦始皇对《韩非子》颇为赞赏。从许多具体的政治行为看，他一度是运用无为之术的高手。由此可见，秦始皇不仅知晓无为之说，而且颇得其要旨。秦政之失不在于不懂得君主无为的道理，而在于取得成功之后全面违背了相关的政治原则。或许这才是汉初的思想家、政治家大多强调无为的主要原因。陆贾之类的儒者为了张扬儒家的礼治而攻击法家的法治违背无为原则，是有失公道的。

三　沟通儒法的黄老“清静无为”论

有一个重要的思想现象很值得深入研究，即黄老的“虚静无为”沟通儒法，影响百家。从若干基本思路和主要内容看，道、法、儒三种无为的差异并不像许多学者所描述的那么大。

“虚静无为”或“清静无为”是黄老学说的标志性命题。它也是对道家政论的高度概括。在道家中，黄老之学属于积极求治的一派。他们主张君主集权，厉行法治，审核刑名，运用权谋，刚柔并重，文武兼用。汉初统治者推行具有浓厚法治色彩的政治，而其指导思想恰恰是“清静无为”。因此，无论在理论上，还是在实践中，黄老学说都不具有妨碍有为的特质。

简单认定“无为”妨碍“有为”的观点可能来自对“清静无为”的误读。在思想史研究中，这类望文生义的误读并非罕见。实际上，大有作为乃至无所不为是黄老之无为、法家之无为和儒家之无为的共同

---

① 《韩非子·解老》，王先慎：《韩非子集解》卷6，第142页。

② 《韩非子·解老》，王先慎：《韩非子集解》卷6，第142页。

取向。

《老子》一书原本讲得很清楚:所谓“无为而治”,即通过“为无为”实现“无不为”。惟有“无为”、“无私”、“无欲”,方能成就大为、大私、大欲。实现这个目的需要一系列的政治技巧,有时还要动用刑杀之类的强硬手段。换句话说,无为而治的真谛是:统治者运用更为高明的统治术,因应自然,操持大纲,以静驭动,任贤使能,形似柔弱却无坚不摧,看似无为却无所不为,从而实现尊严和利益的最大化。“至为无为”[①]。中国古代著名的政治思想家大多从这个意义上解读“无为而治”这个命题。

汉初流行的黄老学说比《老子》更为积极进取。在马王堆出土的黄老帛书《经法》《十六经》《道原》《称》等,阐发因道、顺天、执一、循理、虚静、重柔、不争、藏强、示弱、谦下、无私的哲理,大讲“王天下者之道”[②],主张顺天合人、循理用当、贵贱有别、强化君权、审核形名、厉行法制、刚柔相济、文武兼用、德主刑辅、先德后刑。《十六经》的作者还明确指出:刚柔、阴阳、寒热、燥湿不可两立,有了人类也就有了社会矛盾,只能以“争”的手段应对“天下大争”的局面,因而必须动用武力以实现统一,设立制度以维护秩序,厉行法治以保持稳定。这就是黄老之学所说的“虚静”与“无为”。正如司马谈所指出的,所谓清静无为,即用最恰当的治术实现“事少而功多”[③]。

在其他学派的无为论中,法家的法、势、术颇得黄老刑名之学的要旨。只要将《黄老帛书》与《韩非子》大体比较一下,就不难发现:黄老与法家在集权、法治、重势、用术、赏罚等方面有颇多相似之处。韩非的“虚静”与黄老的“虚静”大同而小异。司马迁将老、庄与申、韩归入同一列传,认为这批人“皆原于道德之意”[④],是颇有道理的。

显而易见,当法家因秦朝的速亡而名誉扫地之时,与法家学说最为接近的黄老学说很容易被承袭秦制又深受楚文化濡染的汉初诸帝

---

① 《吕氏春秋》卷18《审应览·精谕》,第223页。

② 《经法·六分》,马王堆汉墓帛书整理小组编:《马王堆汉墓帛书〈经法〉》,文物出版社,1976年,第17页。

③ 《史记》卷130《太史公自序》,第2468页。

④ 《史记》卷63《老子韩非列传》,第1713页。

选为替代品。这个选择既增强了政治的调整因素，以适应大乱甫定、亟需休养生息的政治情势，又保持了政治的延续性，以维护帝制及其法制的基础框架。

儒家的无为与黄老的无为也颇多相通之处。在政治一统、刚柔并济、文武兼用、德主刑辅、先德后刑、主惠臣忠、赋敛有度、爱民利民等方面，两家的主张大同小异。因此，尽管学派之间的辩论乃至攻讦言辞激烈，而在实际政治中，从黄老之无为向儒家之无为过渡并不需要太大的跳跃。

成书于汉武帝时期的《淮南子》以黄老为基调，博采众家之说，集清静无为、刑名法治、礼乐仁义于一书。这部跨越学派的著作再一次提示人们：切忌简单化地一见到"无为"就归入道家，一见到"法治"就归入法家，一见到"仁义"就归入儒家。

如果沿着这个思路进一步审视黄老的"清静无为"、韩非的"虚静无为"和董仲舒的"寂寞无为"，就不难发现，它们既展示着个性，又蕴含着共性。三种无为异中有同，同中有异。思想家们的争论点不在于君主是否应"虚静无为"，而在于如何实现无为而治，特别是"自然""法治""仁政"之间究竟以何为主。由此可以推定，汉武帝改宗儒学不是由于欲要"有为"而弃置"无为"。他更青睐礼治仁政之说，于是看中了儒家的"无为而治"。

四　"无为而治"是中国古代的统治思想

还有一个最不应该被忽略的极其重要的思想现象，即无为而治的基本思路，前有古人，后有来者，可谓百家共识，百代共识。中国古代主要的政治思想流派和著名的思想家大多将君主无为作为重要的政治原则。几千年来，无为而治的若干基本思路一脉相承，从无断绝，一直是中华帝制统治思想的重要组成部分。

"无为而治"是中国古代政治学说的一个独特命题。自老子以来，主张无为而治的思想家不胜枚举。他们普遍认为，天道无为而人道有为，君主无为而臣民有为。"无为"是公认的处理天人关系、君臣关系和君民关系的基本法则。主要体现在三个方面：一是在人与自然的关系上，各种政务应效法自然，顺应自然；二是在君臣关系上，君无为而臣有为；三是在君民关系上，君主应尽量减少对民生的干扰。无为而治强调一个“因”字，即因道、因人。这就要求统治者“清”、“静”、“虚”、“闲”、“朴”。因此，人们在诠释无为的时候常常用“虚静”、“清静”、“淡泊”、“淡然”、“漠然”、“寂寞”、“太素”作为修饰词。

与上述政治原则相关的思想因素大多可以追溯到早期王权时期。在《尚书》《诗经》《左传》《国语》等文献中，不难找到效法自然、垂拱而治、任贤使能、因人成事的论点。其中各种论证驾驭臣民的政治技巧的思想是无为论的主要来源。

在春秋战国，专制主义中央集权政体初步形成。与此相应，无为汇聚成一股影响广泛的思潮。从现存文献看，最早明确使用“无为”并系统阐述“无为而治”的是《老子》。在其他先秦文献中也可以找到相关的思路和主张。其中，《论语》《周易》《管子》《慎子》《申子》《中庸》《文子》《黄老帛书》《庄子》《荀子》《吕氏春秋》《韩非子》等都论及“无为”。道、儒、法等对无为的诠释有明显的差别，却又有共同的话题和相近的认识。各种无为论都把“虚静”视为君主治国的有效手段和理想境界。在君主必须虚静无为、因道法天、因人成事等最基本的思路上，几个主要政治思想流派的主张大体相似。

战国后期以来，中华帝制及其统治思想逐步确立。从秦始皇登基到汉武帝执政，在长达一百多年的时间内，无为思潮泛滥。以法为宗的无为、以道为宗的无为、以儒为宗的无为的互动与更替构成思想领域的重要景观。重要的思想家和思想著作大多论及无为。其中，韩非的“虚静无为”、黄老的“清静无为”和董仲舒的“寂寞无为”颇具典型性、代表性。《吕氏春秋》《淮南子》等杂家色彩浓厚的著作也主张君主“清静无为”。无为而治的若干基本思路成为百家共识。

汉唐以来，中华帝制逐渐步入鼎盛。“无为”也作为一种德政的代称被正式纳入统治思想。直到这种制度覆灭，它始终在统治思想和主流文化中占据一席之地，集中体现在以下几个方面。

（一）老庄后学的无为论对社会各阶层的政治观念有广泛的影响

“无为”是老庄的特色学说，因而这个范畴依然为老庄后学所青睐，被奉为治国修身的不二法门。他们从为政之道、修身之道、养生之道等不同角度发展了这个学说。这类思想通过各种《老子》《庄子》

注疏,《道德指归》之类的道家著作,《太平经》《抱朴子》等道教经典和道教学者的著作,《论语集解》《周易注》等玄学诸子的著作,影响着人们的政治观念。道教的作用尤为显著。一般说来,深受老庄思想影响的人都认同无为而治的一般原则,历代君臣引据《老子》议事论政的事例不胜枚举。有许多皇帝深受道教政论的影响。唐朝皇帝最为典型。他们以《老子》为"祖业",奉道教为国教。唐太宗、武则天、唐玄宗及其辅臣多有无为之论,他们认同"无为之旨,立国之道也"①,主张"为政之本,贵在无为"②。

(二)历代名儒的无为论对主流学术有深刻的影响

在政治思想领域,影响最大的还是儒家的无为。历代注释《周易》《礼记》《论语》等儒家经典的学者都有无为之论。四库全书还收录了一批以"无为之治"、"君臣无为"诠释《尚书》的著作。无论在汉唐经学,还是在宋明理学中,无为都是一个重要的范畴。许多著名大儒,如汉代的陆贾、董仲舒、扬雄,隋唐的孔颖达、王通、柳宗元,北宋的王安石、苏轼,宋元明清的理学诸子,清代的王夫之等,都对无为而治有精辟的论述。他们的思想或多或少受到其他学派的影响,而其主要特征是以礼、乐、政、刑为本。儒家的主流学术地位和这些著名思想家的个人魅力,都注定儒家的无为对社会各阶层的政治观念有举足轻重的影响力。

(三)官方学说的无为论对主流文化有重大影响

官方学说是统治思想的主要载体。一般说来,儒家的无为属于官方学说范畴。《春秋繁露》等汉儒著作大体可以反映汉代官方学说的特征。孔颖达奉唐太宗之命,编撰《五经正义》。他阐释"无为之道",用天地之道、阴阳之理论证"君以无为统众"③,将法天地、重人伦、制礼法、行仁义、为无为列为治国之道的要旨。《五经正义》是唐朝官方学说的代表作和钦定的科举考试的标准读本,后来又被纳入《十三经》。在《四书集注》中,理学宗师朱熹注释孔子之言,认为"无为而治者,圣人德盛而民化,不待其有所作为也"。元代以降,《四书

---

① 《旧唐书》卷192《隐逸传·司马承祯传》,第3487页。

② 《旧唐书》卷51《后妃传上·贤妃徐氏》,第1462页。

③ 《周易·系辞下》孔颖达疏,王弼注、孔颖达疏:《周易正义》卷8,第357页。

集注》是官方学说的代表作，科举考试的必读书，其影响更为广泛。上述事实表明，无为在官方学说中始终占据一席之地。

（四）许多相关政论有更为广泛的影响

应当指出的是，不能将是否使用了“无为”概念作为判定是否认同“无为而治”的唯一标准。许多思想家认同无为而治的基本思路，然而他们在论述相关问题的时候未必使用“无为”这个概念。中国古代思想家大多主张因道法天、因人成事。在历代政论中，常常可以见到“去甚去泰”、“贵在清静”、“除烦去苛”、“委司责成”、“寄之耳目”的主张。在朝堂之上，批评皇帝“元首丛脞”、“炫耀聪明”、“与臣争能”、“事必亲躬”的现象也很常见。这也反映出无为的影响具有广泛性。

（五）历代皇帝的认同、阐释、宣扬，对扩大无为而治的影响有直接的促进作用

一般说来，皇帝们认同无为的基本原则，至少在理论上或口头上是如此。一些雄才大略的皇帝堪称躬行“无为”的典范。由于文献阙如，无法一一认定所有皇帝的具体态度，然而依据历代官方学说的基本特点，我们可以不无依据地做出广泛性推定。在明清帝王的殿堂之上高悬“无为”的大匾，是一个相当可靠的依据。还有一个比较可靠的依据，即许多朝代有歌颂皇帝无为的宫廷乐舞。例如，宋徽宗钦定的乐舞中有“文舞九成，终于垂衣拱手，无为而治”①。更为可靠的直接证据则是皇帝们公开宣布认同无为而治。不仅两汉、魏、晋、南北朝、隋、唐、宋、元、明、清的数十位皇帝认同、颂扬、躬行乃至自诩无为，例如晋武帝宣称“思与万国以无为为政”②，一些皇帝还著有与无为相关的论著。唐太宗、武则天、唐玄宗等堪称典型。许多皇帝曾向道士讨教无为之道。例如，宋真宗曾“召见道士柴又玄，问以无为之要”③。宋代设置的“无为军”也与无为思想相关。一些皇帝赞赏论及无为的著作。例如，在丘濬的《大学衍义补》中，君主无为是一个重

① 《宋史》卷129《乐志四》，第2030页。《晋书》《宋书》《南齐书》《元史》《明史》《清史稿》等也记载了这类宫廷乐舞。

② 《晋书》卷3《世祖武帝纪》，第38页。

③ 《宋史》卷8《真宗纪三》，第100页。

要的论题，还明确指出了儒家无为与道家无为的区别。明孝宗、明神宗为之作序，并下旨刊行。一些朝代有官方的《道德经注》问世。例如，清顺治帝主持编纂《御定道德经注》，为之作序，并称赞《老子》“明清净无为之旨”。许多皇帝依据无为解读儒家经典。例如，清康熙帝主持编纂的《日讲易经解义》《日讲书经解义》，清乾隆帝主持编纂的《御纂周易述义》，都阐释了儒家经典中的无为而治。最高统治者的广泛认同是判定无为而治属于统治思想的重要依据。

（六）无为而治对政治过程有重要的实际影响

形形色色的无为之论通过不同渠道对最高统治者和统治集团的政治观念产生影响，又通过皇帝及其辅臣的认同和躬行而直接影响政治过程。主要体现在四个方面：一是许多皇帝奉之为治国理民的大纲、要诀，以汉初诸帝和唐代诸帝最为典型。二是法家、黄老、儒家的无为都为设官分职、考课监察等制度的设置和运转提供了理论依据。三是对统治者的施政技巧具有重要的指导作用。在朝堂论政和君臣互动中，相关的事例很常见。这类君主无为多属于权术范畴，所以往往见于行而不见于言。四是对一些时期的治民政策有重大影响。作为治民方略，无为论着重强调一个“静”字。静的关键是“君能清静”，“俭以息民”。人们论及治民政策，往往引用这类思想，主张与民休息，使民众自然安定。在历代名臣奏议中，这类主张可谓司空见惯。每当改朝换代之后，这种现象尤为突出。

为什么“无为而治”会成为中华帝制的统治思想？笔者认为，主要原因有三：一是无为而治属于一种“圣治”范式，其所依托的制度属于帝制范畴，在道、儒、法的无为论中都可以找到明确的相关论述。二是无为的主要内容属于政治技巧范畴，且大多有浓厚的权术色彩，因而可以为专制独断、纵横捭阖的君主政治提供指导。三是无为包含着政治理性，它来自对历史教训的深刻反思和政治经验的总结提炼，既可以用来防范君主政治的各种偏弊，又可以为君主政治提供一个理想目标。其中有些内容还具有超越时代的价值，诸如尊重自然规律、掌握领导艺术、发挥下级作用、减少政治干预等。

无为之论高屋建瓴，不乏真知灼见。可惜“其辞难知”，没有卓越的政治智慧和艰难的政治历练是无法体认其奥妙、掌握其精髓、恪守其规范的。那些平庸之君没有能力躬行无为，而那些自恃聪明、专横暴虐、骄奢淫逸的皇帝也很难自觉遵循无为所设定的各种戒律。就连那些雄才大略的皇帝也不可能贯彻始终。这才是“无为”常常流于空谈或被束之高阁的主要原因。

中国古代思想史研究亟待一个“系统重返文献”的过程

本文发表在《史学月刊》2012 年第 12 期。这是一篇学术争鸣类型的论文，旨在反驳一篇登在《光明日报》上的商榷文章。该文内容有系列化的事实错误。事实错误属于低级错误，而系列化的事实错误堪称典型的“历史的误读与历史观的偏颇”。

拓展史料来源，掌握充分的文献依据，这是中国政治思想研究的基础性研究方法之一。在某一类研究的前人成果存在重大缺陷的情况下，“系统重返文献”是改进相关研究的必由之路，其目的是在充分掌握史料和系统分析事实的基础上，形成更为契合历史过程的事实陈述和学术判断，以颠覆旧说，提出创见。我之所以倡导并重视运用“系统重返文献”的方法，是因为看到了太多的前车之鉴。有鉴于此，我将“系统重返文献”列为完成个人一套探索性研究计划的主要操作方式之一。

现有中国思想史知识体系存在重大缺陷，具体表现之一是一系列严重违背历史事实的说法广泛流行。有一篇与笔者商榷的文章，汇集了众多常见的重大错误，堪称“典型个案”[①]。分析这个个案有

① 本文重点剖析一篇文章，题为《历史的误读与历史观的偏颇——与刘泽华、张分田二先生商榷》，发表于《光明日报》2010 年 1 月 18 日。这篇文章违背事实的论点论据颇多，涉及儒学的本质、基本特征及其核心价值观的演化历程、历史作用和现代影响等，构成(转下页)

助于解释为什么中国古代思想史研究亟待一个"系统重返文献"的过程。

"典型个案"重大错误之一是误判民本思想的演化历程。

现代学术界所说的"民本思想"富含理性,又多有悖论,因而学界对其演化过程的评说存在一系列事实误判。夸大儒家的贡献是最常见的一种。

针对学界对"民贵君轻"的误读误判,笔者列举一批史实,证明"民贵君轻"是帝制的统治思想,指出"儒家反抗王权,批判专制"的断语违背历史事实。"典型个案"回避所列事实,有意转换话题,指责笔者"违反了历史辩证法",没有看到民本思想"有一个发展过程",乃至"避而不谈"黄宗羲的"天下为主,君为客"。

"典型个案"的作者对黄宗羲颇有研究,点校过《明夷待访录》[①]。在他看来,黄宗羲提出"天下为主,君为客"和张岱提出"予夺之权,自民主之",标志儒家民本思想的性质"起了重要的变化,即认识到权力来源是民而非君,亦非天"。这是一种常见的重大事实误判。

关于黄宗羲思想的属性,学界争论了数十年。为数众多的著名学者不同意"性质变化"的判断。例如,在《中国政治思想史》中,萧公权指出:"仍因袭孟子之故辙,未足以语真正之转变。"[②]在《中国前近代思想的演变》中,日本学者沟口雄三判定:"决不能说它是一般的、

(接上页)系列化的误读与误判。凡是对将近百年的现代中国学术史有所了解的人,都会发现这篇文章的所有观点均不是作者本人的独到之见,而是从一批前人成果中因袭而来的。因此,这篇文章所犯错误具有典型性和普遍性。

① 对这个收入《黄宗羲全集》第一册的点校本,有人提出过尖锐的批评。例如,李广柏指出:《明夷待访录》全文不过两万字,而这个点校本的断句错误有十多处,"其误读所占比例也够大了"。又指出:点校者依据部分史料断言《明夷待访录》"原名《待访录》",这是不能成立的。李广柏的理据很简单,黄宗羲本人两次使用过《明夷待访录》的书名。全祖望《梨洲先生神道碑文》著录黄宗羲的著作皆用原书名,其中有"《明夷待访录》二卷"。李广柏还指出:"《明夷待访录》这个书名的完整涵义是:在黎明前的黑暗时期所写,等待黎明后的明主圣君来求访的著作。"参见李广柏:《〈明夷待访录〉解读之商榷》,《艺衡》第五辑。

② 萧公权:《中国政治思想史》下卷,第606—607页。

超时代的反君主专制”[①]。这类评价是有事实依据的。

研究各种观点及其理据之后，笔者的评语是：思想激烈，言词犀利；议论精彩，不乏创见；引领潮流，显露新意；因循传统，未脱窠臼[②]。这与“典型个案”的观点有同有异。笔者判断其“未脱窠臼”的依据是由一系列事实构成的证据链。诸如黄宗羲的文化范式、基本思路乃至激烈话语，在儒家文献及官方学说中不难找到。黄宗羲的《孟子师说》笃信“宇宙一团生气，聚于一人，故天下归之，此是常理”，将平天下的希望寄托于“令君心自悟”[③]。“天下为主，君为客”那一段的思维逻辑是：无君之时，天下混乱；王者大公，天下太平；君主谋私，则为大害。这类“设君之道”古即有之，黄宗羲的主要贡献是词语更精彩，为观念更新提供了台阶。正是对一批政治批判思想家的系列化研究，使笔者发现中国古代有一个具有普遍意义的“尊君—罪君”政治文化范式[④]。大量事实表明，在新的历史条件下，儒家政治思维方式严重阻滞了中华民族的观念更新，而明清之际政治批判思潮的局限性恰恰是这方面的典型例证。

在《四书遇》中，张岱声称“民贵君轻”之论，“超越千古，非孟子不能发”。这种说法原本就误判重大事实。在《读慎子》一文中，明初大儒方孝孺指出：“其谓立天子以为天下，非立天下以为天子，不犹儒者所谓君为轻之意乎！”[⑤]笔者沿着这类线索，系统检索文献，考察的结果是：“予夺之权，自民主之”可谓源远流长；“立君为天下”及“无道之君”可诛可逐乃华夏先民的共识；现知最早明确表达国家权力来源于公众利益的话语见诸《商君书》和《慎子》；君主为公众利益而设是帝制统治思想的理论基础；民重君轻的基本思路获得皇帝们的认同乃至颂扬；科举考试都要求士子通晓民本思想，包括“民贵君轻”命题

---

① ［日］沟口雄三：《中国前近代思想的演变》，索介然、龚颖译，上海人民出版社，1997年，第240页。

② 具体分析和事实依据参见张分田：《民本思想与中国统治思想》上册，第348—359页。

③ 黄宗羲：《孟子师说》卷下《三代之得天下章》，《景印文渊阁四库全书》，第208册，第858页。

④ 具体分析和事实依据参见张分田：《中国帝王观念：社会普遍意识中的“尊君—罪君”文化范式》。

⑤ 方孝孺：《逊志斋集》卷4《杂著·读慎子》，第112页。

等等。

“典型个案”把古即有之的精彩，判定为晚近后人的创见；把广泛认同的价值，归功于某些个人的主张。这显然大大低估了中华民族群体性的政治智慧，而过于偏爱“儒家文化”是导致这类错误的主要原因。

“典型个案”的重大错误之二是误判儒家的本质。

“典型个案”主张在现代中国“继承发扬儒家的核心价值观”。要论证这个主张，就必须修饰儒家的形象，转换儒家的属性，以便为儒家的核心价值观涂抹现代油彩。操作手段之一是选择性地征引文献，将儒家的本来面目遮去一半。于是一种屡见不鲜的论说方式再次展现，即罗列一批儒家经典中的精彩命题，诸如孔子的“以道事君”、孟子的“杀一独夫”之类，目的无非是要将孔孟与帝制剥离开来。岂不知这种论证方式是最蹩脚的。在儒家经典中，还有另一些话语。只要将这些话语摆出来，便足以动摇其根基。

展示儒家的另一面并不困难。例如，《论语·季氏》记载了孔丘有关“天下有道，则礼乐征伐自天子出”[①]的名言。又如，《孟子·万章上》引据孔丘“天无二日，民无二王”[②]，又引据《诗经》“普天之下，莫非王土；率土之滨，莫非王臣”[③]。后儒则将这类思想概括为“政由君出”、“天下一统”。显而易见，孔丘、孟轲设计并维护的权力结构符合现代政治学的“君主专制”定义。如果不能为帝制提供全面系统的理论支撑，儒家经典怎么可能被奉为官方学说长达两千多年！

“典型个案”重大错误之三是误判儒家与帝制的关系。

儒家与帝制血肉相连是众所周知的重大历史现象。为了解脱困境，“典型个案”断言众多揭示儒家本质的学者“只看到董仲舒以后的儒家的阳尊阴卑纲常伦理……没有看到传统儒学的核心价值观是以仁道为根本，以义、礼、知、信、和、敬为价值系统”。这里又出现重大事实误判。

以天地阴阳论尊卑贵贱是儒家的经典思想。据说孔丘研读《易

---

① 《论语·季氏》，朱熹：《四书章句集注》之《论语集注》卷8，第171页。

② 《孟子·万章上》，朱熹：《四书章句集注》之《孟子集注》卷9，第306页。

③ 《孟子·万章上》，朱熹：《四书章句集注》之《孟子集注》卷9，第306页。

经》而“韦编三绝”。马王堆帛书《易之义》记有“子曰：易之义，谁(唯)阴与阳。”《周易・系辞上》：“天尊地卑，乾坤定矣，卑高以陈，贵贱位矣。”[①]这部儒家经典将天、君、父、夫归入阳类，将地、臣、子、妻归入阴类，并依据天尊地卑、阳刚阴柔、乾健坤顺，判定阳类与阴类之间的尊卑主从关系。这正是“阳尊阴卑纲常伦理”的理论渊源。怎么能将其产生的时间推到“董仲舒以后”呢？

“典型个案”显然误判了广大学者的知识结构。儒家以维护礼法、夸饰仁义见长，这一点谁人不知！无论颂扬儒家，还是批判儒家，人们都必然围绕“礼”与“仁”做文章。原因很简单，这两个字是儒家的命根子，也是儒家论说“尊卑纲常”的理论依据。众多学者之所以批判现代崇儒者，是因为他们深知儒家“道德人文精神”的许多糟粕与现代精神无法相容，因而反对简单化地提倡“弘扬儒家”，阻止曾独尊于帝制“国学”的儒家抢占现代中国的“国学”之位。

“典型个案”重大错误之四是误判儒家的主要特征和基本取向。

在中国古代，“孔子尊君”是一个赞语，这类颂词将儒家推上帝制官学的地位。近代以来，“孔子尊君”转化成一种批评，这类判词导致孔教与帝制一同式微。想要弘扬儒家的人们只得另辟蹊径，于是儒家“反专制”乃至“民主”之类现代化的赞语颂词应运而生，论证方法之一就是在“仁”字上做文章，设法让儒家解脱“礼”的包袱。“典型个案”沿袭这类论述，用“仁本而礼用”，证明“尊君亲上”等“并不是儒家经典的核心命题”。这就难免主观臆断之讥了。

众所周知，儒家经典没有以“仁”命名的，却多有以“礼”命名的，重礼是“五经”的基本导向。在《论语》中，“礼”与“仁”相互注释，既有“克己复礼为仁”的说法，也有“人而不仁如礼何”的说法。孔丘之学的主要特征可谓“礼仁一体”，而“礼”更根本、更重要，因为“仁之本”是“孝悌”，故政纲用“为国以礼”概括。在天道、人性等哲理性问题上，后儒多有与孔丘不同的观点，惟独在尊尊亲亲、忠君孝父等核心价值上，丝毫不敢逾矩。真正的儒者都不会突破孔丘政论的基础框架，即为国以礼，礼仁一体。因此，德礼为政治之本，仁政为王道之

① 《周易・系辞上》，王弼注、孔颖达疏：《周易正义》卷7，第302页。

本，始终是儒家政论的核心与基点。

在儒家发展史上，“仁”的理论地位确实有一个逐步提升的过程。班固《汉书》定义“儒家者流”用了“仁义”一词[①]。到宋明理学，“仁”被发挥到登峰造极的地步。例如，《朱子语类》有“仁是天理根本处”的说法[②]。但是，凡是对儒家范畴体系有所了解的学者都不会草率断言这是“仁本而礼用”的明证。因为《河南程氏粹言・论道篇》有“视听言动一于礼，谓之仁”[③]。《朱子语类》有“礼，只是理”[④]，“‘经礼三百，曲礼三千’，无一事之非仁”[⑤]。简言之，礼即仁，仁即礼，“仁、礼非是二物”[⑥]。朱熹弟子陈淳写过一本理解理学范畴的入门书，名曰《北溪字义》。只要读一读其中的《仁义礼智信》，便知道五常之四德乃共出一源、互相酝酿、彼此包容、互为体用的关系。“四位实为万善之总括”，都是“从这（天理、道理）大本中流出见于用”，“非是截然不相及”[⑦]。

实际上，礼与仁互相诠释的渊源是《论语》，先驱有汉魏经学、《五经正义》等，朱熹集其大成，后儒继续发挥。在经典训诂中，用道、理、仁、中定义“礼”的现象不胜枚举。儒家内部有重仁、重礼之别，而“礼”始终是儒家的核心范畴，因而古人称儒学为“礼学”、“礼教”。只是到了现代，一种名曰“新儒家”的伪儒学为了掩盖真相，才有意弃置儒家固有别名“礼学”，而单用另一个别名“仁学”。“典型个案”只是仿效这种手法而已。

“典型个案”重大错误之五是误判儒家“仁者爱人”的合理程度。

“典型个案”判定“仁者爱人”是“儒家最核心的命题”，并夸大其合理程度。这就又出现了重大事实的误判。

儒家的“仁者爱人”确实富含正面因素。但是，凡是对历史比较熟悉的人，都知道儒家之“仁”也是要杀人的。儒家要杀的“无道”、

---

① 《汉书》卷30《艺文志》，第1637—1638页。

② 黎靖德编：《朱子语类》卷51《孟子一・梁惠王下・问汤放桀章》，第1227页。

③ 《河南程氏粹言》卷1《论道篇》，《二程集》，中华书局，1981年，第1178页。

④ 黎靖德编：《朱子语类》卷35《论语十七・泰伯篇・恭而无礼章》，第911页。

⑤ 黎靖德编：《朱子语类》卷36《论语十八・子罕篇上・子在川上章》，第976页。

⑥ 黎靖德编：《朱子语类》卷41《论语二十三・颜渊篇上・颜渊问仁章》，第1043页。

⑦ 陈淳：《北溪字义》，中华书局，1983年，第26、31、24页。

"不仁",据说都违背礼法和礼义,乃"无父无君"的"禽兽"。张扬"仁者爱人"却大开杀戒的儒宗更是代有其人。只要读一读庞朴先生的《中国文化十一讲》,便可知晓儒家"仁义"包含"杀的理智"。众多大儒用"天理"、"仁义"论证"天罚"、"天刑",将"严刑以威"、"以辟止辟"说成是"仁义"之举,视之为维护"大中"、实现"大和"的必要手段。戴震抨击的"以理杀人"则是比刑罚更甚的以"天理"、"经义"、"礼法"摧残生命。大量事实表明,儒家"仁学"及其铸就的"精神家园",远非某些现代学者所描绘的美好境域。

"典型个案"重大错误之六是误判儒家和谐观的属性。

在肯定传统和谐观有现代价值的同时,笔者指出一个事实,即"中国古代的和谐论有其特定的思维逻辑与历史内容,许多成分与现代社会格格不入"[①]。"典型个案"特意截取这个观点作为批驳的重点。从其理据看,这位作者要么不知道儒家和谐论的许多重要内容,要么有意回避这类内容。

儒家之"和"是以尊卑贵贱为前提的。礼乐之"和"亦即等级之"和"。《论语·学而》明确指出:"不以礼节之"的"和"是"不可行"的。司马谈父子研究过先秦思想史,《论六家要旨》用"序君臣父子之礼,列夫妇长幼之别"论说"儒家"特长[②]。汉魏儒者重视"三礼",长于"礼学",并将《礼记》升格为经典,这正是继承了儒家学术传统。只要认真研读一下儒家经典,就会知道等级法则贯穿儒家的所有范畴和命题,包括"典型个案"所列举的"仁、义、礼、知、信、和、敬",乃至"自强不息"。

在儒家学说中,"天经地义"是终极依据,而"天地之别"亦即尊卑之别。《乐记》强调"天地之和"必须以"天地之序"为前提,所谓"礼义立,则贵贱等矣。乐文同,则上下和矣"[③]。《朱子语类》讲得更明确,"礼便是和"[④],"君尊于上,臣恭于下,尊卑大小,截然不可犯,似若不和之甚。然能使之各得其宜,则其和也孰大于是"[⑤]。在儒家经典及

---

① 张分田:《"民贵君轻"是帝制的统治思想》,《光明日报》2010年1月21日。

② 《史记》卷130《太史公自序》,第2486页。

③ 《礼记·乐记》,郑玄注、孔颖达疏:《礼记正义》卷37,第1265页。

④ 黎靖德编:《朱子语类》卷22《论语四·学而篇下·礼之用和为贵章》,第514页。

⑤ 黎靖德编:《朱子语类》卷68《易四·乾上》,第1708页。

其注疏中，这类说法亦属常见。显而易见，尊卑贵贱是儒家的核心价值，而“礼”与“仁”是其主要载体。一旦抽走了“礼”的等级法则，“儒家”就不再是名副其实的儒家，“仁”与“和”也随之丧失儒家的特征。正是由于这个缘故，在古代社会，儒家的礼、仁、中、和为帝制所尊崇；在近代社会，儒家礼教为先进的人们所唾弃；在现代社会，儒家的核心价值没有复兴的社会基础。

为了证明儒家核心价值的正面“推力”之大，“典型个案”竟然将儒家核心价值观与中国特色社会主义理论相提并论。这类皮相之谈也与事实有相当大的距离。只要大致研究一下一系列重大文件，就不难知晓现代中国设定的“小康”与“和谐”并不是儒家经典主张的“小康”与“和谐”，两者的核心价值有本质区别。

“典型个案”还有一些重大历史事实误判。诸如“原善”是儒家文化的基因，日本等“传统儒家文化圈的人民在现代化进程中没有抛弃或排斥儒家的‘仁义礼智信’价值系统”等等。限于篇幅，姑且不论。

应当指出的是，在抡起“全盘反传统的民族虚无主义历史观”这个大棒之前，“典型个案”的作者显然没有翻阅一下笔者的主要著作，诸如《民本思想与中国古代统治思想》(南开大学出版社，2009 年)。他的一些话语甚至堪称“用被批评者的观点，批评被批评者”。历史研究者必须设法探究历史事实，至少要掌握“文献事实”。这就犹如法官断案至少要弄清“法律事实”，否则就违背了职业道德。因此，若要判定别人是“历史的误读”，至少应先浏览一下他的著作，对基本事实做到心中有数，以避免自己跌入主观臆断的泥淖，反倒弄成历史的误读。这位批评者竟然没有事先弄清一个事实，即被批评者的基本思路和主要论据。求实精神如此缺位，治学态度如此草率，难怪一篇数千字的短文，竟然汇集了一批常见的重大事实误判。

见仁见智乃学界常态。喜欢扣帽子、打棍子的人也并非罕见。因此，对待某类文章的最佳方式是一笑置之。但是，近年来，同类文章汗牛充栋，内容大多涉及思想史研究的一系列重大问题，甚至关系到现代中国的政治发展、社会建设和文化更新。这就不能不认真对待了。

在传承中华优秀文化传统方面，中国古代思想史研究者肩负着特殊的任务。我们有义务在文化自觉、文化反思、文化鉴别、文化选择、文化更新方面为国家和民族提供优良的学术资源，引导社会大众客观、全面、准确地认识中国古代的各种思想文化现象。但是，在现代新儒家的影响下，在具有一定盲目性的“国学热”的驱动下，一股“儒家文化”造假之风大有愈演愈烈之势。众多学者为此推波助澜，本文分析的个案便是典型。

“前事不忘，后事之师。”研究历史不能搞“甄士隐”，弘扬传统最忌讳“贾雨村”。历史失真，文化造假，对中华民族根本利益和长远利益的损害甚大。因此，中国学者应当告别过于操切的现实关照，跳出已经形成的许多框框，在系统梳理和深入分析各种史料的基础上，寻求更合理的问题设置、价值预设和解释体系，做出新的阐述、贯通、综合、概括，建构与客观历史进程契合程度更高的中国历史知识体系，充分揭示中华文明演化历程中各种正面和负面的因素及其经验与教训，为中华民族的伟大复兴提供优良的学术资源。

思想是极其复杂的社会现象。在研究过程中，误读一些文献，误判一些事实，可谓人人难免。由此而形成的知识体系必然存在不可靠性。古代学者留下的一批概念、记述、评说原本就多有不可靠性；西方学术的概念、方法、尺度的不适用性添加了新的不可靠性；现代语境与古代语境的差异所导致的望文生义增大了不可靠性；各种非学术因素的介入强化了不可靠性；学风浮躁制造的“学术垃圾”根本就不可靠……诸多不可靠性交织在一起，导致现有中国古代思想史知识体系严重偏离历史事实。在若干重大历史问题上，一批著名前辈学者提出的学术观点仅靠罗列事实便足以动摇乃至推翻。这就意味着中国思想史研究可能需要结构性的改造，迟早会被人们做出具有一定颠覆性的重建。

完善事实陈述是学术再造和知识重建的基础工作。完善事实陈述的必由之路是坚持实事求是，系统检索文献，全面搜寻素材，重新考订事实，探究合理解读，改造阐释体系，创新学术理论。一个“系统重返文献”的过程是重建中国古代思想史知识体系所无法逾越的首要步骤。

完善事实陈述的主要途径

《完善事实陈述的主要途径——涉及中国思想史研究方法与视角的治学心得》一文发表在《湖南大学学报(社会科学版)》2010 年第 6 期。完善事实陈述是一切具有客观性、科学性的学术研究的最具基础性的研究方法之一,因而也是中国政治思想研究最具基础性的研究方法之一。

如何客观、全面、准确地认识中国古代政治文明及相关的思想现象?这个具有重大学术价值和现实意义的课题始终萦绕在我的心中。自从由于一系列偶然因素而步入中国政治思想史研究领域以来,我参阅了大量相关著述,竟然发现一个令人震惊的现象,即在若干重大问题上,一批著名前辈学者提出的学术观点竟然经不起事实的检验。这些观点的影响极其广泛,有的已然陈陈相因,积非成是,乃至许多中青年学者依然借助这类说法构筑自己的学术基础。我的判断是:有必要,也有可能,在充分借鉴前贤的基础上,对现有中国思想史知识体系进行具有一定颠覆性的重建。完成这项工作必须在史料收集、事实梳理、方法改进、概念界定、理论创新方面下一系列的功夫,可能需要几代人的不懈努力。

事实是一切学术研究的基础。高品位的学术著述必须尽力完善事实陈述。观点、方法、概念、理论的创新也有赖于高质量的事实陈述。有时仅靠事实陈述便足以颠覆一些成说。因此,完善事实陈述是一项最具基础性的工作。这里结合个人的治学心得,探讨思想史研究完善事实陈述的主要途径。

一 研究争鸣的各种理据与结构完整的事实陈述

研究前人相关成果是思想史研究的必要环节之一,其学术功能是多方面的。就本文的主题而言,研究学术争鸣中论辩各方的理据,有助于形成结构完整的事实陈述,避免学术观点的片面性。

研究一种思想的属性必须借助结构完整的事实陈述。例如,如果一个人只留下了“诛一独夫”的说法,其他线索一概皆无,那么我们只能知道他主张铲除暴君,而无法断言其思想属性。如果这个人一方面斥责“独夫民贼”,另一方面斥责“无父无君”,我们就可以大体判定其属性了。“不得无父无君”是一个制度性、规范性命题,而“铲除独夫民贼”是一个评价性、批判性命题。两个命题形成一个完整的理论结构。据此可以断定:这个人维护君主制度、等级制度、宗法制度,因而主张严格遵守这种制度的一般规定性及其政治规范,就连君主也不能例外。这正是孟子政治思想的基本特征。

儒学是否尊君?这原本是不成问题的问题,而近代以来,由于对儒学历史价值及现代意义的评估分歧巨大,于是儒学的本质属性始终是学界辩论的焦点,至今仍聚讼不已。

一批将儒学奉为“国学”、“国教”、“国粹”、“国魂”的学者依据儒家经典中一批蕴含积极因素的命题,诸如民惟邦本、民贵君轻等,判定孔子“倡导民主”,孟子“谓为世界民主论之先驱可也”,乃至有儒家“民主主义”、“自由主义”的说法。这类学者对儒学的重大负面因素,或视而不见,或曲解美化,或遮遮掩掩,或轻描淡写。于是在他们的事实陈述中,儒学体系的完整结构被掩盖了一半。我将这种现象称之为“结构性信息缺失”。一些不熟悉儒家经典的人很容易受到这类事实陈述的误导。

另一批学者为了证明儒学不具有民主或反专制的属性,又列举了儒家经典中的另一类话语,诸如《论语》记述孔子的“礼乐征伐自天子出”[①],《孟子》引述孔子的“民无二王”[②],《中庸》引述孔子的“非天子,不议礼,不制度,不考文”[③]等。他们还使用了一些形象化的比喻,即在儒学体系中,尊君与重民“比翼双飞”、“和谐统一”,犹如“钱币的两面”,是“极吊诡的整体”。由于这类学者指出了儒学尊君与重民的统一性,因而其事实陈述具有结构上的完整性。

见仁见智的争鸣已经持续百年了。凡是对这段学术史有所了解的研究者,都不会轻率地依据“民贵君轻”、“从道不从君”、“诛一独夫”、“帝力于我何有哉”等,判定儒学对抗王权,反对专制,乃至倡导民主。原因很简单,在长期的群体性的学术争鸣中,在大量的相关著述中,论辩各方提出的理据足以使人们形成结构完整的事实陈述。即使要坚持儒学反王权的观点,也必须对儒家经典的一批命题做出自圆其说的解释,诸如《礼记》引孔子的“天无二日,土无二王,家无二主,尊无二上”[④],《孟子》引《诗经》的“普天之下,莫非王土;率土之滨,莫非王臣”[⑤]。这一类的命题还可以列举很多。

应当指出的是,研究前人相关成果是一种必须遵守的学术规范。能否认真地进行这类研究是判定一个人学术素质高低的重要依据。有所推进、有所超越、有所创新的学术研究必须建立在更完整、更准确的事实陈述的基础之上。因此,凡是具备求实精神的学者都会充分利用论辩各方提供的线索,进一步检索历史文献,以期形成更完善的事实陈述,进而提出自己的独到见解。

事实胜于雄辩。思想史研究既要擅长概念分析,又要重视历史解释,而最容易出问题的是事实依据的缺失和错误。事实的错误最具有颠覆性,它会使貌似精彩的分析变得一钱不值。如果一种观点单凭罗列事实便足以撼动,其学术根基就相当脆弱了。因此,如果想要与人商榷,就务必先浏览一下被商榷者的相关著述,了解他的事实依据和主要观点。这样做既符合学术规范,又可以击中要害。令人惋惜的是,当下一些拥有高级职称的学者连这一

---

① 《论语·季氏》,朱熹:《四书章句集注》之《论语集注》卷8,第171页。

② 《孟子·万章上》,朱熹:《四书章句集注》之《孟子集注》卷9,第306页。

③ 《礼记·中庸》,郑玄注、孔颖达疏:《礼记正义》卷53,第1700页。

④ 《礼记·坊记》,郑玄注、孔颖达疏:《礼记正义》卷51,第1639页。

⑤ 《孟子·万章上》,朱熹:《四书章句集注》之《孟子集注》卷9,第306页。

点也做不到，致使一些报章上竟然出现了用被商榷者的观点与被商榷者商榷的文字。检讨这类失误的原因，就只能从学风的角度入手了。

治学者必须多研究一些他人，多拷问一些自己，并藉以寻求超越的途径。否则就会导致一种自我屏蔽，不愿把主要精力投放在深入研究各种不利于个人见解的事实和观点中去。实际上，研究这类事实和观点的价值尤为珍贵，它可以使人们增加一些思路，开阔一些视野，扫除一些盲点，排除一些误区。一种科学研究的包容性越好，它的说服力也就越强。学术研究的推进乃至突破往往得益于此。我常常以此自勉，亦常常得益于此。

二　分析思想的内在理路与逻辑完整的事实陈述

分析思想的内在理路是思想史研究的重要环节。就本文的主题而言，这一视角的研究有助于形成逻辑完整的事实陈述，以避免学术观点的简单化。

在思想史研究领域，有一种现象司空见惯，即有关某种思想本质属性和价值取向的笔墨官司大多围绕有限的史料展开，往往在同一条史料上形成针锋相对的意见。例如，《论语·阳货》有一句广为人知的名言："唯女子与小人为难养也。"[①]有的人句读为"唯，女子与小人，为难养也。"其解读是："唉，女子嫁给道德败坏的人，可就难以生活了。"于是一句原本轻视女性与民众的话语，便被改造成同情女性不幸遭遇的话语。近年来，这一类学术方法越来越流行，其基本特征是：首先假定孔子不会有不正确的思想，然后设法将原本不太费解的孔子之语，弄成即使精通古汉语的人也觉得很别扭的样子，进而解读出正面的意义。中国字的多义性，古今词义、语法与语境的差异，古代文献原本不使用标点等固然是引起争议的缘由，而背后还往往有更具根本性的原因。

这里举一个与政治思想直接相关的例子。《论语·泰伯》有一句名言："民可使由之，不可使知之。"[②]学者大多据此判定孔子有愚民

① 《论语·阳货》，朱熹：《四书章句集注》之《论语集注》卷9，第183页。
② 《论语·泰伯》，朱熹：《四书章句集注》之《论语集注》卷4，第105页。

思想。有些学者则力辩愚民之论违背倡导德治、仁政、民本、有教无类的孔学宗旨。于是他们调动训诂学的资源，将这句话句读为："民可使，由之；不可使，知之。"然后予以正面解读。其中一种解读竟然是：人民懂得如何选举，就给予他们自由；不能达到这种水平，就先教育他们，使之懂得这个道理。句读之争的双方都是现代学者，他们对同一句话做出了截然相反的价值判断。究其本源，与其说是训诂译注之争，不如说是属性判断之争。

如果仅仅争论句读，就只能永远停留在"公说公有理，婆说婆有理"的地步。原因很简单，即使在语法上足以证明"不可使，知之"的句读方式具有可行性，也无法否定"不可使知之"的句读方式的可行性。因此，必须另辟蹊径。分析孔子思想的内在理路便是有效途径之一。

首先，分析《论语》的遣词用字。作为一种政治文化符号，"民"字有与生俱来的贬义，其核心词义是派生者、从属者、卑贱者、愚昧者、无德者。正如许多学者指出的，孔子整理典籍体系为大规模解释古代词义做出了重要贡献。正是由于这个缘故，孔子及其弟子在遣词用字上非常考究。在《论语》中，"民"与"人"的用法有明显差异。"民"的词义特点是"下"，而"人"包含着"上"的词义特点。"民"不仅社会地位低下，而且道德知识处于下等。《论语》以地位低下、心智愚昧、道德瑕疵为"民"的核心词义和常用词义。由此不难看出，孔子对"民"有清晰的定位。在他的心目中，在下之"民"通常是有道德瑕疵的一群。"庶民愚昧"是儒学对民众群体的一般性判断，这种判断显然是祖述孔子的产物。

其次，分析《论语》的思想逻辑。正如许多学者所指出的，孔子以性近习远、上智下愚，论说人类本性；以王权至上、独掌大政，论说权力主体；以天子专权、庶民不议，论说天下有道；以上贵下贱、不得僭越，论说等级差别；以上行下效、风行草偃，论说道德教化；以见利忘义、小人难养，论说世风民情。他还多有轻视民众的言论。在孔子看来，就天赋而言，人类中的一些人天生就是"不移"的"下愚"；就后天而言，人类中的许多人由于习染的缘故沦为"喻于利"的"小人"；就政体而言，人类必须实行"礼乐征伐自天子出"的制度，而"庶人不议"是最理想的政治状况；就道德而言，普通民众往往欲壑难填，见利忘义，很难与之相处;就治道而言,由道德完善者教化道德缺失者是当务之急;就教化而言,治者如风,被治者如草,风行而草偃。依据这类说法,很容易推导出这样的思路:由“天子”治理“庶民”,由“上智”管理“下愚”,由“君子”教化“小人”。最合理的政治制度和施政模式是圣者为君,贤者主政,为政以德,教化民众。这种思路的逻辑前提是广大民众有智能、识见、道德、品行等方面的缺陷。

再次,分析《论语》的政治纲领。据《季氏》记载,孔子将“礼乐征伐自天子出”、“政不在大夫”、“庶人不议”列为“天下有道”的主要标志。孔子显然主张将决策权托付给无需民选的最高统治者。在他看来,理想政治的主要特征是:天子在上,大权在握,决策英明,臣属从命,政通人和,天下太平,以致普通民众无可非议。这种政治过程设计,显然符合“民可使由之”的说法。孔子主张“为国以礼”和“为政以德”。前者侧重国家体制的法则,强调维护上下有别的等级秩序;后者侧重政治操作的艺术,强调实施自上而下的道德教化。这类政纲的思维逻辑是:民众不仅政治等级低下,而且道德水平低下,有必要通过实行德政,构建理想的政治秩序,使治者与被治者的关系犹如众星拱卫北极。显而易见,政治等级的上下之别旨在界定统治关系、主从关系,确认支使者与被支使者;道德水平的上下之别则旨在确认教化者与被教化者,并为这种统治关系、主从关系的必然性、合理性提供主要理据。如果不对民众的整体素质做出贬义性的价值判断,孔子的政治纲领就失去了最重要的事实依据和理论依据。因此,“民众愚昧”是孔学不可或缺的公理性预设。如果剔除了这个预设,孔子的政治学说及相关的道德思想、教育思想就会被釜底抽薪,甚至导致其整个学说体系无所凭依。

如果在上述分析的基础上,进一步翻检一下历代名儒对这句话的解读,就会发现一个重要事实,即古代儒者普遍认为,孔子这段话的意思是不可以、不可能、不应当使民众知之。具体说法很多,或百姓不能知,或百姓鲜能知之,或百姓日用而不知,或君无为而民不知,或不可使之知,或不必强使之知,或不必使之知所以然,或民众无权知之,或百姓知之反而生迷惑乃至起机心等。不仅如此,在儒家文献中,涉及愚民的思想材料不胜枚举。在《礼记》《大戴礼记》《孔子家语》所记载的据说是孔子的言论中,甚至有这样的比喻:国家犹如构件齐全的车乘，君主犹如手持鞭策的驭手，民众犹如驾车服御的马匹。历代名儒大多从“民者，冥也”的角度论说治民方略。这个思路为论说一种圣贤主义政治模式及其治民方略提供了依据。儒家有关教化的各种理论的基本前提和主要思路是：世风浇漓，民智低下，小人好利，芸芸众生不能自成其性，他们需要圣贤的教导与矫正。在民众无法体察大道的情形下，只要使他们顺从圣人王者立下的规矩就可以了。就实质而言，这是典型的愚民思想。正是由于这个原因，在实际政治过程中，“民可使由之，不可使知之”常常被用为愚民之术的经典依据。

大量事实表明，无论对《论语》的遣词用字、思想逻辑和政治纲领的分析，还是对儒家文献及其他相关史料的分析，都不支持愚民违背孔学宗旨的说法和“不可使，知之”的句读方式。通过分析孔子思想的内在理路而形成的事实陈述更具逻辑上的完整性。这样的事实陈述已经足以驳斥孔子不可能有愚民思想的说法。

三　剖析文本的理论体系与要素完整的事实陈述

在社会科学诸多研究方向中，思想史研究最讲究文本研究。文本研究是思想史研究的基础性工作，涉及诸多方法、环节和内容，其中剖析文本的理论体系尤为重要。全面剖析理论体系可以使事实陈述做到要素完整，以避免肤浅之论。

解读古代思想最容易出现望文生义、断章取义乃至随意演绎的失误。避免出现这种情况的途径之一是以解析组合命题、分析理论要素等方法，全面考察理论体系。任何一种比较成熟的政治理论体系，都是由一系列相关理论要素依一定方式组合而成的整体。相关的政治命题有各自的意思表达和特定的理论功能，并按照既定的政治宗旨和特定的思维方式组合在一起，共同构成逻辑圆融的理论体系。因此，思想史研究必须将考察理论体系作为不可逾越的初级阶段。这项工作有助于形成要素完整的事实陈述。这里仅以《孟子》的文本研究为例。

政治思想是《孟子》的核心内容，文本涉及一批相互关联、相辅相成、功能有异、取向一致的政治命题。依据主要理论功能，这些政治命题可以分为五大类，即宗旨性命题、制度性命题、规范性命题、操作性命题和评价性命题。《孟子》围绕宗旨性命题“以仁治国”，以制度性命题“民无二王”等、规范性命题“为民父母”等、操作性命题“发施仁政”等、评价性命题“法尧舜，师文王”等，系统阐释以仁治国的理据与法则，张扬“行仁政而王”的政治理念。因此，《孟子》具备儒学的各种理论要素，形成相当完整的政治理论体系。这就为客观、全面、准确地认识儒家政论的宗旨、逻辑、结构、要素、命题、属性提供了可靠的文本依据。

首先，在论证君主制度的一般规定性方面，《孟子》围绕“民无二王—民贵君轻”的理论结构，提出并阐释一批制度性命题，对君主制度的本原及合理性、君权的主要特征与构成、政治等级关系的基本准则和获得并保有君位的条件等形成系统的论述。其中，《梁惠王下》以天作君师，论证君主制度本原于天道；《万章上》以“民无二王”[①]，论证王权的唯一性及天下莫非王臣王土，主张“定于一”；《尽心下》以“诸侯之宝三”[②]，论证国家三要素（领土、人口、权威）及君权的一般特征；《滕文公上》以“劳心者治人”[③]，论证治权在君及政治等级；《离娄上》以“一正君而国定”[④]，论证君为政本；《公孙丑下》以君子德如风、小人德如草，论证君主教化民众的统治方式；《滕文公下》以无父无君为禽兽，维护等级秩序及君臣之义；《万章上》以君权天赋，论证禅让、革命、传子等君位传承方式的合法性；《梁惠王下》以汤武不弑君，使“革命”者摆脱违背君臣大义的责难；《尽心下》以“民贵君轻”，强调得民心者得天下。显而易见，《孟子》主张君权天赋、国无二主、治权在君、君为政本，这是符合君主制度的一般规定性的。

其次，在阐释君主政治的基本规范方面，《孟子》以“为民父母”为核心，设定了一套为君之道。实际上，《孟子》的所有命题都具有规范性，其基本功能是对君、臣、民的政治关系做出规范性定义，阐释的重点是君主的政治角色规范。

第三，在论证君主政治的自我调整方面，《孟子》以“发施仁政”为核心，为政治过程提出一系列操作性的指导意见，涉及一批政策原

---

① 《孟子·万章上》，朱熹：《四书章句集注》之《孟子集注》卷9，第306页。

② 《孟子·尽心下》，朱熹：《四书章句集注》之《孟子集注》卷14，第371页。

③ 《孟子·滕文公上》，朱熹：《四书章句集注》之《孟子集注》卷5，第258页。

④ 《孟子·离娄上》，朱熹：《四书章句集注》之《孟子集注》卷7，第285页。

则，如民事不可缓、视民如伤、与民同乐、制民之产、取于民有制、省刑轻罚、不违农时、教民而用之、以救穷民为先等。这类思想属于治国之道的范畴。在论证这类政治法则时，《孟子》尤为强调民众在政治生活中的重要地位。

第四，在评价历史上和现实中的君主政治方面，《孟子》以“法尧舜，师文王”为核心，提供了系列化的价值尺度。这类命题还具有对王制、王道、王政进行理想性展示和永恒性论证的理论功能。实际上，《孟子》的各种命题，特别是规范性命题，都可以作为评价性命题使用。有制度势必有规范，有规范势必有品评，有品评势必有批判。现实中的君主达不到“王”的水准，因而《孟子》不乏抨击无道之君的激烈言辞，甚至将其比之为洪水猛兽，斥之为独夫、民贼，谓之为暴、虐、残、狂。

上述分析表明，《孟子》的政治思想由论证王权、规范王权、调整王权、品评王权等四大理论要素共同构成。四种理论要素不可或缺，彼此结合成结构与功能完备的理论体系。这就注定了无论制度性命题、规范性命题、操作性命题、评价性命题，都无一例外地以王制、王道、王政为中心。《孟子》偏爱使用警示性的论证方式和抨击性的激烈言辞。这类修辞方式很容易使人误以为孟子站在王权的对立面。然而，从话题设定的角度看，《孟子》旨在回答君主应当如何应对民众对各种统治行为所做出或可能做出的积极的或消极的反应。《孟子》最常见的阐释方式是：如果君主如何，那么民众将如何。相关命题都属于特地为君主而设的对策性、规范性、指导性、警示性命题，其出发点和归结点是王制、王道、王政。就连那些专门阐释得民心者得天下的文字，其关注点也是君主如何保社稷、王天下。尽管这类谋划有规范君主、调整君权、抨击暴君的功能和导向，却不会把人们引向否定君主制度的一般规定性。

在一个完整的理论体系中，要素、命题都是具有组织性的。既有要素与要素、命题与命题之间的组织性，又有每一种要素、每一个命题内在的组织性。在同一本质属性的制导下，所有要素、命题被有机地组合在一起，共同构成一套体系化的有内在结构的理论学说。这样一来，每一种要素、每一个命题也被赋予同样的结构、逻辑、功能、属性，形成其内在的组织性。以“民贵君轻”命题为例，孟子据以论说立君为民，强调损害民众利益的君主将被他人取代。这个思路对现实中的君权有很强的规范性、指导性乃至批判性，而其前提是实行天赋君权的制度。于是这个思路对君主制度的一般规定性又有很强的论证性。因此，“民贵君轻”命题本身同时具有论证君权、规范君权、调整君权、品评君权等四大理论要素和政治功能。

显而易见，如果一种事实陈述做到了要素完整，也就意味着同时具备了结构上、逻辑上的完整性。这样的事实陈述可以为判定一种思想的本质属性提供比较可靠的依据。在依据《孟子》文本研究形成的要素完整的事实陈述面前，凡是以实事求是为准则的研究者，都不会将孟子归入“反王权”的行列。原因很简单，从结构上看，实行君主制度是《孟子》政论的前提；从逻辑上看，阐释王制、王道、王政是《孟子》政论的主旨；从要素上看，全面论证和规范君主政治是《孟子》政论的目的。因此，无论《孟子》包含多少精彩思想乃至普适性的政治价值，也只能归属于“君主思想体系”。

四　拓展史料的取材范围与过程完整的事实陈述

过程分析是思想史研究必备的环节。研究任何一种思想都必须将其置于一定的历史过程之中，考察其有无来源，有无创见，有无特质，有无影响，有无流传，有无作用等等。只有经过过程分析，才能比较深入地了解一种思想的社会根源、文化先导、思想贡献、理论特质、影响范围、历史作用，进而客观、全面、准确地判定其历史价值及现代意义。这就需要研究者面对一个更为广阔的历史时空，检索大量的相关史料，以便形成过程完整的事实陈述。

占有丰富的史料是确保事实陈述完整性的必由之路。搜集、检索、鉴别、分析、解读史料的重要性众所周知，无须赘言。受现代学科分类的局限，学者们往往容易自我限定史料的取材范围。实际上，诸如思想史、社会史之类的学科划分，都是为了研究的分工与方便而人为设定的。在现实生活中，何尝有过没有思想的社会或脱离社会的思想，就连思想门类的划分也是相对的。例如，儒学以本原于天的“三纲”规范君臣、父子、夫妇的基本关系，从而囊括了哲学、政治、社会、经济、伦理等诸多因素，因而可以成为众多学科门类共有的研究对象。对于政治思想史研究者而言，国家实行的制度、学者提出的理论、治者构思的方略、政府制订的政策、社会传承的习俗、大众认同的价值、政治行为的理据等，都是政治思想重要的存在形式。简言之，思想现象无处不在，一切史料都可以为思想史研究提供某种信息，拓展史料的取材范围有助于形成过程完整的事实陈述。

例如，在评价古代“以民为本”思想的历史价值方面，事实陈述的不准确是导致一系列判断失误的重要原因。许多学者断言孟子的“民贵君轻”之论是“异端”、“绝唱”，乃至“前无古人，后无来者”，而事实是“民贵君轻”的基本思路不仅前有古人，后有来者，而且获得广泛的认同。许多学者断言弘扬先秦儒家民本的人“寥若晨星”，而事实是张扬这类理念的思想家遍及诸子百家、历朝历代、朝野上下，甚至可以用“俯拾即是”来形容。许多学者断言先秦儒学重民思想被尊君的官方儒学所篡改，而事实是从结构、逻辑、要素、过程看，原典儒学与帝制儒学并无本质差异，就连一些皇帝著述和科举制文都有比孔孟更精彩的思想。许多学者断言民本思想遭到专制君主压制，乃至“君主专制兴，而民本思想衰”，而事实是民本思想一直是帝制的统治思想。许多学者断言“民贵君轻”与君主专制制度有“内在冲突”，而事实是“民贵君轻”的基本思路不仅被纳入官方学说，还得到历代皇帝的首肯。学界以往对一系列重大事实的判断都与历史过程相违背。我将这类现象称之为“整体性判断失误”。这类失误具有普遍性，包括我在内，很少有人完全超然其外。

在研究相关课题时，为了形成过程完整的事实陈述，我比较系统地检索文献，广泛收集相关史料。史料的取材范围涉及中华元典及其各种重要注疏；儒、道、墨、法、阴阳、兵、杂、道教、玄学、佛教等所有重要思想流派；从先秦到明清所有著名政治思想家；从五帝三王、先秦君主到历代著名皇帝等等。大量的研究素材取自国家文告、帝王著述、朝堂议政、名臣奏议、科举试卷，乃至各种史籍笔乘、宗谱家范、宗教文献、笔记小说、诗词歌赋、通俗劝善书、占卜用书等等。凡是有可能引起争议的典型个案，我都一一探寻究竟，诸如秦始皇、秦二世、隋炀帝是否认同“民本”之类。为了全面认识明太祖删节《孟子》一事，我搜集到一批前人没有注意到的研究素材。诸如明太祖曾命人将《大学衍义》书写于宫廷建筑，其中就有孟子“民贵君轻”，由此可知他原先认同“民贵君轻”。此后明朝皇帝不仅改正了明太祖的做法，而且对一批写有“民贵君轻”的著作大加赞赏，由此可知他们没有执行明太祖的旨意。明朝进士黄洪宪的《邠人曰》和举人艾南英的《民为贵》被收入清乾隆帝下令编纂的《钦定四书文》，由此可知明清科举考试要求考生通晓“民贵君轻”的经义。正是沿着这个线索，我进一步检索了大量的文献，进而得出这样的事实判断：在中国古代，立君为民、以人为本、民重君轻的思想源远流长，这类思想最先由君主们提出，诸子百家都做出重要理论贡献，乃至成为一种大众化的政治常识和价值共识。历史过程表明，帝制越兴旺，民本思想就越发达，君权越集中，“民贵君轻”观念就越普及。这个过程性的事实判断与学界以往的说法迥然不同。

由于各种主客观条件的制约，任何一种研究都不可能建立在名副其实的完整的事实陈述之上。历史研究就更不用说了。但是，如果能够做到结构大体完整、逻辑大体完整、要素大体完整、过程大体完整，就可以称之为相对完整了。所谓相对完整也只是抓住了研究对象的若干基本点，距离“全部事实”还差得很远很远。一般说来，思想史研究所能面对的事实大多是支离破碎的。正是由于这个缘故，思想史研究者应当把完善事实陈述放在首位，视之为一项课题研究的重中之重。

实事求是是一切名副其实的学术研究的本质特征。然而，研究抽象哲理、注重概念分析的思想史研究，特别是哲学史、政治思想史研究，极易落入假、大、空的泥淖。近年来，我之所以尤为注重完善事实陈述，有时甚至公开申明本书或本文采用“以罗列事实为主的研究方法”，是因为看到太多的“研究”漂在“天”上，没有在“地”下生根，致使一些大而无当、华而不实、似是而非的观点泛滥一时。造成这种现象的原因相当复杂，夹杂着众多非学术因素。因此，凡是具有学术责任感的研究者都应当本着实事求是的精神，拓展研究视野，完善事实陈述，改进阐释体系，创新重大理论，为完善中国思想史知识体系做出自己的贡献。多一些这样的学者也有利于改变当下肤浅、粗疏、浮躁、虚夸的学风。

第四章　政治思想研究必须注重思想体系分析

思想体系分析法的构成要件及具体运用

《思想体系分析法的构成要件及具体运用——以揭示“民贵君轻”专制本质的学术路径为例证》一文发表在《天津社会科学》2017年第1期。

思想体系分析是中国政治思想研究最重要的基础研究方法之一。政治思想研究必须注重判断本质。惟有全面审视对象，做出系统分析，揭示各种特有属性，才能对本质属性做出正确的判断，而强化思想体系分析是得出正确判断的主要学术途径之一。这种方法古即有之，诸如“一枚钱币的两面”之类。倡导客观、全面、辩证地看问题的唯物辩证法是其理论基础。寻根溯源，思想体系分析法来自马克思、恩格斯，一些方法和思路还有更为久远的历史渊源。

我非常重视分析思想体系，在步入中国政治思想史研究领域的最初阶段，这成为我运用得最多也最自觉的研究方法。我的第一批原创性成果，特别是揭示“尊君—罪君”政治文化范式及众多政治调节理论的理论结构等学术探索，都与这种研究方法的运用有直接的关系。在我看来，思想体系分析法是政治思想研究的利器之一，它可以使我们超越各种肤浅的学术观点，形成全面、系统、深刻的认识。

“民贵君轻”是专制思想，还是民主思想？在中国现代学术界，这是一个历时最久、歧义最多、影响最广、关系最大的论辩话题。解答这个课题必须坚持历史与逻辑的统一、思想与社会的统一、抽象与具体的统一、理论与实践的统一，进行全方位、多视角、深层次的系统研究。为了客观、全面、准确地认识这个命题及相关的一系列重大历史现象，笔者借鉴并整合一批至迟六七十年前便已相继产生的学术方法，在综合运用各种方法、系统检索相关文献的基础上，将学术分析应有的逻辑链条和历史事实提供的证据链条紧密地结合为一体，明确判定："民贵君轻"是中国古代统治思想的核心要素及中华帝制的根本法则，属于专制主义政治理论命题。本文简要介绍这一套思想体系分析法的构成要件及具体运用。

一　分析文化根源

分析文化根源，即探究观念之始、理论之源、命题之祖、社会之根等等。文化是人类创造物的总称，涵盖精神的创造和物质的创造及二者的综合，其核心内容是生活方式，而生活方式的主体和基础是社会秩序模式及与之相匹配的价值体系。每一种思想都是特定文化的重要产物及表现形式，而思想的传承又是文化传统的主要成因及表现形式。全面研究一种思想的属性，必须分析文化根源，而文化现象的复杂性决定了探究观念之始、理论之源、命题之祖、社会之根的途径具有多样性，其中对判定一个政治理论命题的本质属性和创新程度至关重要的，当属探究思想源头、理论渊源、命题渊源、社会根源四大要素。

（一）探究思想源头

思想源头是指一种思想观念及文化传统的历史起点。一般说来，依据一种理论命题的基本思路，循着其传承及演化的历程溯流而上，可以探寻这一类思想观念发源之时的初始形态，至少可以追溯到现存史料所保存的最早的历史信息。探究思想源头并据以分析产生原因、创造主体、表述方式、思想贡献、影响范围、历史作用，有助于揭示一种理论命题的特有属性，特别是本质属性。

在思想史上，有一种现象司空见惯，即思想家们使用不同的词语来表达相同或相似的理念，其问题意识、论证逻辑、主要内涵、核心价值和基本取向并无根本性的差异。还可以常常见到这样的现象，即思想家们从不同的角度切入话题，运用不同的方式予以论证，而基本结论却阐释了同一类理念。凡是属于上述情形的，都可以大体推定：他们的基本思路相同或相似。有鉴于此，在论说某一思想的历史源流和影响范围时，笔者常常依据“基本思路”选择史料。

在现存文献中，“民为贵，社稷次之，君为轻”的提法首见于《孟子》，并被古代儒者概括为“民贵君轻”。这个命题源远流长，影响深远。从孟轲的论证方法看，“民贵君轻”命题是从“立君为民”命题派生出来的，其基本思路是：君主为庶民而设，庶民为国家之本，得民心者得君位，失民心者失君位，在这个意义上，庶民比君主贵重。探究“民贵君轻”命题的思想源头不必拘泥具体的修辞。一般说来，凡是认同立君为民及民为国本的，必然认同“民贵君轻”命题的基本思路。

据《夏书》《商书》记载，夏禹有“民惟邦本，本固邦宁”的遗训，商汤、盘庚、武丁等有重民敬民思想。据此，古代一批经学家判定《夏书》的《大禹谟》《五子之歌》是阐释“民贵君轻”的经典著作和理论源头，南宋史浩《尚书讲义》、林之奇《尚书全解》、袁燮《絜斋家塾书钞》、陈经《尚书详解》都是典型例证。这一类说法在古代儒者群体中亦属常见。但是，《夏书》《商书》没有明确论说立君为民的文字。学术界对《夏书》《商书》的可靠性也存在争议。因此，严谨的学术判断，既不应贸然断定“立君为民”命题及“民贵君轻”命题的源头在夏朝，也不应断然否定“立君为民”命题及“民贵君轻”命题的源头在夏朝的可能性。夏商时期的重民、敬民、畏民思想至少可以被判定为立君为民及民重君轻观念的端倪和前导。

在现存文献中，最先明确论说立君为民及民重君轻的是周文王的祖父古公亶父（太王），时在商朝后期。据《孟子·梁惠王下》“邠人曰”一节、《吕氏春秋·审为》“居邠避狄”一节及《史记·周本纪》记载，面对戎狄入侵，敌强我弱，战则必败，殃及民众，古公依据“有民立君，将以利之”①，毅然放弃君位，反而赢得了民心。在他看来，人民和领土构成国家的根本，政权及权威（君）为人民（臣、民）及领土（地）而设，国家需要君主实施统治，而君主是可以更替的。这就是说，在国家三要素中，人民和领土重于权威，君主处于相对较轻的位置。古

① 《史记》卷4《周本纪》，第83页。

公的见解是人类对国家权力公共属性的认识的一次重大飞跃，在世界史上也值得大书一笔。明朝一位进士的科举制文称赞古公为躬行“民为贵，社稷次之”的典范[①]。这是符合历史事实的。

夏禹、商汤、盘庚、武丁和古公亶父等都是具有政治家和思想家风采的早期君王，而重民敬民、民重君轻思想来自对君主制度的政治法则及执政规律的深刻认识，对现实政治具有重要的指导意义，夏、商、周三代王朝的崛起都是躬行这一类思想的产物。由此可见，重民敬民、民重君轻很早就成为统治思想的重要组成部分。

（二）探究理论渊源

理论渊源是指一种思想的理论形态的源头及前导。以孟轲的“民为贵，社稷次之，君为轻”为例，其理论基础是“立君为民”命题，因而其理论源头应当追溯到立君为民思想升华为理论之时，各种论证“立君为民”命题的理论都是“民贵君轻”命题的理论前导。探究理论渊源，可以为判定一种思想的本质属性及创新程度提供重要的事实依据。

从现存文献看，古公亶父最先用“有民立君，将以利之”表达立君为民的思想，堪称“立君以利民”命题的源头；古公亶父的曾孙周武王最先将立君为民思想概括为“天佑下民，作之君，作之师”及“民之所欲，天必从之”[②]，这是“天立君为民”命题的理论源头；周公姬旦等人最先使这一类思想形成具有思辨性且功能完备的理论体系，并以天子及朝廷文告的形式颁行天下；《周书》的一些篇章出自周朝的档案材料，堪称官方学说代表作；后世的儒者之学都将《周书》《诗经》的天作君师、天择民主、天从民欲、得民为君、汤武革命、政在养民、保民敬民畏民等用作论说“立君为民”命题及“民贵君轻”命题的经典依据；《周书》将尊君（天作君师、天赋君权、立君治民、为民父母）与重民（天择民主、天从民欲、为民立君、政在养民）合为一体，以《周书》为经典依据的政治理论都必然具有同样的理论结构，《孟子》便是典型例证之一。由此可见，“立君为民”命题及“民贵君轻”命题的理论源头至

---

① 黄洪宪：《邠人曰》，《钦定隆万四书文》卷5《孟子上》，《景印文渊阁四库全书》，第1451册，第275页。

② 《尚书·泰誓上》，孔安国传、孔颖达疏：《尚书正义》卷11，第323、325页。

迟可以追溯到《周书》《诗经》原始文本产生的时代。

到春秋时期，论证立君为民及民重君轻的理论已经相当成熟且完备，甚至达到哲理化的程度。最能体现政治理论新进展的典型事例有，丕郑论说立君旨在维护道义；师旷论说立君旨在养民教民；晏婴论说立君旨在为社稷；邾文公论说立君旨在利民；宋景公论说无民则无君等等。这些认识将民众、社稷、国家、道义摆在优先于君主的位置。与此相应，许多政论家明确指出：君主不履行养民职责，失去臣民信任，也就失去了做君主的资格。这表明，立君为民及民重君轻的理论已经广泛传播，并在政治实践中进一步提炼、升华和完善。

值得注意的是，众多古代名儒认为《尚书》《诗经》首创"民贵君轻"理论，诸如宋朝林之奇《尚书全解》以"民为贵"阐释《召诰》；黄伦《尚书精义》以"民为贵"阐释《泰誓》和《召诰》；杨简《慈湖诗传》以"民为贵，君为轻"阐释《商颂》。萧楚指出："孟子曰'民为贵，君为轻'，是《春秋》之义也。"[①]陆九渊指出，《周书》的"天作君师"与《孟子》的"民贵君轻"是同义命题，从立君为民的高度清晰地规定了君主必须履行的国家职能。他又指出："汤放桀，武王伐纣，即'民为贵，社稷次之，君为轻'之义，孔子作《春秋》之言亦如此。"[②]这一类的儒者之论亦属常见。他们的观点颇有道理，孟轲确实是依据《尚书》《诗经》《春秋》及孔丘的思想，论说"民贵君轻"的。

（三）探究命题渊源

命题渊源是指一种具体的理论命题最初的及前导的表达方式，亦即一种具体命题的各种产生时间更早的同义命题及近义命题。理论命题是基于问题意识、理论预设和思考过程而形成的理论判断及其具体表述。判断是对思维对象有所断定的思维形式，命题则是表达判断的语句。因此，命题通常以判断语句的形式，表达特定设问、命意和主题所导出的思维成果。理论命题往往凝练成论断性短语，诸如"立君为民"命题和"民贵君轻"命题都是由"君"与"民"这两个范畴组成的有关君民关系的论断性短语。凡是符合"民贵君轻"基本思路的命题均可视为"民贵君轻"命题的同义命题或近义命题。

---

① 萧楚：《春秋辨疑》卷2《侵伐辨》，第30页。

② 《陆九渊集》卷35《语录下》，第473页。

实际上，立君为庶民、立君为社稷、立君为道义、君以民为本、无民无君、天从民欲、得民为君、汤武革命等命题都符合“民贵君轻”的基本思路，也都是论证“民贵君轻”的重要依据，堪称“民贵君轻”的命题渊源。

值得注意的是，在孟轲之前，诸多“民贵君轻”的同义命题或近义命题相继问世。其中，与“民贵君轻”意义相同的有四大命题：一是“民本君末”命题。《逸周书·武顺》有“元首为末”和“利本(人民)”之说。中国古代思想家常用本与末论说重与轻、贵与贱。“民本君末”亦即“民贵君轻”。二是“君以民为天”命题。据《说苑·建本》记载，管仲主张王者“贵天”，而“天”是指臣民，即“君人者以百姓为天”①。在中国古代政治观念中，天与地有上与下、高与卑、轻与重、贵与贱之别。“王者贵天”、“以民为天”亦即“王者贵民”、“以民为贵”。实际上，“民为天”比“民为贵”的语感更强烈，毕竟“天”之“贵”乃“至贵”，非寻常之“贵”。三是“贵以贱为本”命题。老聃提出“贵以贱为本，高以下为基”②。这个高度哲理化的命题将民本君末、以民为天、民重君轻抽象为普遍适用的一般法则，即等级地位相对高贵的人必须以等级地位相对低贱的人群为基本。四是“先民后君”命题。墨翟主张君主“先万民之身，后为其身”③。“先民后君”也是“民贵君轻”的同义命题。

慎到与孟轲是同时代的人。依据《孟子·告子下》及《汉书·艺文志》记载，慎到比孟轲年长。慎到提出“立天子以为天下，非立天下以为天子”④，孟轲提出“民为贵，社稷次之，君为轻”，二者都将天下、国家、社稷、民众置于比君主更重要的地位，可谓异曲同工。明朝大儒方孝孺认为慎到的“立天子以为天下”亦即“儒者所谓‘君为轻’之意”⑤。这个评判合乎历史事实。

大量历史事实表明，“民贵君轻”的理论及命题既不是孟轲的创见，也不是儒者的专利。在孟轲之前，“民贵君轻”观念已经高度理论

① 《说苑》卷3《建本》，向宗鲁校证：《说苑校证》，第73页。

② 《老子·三十九章》，王弼：《老子注》，第25页。

③ 《墨子·兼爱下》，孙诒让：《墨子间诂》卷4，第118页。

④ 《慎子·威德》，第3页。

⑤ 方孝孺：《逊志斋集》卷4《杂著·读慎子》，第112页。

化，一批同义命题也相继产生。孟轲的贡献只是将一种早已产生并广泛传播的理论及命题提炼成一个语句简洁、语感强烈、更为常用的表述方式而已。

（四）探究社会根源

“民贵君轻”是一种政治理论命题。一般说来，国家与法的理论属于意识形态范畴，主要功能是解释、论证、规范、推崇、憧憬某种社会秩序模式，包括经济、社会、政治、文化的制度及与之相匹配的各种法则、规范和价值体系等。在意识形态的各种成分中，服务于特定社会秩序模式的政治理论受社会秩序模式的影响最为深切，反映社会秩序模式的变化也最为直接。在通常情况下，政治理论所论证的社会秩序模式与现实生活所存在的社会秩序模式会或多或少存在差异。依据差异的属性可以分为两大类别：一类是二者本质相同，另一类是二者本质相反。前一类的政治理论以将现实秩序理想化为基本特征，其社会根源是维持现实秩序的历史因素及社会群体。后一类的政治理论以彻底否定现实秩序为基本特征，其社会根源是抗拒现实秩序的历史因素及社会群体。因此，一种政治理论的本质属性直接取决于其所论证并维护的社会秩序模式，特别是政治制度的本质属性，探究社会根源是揭示本质属性的重要途径。

“民贵君轻”的观念及理论产生于早期王制时期，其理论论证体系成熟于帝制形成时期。早期王制实行宗法等级君主政体，其一般特征可以概括为邦家合一，君父一体；等级隶属，上君下臣；尊无二上，君父专制；天子至尊，王权至上。到西周，天子一统天下的政治架构初步形成，天下一统观念深入人心。春秋以来，王制开始向帝制亦即中央集权君主政体演化，“民贵君轻”的理论也得到进一步的发展。无论王制、帝制，君主制度、宗法制度、等级制度都是基础性制度，其社会秩序模式都属于君主专制及尊者专制类型。因此，“民贵君轻”的文化之根是宗法性的君父专制政治理念，其社会根源是君主专制及尊者专制秩序模式。应当指出的是，自西周，经春秋，至战国，包括孟轲在内，所有论证立君为民、民为国本、民重君轻的思想家都来自上层社会，且大多有“君”的身份，包括天子、诸侯、卿士、大夫等各级君主，就连老聃、孔丘、墨翟、慎到、商鞅、孟轲也曾身居高位，可以确认是统治阶级的成员。这就意味着，创造、完善、发展“民贵君轻”理论的一批先秦思想家都来自积极维护君主专制及尊者专制的社会群体。

分析文化根源而得出的主要结论是：从历史渊源看，"民贵君轻"观念是华夏先民群体性政治智慧的结晶，最初的创造者及主要的传承者是一批帝王、封君、宰辅及统治思想代言人，形成了源远流长的政治传统。从固有特质看，"民贵君轻"命题是典型的"统治者的自我理解"，作为统治思想的重要构成要素属于专制主义政治理论。从理论演化看，孟轲的"民为贵，社稷次之，君为轻"属于申说性的修辞新颖，不属于实质性的理论创新，更不属于无人企及的首创独见。简言之，君主专制制度的本质属性亦即"民贵君轻"命题的本质属性，尊者专制是这个命题的文化之根。

二　分析主体特质

分析主体特质，即考察一种思想体系的创造者的主观特征，涉及社会地位、政治抱负、治学目的、学术特征、人格特质、社会反响六大要素。一般说来，主体的社会属性及政治立场决定了其思想体系的本质属性。综合分析主体特质是判定一种政治理论的本质属性的主要依据。

(一)考察社会地位

孟轲的社会地位与政治身份属于"贵族"、"官僚"、"王者师"的范畴。依据《孟子》的记述，孟轲曾与齐宣王、魏惠王、邹穆公、滕文公等各国国君议论国政，各国君主待孟轲以上宾之礼，或赐以禄位，或馈赠重金。孟轲讲究排场，"后车数十乘，从者数百人，以传食于诸侯"[1]。这种阵势非寻常之人可比，就连彭更也觉得老师太奢侈了。作为典型的体制内学者，孟轲怎么可能"反王权"、"反专制"？

(二)考察政治抱负

孟轲自视甚高，有强烈的从政做官欲望。他志在向统治者提供济世之方，甚至夸下海口："如欲平治天下，当今之世，舍我其谁

① 《孟子·滕文公下》，朱熹：《四书章句集注》之《孟子集注》卷6，第267页。

也?”[①]干世主、行王道、平天下的志向,注定孟轲不可能提出与君父专制社会秩序模式格格不入的政治纲领。如果孟轲反王权、反专制,他也不可能赢得当权者们的延揽优待。

(三)考察治学目的

孟轲的治学目的可以概括为张扬孔学,排斥异端,阐释王道,维护王权。据《孟子·滕文公下》记载,孟轲赞扬“孔子成《春秋》而乱臣贼子惧”,堪称“天子之事”,而“杨氏为我,是无君也;墨氏兼爱,是无父也。无父无君,是禽兽也”[②]。他立志继承“孔子之道”,维护礼制名教,致力于“正人心,息邪说,距诐行,放淫辞”[③]。在《孟子》中,多有激烈抨击暴君暴政的文字,而其根本目的是论证王制,倡导王道,维护君臣之义。在中国古代,“君臣之义”是典型的尊者专制法则,即“君”是号令者,为君则有权专制;“臣”是服从者,为臣则不得专制;违背“君臣之义”,便是“乱臣贼子”。无论在理论上,还是在行动上,孟轲反对一切违背王权至上法则的言行。典型例证便是他一方面歌颂尧舜的禅让,另一方面主张镇压燕国的禅让。据《孟子·公孙丑下》记载,燕王哙将王位禅让给燕相子之。孟轲主张齐王乘机兴兵伐燕,其理据就是:诸侯的权位及国土是周王授予的。燕王哙“不告于王而私与之”,子之“无王命而私受之”,因而“可以伐之”,“可以杀之”[④]。还有一个典型例证:“春秋无义战”是孟轲的著名断语,其理据便是“征者上伐下也,敌国不相征也”[⑤],惟天子有权征伐诸侯,诸侯擅兴征伐均属不义之战。孟轲属于典型的君主制度、宗法制度、等级制度的卫道士,维护王权至上及君臣之义的治学目的,决定了他不可能主张民主、民治、民权。

(四)考察学术特征

孟轲的学术特征可以概括为五个要点:一是崇奉《诗》《书》,祖述先王。孟轲之学的经典依据是《尚书》《诗经》。《孟子》一书大量引据

① 《孟子·公孙丑下》,朱熹:《四书章句集注》之《孟子集注》卷 4,第 250 页。
② 《孟子·滕文公下》,朱熹:《四书章句集注》之《孟子集注》卷 6,第 272 页。
③ 《孟子·滕文公下》,朱熹:《四书章句集注》之《孟子集注》卷 6,第 273 页
④ 《孟子·公孙丑下》,朱熹:《四书章句集注》之《孟子集注》卷 4,第 246 页。
⑤ 《孟子·尽心下》,朱熹:《四书章句集注》之《孟子集注》卷 14,第 364 页。

《诗》《书》，继承了西周官方学说的基础框架和主要思路。二是推崇孔丘，私淑子思。“孔子尊君”乃是古人之定评。子思即孔伋，为孔子之孙，其社会地位与政治身份也属于“贵族”、“官僚”、“王者师”的范畴。《孟子》一书多引“孔子曰”，继承了孔丘之学的尊君属性。孟轲比孔丘更为强调“道”与“仁义”。古人云：“孔子尊君，孟子尊道”，尊君必尊道，尊道必尊君，孟轲之道“无害于尊君”。这个判断是正确的。三是篡改历史，虚构传统。将历史复古主义与历史虚无主义扭结在一起，这是孟轲之学术的重要特质。《孟子》的重要论证手法之一便是篡改历史，虚构传统，诸如为了弘扬“尧舜之道”，倡导回到圣王去，孟轲描绘了一幅子虚乌有的盛世图景，编造了一个不曾存在的圣王传统；为了证明“仁人无敌于天下”，孟轲竟然质疑武王伐纣、血流漂杵的历史记载，认为“以至仁伐至不仁”[①]可以兵不血刃；为了张扬“仁政”，抨击“霸政”，孟轲将春秋之时的历史涂成一片漆黑，彻底否定“五霸”及一批旨在推动社会变革的措施等等。四是夸饰仁义，政论迂阔。孟轲之论多有虚夸的成分，当时就有许多人认为他的缺点是“好辩”和“迂阔”。孟轲阐释经典，坐而论道，提出的复古主张过于理想化，大多不切实际，无法为解决现实问题、推动政治改革提供教益。为了论证“仁者无敌”，他竟然异想天开地声称：只要魏惠王推行仁政及教化，便可使百姓“制梃以挞秦楚之坚甲利兵矣”[②]。缺乏求真、务实、变革的精神是孟轲之学的大弊。五是言辞激烈，修辞夸张。用“民贵”表述“民重”便是典型例证之一。这种提法极易被误读、误解，如果望文生义、断章取义、随意演绎、主观臆断，就会导致重大误判。一些古代儒者担心“民贵君轻”冲击“君贵民贱”，众多现代学者将“民贵君轻”解读为“民主”、“民治”、“民权”，都属于误读、误解、误判，与孟轲的本意相去甚远。

（五）考察人格特质

孟轲多有道德宏论，颇有大丈夫的气概。然而，面对仕途禄位和穷达际遇，孟轲往往口是心非，言行不一。《论衡·刺孟》依据《孟子》的记述，指出孟轲一批不当言行，诸如“何必言利”之论“违道理之

---

① 《孟子·尽心下》，朱熹：《四书章句集注》之《孟子集注》卷14，第365页。

② 《孟子·梁惠王上》，朱熹：《四书章句集注》之《孟子集注》卷1，第206页。

实”;标榜自己“不贪富贵”,却“失谦让之理”;标榜自己“知言”,而在去就不肖君王的问题上,“前轻之疾而后重之甚”,操行“前后不同”,态度“终始不一”;有关王者之兴及个人际遇的原因的判断,“论不实事考验,信浮淫之语”,其判断力“与俗儒无殊”;“欲平治天下”却“不知天”,未如愿又不能“浩然安之”,甚至“怀恨有不豫之色”等等。王充对孟轲自高自大、虚伪做作、患得患失、怨天尤人的人格特质的揭露可谓一针见血,切中要害。孟轲是典型的言辞的英雄、行动的矮子。在为各国君主建言献策时,他只会夸夸其谈,从未直言极谏,更没有丝毫反专制的意图和举动。

(六)考察社会反响

如果《孟子》及“民贵君轻”具有反专制的性质,一经发表至少会引发两种历史现象,一种是积极呼应,乃至大为颂扬;另一种是提出商榷,乃至激烈抨击。后一种社会反应理应既显著又广泛。然而,在先秦找不到任何有关评说孟轲“民贵君轻”的记载,既没有大加赞赏的,也没有严词批驳的,更没有主张严惩的,堪称反响不大,波澜不惊。据《史记·魏世家》记载,魏惠王以“卑礼厚币”招纳孟轲,对他的负面评价仅仅是“迂远而阔于事情”。就连秦始皇焚书,也不包括《孟子》。汉文帝还曾一度设置《孟子》博士。为什么会出现这样的现象?合理的解释只有一个,即来自悠久政治传统的立君为民、民重君轻、民本君末、以民为天观念早已获得广泛认同,立君为道义、为天下、为庶民、为社稷的理论早就大行于天下。如果孟轲讲述了一个古即有之、载于典籍、众所周知、广泛认同的大道理,即使修辞略有差异,语感略有夸张,学者又何必商榷?论者又何必反驳?王者又何必制裁?

大量历史事实表明,《孟子》并不具有异端思想的属性及特质,历代统治者也从未将其视为异端邪说。汉魏以来,孟轲被一些儒者尊为“亚圣”;唐宋以来,孟轲被许多儒者纳入“道统”;宋元以来,孟轲的“亚圣”和“道统”地位获得朝廷的肯定,《孟子》也成为官方学说的核心经典,众多名儒及皇帝认为“孟轲之道”、“孟轲之学”将“圣人之道”、“仲尼之学”发展到顶峰,于是“孔孟之道”逐渐成为儒家学说的别称。实际上,中国古代主流学术对《孟子》及“民贵君轻”命题的本质属性早有定论,一言以蔽之,尊君重道。

分析主体特质而得出的主要结论是:孟轲是典型的统治思想代

言人;《孟子》可以定性为统治思想及主流学术的一种具有特色的理论文本;“民为贵,社稷次之,君为轻”是统治思想核心要素的一种表达形式;在通常情况下,统治者认同“民贵君轻”的基本思路。

三　分析理论结构

政治理论是最复杂的人类现象,因而思想史研究极易犯简单化的错误。较为常见的导致简单化的学术性主观因素有望文生义、断章取义、片面解读、随意演绎、主观臆断等,典型例证便是当下司空见惯的将四书五经的“天人合一”、“天下为公”、“民惟邦本”、“民贵君轻”、“礼之用,和为贵”、“自强不息”、“厚德载物”等,判定为“中国优秀传统文化”的错误做法。

评说历史上一位思想家的某一命题,不能脱离这位思想家的整个思想体系和思维逻辑,不能脱离当时的社会背景,不能脱离这个命题的具体历史内容。这是严肃的思想史研究所必须遵循的基本原则。因此,避免学术判断及历史认识简单化的重要途径之一,便是将某一种具体命题,置于其原本所在的理论体系之中,在分析理论结构的基础上,揭示其本质属性及核心价值。这样才可以避免全局性的误判。

分析理论结构是广义的思想体系分析法的重要组成部分,特指分析一套理论体系的各种理论要素及其相互关系,属于狭义的思想体系分析法。分析一种政治理论体系的理论结构的主要操作步骤是:首先分析政体设定的一般特征,然后逐次分析基础结构、功能匹配、逻辑链条、文化范式四大要素,揭示理论体系固有的一体性、结构性、层次性、网络性、全息性,体察同一本质属性的渗透力及贯通性,进而认识各种命题和范畴的逻辑上的一致性和本质上的同质性。这是科学认识某种理论现象并准确判断其本质属性所不可或缺的研究步骤。

《孟子》是中国现存第一部主要由思想家本人一次性主撰的政治理论著作,其文本的可靠性、体系的完整性和内容的稳定性为分析理论结构、揭示文化范式提供了极大的便利。

(一)分析政体设定,揭示理论体系的核心政治价值

决定一种政治理论体系的本质属性的是其所论证并维护的秩序

模式及政治体制的本质属性，因而分析政体设定的一般特征，可以揭示核心价值，进而认识理论体系的一体性。

在孟轲的问题意识中，王制、王道、王政是核心政治问题。这个具有统摄性、制导性和贯通性的问题意识决定了整个学说体系的本质属性、核心价值、思维逻辑和基本导向。《孟子》一书全面论证君主制度、宗法制度、等级制度的一般规定性，包括一批设定政体及规范政制的命题，诸如《梁惠王下》论证君主制度神圣性、合理性和绝对性的“天降下民，作之君，作之师”①；《万章上》论证君权天赋的“天与之”，论证君主独一的“天无二日，民无二王”，论证天下王有的“普天之下，莫非王土；率土之滨，莫非王臣”，论证王位世袭的“天与子，则与子”②；《滕文公上》论证治权在君的“无君子莫治野人，无野人莫养君子”和“劳心者治人，劳力者治于人”③；《离娄上》论证君为政本的“一正君而国定”④等等。这些命题所设定的政体形式和权力结构完全符合现代政治学的“君主专制”定义。《滕文公下》的“无父无君，是禽兽也”和“以顺为正者，妾妇之道也”⑤，及《离娄上》的“不顺乎亲，不可以为子”⑥等，也是论证三纲五常、尊者专制的经典依据。由此可见，王权至上及尊者专制是《孟子》的核心价值。《孟子》理论体系的一体性不仅表现为所有的命题和范畴都出自《孟子》一书，而且表现为所有的命题和范畴都旨在维护同一个核心价值。

（二）分析基础结构，揭示理论体系的一体两用

《孟子》一书既讲“天作君师”、“民无二王”，又讲“天从民欲”、“民贵君轻”，其基础结构可以表述为“民无二王—民贵君轻”，亦可抽象为“君为政本—民为国本”，构成基础结构的两个命题不是相互矛盾、彼此对立的关系，而是相依相证、相辅相成的关系。揭示这一基础结构，可以避免因片面化而导致学术判断及历史认识的简单化，诸如简单化的“弘扬”或简单化的“批判”。

---

① 《孟子·梁惠王下》，朱熹：《四书章句集注》之《孟子集注》卷2，第215页。

② 《孟子·万章上》，朱熹：《四书章句集注》之《孟子集注》卷9，第308页。

③ 《孟子·滕文公上》，朱熹：《四书章句集注》之《孟子集注》卷5，第256、258页。

④ 《孟子·离娄上》，朱熹：《四书章句集注》之《孟子集注》卷7，第285页。

⑤ 《孟子·滕文公下》，朱熹：《四书章句集注》之《孟子集注》卷6，第272、265页。

⑥ 《孟子·离娄上》，朱熹：《四书章句集注》之《孟子集注》卷7，第287页。

揭示一种理论的基础结构的学术方法源远流长。欧洲人用“一枚钱币的两面”的古老谚语提示人们必须看到一种事物的两面。许多中国学者用重民与尊君“比翼双飞”或尊君与民本合为“一个极吊诡的整体”来评说孔孟学说,便是运用这种方法的学术范例。分析基础结构是思想史研究的初级阶段。令人扼腕的是,众多评说孔孟学说的“现代新儒家”及“国学大师”竟然在研究的初级阶段便折戟沉沙。众多评说“民贵君轻”的学者也是在这个阶段便步入误区的。

应当指出的是,许多注重分析理论结构的学者也存在误区及误判。他们将分析理论结构说成是分析矛盾、揭示矛盾和陈述矛盾,进而将“君本”与“民本”共处一体、比翼双飞的现象视为一种理论体系的内在矛盾。这里仅举一个典型例证。“民本思想(民本主义)”一词是现代学者比照“民主思想(民主主义)”创造的。这个提法很容易误导人们的历史认识。于是众多学者自觉或不自觉地将“民本”与“君本”对立起来,误以为“民本思想”与“君本思想”是两套本质不同的思想体系,乃至将“民本主义”与“民主主义”相提并论。即使认识到“比翼双飞”、“吊诡的整体”的学者,也或者认为“民本”与“君本”后来分道扬镳,或者认为“民本”与“君本”存在内在矛盾,或者认为“民本”仅仅是“君本”的补充,或者认为只有少数思想家及君主认同“民本”,或者认为“君本”压制“民本”,他们依然没有摆脱“民本与君本对立”的思维定势。然而,历史事实是:在中国古代,“君本”与“民本”始终是一体两用关系,二者总是共处一体(同一位思想家、同一本著作、同一个命题),从来没有分道扬镳,相互对抗。换言之,“君本思想”就是“民本思想”,“民本思想”就是“君本思想”。《孟子》“民无二王—民贵君轻”的基础结构便是典型例证之一。

一般说来,研究事物的发展需要矛盾分析,分析思想的特质不需要矛盾分析。有鉴于此,笔者所说的分析基础结构,不是旨在运用矛盾分析的方法来揭示理论上的内在矛盾和表述上的自相矛盾,而是旨在探究各种理论命题的同质性的根由及其功能性的匹配,揭示一种理论体系及理论命题的一体两用及一体多用。《孟子》的“民无二王—民贵君轻”基础结构不是自相矛盾,而是自我圆融,属于自洽的体系,相关命题依据的是同一个理论目的、核心价值及论证逻辑,这一目的、价值及逻辑贯通整个理论体系。孟轲本人并不认为自己的理论有内在矛盾，他更不会特意制造自我矛盾。如果孟轲认为“民贵君轻”会妨碍“民无二王”，或者“民无二王”会妨碍“民贵君轻”，也就不会将二者相提并论了。无论在目的上，还是在逻辑上，孟轲都要维护王权至上及尊者专制的核心价值，他只是特定的场合讲特定的话而已。“民无二王—民贵君轻”的基础结构就是《孟子》的理论体系一体两用的产物。在通常情况下，“民无二王”以论证王权为主要取向，“民贵君轻”以规范王权为主要取向。在实际运用中，“民贵君轻”也可以论证王权，“民无二王”也可以规范王权。笔者将这种具有逻辑自洽性、理论圆融性和功能匹配性的理论现象称为“一体两用”或“一体多用”，并自创“组合结构”、“命题组合”、“组合命题”、“命题组合结构”等新术语予以表述。实际上，分析“范畴组合”、“组合范畴”及“范畴组合结构”也是分析理论体系的重要步骤之一。

所谓“一体两用”的“组合结构”，不是“一分为二”或“合二为一”的内在矛盾，而是“一而二，二而一”的理论圆融。即使同一个命题也可以一体两用，典型例证是《孟子·梁惠王下》引《泰誓》的“天作君师”命题，亦即“天为民立君”命题。这个命题有两个不可分割的基本涵义，即天立君以治民，治权在君，君为政本，民众必须服从君主；天立君以养民，施政为民，民为国本，君主必须敬重民众。这个命题一体两用，一方面论证君主制度，将最高权力赋予帝王，另一方面规范君主制度，为帝王设定了严格的规范。《孟子》引“天作君师”命题的段落，旨在论证王权天赋，颂扬周文王、周武王顺天应人，“一怒而安天下之民”，而依据这个命题推导出的“民贵君轻”又具有规范王权的功能。实际上，同一范畴也可以一体两用，诸如“仁义”范畴的“仁”与“义”结构，前者侧重讲“仁者爱人”，后者侧重讲“仁者杀人”。就连“仁”范畴本身亦可兼容“仁者爱人”与“仁者杀人”，“义”范畴亦然。一般说来，儒者之学的政治命题和政治范畴都可以一体两用。正是由于这个原因，儒者往往引据同一命题或同一范畴，一会儿论证王权，一会儿规范王权，一会儿颂扬圣王，一会儿抨击暴君，他们随手拈来，用得既自然又贴切。如果用“内在矛盾”来评说这一类现象，不仅会导致学术判断及历史认识的简单化，而且会导致研究结论违背历史事实。

(三)分析功能匹配,揭示各种命题的组合方式

体系化的理论总是以组合命题的方式构成的。任何一种政治理论体系都需要通过一系列具体的思路来表达,并提炼成若干概括性很强的政治命题。这些命题有各自的意思表达和特定的理论功能,并按照既定的思维逻辑组合在一起,并维护既定的核心价值。分析功能匹配,可以揭示各种命题的组合方式及命题组合结构的主要特征。

《孟子》是一个由若干相互关联、相辅相成、功能有异、取向一致的命题构成的完整的理论体系。依据理论地位及其主要功能,这些命题可以分为五大类,即宗旨性命题、制度性命题、规范性命题、操作性命题和评价性命题。

《孟子》的宗旨性命题可以概括为"以仁治国",强调"仁"、"仁义"、"仁政"、"仁者无敌"、"行仁政而王",这是孟轲之学的理论特色。

《孟子》的制度性命题是"民无二王"。相关命题很多,涉及君主制度的根源及合理性、政体的一般特征及主要法则、君权的主要特征与构成、政治等级关系的基本准则和获得并保有君位的条件等,可以概括为君权天赋、君主惟一、治权在君、君为政本、君有君道而臣有臣道。其基本功能是对君主制度做出合理性解释,为君权披上神圣的合法外衣。

《孟子》的规范性命题是"为民父母",其理论功能是将君主与臣民分别置于监护与被监护、支配与被支配的地位,并设定相应的君臣规范。相关命题还有"天命靡常"、"永言配命"以及"天下之本在国,国之本在家,家之本在身"等。实际上,《孟子》的所有命题都具有规范性,且大多是为君主设定的政治角色规范。

《孟子》的操作性命题是"发施仁政",其基本功能是为君主制度下的政治过程提出操作性指导,涉及一批具体的政策原则,如民事不可缓、视民如伤、与民同乐、制民之产、取于民有制、省刑轻罚、不违农时、教民而用之、救穷民为先等。从篇幅看,操作性命题构成《孟子》的主要内容。这表明《孟子》最为重视对为君之道的论证。

《孟子》的评价性命题是"法尧舜,师文王"。其基本功能是为评价现实政治提供价值尺度。这类命题还具有理想性展示和永恒性论证的理论功能。有品评势必有批判。现实中的君主都达不到理想化

的“王”的水准，所以《孟子》不乏抨击暴君的激烈言辞。

《孟子》将一系列命题相互组合，构成一套意义完整的理论体系。这套理论体系兼具对王权的合理性解释、规范性定义、操作性指导、理想性展示和永恒性论证等各种理论要素。各大类别的命题并不是孤立存在的，而是以制度性命题为中心，依据特定的思维逻辑与核心价值组织在一起，从而使理论体系达到体用兼备、功能匹配的程度，宗旨性命题则是对凸显“仁义”的“王制”、“王道”、“王政”和“王”的纲领性的概括。这种命题与命题之间的组合方式表明，《孟子》的理论体系由论证君权、规范君权、调整君权、品评君权等四种功能性理论要素共同构成。四种理论要素不可或缺，彼此结合成结构与功能完备的理论体系。其中调整君权、评价君权的理论要素是从规范君权的理论要素中派生出来的。王权至上、治权在君、君为政本是将各种理论要素构成一体的政治前提和基本法则，这就注定了规范君权、调整君权、品评君权的理论因素不仅不会有否定王权至上、治权在君、君为政本的功能，反而会为王权至上、治权在君、君为政本的理念及相应的政治制度提供论证性、规范性、指导性、功能性的理论支撑。

（四）分析阐释方式，揭示命题组合的逻辑推理链条

分析阐释方式涉及考察思想家的政治立场、核心价值、理论目的、问题意识、学术特征、话题设定、基本取向、阐释逻辑及命题和范畴的组合方式等等。一般说来，话题设定和阐释逻辑是判定一位思想家的基本政治倾向的重要依据。从话题设定可以考察一个命题的出发点和归结点。从逻辑推导可以体味出一个命题的基本逻辑、主要取向乃至言外之意。话题设定和逻辑推导最能体现政论家的政治取向及其命题组合的内在逻辑。

《孟子》的政治命题无一例外地以君主为中心，旨在论说君主应如何谋划与应对，以保持权位，实现统治。一些命题似乎以民为中心，而实际上依然以君为关注点，如“天听天视”、“天从民欲”归根结底是论证汤武发动革命、夺取天下的合理性。《孟子》偏爱使用警示性的论证方式和抨击性的激烈言辞，其最常见的阐释逻辑是：如果君主如何，那么民众将如何，因而相关命题都属于特地为君主而设的对策性、规范性、警示性命题，其出发点和归结点是王制、王道、王政。就连那些专门阐释得民心者得天下的文字，其关注点也不是民众的政治权利,而是王天下及保社稷的必要条件。《孟子》的许多命题有尊君与重民双重导向,而从具体阐释逻辑看,两者的平衡点也往往明显向前者偏移。例如,有关“汤武不弑君”的阐释逻辑是:汤、武已经获得天命,桀、纣已经丧失天命,因而汤、武发动革命并不违背君臣之义。《滕文公下》有大段文字抨击“弑君弑父”之行、斥责“无父无君”之学。话题设定和阐释逻辑表明,孟轲无意超越君主专制制度的一般规定性来讨论各种政治问题,维护君臣之义是孟轲的根本目的。

在任何一种理论体系中,命题都是具有组织性的。既有命题与命题之间的组织性,又有每一个命题内在的组织性。在特定的核心价值与思维逻辑的制导下,这些命题被有机地组合在一起,共同构成一个体系化的有内在结构的理论学说。审视这些命题的组合方式及其外显的价值取向和内蕴的思维逻辑,有助于判定这个理论体系的本质属性。

在《孟子》的理论体系中,命题组合结构的组织性导出了一个循环论证的逻辑推理链条。这个链条以天作君师为核心命题,起点为天择民主,天赋君权,主要环节有王权至上,民无二王;治权在君,君为政本;发施仁政,教民养民;若违君道,必招民怨;天听天视,天从民欲;授命新王,诛除暴君;得民为君,民贵君轻,然后回到天择民主,天赋君权。这个逻辑推理链条必然通过全面论证君主制度的一般规定性,将论证君权、规范君权、调整君权、品评君权的各种命题组合在一起,形成功能完备的理论网络。

由于理论网络中的各种命题被注入同样的属性及功能,因而各种命题都具有内在组织性。一般说来,同一理论体系中诸要素、诸命题之间是相互渗透、彼此关联的,其功能区别是相对的。每一要素或命题都具有全息性,既内蕴该体系的各种信息,也有与整个体系相同的本质属性、核心价值、思维逻辑和理论功能。以制度性命题“民贵君轻”为例。孟轲强调得民众之心者为天子,得天子之心者为诸侯,得诸侯之心者为大夫,而危害国家、社稷、民众的君主将被他人取代。这个思路对现实中的王权及具体君主有很强的规范性、指导性乃至批判性,而其前提是实行天赋君权、王权至上、治权在君的制度。于是这个思路又对一般意义上的君主制度和帝王权力有很强的论证性。如果全面考察理论体系,还不难发现,《孟子》对君位更迭的条件有极其严格的限定，即取代天子者必须“天与之”，只要没有获得“天命”便为篡弑；取代诸侯者必须是“贵戚之卿”，只要没有获得“王命”便为篡弑。因此，“民贵君轻”这个命题本身同时具有论证君权、规范君权、调整君权、品评君权的理论功能。在实际运用中，这个命题的四种用法均属常见。正是由于“民贵君轻”乃是帝制法则的经典依据，可以发挥多种功能，所以不仅可以用于论证为君之道，制定治民政策，评价君主政治，抨击暴君暴政，而且为帝制的一批重大制度提供了理论依据。正是依据“民贵君轻”命题的主要功能，笔者将其归入“制度性命题”一类。

（五）分析文化范式，揭示理论体系的本质属性

《孟子》的理论体系属于典型的“尊君—罪君”政治文化范式。论证天赋君权、民无二王的制度，这是尊君；抨击率兽食人、独夫民贼的暴君，这是罪君。尊君与罪君同出一源，本质属性别无二致，故表述为“尊君—罪君”。实际上，除少数无君论者外，中国古代著名思想家都属于“尊君—罪君”范式。仅就抨击暴君暴政的激烈程度而言，商鞅、韩非及众多帝王将相并不比孟轲逊色，诸如唐太宗的《金镜》一文用“悖恶之甚”、“猛兽之俦”抨击历代暴君，将他们比作“猛兽肆毒，蟊螟为害”，判定众多弊政“乃是君之过也，非臣之罪也”。“尊君—罪君”文化范式注定无论对君主提出多么严格的要求，无论抨击暴君的言辞有多么激烈，都无意否定君主专制制度的一般规定性。就连“天从民欲”命题和“民贵君轻”命题也彻底排除了废除君主制度、赋予民众权利、设计民主程序、构思民主制度的可能性，其基本思路是：民意固然重要，而“天命”是终极依据；无论禅让、革命、世袭，合法的君位获得都取决于“天命”；“天命”可以由王朝创始者的家族世袭，并传承一定世代；即使是暴君，在“天命”被剥夺之前，也不得发动革命；有权发动革命的惟有获得“天命”的王者；即使是圣贤大德，如伊尹、周公、孔丘，没有“天命”也无权登上王位。显而易见，《孟子》及其各种理论要素的本质属性只能用“专制”二字判定①。

① 对这种文化范式的系统分析、全面论证及事实依据，参见张分田：《中国帝王观念：社会普遍意识中的“尊君—罪君”文化范式》。

分析理论结构而得出的主要结论是:《孟子》全面论证了君主专制制度的一般规定性,王权至上及尊者专制的核心价值贯通其各种理论要素。研究者切忌将《孟子》的一些看似正面的思路、命题、范畴单独切割出来,予以望文生义、断章取义、随意演绎的解读。

四 分析社会影响

一种政治理论的社会影响主要指对社会人群的精神世界的影响,大体可以分为肯定者群体与否定者群体两大类。考察一种政治理论及其核心价值获得哪些个体及群体的认同、肯定、赞赏、信仰,分析这些个体及群体的主体特质和社会属性,可以为判定一种政治理论的本质属性提供重要的事实依据。

"民贵君轻"是一个政治理论命题。在先秦主要政治思想流派的著作中,都可以找到"民贵君轻"的同义命题和近义命题,诸如《老子》的"贵以贱为本"①、《墨子》的"先万民之身,后为己身"②、《慎子》的"立天子以为天下"③、《商君书》的"为天下位天下"④、《荀子》的"天之立君,以为民也"⑤、《吕氏春秋》的"天下,非一人之天下,天下之天下"⑥等等。一般说来,除无君论者外,中国古代著名思想家普遍认同"民贵君轻"命题的基本思路,据此足以判定这是一种占统治地位的思想。这里着重分析在帝制条件下《孟子》的"民为贵,社稷次之,君为轻"命题对儒者群体、官方学说、最高统治者、社会大众的影响,并据以揭示帝制时代统治思想的一般特征。

(一)考察对儒者群体的影响

在帝制时代,大多数皇帝、贵族、官僚、学者、士子属于儒者范畴。学者类型的历代名儒大多拥有朝臣、学官的身份,他们是统治思想的主要创造者、宣扬者和维护者。统治者群体的主体部分来自儒者群体,儒者群体是帝制的社会基础。因此,考察"民贵君轻"对儒者群体

---

① 《老子·三十九章》,王弼:《老子注》,第25页。

② 《墨子·兼爱下》,孙诒让:《墨子间诂》卷4,第118页。

③ 《慎子·威德》,第3页。

④ 《商君书·修权》,蒋礼鸿:《商君书锥指》卷3,第84页。

⑤ 《荀子·大略》,王先谦:《荀子集解》卷19,第504页。

⑥ 《吕氏春秋》卷1《孟春纪·贵公》,第8页。

的影响，是揭示统治思想一般特征的重要途径和判定“民贵君轻”本质属性的重要依据。

儒者之学，门户繁多，流派丛杂，变化纷纭，而其共同特征是以五经为经典，奉孔丘为宗师，并恪守儒典及孔学的核心价值。在汉唐儒者著述中，多有阐释立君为民、得民为君的文字，诸如《春秋繁露·尧舜不擅移汤武不专杀》有“天立王以为民也”①；《韩诗外传》有“王者以百姓为天”②，《大戴礼记·子张问入官》有“百姓者卑贱而神”③；《白虎通》有立君为民，诸侯、公卿、百官为百姓而设的思想；《五经正义》全面阐释了大作君师、天选民主、天从民欲、汤武革命、以民受命思想。从基本思路上看，汉唐大儒的思想都符合“民贵君轻”的主旨，那些推崇《孟子》的儒者显然属于“民贵君轻”论者。北宋以后，儒者大多奉《孟子》为核心儒典，并将“民贵君轻”视为重要的政治信条。

对《孟子》“民为贵”一节的具体提法，儒者内部存在争议，集中在两个问题上：一是“民贵”与“君贵”是否相互矛盾；二是“变置”对象是否包括天子。占主流地位的意见是“民贵”与“君贵”并行不悖，“变置”对象理应包括天子，朱熹、陆九渊等一批理学家和经学家及明成祖、清康熙帝、清乾隆帝等均有专门的论证辨析。明成祖钦定的《四书大全》收录了朱熹等人的见解。明朝举人艾南英题为《民为贵》的科举制文也持这种观点，并被收入乾隆皇帝下令编选的《钦定四书文》。简言之，主流学术及官方学说并不认为“民贵君轻”具有危害皇权的属性。

（二）考察对官方学说的影响

凡是被一个王朝纳入国学（如汉魏的太学和隋唐以来的国子监）的学术，均可判定为这个王朝的官方学说。官方学说是统治思想的主要载体和主流学术的主要类型，对社会各阶层的精神世界有广泛而深刻的影响。因此，考察“民贵君轻”对官方学说的影响是揭示统治思想一般特征的重要途径和判定“民贵君轻”本质属性的重要依据。

---

① 《春秋繁露·尧舜不擅移汤武不专杀》，苏舆：《春秋繁露义证》，第220页。

② 许维遹校释：《韩诗外传集释》卷4，第148页。

③ 王聘珍：《大戴礼记解诂》，第140页。

中国古代国学的发展历程可以大体分为五个历史阶段。在夏、商、西周，王制国学传授华夏元典的一批原始文本，传世的《尚书》《诗经》《易经》便是整理、选择、改编这些文本的产物，故可以称为“华夏元典阶段”；在春秋战国，诸子之学都可能纳入各国国学，据《史记·孟子荀卿列传》记载，齐宣王任命邹衍、慎到等七十六位著名学者为上大夫、稷下先生，曾在这所齐国国学讲学的还有孟轲、荀况等，故可以称为“诸子经典阶段”；在两汉、魏晋、南北朝、隋，朝廷设置一批五经博士，经学的诸多显学共处于帝制国学，故可以称为“五经诸派阶段”；自唐朝至北宋初年，朝廷以钦定经典文本及其注疏《五经正义》为帝制国学的主要教材，可以称为“五经统合阶段”；北宋以后，《论语》《孟子》《中庸》《大学》被帝制国学奉为核心经典，故可以称为“四书为宗阶段”。在国学演化的各个阶段，立君为民及民重君轻都是官方学说及国学教育的重要内容。

一般说来，帝制国学以五经四书为经典，亦称帝典，即天子之典、皇家经典及帝王法则。北宋以前，五经的地位更重要，《孟子》的影响逐步提升；北宋以降，四书的地位更重要，《孟子》的地位登峰造极。只要仔细比较一下《孟子》《春秋繁露》《五经正义》《四书集注》的理论结构，再认真考察一下唐太宗、明太祖、清乾隆帝的政治理论及治国之道，就会得出这样的判断：从汉唐至明清，《孟子》的文本和要素，包括“民贵君轻”与“民无二王”等，不仅完整地保存下来，还逐渐占据了官方学说及主流学术的地位。从理论的抽象程度、命题的清晰程度、修辞的张扬程度和观念的普及程度看，这一类思想演化的总体趋势是：帝制越兴旺，“立君为民”理论就越发达；皇权越集中，“民贵君轻”观念就越普及。帝制的统治思想不仅不排斥这一类旨在限定、规范、调整、制约皇权的政治理念，反而将其置于官方学说的核心地位。最高统治者的青睐是《孟子》地位日益提升的根本原因[①]。

（三）考察对最高统治者的影响

最高统治者是统治阶级的政治代表，帝制皇权的人格化身。这

① 对这一总体演化态势及其成因的具体分析及事实依据参见张分田：《民本思想与中国古代统治思想》上、下册。

一特殊地位决定了他们是统治思想的创造者、倡导者和主要载体之一。最高统治者居于发号施令的地位，他的意志往往以国家意志的面目出现，他所倡导的官方学说一经指定，必然得到大力的推广。因此，考察“民贵君轻”对最高统治者的影响，是揭示统治思想一般特征的重要途径和判定“民贵君轻”本质属性的重要依据。

在汉唐，立君为民、天下为公、民本君末、君以民为天、民重君轻、先民后君、无民无君之类的提法常常见诸朝廷文告和皇帝言论，诸如汉高祖认同“王者以民人为天”①的说法。汉文帝称：“先民后己，至明之极也。”②隋炀帝宣称：“非天下以奉一人，乃一人以主天下。”③唐太宗认为“君依于国，国依于民”④。这表明，最高统治者通常认同“民贵君轻”的基本思路。

宋元以来，《孟子》被朝廷列为核心经典，成为官方学说的主要载体，有关皇帝认同、赞赏、论证、倡导“民贵君轻”的文献记载也越来越多，既有皇帝本人论说“民贵君轻”、大臣援引“民贵君轻”得到皇帝的赞赏或认可、论说“民贵君轻”的著作得到皇帝赞赏等直接证据，又有《孟子》及一批论说“民贵君轻”的著作成为储君教育与皇帝再教育的必读书籍、皇帝钦定著作包含论证“民贵君轻”的内容、科举试卷提及“民贵君轻”等间接证据。就连晚年下令删节《孟子》的明太祖，也曾一度赞赏含有“民贵君轻”命题的《大学衍义》并命人将其用大字书写于皇宫庑壁，还曾下诏称赞“孟子传道，有功名教”，免除孟轲后裔的赋税。明太祖亲自命题并挑选明朝第一位状元，其答卷的主要论据就是“天生民而立之君”⑤。皇帝认同、赞赏、论证、倡导“民贵君轻”的同义命题和近义命题的现象更是司空见惯。

（四）考察对社会大众的影响

社会各阶层普遍认同的政治观念具有大众性和相对稳定性，乃是一种政治制度及其统治者赖以实现政治统治的社会心理基础。一

① 《史记》卷97《郦生陆贾列传》，第2081页。

② 《史记》卷10《孝文本纪》，第302页。

③ 《隋书》卷3《炀帝纪上》，第43页。

④ 《资治通鉴》卷192《唐纪八》高祖武德九年十一月条，第6026页。

⑤ 吴伯宗：《荣进集》卷1《御试策》，《景印文渊阁四库全书》，第1233册，第234页。

种思想只有获得社会大众的广泛认同，形成社会各阶层的价值共识，才能成为名副其实的占统治地位的思想。统治思想之所以可以成为占统治地位的思想，是由于统治者可以运用国家权力向社会各阶层灌输官方学说及其核心价值。社会普遍意识及由此而形成的具有普遍性的社会人格和“意识—行为”模式最能体现某一历史时期社会的基本特征和全社会的精神风貌。因此，考察“民贵君轻”对社会大众的影响是揭示统治思想一般特征的重要途径和判定“民贵君轻”本质属性的重要依据。

“民贵君轻”观念大众化的途径很多，诸如政治常识的自我认知、学术流派的思想传承、大众媒介的传播扩散、统治集团的社会教化、学校教育的经典研读、选拔官员的考试制度等。其中教育制度和科举制度起着至关重要的作用，是皇帝及朝廷传播“民贵君轻”思想的主要手段。

最高统治者认同、赞赏、论证、倡导“民贵君轻”之类的思想是导致相关理念在社会各阶层广为传播的最重要的政治因素，而科举考试是最高统治者向广大臣民灌输这一类思想最有效的手段。明太祖有一个说法，即“历代之亲策，往往以敬天勤民为务”①。自汉唐以来，立君为民、天下为公、以民为本、民贵君轻始终是帝制国学及官学教育的主要内容，精通这一类思想成为贤良对策、科举考试的重要内容。宋元以来，《孟子》列入科举考试的必读书目，追求功名的读书人必须自幼诵读《孟子》。这一套将研读经典与选任官吏(政治社会化与政治录用)有机地结合在一起的政治制度，形成了系统、稳定、有效地培养、选拔、录用社会精英(主要是官僚)的机制。由此而造就了一个庞大的通晓“民贵君轻”的官僚群体和士人群体，他们的政治观念又会以各种方式进一步向下层社会传播。

“民贵君轻”获得最高统治者的认同、赞赏、论证、倡导既是其大众化的主要表现，也是其大众化的主要推动力。有幸步入仕途的读书人毕竟是少数，这就必然形成通晓“民贵君轻”的庶民群体。由此不难理解，为什么自从《孟子》被列为科举考试必读书之后，“民为贵”和“君为轻”逐渐成为朝野上下的价值共识，在皇帝、官僚、庶民三大

---

① 吴伯宗:《荣进集》卷1《御试策》,《景印文渊阁四库全书》,第1233册,第233页。

政治阶层中，都有“民贵君轻”的认同者、论证者、倡导者。黄宗羲、王夫之、顾炎武、唐甄、吕留良等具有强烈政治批判取向的著名思想家，都是庶民群体中张扬“民贵君轻”的典型代表。

在帝制条件下，孟轲的主张逐步实现了大众化，这个功劳主要属于皇帝及朝廷。如果没有皇帝的认同和官方的介入，“民贵君轻”的普及势必遇到重大的政治障碍。反之，如果皇帝宣扬“民贵君轻”，官方采取有效措施向广大臣民灌输相关的思想观念，就会为它的普及提供政治上、制度上的保障。

分析社会影响而得出的主要结论是：《孟子》及“民贵君轻”与帝制皇权高度契合，相互匹配，并不具有反专制的属性。理据也很简单。在人类政治史上，还没有发生过这样一种现象：在漫长且广阔的历史时空内，一种政治制度及其统治者把对这种制度具有颠覆性的思想体系奉为官方学说并大加宣扬。帝制统治者对孔孟之道坚定不移的选择、历时久远的推崇和千方百计的弘扬，恰恰是判定“孔孟专制”的最重要的事实依据。

五　分析历史作用

分析历史作用，即在理论与实践的互动中，全面认识一种政治理论的具体用途及其发挥的作用。思想现象大多具有复杂性。由于各种主观因素和客观因素的影响，一种思想的具体作用也往往具有复杂性，既有正面的，又有负面的，还有正面与负面相互交织的。全面分析历史作用可以为判定一种政治理论的本质属性及其历史价值和现代意义提供重要依据。

在中国古代政治理论体系中，“民贵君轻”命题的理论地位低于“立君为民”命题及“以民为本”、“天下为公”、“天下一统”、“政由君出”、“君臣合道”、“无为而治”等一批重大命题，而其社会影响相当广泛，历史作用相当显著，在不同历史时期或不同政治情境，其具体作用也错综复杂。这里仅分析“立君为民”命题及其派生的“民贵君轻”命题的三大历史作用。

（一）构建极富特色的中国古代政治文明

“立君为民”及“民贵君轻”的观念及理论产生于华夏政治文明初创时期。在帝制形成时期，商鞅等一批具有变革精神的法术之士，以立君为天下、天下为公、易礼变法、以法治国、任贤使能为核心命题，创造了世界上第一套完整系统的国家与法的理论。管仲、老聃、孔丘、墨翟、孟轲、荀况、吕不韦等一批思想家也为“立君为民”及“民贵君轻”理论的完善和升华做出各自的贡献。帝制确立以来，官方学说、主流学术继承了这一类政治理论的核心要素，历代统治者用于指导王朝政治，“立君为民”及“民贵君轻”逐渐获得社会各阶层的普遍认同。正是由于上述原因，中国古代政治文明及其政治理论极富特色。如果适度超越“民主与专制”的评判尺度，就会发现中国传统政治思维很不简单，其现实的态度、缜密的构思、周详的规范、精巧的设计和理性的关切，在世界古代史上无可匹敌。“立君为民”及“民贵君轻”理论所包含的理性成分之多、所体现的批判精神之强、所容许的调整维度之大，都远远超过古代地中海地区一度存在的相当粗糙的“民主”思想。甚至可以说，在中国古代专制主义政治理论体系中，很早就蕴含着许多在现代社会依然适用的政治法则。我们对于这个历史现象应当给予更客观、更全面、更准确的评价。

（二）维护帝制皇权的政治统治

在帝制时期，五经四书是钦定帝典，具有国家宪章的地位，经学的“立君为民”及“民贵君轻”理论对帝制皇权的政治精神、政治制度和政治过程的影响既广泛又深刻，为维护帝制皇权的政治统治发挥了至关重要的历史作用。这里仅以清朝为主要例证，分析“民贵君轻”对帝制的若干重大政治制度的影响。

“民贵君轻”是皇位继承制度的重要依据之一。在特殊情境下，文天祥拥立新君并以“社稷为重，君为轻”为理据，被康熙皇帝赞为“实千载忠臣之语”[①]。乾隆皇帝认为依据“民贵君轻”而变置君主的法则，不仅适用于诸侯之君，而适用于作为“大君”的天子。一般说来，在王朝更替或帝位传承之际，立君为民、天下为公、民贵君轻等观念都会深刻影响人们的政治行为。在发生重大政治变故之时，总会有人依据“民贵君轻”，主张另立新君，选立长君，而不必恪守常理。宋钦宗被俘而群臣拥立宋高宗，宋恭帝被俘而群臣拥立宋端宗，明英

① 清圣祖：《圣祖仁皇帝御制文集》第3集卷19《宋高宗父母之仇终身不雪论》，《景印文渊阁四库全书》，第1299册，第155页。

宗被俘而群臣拥立明代宗，即是典型事例。就连杀害于谦的明英宗也承认，依据君为轻而拥立明代宗的行为有功于社稷。明宪宗为于谦翻案，明孝宗赐谥、建祠、旌功，他们肯定了于谦的功勋。这种制度伦理及法则可谓源远流长，因而凡是即位诏书、传位诏书、禅让诏书等对王朝合法性及君权合法性至关重要的法律文件都必然引据这一类思想。

帝制国学及官学制度明确将一批论证"民贵君轻"的著作列入必修书目，清朝继承并强化了这套制度。孟轲是清朝皇帝心目中的圣贤，他们将四书五经视为"帝王立政之要"，奉为"驭世之鸿模"，乃至"道统在是，治统亦在是"。康熙皇帝命人将《孟子》《大学衍义》等译成满文，以供各类教育使用。乾隆皇帝命令将四书五经、《大学衍义》、《性理大全》、《历代名臣奏议》列为皇子教育及官学教育的必讲书目。这些书籍都有论说"民贵君轻"的内容。

体认"民贵君轻"也是皇储教育制度及皇帝终身教育制度所规定的必修课。乾隆皇帝终身修习"民贵君轻"便是典型例证。宋元以来，除四书五经外，被奉为"帝王之学"的《大学衍义》是皇帝及皇子教育的必读书，宋理宗、元武宗、明太祖、明成祖、明神宗、清康熙帝、乾隆帝等一批皇帝高度评价《大学衍义》的"帝王之学"。在启蒙教育阶段，乾隆皇帝便开始诵读这一类著作。康熙皇帝认为："古人所谓民可近不可下者，即孟子所谓'民为贵'之意，盖'天视自我民视，天听自我民听'，斯岂非邦本之谓乎？"[①]对乾隆皇帝而言，这属于祖训、家训。经筵是设在宫廷的专门面向皇帝的讲学制度，《日讲四书解义》是康熙皇帝命儒臣编写的专门为经筵使用的教科书，这本书用将近五百字专门阐释《孟子》"民贵君轻"一节。这属于皇帝自设的终身教育。这一套制度及法则也堪称源远流长。

科举制度是选任官员的政治制度。清朝皇帝明确将"民贵君轻"列为考生必须精心准备的经义知识要点之一。典型例证便是《钦定四书文》。这是一部乾隆皇帝钦定并颁布天下的科举参考书及评定科举制文的绳尺。在精选的数百篇明清科举范文中，多有论及"立君

① 清圣祖：《圣祖仁皇帝御制文集》卷26《讲筵绪论》，《景印文渊阁四库全书》，第1298册，第225页。

为民”、“天下为公”、“民贵君轻”、“民为国本”、“国依于民”的，其中明朝进士黄洪宪的《邠人曰》、举人艾南英的《民为贵》直接援引、论证了“民贵君轻”。

“立君为民”及“民贵君轻”是国家祭祀制度的重要理据之一。乾隆皇帝留下三首体认“民贵君轻”的诗篇，均与国家祭祀制度有关。作于癸酉年的《春仲躬祭社稷坛》有“立我蒸民知谷重，藐予小子识君轻”①；作于甲午年的《仲春祭社稷坛礼成述事》有“祈农念民重，自昔识君轻”②；作于己酉年的《仲春朔吉社稷坛礼成述事》有“升芗增肃穆，宿识已为轻”③。明朝丘濬的《大学衍义补》就曾引据“民贵君轻”论说国家祭祀制度。乾隆皇帝钦定的《钦定礼记义疏》也引据“民贵君轻”论说《礼记·祭法》。

文化制度也是帝制的重要组成部分。清朝皇帝一方面大兴文字狱，一方面强化文教建设。乾隆皇帝下令编纂的《钦定四库全书》，囊括存世的各种经学著作及儒者之作，其规模堪称前无古人，东汉的《白虎通》、唐朝的《五经正义》和明朝的《五经大全》《四书大全》、《性理大全》不可与之同日而语。在《四库全书》中，直接引用“民为贵，社稷次之，君为轻”的著作有数十部之多，使用了“民贵君轻”、“民重君轻”、“民为贵”、“民为重”、“君为轻”、“民贵”、“君轻”等提法的著作数以百计，论说“民贵君轻”的同义命题和近义命题的著作数量更多，具体词语不同而基本思路相同的著作可谓汗牛充栋。

帝制的国家治理模式及重要政治程式和治民政策也深受“民贵君轻”命题的影响。自宋元以来，皇帝及朝臣援引“民贵君轻”议论朝政的现象越来越常见。据《历代名臣奏议》记载，石介上言宋仁宗论为君之道，陈瓘上书宋神宗论理应严惩奸臣，均引用了“民贵君轻”。真德秀的《大学衍义》引“民贵君轻”论证“临民之敬”，博得宋理宗的

---

① 清高宗:《御制诗集》2集卷38《春仲躬祭社稷坛》,《景印文渊阁四库全书》,第1303册,第691页。

② 清高宗:《御制诗集》4集卷19《仲春祭社稷坛礼成述事》,《景印文渊阁四库全书》,第1307册,第566页。

③ 清高宗:《御制诗集》5集卷45《仲春朔吉社稷坛礼成述事》,《景印文渊阁四库全书》,第1310册,第333页。

欣赏。元世祖赞许“天之树君，本为下民。故《孟子》谓‘民为重，君为轻’”[①]。元英宗告诫辅臣：“朕思之，民为重，君为轻，国非民将何以为君？今理民之事卿等当熟虑而慎行之。”[②]清朝皇帝亲著及主编的一批书籍涉及“民贵君轻”的具体运用。

大量历史事实告诉我们，“民贵君轻”命题既没有局限在思想家的书斋中，也没有停留在社会大众的头脑中，而是不断地在精神、行为、政策、制度等政治现象的各个层面之间涌动。在政治精神层面，这种思想长期居于官方学说的地位，并作为公认的政治价值而支配着社会各阶层的政治意识和政治行为。在政治制度层面，这种思想是许多重大制度和政治程式的经典依据。在政治过程层面，相关的国家治理及治民政策具有一定的实效性。据此可以判定，“民贵君轻”是帝制的根本法则。

在缔造盛世、巩固帝制、调整皇权、完善治理、改善民生、稳定秩序方面，具有特定属性的立君为民、天下为公、以民为本、民贵君轻之类的思想，确实在一定程度上发挥过积极的历史作用。这一类思想成为帝制的统治思想的核心要素，是中国古代政治文明的重要特色之一。但是，帝制皇权的统治属性及这一类思想的统治属性，注定了其所造就的既有善政又有恶政。帝制皇权与孔孟学说，一个是硬件，一个是软件，二者相互匹配，血肉相连，共存共荣，历时甚久。由于将“天赋君权—立君养民”、“君为政本—民为国本”及“民无二王—民贵君轻”融为一体的孔孟之道是帝制皇权的官方学说、精神支柱和价值符号，即使完全彻底地实现，也只是一种理想化的君主专制，这就注定它势必成为真情与伪善、理性与谎言、理想与幻梦的综合体。就积极因素而言，它是一些具有普遍意义的政治法则的借寓之所；就消极因素而言，它是专制统治的谋士及辩护士。由于积极因素与消极因素同胎共体，难分难解，孔孟之道既可以造善，也可以作恶。作恶也是孔孟之道全面实现的重要表现。唯其如此，儒学才能长期占据官方学说的地位。宋元以来，禁锢群众思想、泯灭民族英气、阻碍中国创新的四书之学极度盛行，终于导致帝制的衰亡，亦即中国古代文明

① 《元史》卷158《许衡传》，第2482页。

② 《元史》卷136《拜住传》，第2192页。

的衰亡。

(三)阻滞现代政治观念的产生

以《孟子》为代表的古代儒者的“立君为民”及“民贵君轻”理论属于典型的专制主义政治理论,其最为重大的负面历史作用就是严重阻滞了现代政治观念在中国大地的产生。

这里仅以康乾盛世思想界的状态为典型例证。这个时期的读书人绝大多数深受《孟子》的熏陶,社会精英大多堪称孔孟之道、四书之学的虔诚信徒。庞大的修习并通晓《孟子》“民贵君轻”的群体可以分为三大类:为数不多的以黄宗羲为代表的政治批判思想家,提出一些有创意的提法,却未脱窠臼,依然回归设计理想化的君主专制制度的老路;占大多数的以乾隆皇帝为代表的帝王将相及士大夫,大体保持宋明理学的特征,仅从批判暴君暴政的言词看,他们并不比政治批判思想家逊色;人数不少的以焦循为代表的乾嘉汉学家,大多有“回到孔孟去”的原教旨主义色彩,堪称学术高明而思想平庸。三大类群体都是四书五经之学的不同流变,理论的基础框架大同小异,都没有提出超越孔孟之道的政治理论。这种历史现象表明,在亟待与时俱进的时代,孔孟之道、四书之学不仅无法为政治发展提供思想驱动力,反而成为严重阻滞社会变革的精神力量。后来的历史又一再证明了这一点。孔孟之道的这种历史作用也是判定“民贵君轻”的专制性质的主要依据之一。

无论在西方,还是在东方,古代社会向现代社会演化的重大历史性界标之一都是主张民主、法治、平等、自由的政治理论及政治制度取代主张君主、人治、等级、依附的政治理论及政治制度。古代政治观念与现代政治观念的根本区别就是本质属性及核心价值截然相反,互不相容,乃至格格不入。在西欧从封建社会向资本主义过渡阶段,新旧两种政治观念激烈冲突乃至兵戎相见,便是典型例证。在中国、日本的社会转型中,也发生过同样的历史现象。中华民族的重新崛起靠的不是儒学,这是一个基本的历史事实。这也为判定新旧两种思想的属性及分野提供了重要的事实依据。

分析主要历史作用而得出的主要结论是,历代皇帝对“民贵君轻”的认同、赞赏、论证、倡导显然不是仅仅用“虚假认同”能圆满解释的。试想,如果皇帝们张扬“民贵君轻”只是为了装装样子,又何必依据相关著作设定重大制度及政治程式，并执意将其用作旨在培养皇帝及各级统治者的教科书，甚至达到用王朝推崇四书五经、皇帝修习“民贵君轻”及以此培养选拔官员和教化民众等制度化的方式制造普遍共识的程度？难道维护帝制王朝和专制权力的皇帝们能够高明到敢于坚持不懈地用“民主思想”、“民权思想”或“反专制思想”成批量地培养忠于君主及朝廷的政治精英，甚至达到用这一类思想指导王朝政治的程度吗？将“民贵君轻”与帝制皇权切割开来的各种解释方式，既违背历史事实，也违背政治常识。

将分析思想体系和系统检索文献紧密结合在一起的研究方式，为判定“民贵君轻”命题的专制本质提供了一系列事实依据和理论依据。依据由此而形成的证据链，笔者判定一批在中国学术界广为流行观点是错误的，主要有：孟轲首创“民贵君轻”思想，或孟轲将“民贵君轻”观念理论化；这种思想“在先秦诸子中极为罕见”；孟轲“明显超越前人和同时代人的思想水平”，“无人企及”；“民贵君轻”的传承者“寥若晨星”，乃至“前无古人，后无来者”；“民贵君轻”是与“君贵民贱”相对立的命题，冲击等级秩序，否定君主专制；这种思想与尊君思想要么有重大区别，要么有内在冲突，要么势不两立，属于“异端”思想；孟轲“反王权”、“反专制”；“民为贵，社稷次之，君为轻”包含“民约遗意”、“民治精神”、“民主思想”、“民权思想”，堪称“民权主义的精义”、“最高民主精神”乃至“世界民主论之先驱”；孟轲提出“民贵君轻”有“振聋发聩”的作用，产生“震动社会”的效果；帝制的统治者“剔除了孔孟儒学的许多实质性内容，‘民贵君轻’变成了‘君贵民轻’”；汉唐儒者不讲“民贵君轻”，转换了儒学的性质；孔孟的“天民相通”、“民惟邦本”、“民贵君轻”是讲“民主”、“民权”的，只可惜一部真经遇到了歪嘴和尚，被后儒篡改了，被帝制阉割了；“民贵君轻”思想遭到历代统治者的“摒弃”和尊君思想的“打压”；随着皇权日益走上绝对化，皇帝们对“民贵君轻”的反感越来越强烈，典型例证便是明太祖下令删节《孟子》；明英宗之所以杀害于谦，是因为他宣扬“民贵君轻”；“民贵君轻”作为批判君主专制的有力武器“响彻了两千多年”；明朝的科举考试不涉及“民贵君轻”等；历代统治者推崇“民贵君轻”属于“虚假认同”；“民贵君轻”之类的思想虽被一些统治者认可，却只是专制主义的一种补充；“民贵君轻”虽然没有被排除在官方意识之外，却只是一种根本无法实现的空谈;按照孟轲的"民贵君轻"来设立政治体制,至少能发展出"开明君主立宪制";"民贵君轻"是"中国优秀传统文化",应当大力弘扬;有可能也有必要将其"创造性地转化"成"民主宪政思想",乃至"重建儒家宪政"等等。

上述错误观点的始作俑者是一批著名学者,其影响极其广泛。在笔者的阅读经历中,还没有发现丝毫未受到这样那样的错误观点误导的著述。笔者近日发现就连自己评优获奖的《民本思想与中国古代统治思想》(南开大学出版社,2009 年)一书,也依然没有彻底摆脱某些误导。由此可见,在夯实中国思想史研究的事实基础、逻辑基础和哲学基础方面,在构建科学的学术话语体系方面,在客观、全面、准确地认识中国古代政治文明方面,我们依然任重而道远。

阴阳哲理与儒家政治思想的命题组合结构

《阴阳哲理与儒家政治思想的命题组合结构——以君主与臣民关系论为典型例证》一文发表于《人文杂志》2008 年第 5 期。

在我看来，学者们大多低估了或不了解中国古代政治理论体系的复杂性，这是导致各种肤浅的学术观点广为流行的根源，包括简单的"弘扬"和简单的"批判"。实际上，本文依据阴阳哲理的主要特点所做的一体五用的命题组合结构分析依然是粗线条的和浅层次的，只是比二元结构的矛盾分析更合理、更全面一些，也更符合历史事实而已。中国古代阴阳理论的复杂程度难以言表，"儒家"又不是一个统一的学派，因而古代儒者对许多命题的解释可谓见仁见智，具体用法亦可谓无一定之规。一般说来，儒家政治思想命题的阴阳属性并不确定，大多可阴可阳，亦阴亦阳，因而在命题组合结构中哪个命题为阴，哪个命题为阳，并非一目了然，判然可分。例如，在"君为政本—民为国本"的命题组合结构中，两个命题都可以为主为阳，也都可以为辅为阴，不应简单化地判定何者为阳，何者为阴。更何况阴阳哲理也不是导致"命题组合结构"的唯一原因，甚至不是导致"命题组合结构"的主要原因。有鉴于此，我不赞成各种将思想体系分析法简单化的做法，包括将命题组合结构分析法简单化的做法。

儒家政治思想有一种可以称之为"命题组合"的理论结构。有关阴阳关系的哲学思辨是导致这种理论现象的重要原因之一。揭示这一现象有助于全面审视与评价儒家政治思想的本质、特点、功能及其历史价值。这里以儒家的君主与臣民关系论为典型例证，说明由阴阳哲理导致的命题组合结构的基本特征及其思维逻辑。

阴阳论是儒家政论重要的哲学依据。据说孔子研读《易经》而“韦编三绝”。马王堆帛书《易之义》记有“子曰：易之义，谁（唯）阴与阳”。《周易》则是儒家重要经典之一。在《周易》及其历代注疏中，每一种阴阳关系命题都势必引申出相应的有关君主与臣民关系的命题。儒家内部对阴阳关系、君臣关系的认识存在差异，而在本文所列举的五个基本点上又有大体相同或相似的思路。这就为认识命题组合结构提供了便利。

一 “阳尊阴卑”与“君尊臣卑”的政治等级论

理想社会模式为何？儒家认为，它的基本特征是：上下有序，尊卑有别，贵贱有等，每个社会成员都自觉恪守礼的规范。简言之，即孔子所说的“君君、臣臣、父父、子子”。

“礼”是儒家政治思想的核心概念。。礼的本质是“分”，是“别”，是“伦序”，是“等差”，是“亲亲”、“贵贵”。礼的制度与秩序要求贵贱有等，君臣有别。因此，在先秦诸家中，儒家政论的特色在于“列君臣父子之礼，序夫妇长幼之别”[①]。国以君为至尊，家以父为至尊，妇以夫为至尊，这是儒家学说的基干。历代大儒多方论证人类社会实行等级秩序的必然性、合理性，其重要的理论依据之一就是“阳尊阴卑”。

《周易·系辞上》：“一阴一阳之谓道。”[②]儒家认为，道（天道、天理）是宇宙本体，阴阳是道的体现。物之有形者皆根于道（理）而生于阴阳（天地）。作为实体，阴阳化生万物；作为属性，阴阳遍布一切事物之中。大凡先后、始终、动静、晦明、上下、进退、往来、捭阖、盈虚、消长、刚柔、尊卑、贵贱、表里、隐显、向背、顺逆、存亡、得失、

① 《史记》卷130《太史公自序》，第2486页。

② 王弼注、孔颖达疏：《周易正义》卷7《系辞上》，第315页。

出入、行藏等，都是“一阴一阳”的具体表现。天之道曰阴曰阳，天地是一大阴阳；人类社会中的男女、夫妇、父子、君臣皆为阴阳关系。依此类推，“一阴一阳”可以解释自然、社会、人生的各种对立统一现象。这样一来，阴阳成为为各种事物定位、定性的理论依据。

儒家以尊卑论君臣、父子、夫妇、长幼、上下。作为这种政治观念的哲学抽象，势必以尊卑论天地，论阴阳，论乾坤。一旦具有“尊阳抑阴”特质的阴阳论形成，它又反转过来成为论证人世间尊卑等级的哲学依据。朱熹说：“乾坤阴阳，以位相对而言，固只一般。然以分言，乾尊坤卑，阳尊阴卑，不可并也。以一家言之，父母固皆尊，母终不可以并乎父。兼一家亦只容有一个尊长，不容并。所谓‘尊无二上’也。”[①]就自然属性而言，阴与阳是平衡、并立关系；就社会属性而言，阴与阳是尊卑、主从关系。在儒家看来，天与地、阴与阳、乾与坤的基本关系是天尊地卑、阳尊阴卑、乾尊坤卑。依据天地、阴阳、乾坤法则而确立的尊卑有别、贵贱有等的等级秩序是“天秩”、“天序”、“天地之别”。因此，“尊无二上”是最具一般意义的社会法则。

《周易》把天、乾、君、男、夫、父、兄等与地、坤、臣、女、妻、子、弟等分别划归阳与阴两大类别。这种分类方式已经将阴阳的尊卑关系固定化，使之具有了等级属性。《系辞》《文言》《说卦》以及《彖辞》《象辞》等共同论证了同一个道理：尊者为阳，卑者为阴，阳尊贵而阴卑贱，这是自然与社会的普遍法则。《周易·系辞上》有一个被广为引用的命题：“天尊地卑，乾坤定矣。卑高以陈，贵贱位矣。”[②]《礼记·乐记》亦称：“圣人作乐以应天，制礼以配地。礼乐明备，天地官矣。天尊地卑，君臣定矣。卑高已陈，贵贱位矣。”[③]在历代大儒看来，天地至大，尚有尊卑之别、贵贱之位。因此，天地之象有高下，乾坤之体有尊卑，万物之位有贵贱。贵贱有别、尊卑有序是自然和社会的共同法则。这就注定了人类必然实行尊卑有序、贵贱分明的君主制度和

---

① 黎靖德编：《朱子语类》卷68《易四·乾上》，第1683页。

② 《周易·系辞上》，王弼注、孔颖达疏：《周易正义》卷7，第302页。

③ 《礼记·乐记》，郑玄注、孔颖达疏：《礼记正义》卷37，第1274—1275页。

等级制度。换句话说，君主与臣民之间的尊卑关系是自然生成、先天注定的。阳尊阴卑，定位不移，因而君臣之分，贵贱有恒。臣民只能永远处于卑贱地位。

历代大儒都强调君臣之间尊卑关系的不可移易性。孟子、荀子及其后学有时也言及并肯定一些现实中的君臣易位现象，诸如“汤武革命”之类。但是，在他们看来，汤武是受命新王，桀纣是独夫民贼。这种奉天伐罪的行动不可以用“君臣之义”来解释。孟子声讨“无父无君”[①]。董仲舒以尊卑不易之位来论阴阳。在他看来，“礼者，继天地，体阴阳，而慎主客，序尊卑、贵贱、大小之位，而差内外、远近、新旧之级者也”[②]。扬雄认为，“阴以知臣，阳以知辟，君臣之道，万世不易”[③]。郑玄、孔颖达大讲“简易（易）”、“变易”，同时又强调“不易”，所谓“‘不易’者其位也。天在上，地在下，君南面，臣北面，父坐子伏，此其‘不易’也”[④]。以朱熹为代表的理学家大讲变的恒而不穷，甚至大讲道有变有不变，而一从自然回到社会，从万物回到伦理，变的普遍性、绝对性就受到限制。他们认为道统是不变的，因而“君臣父子，定位不易”[⑤]。在儒家学说体系中，作为一般法则的“君臣之义”是不容置疑、不可更易的。这是儒家全部政论最基本的前提。没有任何一个儒家思想家是脱离这个前提来论说民本思想的。

二 “乾健坤顺”与“君主臣从”的政治主体论

国家由谁来统治？儒家认为，国家必须由圣明的君主统治，天子是最高政治主体。自孔子以来，历代大儒都主张君为主，臣为辅，民为基。他们从君主制度的起源、国家的政治结构和君主的政治功能等不同角度，全面论证了这个观点。“君之心，政之本”[⑥]。这种政治主体论可以称之为“君为政本”论。

---

① 《孟子·滕文公下》，朱熹：《四书章句集注》之《孟子集注》卷 6，第 272 页。

② 《春秋繁露·奉本》，苏舆：《春秋繁露义证》卷 9，第 275—276 页。

③ 扬雄：《太玄经》卷 4《从迎至昆第》，上海古籍出版社，1990 年，第 48 页。

④ 王弼注、孔颖达疏：《周易正义》卷首，第 5 页。

⑤ 朱熹：《朱文公文集》卷 14《甲寅行宫便殿奏札一》，《景印文渊阁四库全书》，第 1143 册，第 234 页。

⑥ 《陆九渊集》卷 30《政之宽猛孰先论》，第 356 页。

儒家在理论上极力渲染道义、贤臣、民心在政治中的地位和作用，而一旦论及政治中的决定因素，又将其归之于君。孔子认为，统治者之德犹如风，臣民之德犹如草，上行下效，风行草偃，君主克己复礼，才能天下归仁。儒家后学将这种政治思维方式发挥到极致。他们为这种政治主体论提供的理论依据之一就是天刚地柔、阳主阴从、乾健坤顺。

在《周易》中，关于乾的卦辞、爻辞及彖、象、说卦等，把乾与天、阳、龙、君及大人、圣人、君子纠结在一起。历代传注者皆据以论证君主制度的神圣、君主地位的尊高和君主德行的博大。简言之，君主为阳刚之体，纯一不二。与此相应，关于坤的解读则明确将其纳入乾的匹配者、辅助者、从属者的地位。阳为主而阴为从，乾为君而坤为臣。依据这种哲理，必然将君臣关系定位为支配者与被支配者的关系。

自先秦以来，许多大儒以"阳贵阴贱"、"乾健坤顺"论证君贵民贱、君主臣从。其基本思路有四：

一是阳贵、富、尊，阴贱、穷、卑，注定君主高贵，臣民卑贱。阳与阴的社会属性决定了君主与臣民之间的支配者与被支配者的地位。董仲舒说："天下之尊卑随阳而序位……贵者居阳之所盛，贱者居阳之所衰……阳贵而阴贱，天之制也。"[①]这类说法在儒家文献中很常见。

二是阳（乾）刚、健、动，阴（坤）柔、顺、静，注定君道刚严，臣道柔顺。主导者为阳，从属者为阴，君主臣从，合乎天理。在政治生活中，臣民不能充当具有完全主体性的可以自作主张的主动者。《周易·坤卦》以"坤道其顺"、"地道无成"论为臣之道，指出："阴虽有美，含之以从王事，弗敢成也。地道也，妻道也，臣道也。地道无成，而代有终也。"孔颖达的注疏认为"臣不可先君，卑不可先尊"，因此臣下必须"不为事始"，"待命乃行"，"能自降退"、"事主顺命"、"上唱下和"，尽管也允许以柔正刚的谏诤，却又必须"不自擅其美，唯奉于上"[②]。柔顺、被动、服从是臣民的本分。

三是阳纯一，阴驳杂，注定君道无为，臣道有为。《周易·系辞

---

① 《春秋繁露·天辨在人》，苏舆：《春秋繁露义证》卷11，第336—337页。

② 《周易·坤卦》，王弼注、孔颖达疏：《周易正义》卷1，第37、29页。

下》以阴阳论君臣之道。孔颖达的注疏认为：君道为阳，“纯一不二”，所以“君以无为统众”，“委任臣下，不司其事”；臣道为阴，“不能纯一”，所以臣下“各司其职”①。受君主指使，为君主服役，是臣民的本分。

四是阳善、仁、爱，阴恶、戾、残，注定君主道德完善，臣民道德残缺。《周易·系辞下》以阴阳论“君子之道”、“小人之道”。历代儒者皆以“一阴一阳，一善一恶”论道德。董仲舒认为，予、仁、宽、爱为阳，而夺、戾、急、恶为阴。朱熹认为阳为刚、为明、为公、为义，属“君子之道”；阴为柔、为暗、为私、为利，属“小人之道”②。依据这个逻辑，臣民属于阴类，注定有道德缺陷，甚至是见利忘义的“小人”。臣民愚昧，先天注定，他们必须接受君主的教化。

历代儒者对阴与阳的哲理有不同认识，而他们普遍认为，阴与阳、乾与坤之间不仅是尊卑关系，而且是主从关系。这一属性见诸政治就注定了“君为臣纲”。以天地、阴阳、乾坤关系论证君臣、父子、夫妇的纲常关系是儒家学说的一大特色。由此而得出的“三纲五常”是一个影响极其广泛而又深远的命题。

许多学者认为，孔子不讲三纲，纲常之说是后儒编造的，它曲解了孔学（又称“原始儒学”）的真谛。其实不然。三纲的宗旨是确立君与臣、父与子、夫与妻之间的主从关系。其条文定型于汉代，而有关的观念却源远流长。早在孔子所敬仰的西周时期，君臣、父子、夫妇的主从关系就得到周礼的确认和维护。《尚书·康诰》把“不孝不友”称作“元恶大憝”。在春秋时期，君父无贰命的信条获得广泛的认同。这类观念是后世纲常论的文化源头。孔子强调君臣、父子这两个基础性的社会关系，主张“君君、臣臣、父父、子子”，并以“无违”③论孝道。《周易》把男女、夫妇、父子、君臣视为四种基础性社会关系，并将男、夫、父、君归入处于支配地位的“阳”类，将女、妇、子、臣归入处于被支配地位的“阴”类。在儒家经典中，论证君臣、父子、夫妇之间主从关系的思想材料俯拾即是，主张维护纲常名教的思想材料不胜枚

① 《周易·系辞下》孔颖达疏，王弼注、孔颖达疏：《周易正义》卷 8，第 357 页。

② 朱熹：《朱文公文集》卷 76《傅伯拱字序》，《景印文渊阁四库全书》，第 1143 册，第 564 页。

③ 参见《论语》的《为政》《颜渊》等。

举。到汉代，董仲舒认为，“阴道无所独行。其始也不得专起，其终也不得分功，有所兼之义，是故臣兼功于君，子兼功于父，妻兼功于夫”。他把这概括为“王道之三纲”，并证明其“可求于天”[1]。《白虎通》则以严谨的文字和阴阳的哲理论证了“三纲六纪”。汉唐儒者还把以维护三纲为宗旨的道德规范概括为“五常”。宋代理学诸子认为，“三纲五常”为天理之必然、王道之根本、民彝之大节。在他们看来，君君、臣臣、父父、子子、夫夫、妇妇是“人道之大经，政事之根本”[2]。经过他们的细密论证，关于“三纲五常”的理论登峰造极。由此可见，纲常论的基本思路是孔孟之道所固有的，在儒学发展史上，它可谓一而贯之。

《广雅·释诂》：“乾……君也。”[3]以天与地、阴与阳、乾与坤等为君与臣、上与下定位、定性，这就为政治结构上的君尊臣卑和政治功能上的君主臣从找到了本体论的依据。它以“天道”、“天理”、“天秩”、“天序”的名义向人们宣示：君主永远处于尊、贵、刚、健、主的地位，臣民永远处于卑、贱、柔、顺、从的地位，这是天的规定、道的本质，是上帝的律令或自然的法则，任何人都不能违逆。这也是儒家政论最基本的前提。

三　“天地合德”与“君臣民一体”的政治关系论

如何调处各种政治关系？在论及这类问题的时候，儒家强调君、臣、民一体，臣民为国家之本，主张以仁义、中和、忠恕、礼让作为人际互动的准则。他们把君礼臣忠、父慈子孝、夫倡妇随、兄友弟悌等视为最理想的状态，而仁、仁义是这种道德关系的一般概括。其中君主以仁心行仁政又是最具关键意义的。如果礼是区分等级的制度规范，那么仁就是维系等级的情感纽带。仁之爱犹如一股和暖的春风回荡在森严的等级之间，沟通上下之间的情感，维系君、臣、民关系的和谐。在儒家看来，惟有礼与仁的结合，才能造就既有等差又有和谐的王道乐土，所谓“礼之用，和为贵。先王之道斯为美，小大由之。有

① 《春秋繁露·基义》，苏舆：《春秋繁露义证》卷12，第350—351页。

② 朱熹：《四书章句集注》之《论语集注》卷6，第136页。

③ 张揖：《广雅》卷1，第1页。

所不行，知和而和，不以礼节之，亦不可行也”[①]。

阴阳论也是儒家论证上述主张的重要理论工具。《周易·系辞下》：“天地絪縕，万物化醇，男女媾精，万物化生。”又说：“阴阳合德而刚柔有体，以体天地之撰，以通神明之德。”[②]《乾卦》从阴阳相须互补的角度指出，“高而无民”犹如“下无阴也”，会导致“亢龙有悔”[③]。《屯卦》指出，阳贵阴贱，君贵民贱，而君主“以贵下贱”可以“大得民也”[④]。因此，《周易》及其历代注疏者纷纷阐发天地和谐、阴阳相须、乾坤交感的哲理，然后以阴阳合德论证乾坤的合和、天地的合和、天人的合和、万物的合和，进而论证人与人之间的合和。董仲舒在“王道三纲”的框架内，大讲“物莫无合，而合各有阴阳”。在具体的社会政治关系中，“妻者夫之合，子者父之合，臣者君之合”，“君臣、父子、夫妇之义，皆取诸阴阳之道”[⑤]。这类说法在儒家文献中很常见。

有关天地之和、阴阳合德的哲理对儒家的社会关系论和政治关系论有极其深刻的影响。诸如《咸卦》涉及男女、夫妇的合和，《家人卦》涉及家庭内部的合和。这种宗法家庭的理想模式将男为阳、女为阴，夫为天、妇为地，父为乾、母为坤等作为最基本的构成法则。其基本特征是：父母在上（“家人有严君”），男女有别（“女正位乎内，男正位乎外”），各守其分（“父父、子子、兄兄、弟弟、夫夫、妇妇”）。据说“家道正”则“天下定”。儒家偏好以“天下一家”论天下国家，以“天下之父母”论君主角色，以“治家之道”论“治国之道”，因而由此推导出来的君臣的合和、国家的合和与男女的合和、夫妇的合和、家庭的合和属于同一模式。这也是儒家的“君臣民一体”论的重要的推导思路之一。这种合和观的本质是：在天高地卑、阳主阴从、乾健坤顺的前提下，强调天地交泰、阴阳互补、乾坤交感的必要性和重要性。具体而言，即强调在家庭和国家的构成、维系、发展中，君与臣、父与子、夫与妇等各种社会政治角色相须一体、不可或缺，彼此之间还有应尽的相互责任，诸如父慈、子孝；兄良、弟悌；夫义、妇听；长惠、幼顺；君仁、

① 《论语·学而》，朱熹：《四书章句集注》之《论语集注》卷1，第51页。

② 王弼注、孔颖达疏：《周易正义》卷8《系辞下》，第364—365、366页。

③ 王弼注、孔颖达疏：《周易正义》卷1《乾卦》，第21页。

④ 王弼注、孔颖达疏：《周易正义》卷1《屯卦》，第41页。

⑤ 《春秋繁露·基义》，苏舆：《春秋繁露义证》卷12，第350页。

臣忠等。显而易见，这些有关相互责任的规范并不具有否定父子、夫妇、君臣之间尊卑、主从关系的意义。

《周易》将《乾卦》列为开篇第一卦，并以神妙的阳之德论龙之德，以刚健的乾之道论君之道，称颂："乾道变化，各正性命，保合太和，乃利贞。首出庶物，万国咸宁。"[①]这就是说，"保合太和"缘起于乾，"首出庶物"归功于阳，"万国咸宁"取决于君。以这种阴阳观来论说君主与臣民的政治关系，决不可能脱离君尊臣卑、君主臣从的窠臼。换言之，儒家的君臣合和论是以君主与臣民的支配与被支配关系为基本前提的。儒家的君民一体、民为国本思想集中体现了这种政治关系论的思维方式和基本特征。

在儒家文献中，有许多与民本思想相关的命题。诸如《泰誓》的天为民而作君作师，《召诏》的"以小民受天永命"[②]，《洪范》的"天子作民父母"[③]，《五子之歌》的"民惟邦本"，《周易》的"汤武革命"，《论语》的"富民足君"，《孟子》的"民贵君轻"，《荀子》的"君舟民水"，《穀梁传》的"民为君之本"，《左传》的"利民则利君"等。《礼记·缁衣》所记载的孔子的一个观点最能体现儒家君民一体论的思路："民以君为心，君以民为体……心以体全，亦以体伤。君以民存，亦以民亡。"历代大儒对这些思想命题多有阐发。简言之，立君为民，民为国本，政在养民。

但是，一旦论及政治制度和政治主体，孔孟大儒及其传人又纷纷主张君权至上、君为政本。据《礼记·坊记》记载，孔子主张"天无二日，土无二王，家无二主，尊无二上"[④]。《孟子》也有类似的说法。后儒讨论政体问题时大多引用这段话。据《论语·季氏》记载，孔子认为"礼乐征伐自天子出"则为"天下有道"，否则为"天下无道"[⑤]。后儒讨论"大一统"时常常引用这段话。据《左传·成公二年》记载，孔子主张"唯器与名，不可以假人"[⑥]。后儒讨论君权的独占性时往往

① 王弼注、孔颖达疏：《周易正义》卷1《乾卦》，第8—11页。

② 《尚书·召诰》，孔安国传、孔颖达疏：《尚书正义》卷15，第474页。

③ 《尚书·洪范》，孔安国传、孔颖达疏：《尚书正义》卷12，第369页。

④ 《礼记·坊记》，郑玄注、孔颖达疏：《礼记正义》卷51，第1639页。

⑤ 《论语·季氏》，朱熹：《四书章句集注》之《论语集注》卷8，第171页。

⑥ 杜预注、孔颖达疏：《春秋左传正义》卷25，第795页。

引用这句话。孔子把政治角色分为天子、诸侯、大夫、家臣、庶民五大类，明确规定其政治权力和政治义务，严禁僭越擅权。这类思想也为后儒所继承。

乍看去，"民为国本"与"君为政本"、"民贵君轻"与"君尊民卑"、"君以民为本"与"民以君为主"似乎是自相矛盾的。然而，孔孟大儒及其传人却将这两类命题交织在一起，巧妙地将二者圆融在同一理论体系之中。这种理论结构势必导致"民为国本"命题沦为"君为政本"命题的附庸。重民的主体是君主，民众只是政治的客体，是君主施治、教化、关爱的对象。正是这样的思维方式及相应的理论结构注定了儒家的重民之论与尊君之论难解难分，彼此始终扭结在一起。导致这种思维方式的重要原因之一是具有特定内在结构的阴阳论，即以阳尊阴卑、阳主阴从为基本前提而大讲阴与阳的平衡、相须、互补与和谐。

四 "刚柔迭用"与"宽猛相济"的统治方略论

君主如何治理臣民？儒家的回答是：实行礼治仁政。对于如何实行礼治仁政，儒家有周到的设计。许多学者将其原创者归之于孔子，将其弘扬者归之于孟子。实际上，这类思路前有古人，后有来者，它长期居于统治思想的地位。

许多学者认为，推崇德治、教化的儒家主张宽柔之治、仁爱之政，反对刑罚之治、强制之政。其实不然。《周易·说卦》以阴阳之道论证"刚柔迭用"的哲理。历代注疏对这个哲理多有阐发。北宋五子之一的邵雍说："阳者道之用，阴者道之体。阳用阴，阴用阳。以阳为用则尊阴，以阴为用则尊阳也。"张行成衍义："道体常尽变。阳动而变，故为道之用。阴静而常，故为道之体。阳动阴静，阳尊阴卑。至于随时变通，则阳中有阴，阴中有阳，迭相为用。"[①]依据这类哲理，儒家主张刚柔并济，宽猛随时，文武交替，德刑并用。一般说来，德为阳而刑为阴，因而儒家通常主张德主刑辅。但是，儒家不仅肯定"阴阳迭用"的必要性，而且主张在一定条件下以阳为用而尊阴。因此，儒家多有

① 邵雍：《皇极经世书》，张行成：《皇极经世观物外篇衍义》卷 7《河图天地全数第一》，中州古籍出版社，1992 年，第 321 页。

肯定"刑"、张扬"猛"、重视"法"的思想，乃至主张在必要时以强制、严刑为主。这种君主治理臣民的统治方略实际上以刚为主，以柔为辅，刚中有柔，柔中有刚，将刚与柔、宽与猛、文与武、德与刑、礼与法等各种政治手段兼收并蓄。

儒家主张礼乐之治，而礼与乐也是一对相反相成的范畴。《礼记·乐记》及其历代注疏认为，礼与乐都属于德治的范畴。乐法天，礼法地；乐为阳，礼为阴；乐为动，礼为静；乐主和同，礼主别异。就施治手段而言，礼乐之"礼"是刚，礼乐之"乐"是柔。因此，"仁近于乐，义近于礼"。在儒家看来，礼是"天地之序"，即依据"天尊地卑"确立等级秩序；乐是"天地之和"，即效法"阴阳相摩"实现社会和谐。"乐由中出，礼自外作。"礼是外在规范，重在"治躬"；乐是内心感应，重在"治心"。节之以礼，和之以乐，可以使社会既有静态的差异，又有动态的协调，既有森严的等级，又有人际的调整，既有冷静的节制，又有亲密的和谐，所谓"和，故百物皆化；序，故群物皆别"。礼与乐是一种刚柔并济关系，二者不能偏失，"乐者为同，礼者为异。同则相亲，异则相敬。乐胜则流，礼胜则离"。这是儒家统治方略的一个重要思路。

在儒家看来，礼以不齐不和为特征，别上下就是"齐"，守本分就是"和"，不齐不和的礼是实现齐与和的必由之路。孟子认为"物之不齐，物之情也"[①]。荀子认为"《书》曰：'维齐非齐'，此之谓也"[②]。但是，这类旨在"杜绝陵替，限隔上下"的措施，毕竟属于"体险之用"[③]。因此，儒家以"刚"、"严"、"险"、"不齐"、"不和"等字眼来描述礼的基本特征。礼毕竟是以不齐求齐，以不和求和。为了避免过分强调礼而导致的偏执、偏颇，儒家以"乐"与"礼"并举，使之相互限定，相互补充。乍一看来，儒家的礼乐论更注重教化、协调的作用。实质上，乐是从属于礼的。"无礼之节，则无乐之和，惟有节而后有和也"[④]。以节为本，以和为用，节而后和，这就注定儒家在骨子里更看重"刚"在政治中的作用。所谓以礼乐治国的实质是以刚为本，以柔为用，在维

---

① 《孟子·滕文公上》，朱熹：《四书章句集注》之《孟子集注》卷5，第261页。

② 《荀子·王制》，王先谦：《荀子集解》卷5，第152页。

③ 程颐：《周易程氏传》卷2《周易上经下·习坎》，《二程集》，第845页。

④ 黎靖德编：《朱子语类》卷87《礼四·小戴礼·乐记》，第2253页。

护森严的等级、刚性的规范的前提下，注重等级关系的协调与和谐。

在儒家的统治方略中，刚与柔、宽与猛、文与武、仁与义、礼与乐、德与刑都分别构成一种命题组合结构。刚柔并济、宽猛互补、文武交替、仁义相成、礼乐协调、德刑相辅等一批相关命题，构成了儒家礼治仁政思想的基本内容。在评价儒家的统治方略时，必须充分注意到儒家政治思维方式的这一特点。

五 "尊卑相正"与"正君以礼"的政治调节论

儒家以乾为阳、为刚，以坤为阴、为柔，讲究阳尊阴卑、乾健坤顺，这表明他们更看重阳与刚的价值。尊阳抑阴的阴阳论势必导致在政治上将君主置于主宰、主体、主导、主动的地位。但是，儒家也体味到阴阳相须、乾坤一体、阳中有阴、阴中有阳的哲理，因而重视乾坤和谐，期待阴阳互补，讲究刚柔并济。这类哲理也是儒家提出的各种政治调节理论的重要依据。

"尊卑相正"、"君臣相正"是《周易》的历代注解者常常涉及的话题。例如，《诚斋易传》卷八论《坎卦》上六爻，说："君臣相正，国之肥。主圣臣贤，天下之盛福。"[1]又如，《周易要义》卷八以"尊卑相正"论"阳卦多阴，阴卦多阳，分君子小人"。在这个意义上，有时"阳为君，阴为臣"，有时"阴为君，阳为臣"[2]。在儒家其他经典及其注疏中也有这类思想。例如，《礼记·礼运》的"四体既正，肤革充盈，人之肥也。父子笃，兄弟睦，夫妇和，家之肥也。大臣法，小臣廉，官职相序，君臣相正，国之肥也"[3]。又如，《尚书正义·说命中》孔颖达疏：天有日月、北斗、五星、二十八宿，"皆有尊卑相正之法"[4]。《尚书正义·无逸》孔颖达疏："君臣以道相正。"[5]

自孔子以来，历代大儒多有"克己复礼"、"正君以礼"、"格君心之非"、"致君尧舜"之论，他们主张君主体道、守道、行道，而臣下"以道事君"、"从道不从君"。为了防范王权走向极端而失控，他们提出一

① 杨万里：《诚斋易传》卷8《坎卦》，《景印文渊阁四库全书》，第14册，第510页。

② 魏了翁：《周易要义》卷8，山东友谊书社，1991年，第588页。

③ 《礼记·礼运》，郑玄注、孔颖达疏：《礼记正义》卷22，第829页。

④ 《尚书·说命中》，孔安国传、孔颖达疏：《尚书正义》卷10，第296页。

⑤ 《尚书·无逸》，孔安国传、孔颖达疏：《尚书正义》卷16，第515页。

系列调节王权的理论。诸如以天人感应、阴阳五行、灾异谴告为基本思路的天谴论，以内圣外王、道高于君、以道事君为基本思路的从道论，以天赋君权、得民为君、吊民伐罪为基本思路的革命论，以立君为民、民为国本、政在养民为基本思路的民本论，以社稷重于君主、天下为公为基本思路的尚公论，以广开言路、集思广益、拾遗补缺、防范奸佞为基本思路的纳谏论等。这类思想是儒家政论的重要组成部分，包含着许多积极的因素。它们对中华帝制的统治思想和政治运作有极其深刻的影响，也曾为缔造中华古代文明做出过重要的贡献。

应当指出的是，以上五个层次的内容共同构成儒家的政治关系论的理论体系。在每一个大儒的思想体系中，这五个层次的内容彼此交织在一起。它们不可分割，同为一体，彼此之间是相辅相成、互补互证的关系。笔者只是为了便于分析而人为地分出层次。如果说天高地卑、阳主阴从、乾健坤顺与天地和谐、阴阳互补、刚柔相济等共同构成儒家阴阳论的组合结构的话，那么君尊臣卑、君主臣从与君臣一体、尊卑相正等便共同构成儒家政治关系论的组合命题。因此，在解读其中任何一个命题的时候，必须充分注意到这个命题在儒家理论体系中的地位、作用、价值和功能，否则就会得出有所偏颇的结论。

许多学者将儒家的民本思想等定性为“民主思想”。其中颂扬“儒家民主主义”、“儒家自由主义”的现代新儒家和某些文化保守主义者最为典型。仅从学术方法的角度看，这类学者犯了思想史研究的一个大忌，即脱离思想家的思想体系，特别是这个思想体系的思维方式、价值取向和各种命题的具体历史内容，单凭主观好恶去评说这个思想家的某个具体命题，乃至随心所欲地演绎发挥。

显而易见，在特定时代形成的特定思维方式和特定价值取向，注定了儒家政论有一种特定的理论结构，而这种思维方式、价值取向和理论结构又注定了儒家思想不可能属于民主思想的范畴。以儒家的君主与臣民关系论为例，它依据天尊地卑、阳刚阴柔、乾健坤顺、天地和谐、阴阳互补、尊卑相正等哲理，将君尊臣卑、君主臣从、君臣一体、君礼臣忠、民贵君轻、君舟民水等思想命题组合在一起，形成一种可以称之为“君为政本—民为国本”的理论结构。君尊臣卑、君主臣从是这个思想体系的基本前提，其他的命题都处于这类命题的制导下。因此，不管思想家们将民为国本、民贵君轻之类的命题张扬到何种程度,他们也不可能明确提出治权在民的主张。以孟子的思想为例,他一方面憧憬“王道乐土”,主张“民无二王”,斥责“无父无君”,另一方面又倡导“仁义之政”,张扬“民贵君轻”,斥责“独夫民贼”。这就使“民无二王”之类的尊君之论与“民贵君轻”之类的民本之说共处于同一思想体系之中。依照这种思维逻辑,无论“民贵君轻”之类的命题包含多少积极因素,也不可能纳入民主范畴,而只能属于旨在以尊臣、重民来维护君主制度的政治调节理论。在君为“尊”的前提下宣扬民为“贵”,在君为“主”的前提下强调民为“本”,这类思路所能导出的政治主张不可能逾越“君仁莫不仁”的窠臼。因此,在评价这类命题的积极因素和历史价值时,必须把握恰当的分寸。

从命题组合看《孟子》民本思想的本质属性

《从命题组合看〈孟子〉民本思想的本质属性》一文发表在《天津师范大学学报(社会科学版)》2009 年第 1 期。

这篇论文以分析命题之间的功能组合结构及其思维逻辑的方式，揭示一种理论体系的命题与命题之间的组织性和每一个命题内在的组织性，判定每一命题的内涵都具有全息性，进而证明许多学者所说的“原典儒学”与“专制儒学”具有同质性，《孟子》的政治思想不具有否定君主制度的理论品格和现实品格。分析功能组合结构也是思想体系分析法的重要组成部分。

一些断言“民贵君轻”是民主思想的学者，刻意区隔以孔孟为代表的“原典儒学”(或称“原始儒学”、“先秦儒学”)与汉唐以来的“专制儒学”。他们有意无意地忽略先秦儒家的尊君思想要素和后世儒家的民本思想要素，从而将同属“孔孟之道”的儒家学说判分为两种本质属性截然相反的思想体系。历史信息的结构性缺失必然导出偏颇之论乃至极端之论。有鉴于此，本文采用考察命题组合的方法，证明“原典儒学”与“专制儒学”并无本质性的区别。

一 《孟子》政治思想的五大类命题及其历史渊源

体系化的思想总是以组合命题的方式构成。任何一种系统的政治思想都需要通过一系列具体的思路来表达，并提炼成若干概括性很强的政治命题。这些命题有各自的意思表达和特定的理论功能，并按照既定的思维逻辑组合在一起。

《孟子》的民本思想是一个由若干相互关联、相辅相成、功能有异、取向一致的命题构成的完整的思想体系。依据理论地位及其主要功能，这些命题可以分为五大类，即宗旨性命题、制度性命题、规范性命题、操作性命题和评价性命题。其基本思路都有悠久的历史渊源。

《孟子》的宗旨性命题是“以仁治国”。《孟子》一再强调统治者以仁心行仁政的功效。《梁惠王上》开章明义：统治者但行“仁义”而不必言“利”，治国之道“仁义而已矣”。《告子下》重复了这个观点，即君臣、父子、兄弟“怀利以相接”则亡国家，“怀仁义以相接”则王天下。《孟子》还有一批命题着重论述以仁治国的一般法则，诸如《梁惠王上》的“仁者无敌”和“保民而王”，《公孙丑上》的“行仁政而王”，《离娄上》的“国君好仁，天下无敌”等。简言之，得道者多助，失道者寡助。如果统治者一心一意行仁政，万乘之国可以王天下，蕞尔小国可以敌大国。

在《周书》有关“德”的阐释中，不难找到孟子“以德服人”、“保民而王”等命题的先导。礼与仁是孔子学说的两大支柱。自孟子将以仁为本发挥到极致，张扬“仁义”与“仁政”遂成为孔孟之道的特色。以仁治国是贯穿《孟子》一书所有命题的灵魂，它最能体现孟子思想的特色，亦可称之为总命题。其余的命题都围绕这个总命题展开，它们分别承担着不同的理论功能，从不同的角度论证了这个总命题。

《孟子》的制度性命题是“民无二王”。相关命题涉及君主制度的根源及合理性、君权的主要特征与构成、政治等级关系的基本准则和获得并保有君位的条件等。其基本功能是对君主制度、等级制度做出合理性解释，为君权披上合法性的外衣。

一曰天作君师。《梁惠王下》引《泰誓》：“天降下民，作之君，作之师。惟曰其助上帝，宠之四方。”[①]这个思想一直是儒家论证君权天

---

① 《孟子·梁惠王下》，朱熹：《四书章句集注》之《孟子集注》卷2，第215页。

赋与立君为民的经典依据。其主旨是论证君权的神圣性和权威性，以民为本只是君权天赋的引申之义。

二曰民无二王。《万章上》引述孔子之言："天无二日，民无二王。"又引述《诗经·小雅·北山》的"普天之下，莫非王土；率土之滨，莫非王臣"[①]。这两个命题一直是儒家政体论和"大一统"论的经典依据，它规定了王权的唯一性及君主与臣民的基本关系。

三曰君之三宝。《尽心下》有一段名言："诸侯之宝三：土地，人民，政事。"[②]无民则无君的思想源远流长。孟子提炼前人的思想，明确提出人口、领土、权威是国家与君权的三要素。这个命题将土地、人民、政事归属于君主，也从政权基础的角度论证了重民的必要性。

四曰治权在君。《滕文公上》有一段名言："劳心者治人，劳力者治于人；治于人者食人，治人者食于人：天下之通义也。"[③]与孔子一样，孟子对庶民的道德素质估价很低。《滕文公上》引孔子之言："君子之德，风也；小人之德，草也。草尚之风必偃。"[④]庶民偏离仁义，君子恪守仁义，圣人自然契合仁义，由圣贤治理、教化民众是天经地义的。由此而得出的结论必然是《离娄上》所说的"一正君而国定矣"[⑤]。这就从道德差异的角度论证了等级制度和治权在君的合理性。

五曰无君为禽兽。《滕文公下》有一段表达孟子志向的文字。在孟子看来，"无父无君，是禽兽也"[⑥]。他立志仿效孔子，将维护天子权威、等级秩序和君臣大义作为治学与为政的根本。

六曰君权天赋。《万章上》引述孔子之言："唐虞禅，夏后、殷、周继，其义一也。"简言之，天命是获得天子之位的终极依据。天命可以父子相继，而"继世以有天下，天之所废，必若桀纣者也"[⑦]。在解读孟子关于君位与君权的各种具体说法之前，必须首先认清他的基本

---

① 《孟子·万章上》，朱熹：《四书章句集注》之《孟子集注》卷 9，第 306 页。

② 《孟子·尽心下》，朱熹：《四书章句集注》之《孟子集注》卷 14，第 371 页。

③ 《孟子·滕文公上》，朱熹：《四书章句集注》之《孟子集注》卷 5，第 258 页。

④ 《孟子·滕文公上》，朱熹：《四书章句集注》之《孟子集注》卷 5，第 253 页。

⑤ 《孟子·离娄上》，朱熹：《四书章句集注》之《孟子集注》卷 7，第 285 页。

⑥ 《孟子·滕文公下》，朱熹：《四书章句集注》之《孟子集注》卷 6，第 272 页。

⑦ 《孟子·万章上》，朱熹：《四书章句集注》之《孟子集注》卷 9，第 309 页。

思路:君位宗祧继承是合法的,嗣君也不必是大德圣贤。

七曰汤武不弑君。《梁惠王下》发展《尚书》《诗经》《周易》的“汤武革命”观念,以“闻诛一夫纣矣,未闻弑君也”为“诛其君而吊其民”[①]的行为辩护,从而在理论上使“汤武革命”摆脱了违背君臣大义的责难。这个思路本身就意味着孟子赞成这样的观点——君臣大义不得违背,臣弑其君大逆不道。

八曰民贵君轻。《万章上》引述《泰誓》的“天视自我民视,天听自我民听”,将非宗祧继承的君位传承的必要条件设定为“德必若舜禹,而又有天子荐之”,进而“天与之,人与之”[②]。这就突出了“人与之”在大位获得中的作用。《尽心下》发展君主为社稷而设、社稷为庶民而设的观念,从“得乎丘民而为天子”,推导出“民为贵,社稷次之,君为轻”[③]。

显而易见,孟子主张君权天赋、国无二主、治权在君、君为政本。他的民本思想以实行君主制度、等级制度为基本前提。换句话说,《孟子》的政治思想是与君主制度相匹配的。

《孟子》的规范性命题是“为民父母”。这个命题出自《周书》。其基本功能是对基本政治关系和各种政治角色做出规范性定义。相关的还有《离娄上》引用《诗经》的“天命靡常”、《尚书》的“永言配命”以及“天下之本在国,国之本在家,家之本在身”等命题。实际上,《孟子》的所有命题都具有规范性,且大多是为君主设定的政治角色规范。所谓“为民父母”,即君主必须像父母监护子女一样,关爱民众,养育民众,教化民众。这种角色规范明确地将君主与臣民分别置于监护与被监护、支配与被支配的地位。

《孟子》的操作性命题是“发施仁政”。涉及一批具体的政策原则,如民事不可缓、视民如伤、与民同乐、制民之产、取于民有制、省刑轻罚、不违农时、教民而用之、以救穷民为先等。其中“制民之产”是一个著名命题。在《孟子》一书中,相关论述有四段之多。从篇幅看,操作性命题构成《孟子》的主要内容,其他命题也大多是为论证操作

---

① 《孟子·梁惠王下》,朱熹:《四书章句集注》之《孟子集注》卷2,第221、223页。

② 《孟子·万章上》,朱熹:《四书章句集注》之《孟子集注》卷9,第308、309页。

③ 《孟子·尽心下》,朱熹:《四书章句集注》之《孟子集注》卷14,第367页。

性命题而设。这表明《孟子》的民本思想属于为君之道的范畴，其基本功能是为君主制度下的政治过程提出操作性指导。

《孟子》的评价性命题是“法尧舜，师文王”。其基本功能是为评价现实政治提供价值尺度。这类命题还具有理想性展示和永恒性论证的理论功能。“祖述尧舜，宪章文武”是儒家本色。据说这些先王是实行王制、王道、王政的典范。由此引申出来的王霸之辨也是品评政治的重要尺度。《孟子》的各种命题都可以作为评价性命题使用。有品评势必有批判。现实中的君主都达不到“王”的水准，所以《孟子》不乏抨击君主的激烈言辞。

从上述政治命题看，实行君主制度、等级制度是《孟子》政论的前提，王制、王道、王政是《孟子》政治思维的主旨。无论它包含着多少精彩的论点乃至普适性的政治价值，也无法归属于“民主思想体系”，而只能归属于“君主思想体系”。

二 《孟子》的话题设定、阐释方式、政治取向与命题组合方式

话题设定和阐释方式是判定一位思想家的基本政治倾向的重要依据。从话题设定可以考察一个命题的出发点和归结点。从阐释方式可以体味出一个命题的基本逻辑、主要取向乃至言外之意。话题设定和阐释方式最能体现议论者的政治取向及其命题组合的内在逻辑。

《孟子》的政治命题无一例外地以君主为中心。几乎所有的命题都旨在论说“君主应如何谋划与应对”。没有任何一个命题旨在说明“庶民应如何采取主导性行动”。从话题设定的角度看，它们都旨在阐释这样的政治问题：鉴于历史教训和政治经验，君主应当如何应对民众对各种统治行为所做出或可能做出的积极的或消极的反应，以保持权位，实现统治。

《孟子》的一些命题似乎以民为中心，而实际上依然以君为关注点。《孟子》用“天视自我民视，天听自我民听”论证为君的条件，为各种非常态的君位传承提供理据，以阐明天命得失与民心得失的关系及尧舜禅让、汤武革命的合理性。因此，与其说这是一个为民而设的命题，不如说这是一个为君而设的命题。各种操作性命题的主语显

然是君，而民是宾语的要件。

《孟子》的阐释方式也在一定程度上反映了它的主要取向。《孟子》偏爱使用警示性论证方式和抨击性的激烈言辞。如《离娄上》的“天子不仁，不保四海”、《公孙丑上》的“率兽食人”。这类修辞方式很容易使人误以为孟子站在王权的对立面。然而，从阐释方式也可以大体判定，孟子旨在为君主出谋划策。尽管这类谋划有规范君权的作用和抨击暴君的导向，却不会把人们引向否定君主制度。

《孟子》最常见的阐释方式是：如果君主如何，那么民众将如何。相关命题都属于特地为君主而设的对策性、规范性、警示性命题，其出发点和归结点是王制、王道、王政。在阐释“尧舜禅让”的大段文字中，百姓只是“安之”者、“讴歌”者，即使这种被动式的、顺应式的民意表达也必须经过天之命才算数。在阐释“汤武革命”的几段文字中，主导者是吊民伐罪的新兴王者，而民众则扮演着弃旧迎新或箪食壶浆的倒戈者、拥戴者的角色。就连那些专门阐释得民心者得天下的文字，关注点也不是民众的政治权利，而是保社稷、王天下的条件。这些命题的思维方式与“载舟覆舟”命题属于同一类型。

《孟子》的许多命题有尊君、重民双重导向。从具体阐释方式看，两者的平衡点也往往明显向前者偏移。例如，天作君师命题有两个不可分割的基本涵义：一是立君治民，二是为民立君。前者着重于论证君权，后者着重于规范君权。其中第二个涵义是民本思想的基本思路之一。《梁惠王下》引用这个命题的段落，其所强调的显然是前者，而不是后者，即颂扬周文王、周武王“一怒而安天下之民”。从行文方式看，为民立君的涵义并不明显，而立君治民的涵义则十分清晰。

《孟子》的一些辩词也明确显示出其政治依归。例如，有关“汤武不弑君”的阐释逻辑是：君臣大义不得违背，而获得天命的汤武革命不属于这类问题。《滕文公下》有大段文字抨击“弑君弑父”之行、斥责“无父无君”之学。《孟子》显然以维护“君臣大义”为基本取向。

《孟子》的话题设定和阐释方式表明，它无意超越君主制度、等级制度的基础框架来讨论各种政治问题。由此而形成其基本取向及相应的内在逻辑。《孟子》以一系列命题构成了完整的理论体系，兼具对王权的合理性解释、规范性定义、操作性指导、理想性展示和永恒性论证等各种理论要素。全面地解读、评价这样的理论体系，不能局限于个别命题的字句，更不能断章取义、望文生义。我们在点评孟子的任何一个民本思想命题的时候，必须清醒地认识到这一点。

在任何一种比较完整的理论体系中，命题都是具有组织性的。既有命题与命题之间的组织性，又有每一个命题内在的组织性。在特定的思维逻辑与价值取向的制导下，这些命题被有机地组合在一起，共同构成一个体系化的有内在结构的理论学说。审视这些命题的组合方式及其内蕴的思维逻辑和外显的价值取向，有助于判定这个理论体系的本质属性。

《孟子》的民本思想可以概括成一个宗旨性命题和几个核心命题，即宗旨性命题“以仁治国”，制度性命题“民无二王”，规范性命题“为民父母”，操作性命题“发政施仁”，评价性命题“法尧舜，师文王”。各大类别的命题并不是孤立存在的。它们依据特定的思维逻辑与价值取向组织在一起，共同构成体用兼备、功能齐全的理论体系。在这些命题中，制度性命题处于核心地位，其他各种具体的命题都在这个关键性命题的制导之下。有了“王制”，才谈得上规范性的“王道”、操作性的“王政”和评价性的“王”，而规范性的“王道”、操作性的“王政”和评价性的“王”都旨在论证、维护、完善“王制”。宗旨性命题则是对凸显“仁义”的“王制”、“王道”、“王政”和“王”的纲领性的概括。

这种命题与命题之间的组合方式表明，《孟子》的民本思想由论证君权、规范君权、调整君权、品评君权等四种理论要素共同构成。四种理论要素不可或缺，彼此结合成结构与功能完备的理论体系。其中调整君权、评价君权的理论要素是从规范君权的理论要素中派生出来的。治权在君、君为政本是将各种理论要素构成一体的政治前提和基本法则，这就注定了规范君权、调整君权、品评君权的理论因素不仅不会具备否定治权在君、君为政本的功能，反而会为治权在君、君为政本的理念及相应的政治制度提供论证性、指导性、功能性的支撑。

《孟子》诸命题的内在组织性也具有上述特征。一般说来，同一理论体系中诸要素、诸命题之间是相互渗透、彼此粘连的，其功能区别是相对的。每一要素或命题都具有全息性，既内蕴该体系的各种信息,也有与整个体系相同的思维逻辑和价值取向。

以制度性命题"民贵君轻"为例。孟子强调得民众之心者为天子,得天子之心者为诸侯,而危害国家社稷的天子、诸侯将被他人取代。这个思路对现实中的王权有很强的规范性、指导性乃至批判性,而其前提是实行天赋君权、民无二王、治权在君的制度。于是这个思路对一般意义上的君主制度和王权又有很强的论证性。如果全面考察《孟子》的理论体系,还不难发现,其对于君位更迭的条件有极其严格的限定,即取代天子者必须"天与之",取代诸侯者必须是"贵戚之卿",否则便为篡弑。因此,"民贵君轻"这个命题本身同时具有论证君权、规范君权、调整君权、品评君权的理论功能。

通过上述分析,可以进一步得出这样的结论:《孟子》的各种理论要素和政治命题,依其主要功能可以分为两大类:一类以论证君权为主,另一类以规范君权为主。论证君权与规范君权是同一理论体系的两个基础构件,它们相辅相成,互依互证,无法完全分割开来。两类理论要素或政治命题的基本导向都是维护君主制度。这决定了《孟子》理论体系的本质属性。从篇幅上看,规范君权是《孟子》政治思维的关注点和主要内容。各种规范君权的理论要素和政治命题为君权的存续与行使设定了条件与范围,进而为品评、制约乃至非议君主提供了价值尺度。因而论证君权与规范君权不仅共同构成了这一理论体系最基本的理论结构与政治功能,也是《孟子》的各种理论要素和政治命题相互组合的基本方式。

上述分析还告诉我们,《孟子》的民本思想有两个最基本的理论要素,即"君为政本"与"民为国本"。这两个要素相互依存,前者肯定了君为民之主的必然性和合理性,后者对为民父母的君主的行为提出了限定和规范。《孟子》的民本思想内蕴特定的思路和特定的历史内容,它从不具有否定君主制度的理论品格和现实品格。

三 官方儒学民本思想与《孟子》民本思想的同质性

从组合命题的角度看,历代官方儒学与《孟子》的基础框架并无本质性的差异。儒家的民本思想虽不断有推进性的演化,却从未发生过实质性的变化。这里以董仲舒、孔颖达和朱熹为典型代表,着重分析一下他们的民本思想与《孟子》的民本思想结构上的相似性和价值上的同质性。

董仲舒作为汉代官方儒学的典型代表，与孟子相比，尊君思想更突出。他以“天人合一”、“阳尊阴卑”、“王道三纲”、“大一统”等命题，为尊君思想提供了系统的理论依据。与此同时，他明确提出：“君者，民之心也；民者，君之体也。”[①]这就形成了与孟子相同的理论结构。

在董仲舒的思想体系中，可以找到《孟子》民本思想的各类命题，而理论论证比孟子更明确、更深刻。孟子大讲“天作君师”，董仲舒则明确指出：“天之生民，非为王也，而天立王以为民也。”[②]孟子强调“仁者无敌”，董仲舒说：“得天下之群者，无敌于天下。”[③]孟子大讲君正而国定，董仲舒主张“人君者，正心以正朝廷”[④]。孟子主张“与民同乐”，董仲舒说：“彼之所受命者，必民之所同乐也。”[⑤]孟子主张帝王“永言配命”，董仲舒说：“故天子命无常，唯命是德庆。”[⑥]孟子强调“天视自我民视，天听自我民听”，董仲舒依据天谴论，提出了系统的制约君权的思想。孟子阐释得民心者得天下，董仲舒说：“其德足以安乐民者，天予之；其恶足以贼害民者，天夺之。”[⑦]孟子力辩汤武不弑君，董仲舒则以“有道伐无道，此天理也”，论证“尧舜不擅移，汤武不专杀”[⑧]。孟子主张“法尧舜”、“师文王”，董仲舒也主张将“五帝三王之道”[⑨]作为现实政治的范本。在董仲舒的著作中，我们可以找到孔孟大儒提出的各种操作性的治民方略和政策原则。

孔颖达奉唐太宗之命，主持编撰《五经正义》，他的思想集中体现了唐代官方儒学的主要特征。孔颖达运用自然本体和伦理本位相结合的道论来论证《五经》的各种命题，在儒学哲理化方面有超越前人的理论贡献，因而儒家经典中的尊君思想和重民思想都得到了更为

---

① 《春秋繁露·为人者天》，苏舆：《春秋繁露义证》卷11，第320页。

② 《春秋繁露·尧舜不擅移汤武不专杀》，苏舆：《春秋繁露义证》卷7，第220页。

③ 《春秋繁露·灭国上》，苏舆：《春秋繁露义证》卷5，第133页。

④ 《汉书》卷56《董仲舒传》，第1904页。

⑤ 《春秋繁露·楚庄王》，苏舆：《春秋繁露义证》卷1，第19页。

⑥ 《春秋繁露·三代改制质文》，苏舆：《春秋繁露义证》卷7，第187页。

⑦ 《春秋繁露·尧舜不擅移汤武不专杀》，苏舆：《春秋繁露义证》卷7，第220页。

⑧ 《春秋繁露·尧舜不擅移汤武不专杀》，苏舆：《春秋繁露义证》卷7，第220页。

⑨ 《汉书》卷56《董仲舒传》，第1900页。

充分的论证,君本与民本的内在统一性也更为清晰可见。这里仅列举两个基本事实。

第一个基本事实:《五经正义》的宗旨性命题与《孟子》一样,并对"以仁治国"做出更富哲理性的论证。孔颖达认为仁是道的内涵和功能之一,"道之为体,显见仁功,衣被万物,是'显诸仁'也"[①]。仁义推广到政治领域,简言之,"仁义为政教之本"[②]。如果不拘泥字句的话,孟子有关仁政的各种制度性、操作性、规范性、评价性的命题都可以在《五经正义》中找到。

第二个基本事实:在《五经正义》中,民本思想的内容更丰满,不仅《孟子》所引《尚书》《诗经》的命题无一遗漏,"天民相通"思想也得到更充分的论证。在经典文本上,《五经正义》集前代之大成,融《五经》为一体。仅《尚书正义》就囊括了《大禹谟》的"德惟善政,政在养民"、《五子之歌》的"民惟邦本,本固邦宁"[③]、《益稷》的"烝民乃粒,万邦作乂"、《仲虺之诰》的"懋昭大德,建中于民"、《汤诰》的"惟皇上帝,降衷于下民"、《太甲》的"民罔常怀,怀于有仁"、《咸有一德》的"惟天佑于一德,惟民归于一德"、《盘庚》的"罔不惟民之承"、《毕命》的"道洽政治,泽润生民"等。

总体上看,在内容的体系化和论证的哲理化方面,孔颖达的民本思想比《孟子》更进一步,只是缺少了"民贵君轻"等个别命题。实际上,《五经》及其注疏多有民众为国家根本、社稷重于君主、得民心者得天下之论。这类思想的基本思路与"民贵君轻"并无二致。

南宋大儒朱熹汇集先儒之大成,阐释孔孟之义理,奠定理学之根基。他的政治学思想是宋元以来官方儒学的典型代表。比较而言,无论尊君思想,还是重民思想,朱熹都比包括孟子在内的前代大儒更系统、更富哲理性。他以天理、天道论证君道、王道,明确主张君为政本。与此同时,他又对民为国本有更为有力的论证。朱熹不仅全盘照搬了《孟子》的所有命题,还将儒家其他经典中的民本思想命题统

① 王弼注、孔颖达疏:《周易正义》卷7《系辞上》,第318页。
② 郑玄注、孔颖达疏:《礼记正义》卷50《哀公问》,第1608页。
③ 《尚书·五子之歌》,孔安国传、孔颖达疏:《尚书正义》卷7,第212页。

统纳入其理论体系。朱熹的民本思想属于典型的张扬“民贵君轻”的《孟子》模式。

一般说来，孟子、董仲舒、孔颖达、朱熹的阐释方式、命题组合和理论结构为儒家学派所共有。这一事实表明，“原典儒学”与“专制儒学”具有同质性。

四 孟子的民本思想与皇帝的民本思想

许多学者断言皇帝们阉割孔孟学说乃至压制民本思想。然而，只要稍加比较就不难发现：皇帝们的说法与孟子的说法并无实质性的差异。这里选择两个最有代表性的皇帝，即唐太宗和清乾隆帝。

从儒学发展史和统治思想发展史的角度看，唐太宗处于汉唐经学占统治地位的时期，清乾隆帝处于程朱理学占统治地位的时期。他们都具有思想家的素养，又都留下较多的政论文章可供分析。在最高统治者群体中，唐太宗和清乾隆帝的民本思想的命题组合和思维方式具有普遍意义。

《孟子》的地位在唐朝时还无法与宋元明清时期相比。但是，只要将相关史料稍加梳理就不难得出这样的结论：唐太宗赞同孟子民本思想的基本思路和各种命题。孟子主张“为民父母”[①]，唐太宗表示“王者视四海如一家，封域之内，皆朕赤子”[②]；孟子倡行仁政，唐太宗懂得“林深则鸟栖，水广则鱼游，仁义积则物自归之”[③]；孟子号召“与民同乐”[④]，唐太宗表示“与同民利”[⑤]；孟子主张“取于民有制”[⑥]，唐太宗表示要“悦以使人，不竭其力”[⑦]；孟子怒骂横征暴敛之君是率兽食人之辈，唐太宗痛斥历代暴君犹如“猛兽肆毒，蟊螟为害”[⑧]；孟

---

① 《孟子·梁惠王上》，朱熹：《四书章句集注》之《孟子集注》卷1，第205页。
② 《资治通鉴》卷192《唐纪八》高祖武德九年九月条，第6022页。
③ 吴兢：《贞观政要》卷5《仁义》，第253页。
④ 《孟子·梁惠王下》，朱熹：《四书章句集注》之《孟子集注》卷2，第213页。
⑤ 《资治通鉴》卷198《唐纪十四》太宗贞观二十一年三月条，第6246页。
⑥ 《孟子·滕文公上》，朱熹：《四书章句集注》之《孟子集注》卷5，第255页。
⑦ 《旧唐书》卷71《魏征传》，第1721页。
⑧ 唐太宗：《金镜》，吴云、冀宇校注：《唐太宗全集校注》，第127页。

子警告“天子不仁，不保四海”[①]，唐太宗惊呼“君失道，人叛之”[②]；孟子宣扬得人心者得天下，唐太宗写道：“天子有道，则人推而为主；无道，则人弃而不用，诚可畏也。”[③]孟子张扬“民贵君轻”，唐太宗深知“君依于国，国依于民”[④]。值得指出的是，唐太宗吸纳了民本思想的新进展。他赞成“以一人治天下，不以天下奉一人”，认同“天下为公”[⑤]，主张“理天下者，以人为本”[⑥]。这些认识都比《孟子》说得更明确、更到位。

《孟子》及朱熹的《四书集注》是中国古代社会晚期官方儒学的主要载体、科举考试的衡文标准和朝堂议政的经典依据。有一批直接或间接的证据可以证实皇帝们通常认同“民贵君轻”。元英宗曾据此论政，清康熙帝曾据此论史，清乾隆帝曾阐释其理。宋元明清一批皇帝盛赞阐发“民贵君轻”的《大学衍义》。据《明史·宋濂传》记载，就连指令删节《孟子》的明太祖也曾命人将《大学衍义》“大书揭之殿两庑壁”。留下系统论著及一整套钦定书籍的清朝皇帝堪为典型。

清乾隆帝的民本思想属于典型的《孟子》模式。主要依据有四：

其一，皇帝将《孟子》视为道统的载体，朱熹的《四书集注》是皇帝钦定的标准读本。在特为教育皇帝而编纂的《日讲四书解义》中，系统阐释《孟子》，宣扬“国之所贵，未有如民者”[⑦]。《五经大全》《四书大全》《大学衍义》等其他经筵、日讲用书也多有阐释“民贵君轻”的文字。

其二，《钦定四库全书》收入大量阐释民本思想的著作。“民为贵”、“民为重”、“君为轻”之类的字眼出现数百处之多。论证这类思想的文字更是不胜枚举。清乾隆帝还为一些援引“民贵君轻”论说君道的著作撰写书评，给予高度评价。《御题袁燮〈絜斋家塾书钞〉》便是典型例证。

---

① 《孟子·离娄上》，朱熹：《四书章句集注》之《孟子集注》卷7，第277页。
② 吴兢：《贞观政要》卷10《灾祥》，第527页。
③ 《全唐文》卷10《民可畏论》，第122页。
④ 《资治通鉴》卷192《唐纪八》高祖武德九年十一月条，第6026页。
⑤ 吴兢：《贞观政要》卷8《刑法》，第432—433页。
⑥ 吴兢：《贞观政要》卷3《择官》，第161页。
⑦ 《日讲四书解义》卷26《孟子·尽心章句下》，第393页。

其三，在《御制文集》《御制诗集》中，乾隆帝对“民贵君轻”等命题多有阐发，还曾吟诵“藐予小子识君轻”[①]和“自昔识君轻”[②]的诗句。

其四，乾隆皇帝下令编纂《钦定四书文》，以设定科举考试的衡文标准。该书选用了一批阐释、引用“立君为民”、“天下为公”、“民惟邦本”、“民贵君轻”等命题的范文。其中有一篇是明朝举人艾南英所作题为《民为贵》的科举制文。这表明，清朝皇帝要求参加科举考试的人必须通晓个中道理。

实际上，与孟子相比较，清乾隆帝的民本思想内容更丰富，不仅囊括了儒家经典的民本思想命题，包纳了宋明理学的基本思路，而且在理论上也有所推进。如果将精华部分单独摘录出来，那么清乾隆帝的民本思想也相当可观。在一些思路上，他甚至超越孟子。

综上所述，如果从揭示共性的角度全面考察历代儒家的民本思想体系，就不难发现：《孟子》的问题设定、阐释方式、命题组合、理论结构和政治取向具有普遍意义。在基本思路和命题组合上，历代官方学说与《孟子》具有相似性、同质性。导致这种现象的根本原因应当从《孟子》的本质属性的角度去探求。“原典儒学”从产生的那一天起就是与君主制度相匹配的精神现象，它全面论证了王制、王权、王道、王政。这是孔孟之道成为中华帝制统治思想的根本原因。

---

① 清高宗：《御制诗集》2集卷38《春仲躬祭社稷坛》，《景印文渊阁四库全书》，第1303册，第691页。

② 清高宗：《御制诗集》4集卷19《仲春祭社稷坛礼成述事》，《景印文渊阁四库全书》，第1307册，第566页。

略论“民可使由之，不可使知之”的句读之争

本文原名《儒家愚民思想的经典依据——略论“民可使由之，不可使知之”的句读之争》，发表于《人文杂志》2009年第6期。这篇论文面对看似难以破解的句读之争，另辟蹊径，解决难题，运用综合性的分析方式，构成比较完整的证据链条，证明孔子属于典型的愚民论者，他确实为中国古代的愚民思想提供了经典依据。

在思想史研究领域，有一种现象司空见惯：有关某种思想本质属性和价值取向的笔墨官司大多围绕有限的史料展开，往往在同一条史料上形成针锋相对的意见。中国字的多义性，古今词义、语法与语境的差异，古代文献原本不使用标点等，固然是引起争议的缘由，而背后还往往有更具根本性的原因。探究导致这种现象的深层次原因有助于端正学风，改进方法，深化认识。这里剖析一个典型事例。

一 从“民不可使知之”的句读之争谈起

《论语·泰伯》有一句广为人知的孔子名言：“民可使由之，不可使知之。”杨伯峻的译注是：“老百姓，可以使他们照着我们的道路走去，不可以使他们知道那是为什么。”[①]这种句读方式获得古今学者

① 《论语·泰伯》，杨伯峻：《论语译注》，中华书局，1980年，第81页。

的普遍认同。许多现代学者据此判定:孔子将民众置于被统治、被支使的地位,他属于典型的愚民论者。

发明另一种句读方式的是康有为。他认为,古人对这句话的点断错了,应当在两个“使”字后面各加一个逗号。在他看来,“愚民之术,乃老子之法,孔学所深恶者”①。康有为力图以这种方式排除孔学有愚民之术的嫌疑。

康有为的做法颇受一些现代尊孔者的青睐。在《郭店楚墓竹简·尊德义》中有一段类似的说法:“民可使道之,不可使知之。民可道也而不可强也。桀不谓其民必乱,而民有为乱矣。”②一些学者也沿袭康有为的方式,将其句读为“民可使,道之;不可使,知之”。他们依据这两条重新句读的材料力辩孔子没有愚民思想。

采用康有为句读方式的学者都将这句话做了正面的解读。例如,南怀瑾的解读是:“民可使,由之”,即人民懂得如何选举,就给予他们自由;“不可使,知之”,即不能达到这种水平,就先教育他们,使之懂得这个道理③。吴丕的解读是:在人民听从统治者的使唤时,只要加以引导就行了;不听从使唤就要对人民进行教育④。这些学者普遍强调主张“仁政”、“民本”的先秦大儒不可能有愚民思想。例如,张刚认为,愚民之说不符合孔子的“人本”思想,因而这句话应译为:“如果民众得到很好的管理,就继续使用此种方法;得不到有效管理,作为统治者继续仔细地考察了解这一现象背后的原因,找到解决问题的有效方法。”⑤商国君认为,杨伯峻的解读“显然违背了孔子的一贯主张”。这句话应当译为:“当民众懂得如何去做,并有能力去做时,就应该让他们去做;当民众不知道如何去做及没有能力去做时,就要采取适当措施并教诲他们如何去做。”⑥有的学者赞成商国君的观点,认为“这样的解释是正确的,它不仅符合孔子的仁的学说,也与

① 康有为:《论语注》,中华书局,1984 年,第 114 页。

② 荆门市博物馆编:《郭店楚墓竹简》,文物出版社,1998 年,第 174 页。

③ 南怀瑾:《论语别裁》,复旦大学出版社,1990 年,第 394 页。

④ 吴丕:《再论儒家“使民”思想》,《光明日报》2000 年 6 月 13 日。

⑤ 张刚:《是“愚民”还是“民本”》,《思想战线》2004 年第 6 期。

⑥ 商国君:《先秦儒家仁学文化》,陕西师范大学出版社,1998 年,第 169 页。

孔子的教育观相吻合，是孔子仁政学说的有机组成部分”[①]。

康有为的句读方式显然有回护之嫌，具体说法则因人而异。近日读报又见到一种正面效应更明显的解读：“老百姓优秀的，让他去搞管理去做官；不行的，让他去努力学习。”在作者看来，“这样就和孔孟倡导的‘学而优则仕’的宗旨一样了。”而原先的翻译和理解“与孔孟之道‘有教无类’的宗旨是大相径庭的”[②]。

杨伯峻的句读方式沿袭历来的一贯做法，因而在古今学者中通行，包括尊崇孔子的古代大儒。康有为发明的句读方式则博得一些现代学者的认同。实际上，古代学者并没有介入这类争论。句读之争的双方都是现代人，他们对同一句话做出了截然相反的价值判断。大多数学者视之为孔子愚民思想的明证，而一些回护孔子的学者则调动训诂学的资源，千方百计地证明另一种句读方式的可行性，以证明孔子压根就没有这类思想。于是两军对垒，相持不下。究其本源，这与其说是训诂译注之争，不如说是属性判断之争。因此，句读之争原本发端于现代批孔者与现代尊孔者之争。

在现有条件下，仅仅争论句读是不可能解决任何问题的。它只能永远停留在“公说公有理，婆说婆有理”的地步。原因很简单：即使在语法上足以证明“不可使，知之”的句读方式具有可行性，也无法否定“不可使知之”的句读方式的可行性。因此，必须另辟蹊径。读书求索的结果使笔者获益匪浅。

二 《论语》词义研究不支持孔子没有愚民思想说

训诂之争大多可以通过与训诂密切相关的学术研究破解。依据许多文字词义学和文献训诂学的研究成果，我们可以否定孔子没有愚民思想的说法。这里介绍一个颇有见地的研究成果。

宋永培的《〈说文〉与上古汉语词义研究》一书专门以“先秦文献词义”为研究对象。作者指出：“五经”及诸子经籍较为系统地保存了中国早期语言词义蕴含的形象特征及其凝聚的核心义，而孔子整理典籍体系为大规模解释古代词义做出了重要贡献。作者系统考《论

① 王保国：《两周民本思想研究》，学苑出版社，2004年，第150页。

② 袁小虎：《一直被误解的四句名言》，《天津老年时报》2009年8月19日。

语》的“民”、“人”之别，逐一分析各种用例，其基本结论是：“民”、“人”之别集中于“下”、“上”的不同。在《论语》中，单音词“民”出现47次。在同一语句或同一段话中，“民”往往与“君”、“君子”、“上”等表述在位者的词相对照。有的省略“君”而以“使民”、“教民”、“临民”、“莅民”、“务民”、“济众”表述君民关系。“人”出现134次，除了1次指义不明外，其余用于指称在位的仁人、贤人；不在位的仁人、贤人；善士、人才；君王、诸侯、卿大夫；人的泛指。由此可见，“民”的词义特点是“下”，而“人”包含着“上”的词义特点。“民”不仅社会地位低下，而且道德知识处于下等。例如，《季氏》有“困而不学，民斯为下矣”[①]。《雍也》有“中庸之为德也，其至矣乎！民鲜久矣”[②]。

上述分析有可靠的文献依据，很有说服力。客观地说，这样的词义差别并不是孔子发明的，而是早已通行的。具有很高文化素养的孔子及其弟子只是在遣词用字上更严谨，更考究而已。

关于“民”的本义及核心词义，学界多有争论。这一争论背后也往往隐含着与儒学属性之争相关的主观因素。一些学者为了提升儒家重民思想的正面价值，援引先秦文献中“民”字泛指人类、人群和指称君主、贵族的用例，力辩这是个褒义词。这种观点显然是靠不住的。在阅读古代文献及许多相关研究成果的过程中，笔者深切地感悟到，如果从政治文化符号的视角综合考察民字的形象词义、读音词义、描述词义、指称词义、评价词义和引申词义，就不难得出这样的结论，民字有与生俱来的贬义，其核心词义是派生者、从属者、卑贱者、愚昧者、无德者。在数千年的词义变迁中，在中国古代主流政治文化中，民字的核心词义始终保持稳定。其中作为政治范畴的“民”最为典型。因此，在解读儒家经典及各种重要的古代文献时，特别是在解读“民为本”、“民为重”、“民为贵”之类的话语时，必须充分注意到这一点，否则就很容易导致误读[③]。

《论语》以地位低下、心智愚昧、道德瑕疵为“民”的核心词义和常用词义。由此不难看出，孔子对“民”有清晰的定位。在他的心目中，

① 《论语·季氏》，朱熹：《四书章句集注》之《论语集注》卷8，第172—173页。

② 《论语·雍也》，朱熹：《四书章句集注》之《论语集注》卷3，第91页。

③ 具体理据参见张分田：《政治文化符号视角的“民”字核心词义解读》，《人文杂志》2007年第6期。

在下之“民”通常是有道德瑕疵的一群。在先秦诸子中，儒学的显著特征之一是不仅讲究尊卑、贵贱、君臣等社会政治地位的上下之别，而且强调上下之别与人性、智慧、道德之别的密切关联。在“君子”与“小人”从政治等级范畴向道德价值范畴转化的过程中，《论语》等儒家文献发挥过重要作用。这与孔子思想的特质和取向有直接关系。

由于孔子在学术史和思想史上的特殊地位，他的思路从整体规模上系统地、深刻地影响、制约后世汉语词义的发展。在经典文献及其注疏中，凡人与民对称时，二者往往有地位或道德的上下之别。例如，《诗经·大雅·假乐》：“宜民宜人，受禄于天。”毛亨传：“宜安民，宜官人也。”①朱熹注：“民，庶民也。人，在位者也。”②这与《论语》的用法是一脉相通的。只要大致浏览一下儒家经典注疏和《说文解字》等“小学”著作，就不难发现大力鼓吹民本思想的历代儒家传人常常把民说成无知无德、追逐利益、亟需教化的一群，其原因之一就在于“民”的词义中原本就有这类义项。“庶民愚昧”是儒家对民众群体的一般性判断，这种判断显然是祖述孔子的产物。

三　思想体系分析不利于愚民违背孔学宗旨说

康有为发明了一种最费解的句读与解读。他清楚地知晓“不可，使知之”的句读方式仅是一己之见，只能从其他角度为自己寻求理据。于是他采用了一种典型的“儒术”，即先假定孔子“不可能”有某种思想，然后在标点符号上做文章，设法让这句话摆脱负面解读。

显而易见，凡是采用“不可，使知之”句读方式的都预先有一个设定，康有为预设孔学并无愚民之术，南怀瑾预设孔子主张民主选举，更多的学者则预定“仁政”、“民本”、“人本”不应有愚民思想，有的还将孔子的教育命题作为宗旨性预设。

笔者认为，学术研究容许主观预设。研究者通常都事先获得一定的知识、经验、方法和尺度，因而在面对一个课题的时候都会有意无意形成主观预设。任何研究者都不可能做到毫无预设。因此，关键不在于有没有预设，甚至也不在于预设是否恰当，而在于是让预设

① 《诗经·假乐》，毛亨传、郑玄笺、孔颖达疏：《毛诗正义》卷17，第1299页。

② 朱熹注：《诗经集传》，第204页。

服从研究结论，还是让研究结论服从预设。

孔学的宗旨究竟是什么？这原本就是很容易导致见仁见智的话题。以与本文密切相关的“仁”为例，在《论语》的记载中，倡导以礼治国的孔子并没有给出一个内涵确定的“仁”的定义，而是讲了很多以礼界定仁、以仁论说礼的名言，诸如《颜渊》的“克己复礼，天下归仁”[①]。于是礼与仁何为孔学宗旨便成了千古之争。孟子张扬“仁”，荀子发挥“礼”，于是儒家内部历来有重仁、重礼的学理之争。从司马谈的《论六家要旨》看，汉初学者将尤为讲究“君臣父子之礼”作为儒学区别于其他学派的显著特征，没有提到“仁”字。班固的《汉书·艺文志》则强调“仁义”这个尺度。随着《孟子》提升到经典的地位，仁的理论地位也显著提升。但是，如果仔细梳理一下《四书集注》《朱子语类》等朱熹的著述，就不难发现：这位博大精深的理学大师并没有简单地判定礼与仁何为至高无上的范畴，甚至可以说两者是相互定义、同体异名的范畴。现代学者深受“专制与民主”预设影响，于是相关争论由学理之争转化成属性之争。一般说来，极端尊孔者一味强调“仁学”中心说，极端批孔者一味强调“礼教”中心说。大多数学者则在全面考察孔子思想体系的基础上认同“礼仁”中心说。

《论语》的篇幅不大，却多有经典名言供人赏析、援引。因此，判定孔学究竟以何为宗旨，并不是件轻而易举的事。由此可见，各取所需的“宗旨”说不足以为句读之争及相应的解读提供毋庸置疑的理据。因此，更合理的方法是全面考察思想体系，深入剖析思维逻辑。在这方面，许多前辈学者很早就做过扎实的工作，由此而形成的学术成果显然不利于愚民违背孔学宗旨的观点。

从《论语》的记述看，孔子以性近习远、上智下愚，论说人类本性；以王权至上、独掌大政，论说权力主体；以天子专权、庶民不议，论说天下有道；以上贵下贱、不得僭越，论说等级差别；以上行下效、风行草偃，论说道德教化；以见利忘义、小人难养，论说世风民情。他还多有轻视民众的言论。在孔子看来，就天赋而言，人类中的一些人天生就是“不移”的“下愚”；就后天而言，人类中的许多人由于习染的缘故沦为“喻于利”的“小人”；就政体而言，人类必须实行“礼乐征伐自天

① 《论语·颜渊》，朱熹：《四书章句集注》之《论语集注》卷 6，第 131 页。

子出”的制度，而“庶人不议”[①]是最理想的政治状况；就道德而言，普通民众往往欲壑难填，见利忘义，很难与之相处；就治道而言，由道德完善者教化道德缺失者是当务之急；就教化而言，治者如风，被治者如草，风行而草偃。依据这类说法，很容易推导出这样的思路：由“天子”治理“庶民”，由“上智”管理“下愚”，由“君子”教化“小人”。最合理的政治制度和施政模式是圣者为君，贤者主政，为政以德，教化民众。这种思路的逻辑前提是，广大民众有智能、识见、道德、品行等方面的缺陷。

实际上，那些依据孔子教育思想“宗旨”而反对传统句读方式的学者忽略了一个重大的问题，即在教育宗旨之上还有更具根本性的“政治纲领”。标示本质的“纲领”才是全面理解整个思想体系和各种“宗旨”的关键之所在。就思想的主旨、主体而言，孔子是一位政治思想家。在他的心目中，就连教育也属于“为政”的范畴，而治国纲领是“为国以礼”和“为政以德”。在特定的政治纲领制导下，任何具体的“宗旨”都会被注入特定的政治内涵。

就本质而言，“为国以礼”和“为政以德”属于同义命题，其内涵具有一致性；就理论功能而言，二者可以看成一对命题组合。前者侧重国家体制的法则，强调维护上下有别的等级秩序；后者侧重政治操作的艺术，强调实施自上而下的道德教化。这种治国纲领的思维逻辑是：民众不仅政治等级低下，而且道德水平低下，有必要通过实行一系列德政，构建理想的政治秩序，使治者与被治者的关系“譬如北辰，居其所而众星共之”[②]。显而易见，政治等级的上下之别旨在界定统治关系、主从关系，确认支使者与被支使者；道德水平的上下之别则旨在确认教化者与被教化者，并为这种统治关系、主从关系的必然性、合理性提供主要理据。如果不对民众的整体素质做出贬义性的价值判断，孔子的政治纲领就失去了最重要的事实依据和理论依据。因此，“民众愚昧”是孔学不可或缺的公理性预设。如果剔除了这个预设，孔子的政治学说及相关的道德思想、教育思想就会被釜底抽薪，甚至导致其整个学说体系无所凭依。

---

① 《论语·季氏》，朱熹：《四书章句集注》之《论语集注》卷8，第171页。

② 《论语·为政》，朱熹：《四书章句集注》之《论语集注》卷1，第53页。

值得指出的是，一些现代新儒家是从“孔子民主”的主观预设出发，来解读其思想体系的。这种预设与事实完全相悖。其实只要列举《尧曰》的君之位为“天禄”说，以及《孟子》和《礼记》记载的孔子的“民无二王”或“土无二王”说，便足以断定赞赏西周政治体制的孔子是天赋君权和天子集权论者。主张严格区分君臣上下之别的孔子不可能构思实行民主选举的政体。这里再举一例，即“庶人不议”说。据《季氏》记载，孔子将“礼乐征伐自天子出”、“政不在大夫”、“庶人不议”等列为“天下有道”的主要标志。从现代政治学的角度看，这一条涉及政治制度中的权力主体和政治过程中的决策控制权。孔子显然主张将决策权托付给无需民选的天子，因而无法归入民主范畴。所谓“庶人不议”，即“上无失政，则下无私议”①。这就是说，理想政治的主要特征是：天子在上，大权在握，决策英明，臣属从命，政通人和，天下太平，以致普通民众无可非议。这种政治过程设计，显然符合“民可使由之”的说法，而无法支持南怀瑾的“民主选举”解读。

上述事实表明，即使仅凭《论语》来研究孔子思想，也可以断言，在他的思想体系中含有愚民思想。句读为“不可使，知之”的各种解读难免牵强之讥。

四　儒家文献不支持“不可使，知之”的句读方式

事实依据是一切“学术研究”的基础。思想史研究既要擅长概念分析，又要重视历史解释，而最容易出问题的是事实依据的缺失和错误。事实的错误最具有颠覆性，它会使貌似精彩的分析变得一钱不值。

基于这一认识，笔者决定考察一下历史事实更为支持哪一种观点。检索历代名家的《论语》注疏之后，得出的基本印象是：在中国古代，不仅没有人使用康有为的句读方式，而且人们大多从民众愚昧的角度来解读这段话。换句话说，只属于某些现代学者的“不可使，知之”句读方式无法在古代的《论语》注疏中找到支撑点。

古代注疏者普遍认为，民众的认识能力低下。孔子这段话的意思是不可以、不可能、不应当使民众知之。具体说法很多，或百姓不

---

① 《论语·季氏》，朱熹：《四书章句集注》之《论语集注》卷8，第171页。

能知，或百姓鲜能知之，或百姓日用而不知，或君无为而民不知，或不可使之知，或不必强使之知，或不必使之知所以然，或民众无权知之，或百姓知之反而生迷惑乃至起机心等。一批著名思想家均持此类说法。例如，东汉的郑玄认为，“民，冥也。其人见道远。由，从也。言王者设教，务使人从之，若皆知其本末，则愚者或轻而不行”①。三国的何晏认为，“由，用也，可使用而不可使知者，百姓能日用而不能知也”。南朝的皇侃认为，天道玄远，百姓“虽日用而不知其所以，故云不可使知之也……言为政当以德，民由之而已，不可用刑，民知其术也”②。宋朝的邢昺认为，“圣人之道深远……百姓能日用而不能知”③。程颐认为，“不可使知之者，非民不足与知也，不能使知之尔”④。朱熹认为，“民可使之由于是理之当然，而不能使之知其所以然也”⑤。陆九渊认为，“非圣人固不使之知也。若道之义则彼民之愚，盖有所不能知也”⑥。张栻认为，“此言圣人能使民由是道而不能使民知之也”⑦。上述注疏无一例外地属于“不可使知之”的句读方式。许多儒者的确反对从权术的角度解读孔子的思想，而他们对民智的估价并不高。显而易见，中国古代思想家对孔子之语的理解更接近以杨伯峻为代表的解读方式。这种现象是无法用“孔子的真经被歪嘴和尚们念错”而简单地加以了断的。

在理论上，许多儒家传人不赞成使用愚民之术。例如，程颐说：“民可明也，不可愚也；民可教也，不可威也；民可顺也，不可强也；民可使也，不可欺也。”⑧但是，他又认为：“圣人设教，非不欲人家喻而户晓也，然不能使之知，但能使之由之尔。若曰圣人不使民知，则是

---

① 郑玄：《论语郑氏注》卷4《泰伯》，马国翰辑：《玉函山房辑佚书》，上海古籍出版社，1990年，第1667页。

② 何晏集解、皇侃疏：《论语集解义疏》卷4《泰伯》，第107页。

③ 《论语》卷8《泰伯》邢昺疏，何晏注、邢昺疏：《论语注疏》，第115—116页。

④ 朱熹编：《河南程氏遗书》卷22上《伊川先生语八上》，商务印书馆，1935年，第322页。

⑤ 朱熹：《四书章句集注》之《论语集注》卷4，第105页。

⑥ 《陆九渊集》卷29《使民宜之》，第340页。

⑦ 张栻：《癸巳论语解》卷4《泰伯》，中华书局，1985年，第62页。

⑧ 朱熹编：《河南程氏遗书》卷25《伊川先生语十一》，第350页。

后世朝四暮三之术也,岂圣人之心乎?"[①]在宋元明清,程颐的这个思路具有广泛的影响。从字面上看,程颐并不主张玩弄"朝四暮三"之类的愚民之术,却认定民智低下,必须由"圣人设教",而民众"由之"。这个思路为论说一种圣贤主义政治模式及其治民方略提供了依据。

在儒家文献中,涉及愚民的思想材料不胜枚举。历代名儒大多从"民者,冥也"的角度论说民本思想和治民方略。孔子及其后学的政治思想以注重教化为特色。《尚书》及其注疏的"天作君师"说、《左传·襄公十四年》及其注疏的"勿使失性"说、荀子的"化性起伪"说、董仲舒的"天立王以成民性"说、宋明理学的君师教民复性说等都是很有代表性的思路。儒家有关教化的各种理论的基本前提和主要思路是:世风浇漓,民智低下,小人好利,芸芸众生不能自成其性,他们需要圣贤的教导与矫正。在民众无法体察大道的情形下,只要使他们顺从圣人王者立下的规矩就可以了。就实质而言,这是典型的愚民思想。

儒家常常以"王道"自诩而抨击其他学派为"霸道"。与公然鼓吹权术的道家、法家相比较,儒家具有排斥权术的倾向。至少在字面上是如此。但是,如果据此断言在儒家思想体系中没有权术的存身之所,就大错特错了。许多儒家重要文献显然包含权术思想。《周易》是中国古代权术思想的渊薮之一。《易传》的一些内容很可能源自孔子。其中《周易·观卦·彖辞》有"圣人以神道设教,而天下服矣"[②],即主张治者有意抬出一些神明,令无知愚昧的民众因畏惧神的责罚,而老老实实做人,恪守道德纲常,服从国家法律。这个思路体现了儒家的教化型愚民思想的特色。在《周易》注疏中,常常可以看到这样的说法:"夫民可与习常,难与适变;可与乐成,难与虑始。"[③]这种思想的基本导向是:民众没有能力做出或理解正确的政治判断,只能让他们遵循治者的正确决策,并称颂这些决策带来的繁荣。在《礼记》《大戴礼记》《孔子家语》等记载的据说是孔子的言论中,甚至有这样

---

① 朱熹:《四书章句集注》之《论语集注》卷4《泰伯》引程颐语,第105页。

② 王弼注、孔颖达疏:《周易正义》卷3《观卦》,第115页。

③ 《周易·革卦》,王弼注、孔颖达疏:《周易正义》卷5,第236页。《温公易说》等一批注释《周易》的著作有类似的说法。在各种古代文献中,"民难与虑始"的说法很常见。

的比喻:国家犹如构件齐全的车乘,君主犹如手持鞭策的驭手,民众犹如驾车服御的马匹。在孔学传人中,阐释上述思想的现象并非罕见。这些材料可以作为研究儒学基本取向的旁证。

一些学者断言倡导“仁政”、“民本”、“人本”就必然不主张愚民,这种说法颇有武断之嫌。一般说来,历代儒家都是倡导“仁政”、“民本”、“人本”的,而公开主张愚民或实际上主张愚民的大儒不胜枚举。由此可见,倡导“仁政”、“民本”、“人本”的并非“必然”不主张愚民。既然“仁者必然不会愚民”的断语并不可靠,而“仁者往往主张愚民”的判断又得到儒家文献的支持,那么“不可使,知之”的句读方式又丧失了一个重要理据。

五　政治过程分析有利于采用传统句读的一方

至迟到汉朝,孔子已经被统治者尊为圣人,孔学已经成为官学,《论语》已经列入经典。因此,孔子的话乃至一切被认为是孔子的思想也就成为朝堂议政的权威性依据。后人甚至有“半部《论语》治天下”之说。从政治过程中的实际功能看,“民可使由之,不可使知之”是愚民之术的经典依据。

在古代文献中,许多人援引孔子的说法论说民智低下与政令发布的关系。在朝堂议政和政论文章中,引用“民可使由之,不可使知之”的现象很多,在《后汉书》《魏书》《资治通鉴》《续资治通鉴长编》《宋名臣奏议》《历代名臣奏议》《圣祖仁皇帝庭训格言》等文献中多有这类记载。人们都是在不可、不必、不能、不应“使知之”的意义上理解孔子的思想,我们可以将许多具体政见明确无误地判定为愚民之术,却根本找不到可以支持“不可使,知之”的句读方式及其各种解读的例证。在朝堂议政和政论文章中,“民难与虑始”之类的说法更为常见,“庶人不议”更是判定盛世的重要尺度。使用这类说法的人大多尊崇孔子,信奉儒学,倡导仁政,主张民本。

如果再把视野放宽一点的话,就会发现:那种认为“愚民”与“民本”相对立的看法是站不住脚的。在完成国家社科基金重点项目“民本思想与中国古代统治思想的关系研究”的过程中,笔者翻检了大批古代文献,得出的结论是:凡是留下比较完整的政治论著的著名思想家,无论属于哪家哪派,都可以明确无误地将其认定为民本论者。在任何一个重要政治思想流派的文献中都有重民、爱民、利民、使民、制民、愚民的提法和思路，都可以找到从争取民众、怀柔民众，到管制民众、愚弄民众等各种治民手段。思想家之间的主要区别在于强调点有所不同，诸如儒家礼治仁政的“教民”色彩更浓厚，道家无为而治的“愚民”色彩更浓厚，法家刑名法制的“制民”色彩更浓厚。这就是说，在当时的历史条件下，任何一个旨在维护并完善君主制度的思想家都会将各种治民手段兼收并蓄。

不仅如此，“仁政”、“民本”等明明白白地写在历代官方学说的各种载体中。历代统治者，至少是其中的大多数，也大体认同民本论。如果浏览一下记载历代朝堂议政和政府文告的文献，便可以知晓：自秦朝以来，历代朝廷都标榜“仁义”之政，而“爱民”、“富民”、“教民”、“利民”、“制民”、“愚民”政策原则及相关具体政策主要是在儒家经典指导下形成的。其中，在论证和制定相关的治民政策时，出自孔子之口的“民可使由之，不可使知之”最具权威性。

大量历史事实证明，“愚民”与“民本”相对立的看法是站不住脚的。一些学者断言孔子以仁政为最高理想，以惠民为基本宗旨，因而绝对不会提出愚民之策。这种评说方式显然有简单化之嫌。

六　尊重历史是对孔子最大的尊重

在现代学界，有一类学术方法似乎越来越流行，其基本特征是：试图将孔子的形象修饰得完美高大，从而使之摆脱各种负面的价值判断。一些人甚至将孔子描绘成民主思想的原创者。于是有的人千方百计地要将原本容易句读、不太令人费解的孔子之语，弄成即使精通古汉语的人也觉得很别扭的样子。“不可使，知之”的句读方式便是出现最早、影响较大的一例。更有甚者竟然将“唯女子与小人难养也”句读为“唯，女子与小人，难养也”，解读为：“唉，女子嫁给道德败坏的人，可就难以生活了。”难道语言文字水平极高的孔夫子，偏爱用这么费解的方式表达思想吗？表达如此简单的思想，何须如此模棱，何必如此拗口？

具有这类旨趣的著作及其评介者还往往张扬一个宏大宗旨，即弘扬传统文化，“重新发现”孔学要义，使之“充满新意”，乃至“儒学现代化”。这就将一系列具有重大现实意义的课题摆在人们面前：怎样才是对孔子最大的尊重？如何恰当地弘扬传统文化？

自冲破传统社会的躯壳以来，中华民族一直面临着重建新的文化体系和价值观念体系的历史使命。在民族复兴的历史进程中，如何进行文化反思，认识文化缺陷，强化文化自觉，完成文化重构，实现文化复兴，这不仅是一个重大学术课题，也是一个重大的实践课题。解决这个课题需要全国人民群策群力，集思广益，共同努力，长期探索。限于篇幅，这里仅表达一个与本文论题直接相关的论点，即尊重历史才是对孔子最大的尊重。

受西方现代学术的一些预设，特别是“民主与专制”预设影响，一些学者以为只有将孔子思想判定为“民主”、“民权”、“自由”、“平等”，才能提升孔子的地位，弘扬中国文化。这种思路与历史事实相去甚远，最低也要被批评为“好心办坏事”。

由于生活在特定的历史条件下，宗法观念、等级观念很强的孔子谈论一些包含性别歧视、等级歧视的说法，这是很正常的现象。即使在有民主之风的古希腊，维护父权、歧视妇女、丑化奴隶也是通行的社会法则。在亚里士多德的著作中就不难找到这一类的观念。在那个时代，如果孔子和亚里士多德没有这类思想，反倒相当怪异了。因此，依据现代价值观，实事求是地批评孔子或亚里士多德的这类观念并不会贬低他们的历史成就。如果将他们的相关说法统统解读成现代观念，反倒成了弄虚作假。

试想，孔子为人正直，恪守其道，宣称“道不同，不相为谋”。他明确主张君位得自“天禄”，理应“土无二王”，严守“君臣之义”。可是一些现代“弘扬”者却偏要说他主张民主选举、人人平等，将许多现代观念强加在孔子身上。如果孔子在天有灵，肯定会责备这种做法曲解了儒家政论的纲领、灵魂、精髓，悖逆了圣道、王制、名教，至少也会道出像卡尔·马克思批评他的许多追随者一样的话语：“我播下的是龙种，收获的是跳蚤。”

对孔子最大的尊重就是让孔子回归一个实实在在的历史人物，而实实在在的孔子无愧为那个时代最伟大的思想家、政治家和教育家。在一场社会大变革露初端倪的春秋时代，面对权力结构的紊乱，孔子主张中央集权，“礼乐征伐自天子出”，这完全符合欧亚大陆帝国化的历史趋势。面对贵族权力世袭的旧制度，孔子主张选贤与能，

“学而优则仕”,这完全符合政治制度创新的大方向。面对官学垄断的局面,孔子首创私学,主张“有教无类”,为那个时代培养了一批不可多得的人才。面对传承历史文化的任务,孔子收集、整理、改编、阐释经典文献,形成一批流传千古的原典文本。面对文化创新的时代需求,孔子主张损益周礼,革新道德,大力张扬仁论,构思和谐的礼乐文化,以弥补传统礼论之不足。面对富国强兵的课题,孔子主张足食足兵,取信于民,为后来的变法运动提供了弥足珍贵的思路。正是由于上述原因,孔子的历史地位远远高于同时代的人,堪称先秦诸子之首。孔子地位后来的提升,也与他的全面的历史贡献有直接的关系。正是由于有了以孔子为代表的先秦诸子的理性思考、文化创新和社会实践,当其他古代文明纷纷走向衰落的时候,华夏文明却因为缔造了政治统一和文化统一的国家而获得了强韧的生命力。我们只须对此做出客观、全面、准确、公正的评价,便足以表达对这位先贤的崇高敬意。因此,完全没有必要挖空心思地为孔子涂抹现代的油彩,更无须将只有现代才有的思想附会到儒家经典上去。

第五章　中国政治范畴研究的若干思路

一切命题和概念都属于历史范畴

本文是我主持完成的天津市2012年度哲学社会科学规划基金重点项目“隋唐孝治理论研究”的阶段性成果，以《价值重建时代传统“孝”文化之再检视》为题，发表在《天津社会科学》2015年第1期。这篇文章的分析方法适用于分析各种政治思想现象及政治命题和政治范畴的时代属性。因此，本书改换题目名称，以标示这篇论文的方法论意义。

在中国古代政治理论体系中，“孝”是一个政治范畴。政治范畴是政治理论体系的基础性构件。它们都是思想家思考各种政治问题所形成的主观判词，其问题意识、思维方式和表述形式可以集中体现某种理论体系的一般特征。综合运用各种学术方法，逐一考察每个政治范畴的提出、演变、内涵、义项、功能，这是中国政治思想研究的基础性工作。

一切思想都产生于特定的历史时代，并被注入时代的内容，赋予时代的属性，从而打上深刻的时代烙印。特定的时代属性和时代内容决定了一切被打上时代烙印的思想都属于历史范畴。思想主要通过命题和范畴来表达。既然一切思想都属于历史范畴，那么一切用于表达政治思想的命题和范畴也都属于历史范畴，主要表现为其内涵与外延随着时代的演化而不断演化，甚至会因为社会形态的质变而发生本质属性的变化。正是由于这个原因，即使字面上完全相同的命题和范畴，诸如“天下为公”、“以民为本”、“和而不同”等和“礼”、“仁”、“义”、“智”等，其属性和内容也会有重大差异，甚至会有本质上的不同。因此，历史问题研究者必须具有历史感，将一切历史现象放到历史长河中去考察，揭示各种历史现象的时代属性，并在这个基础上，判断其历史价值及现代意义。

凡是历史现象都属于历史范畴，这原本是常识。然而许多学者忘记了这个常识，因而导致对思想的误判，特别是对思想的本质属性、历史价值及现代意义的误判。典型例证莫过于许多学者简单化地将一批中国古代的命题和范畴定性为“优秀文化”，主张在现代中国弘扬古代中国的“民贵君轻”、“仁义礼智”、“忠孝节义”、“礼义廉耻”，甚至有人主张重建“礼仪之邦”。

比较而言，政治思想现象的时代属性尤为鲜明，历史人物提出政治思想都会有其时代属性。这就要求政治思想研究者必须将揭示各种政治思想现象及政治命题和政治范畴的时代属性置于重要的地位，视为学术研究不可或缺的步骤和方法，以便正确地判断各种政治命题和政治范畴的历史价值及现代意义。为了证明一切命题和概念都属于历史范畴，本文以“孝”这个政治范畴和“以孝治天下”这个政治命题为典型例证，依据具体事实分析“孝”的普遍性、时代性、地域性、族群性、信仰性、思想性、个体性，明确指出在本质属性、思维方式、核心价值、适用范围上，中国古代之“孝”与中国现代之“孝”有根本性的差别，不应将“儒家之孝”判定为“优秀传统”，更不应当将其弘扬于现代中国。

众多论说中国古代之“孝”的文章存在严重的历史误判及文化误判。具体表现之一是众多学者将“孝治天下”说成是“儒家”思想，夸大“儒家”的理论贡献。一些人甚至高估“儒家之孝”的现代意义，将“儒家之孝”判定为“优秀传统”，主张将其弘扬于现代中国。这一类说法的致命缺陷是严重违背历史事实，缺乏历史感。造成这种现象的重要原因之一是许多学者不知道或没有清晰地认识到“孝”是一个历史范畴，其本质属性、规范设定及评判尺度有一个历史性的演化过程。

系统论证“‘孝’是一个历史范畴”这个命题，涉及为数众多的历史现象及重大理论问题和学术方法问题。本文只是一个侧重于罗列事实的简要论纲，旨在为深入探讨相关的理论问题和学术方法问题提供重要的事实依据及研究思路。

一　从“孝”字的本义、核心词义及衍生义项谈起

汉语“孝”字的内涵与外延有一个历史演化过程。考察“孝”字的本义、核心词义及衍生义项，便足以证明“孝”是一个历史范畴。

现知最早的“孝”字见于殷墟甲骨卜辞。甲骨文的“孝”字由“老”与“子”构成，“老”在上，“子”在下。金文与甲骨文一脉相承。在金文中，上“老”下“子”的笔画与结构清晰可见，毋庸置疑。“老”字是长发老人手拄拐杖的象形。“孝”与“老”同韵同音，是由“老”字派生出来的。“子”字则是幼儿小子的象形。从字形看，“孝”字显然旨在标示亲子关系的社会规范，即子辈对老辈的行为准则。《说文解字·老部》：“孝，善事父母者。从老省，从子。子承老也。”[①]有人类社会，必有亲子关系；有亲子关系，必有亲子规范；有亲子规范，必有可以概括为“孝”的“子”对“老”的行为准则及评判尺度。“孝”字的本义是亲子规范中的子女规范。

在甲骨卜辞、青铜器铭中，“孝”字均与“奉先思孝”的祭祀相关，属于“孝子孝孙”的“用孝用享”、“以孝以享”。因此，一些学者认为，甲骨文的“孝”字由“子”及某种贡献物品构成，是子孙祭祀祖宗而有所奉献的象形，旨在标示一种尊祖孝亲的祭祀礼仪。一些学者甚至认为“孝”的本义是“事死”、“追享”之类的亲子规范，西周以来才逐步拓展到“事生”，成为“善事父老”的各种具体规范的总称。这种观点虽有文献依据，却值得商榷。

现存甲骨卜辞、青铜器铭是与古代国家政治密切相关的历史材料，主要记述国家祭祀之类的国务活动。在早期王制时期，最高统治者及王公贵族祭祀先祖是一种重大国务活动，属于政治行为。“致孝鬼神”、“孝享祖考”的国家祭祀，既是一种“奉先思孝”的事亲行为，又是包含丰富政治意义的统治行为，涉及证明王权（君权）及宗主权的合法性，强化国家及宗族的凝聚力，借助宗庙决断政令及

① 《说文解字·老部》，段玉裁：《说文解字注》卷15第8篇注上，第398页。

号令臣民族众等等，属于后世文献所说的“君之孝”、“人君之孝”，亦可表述为“帝王之孝”、“天子之孝”、“王者之孝”、“国君之孝”、“诸侯之孝”、“卿士之孝”等等。因此，旨在规范“致孝”、“祀礼”、“存政”等政治行为的“人君之孝”属于为君之道范畴，是典型的政治规范。“致孝则存政”的祭祀制度及为君之道与家国一体政治体制密切相关，不是单纯意义上的“事亲之孝”。“致孝鬼神”、“孝享祖考”是国家最重大的政务，并被记载于龟甲、牛骨和铜器上，因而有幸得以保存下来，堪称史料之孑遗。我们不能据此断定当时的“孝”只有这一类的规范，“孝”字最初只表示与“事死”相关的亲子规范。政治化的“人君之孝”是从宗法制度的“事亲之孝”的一种具体规范及社会习俗演化而来的，显然不是“孝”字的本义，更不是人类社会的原初之“孝”。

从甲骨卜辞及各种历史记载看，至迟到商朝，“致孝”对象已经不局限于父母、祖宗，还包括帝王、君长、宗主、鬼神、上帝，涉及亲子关系、宗族关系、君臣关系和人神关系。这就意味着“孝”的适用范围相当广泛，不仅是家庭内部的亲子规范，而且是重要的社会规范和政治规范。《史记·夏本纪》记述夏禹治水事迹，列举了他的两大重要德政，一是“孝德”，即“薄衣食，致孝于鬼神”；二是“俭德”，即“卑宫室，致费于沟淢”[①]。二者均是重要的为君之德，属于政德范畴。《商书》也多有商王躬行“孝德”并借重宗法推行政务的记载。据《史记·殷本纪》记载，商汤和伊尹以“君国子民”[②]论王者之道。既然“君国子民”被视为王制、王道的一般特征，那么“事君事父”必然被视为“为臣为子”的一般规范。据周原出土的甲骨卜辞记载，商朝曾“册周方伯”，周人则设“文武帝乙宗”，用于祭祀商朝的开国帝王成汤。臣属必须以祭祀君王祖辈先帝的方式，表达孝敬之意，这一类的“致孝”显然属于政治规范，堪称“移孝作忠”，“忠孝一体”。上述事实表明，在夏、商，“孝”是极其重要的国家规范及政治道德。“致孝”对象的广泛性，必然导致“孝”字的外延大幅拓展，其含义包括“事君之孝”、“鬼神之孝”，不再是单纯的“事亲之孝”。

---

① 《史记》卷2《夏本纪》，第38页。

② 《史记》卷3《殷本纪》，第69页。

西周以来,“孝”不仅逐渐演化成为普遍适用于家庭的、社会的、政治的各种尊卑等级关系的卑幼规范,被视为“美德之通称”,而且成为重要的哲学范畴、政治范畴和道德范畴,被视为“天经地义”、“至德要道”、“众之本教”、“百行之首”、“礼之始”、“仁之祖”、“德之本”等等。“孝治天下”及“孝为政本”和“孝为德本”也成为影响极其深远的政治理论命题。被纳入“孝”的行为准则亦可谓形形色色,许多准则并不属于单纯的亲子规范。例如,《大戴礼记·曾子大孝》:“事君不忠,非孝也。”[①]在历代儒者文献中,这一类说法可谓司空见惯。于是“孝”字被注入众多义项,如“顺”、“享”、“畜”、“好”、“究”、“誉”、“就”、“度”等等。在训诂中,“从命不违”之“顺”是“孝”字最常用的义项。

深入考察一部中国古代思想史,便不难发现,历代思想家对“孝”字的理解及用法有明显的差异。早在先秦,诸子百家对“孝”的核心价值、具体规范、适用范围及评判尺度已经有不同的界定。例如,大多数思想家认为“孝”适用于政治领域,一些人甚至无限夸大“孝”的政治意义,典型例证莫过于《孟子》《中庸》《大学》,而一些思想家主张“孝”适度退出政治领域,甚至只在子女规范的意义上使用“孝”字,典型例证莫过于《老子》和《商君书》。由此可见,“孝”字的内涵与外延并非固定不变,对这个字的理解及用法因人而异,甚至可以有重大差异。

但是,“孝”的核心词义始终是善待父母的子女规范。历代著名思想家大多认为子女规范是“孝”的本初意义。《墨子·经上》:“孝,利亲也。”[②]《荀子·王制》:“能以事亲谓之孝。”[③]在中国古代文献中,这一类的说法不胜枚举。由此可见,“孝”字的其他意义都是从善待父母的子女规范引申、衍生出来的,而“孝”的政治化及将君臣与父子相互比拟是推动词义演化的主要动因。一般说来,中国古代的王制之“孝”和帝制之“孝”是一种高度政治化的“孝”。

上述词义现象表明,在诸多历史因素的影响下,亲子规范的属性、内容及形式不断演化,“孝”的核心价值、具体规范及适用范围不

---

① 《大戴礼记·曾子大孝》,王聘珍:《大戴礼记解诂》卷4,第83页。

② 《墨子·经上》,孙诒让:《墨子间诂》卷10,第312页。

③ 《荀子·王制》,王先谦:《荀子集解》卷5,第165页。

断演化,“孝”字的内涵与外延也随之不断演化。因此,同是亲子规范,不同时代、不同人群的设定会有所不同,甚至可以有本质属性的差异。同是一个“孝”字,不同时代、不同人群的用法及诠释会有所不同,甚至可以有本质属性的差异。亲子规范的各种特殊设定和“孝”字的各种特殊用法,为证明“‘孝’是一个历史范畴”提供了重要的事实依据。

影响“孝”的本质属性、核心价值、适用范围、具体规范及“孝”字的内涵与外延的历史性因素很多,大体可以分为客观性历史因素和主观性历史因素两大类。这些历史性因素决定了“孝”具有普遍性、地域性、时代性、族群性、信仰性、思想性、个体性等等。“孝”的这些特性都为判定“‘孝’是一个历史范畴”提供了重要的事实依据。

二　制导亲子规范演进的客观性历史因素

制导亲子规范演进的客观性历史因素很多,大体可以分为普遍性历史因素、时代性历史因素和地域性历史因素。其中,普遍性历史因素对古今中外一切族群的生活方式及亲子规范有普遍的规定作用和制导作用;时代性历史因素对处于特定的社会形态及历史阶段的族群的生活方式及亲子规范具有广泛的制导作用乃至相当大的规定作用;地域性历史因素对生活于特定地域的族群的生活方式及亲子规范具有重要的制导作用及一定程度的规定作用。这三种历史因素的影响具有不以人的意志为转移的制导性乃至规定性,属于客观性历史因素。

“孝”具有普遍性。这是由对人类社会具有普遍意义的客观性历史因素所决定的。只要人类依然继续繁衍,只要人类依然结成社会,这一类历史因素就会持续发挥规定性及制导性作用。普遍性历史因素注定人类社会存在一些具有普遍性和必然性的文化要素。

“孝”是人类的生物性与社会性相结合的产物。亲子关系是生物繁衍的必要条件,这就决定了亲子关系的普遍意义,人类并不例外。但是,人类靠生产劳动而生存,必须结成社会并依托社会组织生活与繁衍,这就与其他生物有本质的差异。为了维系人类的生存与发展,亲长有必要以某种方式长期养育血缘晚辈,而晚辈也有必要以某种方式长期反哺血缘亲长,这是由人类的社会性所决定的。亲子关系在生物界的普遍意义与在人类社会的特殊意义，共同决定了亲子规范与人类社会相始终。因此，“孝”为人类社会所不可或缺。

亲子关系是人类社会最具普遍性的血缘关系与最具基础性的社会关系。人类的社会关系形形色色，惟有亲子关系涵盖一切社会个体。每个人都是父母所生，他或她可以没有兄弟、姐妹、配偶、子孙、师友，却不可能没有父母。没有亲子关系，人类社会就不会存续，其他各种社会关系也就无从谈起。因此，无论任何时代、任何地域、任何族群，都必然设定规范亲子关系的行为准则及评判尺度。换言之，亲子关系的普遍性和基础性决定了“孝”必然蕴含对人类社会具有普遍意义的内容，这些内容适用于古今中外一切人类社会的个体。

亲子关系的普遍性和基础性是制导“孝”历史性演化的本原性动因。“孝”是亲子规范的一般性定义。但是，在各种历史因素影响下，不同时代、不同地域、不同族群、不同宗教、不同学派、不同个体对“孝”的设定及体认往往存在差异，甚至可以出现本质属性的差异。这种现象足以表明“孝”是一个历史范畴。

世界上的一切人群及一切文化都发端于同一群体。科学研究成果表明，人类同源，现代人的所有人种及族群都是同一个老祖母的后代。这就意味着人类的血缘源头具有同一性。文化是人类的创造物。有了人类，便有了文化。历史上和现实中的各种文化类型都是由最初的人类群体的文化发展演变而来的。这就意味着人类的文化源头也具有同一性。血缘源头的同一性和文化源头的同一性共同决定了人类社会之“孝”也有共同的历史起点。这就是说，形形色色的“孝”文化是在不同历史条件下分化而成的。中国古代之“孝”只是人类社会之“孝”的一种社会历史类型。

受一些错误的历史观及文化理论影响，许多学者将“孝”视为中华文化独特的内容，一些人甚至称其为中华民族的“文化基因”。这一类说法显然缺乏历史感，因而无法回答这样的质问：为什么同一老祖母的后代，会有特质迥然不同的文化类型及相应的“孝”文化？这一类说法还有一个致命的缺陷，就是违背历史事实。纵观世界历史，环顾当代各国，何曾有毫无亲子规范的族群？实际情况是，人类的血缘有基因，而人类的文化无基因。即使是同一族群，在不同历史条件下也会形成不同特质的文化类型并设定不同特质的“孝”。在历史上，中华民族的先民在不同时代曾经设定过本质属性迥异的“孝”，这就是最好的例证。

“孝”具有时代性。文化归根结底是人类生存需求的产物，与时俱进是文化的固有品格，时代性是文化最重要的特性。决定一种文化类型的本质属性及其主要特点的是生产力发展水平及其造就的经济结构、社会结构、政治结构，这些客观性历史因素都具有鲜明的时代性。不同的时代会需要并造就不同的文化，时代的本质属性决定那个时代主流文化的本质属性。因此，“孝”的本质属性及重要内容也必然随着时代的演化而不断演化。这是不以人的意志为转移的。

“孝”是一种社会规范。人类社会的历史性演化，势必导致亲子规范的历史性演化，因而时代不同，“孝”也会有所不同。最显著的历史现象莫过于社会形态的本质属性决定“孝”的本质属性，而最典型的例证莫过于原始形态之“孝”与宗法社会之“孝”有本质属性的差异。

原始群及母系社会是人类社会的原始形态。这种社会形态历时甚久，世界各地的人类社会都经历过这个时代，中华民族的先祖也不例外。当时的婚姻形态有原始血缘杂交、血缘群婚、族外婚等不同类型，世系按照母系血缘计算，社会组织主要依据母系血缘关系结成，包括原始群、家族、氏族、部落等等。由于社会关系相当简单，人奴役人的现象尚未发生，更没有君臣关系，“其民聚生群处，知母不知父，无亲戚、兄弟、夫妻、男女之别；无上下长幼之道，无进退揖让之礼”①，因而亲子规范主要适用于母子关系兼及相关的血亲，堪称自然而单纯，自发而厚朴，颇似《老子》《庄子》所倡导的自然而然之“孝”。然而，宗法社会形成之后，“孝”发生了本质属性的变异。

宗法社会萌芽于原始社会末期。随着生产力的发展，产生了农耕畜牧经济、男女两性社会分工、单偶婚和个体家庭，于是父系氏族社会逐步形成，父权制取代了母权制。在这个时代，私有制及等级制逐步形成，原始的人与人的平等关系不复存在，社会权力的性质也发生质的变化。在父家长制家庭组织内部，父权处于支配地位，夫与妻、父与子、男与女、主人与奴隶处于不平等的地位，父家长与其他家庭成员之

① 《吕氏春秋》卷20《恃君览》，第255页。

间存在与奴隶制、农奴制相同或相似的等级关系、劳动关系、奴役关系。父家长甚至有权任意买卖、杀戮其他家庭成员。父子关系具有了支配与被支配的属性，亲子规范也必然被赋予同样的属性，于是命令与服从成为至关重要的亲子规范，将“顺”、“敬”置于优先地位的宗法之“孝”由此而萌生。这种家庭组织及其亲子规范是专制主义的历史渊源之一。马克思、恩格斯认为，“它以缩影的形式包含了一切后来在社会及其国家中广泛发展起来的对立”①。这个论断是精辟的，也是符合人类社会文明演变的实际历史过程的。早期国家的等级制度和统治秩序便滥觞于原始社会末期的父家长制家庭组织。

人类社会步入文明时代的初期，父家长制度，亦即宗法制度，对国家制度有深刻的影响，将家长与君主、父权与君权相互比拟成为一种世界性的历史现象。不仅实行君主制度的各种古代文明都有这一类的历史现象，就连一度存在“民主”制度的古希腊文明也有这一类的历史现象。亚里士多德的《政治学》便有将家长与君主、父权与君权相互比拟的论说。华夏早期国家则径直将“亲亲”、“尊尊”的宗法制度转化为君主制度，导致宗法社会之“孝”转化为宗法家国之“孝”。这种“孝”从原初形态的“孝”脱胎而出，并被赋予政治属性。

在国家形成之后相当长的时期内，宗法社会是一种世界性的历史现象，而中国的宗法社会尤为发达。在中国古代社会，以宗法关系构成并维系的父权家庭是最基本的社会单位、经济单位和政治单位。家庭是一个基本的生产单位，在财产上成为权利和义务的主体。父兄家长与家庭其他成员、夫与妻、亲与子、嫡与庶、长与幼、男性家庭成员与女性家庭成员、主人与奴婢之间有明确的尊卑等级关系。父家长对其他家庭成员拥有统治权，甚至有生杀予夺的支配权。“族”、“户”还被依法赋予连带刑事责任。不仅如此，家庭及宗族的各种成员之间也有尊卑等级，这些关系中的尊长皆被赋予“君”的属性，于是族长与族众、父与子、夫与妇、兄与弟、长与幼、男与女、嫡与庶、公婆与子媳、主人与奴婢等各种关系皆有“君臣之义”，就连“宗”、“父”、

---

① 参见马克思：《摩尔根〈古代社会〉一书摘要》，人民出版社，1965 年，第 38 页。恩格斯：《家庭、私有制和国家的起源》，《马克思恩格斯选集》第 4 卷上，人民出版社，1972 年，第 53 页。

“夫”、“伯”、“男”、“嫡”、“主”等相关汉字也均有“君”的义项。这种家庭的基本等级结构是其他重要的社会等级结构的根源，其统治模式是国家统治模式的缩影，其伦理道德理念是其他社会道德和政治道德的基础。

在这样的历史条件下，家庭组织通常兼具社会组织和政治组织双重属性。家庭（家族、宗族）制度不单纯是一种社会现象，还是一种重要的政治现象。就连国家制度也被打上“家”的烙印，“家邦”、“家国”、“宗邦”、“宗国”、“邦家”、“国家”之类的国家概念及“家君”、“宗君”、“君父”之类的君主称谓都是这一政治传统和文化传统所铸就的文化符号。中国古代政论中的“孝治天下”之“孝”，就是与这种社会政治体系相匹配的，可以定性为宗法社会及宗法政治之“孝”，亦可简称为宗法之“孝”。

许多学者将以“儒家之孝”为典型代表的宗法之“孝”及由其派生出来的“礼”和“仁”说成是中华民族的“文化基因”，这一类观点及其所凭依的文化理论存在历史逻辑的悖谬。一部人类社会历史的演化过程告诉我们：社会形态及相应的家庭制度的属性决定“孝”的属性。一旦旧的社会形态被新的社会形态所取代，与旧的社会形态相匹配的核心价值就会被广大社会人群所弃置。这就意味着旧的文化传统中的本质性要素不再传承。在华夏大地，母系社会之“孝”的传承时间以万年乃至数十万年计。自步入父系社会，母系社会之“孝”便被弃置，而宗法之“孝”成为新的文化传统。就连不具有政治属性的父系氏族社会之“孝”，与具有强烈政治属性的王制宗法政治之“孝”，及后来的“儒家之孝”，也有重大差异。中国现代进程起步之后，与君主制度、宗法制度、等级制度相匹配的“儒家礼教”及其“孝道”逐渐被弃置。当下中国通行的“孝”与“儒家之孝”有本质的差异。从原始之“孝”到宗法之“孝”，从宗法社会及宗法政治之“孝”到现代社会之“孝”，中华文化体系的本质性变异及原有文化传统的核心价值之不传有其深刻的社会历史动因。上述重大历史现象表明，所谓“文化基因”是一种伪理论和一个假问题。在当下的各种文化研究中，由这一类伪理论衍生出来的假问题还有很多。

“孝”具有地域性。地理环境也是一种客观性历史因素。在塑造人类群体的生活方式及社会观念方面，地理因素发挥着极其重要的作用。地理环境的差异必然导致人类社会文化的分化，进而造就区域文化，形成文化的空间性差异。因此，“孝”有明显的地域性差异。

人类文化的最初分化，主要与不同群体生活地域的自然环境差异密切相关。各种文化的演进也深受地域及自然环境因素的制约。例如，地理因素注定了早期社会的经济条件，导致一些族群只能以放牧牲畜为生，而另一些族群能够以种植粮食为生。在父系社会，农耕定居的族群更容易形成严整的宗法制度及宗法观念，而游牧族群在这方面则稍逊一筹。典型例证，莫过于生活在中国大地的中原农耕族群与北方游牧族群分属两大文化类型。

在制导亲子规范演进的各种客观性历史因素中，时代性因素的作用比地域性因素的作用要大得多。一般说来，地域文化及族群文化的本质属性取决于社会形态的本质属性。典型例证莫过于在社会形态演化的同一历史阶段，不同地域、不同族群的“孝”有共同的本质属性，其主要内容大同小异。例如，在春秋战国时期，华夏大地的中原地区与毗邻的东南西北地区，形成众多差异明显的地域文化及族群文化。地理环境显然是造成差异的重要原因之一。但是，凡是步入宗法社会并推行宗法政治的地域及族群，维护君权、父权、夫权、男权是共同的秩序法则及核心价值，与之相匹配的“孝”也必然遵循共同的秩序法则及核心价值，因而各种地域文化及族群文化的特色主要表现在一些具体的礼仪制度、风俗习惯、道德规范上，不属于本质属性的差异。

在评说先秦地域文化及族群文化的特征时，许多学者深受中原族群的“礼仪之邦”之类提法的误导，误读“华”、“夏”、“夷”、“戎”、“狄”、“蛮”、“羌”、“苗”、“黎”等一批族群概念，进而误判许多地域及族群的发展程度及文化特征。例如，为数众多的秦史研究者用“宗法观念淡薄”、“伦理观念淡薄”评说发端于“戎夷”的嬴秦文化和崛起于西部的秦国文化。有的甚至认为，不讲宗法、不重伦理是秦文化的特质或最基本的特征。这一类评说显然不符合历史事实。

实际上，嬴秦先民很早便步入宗法社会并推行宗法政治。在西周、春秋时期，秦国政治制度也属于家国同构、家国一体类型，并深受西周制度及文化的影响，其礼乐制度与西周大同小异。楚、吴、越、中山等“蛮”、“夷”、“戎”、“狄”亦然。这样的族群及国家怎么可能不讲究宗法，不重视伦理？正确的评说应当是：先秦的众多地域及族群都有各自的政制、宗法、礼仪、风俗及“孝”，形成了各有特色的族群文化和区域文化。流行于不同族群及不同地域的“孝”在许多具体内容及具体形式上有显著差别，而其本质属性及核心价值却是大体相同的，都属于宗法社会及宗法政治之“孝”。换言之，与“孝”相关的文化差别是族群性、地域性的，不是时代性的。

即使生活在同一时代的同一地域，不同族群、不同主体也会对“孝”有各自的设定。例如，占据中原之后，金朝的民族构成相当复杂，主要有以女真族为代表的北方民族和以汉族为代表的中原民族。女真族之“孝”与汉族之“孝”既有共同的时代属性，又有明显的民族差异。金世宗就曾指出，女真族之“孝”不比汉族之“孝”差，在某些方面甚至略胜一筹。有一次，金世宗与群臣论说汉族经籍与女真道德，他说：

> 经籍之兴，其来久矣，垂教后世，无不尽善。今之学者，既能诵之，必须行之。然知而不能行者多矣，苟不能行，诵之何益。女直旧风最为纯直，虽不知书，然其祭天地，敬亲戚，尊耆老，接宾客，信朋友，礼意款曲，皆出自然，其善与古书所载无异。汝辈当习学之，旧风不可忘也。[①]

金世宗一方面命人将“五经”、《论语》、《孝经》等翻译成女真文字，希望女真人“知仁义道德所在”[②]，另一方面叮嘱皇太子“无忘祖宗纯厚之风，以勤修道德为孝，明信赏罚为治”[③]。

在中国古代，上述事例不胜枚举。这些事例表明，在影响亲子规范演进的历史因素中，不仅有诸多客观性因素，还有很多主观性因素。正是这些因素的交互作用，导致“孝”的历史类型数量繁多，性质各异，千变万化，千姿百态。

三　影响亲子规范演变的主观性历史因素

人类有主观能动性，可以创造既适应客观条件，又契合主观诉求

---

① 《金史》卷7《世宗本纪中》，第106页。

② 《金史》卷8《世宗本纪下》，第120页。

③ 《金史》卷6《世宗本纪上》，第98页。

的文化。在既定客观历史条件下，人的主观性会造就形形色色的文化类型。就连同一时代、同一地域、同一族群也会有文化类型的分化。这就势必为在人类社会普遍存在的“孝”染上极其丰富的主观色彩。人类主观性的成因极其复杂，且因时、因地、因人而异。因此，影响亲子规范演变的主观性历史因素很多，常见且重要的有族群性历史因素、信仰性历史因素、思想性历史因素、个体性历史因素等等。

“孝”具有族群性。族群是具有某种特定主观性的社会群体。不同族群所设定的亲子规范及评判尺度有明显差异。族群之“孝”对族群成员的心理文化、社会行为及道德评判有重要的制导作用，进而对族群之“孝”的历史性变化产生深刻的影响。

这里所说的族群既包括“中华民族”之类的超民族族群，“汉族”、“满族”、“回族”、“藏族”之类的民族族群，也包括宗族、社区、社团、会党、宗教之类基于血缘的、地域的、经济的、社会的、政治的、思想的、信仰的、情感的原因而形成的形形色色的社会群体。自从人类分化为不同的族群，不同的族群有不同的生活方式及历史传统，文化便分化为不同的族群文化类型。族群及族群文化是特定历史因素及特定历史过程的产物。一旦族群及族群文化类型形成，就会深刻影响亲子规范的设定及演变，为“孝”打上族群文化的烙印。民族之“孝”最为典型。在特定历史因素制导下，民族及民族文化类型不仅经历了漫长的形成过程，而且经历了漫长的传承及演变过程。形形色色的民族及民族文化类型为研究“孝”的族群性及其历史变迁提供了重要素材。

作为一种历史文化现象，“孝”有鲜明的族群属性及主观色彩。一般说来，有多少种族群，便有多少种族群之“孝”。典型例证，莫过于世界各地、各国、各民族的亲子规范及评判尺度可谓类型众多，气象万千，百花齐放，各有优长。

以当代中国为例，中华民族分为五十六个民族，每个民族都有各自设定的“孝”及相关的文化传统，其民族属性有明显差异。不仅如此，同一民族之“孝”也会有族群分化。现代汉族的大多数人有共同的民族认同，而在地域差别、城乡差别、代际差别、信仰差别、知识背景差别、党派差别等各种主客观因素影响下，汉族的不同群体对“孝”有不同的设定及评判尺度。近年来，一些学校或地方政府要求学生或社区群众诵读《孝经》《弟子规》等，这种做法引发广泛争论，大量批评文章见诸报刊杂志及互联网。某地方政府宣布要依据“孝德”考察选任干部，也在媒体及互联网引起了激烈的争论。围绕“儒学”的学术之争也涉及对“儒家之孝”的历史作用及现代意义的主观判断，可谓百花齐放，百家争鸣。在社会日益多元化的今天，这一类的现象越来越显著。实际上，这也是世界性的历史现象，并非当代中国所独有。

近年来，在文化研究中流行一种大而化之、似是而非的“文化识别”、“文化解释”，最典型的莫过于“西方文化”与“东方文化”天生便“如何如何”、自古便“如何如何”的评说。这一类“文化识别”源于西方主流学术为论证欧洲中心论及所谓的“普世价值”而提出的文化理论，其概念设定有很强的主观臆断性，其学术逻辑及主要理据也大多站不住脚。受这一类文化理论的影响，许多中国学者也接受了族群及地域文化类型具有永恒性的说法。他们大讲中华民族天生便“如何如何”、自古便“如何如何”，然后将“儒学”及“儒家之孝”说成是中华民族的“文化基因”、“优秀传统”、“核心价值”、“精神家园”。这一类说法不仅违背历史事实，缺乏历史感和现代意识，而且既不尊重主体民族汉族之外的许多民族，也不尊重汉族内部的许多族群。

正如许多学者所指出的，滥用“西方文化”这个概念会导致许多谬论。横向看，在西方的历史上，各种主客观历史因素曾造就了差异明显的族群及地域文化类型，为数众多的族群及地域文化类型曾并存于欧洲各地。纵向看，“西方文化”也经历过重大的历史变迁。社会形态本质属性的变化，导致中世纪的“西方文化”与近现代的“西方文化”有本质属性的差异。“西方文化”即使有同一性，也主要是时代性的。现代西方社会大体相似的主流文化是步入近现代以来才逐步形成的。只要大致浏览一下西方各国的通史，便不难了解到相关的历史事实。“东方文化”这个概念更容易被滥用。原因很简单：除了属于时代性的共性之外，人们很难毋庸置疑地界说和辨析“东方文化”的多样性与同一性的关系。

就本文论题而言，中世纪的西方之“孝”，无论何种宗教、族群、地域之“孝”，都可以归入宗法社会之“孝”，在维护宗法秩序及父权、夫权、男权方面与“儒家之孝”异曲同工。由此可见，中世纪西方之“孝”

与现代西方之“孝”有本质属性的差异。研究者必须充分注意到，“孝”的族群性也无法摆脱时代性的制导。

“孝”具有信仰性。信仰是重要的文化现象，也是一种主观性极强的历史因素。一种信仰体系对其信众的社会观念及行为有很强的规约、制导、控制作用，很容易形成群体性的心理文化和主观意志，甚至可以形成长期制导社会及其历史演化的主观性极强的习惯势力。具有强烈排他性的宗教团体及宗教信仰最为典型。极端宗教思想甚至可以蛊惑、控制、驱使其信众，具有欺骗性、政治性和暴力性。因此，宗教之“孝”为研究信仰性历史因素的作用提供了典型例证。

宗教是一种重要的文化现象、社会现象和政治现象。宗教以信仰的方式解释自然、社会、人生，进而设定宗教信条及社会规范。宗教组织具有社团的属性。宗教团体还往往发挥某些政治功能，甚至可以导致政教合一。因此，每一种宗教教义都必然包含社会政治规范，并设定类似“忠信孝悌礼仪廉耻”的宗教道德准则。在各种宗教的经典中都有与其宗教教义密切相关的亲子规范。这就是说，每一种宗教都会造就独具特色的信仰之“孝”。

“孝”的信仰性也无法摆脱时代性的制导。在世界各地的古代社会，宗教支配社会乃至国家政治是一种普遍现象。在步入近代以前，欧亚大陆自东向西形成若干文化高度发达的核心区域。这些区域的文化类型各具特色，却都属于宗法社会，都实行君主专制，都建立了帝制国家，也都曾出现信仰性历史因素发挥重大制导作用的政教合一或类似政教合一的历史现象。但是，无论类似宗教的中国儒教（辅以道教、佛教），还是西方的基督教、中东的伊斯兰教、南亚的印度教及佛教，其设定的“孝”都与宗法社会相匹配，并借助政教合一的国家权力强制推行。在各种宗教法律中，这一点表现得尤为突出。由此可见，在世界古代史上，维护父权、夫权、男权，并强调父对子的等级特权和子对父的个人义务，并非儒教社会及国家所独有；在基督教社会及国家、伊斯兰教社会及国家、其他宗教社会及国家，这都是一种核心价值观。时代性历史因素是造成这种历史现象的主要原因。这也是判定文化类型及“孝”的本质属性通常取决于社会形态的本质属性的重要理据之一。

大量历史事实告诉我们，宗教之“孝”具有鲜明的时代性。中国的道教是典型例证之一。道教产生于华夏本土，颇具汉族文化特色。从产生之时起，道教就具有显著的“忠孝之教”的特征，故鲁迅有“中国根柢全在道教”[①]之论。

产生于汉代的《太平经》是道教早期经典，其内容有鲜明的宗教特色，因植根于民间，贴近社会大众，许多思想与“儒家经典”及汉代经学有明显的差别。但是，《太平经》极力维护宗法社会及宗法政治之“孝”，反复强调“天官重孝顺”[②]，忠君孝父亦是成仙的必由之路。在《太平经》的作者看来，阴与阳的地位是不相等的，“阳者尊，阴者卑”[③]。具体到各种社会政治关系，“阳者为天、为男、为君、为父，为长、为师，阴者为地、为女、为臣、为子、为民、为母”[④]，归类于阳的支配归类于阴的。“故天道制法也，阴职常当弱于阳。比若臣当弱于其君也，乃后臣事君顺之；子弱于其父母，乃子事父母致孝也。如强不可动移者，为害甚深剧”[⑤]。在家庭中，男女、夫妇、父母、父子分别与天地相对应，男与女、夫与妇、父与母、父与子类同于天与地的关系，他们之间的尊卑贵贱之别是与生俱来，不可改变的。与此相应，忠信孝悌等道德规范符合天意。“天地最以不孝不顺为怨”[⑥]。不忠不孝必将受到天的惩罚，而孝的核心是顺从，即“子承父教，当顺行之”[⑦]。这就将“三纲六纪”说成是必须遵守的天条戒律。只要比较一下《太平经》与《白虎通》的“孝”及“孝治”理论，就会发现：《太平经》社会观念及政治思想的基础框架、基本思路和重要内容并不违背汉代统治思想设定的各种基本法则，其中契合程度最高的当属“孝”及“孝治”理论[⑧]。任继愈指出，《太平经》“是儒教的补充和后继者”[⑨]。这是颇有道理的。

魏晋南北朝以来，道教跃升为与儒、佛并列的大型宗教。两晋之

---

① 鲁迅：《致许寿裳》，《鲁迅书信集》上卷，人民文学出版社，1978 年，第 18 页。

② 王明编：《太平经合校》卷 114《不可不祠诀》，第 605 页。

③ 王明编：《太平经合校》卷 36《分别贫富法》，第 33 页。

④ 王明编：《太平经合校》卷 69《天谶支干相配法》，第 271 页。

⑤ 王明编：《太平经合校》卷 36《事死不得过生法》，第 51 页。

⑥ 王明编：《太平经合校》卷 45《起土出书诀》，第 115 页。

⑦ 王明编：《太平经合校》卷 50《去邪文飞明古诀》，第 169 页。

⑧ 张鸿：《〈太平经〉政治思想研究》第三章《家国一体：政治思想的社会依据》，南开大学出版社，2017 年。

⑨ 任继愈主编：《中国哲学发展史(秦汉卷)》，人民出版社，1985 年，第 655 页。

际的葛洪，东晋的杜子恭，北魏的寇谦之，南朝的陆修静、顾欢、陶弘景等，在整顿道教组织、完善宗教教义、编纂道教经典、完善教规教仪、编造神仙谱系等方面贡献良多。当时的著名道教学者大多儒道兼修，在政治思想上主张大兴儒教，维护纲常。到唐朝，道教被正式尊为皇家宗教。在唐、宋、元、明，著名道教学者大多倡导“三纲五常”，与宋明理学家的主张大体相似。简言之，在“纲常”、“孝”及“孝治”问题上，道教与儒教始终保持高度的同一性。这种现象为认识“孝”的时代性提供了重要的事实依据。简言之，一种信仰之“孝”的本质属性，取决于这种信仰所维护的社会形态的本质属性。

“孝”具有思想性。思想是人类特有的禀赋，属于一种认识性的精神活动。思想的各种成果，包括形成的观点、提出的主张、表达的观念、论证的学说等等，都是一种主观判词。亲子规范是任何思考社会政治问题的思想家都无法回避的重大课题。他们的答案因人而异，这就必然推出形形色色的思想之“孝”。

社会不断演进，亲子规范亦随之不断演进，不会僵固不变。人的思想对社会政治的任何变动都极其敏感，并寻求应变之策。面对社会政治的剧变，即使思想守旧的人也会有所变通。在各种主客观因素影响下，人们的基本取向、思想形式及具体主张会因人而异。因此，思想之“孝”呈现时代性和多元性。

思想往往有鲜明的时代色彩。在社会发生重大变革的时期，总会涌现出一些目光敏锐、实事求是、积极进取、锐意变革的思想家，他们的理论创新也会推动社会变革。因此，思想之“孝”有与时俱进的特点。

春秋战国时期的百家争鸣，是思想之“孝”与时俱进的典型例证。在王制向帝制演进的过程中，与“孝”相关的政治文明新进展主要体现在三个方面，一是“贤贤”的郡县制度及官僚制度逐渐取代“亲亲”的分封制度及世官制度，国家结构及政权组织的宗法属性明显弱化，家族在国家政治生活中的地位有所下降，宗法在政权组织原则中的作用范围显著收缩，因而“孝”的政治属性也有所弱化；二是国家治理体系从注重“礼治”向强化“法治”演进，“孝治”的法制化程度明显提高；三是变法运动具有改革家庭制度的意义，核心家庭成为合法的家庭形式和赋役单位，基层社会的亲子规范及道德观念发生了相应的变化，国家的相关法律也有所变化。

对这一新的进展，思想家们有显著的反应，推出一批既契合政治进程，又有各自特点的“孝治”理论。先秦诸子大多主张改造王制“孝治”。管仲将弘扬孝道视为富国强兵、称霸天下的关键性措施，他弘扬孝为德本理念，推行选任孝悌者的政策，大力推动任用贤才的政治体制改革；老聃反对强制推行“忠孝仁义”，主张回归“自然”之“孝”；孔丘倡导损益周礼，强化仁爱，主张中央集权及尚贤政治，他赞扬齐桓公和秦穆公的霸业，肯定郑国子产的法制改革；墨翟改造“孝治”理论，主张推行“尚贤”政治，强化“兼爱”与“刑政”在社会政治生活中的作用。管仲、老聃、孔丘、墨翟都生活在社会大变革的初期，他们的思想都符合时代潮流的大方向。

商鞅与孟轲为研究思想之“孝”的时代性与多元性提供了颇具典型意义的例证。商鞅与孟轲都生于战国初期帝制形成之时，商鞅的年龄可能略长于孟轲。商鞅倡导“更礼”、“变法”，推行新的政治体制，他将“法”置于“孝”之上，积极推动“孝”及“礼”的法制化，主张“孝”适度退出政治领域。而孟轲倡导恢复“五等之制”，主张维护大家族的政治地位，他将“孝”置于帝王之道的核心位置，主张仿效五帝三王，全面推行“孝治”。两种思想之“孝”有重大差异。但是，历史的巧合导致张扬“刑名之学”的《商子》(《商君书》)和张扬“仁义之道”的《孟子》恰好与帝制同时问世。前者为帝制的形成与发展提供了理论指导，后者在宋、元、明、清的帝制国学占据了至高无上的地位。二者相反相成，都堪称“帝典”。

一些著作中人身攻讦的现象，也是研究思想之“孝”的时代性与多元性的重要素材。典型例证莫过于《孟子》。孟轲以卫道士自居，谩骂杨朱、墨翟，他说：“杨氏为我，是无君也；墨氏兼爱，是无父也。无父无君，是禽兽也。”[①]然而，只要大致翻检一下《墨子》的《兼爱》《尚同》诸篇，就会发现，墨翟也认为“孝治”是“圣王之道”，抨击“入则不慈孝父母，出则不长弟乡里”[②]的行为，将“臣子之不孝君父”[③]视为

---

① 《孟子·滕文公下》，朱熹：《四书章句集注》之《孟子集注》卷6，第272页。

② 《墨子·尚贤中》，孙诒让：《墨子间诂》卷2，第54页。

③ 《墨子·兼爱上》，孙诒让：《墨子间诂》卷4，第98页。

社会动乱的根源。他主张天子、三公、诸侯、卿之宰、乡长、家君等各级政长，借助“刑政”，以强制性的“尚同”，推行“兼爱”政治，使“君臣父子皆能孝慈”[①]，进而达到天下大治。显而易见，墨翟之“孝”也属于宗法社会及宗法政治之“孝”，与孟轲之“孝”并无本质属性的差异。孟轲之所以指斥墨翟“无父”，是因为“兼爱”之“孝”的等级观念相对弱化，不符合孟轲心目中的重视等级的“孔子之道”。类似的攻讦在“儒家”内部也很常见，所谓“议礼如聚讼，断礼如听讼”。这一类历史现象表明，即使本质属性相同的思想之“孝”也会有重大差异，就连可以归入同一学派的思想之“孝”也会有明显差异。

某种思想成果不仅会深刻影响思想者本人的意志和行为，而且会经过传播而影响他人的意志和行为。有一定社会影响的思想成果还往往转化为群体性乃至信仰性的历史因素，对社会历史进程产生重大影响。“儒家之孝”的历史境遇是典型例证之一。自春秋战国以来，“儒家之孝”逐步成为占统治地位的思想学说，进而导致儒教演化成具有浓厚信仰色彩的帝制意识形态，就连道教、佛教等各种宗教之“孝”也深受其影响。

任何时代都会产生与当时的社会形态或政治制度格格不入的思想家。中国古代的无君论者是典型代表。最著名的无君论者是魏晋之际的阮籍、两晋之际的鲍敬言和唐末的无能子。他们认为，天地万物，同出自然，自然秩序原本是一种无差别的状态，纯任自然的社会秩序是最理想的。宗法制度、君主制度、等级制度违反天道与人性。自从有了这一类的制度，人类的境遇越来越糟。无能子明确指出：人类的等级之别及君臣父子规范和纲常伦理都是圣人强加于人类的。圣人强行分辨“夫妇之别，父子兄弟之序”，破坏了人与人之间的平等关系，“于是有君臣之分，尊卑之节”，进而有了“贵贱之等”、“贫富之差”[②]。区别君臣、父子、夫妇，宣扬纲常名教，愚弄人心，离间世人，这是圣人的重大罪过。“夫无所孝慈者，孝慈天下；有所孝慈者，孝慈一家。一家之孝慈未弊，则以情相苦，而孝慈反为累矣。弊则伪，伪

① 《墨子·兼爱上》，孙诒让：《墨子间诂》卷4，第100页。

② 《无能子·圣过》，王明校注：《无能子校注》，中华书局，1981年，第2页。

则父子兄弟将有嫌怨者矣”[1]。圣人强调血亲关系及亲疏之别，导致人们不能平等地对待一切人。这势必离间父子兄弟，使人变得虚伪，进而给人类社会带来无限的苦难。无能子之“孝”类似原始社会的自然之“孝”。这种“孝”与中国古代主流文化的“孝”有本质属性的差异。

“孝”具有个体性。一般说来，同一时代、同一地域、同一信仰、同一思想等主客观历史因素，会促使一定族群中的多数个体认同并遵守同一类亲子规范。但是，某种“孝”的历史命运，归根结底取决于社会个体的选择、认同和遵守。这就决定了“孝”具有个体性。

个人的道德选择有很强的主观性。即使信仰相同，具体的道德选择也会因人而异。例如，在古代儒者群体中，“忠君”与“孝父”的取舍始终是众说纷纭的话题。“忠孝不可两全”也常常使一些人面临道德选择的两难困境。典型事例之一，是围绕张居正应当依制“丁忧”还是为国“夺情”，朝野上下议论纷纷，就连张居正的一些得意门生也激烈抨击张居正“不孝”。这场轩然大波严重影响了张居正主持的改革大业，成为导致大明王朝衰亡的重要原因之一。

“孝”的个体性往往会向群体性转化。如果某些个体提出的“孝”更契合历史进程，某些个体的道德选择更有利于个体及群体的生存与发展，那么人们也会追随、响应、效仿，形成新的族群之“孝”。在社会形态新旧交替的历史阶段，这一类的现象尤为显著。一旦广大社会群体接受了新时代的“孝”，旧时代的“孝”必然被弃置。中国现代之“孝”逐步形成的历史过程是典型例证。

正如许多学者所指出的，甲午战争之败是国家之败、制度之败、文化之败。至迟到 20 世纪初年，一些先驱者便明确提出实行家庭革命的主张。例如，丁初我的《女子家庭革命说》发表于《女子世界》1904 年第 4 期，李石曾（笔名“真”）的《三纲革命》发表于《新世纪》1907 年第 11 期。这一类的文章越来越多，汇聚成思潮。一篇题为《论道德》的文章写道：“有天然之道德，有人为之道德。天然之道德，根于心理，自由平等博爱是也；人为之道德，原于习惯，纲常名教是

---

① 《无能子·质妄》，王明校注：《无能子校注》，第 11 页。

也。天然之道德，真道德也；人为之道德，伪道德也。”[1]自辛亥革命、新文化运动、五四运动，到中国特色社会主义制度的建立及社会主义核心价值观的提出，中国的社会形态，包括经济模式、社会结构、政治制度和文化体系，发生了翻天覆地的变化，推动了中华民族的复兴。在这个社会历史条件下，中国现代之“孝”取代了中国古代之“孝”。新的时代之“孝”获得大多数人的认同，成为现代中华民族之“孝”，国家还制定了一套与之相匹配的法律规范。

在本质属性、思维方式、核心价值、适用范围上，中国古代之“孝”与中国现代之“孝”都有根本性的差别。

中国古代之“孝”与建立在传统农耕经济基础上的君主制度、等级制度、宗法制度相匹配，“家国天下”、“五等之孝”及“忠孝一体”是重要的政治法则和政治规范。而中国现代之“孝”与建立在社会主义市场经济基础上的中国特色社会主义制度相匹配，“孝”不再是政治法则和政治规范。

中国古代之“孝”的思维方式是“家国一体”、“君亲一致”、“君父一道”、“臣子一理”，上下、尊卑、贵贱有别，“父子如君臣”，“君臣如父子”，故“忠孝一体”，“移孝作忠”，“孝有五等”，亲子规范也有统治与被统治的属性。而中国现代之“孝”的思维方式是国家公民、家庭成员一律平等，即使父母对未成年子女的监护权也不具有统治与被统治的属性。

中国古代之“孝”的核心价值是“君君、臣臣、父父、子子”、“三纲五常”及“为子为臣，惟忠为孝”，而中国现代之“孝”的核心价值是自由、平等、民主、法治。

中国古代之“孝”普遍适用于形形色色的“君父”，涵盖亲子、尊长、师徒、君臣等家庭、社会、国家中的各种尊卑等级关系，国家法典有相关的律条，并将“不孝”列为“十恶不赦”之罪。而中国现代之“孝”的适用范围退出政治领域，回归家庭伦理，只是单纯的亲子规范，人们无须“孝敬”国家元首、各级领导及非亲属关系的师长，国家法律只惩处虐待、遗弃、不抚养父母的行为。

在许多重要的具体规范上，中国古代之“孝”与中国现代之“孝”

---

① 愤民:《论道德》,《克复学报》第 2、3 期，1911 年 8、9 月。

也有重大差别，从而导致面对同一行为，古代人与现代人的道德评价会有重大差异甚至截然相反。例如，在中国古代，“父母之命，媒妁之言”是公认的评判婚姻合法性的尺度，除虞舜之类的“圣人”之外，未经父母允许，男女自主婚姻是不合法、不道德的行为，一律属于“不孝”、“淫奔”、“忤逆”，会招致舆论的谴责乃至法律的惩处，《孟子》之类的“儒家经典”为这一道德判断提供了经典依据，国家法典也有禁止与惩处自主婚姻的律条。而在现代中国，男女自由恋爱结婚是道德的，既属于公序良俗，符合现代价值观，也为舆论所赞赏，并受到《婚姻法》的保护，《中华人民共和国宪法》为这一道德判断及法律判断提供了权威性依据。这一类例证不胜枚举，只要把《孝经》之“孝”与现代之“孝”逐条比对一下，就会找到许多。简言之，中国古代之“孝”的重要规范大多已经被现代中国人抛弃，并彻底丧失了继续传承下去的社会条件。这是“孝”的时代性所注定的。

人类的一切道德范畴都是历史范畴，这就注定了“孝”也是一个历史范畴。历史的经验告诉我们，人类社会从来没有一成不变的“孝”。同是一个“孝”字，内涵与外延会由于时代的、地域的、族群的、信仰的、思想的、个体的原因而有所不同，彼此之间的差异有时甚至可以用“天壤之别”来形容。在人类历史上，某一种“孝”既可能是好东西，也可能是坏东西，是好是坏还会因社会历史的变化而变化。因此，研究者不能一见到“孝”字便轻率地做出历史判断和文化判断。某一种“孝”的是非曲直及其历史作用和现代意义，必须从历史的角度予以客观、全面、准确地评判。具体问题具体分析，这是一切旨在求实求真的研究者所必须遵循的学术法则。

政治文化符号视角的“民”字核心词义解读

《政治文化符号视角的“民”字核心词义解读》一文发表在《人文杂志》2007年第6期。政治范畴是政治理论体系的基础性构件。它们都是思想家思考各种政治问题所形成的主观判词，其问题意识、思维方式和表述形式可以集中体现某种理论体系的一般特征。综合运用各种学术方法，逐一考察每个政治范畴的提出、演变、内涵、义项、功能，是中国政治思想研究的基础性工作。这篇论文的方法论特点是引进了政治文化符号的研究视角。

在中国古代政治文化符号和政治范畴体系中，“民”的地位至关重要，对其核心词义的解读有助于准确地理解和评说有关“民”的各种思想现象。

“民”是一个独体显像的象形字。与其他象形字一样，造字者因物赋形，勾勒“民”的形象以表达其词义。他准确具体地体现了事物的感性特征，所以当时的人们望其形便可知其义。后世的学者纷纷通过分析字形，推本求源，解读“民”的造字之义，阐释其意义源头。但是，甲骨文有无民字尚不能确知。关于古民字的形象特征、早期文献中民字的涵义和春秋以前民的身份等，学者们的认识也有重大分歧。由于史料的局限，我们对民字造字之时的字形及与原始字形最贴切的义项，一时还无法做出确凿无疑的回答。因此，这里侧重考察

“古人如是说”,从中感悟作为政治文化符号和重要政治范畴的民字的核心词义。

对于民字的词义特点及其作为社会角色符号的文化意蕴,可以从这个字的形象词义、读音词义、描述词义、指代词义、评价词义、引申词义等不同角度体认。这几种词义综合展示了民的词义特点,它们生动形象地阐释了一切可以称之为“民”的社会角色的基本特征。民字具有很强的符号性,其字形、读音、词义都表明,它原本就是为一些愚氓创造的。

一　形象词义:“古文民也,盖象萌生繁芜之形”

形象词义可以借助象形字的字形展示。字形是一个字的书面形式。汉字的字形大多与对象的形象或属性有关,其中象形字通过直接描写客观事物的形象特征来表达词义,因此人们可以据形索义。一个象形字的形象特征是对客观事物的再造。再造包括三个内容:一是摹拟对象的形象或勾画其主要特征,二是把感情注入形象,三是从形象概括出观念。由此形成的意义构成这个字所表达的词义的核心部分。古代学者对于民字的字形有所解读。其中与民字的常见词义最贴近的有以下三类说法。

第一类说法以“萌”、“蒙”诠释“民”的群体形象。

许慎的《说文解字》是典型代表。《说文解字·民部》:“民,众萌(一作氓)也。从古文之象。”段玉裁注:“盖象萌生繁庑(芜)之形。”[①]民,又称萌、民萌、萌隶、萌黎、群萌、兆萌、萌俗等。《说文解字·艸部》:“萌,草木芽也。”[②]萌本义为草木初生的萌芽,亦可以用为民、氓、甿的同义词。《说文解字》是古代最具权威性的小学著作之一,其影响也最广泛。因此,古代学者大多认为,民字最初的字形具有万物萌生、繁衍众多的意蕴。朱骏声说:“按古文民从母,取蕃育也。上下众多意。”[③]在中华元典中,民字确有这类用法。如《诗经·周颂·载芟》以“民民”(一作“绵绵”)形容众多绵密之意。以众萌、群萌诠释民

① 《说文解字·民部》,段玉裁:《说文解字注》卷24第12篇注下,第627页。

② 《说文解字·艸部》,段玉裁:《说文解字注》卷2第1篇注下,第37页。

③ 朱骏声:《说文通训定声·坤部第十六》“民”字条,武汉古籍书店,1983年,第838页。

字着意于描绘芸芸众生的群体形象。

萌亦作蒙。"蒙蒙"为萌生繁茂之状。"兆蒙即兆民"[①]。民亦可称为蒙、群蒙、兆蒙、蒙俗。蒙有蔽、翳、暗、昧、欺、冒、犯、稚等义项。《尚书·伊训》:"具训于蒙士。"孔安国传:"蒙士,例谓下士。"孔颖达疏:"蒙,谓蒙稚,卑小之称。"[②]蒙士为下士之名,蒙稚为卑幼之称,童蒙为暗昧之意,蒙昧为幼小之象。以萌、蒙作为人际称谓,贬义自在其中。

第二类说法以"氓"、"甿"诠释"民"的身份形象。

萌字与甿同[③]。氓、甿、萌、民读音相同,可以互训,亦可以互为假借字。在文献训诂中常常可以见到"萌作氓"、"萌作民"、"氓作萌"、"氓作民"、"氓作甿"、"甿作氓"的说法。氓、甿是民的同义词。前者以民为形符,后者以田为形符,都展示了民的身份形象。

氓是民的别名,亦可以作为民之总名。《说文解字·民部》:"氓,民也。从民,亡声。读若盲。"[④]氓的主要词义是凡庶、平民、百姓。氓庶、氓黎、氓隶等皆为百姓、庶人之称,而氓氓为群黎、群萌之称。在民的各种同义词中,氓着重标明民的田野村夫的形象,还多在外来之民的意义上使用。《孟子·滕文公上》:"愿受一廛而为氓。"赵岐注:"氓,野人也。"[⑤]民众中的大多数居于乡野,故野民曰氓。

甿、甿隶特指在田野之中植桑种谷的农夫。《说文解字·田部》:"甿,田民也。从田,亡声。"[⑥]这个字以田为形符,着重标识田民务农的从业特征。民众的绝大多数属于农业劳动者。因此,古代学者常以俯首力作来解读民的形象。《管子·揆度》:"良萌也,力作者也。"[⑦]在文献中,常常以"采桑力作"、"耕田力作"、"昏晨力作"描述农夫小民、田夫蚕妇、百姓民众。这类用法也含有贬低之义。中早期民众的大多数是农奴或奴隶,文献中多有"民献"、"献民"的记载。民

---

① 方以智:《通雅》卷7《释诂·謰语》,中国书店,1990年,第98页。

② 《尚书·伊训》,孔安国传、孔颖达疏:《尚书正义》卷8,第245、246页。

③ 《汉书》卷55《霍去病传》"及厥众萌",颜师古注,第1889页。

④ 《说文解字·民部》,段玉裁:《说文解字注》卷24第12篇注下,第627页。

⑤ 《孟子·滕文公上》,赵岐注、孙奭疏:《孟子注疏》卷5下,《十三经注疏整理本》,北京大学出版社,2000年,第170页。

⑥ 《说文解字·田部》,段玉裁:《说文解字注》卷26第13篇注下,第691页。

⑦ 《管子·揆度》,黎翔凤:《管子校注》卷23,中华书局,2004年,第1386页。

的初字很可能是这类社会角色的象形。因此，一些学者认为，钟鼎文的民字“从女象械双足之形”[①]，其本义是指一群被人捆绑牵曳的奴隶。

第三种说法以“盲”、“瞑”诠释“民”的心智形象。

萌、氓、甿、盲声义并同，古皆通用[②]。用这类字眼称呼民众有以聋瞽形象类比民众心智的意味。《新书·大政下》：“民之为言也，瞑也；萌之为言也，盲也。”[③]所谓“盲”未必是有生理缺陷的盲者。“盲目”一词可以比喻认识不清晰。“瞽说”一词指没有认识能力的人的不达事理的言论。目无眸子、视无所见、暗昧无识、不辨青黄、不知古今、不识道理等皆可谓之“盲瞽”。“盲”正是在心智缺陷的意义上赋予萌俗、氓隶等芸芸众生的形象特征。

“民”的最初形象很可能与人为致残的生理缺陷有直接关联。以郭沫若为代表一些学者认为，民字“象利刃插入左目而盲之”，或者“象睛珠流下之目形”[④]。刺目、断臂、械足、黥面等，都是早期社会管束奴隶及其他卑贱者的常见手段。从有关人类社会早期历史的许多记载看，将奴隶刺残一目（或断一臂、锯一足）而役使之的历史现象确实曾经存在过。这种现象很可能一度成为役使强悍战俘、奴隶的常态。在古代学者对民字的意义解读中，盲目蒙昧者的形象也跃然纸上。因此，郭沫若等人的观点是颇有道理的。

一批经典文献及其注疏对古民字形体、本义的解释未必契合先民的创字意图和本义设定，却对汉唐以来政治观念有重大影响。从文化符号的角度看，他们的解读在很大程度上为广泛的古代社会人群所共享。许多读书人一见到“民”这个字就很容易联想到芸芸众生“绵绵民民”的群体特征，种田务农者“俯首力作”的职业特征，平民百姓“微贱低下”的身份特征和萌俗氓隶“懵懂无知”的心智特征。正是这些从形象概括出的观念构成了民的核心词义。

---

① 陆宗达：《〈说文解字〉通论》，北京出版社，1981 年，第 70—71 页。

② 扬雄：《方言》卷 3“萌，民也”，钱绎笺疏，钱绎撰集：《方言笺疏》，中华书局，1991 年，第 126 页。

③ 《新书·大政下》，阎振益、钟夏校注：《新书校注》卷 9，第 349 页。

④ 康殷：《说文部首》，荣宝斋出版社，1980 年，第 112 页。

二　读音词义:“凡民之派,皆衍民声”

读音词义借助读音表达。读音是字的口头形式。汉字的特点是形、音、义一体,可以因声求义。一个字造字之初的读音承载本义并贯通词义。如果某个字成为其他形声字的声符,也会在一定程度上将自身的某些意义注入这些形声字,或者这些形声字原本就内蕴与其声符字相同的意义。因此,一些同根词往往音同义通或音近义通。

民字具有与生俱来的低下、微贱、懵懂、无德等义项。从一些与民音近义通的字的涵义中也可以体味到这类义项。这些字大体可以分为两类:一类是以民字为声符而音同义通的字,另一类是其他与民字音近义通的字。

在汉字体系中有一批以“民”为根字、声符而孳衍的字族。这些字的指代对象有很大差异,却与民字音同义通,含有同一类意蕴。朱骏声以声为经,以义为纬,考察字的形、声、意、事。他汇集“民八名”,即民、珉、敃、笢、罠、怋、蟁、惽,认为“凡民之派,皆衍民声”[①]。如果仔细考察就不难发现珉、敃、笢、罠、怋、蟁、惽都内蕴与民的核心词义相关的义项。

珉亦作瑉、砇。《说文解字・玉部》:“珉,石之美者。从玉,民声。”[②]珉是一种似玉的美石,故既可从玉,亦可从石。据《礼记・聘义》记载,子贡问“君子贵玉而贱碈”的缘故,孔子答以“君子比德于玉”[③]。玉是君子之德的符号。玉与珉之别犹如君子与小人之别。珉似玉而非玉,因而内蕴等次低、品质差、价值贱之义,甚至可以作为道德相对低下的文化符号。

敃,亦作暋。《说文解字・攴部》:“敃,强也。从攴,民声。”又:“暋,冒也。从攴,昏声。”[④]敃、暋的词义为勉力、强横、冒昧。《尚书・康诰》“暋不畏死”,孔安国传:“暋,强也。自强为恶而不畏死,人无不恶之者。”[⑤]敃、暋显然是贬义词。在不明是非的意义上与民字

① 朱骏声:《说文通训定声・坤部第十六》,第 838 页。
② 《说文解字・玉部》,段玉裁:《说文解字注》卷 1 第 1 篇注上,第 17 页。
③ 《礼记・聘义》,郑玄注、孔颖达疏:《礼记正义》卷 63,第 1948 页。
④ 《说文解字・攴部》,段玉裁:《说文解字注》卷 6 第 3 篇注下,第 122、126 页。
⑤ 《尚书・康诰》,孔安国传、孔颖达疏:《尚书正义》卷 14,第 432—433 页。

音义相通。

筤，即竹子青色的表皮。《说文解字·竹部》：“筤，竹肤也。从竹，民声。”[①]筤亦作蔑，即用竹皮制成的竹篾。《广雅·释草》：“竺，竹也，其表曰筤，其里曰笨(本)。”[②]筤的命名之义与表里之表、本末之末、青黄之青有直接的意义联系，含有相对轻贱的意蕴。

罠本义为钓之别名，又可作网具之称。《说文解字·网部》：“罠，钓也。从网，民声。”[③]古人渔猎，布飞罗，施修罠。网具、丝纶含有绵密之义，与绵绵、民民之义相通。有的罠用竹篾制成，故与筤的意义也有相关性。

怋亦作惛，本义为乱。《说文解字·心部》：“怋，怓也。从心，民声。”又：“怓，乱也。”[④]怋的释义是怓，怓的释义是乱，故纷争、喧哗称“惛怓”。《诗经·大雅·民劳》：“无纵诡随，以谨惛怓。”毛亨传：“惛怓，大乱也。”[⑤]怋怋不明，惛怓纷乱，这个读音为民的字显然是一个涉及道德评价的贬义词。

蟁即古“蚊”字。蚊蝇体型微小，故蟁首、蝇头可用以形容微不足道。《淮南子·主术训》：“夫权轻重，不差蟁首。”高诱注：“蟁首犹微细也。”[⑥]蚊蚋物甚微而群颇众，故有“聚蟁成靁”之说。《汉书·中山靖王刘胜》：“夫众煦漂山，聚蟁成靁，朋党执虎，十夫桡椎。”颜师古注：“蟁，古蚊字。靁，古雷字。言众蚊飞声有若雷也。”[⑦]蟁的物微、群众之义显然与民有意义联系。

《说文解字·心部》：“愍，痛也。从心，敃声。”[⑧]愍与悯音义相通，主要词义为伤、痛、惜、怜、忧、悲、哀等。《广雅·释诂三》：“愍……乱也。”[⑨]愍亦作惽或惛，有糊涂、不明、昏昧、懵懂、迷乱、忧困之义。《尔雅·释训》：“儚儚、洄洄，惛也。”郭璞注：“皆迷惛。”邢昺疏：

① 《说文解字·竹部》，段玉裁：《说文解字注》卷 9 第 5 篇注上，第 190 页。

② 张揖：《广雅》卷 10，第 126 页。

③ 《说文解字·网部》，段玉裁：《说文解字注》卷 14 第 7 篇注下，第 356 页。

④ 《说文解字·心部》，段玉裁：《说文解字注》卷 19 第 10 篇注下，第 511 页。

⑤ 《诗经·民劳》，毛亨传、郑玄笺、孔颖达疏：《毛诗正义》卷 17，第 1340 页。

⑥ 《淮南子·主术训》，高诱：《淮南子注》卷 9，第 131 页。

⑦ 《汉书》卷 53《景十三王传·中山靖王刘胜》，第 1848 页。

⑧ 《说文解字·心部》，段玉裁：《说文解字注》卷 19 第 10 篇注下，第 512 页。

⑨ 张揖：《广雅》卷 3，第 29 页。

“皆迷乱惛惑也。”[①]愍的这类义项也与民的核心词义有意义联系。

在其他类型的与民字音近义通的字中，最常见的莫过于冥、瞑、昏等。这些字也含有低下、微贱、懵懂、无德等义项。古代文献常常用这几个字描述民的心智特征，故可以放在描述词义中去考察。

三　描述词义：“民者，冥也，冥然罔知”

描述词义通过描述性、形容性的释义申明。对一个字的准确理解需要一定的注释，而注释的最佳方式是以同义词、近义词来表述，如以萌、氓、甿、臣、众、人训民。更常见的方式是用简明的话语来描述、形容这个字所指代对象的属性、特征和功能，以解释其重要义项。这类释义所使用的形容词可以进一步揭示了这个字的词义或为其注入新的内涵。由此而明了或注入的词义可以称之为描述词义。

古代学者常常用“冥”字来形容民的特征，即“民者，冥也”[②]。民、萌、氓、冥是一声之转。冥的主要词义是地势低下的晦暗之处。冥亦作瞑。《春秋繁露・深察名号》：“民之号，取之瞑也。”在政论中，这类说法很常见。由此揭示的民的描述性词义依然不离其核心词义，即一曰卑下，二曰愚昧。

冥与民音义相通。《说文解字・冥部》：“冥，窈（幽）也。”[③]冥本义为幽、昧、暗、晦，取象于日冥月亏。常见用法有冥昧、幽冥、暗冥、冥蒙、冥漠、冥冥等，词义为幽隐、幽寂、幽昧、幽暗、暗昧、昏晦等。瞑亦与民音义相通。《说文解字・目部》：“瞑，翕目也。从目、冥，冥亦声。”[④]瞑本义为合目闭眼。或瞑瞑而寐，或瞑目而亡，或闭目不视，或视而不见，皆可以称之为瞑。瞑与冥通。冥亦有闭目不视、视而不见之义。

冥的引申义之一是地、地下。《后汉书・冯衍传下》“赍此恨而入

---

① 《尔雅・释训》，郭璞注、邢昺疏：《尔雅注疏》卷4，《十三经注疏整理本》，北京大学出版社，2000年，第109页。

② 如《尚书・君陈》孔颖达疏：“民者，冥也。”《诗经・大雅・灵台序》郑玄笺：“民者，冥也。”《周礼・地官・党正》贾公彦疏：“民者，冥也。”

③ 《说文解字・冥部》，段玉裁：《说文解字注》卷13第7篇上，第312页。

④ 《说文解字・目部》，段玉裁：《说文解字注》卷7第4篇上，第134页。

冥”，李贤注：“冥谓地也。”[①]冥有日落、黄昏、天黑之义。夕阳西下，日暮为冥，故冥有入地为下、没于地下之义。冥的又一引申义是卑幼、幼稚。《诗经·小雅·斯干》：“哙哙其正，哕哕其冥。”毛亨传：“正，长也。冥，幼也。”[②]《尔雅·释言》：“冥，幼也。”郭璞注：“幼稚者冥昧。”[③]古人以尊长为明，以卑幼为幽。这个义项也含有辈分卑下和心智暗昧的意蕴。更能清晰表述这类词义的是“昏”字。

昏也是一个与冥、瞑、民音义相通的字。它常常作为形容词用于描述民的心智特征。《说文解字·日部》：“昏，日冥也。从日，氐省。氐者，下也。一曰民声。”[④]昏与明相对而言，日照为明，日暮为昏。夕阳西下，天昏地暗，故昏字从日从氐。氐的主要字义是根、底、柢，可以引申为高低之低、上下之下。因而昏也有下的引申义。昏不仅与冥、瞑同训，还可能曾经有过与民相同或相似的读音。昏的一个异构字是昬。《广韵·魂韵》：“昏，亦作昬。”[⑤]昬由民与日构成。《尔雅·释诂》：“昏、暋，强也。”[⑥]在文献训诂中，昏与敃、暋、怋、惛、愍、泯等以民为声符的字可以互训互借。由此亦可以推定：民字的本义中就有低下、暗昧、昏愦、迷乱、愚嚣的含义。

以冥、瞑、昏训民旨在强调民的愚人属性。《周礼·地官·遂人》贾公彦疏：“民者冥也，甿者懵懵，皆是无知之儿也。”[⑦]《史通·自序》：“民者，冥也，冥然罔知。”[⑧]民者冥冥，甿者懵懵，萌者蒙蒙。这是对民字最常见的训诂。愚昧是目盲的引申义。在古代人看来，耳聪目明方能通达无碍，而双目失明者则冥顽不灵。因此，盲人可以用于形容愚昧。如果一个人茫茫无所见，不知古今，不明是非，他就宛如目无所见、耳无所闻的盲瞽。在文献中，“民”常常被用为聪明、明智、开通的反义词，诸如“愚氓”、“甿愚”、“萌愚”等。民的字形颇似盲

---

① 《后汉书》卷28下《冯衍传下》，第664页。

② 《诗经·斯干》，毛亨传、郑玄笺、孔颖达疏：《毛诗正义》卷11，第804页。

③ 《尔雅·释言》，郭璞注、邢昺疏：《尔雅注疏》卷3，第78页。

④ 《说文解字·日部》，段玉裁：《说文解字注》卷13第7篇注上，第305页。

⑤ 陆法言撰本、陈彭年等重修：《覆宋本重修广韵》卷1《魂韵》，中华书局，1985年，第100页。

⑥ 《尔雅·释诂》，郭璞注、邢昺疏：《尔雅注疏》卷1，第26页。

⑦ 郑玄注、贾公彦疏：《周礼注疏》卷15《地官·遂人》，第463页。

⑧ 刘知幾：《史通·自序》，商务印书馆，1929年，第4页。

目者的象形，读音又与冥、瞑、盲相近，因而它的最重要的描述性词义是愚昧无知。

四　指称词义："民，庶民也；人，在位者也"

指称词义通过一个字在实际运用中的指称对象表达。一个字所指对象的实体可以直观地、清晰地、通俗地表达其内涵与外延。这个对象是什么？有何特征？发挥何种功能？人们可以从一个字的各种指称对象体察到它的核心词义。

民的指称对象比较复杂。然而，只要细细玩味就不难发现这样一个特点：无论用民来指称谁，都或明或暗地有一些贬义。在古代文献中，民字的指称对象可以分为以下几类，这些用法都有"相对卑贱者"的意蕴。

第一类用法是泛指人类。《诗经·大雅·生民》："厥初生民，时维姜嫄。"[①]生民显然指人类而言。《左传·成公十三年》："民受天地之中以生，所谓命也。"[②]这里的民即天地人之人。《国语·楚语上》："地有高下，天有晦明，民有君臣，国有都鄙，古之制也。"[③]这里的民涵盖君臣上下。不难看出，这类用法具有民与天相对而言的意味，天生之民是天的派生物。在天人关系中，天是在上者、主宰者、养育者，人是在下者、从属者、被养育者。在这个意义上，无论是用"人"还是"民"，都不属于高贵的称谓。

第二类用法是指代君主。《尚书·高宗肜日》："王司敬民，罔非天胤。"[④]对天而言，先王为民。《尚书·多士》："予大降尔四国民命。"孔安国传："民命，谓君也。"[⑤]在这类用法中，民也内蕴贬义。天与君相对而言，天为尊、为君、为父，而君为卑、为臣、为子。在"上帝"面前，"下帝"无贵可言，在"天"面前，"天子"无尊可言。"由上帝视之，王亦下也。王特下民之为首者耳"[⑥]。君主之所以尊贵是因为他

---

① 《诗经·生民》，毛亨传、郑玄笺、孔颖达疏：《毛诗正义》卷17，第1239页。
② 《左传·成公十三年》，杜预注、孔颖达疏：《春秋左传正义》卷27，第866页。
③ 《国语·楚语上》，徐元诰：《国语集解》，第499页。
④ 《尚书·高宗肜日》，孔安国传、孔颖达疏：《尚书正义》卷10，第305页。
⑤ 《尚书·多士》，孔安国传、孔颖达疏：《尚书正义》卷16，第504页。
⑥ 胡居仁：《易像钞》卷11《蛊卦》，《景印文渊阁四库全书》，第31册，第301页。

是民众之首，而在天帝面前他依然是卑贱者。

第三类用法是指代某类或大或小的人群。《尚书·梓材》：“皇天既付中国民。”[①]中国民即天下大众，王的臣民。《左传·昭公十三年》：“有谋而无民，四也。”杜预注：“民，众。”[②]民的这种用法指代统治者之外的众人。民还可以用于指称学子、弟子。例如，《周礼·天官·大宰》：“四曰儒，以道得民。”贾公彦疏：“民亦谓学子也。”[③]与师儒、师傅相比，学子、弟子的学识低下、辈分低下、地位低下。不难看出，民的这类用法也有下与上相对而言的意味，民要么是君主的臣民，要么是老师的弟子，要么是其他为上者的下属。

第四类用法是指称庶民的个体或群体。这是民字最常见的用法。普通民众有士、农、工、商之分，有贫富之别，而他们最重要的共同特征是没有任何政治身份。《论语·微子》有“逸民”[④]、《孟子·尽心上》有“天民”，朱熹：“民者，无位之称。”[⑤]一般说来，无爵位、无官职、无功名者为庶民。这类用法明确地将民众定位于在下、居卑、从属的地位。庶民虽是人类的大多数，却又是人类中的卑贱者。《诗经·大雅·假乐》：“宜民宜人，受禄于天。”毛亨传：“宜安民，宜官人也。”朱熹注：“民，庶民也；人，在位者也。”[⑥]在经典文献及其注疏中，凡人与民对称时，二者往往有地位或道德的上下之别。《论语》的用法最为典型。在《论语》中，“人”的用法有明显的褒义，而“民”的用法内蕴贬义。“人”的指称对象有三：一般意义上的人、人类；君王、诸侯、卿大夫等各级统治者；在位的或不在位的圣者、仁人、善士、贤才等。“人”与“民”有明显的地位、道德、智慧的上下、高低、优劣之别。这类用法含有浓重的价值评价的意味，它强化了民字的贬义。

上述事实表明，无论用民字指称何种对象，其基本词义都是派生者、从属者、在下者、卑贱者。即使以民称君亦不例外。由此可见，民之字原本是一个贱字，民之称原本是一种卑称。正是由于这个原因，

① 《尚书·梓材》，孔安国传、孔颖达疏：《尚书正义》卷14，第457页。
② 杜预注、孔颖达疏：《春秋左传正义》卷46，第1519页。
③ 郑玄注、贾公彦疏：《周礼注疏》卷2《天官·大宰》，第47、48页。
④ 《论语·微子》，朱熹：《四书章句集注》之《论语集注》卷9，第185页。
⑤ 《孟子·尽心上》，朱熹：《四书章句集注》之《孟子集注》卷13，第354页。
⑥ 朱熹注：《诗经集传》，第204页。

它后来成为君、臣、民三大政治等级中最低一个等级的一般性称谓。

五　评价词义:“困而不学,民斯为下矣”

评价词义来自对一个字所指称的对象的价值判断。它是经验积累、认识拓展和情感注入的结果。评价词义有浓烈的主观色彩,从中可以体味出文字符号的使用者的最基本的价值取向。一种评价词义一旦获得广泛的认同,就会强化这个文字符号固有的某种意义,或为这个文字符号注入新的文化意义。

地位低下、身份卑微、心智愚昧等都涉及价值评价,而民的最引人注目的评价词义是道德有瑕疵。在儒家经典及其注疏中,民的这种评价性词义得到充分的发挥。其中《论语》最具典型性、权威性和影响力。

在《论语》的词义体系中,民的地位特征是卑下,心智特征是愚昧,道德特征是好利。在孔子看来,民众的绝大多数目光短浅,见利忘义,“君子喻于义,小人喻于利”①。民众不具备最高的道德水准,故“中庸之为德也,其至矣乎!民鲜久矣”②。因此,施治的关键是统治者率先垂范,使民归于醇厚,即“君子之德风,小人之德草。草尚之风,必偃”③。因此,人类必须实行“礼乐征伐自天子出”的制度,而“庶民不议”是“天下有道”④的重要标志。依据这类说法,很容易推导出这样的思路:由“天子”治理“庶民”,由“上智”管理“下愚”,由“君子”教化“小人”。甚至“民可使由之,不可使知之”⑤。由于孔子在学术史和思想史上的特殊地位,他的思路从整体规模上系统地、深刻地影响和制约后代汉语词义的发展。大力鼓吹民本思想的孔孟大儒及其历代传人,常常把民说成无知无德、追逐利益、亟需教化的一群,原因之一就在于民的词义中原本就有这类义项。

民智低下,素质不高,需要教化,政治制度理应实行圣贤在上、君子施教、上行下效、等级分明的模式,这是儒家政论的基本思路。这

---

① 《论语·里仁》,朱熹:《四书章句集注》之《论语集注》卷2,第73页。
② 《论语·雍也》,朱熹:《四书章句集注》之《论语集注》卷3,第91页。
③ 《论语·颜渊》,朱熹:《四书章句集注》之《论语集注》卷6,第138页。
④ 《论语·季氏》,朱熹:《四书章句集注》之《论语集注》卷8,第171页。
⑤ 《论语·泰伯》,朱熹:《四书章句集注》之《论语集注》卷4,第105页。

种思路的逻辑前提是：民众有智能、识见、道德、品行等方面的缺陷。董仲舒对民因何以“瞑”为号的解释，就是遵循这一逻辑的典型事例。他认为“性有似目，目卧幽而瞑，待觉而后见……今万民之性，有其质而未能觉，譬如瞑者待觉，教之然后善。”[①]孔子依据上智下愚不移提出君子之德风，孟子依据人性善而提出先觉觉后觉，荀子依据人性恶而提出化性起伪，董仲舒依据性三品而提出天立王以成民性，朱熹依据气质之性的差异而提出尽其性者为君师，都是这一基本思路的产物。

如果说社会地位低下是一种社会现实，那么心智能力和道德素质低下则是一种价值评定。社会现实中的上下之别归根结底是社会地位的差别。与高贵者群体相比，卑贱者群体的受教育程度和生活水平普遍偏低，因而在认识能力、知识水平和文化教养方面难免存在瑕疵。以孔子为代表的历代大儒清晰地认识到上下之别集中体现于地位、智慧、道德，却将因果次序颠倒过来。《论语·季氏》：“困而不学，民斯为下矣。”[②]在他们看来，人类社会存在等级差别的根本原因是人与人之间有道德差别，导致道德差别的重要原因之一是广大民众“困而不学”乃至贪鄙好利，因而广大民众只能充当“使”、“令”、“教”、“养”的宾语，而圣人、君子则是理想的统治者。儒家的政治学说体系正是建立在这样的逻辑基础之上。

六　引申词义

引申词义是由一个字派生的新义表达。引申是词义运动的基本形式。导致词义引申的原因和途径多种多样，如事物类比、社会变迁、理性认识、文字假借、文化注入等。无论出于何种原因，引申义都会为一个字添加新的内涵。

民字最重要的引申义来自对民的群体的理性认识，即民为“本”、为“重”、为“贵”。这一类引申词义有两个重要来源：一是从“人为贵”到“民为贵”。《孝经·圣治章》：“天地之性人为贵。”[③]从《尚书》《诗

① 《春秋繁露·深察名号》，苏舆：《春秋繁露义证》卷7，第297页。

② 《论语·季氏》，朱熹：《四书章句集注》之《论语集注》卷8，第172—173页。

③ 《孝经·圣治章》，李隆基注、邢昺疏：《孝经注疏》卷5，第33页。

经》保存的材料看，华夏先民早就认定：人为万物之灵。这无疑来自理性认识。“人”与“民”可以互训，人类的绝大多数为庶民，所以由人为贵、人为重、人为本很容易推导出民为贵、民为重、民为本。二是从“民为众”到“民为本”。《五子之歌》提出“民惟邦本，本固邦宁”。其主要理据是：“民可近，不可下”，君主无德，不敬民众，则“黎民咸贰”，甚至会导致亡国。君主必须明白一个道理：“愚夫愚妇，一能胜予。”[①]从《尚书》《诗经》保存的材料看，华夏先民早就懂得君主必须依赖民众守卫国家，保住权位。这无疑来自理性认识。从这个思路很容易推导出民为贵、民为重、民为本。

实际上，人为贵与民为本有一种互证关系。因此，在文化观念和政治理念的演化过程中，上述两个来源相辅相依，彼此交织在一起。这种现象可以追溯到久远的年代。《尚书·泰誓》：“惟天地万物父母，惟人万物之灵。亶聪明，作元后，元后作民父母。”孔安国传：“天地所生，惟人为贵。人诚聪明，则为大君而为众民父母。”孔颖达疏：“人是万物之最灵，言其尤宜长养也。”[②]《泰誓》及其历代注疏者还从“抚我则后，虐我则仇”和“天视自我民视，天听自我民听”的角度，反复论证以民为本的思想。要点有二：一是天作君师，立君为民。天地为万物之父母，万物以人类最贵，上帝关切万民的生存与发展，故立君作民父母。二是天从民欲，政在养民。君主必须履行天地托付的重任，切实履行为君师的天职，否则天可以依据民意改换君主。这就把“天地之性人为贵”与“民为王政之本”直接联系在一起。

乍然看去，从微末到根本，从轻贱到贵重，民字的引申词义与其核心词义背反，甚至本末、轻重、贵贱倒置，有进而分裂成两种截然对立的政治文化的可能性。但是，一般说来，民为本、民为重、民为贵的引申义并不具有背离民字的核心词义的属性。其基本思路是：民虽贱，却不可轻，民虽愚，却不可欺。这种思路既没有彻底改变民众等级地位的诉求，也没有恰当评估民众心智的意蕴。孟子最先明确提出“民贵君轻”，同时主张“天无二日，民无二王”[③]，认为邪恶莫大于

---

① 《尚书·五子之歌》，孔安国传、孔颖达疏：《尚书正义》卷7，第212页。

② 《尚书·泰誓上》，孔安国传、孔颖达疏：《尚书正义》卷11，第321页。

③ 《孟子·万章上》，朱熹：《四书章句集注》之《孟子集注》卷9，第306页。

“无父无君”[①]。由此可见,他所说的“民为贵”不是指高贵的等级地位。从主流政治文化的内在逻辑看,“君贵”与“民贵”可以相提并论。朱熹的观点很有代表性:“以理言之,则民贵;以分言之,则君贵。此固兼行而不悖也,各于其时视其轻重之所在而已尔。”[②]民为贵并非指等级名分而言。贾谊提出“民者,万世之本”[③],同时他又以“瞑”训“民”,以“盲”训“萌”,论证“故惟上之所扶而以之,民无不化也”[④]。在历代论说民本思想的文章中,常常可以见到“愚夫愚妇”的提法。民为本并不意味着否定民众愚昧的评判。

综合考察形象词义、读音词义、描述词义、指称词义、评价词义、引申词义,不难得出这样的结论:民字有与生俱来的贬义,其核心词义是派生者、从属者、卑贱者、愚昧者、无德者。在中国古代社会数千年的词义变迁中,民字的这个核心词义始终保持稳定。在解读古代文献的时候,必须充分注意到这一点,否则就会产生误读。

---

① 《孟子·滕文公下》,朱熹:《四书章句集注》之《孟子集注》卷6,第272页。

② 朱熹:《四书或问》之《孟子或问》卷14,第503页。

③ 《新书·大政上》,阎振益、钟夏校注:《新书校注》卷9,第341页。

④ 《新书·大政下》,阎振益、钟夏校注:《新书校注》卷9,第349页。

政治文化符号视角的"君"字核心词义解读

《政治文化视角的"君"字核心词义解读》一文发表在《天津师范大学学报(社会科学版)》2008 年第 2 期。

在中国古代政治文化符号和政治范畴体系中,"君"的地位至关重要。仅从字形上看,它就既标示了君的本质属性,也规定了君与他人的基本关系。从君字的丰富内涵中,我们还可以体悟到有关"君主"的成龙配套的观念体系。这个文字符号一直作为君主的常用称谓和一般概念使用,可谓创一字而通古今。

一 "君"字的构件选择、构形模式、创字意图和本义设定

一个汉字的本义、创意、构形密切相关,它们有内在的一致性。依照常理判断,先民创造一个字的具体过程应当是:先设定文字意义,确定创字意图,再谋划构形模式,选择适当构件,然后安排构件布局,勾画具体字形。一个字的本初意义决定创字意图,创字意图决定构形模式,构形模式决定构件选择,构件选择决定布局笔画,布局笔画决定具体字形。同一个创字意图可以因使用的构件种类、功能、数量不同及各种构件的组合方式不同而形成一些异构字。异构字的构形模式不同,却源于同一种创意,表达同一种意义,因而本义相同。

同一个字因写法不同还会形成异写字。异写字的形体差异产生于形素内部，它不对构形模式产生影响，更不会影响这个字的本义。因此，分析字形以求本义的过程恰好与造字过程相反，即由构形推测创意，由创意推测本义。

“君”，一字殊形，既有异构字，也有异写字。它们有形体、笔画的差异，古今文字学者对其构件也有不同的见解。因此，对君字本义的解读也有明显差异。

影响最大的是许慎的观点。《说文解字·口部》：“君，尊也。从尹口，口以发号。”[①]在许慎看来，君字由权威符号“尹”和发言符号“口”组合而成，以强调尊而为君者的发号施令的特征。但是，一些文字学者从不同角度否定“发号，故从口”之说。这类质疑关系到对君字本义的推测。以下两种意见最为典型。

有一种意见认为，君字的口形符是文饰性构件，君原本是史官之称。例如，有的学者认为，“尹和君本是一个字的两种写法”，君字多出来的口形符“实是文饰”，“本与意义无联系”。其主要论据有三：一是在甲骨文中，尹字是手持笔的象形，“卜辞用为史官之名”。二是“从卜辞的用例可知，君和尹相同，也是史官，在商王左右，并无‘诸侯’之义”。三是尹、君本同音[②]。

这种意见值得商榷。其依据不充分、不恰当、不确凿，推导方式存在缺陷。集中体现在以下几点。

其一，甲骨卜辞记叙的内容有一定的局限，不宜以有限的用例，做出一般性的推断。在关乎国家大事的卜辞中，最高统治者理应使用正式尊号，所以不能据此断言他没有“王”之外的其他称谓。从文献记载看，当时的一些“尹”并非普通史官。卜辞记录其他级别的君主通常用其专名，不能据此断言尹与君仅限于称谓史官。仅仅依据现存卜辞，无法排除这样的可能性：如同后世一样，在商代“君”既可以称谓最高统治者，也可以称谓各类君主。

其二，断言手所持为笔未必妥当。手持为笔是从“史官”职务推导出来的。尹与君是否仅限于称谓史官尚无定论，也就无法断言所

---

① 《说文解字·口部》，段玉裁：《说文解字注》卷3第2篇注上，第57页。

② 赵诚：《甲骨文字学纲要》，中华书局，2005年，第168、202页。

持必定为笔。古今文字学者就有多有持杖或执事之说。从出土文物看，玉戈是商代的权威符号，因而不能排除所持为干戈权杖的可能性。

其三，史官之“尹”就是君主。当时的朝臣卿士都是封君领主。他们在朝称臣，在家称君。因此，尹与君既可以作为官职使用，又可以作为君主称谓。《春秋》“尹氏亦作君氏”就是典型例证。天子、诸侯、卿大夫、士皆可称“君”。最低一级君主可以称“里君”、“家君”。在考察尹与君的字义与用法时必须注意到这一点。

其四，在等级制度下，尊称容易下移，卑称难以上移。在古代文献中，君可以作为后、王、天子、皇帝的同义词使用，它原先不大可能只是地位相对较低的史官的称谓，而更有可能原本就是一个君主称谓。

其五，现有材料尚不足以确认尹与君是“一个字的两种写法”。目前还没有发现君与尹原本同音的可靠证据。后来二者的词义、读音和用法都有明显的差异。尹通常用为官僚称谓，而君通常用为君主称谓。君字极有可能是在尹字的基础上创造的新字，而添加口形符旨在注入新的意义。因此，若要证实君字的口形符只是一个文饰，就必须拿出确凿无疑的证据。

还有一种意见认为，古君字不从尹，其本义也不是“发号”。例如有的学者认为，古君字从手不从尹，他列举《威君鼎》《宋右君鼎》等实例，依据《广韵》只取《荀子》《白虎通》“群下归心”、“为民表仪”的词义，推测“可能‘君’即‘群’的初造字”①。

实际上，《说文》附记了一个由左右相向的“手”形符和“口”形符组成的古文君字，并判定为“象君坐形”。许慎知道君字有从“手”的异构字，也深知“群”是君字的重要词义。这并没有影响许慎对君字的构件和本义的判断。

甲骨文中的君字是从尹从口的。在金文中，既有从尹的君字，也有不从尹的君字。君字的写法越规范，就越能支持从尹从口之说。在众多的异构字中，从尹从口的写法是君的正体字。这种写法由三符二字构成。三个形符是“右手”(又)的象形、“口”的象形和“一”形

---

① 钱剑夫:《中国古代字典辞典概论》，商务印书馆，1986年，第136页。

的竖画。“又”与“丨”合成人手持物状,隶定、楷化为“尹”字。在甲骨文中,“尹”字颇似“父”字。即使它不是“父”字,也可以单独构成标示权威的表意单位。

一般说来,君的各种异构字都具有标示社会权威的文化意义。因此,它们是一组本义设定、创造字意图和使用功能相同的异体字。其中手的象形是重要的构件。例如,《威君鼎》的君字由“口”与“又”组成。《宋右君鼎》的君字由左右相向的两个“手”组成。操物、挥动之“手”本身就可以表达权威的某种属性,具有秉持、掌握、操控、支配等意义。

从社会地位看,尹、父同体,尹为政长,父为家长。在“君父一体”的时代,二者往往兼于一身。从字形看,尹、父同构,二字皆为人手持物之象形。对人手所持为何物,文字学家有不同的看法。以父字为例,许慎认为父字“举杖”,象家长“率教”,而尹字“握事”,象治者施政。罗振玉疑为象父手持炬之形。郭沫若认为象父手持石斧之形。张舜徽认为许慎“举杖”之说必有所本。上述说法有一个共同点:无论人手持何物,这个符号都可以用于标示某种权威属性。

君的正体字的构形有四种可能性:一是尹字加口字;二是父字加口字;三是斧字加口字;四是其他标示权威的符号加口字。无论属于何种可能性,其创字意图都是相同的,即在一个已有的权威符号的基础上加上一个“口”形符,以强化字义中与口直接相关的功能或属性。由此可见,君字用于指代这样的一类人:他们或持杖操朴,或执斧举钺,或掌握权柄,或操控政务,或手持他物,其主要功能通过口来发挥,其基本属性是发号施令的尊者。

笔者认为,君字的初文极有可能由父字加口字构成。“父”执鞭朴或手斧而教导、指使、训诫晚辈,“君”执干戈或斧钺而教化、指挥、奖惩臣民。在先秦,“君”与“父”曾合身共体,“君父”是君主的常见称谓之一。在文献训诂中,常常可以见到父即君、君即父的说法。作为“群”之“君”,号令者的属性更为凸显。因此,君字最重要的图形特征是一个大张的“口”。

君字的一种异体字为认识其本义设定、创字意图和构件选择提供了重要线索。《类篇》保存的一个古君字写作上“酉”下“口”。“酉”中间靠下的一横与“口”的最下一横重合,于是“口”包在“酉”中。酉、酉相通。这种君字的构形模式依然是为一个已有的权威符号添加一个口字。有的学者运用分析意象系列的方法解释这种君字的结构。他认为,这种君字实际上是个从酉从口的会意结构。酉、酒、酋同源共象,与神、巫、尊等有内在的意象联系。“尹”象权柄在握,“酉”具有同样的属性。君字的这种写法是以酉替代尹[①]。

古人造字,观物取象,字象其形。从造字方法看,君字是在一个标示权势者、操控者、号令者的符号的基础上加上口形符。没有口不会导致意义的重大缺失。有了口可以彰显号令者的属性。无论口之外的构件是尹、父、又、酉,这个构件都属于权势者、操控者、号令者的符号。无口的尹字可以替代君,有口的君亦可替代尹。酋、父也属于君的范畴。无口的酋字、父字也可以作为君的同义词使用。由此可见,“权柄在握的发号施令者”是君字的命名之义,添加口形符旨在强调“发号施令”的特征。

“口”的添加有重大意义。考察一个汉字的字形、字义,关键不在于这个字的指代对象,而在于它所标示的或它所强调的是这个对象的哪一种特征、属性、本质。添加了口的君字来源于初民的集体思维表象,它对各种社会权威的共同属性做出进一步的抽象,突出了“号令者”这一重要特征和本质属性。因此,君字的本义是“发号施令者”。

笔者认为,君字的创字意图,是制作一个可以概括各种社会权威的共性并凌驾于其上的文字符号,因而其构形模式和构件选择是以一个权威符号加上一个号令者的符号。这个新的权威符号更具抽象性、一般性、普遍性,所以可以用于称谓各种发号施令的尊者。也正是由于具有抽象性、一般性、普遍性,所以它成为最高统治者亘古不变的称谓。

二 音近义通的“君”与“群”

《广雅·释言》:“君,群也。”[②]君是多义词,本身就有君、群二义,既可以作为“君”的通称,又可以表示“群”。君与群音近义通,可以互

---

① 臧克和:《〈说文解字〉的文化说解》,湖北人民出版社,1995年,第261—262页。

② 张揖:《广雅》卷5,第60页。

替、互训。例如,《管子·大臣》:“桓公使鲍叔识君臣之有善者。”[①]君臣即群臣,指卿大夫。又如,《墨子·兼爱下》:“若予既率尔群对诸群以征有苗。”[②]群即君。

古今一些学者诟病《说文》的君“尊”说,而强调“群”的义项,将“群众所归”视为“君”的核心词义。甚至推断“君”是“群”的初字。

笔者认为,群是君字的重要义项。在政治思想领域,君字的这个义项越来越得到思想家们的重视。但是,无论创字意图、字形标识、文献用法、经典训诂等,都更为支持“君上之君”的词义居于本原、枢纽、核心、主导地位的观点。华夏先民一见到君字便会首先想到“君上之君”。在一般意义上表示为数众多的“群”的义项是从“君”的某种属性中引申出来的,诸如“群”的代表、首领、统帅、象征等。

从字形上看,将君作为群的初字不符合观物成象的造字常规。无论从尹、从酉、从手、从父,由权威符号组成的君字所标示的显然是一个“群”的权威,而不是这个“群”本身。《汉书·刑法志》:“从之成群,是为君矣。”[③]这类用法更符合君的本义,即君为群之长,号令群众,故使之成群、令之成群、从之成群。实际上,“群下归心”的词义依然基于君为群之长这个意义,而不是“群”的一般意义。

从造字常规看,群的初字也不应是君字。《说文解字·羊部》:“群,辈也。从羊,君声。”[④]非一为群,众多为群。人类牧养的牛羊成群结队,而羊群的规模往往较大。因此,羊的象形很容易被选为“群”的主要构件。“兽三为群”。汉语以三为多,群字本应由多个“羊”字构成,类似众字由三个“人”字构成。但是,《说文解字·羴部》虽有一个“羴”字,而其释义却是:“羴,羊臭也。”有的学者怀疑许慎的说法,“疑羴乃群字初文”,还指出甲骨文有一个字由四羊或三羊加上一个执鞭者的象形构成[⑤]。

实际上,这两个象执鞭驱牧群羊之形的字却最有可能是群字初文。其本义设定和创字意图显然旨在标示对一个群的管理、掌握、拥

① 《管子·大臣》,黎翔凤:《管子校注》卷7,第368页。

② 《墨子·兼爱下》,孙诒让:《墨子间诂》卷4,第120页。

③ 《汉书》卷23《刑法志》,第917页。

④ 《说文解字·羊部》,段玉裁:《说文解字注》卷7第4篇注上,第146页。

⑤ 康殷:《说文部首》,第29页。

有，即驱使群羊，赶羊成群。它们与“群”、“羣”的构形模式和构件选择一样，都是以一个带有权威属性的人手持物的象形符号加上几个羊的象形符号。如果将“羊”简化为一，再增加一个“口”，就变成了“群”的字形。管理一个群必须吆喝、发令，因此从“君”更能表达这个字的意义。即使“君”的初义确实是群，它所表达的词义也是群的管理者、驾驭者、驱使者、主宰者，类似羊倌、牛倌、猪倌之“倌”。

从构形模式上看，群字颇似牧字。古文“牧”象一手持鞭赶牛或羊之形。从构件选择看，群字比牧字只多了一个“口”。“牧”，驱使、吆喝牛（羊）群，放牧者为牛倌、羊倌；“君”，统率、管理人群，君人者为官长、元首。君字本身就内蕴聚合群体、号令群生、领导群众、支配群氓之义。周秦以来，君为民牧、代天牧民观念是对“君”与“群”的关系的最好的注解。群的主宰者往往可以作为群的代表、象征。在君、家、国一体的时代，无论“家君”、“国君”都被视为其所管理、所主宰的共同体的代表。后来最高统治者之所以被称为“天下”、“国家”、“社稷”也是这个道理。从群体的象征、群众的代表、群生的主宰引申为群体、群众、群生，这就是君字的群义项的来源和依据。“群”很可能是特为“君”的引申义而另造的分化字。

君与群有与生俱来的内在联系。结群则必有君长，为君则统率群众，无群则不成其为君。周秦以来，臣民为君主之本的思想不断扩充，因而思想家们常常以“群”论“君”。以“天下归往”阐释王字，以“群下归心”阐释君字的现象日益增多。在经典训诂中，这类说法很常见。但是，君字最常见的字义依然是“君上之君”，这种现象当与人们对君字的核心意义的理解密切相关。强化群义项的现象显然有一个发生、发展的过程，它是政治经验不断积累的产物，是稍晚才出现的思想现象。因此，无法据此令人信服地推导出君是群的初字的结论。

君与群的内在联系和群义项的凸显无疑为君字注入了限定性、规范性、调整性的因素，而这并不意味着改变君字的与生俱来的核心词义。与此相反，群的义项不仅为君字注入了更丰富的内涵，而且为君的核心词义提供了更坚实的支撑。即使在群义项得到强化之后，“发号者”的核心词义也没有任何动摇的迹象。作为政治文化符号，“君”始终标示“群”的统治者、号令者、归依者。支撑君字核心词义的六大形容词义项可以为这一判断提供重要的事实依据。

三　支撑"君"字核心词义的六大形容词义项

绝大多数汉字既是一个字,也是一个词。一个采用象形图画方式表达意义的象形字、指事字、会意字的形象特征是对客观事物的再塑造。它不仅摹写形象的外貌或特征,并把感情注入形象,还从形象概括出观念。由此综合、凝聚而成的词义,构成这个字的词义的核心部分。许多汉字的核心词义具有高度的稳定性,它们的本义始终就是其核心词义。君字就属于这一类。

君字所摹写的外貌或特征是权柄在握的人正在发号施令,由此而形成一个具有权威崇拜色彩的文化符号。这个文化符号寄寓了人们有关权威与权力的各种观念。因此,君字的词义原本就相当丰满,内蕴许多描述、形容、颂扬的义项。一见到君字,人们就会联想到这些义项。一旦论及君的特征和属性,人们也往往强调这些义项。在社会变迁和文化变迁中,运用君字表达思想的人们或强化它的固有义项,或为它注入新的意义,从而使君字的内涵极其丰富。许多义项从"发号施令者"的核心词义引申而来,并为"君"的权威提供说明与支撑。这里再列举君字的六个重要的形容词义项,即威、尊、贵、高、大、美。它们都为君字所固有,并相互匹配,构成系列。

(一)威:"古君与威通"

君是社会权威。威仪、威武、威严、威重、威力、威权等是君字应有之义。不仅如此,君字的读音原本也与"威"相同或相近。《说文解字·艸部》:"莙,牛藻也。从艸,君声。读若威。"[①]莙是一种可以食用的水生植物。莙也可以作君字用。如《淮南子·缪称训》:"无不得则无莙。"[②]莙是一个形声字,它由一个义符"艸"和一个声符"君"构成。许慎有感于莙字容易误读,特意注明它"读若威"。古人用字尚音,音同义近,君与威音义相通。

威字的本义是仪仗,而仪仗是社会权威的符号。以干戈斧钺构成的仪仗属于"威仪"。创造并使用威仪的目的就是修饰威权,展示

---

① 《说文解字·艸部》,段玉裁:《说文解字注》卷2第1篇注下,第28页。

② 《淮南子·缪称训》,高诱:《淮南子注》卷10,第159页。

威严，威服属下。威仪望之令人生畏，必具威慑之意。《左传·襄公三十一年》："有威而可畏谓之威。"[①]《释名·释语言》："威，畏也，可畏惧也。"[②]君有威而可畏，君、威、畏属于音义相通的同源字。威字可作君字用，所以天子有一个称谓叫"威神"。威是君字与生俱来的不可或缺的义项。

（二）尊："君者，尊之称也"

君是社会权威的称谓，尊长、尊崇、尊高、尊贵、尊严等是这个字的应有之义。从造字构件看，尊从酋，而君从尹，它们都有一个权威符号。君还有一个从酉的异构字。尊与君原本就有意义上的内在联系。

尊字的本义是酒器。《仪礼·士冠礼》郑玄注："置酒曰尊。"[③]礼仪为祭祀、等级、主宾而设，究尊卑、贵贱、主次。于是酒尊由礼器引申为尊卑之尊。《尔雅·释器》陆德明释文："今之尊卑从此得名。故尊，亦为君父之称。"[④]在这个意义上，君即尊，尊即君。尊卑之尊与爵位之爵也有内在关联。爵字象持酒畅饮形，可以用为酒器的通名。古人行爵有尊卑贵贱，故酒爵又引申为爵位。爵可以标示一个人的禄位、秩次、贵贱、尊卑。《白虎通·考黜》："爵者，尊号也。"[⑤]凡有爵位者，无论天子、公、侯、卿、大夫、士，皆为尊者，皆可称君。尊是君字与生俱来的不可或缺的义项。

（三）贵："君者，贵人通称"

"君"是社会权威，高贵、尊贵、贵重等是这个字的应有之义。《说文解字·贝部》："贵，物不贱也。"[⑥]贵字的本义为商品的价值高、价格贵。由值高、价贵、贾多可以引申出高、上、隆、重、尊等词义。有爵为贵，无爵为贱；爵高为贵，爵低为贱。为君者位高、居上、势隆、威

---

① 《左传·襄公三十一年》，杜预注、孔颖达疏：《春秋左传正义》卷40，第1304页。

② 毕沅：《释名疏证》，中华书局，1985年，第108页。

③ 郑玄注、贾公彦疏：《仪礼注疏》卷2郑玄注，《十三经注疏整理本》，北京大学出版社，2000年，第30页。

④ 陆德明：《经典释文》卷29《尔雅音义上·释器》，上海古籍出版社，2013年，第1632页。

⑤ 《白虎通·考黜》，陈立：《白虎通疏证》卷7，第313页。

⑥ 《说文解字·贝部》，段玉裁：《说文解字注》卷12第6篇注下，第282页。

重、称尊，因此，君为贵人通称。凡是贵者皆可称君，凡是称君者皆为贵者。其中最高统治者“贵不可言”。《释名·释言语》：“贵，归也，物所归仰也。”[①]与君一样，贵也有群众所归的义项。《管子·枢言》：“贱者，贵之充也。”[②]物之所仰为贵，群之所归为君，而这并不意味着颠倒贵贱上下。贵是君字与生俱来的不可或缺的义项。

（四）高：“高者，尊崇之称”

君是社会权威，尊高、高贵、高明等是这个字的应有之义。自从有了君主，崇高博大之义就叠加在君的身上。五帝之名高阳、高辛、唐尧、虞舜等皆有高大之义。夏朝首都“夏虚”、商朝首都“商丘”的命名都与高山大丘有关。宏伟的首都、高耸的城墙、巍峨的宫殿都是王权的重要标志。

《说文解字·高部》：“高，崇也，象台观高之形。”[③]高字的本义是台榭高高，引申为高下之高，进而引申为人的等级、地位、才智、名望的高低之高，诸如尊者的高贵、权威的高明、荣显的高名等。《吕氏春秋·离俗》高诱注：“高，贵也。”[④]《礼记·月令》孔颖达疏：“高者，尊也。”[⑤]在上为高，位崇为尊。古代人以高为威，以高为尊，以高为贵，故高为尊崇之称。《荀子·礼论》：“高者，礼之隆也。”[⑥]高为尊者之称，礼以尊尊为重。君等级高、权位高。高是君字与生俱来的不可或缺的义项。

（五）大：“君也，大也”

君是社会权威，伟大、高大、尊大等是这个字的应有之义。自古以来，“大”与“君”就有不解之缘。王朝之名皆冠以大字，如大夏、大汉、大唐、大清等。君主的许多尊号、别称有大字或大的义项，诸如皇、天、太上、大王、大君等。与君主相关的事务也往往冠以大字，如君之权位曰大宝，君之衮服曰大采，君之厨师曰大庖，君之威严曰大

---

① 毕沅：《释名疏证》，第106页。

② 《管子·枢言》，黎翔凤：《管子校注》卷4，第250页。

③ 《说文解字·高部》，段玉裁：《说文解字注》卷10第5篇注下，第227页。

④ 《吕氏春秋》卷19《离俗览·离俗》，第236页。

⑤ 《礼记·月令》，郑玄注、孔颖达疏：《礼记正义》卷15，第554页。

⑥ 《荀子·礼论》，王先谦：《荀子集解》卷13，第358页。

威，君之旌旗曰大常，君之车驾曰大辂等。

甲骨文中的大字是一个成年人的象形。这个字的本义设定和创字意图是借大人、大丈夫以寓意大小之大。大字由成年人而观物成象，所以内蕴尊长与卑幼之别。在宗族中，始祖称大族，祖父称大父，而大宗及大宗子为尊。社会权威辈份高、等级高，他们具有“大”的特征。《孟子·离娄下》赵岐注：“大人谓君。”[①]上至天子，下至大夫，一切为政者皆可以称为“大人”。在文献训诂中，与君相关的概念都有大的义项。《广雅·释诂》：“道、天、地、王、皇……大也。”[②]王念孙《疏证》引《老子》《尸子》等文献，指出天、帝、皇、王、后、辟、君、公皆有大之义。这就是说，“大”是诸多君主称谓的通训。正如《尔雅注疏》“大”字条邢昺疏所说：“周公作诂，必以始也，君也，大也。居先者，始者，无先之称；君者，至尊之号；大则无所不包。”[③]大是君字与生俱来的不可或缺的义项。

(六)美:“君与美义相近”

君是社会权威，而美是一种尊称美名。声容之盛为美，品德至善为美，衣冠端正为美，宫殿壮丽为美。美是君字的应有之义。

人们不仅用美来形容、颂扬君，还可以以美来指代或称谓君。丈夫与妻子是一种君臣关系，因此，妻子称丈夫为夫君、君子、君父，亦可以称之为美人、良人。《诗经·唐风·葛生》：“予美亡此。”[④]陈奂传疏：“妇人称夫谓美，犹称夫谓良。”[⑤]君臣、父子、夫妇同属“三纲”，君臣之君亦可称“美人”。《文选·张平子四愁诗》：“美人赠我金错刀。”吕向注：“美人，君也。”[⑥]君所固有的义项都有美、好、善的含义。郝懿行《尔雅义疏》：“美与君义亦近。凡臣子之于君父，以美大之词言之。故皇谓之大，亦谓之美，亦谓之君。烝谓之众，亦谓之美，亦谓之君。”[⑦]美是君字与生俱来的不可或缺的义项。

---

① 《孟子·离娄下》，赵岐注、孙奭疏：《孟子注疏》卷8上，第260页。

② 张揖：《广雅》卷1，第1页。

③ 郭璞注、邢昺疏：《尔雅注疏》卷1邢昺疏，第12页。

④ 《诗经·葛生》，毛亨传、郑玄笺、孔颖达疏：《毛诗正义》卷6，第469页。

⑤ 陈奂：《诗毛氏传疏》卷10《唐风·葛生》，凤凰出版社，2018年，第359页。

⑥ 《六臣注文选》卷29，上海古籍出版社，1993年，第677页。

⑦ 郝懿行：《尔雅义疏》卷1《释诂一》，商务印书馆，1983年，第2页。

君的六大形容词义项分别从不同角度描绘发号者的特征，以展示其威严、尊崇、贵重、高明、伟大、美善，从而强化了社会权威的合法性和感召力。

四 文献训诂中的政治角色之“君”

政治之君亦即君主。“君主”是统治者内涵最清晰的代称和最具一般意义的政治范畴。君主、君位、君权、君道是传统政治思维的焦点和核心。在经典文献和思想家的著作中，有关君主政治角色的界定、论证与规范相当系统。这里仅从文献训诂的角度看一看政治角色之君的五大重要特征。

其一，政治上的发号施令者。《说文解字·口部》：“命，使也，从口、令。”段玉裁注：“令者，发号也，君事也。”[①]朱骏声：“君，出令治民者也。”[②]君主的其他称谓后、主、长、正、官、令皆可训为“君”，也都有发号施令的义项。

其二，政治等级中的至尊者。《礼记·学记》孔颖达疏：“君，谓君于上位。”[③]君是表示权势、地位的政治称谓，它着重界定人与人之间的权力关系、等级关系。在一个政治共同体中，君主的政治等级至高无上。《国语·鲁语上》韦昭注：“君，天也。”[④]人们常常以天比君，以君比天。《仪礼·丧服》传曰：“天子至尊也”，“君至尊也”[⑤]。这样的说法在文献训诂中很常见。太上、大人、元首、皇极等其他君主称谓也旨在标示君主的至上权威。

其三，国土领地的支配者。《仪礼·丧服》：“君，谓有地者也。”郑玄注：“天子诸侯及卿大夫有地者，皆曰君。”贾公彦疏认为君“有其地则有臣”，又说“士无臣，虽有地不得君称”[⑥]。政治之君特指一个政治共同体土地的领有者、支配者。

---

① 《说文解字·口部》，段玉裁：《说文解字注》卷3第2篇注上，第57页。

② 朱骏声：《说文通训定声·屯部第十五》“君”字条，第785页。

③ 《礼记·学记》，郑玄注、孔颖达疏：《礼记正义》卷36，第1224页。

④ 《国语·鲁语上》，徐元诰：《国语集解》，第172页。

⑤ 郑玄注、贾公彦疏：《仪礼注疏》卷29《丧服》，第639页。

⑥ 郑玄注、贾公彦疏：《仪礼注疏》卷29《丧服》，第648、639、640页。

其四，广大民众的领导者。《尚书·泰誓》孔颖达疏："治民之谓君。"[①]君主是统治者，君主与臣民是统治与被统治的关系。《荀子·王制》："能以使下谓之君。"[②]统治者的首要特征是领导、指挥、调动、支使广大的被统治者。民主、人主、臣主、君人者、御等君主称谓也都有同样的含义。《春秋繁露·深察名号》："君者元也，君者原也，君者权也，君者温也，君者群也。"[③]君主与臣民犹如头羊统领羊群。以"群"、"善群"释君，既把君与群相提并论，在人际关系中认识君主，又把君与群区别开来。君主是高居于人群之上，拥有支配权力的人。

其五，行政、司法的操控者。《诗经·大雅·皇矣》："克长克君。"郑玄笺："赏庆刑威曰君。"[④]《尚书·洪范》："惟辟作福，惟辟作威。"孔安国传："言惟君得专威福。"孔颖达疏："言君臣之分，贵贱有恒。惟君作福，得专赏人也。惟君作威，得专罚人也。"[⑤]正、辟、极、政长、辟王、皇极等君主称谓也着重标示君主的行政权、司法权。

上述文献训诂像定义一样阐释了完整的君主角色：权力、土地、臣民的拥有者、占领者和支配者。《孟子·尽心下》："诸侯之宝三：土地、人民、政事。"[⑥]这就构成了政治学意义上"国家"的三个基本因素。显而易见，发号施令者依然是政治之君的核心词义。

依据思维的抽象程度，一类词汇可以有专名、相关动词、普遍名词、性质抽象、哲学范畴等不同级别的词义。有时一个单字词汇也可以同时承载不同级别的词义。在汉语体系中，这样的单字举足轻重，"君"即其一。

用作专名的"君"最为常见，自不待言。用作动词的"君"亦属常见，如"君临天下"。汉字多有名动同字现象。在创字之初，君字可能就既可以标示发号者，又可以表述为君发号的行为。作为普遍名词的"君"可以泛指一切君主，乃至一切形形色色的君，包括神界的天君，国家中的天子、诸侯、公卿大夫，家庭中的家君、君母、君妇、姑君、

---

① 《尚书·泰誓上》，孔安国传、孔颖达疏：《尚书正义》卷11，第324页。
② 《荀子·王制》，王先谦：《荀子集解》卷5，第165页。
③ 《春秋繁露·深察名号》，苏舆：《春秋繁露义证》卷10，第290页。
④ 《诗经·皇矣》，毛亨传、郑玄笺、孔颖达疏：《毛诗正义》卷16，第1205页。
⑤ 《尚书·洪范》，孔安国传、孔颖达疏：《尚书正义》卷12，第370页。
⑥ 《孟子·尽心下》，朱熹：《四书章句集注》之《孟子集注》卷14，第371页。

舅君、夫君、男君、女君等。用为性质抽象的“君”的常见实例，莫过于孔子所说“君君、臣臣、父父、子子”。前一个君字指具体的君，后一个君字指应然的理想化的君，即一般的君主规范。在中国古代，这个意义上的君又称之为君道、君德、为君之道。作为哲学范畴使用的“君”的最常见的用例，莫过于重要的道德范畴“君子”。君也可以与重要哲学范畴天、阳等同训。如《周易·益卦》郑玄注：“阳称为君。”[①]《周易·乾卦》李鼎祚集解引张璠曰：“君者，阳也。”[②]作为社会权威的文化符号，“君”深刻地启发人们的哲学思辨和文化心理。例如，传统医学以“君臣佐使”论医药配伍。《素问·至真要大论》：“主病谓之君，佐君之谓臣。”王冰注：“上药为君。”[③]即使将君字用为哲学概念，号令者、主导者、尊贵者依然是其核心词义。

综上所述，发号施令始终是君字的核心词义。君字的其他义项皆为核心词义的引申，并为核心词义提供支撑。人们见到君字的第一反应就是必须从命、应当从命或只能从命。因此，“君”是中国古代社会权威的最重要的文化符号。

---

① 郑玄：《郑氏周易注》卷中，商务印书馆，1939年，第32页。

② 李鼎祚：《周易集解·大过》，李道平：《周易集解纂疏》卷1，第51页。

③ 王冰：《黄帝内经素问》，商务印书馆，1931年，第486页。

第六章　文明创新必须慎重选择传统文化资源

“天行健”及“地势坤”不是中华优秀传统文化

《“天行健”及“地势坤”不是中华优秀传统文化》一文发表在《天津师范大学学报(社会科学版)》2015 年第 1 期。

这是一篇政策建议的学术论证,采用了学术散文的写作方式,并以一个广为流传的名句为典型例证。对待中国传统思想文化的正确做法是弃其糟粕,取其精华。然而众多倡导“弘扬国学精神”的学者用列举一些光鲜话语的方式夸大儒学的现代意义,致使许多不明底细的人误将儒家经典中的糟粕奉为“优秀传统”,“天行健,君子以自强不息”只是一个非常典型的例证而已。本文内容涉及政治思想研究法,特别是恰当使用古代箴言的一般法则及具体途径。

受错误学术观点影响,许多不明底细的人误将儒家经典中的糟粕奉为“优秀传统”。这一类的误读、误判、误解极为常见,而《易传》的“天行健”及“地势坤”堪称典型事例。本文以较为通俗的方式,予以辨析,以正视听。

一　从“自强不息”的普遍意义谈起

步入文明以来,人类积累了大量的阐释人生哲理的嘉言名句。许多训勉性的箴言诫语可以为人生提供智慧和指导,促使人们砥砺德行，增长才干，克服险阻，成就功业。无论产生于哪个民族，优秀的箴言诫语都是人类社会的精神财富和优秀传统的重要载体。

对我影响最久也最深的箴言有六则。三则出自中国人之口，三则出自西方人之口。它们都曾被我抄录在笔记本上，用作自己的座右铭。中国的三则：一是典出《汉书》的“实事求是”；二是典出《汉书》的“志不求易，事不避难”；三是典出《易传》的“自强不息”。西方的三则：一是马克思的“哲学家不仅要解释世界，更重要的是要改造世界”；二是恩格斯的“生活的顶峰——建立功勋”；三是但丁的“走你的路，让人家去说话”。如果将中国的或西方的三句箴言分别综合在一起，就不难发现中西方哲人的思想大体相同，只是表述方式有所不同而已。实际上，在任何一个民族的文化体系中，都可以找到意蕴大体相同的箴言。上述六则只是更为现代中国人所熟知而已。

在我看来，马克思的“哲学家不仅要解释世界，更重要的是要改造世界”极其精彩，它对全世界的学者都有重要的指导意义。无论在西方古代文献中，还是在中国古代文献中，都很难找到清晰地表达这种思想的话语。马克思的箴言是具有普遍意义的人类优秀传统的重要载体，只要已经融入中国人的精神世界，大可不必非要区分“中国的”与“西方的”。否则如何判定“中国特色社会主义”的知识产权及文化基因也会遇到麻烦，陷入悖论。

在上述六则箴言中，我非常喜欢的“自强不息”与本文的主题直接相关。我曾有长达十年的“上山下乡知识青年”经历，其中在围场赛罕坝上务农两年，在承德师范学习一年，在区级中学教书七年。正是“自强不息”的感召与激励，使我不仅成为一名优秀的农民、学员和教师，而且长期坚持自我教育，阅读了大量书籍，包括一批数学、化学、生物、医学及文科的大学教科书。这样的阅读习惯使我在文、史、哲三大学科都达到相当于大学本科毕业的学识水准。在承德师范，我专攻数理化。在中学，我主要教高中数学。由于工作需要，除体育课外，我教过中学所有科目的课程。因此，1977年恢复高考时，无论报考理科、文科，对我而言都可谓探囊取物。为了确保进入南开大学读书而回到家人身旁，也为了使年届而立的大学生活轻松一些，我决定报考文科。大学毕业时，同学们相互题词留念。正是出于对“自强不息”的感悟，我的题词一律是“自强不息”这四个字。

如果评选最佳励志类座右铭，并限定只能选择一个，我会毫不犹豫地把票投给“自强不息”。因为“自强不息”不仅是中华民族的优秀传统，而且是人类社会的优秀传统，具有超越时代、超越族群、超越国度的普遍意义。但是，如果评选中国现代大学初创时期的最佳校训，我不会将清华大学校训“自强不息，厚德载物”列入第一等。

在我看来，有资格列入第一等的是两江师范学堂（南京大学前身）校训“嚼得菜根，做得大事”、北洋大学（天津大学前身）校训“实事求是”、南开大学校训“允公允能，日新月异”和浙江大学校训“求是”。这几个大学校训都符合时代潮流，契合现代大学理念，具有校正中国传统“大学之道”弊端的重大历史意义。

我的学士、硕士、博士学位都是在南开大学取得的。我之所以将南开大学校训列入第一等，将清华大学校训列入第二等，不是由于敝帚自珍，偏爱母校，而是基于一个思考者、研究者的实事求是精神。“允公允能，日新月异”可涵盖上述六则箴言的意蕴，而“自强不息，厚德载物”则存在导出重大弊病、引发重大失误的隐患。

爱得越深，了解得也就越深。由于喜爱“自强不息”箴言，也得益于这个箴言，我尤为关注阐释“自强不息”的文章。由于专业研究的需要，《易传》更是我必须经常翻检的主要典籍之一。由此而获得的知识提示我们：应当将古代儒者的“自强不息”与现代社会的“自强不息”有所区隔，必须彻底抛弃《易传》的核心价值观。如果依据现代精神诠释“自强不息”，大力弘扬社会主义核心价值观，是毋庸置疑、无可挑剔的，而如果照搬《易传》对“自强不息”的诠释，盲目弘扬儒家核心价值观，弊端很大，后果严重。简言之，《易传》所说的“自强不息”及“厚德载物”，既有精华，又有糟粕，其本质属性与社会主义核心价值观截然相悖，不应简单化地将其弘扬于现代中国。

二 “天行健”及“地势坤”是君主专制制度的理论依据

在“国学热”泛滥一时的文化氛围下，“现代新儒家”的诸多荒谬论调趁机传播扩散。一些搞“国学”的人极力为儒家涂抹现代油彩，否定儒学的专制本质。“大陆新儒学思潮”甚至图谋以儒学为工具，在意识形态领域挑战中国特色社会主义。他们鼓吹“儒化中国”、“儒化马克思主义”，主张将儒学立为“国学”、“国教”，在现代中国重建

"儒教社会",推行"儒家宪政"。这一类"伪儒学"毫无学术价值可言,却颇有欺骗性。

受"国学热"影响,许多学者也将"弘扬儒学"、"弘扬传统文化"与弘扬中华优秀传统文化混为一谈。他们从儒家经典中抽取一些词语,打上"国学的核心价值"的标签,盲目夸大其现代意义,甚至将糟粕奉为精华。在事实判断和本质判断上,这一类观点都存在很大问题。将《易传》的"天行健,君子以自强不息"及与之匹配的"地势坤,君子以厚德载物",当作优秀传统文化来弘扬,便是当下最常见的一种。近年来,主张弘扬"天行健"的学术论文和宣传文章越来越多,其作者大多人云亦云而不知其非。

实际上,全面评估"天行健"及"地势坤"的属性及价值是一件轻而易举的事情。只要认真读一读《易传》原文,就不难知晓《乾卦》的"天行健"旨在以"天德"、"乾道"论"君",而《坤卦》的"地势坤"旨在以"地道"、"坤道"论"臣"。"君"宗本"天"而"天行健",故"君德"以"刚健"及"自强不息"为基本特征,即"夫大人者,与天地合其德,与日月合其明,与四时合其序,与鬼神合其吉凶"①;"臣"宗本"地"而"地势坤",故"臣道"以"柔顺"及"厚德载物"为基本特征,即"'坤'道其顺乎?承天而时行!……阴虽有美,含之以从王事,弗敢成也。地道也,妻道也,臣道也。地道无成,而代有终也"②。在《易传》的作者看来,"天地之道"、"阴阳之数"、"乾坤之体"注定万物皆有"君臣之辨"、"尊卑之序"、"贵贱之位"。君臣、父子、夫妻之别犹如天地之别。大如天地尚有君臣之别,故宇宙万物,包括君臣、父子、夫妻,皆有君臣之别。因此,君、父、夫等一切在上者属于阳类,其社会规范由天道(乾道)决定;臣、子、妻等一切在下者属于阴类,其社会规范由地道(坤道)决定,所谓"同声相应,同气相求。水流湿,火就燥,云从龙,风从虎,圣人作而万物睹,本乎天者亲上,本乎地者亲下,则各从其类也"③。这就由天地、阴阳、乾坤的哲理,推导出了等级秩序的一般规定性,即天尊地卑,阳刚阴柔,乾健坤顺,注定了君臣之间,包括男女、

① 《周易·乾卦》,王弼注、孔颖达疏:《周易正义》卷1,第27页。

② 《周易·坤卦》,王弼注、孔颖达疏:《周易正义》卷1,第36—37页。

③ 《周易·乾卦》,王弼注、孔颖达疏:《周易正义》卷1,第20页。

父子、夫妻等一切上下等级之间，在社会结构上有尊卑之别，在社会功能上有主从之别，在社会价值上有贵贱之别。显而易见，这一类的“天人合一”论乃是君主制度、宗法制度、等级制度的理论依据，其本质属性可以毋庸置疑地用“专制”二字判定。

依据“天地之道”、“阴阳之数”、“乾坤之体”，《易传》系统论证了君主制度、宗法制度、等级制度的必然性、合理性和绝对性。其中，话语最清晰、影响也最大的是《周易·系辞上》的一句名言：“天尊地卑，乾坤定矣。卑高以陈，贵贱位矣。”①天尊地卑注定人类社会必须实行君主制度、宗法制度、等级制度，这是古代儒者的共识。在历代儒者政论中，有一种说法极为常见，即天道尊贵，地道卑贱；天道刚健，地道柔顺；天道有成，地道无成；天道无为，地道有为，而君道效法天道，臣道效法地道，故君尊臣卑，君主臣从，君倡臣和，君无为而臣有为。许多儒者甚至归纳为“天道即王道”、“王道即天道”。《周易》之所以被历代皇帝奉为“帝典”，正是由于它为帝制皇权提供了系统的哲学依据。

依据“天地之道”、“阴阳之数”、“乾坤之体”，《易传》还全面论证了伦理纲常的一般规定性及具体规范。《周易·说卦》的一则类比也最为典型：“昔者圣人之作《易》也，将以顺性命之理，是以立天之道，曰阴与阳；立地之道，曰柔与刚；立人之道，曰仁与义。”②这就将等级法则说成是自然法则所注定的。历代大儒，特别是宋明理学诸子把这一套思想发展到极致。在他们看来，“仁义礼智”是“天地之性”或“天命之性”。宗法性的“诚”与“孝”都是“天”赖以自律又以之律人的规范。规范君臣上下等级秩序的“礼”源于“天理”，契合“天理”，“礼者天理之节文”乃至“礼即理”，人类必须“存天理，灭人欲”，恪守“纲常伦理”，而“三纲五常”则与宇宙共生，与天地同在。这一类的“天人合一”宇宙观、社会观、政治观、道德观有资格成为中华民族的优秀传统吗？

何谓“天行健”及“地势坤”？只要大致翻检一下《周易》及汉魏隋唐著名经学家和宋元明清著名理学家的相关阐释，便可知晓其核心

---

① 《周易·系辞上》，王弼注、孔颖达疏：《周易正义》卷7，第302页。

② 《周易·说卦》，王弼注、孔颖达疏：《周易正义》卷9，第383页。

意旨及思维逻辑包含这样几层意思：居上之"天"为阳、为乾，居下之"地"为阴、为坤；"阳以刚为德，阴以柔为用"；"健"乃"乾之训"，"顺"乃"坤之训"；"天行健"亦即"天行乾"，"地势坤"亦即"地势顺"；"行乾"之天"刚健"而"自强不息"，"势坤"之地"柔顺"而"厚德载物"；"天道即王道"，"地道即臣道"；"王道即天道"，"臣道即地道"；"自强不息"为"君道"，"厚德载物"为"臣道"；人类有君臣、父子、夫妇、兄弟、长幼之分，而父子、夫妇、兄弟、长幼皆有"君臣之义"及"尊卑之序"，于是每一个人都或君或臣、亦君亦臣，为君则行君道，为臣则行臣道，故"君子之道"有广泛的适用性。简言之，"天人合一"的自然法则注定了一切为君者（含君、父、夫等）属阳、类天、行乾、性刚、居上、位尊，而一切为臣者（含臣、子、妻等）属阴、类地、势坤、性柔、居下、位卑。《易传》的"自强不息"乃是为君者的行为规范，"厚德载物"乃是为臣者的行为规范。凡是了解这一思想体系及其社会根源的人，都不会简单化地将"自强不息，厚德载物"判定为中华优秀传统。原因很简单，现代中国所应倡导的"自强不息，厚德载物"与《易传》的"自强不息"及"厚德载物"有本质属性的区别。换言之，我们今天所倡导的"自强不息"不是"儒家"的，而"儒家"的"自强不息"必须摒弃。

显而易见，依据现代科学成果衡量，"天行健"及"地势坤"不是正确的知识，而是古代儒者将等级观念强加给天地万物等各种自然现象的产物。依据现代社会观念衡量，"天行健"及"地势坤"不是正确的思想，而是古代儒者论证并宣扬等级制度一般规定性的理论依据。讲究尊卑、主从、贵贱的"天行健"及"地势坤"，与倡导民主、自由、平等、公正、法治的社会主义核心价值观格格不入，这一类维护君主制度、宗法制度、等级制度的思想观念必须彻底摒弃。换言之，"天行健"及"地势坤"不是中华优秀传统文化，现代中华民族应将这一类"文化基因"彻底剔除干净。

三　恰当使用古代箴言的一般法则及具体途径

如何恰当地使用古代箴言？这是一个值得深入探讨的问题。古代箴言属于传统文化范畴，弘扬中华优秀传统往往借助古代箴言来表述。因此，能否恰当使用古代箴言关系到能否正确表述优秀传统。对传统文化必须弃其糟粕，取其精华，这个一般法则已经人所共知。

但是,切实贯彻这个一般法则并不像想象的那么轻而易举。“天行健,君子以自强不息”就是典型事例之一。

“自强不息”是中华优秀传统文化吗?仅就这四个字而言,可以毫不迟疑地回答:何止是中华优秀传统文化!它是全人类的优秀传统。可是汉语词汇“自强不息”典出《易传》。这就需要回答:《易传》的“天行健,君子以自强不息”是中华优秀传统文化吗?“天行健”是糟粕,“自强不息”是精华,“君子”则兼有糟粕与精华,所以这个问题很难简单地回答“是”或“不是”。因此,更恰当的问法应当是:《易传》的“自强不息”在何种意义上是中华优秀传统文化?

面对这个问题,正确的答案是:《易传》的“自强不息”将糟粕与精华融于一体。就本质属性而言,论证君主专制及等级法则的“天行健”及“君子之道”是糟粕。惟有抛弃儒家核心价值观,剔除“天行健”,扬弃“君子之道”,“自强不息”才堪称中华优秀传统文化。现代中国的“自强不息”旨在弘扬社会主义核心价值观,强化国家主人公意识,这样的“自强不息”还是“《易传》的”、“儒家的”吗?答案显然是否定的。承载儒家核心价值观的“天行健”及“君子之道”不是中华优秀传统。因此,我们应当倡导“自强不息”精神,却不应弘扬“天行健,君子以自强不息”。

无论评说传统,还是表达见解,现代中国人必须使用老祖宗传下来的汉语体系,古代箴言诫语常常会派上大用场。在评说优秀传统时,这种现象最为常见。许多弘扬传统的文章甚至会罗列一长串古代箴言诫语。这种简单化的做法很容易犯错误。误将“天行健”及“地势坤”视为中华优秀传统便是典型事例之一。这一类的错误做法警示我们:在引据古代箴言诫语以评说中华优秀传统时,必须慎择约举,有所说明,乃至反思、批判、改造、扬弃、创新。

在正确表述中华优秀传统方面,也可以将“自强不息”用作典型例证。使用典出《易传》的“自强不息”表述优秀传统至少需要做四项相辅相成、不可或缺的学术工作。一是慎择,即仔细鉴别,精心拣择,只挑选可与儒学糟粕切割的“自强不息”;二是约举,即适度剪裁,删除纯属儒学糟粕的“天行健”及含有儒学糟粕的“君子”;三是扬弃,即揭示本质,剔除糟粕,矫正弊病,指明《易传》的“自强不息”在何种意义上可以视为优秀传统,从而将“自强不息”与儒家核心价值观剥离开来；四是创新，即旧词新用，重新诠释，赋予新意，使“自强不息”成为社会主义核心价值观的重要载体之一，并作为中华新传统而传承下去。这就是说，在用“自强不息”表述优秀传统时，不妨道一句“典出《易传》”，却不必扯上“天行健”和“君子”，更不必特意强调是“儒家文化”，必要时还应揭示儒家学说的专制本质，以防止人们误读、误解、误判。这样就可以使“自强不息”解脱与儒家核心价值观的牵连。

一般说来，依据是非、善恶、优劣，中国古代箴言诫语可以分为三类：第一类纯属精华，不含糟粕；第二类纯属糟粕，不含精华；第三类既含精华，又含糟粕。第一类、第二类大多比较容易鉴别，也比较容易取舍。第三类则需要慎择约举，有所说明。

中华文明，五千余年，一脉相承，生生不已，积累了丰富的优秀文化资源。因此，许多古代箴言诫语纯属精华，不含糟粕，可以判定为中华优秀传统的载体。这一类箴言诫语的共同特点是具有普遍意义，可以超越时代，超越国度，超越族群。例如，《论语·学而》的“有朋自远方来，不亦乐乎？”这句名言，道出了普遍适用的待客之礼，表达了人类美好的感情，显然并非“子曰”所首创，更不专属于“儒家”，而为世界各民族所共同拥有。方法类箴言大多可以判定为优秀传统，如“革故鼎新”、“日新月异”、“实事求是”、“海纳百川”、“兼容并蓄”、“博学笃行”、“知行合一”、“温故而知新”、“学而时习之”等等。励志类箴言也大多属于这一类，如“志存高远”、“淡泊明志”、“舍生取义”、“志不求易，事不避难”等等。许多道德类箴言也属于这一类，如“以德为先”、“克己奉公”、“恕以待人，而严以责己”、“己所不欲，勿施于人”等等。具有普遍意义的箴言诫语都是应当大力弘扬并传承下去的。

中国古代文明以君主制度为基础性制度，而儒家是与之相匹配的统治思想及主流文化。因此，许多与“君父专权”密切相关的箴言诫语纯属糟粕。这一类诫语大多出自或本于儒家经典，如“天尊地卑”、“阳尊阴卑”、“天行健”及“地势坤”、“非圣人者无法”、“非圣贤书不读”、“政由君出”、“君主专制”、“君为臣纲，父为子纲，夫为妻纲”、“妇之从夫，犹臣之从君，子之从父，无专制之义，无刚亢之法”、“（女子）无专制之义，有三从之道”、“父母之命，媒妁之言”、“男女授受不亲”等等。《弟子规》之类的幼儿启蒙读物也是依据儒家思想编辑的，其核心价值观及主要内容属于糟粕。这一类的货色必须丢入历史的垃圾堆，亦可充当反面教材，以史为鉴，警示后人。

辉煌的古代文明与专制的社会结构，血肉相依，筋骨相连。中国古代文明的政治基础和文化基础就是“帝制”和“儒学”。甚至可以说，“君主专制”及“儒家学说”，既是推动中国古代文明兴盛的政治因素和文化因素，也是促使中国古代文明衰亡的政治因素和文化因素。儒学是帝制的官方学说，这就决定了古代箴言诫语大多既含精华，又含糟粕，精华与糟粕扭结为一体，很难彻底剥离开来。属于这一类的箴言诫语为数甚多，如哲理类的“天人合一”、“阴阳和合”、“中庸之道”；政治类的“立君为民”、“天下为公”、“民贵君轻”、“孝治天下”；道德类的“以孝为先”、“仁者爱人”、“修齐治平”、“止于至善”等等。对待这些箴言诫语，我们只能秉持“借鉴中国古代专制主义政治理论”的态度，弃其糟粕，取其精华[①]。如果简单化地将这些含有糟粕的箴言诫语判定为“优秀传统文化”，甚至要将它们弘扬于现代社会，就会闹出天大的笑话。

研究传统文化必须实事求是，弘扬优秀传统更要实事求是。然而，令人扼腕的是，在当下学界，将糟粕当精华的现象司空见惯，天大的笑话亦属常见。“天人合一”及“天行健”只是典型事例而已。寻根溯源，夸大“天人合一”及“天行健”现代意义的观点出自一批现代著名学者，一些人还被加上“国学大师”头衔。这一类错误的观点影响广泛，已然陈陈相因，积非成是。近年来，在“国学热”的推动下，打着“弘扬传统”、“弘扬儒学”旗号的文化造假之风愈演愈烈。学术领域的假“国学”，文化领域的假“国粹”，文物领域的假“古董”，传媒领域的假“文化”，影视领域的假“历史”，沆瀣一气，彼此呼应，大有泛滥一时之势。一些以歪曲、作伪、粉饰、虚构等手段推出的“优秀传统文化”，误导了许多不明底细的人，乃至以讹传讹，谬种流传。实际上，就连“国学”、“国医”之类的词汇也统统被作伪，与中国古代的传统用法有天壤之别。造成这种社会现象的原因错综复杂，而学者群体的

---

① 具体分析参见张分田：《统治思想视野的中国传统理想政治模式理论研究》，《天津师范大学学报（社会科学版）》2010 年第 2 期；《“专制”问题论纲——关于“重建中国思想史知识体系”的若干思考》，《天津社会科学》2011 年第 3 期。

学术造假，特别是“国学”造假及“国学大师”造假起了极其恶劣的作用。这表明，一个重大课题依然摆在中国学术界面前，即必须客观、全面、准确地认识中国古代文明及传统文化，为弘扬中华优秀传统提供可靠的学术资源。

值得深思的是，揭示“天行健”及“地势坤”的本质属性本应是极其容易的。《易传》以天地、阴阳、乾坤，论证尊卑、主从、贵贱，主张堂而皇之，逻辑一而贯之，话语清晰明确，思路成龙配套，其本质极易鉴别，其弊病显而易见。但是，那么多“著名学者”高谈阔论却未曾提及，那么多“国学大师”考释演绎却避而不谈，那么多“文化学者”喋喋不休却不知其非。为什么有这么多的专家学者有意地或无意地参与了文化造假？这很值得学术界深刻反思。有一点是可以肯定的，即当下的“国学”研究存在严重弊端，而实事求是精神的缺失是其思想根源。

“前事不忘，后事之师。”“秉笔直书，足为检诫。”老祖宗留下的这一类训诲堪称中华优秀传统。评说历史不能搞“甄士隐”，弘扬传统最忌讳“贾雨村”。隐去真相的“弘扬国学”，弄虚作假的“文化传承”，对民族与国家的根本利益和长远利益的损害甚大。因此，遏止文化造假之风是中国学术界义不容辞的责任。

道德创新必须慎重选择传统文化资源

《道德创新必须慎重选择传统文化资源》一文发表在《天津师范大学学报(社会科学版)》2018年第5期。论文是我根据负责的国家社会科学基金重大项目“我国历史上社会建设理论的研究”的子课题“道德教化论”提交的五份政策咨询报告之一,完成于2009年10月。将研究心得转化为利国利民的政策建议,是学者理应积极担当的责任。

道德创新是文明创新的重要构成和文化创新的重要内容。在缔造中国现代文明的伟大实践中,广泛吸收各国优秀文化资源,恰当选择中国优秀文化资源,形成与现代中国相匹配的新的道德体系,这是道德建设的关键之所在。道德创新必须慎重选择文化资源。在借鉴中国传统文化时,应当有所分析,有所鉴别,有所扬弃。这就要求在深入考察的基础上,选择具有普遍意义的思路;在分析批判的基础上,选择与现代社会契合的内容;在相互比较的基础上,选择精华成分较多的部分。一般说来,凡是具有普遍意义、契合现代社会、精华成分较多的属于优秀文化资源,兹举五例,以见一斑。

一 孔丘的性近习远命题

孔丘认为性近习远，而孟轲认为人性本善。比较而言，孔丘的性近习远命题更有借鉴价值。

一些现代崇儒者声称："孟子的性善说乃是人类良知说的基础"，中国之所以成为"礼仪之邦"是儒家将人性本善的道理转化为礼仪以感化人心的结果。他们不仅将孟轲的人性论视为构建现代中国道德体系不可或缺的理论基础，而且主张以诵读《三字经》《弟子规》等解决当下的道德问题。不了解历史过程的人很容易被这一类主张误导。

历史事实告诉我们，"儒家讲性善"是错误的判语。孔丘、荀况及一批汉唐名儒都不赞成性善论。就连宋明理学家也大多认为孟轲的性善论有重大理论缺陷。这就意味着古代儒者大多不属于简单化的性善论者，《三字经》的"人之初，性本善"只反映孟轲一派的观点。

孔丘认为"性相近也，习相远也"①，他"罕言性命"②，并不看重人性论的理论地位。在先秦，告子的"性无善无不善"③与孔丘思想更为接近。性近习远命题和性无善恶命题比较朴实、比较真切，堪称中国古代人性思想的精华。

孔丘没有论及人性善恶，因而其后学围绕人性善恶问题争执不休。强调心性修养的孟轲主张性善论，而注重制度规范的荀况则主张性恶论。这两种理论都不能解释道德本原及现实中的各种善恶现象。汉唐时期占主流地位的是性品说，董仲舒、孔颖达和韩愈都是典型代表，其基本思路是将人类本性分为天生的三大类别：一是禀赋善质、完美无缺的，二是禀赋善恶、可善可恶的，三是禀赋恶性、无可救药的。扬雄则持人性善恶混论。在宋代以前，性善论不属于主流学术思想。

宋明理学将《孟子》的地位提升到无以复加的地步，于是性善论对主流学术有广泛的影响。但是，张载、朱熹明确指出：孟轲的性善

---

① 《论语·阳货》，朱熹：《四书章句集注》之《论语集注》卷9，第175页。

② 《后汉书》卷82上《方术列传》，第1825页。

③ 《孟子·告子上》，朱熹：《四书章句集注》之《孟子集注》卷11，第328页。

论无法解释恶从何来，而荀况的性恶论无法解释善从何来。他们以天地之性（亦即天命之性）和气质之性解释人性，基本思路是：包括天地万物先天便禀赋天命之性和气质之性，人类亦然。天命之性是至善的，而气质之性则往往包含杂质，因而性有善有恶；绝大多数人都或多或少禀赋了杂质，一些人甚至恶多善少，这就注定了人类有命定的善恶、贤愚、寿夭、贵贱、贫富之别；除少数纯粹无暇的圣人外，人们天生就或多或少有恶性；必须用伦理改造人心，用礼法管束人心，用刑罚惩戒人心，为此理应建立圣贤在上、教化众生、风行草靡的政治制度。正是依据这种理论，宋明理学论证了三纲五常的神圣性、绝对性、永恒性及宗法制度、等级制度、君主制度的合理性，将尊者专制、卑者服从奉为宇宙的一般法则。如果说孔丘的性近习远在一定程度上体现了人性平等观念，那么孟轲性善论及宋明理学的双重人性论则违背人类的自然本性，与事实相去甚远。显而易见，就本质与主旨而言，孟轲的性善论及由此衍生出来的宋明理学的双重人性论都无法为现代社会的道德建设理论提供优秀文化资源。

历史事实是：从古至今，人的生物属性没有大的变化；无论中西，人的生物属性没有质的差异。但是，人的社会属性却千差万别。何谓善？何谓恶？不同时代、不同的社会对同样的行为会做出截然不同的判断。男女自由恋爱，在现代社会属于备受赞扬的“善”，而在古代社会则属于备受责备的“恶”。与此相应，在不同时代、不同的社会，同样的德目有不同的具体规范。例如，儒者之“孝”更强调从属性的“敬”和支配性的“顺”，而现代社会的“孝”则建立在亲子长幼平等的基础之上。现代社会不会讲究《孝经》的“五等之孝”，更不会允许各级领导干部遵照“天子之孝”、“诸侯之孝”、“大夫之孝”，用属于国家和人民的公共资源奉养自己的父母。

一般说来，四书五经的道德理论不是优秀文化资源。这种道德理论与传统农耕社会的宗法制度、等级制度、君主制度相匹配，并长期占据官方学说及主流文化的地位，具有明显的宗法性、等级性、威权性、保守性，与现代社会的道德理念有本质上的区别。在借鉴四书五经的文化资源时，必须在深刻反思的基础上，将尊者专制、卑者服从的核心价值彻底抛弃，将支撑这种核心价值的劣质文化基因彻底剔除。

二　墨翟的兼爱交利命题

儒者倡导“仁爱”，而墨者倡导“兼爱”。比较而言，墨者的兼爱交利命题更有借鉴价值。

儒者仁爱包含一些具有普遍意义的思想因素。例如，孔丘的“己所不欲，勿施于人”，被联合国一致通过为处理国与国之间关系的准则。1793 年法国大革命的《人权和公民权宣言》也曾引用这个格言。实际上，《圣经·加拉太书》借耶稣之口表达了“‘爱人如己’包括一切律法”[①]的思想。由此可见，在一些基本点上，东西方道德文化多有相通之处。

但是，儒者仁爱有明显的局限性，主要表现为以宗法等级制度的亲亲尊尊为基本准则，导致对亲疏不同、等级不同的仁爱有先后轻重厚薄之分。《论语·学而》：“其为人也孝弟，而好犯上者，鲜矣；不好犯上，而好作乱者，未之有也。君子务本，本立而道生。孝弟也者，其为仁之本。”[②]儒者将宗法之孝视为道的根本和仁的起点，而以孝为本的道德准则又以亲亲尊尊为宗旨，以防止犯上作乱为目的，所谓“唯知尊君亲上，乃能知礼义廉耻”[③]。正是由于这个缘故，孔丘倡导的仁爱逊色于墨翟倡导的兼爱，更逊色于西方资产阶级倡导的博爱。只要深入考察，还会发现具有统治属性和专制本质的儒者仁爱与社会主义核心价值观格格不入。

墨翟的学术渊源可以追溯到孔丘。但是，他修正儒者仁爱的偏弊，提出修正仁爱思想的兼爱思想，构建了更富于博爱色彩的道德理论。《墨子》的《兼爱》《天志》诸篇反复强调“兼相爱”和“交相利”，将兼爱交利作为处理人与人之间关系的基本准则。墨翟兼爱至少在两个方面优于孔丘仁爱：一是更接近于现代的博爱；二是更注重利益调整。

儒墨之争集中体现为“爱有等差”与“爱无等差”之争。墨翟站在弱者、寡者、贫贱者等弱势群体的立场，主张“爱无差等”，“爱无厚

---

① 《新约全书·加拉太书》，中国基督教协会印发，1989 年，第 215 页。

② 《论语·学而》，朱熹：《四书章句集注》之《论语集注》卷 1，第 47—48 页。

③ 卫湜：《礼记集说》卷 32，《景印文渊阁四库全书》，第 117 册，第 664 页。

薄”，每一个个体都应爱人如己，每一个家庭都应爱人家如己家，每一个国家都应爱别国如己国。墨翟认为兼爱是人类社会的核心价值，称具有兼爱精神的人为“仁人”，而兼爱是为天下兴利除害的关键。在他看来，“仁人之事者，必务求兴天下之利，除天下之害”[①]，掌握国家政权的人必须关心“国家、百姓、人民之利”[②]，使社会上不同群体、不同个人之间的利益协调一致。兼爱体现为交利，交利发端于兼爱。只有人们都做到相爱互利，才能实现天下、国家、家庭的和谐。墨翟的兼爱原则也适用于国与国之间的关系。他反对一切掠夺性的战争，主张国与国之间也要做到相爱互利。这种思想对构建人类命运共同体有重大的现实意义。

儒家主张爱有等差，“仁莫大于爱亲，义莫先于尊君”[③]。这种思路势必夸大道德规范的重要性，忽视利益调整的重要性，有明显的重义轻利倾向。在这一点上，孟轲的思想堪称极致。《孟子》一书，开章明义，提出君臣上下但行“仁义”而不必言“利”。如果君主只关心“利国”，臣属只关心“利家”，民众只关心“利身”，那么“上下交征利而国危矣”。在孟轲看来，利在“仁义”之中，“仁义”则未尝不利。“未有仁而遗其亲者也，未有义而后其君者也”。简言之，治国之道“仁义而已矣”[④]。墨翟则将兼爱与交利相提并论，在倡导无差别的兼爱的同时，强调互利互惠的重要性。正是由于兼爱交利的道德理想被视为违背“忠君孝父”，极易导致“犯上作乱”，孟轲用“无父无君”[⑤]攻击墨翟之学。这恰恰证明：就现代意义而言，儒者仁爱不如墨者兼爱。

近代以来，西方资产阶级的“自由、平等、博爱”思想传入中国。这种思想依据“天赋人权”之论，主张在法律的和伦理的平等的基础上，关爱同类，以至于泛爱众生。显而易见，具有平等内涵的西方资产阶级博爱在一定程度上超越了具有等级属性的儒家仁爱。

---

① 《墨子·兼爱下》，孙诒让：《墨子间诂》卷4，第113页。

② 《墨子·非命上》，孙诒让：《墨子间诂》卷9，第265页。

③ 张栻：《癸巳孟子说》卷1《梁惠王上》，《景印文渊阁四库全书》，第199册，第324页。

④ 《孟子·梁惠王上》，朱熹：《四书章句集注》之《孟子集注》卷1，第201页。

⑤ 《孟子·滕文公下》，朱熹：《四书章句集注》之《孟子集注》卷6，第272页。

因此，以严复、谭嗣同、梁启超、孙中山为代表的进步思想家大力张扬平等博爱，称之为道德之本。他们主张冲决“三纲五常”的罗网，更新国民道德，将利己、利他、利群和爱己、爱他、爱群结合在一起，形成具有中国色彩的博爱观念。谭嗣同主张以人人平等的两利之道和相仁之道构建新的仁学，他对传统道德文化的分析与批判依然具有现实意义。孙中山也指出：中国古代的仁爱和兼爱属于狭义的博爱，唯有近代社会人道主义的博爱才能体现博爱之真精神。20世纪以来，许多民主主义者倡导的道德革命则进一步推动了现代中国道德体系的形成。

从人类社会发展进程看，资本阶级的博爱与现代社会的契合程度远远高于中国古代儒者的仁爱。然而，即使资产阶级的博爱和早期无产阶级的“四海之内皆兄弟”也有明显的局限性。对此，马克思主义经典作家有深刻的揭示。因此，在借鉴中西方优秀文化资源的基础上，现代中国的道德创新必须超越儒者仁爱、墨者兼爱和资产阶级博爱，形成更具包容性、开放性的大爱及与之相匹配的义利观。

三　商鞅的易礼变法命题

儒者主张“复礼”，而商鞅主张“易礼”。比较而言，商鞅的易礼变法命题更有借鉴价值。

在道德建设方面，儒家有浓烈的复古倾向和强烈的卫道色彩。孔丘既有“复礼”之论，又有“损益”之说。他一方面表示“吾从周”，主张再造三代盛世，另一方面又看到了历代之礼皆有所损益，必须适度调整礼制。他说：“殷因于夏礼，所损益，可知也；周因于殷礼，所损益，可知也；其或继周者，虽百世可知也。”[①]在孔丘看来，在世代推移中，礼的原则不可动摇，而礼的具体内容则会有因革损益。这一类思想有将继承与扬弃相结合的意味，不属于绝对化的复古主义。但是，儒者将理想的道德境域定位于尧舜三王盛世，持今不如昔之论，主张复归尧舜三王之时，有明显的复古主义倾向。汉代经学的“天不变，

① 《论语·为政》，朱熹：《四书章句集注》之《论语集注》卷1，第59页。

道亦不变”[①]和宋明理学的“纲常千万年，磨灭不得”[②]，都以天道、天理论证了纲常名教的永恒性。在中国社会发生重大变革的时代，龚自珍、冯桂芬等一批著名深受四书五经影响的进步思想家依然主张复古礼、立宗法。一些顽固的守旧势力甚至声称：“舍纲常名教别无立足之地，除忠孝节义岂有教人之方。”[③]纲常名教的基本法则永恒不变，这是儒者的共同主张，也是儒者具有浓厚保守性的集中体现。当下一些现代崇儒者倡导“回到孔孟去”，重建“中华道统”，再次向人们展示了一种来自传统文化的根深蒂固的保守性。

在春秋战国时期的重大社会变革中，一批倡导改革的思想家曾经扮演积极的角色。他们主张以改革推动社会进步，以法治强化社会建设，以发展解决社会问题。他们的道德建设思想以注重道德创新、法制教育和利益调整为特色。他们的思想与正处在重大社会变革之中的现代中国社会道德建设的思路与途径多有契合之处。

以商鞅为代表的一批思想家注重与社会变革相匹配的道德创新，主张社会制度必须顺应世道的变化而变化，各种社会规范包括道德规范也必须“随时而变，因俗而动”[④]。商鞅提出易礼变法命题，他针对“法古无过，循礼无邪”和“利不百，不变法；功不十，不易器”的说法，旗帜鲜明地指出：“汤武之王也，不循古而兴。殷夏之灭也，不易礼而亡。”由此可见，“治世不一道，便国不必法古”[⑤]。慎到指出：“治国无其法则乱，守法而不变则衰。”[⑥]在既定体制下，各种社会规范也必须不断调整，既要严于守法，又要善于变法，否则将导致政治混乱，国家衰败。韩非指出：“古今异俗，新故异备”，因而“欲以先王之政，治当世之民，皆守株之类也”，正确的做法是“世异则事异，事异则备变”，制度及规范建设应当“不期修古，不法常可，论世之事，因为之备”[⑦]。这些改革思想家在理论上摒弃一切抱残守缺的陈词滥调，在

① 《汉书》卷56《董仲舒传》，第1915页。

② 黎靖德编：《朱子语类》卷24《论语六 · 为政篇下 · 君子不器章》，第597页。

③ 苏舆编：《翼教丛编》卷5《宾凤阳等上王益吾院长书》，第144页。

④ 《管子 · 正世》，黎翔凤：《管子校注》卷15，第920页。

⑤ 《商君书 · 更法》，蒋礼鸿：《商君书锥指》卷1，第5页。

⑥ 《慎子 · 逸文》，第12页。

⑦ 《韩非子 · 五蠹》，王先慎：《韩非子集解》卷19，第442—445页。

行动上不惧怕抛弃过时的传统道德。他们的主张与动辄称颂三代的儒者有明显的区别。在正处于变革时期的现代中国，张扬“不慕古，不留今，与时变，与俗化”[①]的变革精神具有重大的现实意义。

商鞅等人注重与道德建设相匹配的法制建设。针对儒者强调自我修养的道德学说，他们更注重制度建设和法制建设在道德建设中的作用。他们主张依据人情事理设置各种社会的、政治的、法律的、道德的规范，将各种重要的道德规范制度化、法制化，以必要的强制手段维护道德底线。各种制度化、法制化的社会规范要详尽具体，简明易懂，公之于众。国家要加强法制、法规的宣传，使“天下之吏民无不知法者”[②]，让法律、法规成为尽人皆知、必须遵守的强制性社会规范。商鞅认为，法律是基本的价值尺度，所有的人都必须遵守法律。在一切决断于法的意义上，“有道之国，治不听君，民不从官”[③]。最佳境界是将各种必须遵守的社会规范内化为人们心灵深处的道德自觉。每个人都自觉地依照法律、法规约束自己。以法自律，这就是“心断”。这样一来，是非曲直都可以在社会基层组织和社会群体内部依法解决，不必延误时日，这就实现了“日断”。如果人人皆能“心断”，事事皆能“日断”，社会秩序就可以达到理想的境界。在建设法治社会的今天，商鞅等人的主张具有重要的借鉴价值。

华夏先民历来重视利益调整在道德建设中的作用。据说，“周公制《周礼》曰：‘则以观德，德以处事，事以度功，功以食民’”[④]。先秦著名改革思想家都注重道德教育与利益调整相匹配。管仲指出：“仓廪实而知礼节，衣食足而知荣辱。”[⑤]利益和谐是道德和谐和社会和谐的基础。只有解决民生问题，调整利益关系，才能更好地维护道德关系，构建和谐社会。李悝、商鞅等主持变法的思想家发展孔丘足食足兵、取信于民的思想，将发展经济，倡导农耕，作为提升全社会道德水准的首要条件和有效手段。他们认为，动乱皆因“饥寒而起”[⑥]，抑

---

① 《管子·正世》，黎翔凤：《管子校注》卷15，第922页。

② 《商君书·定分》，蒋礼鸿：《商君书锥指》卷5，第144页。

③ 《商君书·说民》，蒋礼鸿：《商君书锥指》卷2，第41页。

④ 《左传·文公十八年》，杜预注、孔颖达疏：《春秋左传正义》卷20，第662页。

⑤ 《史记》卷62《管晏列传》，第1696页。

⑥ 《说苑》卷20《反质》，向宗鲁校证：《说苑校证》，第519页。

制富足者的骄奢淫逸，调整经济关系，是保持社会稳定的主要手段，一切法律政令和道德教化都要建立在物质利益的基础之上。在革新变法中，他们尤为重视物质利益的导向与分配，特别是田宅等基本生产、生活资料的授予和赏赐。他们推行使有能，禄有功，重农耕，授田宅，开阡陌，辟土莱，平赋税，调物价，防灾害，助鳏寡等。这些政策在一定程度上达到了顺应民意、均平税负、制民之产、民有恒产的目的，使民众境遇和社会秩序有所改善。他们认为，在不同的形势下，社会建设的重点会有所不同，“有时先事，有时先政，有时先德，有时先恕”[①]。民生问题至关重要，道德建设、法律建设有时要让位于经济建设。他们所领导的变法运动之所以获得巨大的成功，是因为他们抓住了问题的关键，即以解决人民群众最关心、最直接、最现实的利益为重点，实现物质文明、政治文明、精神文明协调发展。这个思想对今天的社会建设及道德建设依然具有重要的借鉴意义。

道德是一个历史范畴。抽象的道德准则总是与具体的道德规范紧密结合在一起。因此，不同时代、不同社会有不同的道德规范。兹举四个典型事例。

一是以普通男女之间的礼节性或事务性的皮肤接触为例。在现代社会，这属于很正常的事情，没有人会大惊小怪。而在中国古代社会，依据孟轲所说的“男女授受不亲，礼也”，除非在“嫂溺援之以手”[②]等紧急救险情况下，男女之间皮肤接触是绝对不允许的，违反者属于“淫”的范畴。凡是恪守儒家道德的人都会严格遵守这个道德律令，一些人的行为冷酷无情，甚至相当残忍。著名清官海瑞曾因为自己的幼女从男性奴仆手中接过食物而逼迫她绝食而死。在官方正史的烈女传中还记叙了这样的“范例”：一些“贞女”用刀斧砍掉自己被其他男人触摸过的胳膊。

二是以男女自由恋爱为例。在现代社会，这是公认的道德准则并受到婚姻法的保护。而在中国古代社会，依据儒者“父母之命，媒妁之言”的道德律令，这种行为属于“淫奔”，是绝对不能容忍的。对于触犯这个道德律令的子女，父家长甚至有权以私刑处死。

---

① 《管子·小问》，黎翔凤：《管子校注》卷16，第960页。

② 《孟子·离娄上》，朱熹：《四书章句集注》之《孟子集注》卷7，第284页。

三是以揭发父母的刑事犯罪行为为例。在现代社会，这是受到鼓励的事情，人们还会赞扬这种“大义灭亲”的行为。而在中国古代社会，依据“父为子隐，子为父隐”的道德信条，如果儿子揭发父亲的罪行，属于“不孝”的重罪，即使揭发父亲谋反且情况属实，也决不轻饶。西汉衡山王刘赐谋逆，其子太子爽上书皇帝告发。这种行为违背了儒家道德，也触犯了汉朝法律，因而“太子爽坐告王父不孝”，被判处“弃市”①之刑。统治者允许父亲大义灭子，却不容忍子女大义灭父，所谓“大义灭亲，父可施之子，子不可施之父”②。

四是以晚辈捐助他人为例。在现代社会，这完全是可以自主的善举。而在中国古代社会，依据儒者的道德准则，如果子女未经父兄家长同意而自己擅自捐助财物救济他人，则涉嫌“不孝”。据《论语·先进》记载，孔丘与子路、冉有、公西华议论父兄与子弟之间的行为规范。具体事项是：如果遇到周济穷困之事，为子弟者应当如何行事？孔丘设定的基本原则是：这种涉及家庭财务的事通常要由父兄家长决定，子弟晚辈不可自专。历代名儒的注释也都强调这一点。《论语·先进》：“有父兄在，如之何其闻斯行之也？”何晏集解引孔安国曰：“当白父兄，不可得自专也。”皇侃义疏：“夫赈施之理，事有大小，大者车马，小或一飡，若其大者必谘，小可专行。”③简言之，子弟绝对不能“有无父兄之心”④。

一般说来，儒家的善恶观与现代的善恶观有本质的区别。运用儒家的善恶观根本无法恰当地判定现代社会的善与恶，许多现代的善行甚至会被判定为恶行，许多现代的恶行甚至会被判定为善行。由此可见，还是马克思主义经典作家的看法更准确：道德是一定社会关系的产物，社会的本质属性决定了道德的本质属性。善与恶都是历史范畴，从来没有抽象的善，也没有抽象的恶。因此，现代中国的道德建设必须在总结中国人民群体性的社会实践的基础上，创造与现代中国相匹配的道德体系及相应的价值尺度。

---

① 《史记》卷118《淮南衡山列传》，第2356页。

② 清高宗：《御制文集》2集卷8《命馆臣重订契丹国志谕》，《景印文渊阁四库全书》，第1301册，第335页。

③ 何晏集解、皇侃义疏：《论语集解义疏》卷6《先进》，第154—155页。

④ 朱熹：《四书或问》之《论语或问》卷11，第289页。

四 庄周的朴性真情命题

儒者多以善恶论人性，而老庄则以自然真情论人性。比较而言，庄周的朴性真情命题更有借鉴价值。

在中国古代社会，宗法制度是社会的基本制度，维护父家长权威是最具一般意义的社会法则。因此，以“三纲五常”为核心的忠诚君父、孝顺父母、服从丈夫、从兄敬长、传宗接代、光宗耀祖、养子防老、重男轻女等宗法观念，必然成为社会道德体系的重要内容。古代社会的教化体系以各种方式灌输宗法观念，树立道德标杆，由此而形成的忠孝节义与名缰利锁很容易导致道德实践中的虚伪现象，诸如“假道学”之类。

老聃抨击儒者之“仁”的虚伪性。庄周发挥这个思想，尖锐地指出：儒者“仁义”的虚伪性是导致各种社会弊端的根源。他驳斥儒者“维齐非齐”之论，认为以固守等级制度的方式来维护社会正义的做法只能导致“以不平平，其平也不平”①。他主张四海之内“共利”、“共给”②，财用、饮食天下共享，以天人合一、回归自然的方式实现“天下平均”③。在庄周看来，区别贵贱上下的等级制度及其道德体系违背人类的朴性真情，势必导致社会公正的缺失和道德水准的低下。儒者一味夸大仁义及忠孝节义的功能，致力于树立各种道德标杆，这很容易使仁义道德成为人们争名逐利的工具，从而引发各种不诚实的现象。“爱利出乎仁义，捐仁义者寡，利仁义者众。夫仁义之行，唯且无诚，且假夫禽贪者器”④。庄周倡导自然、无私的人间真情。在他看来，“至仁无亲”⑤，人们出自天然、发自内心、不论亲疏的相亲相爱才是真仁。庄周把社会罪恶归因于礼乐仁义，未免失之简单。但是，他对于儒家道德虚伪性的揭露可谓一针见血。在这个意义上，庄周的朴性真情优于孟轲的性善矫情。

应当指出的是，中国古代一批著名的社会批判思想家径直将批

① 《庄子·列御寇》，郭庆藩辑：《庄子集释》卷10上，第1064页。
② 《庄子·天地》，郭庆藩辑：《庄子集释》卷5上，第441页。
③ 《庄子·达生》，郭庆藩辑：《庄子集释》卷7上，第636页。
④ 《庄子·徐无鬼》，郭庆藩辑：《庄子集释》卷8中，第861页。
⑤ 《庄子·庚桑楚》，郭庆藩辑：《庄子集释》卷8上，第808页。

判的矛头指向不平等、不真诚的儒家纲常名教。其中,无君论者最为典型。魏晋之际的阮籍、两晋之际的鲍敬言和唐代的无能子都曾指出:天地万物天然平等,而儒家圣人却沿着天尊地卑的思路推导等级秩序的基本法则,这是错误的。等级制度和纲常名教是万恶之源。讲究尊卑贵贱的等级制度违背天道、人性,旨在维护等级制度的纲常伦理不可能有效地维护社会正义。无君论者没有提出切实可行的实现人类平等的途径,而其对儒家道德本质属性的批判却是切中要害的。

在中国古代,揭露儒家道德虚伪性的思想家并非罕见。明朝的李贽是著名代表人物之一。李贽非议孔丘权威,痛恨道学虚伪,指斥理学谬说。他从天地本源的角度阐释天道自然、凡圣无别、人类平等的思想,进而提出童心说,倡导张扬人的个性,主张抛弃人格虚伪。这种思想对以孔孟之道为代表的正统思想有巨大的冲击作用。

近代以来,众多进步思想家将孔学礼教构建的道德秩序视为很难炸毁的“铁房子”,对儒家道德的伪善性提出尖锐的批评。在他们看来,孔学礼教及相关的风俗习惯是导致民智不开、民族羸弱的重要原因。中国的现代化进程恰恰得益于儒学的边缘化。

上述历史现象提示我们:无论在中国古代社会,还是在中国的现代化进程中,儒家道德学说的历史作用都是相当复杂的。在借鉴儒家道德的时候,必须对其本质有清醒的认识,不能被一些美好的词语所迷惑,盲目地、笼统地称之为“传统美德”。

五　佛教的众生平等命题

儒教尤为强调“明分”,而佛教更为注重“平等”。比较而言,佛教的众生平等思想更有借鉴价值。

在中国古代社会,等级制度是社会的基本制度,严格区分尊卑贵贱是社会制度和政治制度的一般特征。因此,与之相匹配的儒家道德学说以“序君臣父子之礼”[①]为宗旨。四书五经及其权威性注疏不仅将“尊君亲亲”作为核心命题,还用天地之道、阴阳哲理证明“家无二主”、“君尊臣卑”符合“天人合一”的法则,乃是“自然之理”。《周

---

① 《史记》卷130《太史公自序》,第2486页。

易·系辞上》:“天尊地卑,乾坤定矣。卑高以陈,贵贱位矣。”[①]《礼记·乐记》:“天尊地卑,君臣定矣。卑高以陈,贵贱位矣。”[②]以孔丘、孟轲、荀况为代表的历代大儒都曾明确认定等级制度及其道德体系是天经地义的,礼义的核心是区别贵贱上下,而等级法则是道德法则的根本。宋明理学的“天理”论将这种思想发展到极致。以朱熹为代表的理学家们认为,“三纲五常”来自宇宙本体,符合“自然之理”。“未有君臣,已先有君臣之理;未有父子,已先有父子之理”[③],各种等级规范是“天分”、“天秩”。人世间的等级、地位、职业都是天理注定的,“大小虽异,界限截然”,每个人都应“必知夫所处之职,乃天职之自然,而非出于人为”。在天分面前,人们只能“惟分是安”[④]。这就肯定了“三纲五常”的绝对性。儒家的“三纲五常”是由宗法观念中抽象出来的,由此又演绎出君主制度、等级制度的各种具体的关系、制度、规范。维护尊者专制、卑者服从的等级关系,是儒家道德学说的宗旨和主要功能。

佛教教义与儒家学说有明显的差别。佛教将平等慈悲作为处理人与人、人与其他生物之间关系的基本准则。佛教创始人释迦牟尼反对婆罗门所坚持的种姓制度,主张婆罗门、刹帝利、吠舍、首陀罗四姓平等。早期佛教的种姓平等观在业报轮回的教义和僧伽内部的关系上均有体现。佛教宣扬普度众生的佛佗信仰,强调众生一律平等,众生皆有佛性,众生无高低之别,主张对众生要有无差别的爱心。平等是慈悲的基础,慈悲是平等的体现。佛教传入中国后,佛法平等、众生平等思想为中国的平等观念注入了新的因素,对尊卑分明的等级制度及与之匹配的纲常名教是一种强有力的挑战。

佛教属于外来文化。汉传佛教的道德观念虽然被中国古代主流文化改造,而众生平等思想也随之被植入中国传统文化。汉传佛教依然将众生平等的大慈大悲精神视为佛教思想的根本。唐代僧人释道世写道:“菩萨兴行救济为先,诸佛出世大悲为本。”[⑤]宋代僧人清

① 《周易·系辞上》,王弼注、孔颖达疏:《周易正义》卷7,第320页。

② 《礼记·乐记》,郑玄注、孔颖达疏:《礼记正义》卷37,第1275页。

③ 黎靖德编:《朱子语类》卷95《程子之书一》,第2436页。

④ 黎靖德编:《朱子语类》卷13《学七·力行》,第235、226页。

⑤ 释道世:《法苑珠林》卷64《慈悲篇·述意部》,中华书局,2003年,第1922页。

远写道:“若论平等,无过佛法。唯佛法最平等。”[①]在佛教义理被中国人理解、融摄、改造的同时,佛教信仰出现了许多民俗化的形态。佛教的净土思想和众生平等思想,为世人描绘了一个无种族相、无国土相、无强弱相、无男女相,“悉皆平等,无有差别”的西方极乐世界。在极乐世界中,人们平等相处,一切公有,各取所需,“无有众苦,但受诸乐”。极乐净土与现实社会的强烈反差,一下子抓住了众生的心灵。佛教的众生平等思想迎合了备受等级压迫之苦的芸芸众生的心理,给渴望社会平等的人们以精神慰藉,也反映了广大人民在现实社会建立幸福生活的美好愿望。

佛教众生平等思想不仅强调人与人之间的平等,反对依据社会地位和男女性别区分高低贵贱,而且强调人类与万物的平等,要求人类尊重、摄护自然万物,甚至主张众生与佛陀平等。这一类思想以宗教信仰的方式表达了一种具有广泛性、普遍性、神圣性的平等观,其中一些因素与现代的人权平等、男女平等、法律平等是相通的。近代以来,谭嗣同等高举佛教平等大旗,吸收西方的平等思想,重新解释礼、仁等道德范畴,推动变法维新运动,这绝非偶然。这一类思想在协调人与人之间的矛盾、调适人与自然之间的矛盾等方面,依然有积极意义和借鉴价值。

上述分析表明,夸大儒家道德理论的现代价值,笼统地宣扬“传统美德”是错误的。对于中国传统道德文化必须采取反思的、分析的、批判的、扬弃的态度。现代中国的道德建设必须立足于道德创新。这就要求我们既不能不加选择地继承中国传统道德,又不能不加改造地照搬西方现代道德,而应在改革的实践中,不断归纳、提炼中国人民的道德实践和道德创新,逐步建立兼采中西道德文化精华、与现代中国社会相匹配的道德体系。

许多人有一种错觉,即儒家道德既有精华,又有糟粕,我们只要选择一下,留下精华,去掉糟粕,就可以了。实际上,无论一种理论,还是一种文化,其精华与糟粕往往纠结在一起,很难剥离开来。因此,人类社会道德的总体发展趋势是:在社会形态大体稳定的条件下,继承的主要方式是沿袭;当社会形态发生重大变化之后,继承的

① 颐藏主:《古尊宿语录》卷33,中华书局,1994年,第620页。

主要途径是改造。改造也是要有所继承的。但是,彻底改造之后就与原来的东西有本质区别了。历史进程总是通过抛弃一些东西、增添一些东西来实现重大进展的。每当社会形态发生重大变革的时候,传统文化的核心价值和主体部分都无法作为文化传统而传承下来。这就是人类社会的新陈代谢。因此,将现代中国的社会道德建设寄托于"儒学现代化"是不现实的。

一些现代崇儒者曲解党和国家弘扬中国优秀传统文化的方针,夸大儒学的现代价值及其在道德建设中的地位与作用,简单地将"弘扬传统文化"等同于"弘扬儒学",主张"用儒家思想表征我们的民族传统与精神"。为了把现代中国的文化建设、道德建设引入一个特定的议程,他们编造了一系列与"儒学"相关的神话与谎言。一些人甚至刻意为"三纲五常"撰写辩护词。他们盲目颂扬"传统美德",错误地将社会大变革中出现的"道德滑坡"现象归咎于儒学的边缘化,主张用尊孔读经的方式"继承中国传统美德",形成"完整的道德教育体系"。有的人甚至主张在现代中国"全面重建儒教社会"。历史将再次证明:这是一条行不通的死路。

“返本开新”的适用范围和基本原则

本文发表在《天津社会科学》2018 年第 1 期，题为《“返本开新”刍议》，本书恢复原来的论文题目、段落题目及篇幅，使其方法论意义更为凸显。

“返本开新”是“现代新儒家”用于历史造假和文化造假的理论工具。他们最先创造并张扬这个提法，其目的是借以论证一个夸大儒学现代意义的主张，即回归（“返”）儒家学说（“本”），可以开出（“开”）现代民主宪政（“新”），或者可以“创造性转化”出倡导民主宪政的“新儒学”。这一类将宣扬纲常礼教、维护尊者专制的儒家学说与张扬自由平等、倡导民主法治的现代思想相提并论的说法提示我们：所谓“现代新儒家”不是真儒家，乃是伪儒学①。本文旨在依据汉语习惯和客观事实，指出“返本开新”提法的逻辑缺陷，设定“返本开新”的适用范围和基本原则，进而证明现代伪儒学的“返本开新”是一个伪命题。

---

① 判定“现代新儒学”乃是现代伪儒学的依据，参见张分田：《“现代新儒家”不是真儒家》，《中国社会科学报》2016 年 2 月 25 日。

一 古代汉语“返本”的核心词义是还原复旧

“返本”是一个古代汉语常用词汇。这个词借用树木回归本根和流水回归源泉设譬，论说事物“返本还源”的必然性，强调事物“返本还原”的重要性。因此，解读“返本”的词义首先要了解“本”字的本义及其主要引申义。

“本”字的本义是树木之根。“本，根也”①。“本”与“根”可以互训，特指树木之根本，引申为各种事物的根本。“初为本”②。树木由根株派生，先有根株，后有枝干，再有茎叶。大树始于根株，以根株为本原，故“本”字有初始之义。《广雅·释木》：“本，干也。”③作为树木基干部分的树干亦可归属于本的范畴。《说文解字·木部》：“榦，一曰本也。”段玉裁注：“木下曰本，木身亦曰本。”④树根与树干共同构成树木的根基，是一株树木的初始、根本、基干、要害。由此而衍生了“本”字的各种引申义，而事物的源泉、初始、基础、主体、关键部分等是“本”字的核心词义。本初、本源、本原、本根、根本、根基等由“本”字组成的词汇都是典型例证。

人们总是将本与末相提并论。“返本”就是一个论说本末关系的词汇。返本之本亦即木本之本、本末之本。因此，解读“返本”的词义还需要了解“末”字的本义及词义，进而了解本末关系的主要意涵。

在古代汉语中，本与末相对而言，二者互为反义词。《说文解字·木部》：“本，木下曰本。从木，一在其下。”又：“末，木上曰末。从木，一在其上。”段玉裁注：“本、末皆于形得义。其形一从木、丄，一从木、丅，而意即在是，全书如此者多矣。”⑤丄即上，乃上之本字；丅即下，乃下之本字。本末之造字乃是借助“木”这个象形字指事寓意：本在木下，末在木上，树木下部为本，树木上部为末；本是树木的根株、基干，末是树木的枝梢、茎叶，因而根干是主要的，枝叶是次要的；有根株、基干，才有枝梢、茎叶，本与末是派生关系，因而本是固有的，末

① 《吕氏春秋》卷26《士容论·辩土》“不丧本茎”高诱注，第336页。

② 李鼎祚：《周易集解·大过》，李道平：《周易集解纂疏》卷4，第290页。

③ 张揖：《广雅》卷10，第131页。

④ 《说文解字·木部》，段玉裁：《说文解字注》卷11第6篇注上，第253页。

⑤ 《说文解字·木部》，段玉裁：《说文解字注》卷11第6篇注上，第248页。

是派生的；本是树木的根源、基础、主体，因而本是主导的，末是从属的；根株、基干、枝梢、茎叶共同构成树木的整体，因而本末相须一体，相互依存，而深根固本是维持树木繁茂的关键；树木的复苏、再生、繁衍，都必须以根株为起点，以基干为主体，这种现象堪称返本还初，回归始基。上述寓意构成了“本”字和“末”字及“本末”一词的本义、核心词义及主要引申义。

所谓“返本”亦即返回本初、本始、本根、本原、本体，即“返本还原，有根蒂之固”[①]。返本亦可写作“反本”，二者是同义词。反本复始，回归其初，故返初、返始、还原、复本等都是返本的同义词。这一类词汇的用法大体可以分为六大类。

“返本”的用法之一是依据本末的本义，论说植物在生长及繁衍过程中生生不已、荣枯盛衰的循环往复的“返始复本”。例如，古人认为万物出于东方，入于西方，“西者，阴之所也，万物于是入焉。荣者返本，敛者就实，是为内也”[②]。又如，成熟的果实会脱落树下，种子落地会发芽，故“落则反本，反本则复生矣”[③]。

凡是自然界中与木落返本、水流趋东相似的现象均可以称作返本或返始。例如，卫宗武《和野渡雪消二律》第二首论说冰雪的返本复始，有“物物要知须返本，冰仍归水更何疑”[④]之句。朱载堉以“返本还元，循环无端”[⑤]论说音律的返本复始，称“仲吕顺生黄钟，返本还元。黄钟逆生仲吕。循环无端，实无往而不返之理”[⑥]。

“返本”的用法之二是引伸本末之义，论说生成养育关系中的派生事物返报母本的“报本返始”。报本返始，即子女对生养自己的父母孝敬恭顺，后代对荫及子孙的先祖慎终怀远，人类对养育人类的上帝和天地顶礼膜拜，人们对庇护大众的神祇敬畏和感激等等。司马迁说：“《离骚》者，犹离忧也。夫天者，人之始也；父母者，人之本也。

---

① 魏浚：《易义古象通》卷2《泰卦》，《景印文渊阁四库全书》，第34册，第219页。

② 卫湜：《礼记集说》卷111引“毗陵慕容氏曰”，《景印文渊阁四库全书》，第119册，第408页。

③ 沈该：《易小传》卷3上《剥卦》，《景印文渊阁四库全书》，第10册，第529页。

④ 卫宗武：《秋声集》卷3《五言律诗》，《景印文渊阁四库全书》，第1187册，第681页。

⑤ 朱载堉：《乐律全书》卷7上，《景印文渊阁四库全书》，第213册，第225页。

⑥ 朱载堉：《乐律全书·序》，《景印文渊阁四库全书》，第213册，第25页。

人穷则反本，故劳苦倦极，未尝不呼天也；疾痛惨怛，未尝不呼父母也。”[①]这一类报本返始亦称敦本返始、崇本返始、报本反始、追远返本等。

祭祀是尊祖敬宗、报本返始的主要方式之一。祭祀必须遵守礼制、礼仪、礼义，因而“返本”一词是儒典及其注疏论证礼乐制度的重要依据。相关论述很多，如《礼记·礼器》：“礼也者，反本修古，不忘其初者也。”[②]《礼记·郊特牲》：“万物本乎天，人本乎祖，此所以配上帝也。”郑玄注：“言俱本可以配。”[③]

在“返本”一词的各种用法中，以论说报本返始的最为常见，且大多与孝道及相关的祭祀、礼制、教化相关。如裴子野说：“天地之大德，曰生；生民之至德，曰孝，所以报本返始，尽性穷神，行莫重焉，教莫先焉。”[④]程颐说：“天地之常，莫不反本。人之孝亦反本之谓也。”[⑤]毛奇龄说：“木本水源，贵在返始。故家国建祭皆特重始封之君与始官之人，而小记别子为祖。”[⑥]秦蕙田说：“盖天者百神之君。天子万国之主，父事天而享上帝，所以大报本返始也。”[⑦]

“返本”的用法之三是引申本末之义，论说人们主观认定的各种回归原点、循环往复、周而复始的“穷则返本”现象。《尹文子·大道上》：“故穷则徼终，徼终则反始，始终相袭，无穷极也。”[⑧]这一类的返本往往涉及天道、德运、正朔、卦象之类。“故臣愿陛下因天变而徙都，所谓与天下更始者也。天道终而复始，穷则反本，故能延长而亡穷也。”[⑨]这是论说与五德终始、授命之符、王朝更替相关的天道的返本复始。“夏正以正月，殷正以十二月，周正以十一月。盖三王之正

---

① 《史记》卷84《屈原贾生列传》，第1933页。

② 《礼记·礼器》，郑玄注、孔颖达疏：《礼记正义》卷24，第874页。

③ 《礼记·郊特牲》，郑玄注、孔颖达疏：《礼记正义》卷26，第934页。

④ 许嵩：《建康实录》卷12，中华书局，1986年，第426页。

⑤ 朱熹编辑：《二程外书》卷11《时氏本拾遗》，《景印文渊阁四库全书》，第698册，第329页。

⑥ 毛奇龄：《辨定祭礼通俗谱》卷1《二所祭者》，《景印文渊阁四库全书》，第142册，第429页。

⑦ 秦蕙田：《五礼通考》卷5《吉礼五》，《景印文渊阁四库全书》，第135册，第221页。

⑧ 《尹文子·大道上》，中华书局，1991年，第1页。

⑨ 《汉书》卷75《翼奉传》，第2375—2376页。

若循环，穷则反本。天下有道，则不失纪序；无道，则正朔不行于诸侯。”[①]这是论说正朔的返本复始。“推之而为卦象，则由初至上，由上返初，莫非此圆转不息之机，而往来之说定矣”[②]。这是阐释《周易》卦象的从初爻至上爻、再返回初爻的返本复始。“阳则终九，阴则终六，阳九百六，天地之极，亦人之极，至此谓之还元返本”[③]。这是论说阴阳变化、物极必反的返本复始。这些返本都属于人们主观认定的“势穷数极，返本还原”，“还初反本，探源更始”。

“返本”的用法之四是依据本初、本原之义，论说各种归根反初、还原复旧的“复返本位”现象。各种复归本位的现象，如返回原籍、恢复身份、回归本色等，均属于返本、返初、反本位、反本初。僧道还俗、官员致仕、军人复员、罪犯获释、官复旧职等恢复原来身份的现象亦称“返初服”，如李白《朝下过卢郎中叙旧游》一诗有“何由返初服，田野醉芳樽”[④]之句；白居易《点额鱼》一诗写道：“龙门点额意何如？红尾青鬐却返初。见说在天行雨苦，为龙未必胜为鱼。”[⑤]

“返本”的用法之五是依据本根、本原之义，论说各种事物由反常恢复正常的“乱者返本”现象，诸如病体的康复还原、风俗的回归纯朴、生活的返本崇俭、治学的务实返本、道术的返璞归真等等。这一类的反本复始都属于后发的坏现象向原本的好现象的复归还原。例如，陈显微称颂金丹的神奇，说：“金丹者，返本还元，归根复命之妙道也。”[⑥]孙一奎阐释“还丹”的医术，称：“夫还丹者，乃返本还原之道。人禀父精母血而生，初为赤子时元精、元气、元神无不纯全。”在成长过程中，人们受到各种感官欲的影响，精、气、神均受到损伤，而“还丹”的“修补之法”可以“精损则以精补，气损则以气补，神损则以神补，是用返本还元之道以复之”[⑦]。在医学和道教的著作中，多有这

---

① 《史记》卷26《历书》，第1095页。

② 胡煦：《周易函书约存》之《周易函书约存序》，《景印文渊阁四库全书》，第48册，第8—9页。

③ 张君房：《云笈七签》卷56《诸家气法·元气论并序》，华夏出版社，1996年，第331页。

④ 《李太白文集》卷18《朝下过卢郎中叙旧游》，巴蜀书社，1986年，第93页。

⑤ 《白居易集》卷17《律诗》，中华书局，1979年，第357页。

⑥ 陈显微：《周易参同契解》原序，《景印文渊阁四库全书》，第1058册，第583页。

⑦ 孙一奎：《赤水玄珠》卷10《虚怯虚损劳瘵门》，《景印文渊阁四库全书》，第766册，第391页。

一类的返本还元之论。

这一类"返本"用法往往涉及政治上的拨乱反正，亦称弃末反本、归正返本、拨乱返始。例如，据《后汉书》记载，班固主张："除工商之淫业，兴农桑之上务。遂令海内弃末而反本，背伪而归真。"①古人将工商业视为不重要的"末"，将农桑耕织视为至关重要的"本"，弃末反本是指抑制工商业，使不务正业的人们回归农业生产。据《晋书》记载，"李演自越巂上书，劝寿归正返本，释帝称王，寿怒杀之"②。这里所说的归正返本是指改正僭称皇帝的错误做法。陈则通称："《诗》述西周之盛，自文王以下，正始之基也。《春秋》著东周之衰，自平王以下，返始之本也。《诗》《春秋》之作，此周之所以为东西者欤。考其盛衰之由，明其得失之迹，则齐家二字乃《诗》《春秋》之大纲领也。《春秋》，拨乱返始之书。"③这里所说的拨乱返始是指抨击乱世，期盼王道复兴。朱右说："水之为物，清乃本性。河浊而清，又返本还元之征也。"在他看来，黄河水清乃是祥瑞，意味着"天子圣神文武，皇太子睿知仁孝"④。

有关回归大道、全真返初的哲理是论证各种拨乱反正的理论依据，其基调是主张事物保持或回归某种被视为绝对正确的道理。例如，《周易参同契》："枝茎、华叶、果实垂布，正在根株，不失其素。诚心所言，审而不误。"俞琰的阐释是："道者，万物之本，犹木之根株也。发而为枝茎，于是有三圣之易；散而为华叶，于是有炉火之术；至于结为果实而返本还源，此黄老之所以不失其素，而修炼金液内丹，养成圣胎也。"⑤这是论说保持根本、契合大道。《周易·乾卦》用九爻的彖曰："乾道变化，各正性命，保合太和，乃利贞。"⑥冯椅的阐释是："万物各以品类归根反本，复其性命之正，而向之发达流布者保聚，会

① 《后汉书》卷40下《班固传》，第922页。

② 《晋书》卷121《后蜀李寿载记》，第2046页。

③ 陈则通：《春秋提纲》卷9《杂例门·春秋王室》，《景印文渊阁四库全书》，第159册，第837页。

④ 朱右：《白云稿》卷2《杂著·河清颂》，《景印文渊阁四库全书》，第1228册，第31页。

⑤ 俞琰：《周易参同契发挥》下篇，《景印文渊阁四库全书》，第1058册，第729页。

⑥ 王弼注、孔颖达疏：《周易正义》卷1《乾卦》，第8—11页。

合至和之气,同归于一元之贞矣。"[①]这是论说回归根本,契合大道。这一类循初返本、恪守大道的哲理对历代儒者、道者的思想以及社会大众文化有极其深刻的影响。儒、道、释三教的道统论或法统论都是典型例证,其共同特征是强调自家的经典才是真经,自家所认定的"道"或"法"是永恒不灭、颠扑不破的真理,因而人们谋求福祉的方法只有一条,即循初返本、回归大道,此外别无出路。

"返本"的用法之六是论说回归古法旧制的"返本复古",多与治道、礼制、法度的复古主张有关。例如,《元史·祭祀志》:"礼之有祭祀,其来远矣。天子者,天地宗庙社稷之主,于郊社禘尝有事守焉。以其义存乎报本,非有所为而为之,故其礼贵诚而尚质,务在反本修古,不忘其初而已。"[②]在论说一些具体的礼制时,儒者也往往使用"返本复古"之类的词语。例如,《论语·八佾》:"林放问礼之本。子曰:'大哉问。礼与其奢也,宁俭。丧与其易也,宁戚。'"《日讲四书解义》以"孔子救礼之失,而为反本之论"解读这段经文的主旨,赞颂孔丘"独有反本复古之思"[③]。

复古之论乃是儒家学说的根基和主要理据,诸如返回圣王之世、再现尧舜之道、恢复三代王制、归依孔孟道统、重建淳朴风俗之类的返古之道、返古之常、返古之风。复旧是返本复始的主旨,而复古是返本复始的极致。在儒者著述及奏议中,返古及复古复旧之论可以用汗牛充栋、司空见惯来形容,如"州牧县宰,所主者宣扬礼乐,典册经籍,所教者返古还淳,上奉君亲,下安乡族"[④];"大道若返古,怪说难眩民"[⑤];"返古之道,变今之俗"[⑥];"读三礼而知尊卑上下等杀衰

---

① 冯椅:《厚斋易学》卷33《易外传第一》,《景印文渊阁四库全书》,第16册,第595页。

② 《元史》卷72《祭祀志一》,第1181页。

③ 《日讲四书解义》卷4《论语·八佾》,第59页。

④ 杜佑:《通典》卷73《礼三十三·嘉十八》,中华书局,1984年,第401页。

⑤ 王炎:《双溪类稿》卷3《古律诗·沿檄如蒲圻讯民之食菜事魔者作诗悯之》,《景印文渊阁四库全书》,第1155册,第444页。

⑥ 周南:《山房集》卷7《对策·庚戌廷对策》,《景印文渊阁四库全书》,第1169册,第83页。

隆，以节天理之正，以防人情之变，由今之变返古之正可也”[①]。

从各类用法看，“返本”的核心词义是还原复旧，而所要还原复旧的都是或不可以，或不能够，或不应当改变的事物。因此，古代汉语的“返本”一词没有开新之义，甚至有否定开新的意味。即使“返本”开出了“新”，这个“新”也为“本”所旧有，充其量是旧事物显现新面貌。

二　古代汉语“开新”的核心词义是去旧改新

从造字方法看，与“本”字和“末”字一样，“新”字也与“木”字直接相关。因此，了解“新”字的本义及主要引申义，有助于解读“开新”的词义。

“新”字的本义是以斤斧采伐树木。《说文解字注·斤部》：“新，取木也。从斤，新声。”段玉裁注：“取木者，新之本义，引申之为凡始基之称。《采芑》传曰：‘田一岁曰菑，二岁曰新田。’其一端也。当作从斤、木，辛声，非从新声也。”[②]新与本皆有始基之义。比较而言，“本”之始基是原初旧有的，“新”之始基则是开辟新生的。新与故、旧、陈是反义词，是对故、旧、陈的否定。从“新”字的字形及本义看，以利器砍断木本的“新”本身就包含开新创始的意蕴。段玉裁以《诗经》“新田”一词为例，阐明“新”字的始基之义。《采芑》：“薄言采芑，于彼新田，于此菑亩。”毛亨传：“田一岁曰菑，二岁曰新田，三岁曰畬。”孔颖达疏：“《释地》文。菑者，灾也。畬，和柔之意。故孙炎曰：‘菑，始灾杀其草木也。新田，新成柔田也。畬，和也，田舒缓也。’”[③]焚烧草木，开辟新田，变成熟地，易于耕种，这是典型的推陈出新、除旧布新、开新创始。新，是去除旧的，开辟新的。如果说草木丛生的荒地是旧本，那么烧荒开垦的熟地就是新本，同一块土地的用途有了本质性的转化。由此可见，在旧始基与新始基的意义上，本与新是反义词。无论在意图上、行为上、结局上，旨在回归旧本的“返本”与旨

① 方回：《桐江续集》卷32《序·虚谷桐江续集序》，《景印文渊阁四库全书》，第1193册，第664—665页。

② 《说文解字·斤部》，段玉裁：《说文解字注》卷27第14篇注上，第717页。

③ 《诗经·采芑》，毛亨传、郑玄笺、孔颖达疏：《毛诗正义》卷10，第750、751页。

在开辟新本的“开新”都是相悖的。返本与开新也是反义词。

古代汉语有“开新”的提法。古代文献常见“开新某”的用法，其中“开”是动词，“新”是形容词，“某”是名词。“开新某”属于动宾结构，“开”是谓语，“新某”是宾语，“新”是“某”的定语。开新的对象涉及各种新建新创的事物和现象，如河渠、路径、城邑、疆土、建筑、府第、楼台、苑囿、田园、寺庙、朝代、政治、官府、制度、程式、装束、酒酿、作品、天宇、日月、年寿等等。一般说来，凡是开创新气象、新工程、新事物均可使用“开新”一词。

在史籍中，在议政中，绝大多数“开新”的用例见于开凿新河渠、开辟新道路、开建新建筑、开造新器物、开创新条例。从《四库全书》保存的具体用例看，“开新”的用例以“开新河（江、渠）”和“开新道（路、途、蹊、径）”的提法最为常见，约占十之七八。开新河、开新道、开新例、开新制、开新政等是“开新”一词的主要用法。有一些用例具有筚路蓝缕、另辟蹊径的意味，如苏轼《与子由同游寒溪西山》一诗有“幅巾不拟过城市，欲踏径路开新蹊”[①]之句。这一类的别开新河、另辟蹊径具有“开先河”的意蕴。

“开新”一词的用例亦见于改朝换代一类的革故鼎新的政治变局。例如，韩愈《桃源图》一诗有“群马南渡开新主”[②]之句，系指晋元帝即位金陵，东晋自此开始。王质《和御制诗五首》涉及君臣治乱，有一句为“列圣兼仁武，随时议战和。伫开新日月，重照旧山河”[③]。张昱《寄表兄萧文索处士》一诗有“遭逢洪武开新运，又十三年见太平”[④]之句，系指明太祖取代元朝，开创明朝。一些歌颂新朝、新政、新气象的文字也会用到“开新”一词，如陆深《大贺词八首》之六有“黄道重开新气象，齐歌天保答恩私”[⑤]之句。

一些“开新”用例涉及学术和技艺的改新或创新。如南宋学者王

---

① 《苏东坡全集》卷12《诗八十九首》，中国书店，1986年，第172页。

② 《韩昌黎全集》，中国书店，1935年，第49页。

③ 王质：《雪山集》卷13《五言律诗》，《景印文渊阁四库全书》，第1149册，第471页。

④ 张昱：《可闲老人集》卷4《寄表兄萧文索处士》，《景印文渊阁四库全书》，第1222册，第609页。

⑤ 陆深：《俨山集》卷22《乐府三》，《景印文渊阁四库全书》，第1268册，第133—134页。

柏有家学渊源，诗文豪迈雄肆，他根据自己的见解删改《诗经》和《尚书》等经典文献。在《用前韵答车玉峰》一诗中，他称赞与自己志同道合的朋友，有“讲篇损益开新式，略纪删修有定模”[①]之句。在那个时代，删改《诗经》《尚书》具有自创新义乃至标新立异的意味，势必遭到非议。

“开新”一词还常常用于描述自然界和人世间一些循环往复、旧貌新颜的现象，诸如阴阳互动、四季轮替、新年伊始、春暖花开、雨过天晴、浓妆淡抹之类。古代诗文往往用“开新”描述春色，如李白《游水西简郑明府》一诗有“岸笋开新箨”[②]之句，徐铉《西省上直因寄游君》一诗有“榆柳开新焰，梨花发故枝”[③]之举。有一些论说天地阴阳的“开新”用例颇具哲理性，如卫宗武《和友人新阳韵》一诗写道：“生机天地宁终藏，剥极复反开新阳。阳明渐进阴浊散，辉光万象熏佳祥。”[④]这里所说的剥极复反是依据《周易》剥卦与复卦的哲理，论说自然界一种循环往复的变化。

一般说来，凡是使用“开新某”的文字都旨在表述对某种旧事物、旧现象、旧面貌的取而代之。创开新河、另开新道、特开新例、创开新例、开新创始等词组都是典型例证。许多“开新某”的文字明确使用了新旧对比的方式，表达对旧的否定，如“仍严锢旧道，禁行旅，所开新路以通”[⑤]；“革旧典，开新程”[⑥]；“洗旧污之俗，开新政之源”[⑦]；“旧蹊埋没开新径”[⑧]；“番君旧里开新国”[⑨]；“圣代重开新宇宙，禅林乃易

---

① 王柏：《鲁斋集》卷2《五言律诗》，《景印文渊阁四库全书》，第1186册，第133—134页。

② 《李太白文集》卷18《游水西简郑明府》，第96页。

③ 徐铉：《骑省集》卷2《西省上直因寄游君》，《景印文渊阁四库全书》，第1085册，第14页。

④ 卫宗武：《秋声集》卷2《七言古诗》，《和友人新阳韵》，《景印文渊阁四库全书》，第1187册，第665页。

⑤ 《旧唐书》卷74《崔仁师传》，第1771页。

⑥ 皇甫湜：《皇甫持正集》卷2，《景印文渊阁四库全书》，第1078册，第72页。

⑦ 苏倩之：《对》，《文苑英华》卷529《判》，中华书局，1966年，第2707页。

⑧ 王安石：《临川先生文集》卷25《律诗·午枕》，中华书局，1959年，第291页。

⑨ 程文海：《雪楼集》卷28《寄寿吴闲闲二亲》，《景印文渊阁四库全书》，第1202册，第424页。

旧烟霞"[①];"尽濯旧见,以开新益"[②];"谋奇开新术,戒返惑故蹊"[③];"弃我旧好,而开新衅"[④];"陈开新塞旧之策"[⑤];"废邑开新治,招来近百家"[⑥];"旧县开新廨"[⑦];"净尽拆除旧屋而创新居"[⑧];"固将舍旧而开新,与尔一笑而释然相聚矣"[⑨]等等。一些批评开新的文字,也将新与旧对立起来,诸如"开新例,紊旧典,失大信"[⑩]。在治河时,朝臣常常围绕"别开新河"与"挑复旧河"争议不休。显而易见,开新与复旧有内在矛盾,新与旧通常势不两立。那些旨在"革弊创新"、"创新改旧"的"开新",可以与"开创"或"创新"互换,"排旧韵,别创新辞"[⑪]就属于改旧易新的"开新"。

在古代汉语体系中,没有"返本开新"这个词汇。即使非常重视"返本"的历代大儒也没有将"返本"与"开新"联袂组词。原因很简单,历代大儒所说的"返本"不具有开创新事物的意图,而是回归某种远古的、原生的及被视为正确的事物。人们对这些事物,有的只能敬畏,不得违逆,有的只能遵循,不得改变。在"返本"特指回归一种道理的场合,这种道理乃是绝对正确、毫无瑕疵的,不容半点改动和违逆,人们充其量只能体会它,阐释它,发挥它,使自己的思想言行更加契合这种道理。简言之,"返本"就是复归一种最合理、最完美的境

---

① 谢应芳:《龟巢稿》卷17《和游大林庵韵》,《景印文渊阁四库全书》,第1218册,第456页。

② 王慎中:《遵岩集》卷24《与蔡鹤峰》,《景印文渊阁四库全书》,第1274册,第559页。

③ 王世贞:《弇州四部稿》卷12《伯父静庵公山池一首》,《景印文渊阁四库全书》,第1279册,第146页。

④ 王世贞:《弇山堂别集》卷85《诏令杂考·与库库特穆尔书二》,《景印文渊阁四库全书》,第410册,第296页。

⑤ 王鏊:《姑苏志》卷41《宦迹五》"芮翀"条,《景印文渊阁四库全书》,第493册,第757页。

⑥ 汪广洋:《凤池吟稿》卷5《五言律诗·巨野县》,《景印文渊阁四库全书》,第1225册,第526页。

⑦ 王祎:《王忠文集》卷2《五言古诗·宁远县中书事一首》,《景印文渊阁四库全书》,第1226册,第43页。

⑧ 《钦定协纪辨方书》卷35《附录》,《景印文渊阁四库全书》,第811册,第973页。

⑨ 杨万里:《诚斋易传》卷12《萃卦》,《景印文渊阁四库全书》,第14册,第648页。

⑩ 张原:《玉坡奏议》卷2《寝赵云升命疏》,《景印文渊阁四库全书》,第429册,第367页。

⑪ 《旧唐书》卷166《元稹传》,第2951页。

域。正是由于这个原因，历代大儒不会将取向截然相悖的“返本”与“开新”联袂组词，更不会倡导人们借助返本复始以弃旧从新，开创与旧本有本质差异的新本。显而易见，返本与开新是反义词。

从字面及词义看，返本与开新，一个旨在复旧，一个旨在创新，这两个词的基本取向完全相反。一般说来，复旧与创新是两种完全不同的思想和行为。想要返本，就必须还原；要想还原，就必须复旧；要想复旧，就无法创新或不准创新。反之，要想创新，就无法复旧或不准复旧；无法复旧，就不能还原；不能还原，就难以返本。因此，依据汉语习惯和思维逻辑，根本不应将“返本”与“开新”联袂组词。

实际上，“返本开新”一词正是一种诡辩术的产物。最先将“返本”与“开新”联袂组词是“现代新儒家”杜维明，其目的是试图证明：遵循“儒家自由主义”可以开拓中国未来的社会文明，因而有必要返回儒学这个本，开出现代中国的自由民主。这一类违背历史事实和历史逻辑的谬论误导了许多人。由此而引发的学术争论也主要围绕杜维明等人的“返本开新”是否符合历史事实和历史逻辑展开，亦即围绕儒学是否具有民主思想之“本”和儒学这个“本”能否开出民主思想之“新”而展开。

严谨的学术分析，必须借助严谨的学术话语来表达，而“返本开新”这个词有与生俱来的形式逻辑和历史逻辑缺陷，很容易把人搞糊涂。许多使用这个词的学术著述也确实误入歧途。有鉴于此，我不赞成使用“返本开新”一词。然而，这个存在逻辑陷阱的词汇已经大为流行，人们的理解及用法又多种多样，有一些也是可以成立的。因此，有必要从学术的角度，分析不同属性的“开新”，判定“返本开新”的适用范围及遵循的原则，以便人们正确地使用这个词汇，甚至促使更多的人放弃这个词汇，而选用更恰当更严谨的表述方式。

三　必须区分三类性质及形式不同的“开新”

在古代汉语中，既有“返本”一词，也有“开新”一词，却没有“返本开新”的提法。这就是说，由“返本”与“开新”这两个古代汉语词汇组合而成的“返本开新”乃是一个现代汉语词汇。因此，“返本”与“开新”的固有词义，在很大程度上决定了“返本开新”是否成立、在何种意义上成立、如何正确解读及使用这个词汇。辨析复旧出新、推陈出新、除旧布新的属性差异，认识“返本开新”与“开新创始”的重大区别，有助于解决这个问题。

应当指出的是，“开新”可以与某种意义的“返本”发生词义联系。其原因是，“返本”一词的某些用法具有一定程度的形式上或事实上的“开新”意义。自然界各种循环往复的自我更新过程，人世间各种复制仿造新器物的行为，学术领域特定流派自我扩充的量变演化过程，思想领域各种颇有“原教旨主义”意味的思想演化现象，都可以用“返本开新”来描述。“返本开新”也确实适用于对某些传统文化特别是技术、工艺、文学、艺术之类非物质文化遗产的传承和弘扬。

在大自然中，植物之本末互动持续不断地导致新旧交替。树木繁殖的循环往复过程，通常要回归种子，抽出新芽，扎下深根，长成新的植株并开花结果，然后再回归种子。树木的生命历程也是一个反复荣枯而不断旧貌换新颜的过程。随着季节更替，树木的生存状态和外部形态会呈现季节性的循环往复。在严冬时节，树木大多树叶凋零，仅存根干枝茎。一旦春风拂煦，原野复荣，小草萌发绿芽，大树抽出新条，便会“池竹开新笋”，“榆柳开新焰，梨花发故枝”，“岸柳开新叶，庭梅落早花”……植物的“开新”有赖于“返本”，本是旧有的，末是新生的，新树来自原种，新末生于旧本，新颜取代旧貌，新旧交互更替，荣枯生死，循环往复。因此，本与末的派生关系亦可标示或比喻新旧关系。凡是自我循环、自我更新的自然现象，诸如天象、年度、四季、阴晴之类的自然转化过程，都可以用“返本开新”描述。但是，树木因生命历程或季节变化而导致的树生树死、树枯树荣、叶黄叶绿、花开花落属于一种生存状态或外部形态由后返前、互为本始、首尾相连的循环往复，并没有发生本质属性的变化。如果说有什么变化的话，枯木逢春而抽出新枝也仅仅是一种量的变化。一般说来，与荣枯一样，天象、年度、四季、阴晴之类循环往复的“返本开新”属于基于自然规律的自新范畴。

只要树木之本尚且存活，就有萌发新芽、展现新貌的可能性。在自然界中，时常可以观察到老树新芽、病株复荣、插枝成树的现象，一些枯而复荣、衰而复盛的现象甚至颇似死而复生、亡而复兴，诸如《周易·大过》的“枯杨生稊”之类。老树萌发新芽，枯木生出新枝，插枝长成新树，都属于旧本生出新末。这一类的旧貌换新颜没有也不可能发生本质属性的变化。因此，本与末所标示的新旧关系实际上是对本原、固有、老旧状态的回归。正是由于这个原因，这一类“开新”所导致的新貌并不意味着有了新质，相关的“返本”依然属于还原复旧。正如梅尧臣《对花有感》一诗所言：“新花朝竞妍，故花色憔悴。明日花更开，新花何以异。”[①]就本质而言，新花与故花没有差异。天象、年度、四季、阴晴之类的“返本开新”也属于这一类。

在社会领域中，也可以观察到一些类似树木循环往复的复旧开新现象，诸如人类成长及生殖周而复始的世代更替，农牧业生产活动季节性周而复始的年度更替，帝制时代分久必合、合久必分的王朝更替，人类许多堪称复制仿造或颇似复制仿造的知识传授行为和制作行为等等。这一类现象都可以归入“返本开新”范畴。

与自然界的循环往复和人世间的复制仿造相比较，一种特定流派的思想及学术的演化更为复杂。然而，在思想及学术领域也可以观察到大体类似于本末互动、自我更新、仿制出新的现象。在中国思想史及学术史上，最典型的一次“返本开新”当属产生于宋朝的“新儒家”，亦即宋明理学。朱熹等一批理学家堪称典型的“儒家原教旨主义者”。他们沿袭孟轲的思维方式和理论手法，将历史复古主义与历史虚无主义结合为一体，不仅彻底否定春秋以来的社会变革及所有帝王将相的心性及治道，而且彻底否定孟轲之后历代大儒的“道统”地位。他们尊崇孔孟，推重四书，虚构尧、舜、禹、汤、文、武、周公、孔丘、孟轲的“圣道”及“道统”，声称自己的学术径直与道统接续，为孔孟之嫡派，获四书之真传，乃儒家之正宗。这种新儒家为儒学吸纳和演绎了许多新的内容，却依然保持孔孟之道的本色，还以更具哲理性的方式论证了四书五经的王权至上及尊者专制核心价值观。返四书之本，开理学之新，面貌虽有所改观，而实质却并无变化，堪称“纲常千万年磨灭不得”，可谓“明日花更开，新花何以异”。

无论在词汇本义上，还是在适用对象上，“返本”之“开新”都不意味着改变本初、超越本原、颠覆旧本，开出与“本”有本质区别的“新”，乃至开出与旧本性质相反的新本。换言之，“返本”只能开出“本”所固有的“新”，不能开出“本”所没有的“新”。由此可见，“返本开新”一

---

① 梅尧臣：《宛陵集》卷5《对花有感》，《景印文渊阁四库全书》，第1099册，第40页。

词只能用于指称保持事物本质的量变,不能用于指称改变事物本质的质变。

“开新”一词可以表述动因、目的、形式、方法和性质有所不同乃至迥然有别的“开新”之义。因此,在中国传统思想文化研究中,想要正确解读和恰当使用“返本开新”一词,就必须辨析性质及形式有明显差异的“开新”,严格区别“返本开新”与“开新创始”,不可混为一谈。

依据性质及形式的差异,文化的“开新”可以划分为三大类型:一是保守性的质同形同的开新类型,亦即修补、重建、复制、仿造旧事物而使之展现新貌的复旧现新;二是开拓性的质异形似的开新类型,亦即为借鉴利用而扬弃旧事物、创造新事物的推陈出新;三是原创性的质异形异的开新类型,亦即彻底抛弃旧事物、开创新事物的除旧布新。

复旧现新,即奉某种旧事物为圭臬范本,或修饰一新,或复制再造,或仿造新品,从而使这种旧事物本身或其复制品和仿制品呈现一定程度的新面貌,却无意或无法改变旧事物的特有属性,甚至特意保持旧事物的本质属性。这种开新方式旨在原原本本地复旧或有所改进地复旧,开新乃是对旧事物的维护、保持、传承、弘扬,具有强烈的保守旧事物的取向,属于保守性的质同形同的开新类型。

最典型的复旧现新当属文物保护中的修旧如旧而面目一新。最常见的复旧现新,是依据原有设计或仿照旧物而制造相同或相近的新产品。各种恢复旧制的做法,如“依古法,别创新尺,以定律吕”①,也属于复旧现新类型。这种类型的开新之所以广泛存在,源于文化的保守性,即凡是对一个时代、一个地域、一个群体具有现实意义的人类创造物,总会被人们以修复、复制、仿造的方式长期传承,那些对人类社会具有普遍意义的甚至可以与人类社会相始终。在日常生活中,这一类保持守护、反复利用、重复再现、常用常新的现象不胜枚举。正是这种保守性的质同形同的开新的广泛存在,使得一个时代、一个地域、一个群体的生活方式可以保持一定时间的相对稳定性,从而形成传统。

---

① 《宋史》卷126《乐志一》,第1981页。

“返本开新”堪称复旧现新的典型和复旧现新的代词。在现象上和词义上，本末互动蕴含旧新之意，因而“返本”可以与新旧变化发生联系。这就意味着“返本”可以在一定意义上“开新”，人们也可以用“返本开新”表述复旧现新的新旧变化。一般说来，“返本开新”之开新有其限定的内涵，即事物对初始状态的回归及重复性的再现。这一类的新旧变化不会也不可能改变事物的本质属性，“本”与“新”之间没有本质性的差异。精神文化的“返本开新”很难原原本本地复旧，往往会添加一些新东西，甚至有一定程度的创新，因而大多属于仿旧出新，如“因旧曲创新声”[①]。这一类的“返本开新”尤为适用于技术、工艺、文学、艺术方面非物质文化遗产的传承及文物古迹的保护和利用。

推陈出新，即去除旧事物的糟粕，提取旧事物的精华，并使它向新的方向发展，推出在特有属性上与旧事物有所不同乃至本质完全不同的新事物。“推陈”旨在出新，“出新”必须推陈。推陈出新既不是回归复原旧事物，也不是修补仿制旧事物，更不是推崇膜拜旧事物，而是将可资借鉴利用的旧事物，剔除糟粕，转换特质，重新改造，以创制的新事物取代旧事物。在推陈出新过程中，旧事物仅仅被视为一种有局限、有瑕疵乃至有恶质却可资借鉴和利用的资源，因而推陈出新的结果是以新事物取代旧事物。推陈出新往往在一定程度上保存旧事物的形态。但是，这种方式的出新乃是对旧事物的扬弃，具有鲜明的古为今用、开拓进取的特征，属于开拓性的质异形似的开新类型。

“推陈出新”一词大多用于论说一种对待文化遗产的正确态度和继承文化遗产的正确途径，主要涉及知识、技术、学术、思想方面的文化遗产。顾名思义，在目的、取向、性质上，推陈出新与复旧出新有重大区别，前者的目的是推陈弃旧，后者的目的是返本复旧；前者的取向是厚今薄古，后者的取向是厚古薄今；前者的产物是特质发生转换的新生事物，后者的产物是保持原有特质的旧有事物；前者的作用是改造传统，后者的作用是保持传统。就性质及形式的变化程度而言，推陈出新介于复旧出新与除旧布新之间，一些特质转变不鲜明的推

---

① 《宋史》卷142《乐志十七》，第2237页。

陈出新类颇似复旧出新,而一些发生本质转化的推陈出新堪称除旧布新。推陈出新与复旧出新的根本区别在于前者旨在取代旧事物,而后者旨在保持旧事物,因而二者分属于不同的开新类型。

与复旧出新一样,推陈出新也在社会生活中广泛存在。如果说复旧出新的广泛存在是源于文化的保守性及稳定性,那么推陈出新的广泛存在是源于文化的开拓性及流动性。文化是人类为了生存和改善生存状况而创造出来的。人类从来不满足于既有的生存状况,而在社会实践中改进旧文化是创造新文化以改善生存状况的最便捷的方式之一。正是由于这个原因,推陈出新是最常见的文化改造活动,它导致文化处于变动不居的流动状态。在推陈出新之时,“陈”亦即旧文化就在眼前,“新”亦即新文化也在眼前,因而人们无需“返本”,不必“返本”,也无意“返本”。推陈出新显然不是“返本开新”。如果将“返本开新”解读为推陈出新,无论从字面及词义上,还是从实践及逻辑上,都是不能成立的。

人类社会的演化是一个极其复杂且相当曲折的过程。尽管一些较晚的人类创造物未必优于一些较早的人类创造物,而社会的发展与进步所导致的文化的优胜劣汰是一个客观存在的历史现象。一般说来,无论物质文化,还是精神文化,古代社会优于原始社会,现代社会优于古代社会,开拓进取、新陈代谢是社会发展及文化演变的大趋势。推陈出新的开拓进取,势必导致旧事物发生量变中的部分质变乃至根本性的质变,使旧事物退出历史舞台或被边缘化,进而推动人类社会的新陈代谢和自我更新。正是在日积月累的推陈出新过程中,新事物不断取代旧事物,人类社会随之不断向前发展。人们日常性的复旧出新也大多不以较早的事物为范本,而是以较近的事物为范本。换言之,即使“返本开新”,通常也以晚近新生的事物为范本。这就决定了开拓性的推陈出新比保守性的复旧出新具有更大的历史意义及现实意义。

除旧布新,即铲除旧事物,创造新事物,以新事物彻底取代旧事物。人类的创新活动不可能不利用已有的各种知识、技术、思想的资源,因而除旧布新之“旧”并不是泛指各种已有的事物,而是特指必需铲除的旧事物或旧事物的核心要素。如果说推陈出新是扬弃旧事物而加以利用,那么除旧布新是彻底抛弃旧事物。抛弃和扬弃都是对旧的否定，而抛弃更为决绝也更为彻底。这种开新方式旨在铲除陈旧事物，开创崭新事物，最终实现废旧从新、创新开始。除旧布新乃是对旧事物的彻底否定，具有鲜明的原创取向，属于原创性的质异形异的开新类型。

正如许多学者所指出的：创新的实质是“叛逆”。所谓“叛逆”亦即否定。如果旧的很好，就无需创新。创新之“新”特指“旧”的对立物。这种“新”，为“旧”之所无，乃“本”所没有，不可能“返本开新”，只能除旧布新。因此，一些本质相反的新与旧是相互对立的，彼此无法相容也不能并立，诸如社会平等观念与尊卑有别观念。面对这种情况必须坚决地实行除旧布新。在社会领域，一种合乎时代潮流并获得广泛认同的新事物一旦被开创出来，传播开来，其所取代的旧事物要么被迫退出历史舞台，要么逐渐边缘化而处于非主流状态，要么成为历史陈迹而被送入博物馆，要么被彻底推翻而丢到历史的垃圾堆。正所谓“沉舟侧畔千帆过，病树前头万木春。”

除旧布新在社会生活中亦属常见。这种类型的开新之所以常见，源于文化的革命性。创新是文化与生俱来的属性，创新活动具有与生俱来的革命性，而革命性又注定了文化及传统具有变异性。能否与时俱进地锐意创新，可以决定某一类文化或某一种文化体系能否提升整体素质以保持活力，甚至可以决定一种文化体系能否存续下去。在社会亟需变革的时代，能否除旧布新可以决定一个国家、一个族群的盛衰成败乃至生死存亡。因此，领新立异、独树一帜的“开新创始”具有无法估量的历史价值及现实意义。在这方面，复制仿造、平庸守旧的“返本开新”不可与之同日而语。

社会形态的变革乃是人类社会新陈代谢的极致，因而社会形态的历史性演变堪称除旧布新的典型例证。社会形态的更替乃是群体性和体系化的舍旧出新的产物，其本质是社会制度、生活方式及核心价值观的舍旧开新，废旧从新，除旧布新。西欧从封建时代到资本主义时代的社会制度、生活方式及核心价值观的质变，中国从帝制时代到社会主义时代的社会制度、生活方式及核心价值观的质变，都是除旧布新的典型例证。社会形态的新旧更替及与之相应的文化体系和传统的新旧更替，与树木形态的新旧更替的主要差异，在于前者是颠覆性的新旧更替，而后者是循环性的新旧更替。颠覆性，即质变性的改造;循环性,即量变性的调整。创新以改旧,除旧以布新,这是一种颠覆性的开新类型。

应当指出的是,基于文化保守性的复旧出新、基于文化开拓性的推陈出新、基于文化革命性的舍旧出新都有各自的历史价值及现实意义,不应简单地否定或肯定任何一种。没有保守性的复旧出新,文化就丧失了稳定性而无法形成传统;没有开拓性的推陈出新,文化就丧失了流动性而犹如一潭死水;没有革命性的舍旧出新,文化就丧失了变异性而无法自我更新以获得强大的生命力。因此,正确的做法是因时制宜,因地制宜,因事制宜,区别对待,恰当运用,以期各尽其用。一般说来,人们的日常性创制大多运用复旧出新,典型例证是依据固有的设计,复制某种新出产的器物,还时常有一些改进;人们的传承性创制往往自觉或不自觉地运用推陈出新,典型例证是改进前人的设计,制作更为适用的新产品;人们的变革性创制需要勇于并善于舍旧出新,典型例证是一些颠覆性的科技进步。因此,问题的关键不在于是否需要复旧出新、推陈出新、除旧布新,而在于恰到好处地予以运用,不要用错地方。

但是,在对待历史传统的问题上,应当着重强调推陈出新和除旧布新,因为改造传统、更新传统是文化传承永恒的主题。传承历史传统的正确途径,是改造传统以适应新时代的要求。当革命与改革成为时代主题的时候,返古复旧的主张通常来自保守性极强的群体,他们往往打着返古复旧的旗号阻滞革命与改革。最先张扬“返本开新”的是一批以“现代新儒家”为代表的文化保守主义者,这并非偶然。这一类“返本开新”之论的目的就是使人们误以为返儒学之“本”足以开现代之“新”,从而将人们引向复归旧传统乃至迷信旧传统的错误道路。

四 “返本开新,创造性转化”的五项基本原则

“返本开新”一词很容易误导人们的视听,就连“返本开新”的提法能否成立也是可以质疑的。即使可以成立,“返本开新”也仅仅适用于表述复旧出新。然而,这个提法已经流行开来;许多人甚至将“返本开新”与“创造性转化”和“创新性发展”相提并论;社会实践中的一些复旧出新(“返本开新”)与推陈出新(“创造性转化”)也有相似

之处和一定的关联。因此，当务之急不在于是否号召人们放弃这个含混不清的提法，而在于能否正确设定“返本开新”的适用范围和基本原则。换言之，必须弄清楚在什么条件下，能够“返本开新”，应当“返本开新”，必须“返本开新”，以增强合理性，减轻误导性，避免盲目性，防止一些别有用心的人打着“返本开新”的旗号，推销传统文化中的糟粕。

设定“返本开新”适用范围和基本原则的学术途径是在客观、全面、系统、深入地研究传统文化的基础上，综合考察并判定是否具备可能性、应然性、必要性。一般说来，不具有可能性的“返本开新”徒劳无益；不具有应然性的“返本开新”有害无益；不具有必要性的“返本开新”劳而无功。在通常情况下，凡是没有兼备可能性、应然性、必要性的，都不在“返本开新”的适用范围之内。

在设定适用范围时，首先要考察可能性，判定能否“返本开新”。在确实有某种传统文化的前提下，决定是否能够“返本开新”的首要条件是在这种传统文化的固有属性中是否蕴含现今所要开出的“新”。可以分为两大类情形：一类是本中固有，可以开新。例如，孔丘之学有“和而不同”的主张，其基本思路具有普遍意义，能够开出契合新的历史条件的“和而不同”。另一类是本中原无，无法开新。例如，孔丘之学原本没有民权思想，因而无法开出民权思想。

其次要考察应然性，判定应否“返本开新”。在实有其本、能够开新的前提下，决定是否应当“返本开新”的主要条件取决于特定传统文化的良莠善恶。可以分为两大类情形：一类是本乃善本，亦能开新，理应返本，开新有益。例如，王充坚持实事求是，志在“疾虚妄”，他将批判的矛头对准汉代经学的一批荒谬之论，《论衡》乃是中国思想史上的一座丰碑，对“疾虚妄”的优秀传统理应“返本开新”。另一类是本为恶本，开新亦恶，不应返本，败坏风气。例如，倡导王权至上、尊者专制的纲常礼教是儒家学说一脉相承的核心要素和孔孟之道坚定不移的核心价值。[①] 一些现代崇儒者主张“重建儒教中国”，弘扬儒家的纲常礼教，甚至著书立说为“三纲五常”撰写辩护词，这种

---

① 参见张分田：《儒典、子曰与纲常》，《天津师范大学学报（社会科学版）》2016 年第 5 期。

荒腔走板的"返本开新"只能结出恶果。

然后要考察必要性,判定需否"返本开新"。对于那些既能够也应当"返本开新"的,还必须判定是否有必要花费气力去"返本开新"。一般说来,惟有某种历史上曾经有过的知识、方法、观念、理论已经失传,或者当今世界及中国的相关知识、方法、观念、理论不如古代的好,才有必要下一番"返本开新"的功夫,到传统文化中去寻觅,去发掘,以继绝存亡,拾遗补缺。换言之,惟有开新的成果可以弥补现有事物的不足乃至超越现有事物,才有"返本开新"的必要性。

确定"返本开新"适用范围需要综合判定可能性、应然性、必然性,可以归纳为四个要点,即中华特长,本中固有,其本亦善,当今罕见。在可能性、应然性、必要性三者之中,必要性是确定适用范围的首要依据。凡是不具有必要性的,可以一票否决。例如,《论语》的"有朋自远方来,不亦乐乎",表达了一种与人类社会相始终的待客美德。这句话出自孔丘之口,而其理念显然源远流长。这种待客美德堪称中外皆有、古今通用、当今常见,因而没有必要执意回到孔丘去"返本开新"并贴上"儒家"的标签或"中华"的标签。只有愚昧无知或妄自尊大的人才会将这种美德说成是"礼仪之邦"的特产。

一般说来,凡是中华民族固有的且当今依然传承的,都没有"返本开新"的必要性。典型例证是爱国主义优良传统。在中国大地,爱国主义传统从来就没有失传。在中华民族重新崛起的新的历史条件下,这种优良传统不仅得到发扬光大,而且不断强化现代因素。尽管古今英雄人物的思想行为都可以为弘扬这一传统提供宝贵的文化资源,却没有必要用"返本开新"的方式刻意到古代社会的忠君爱国中重新发掘,甚至试图从旧传统中演绎出其原本没有的现代因素。实际上,凡是中外皆有、古今通用的真理性的优秀传统,都没有必要"返本开新",也无须"创造性转化"。例如求真务实、实事求是、具体问题具体分析等等。这一类人类创造物具有普遍的永恒的价值,其传承也永远不会断绝。我们只需持之守之、认真践履、常用常新即可。

一般说来,凡是通过文明互鉴已经吸纳的都没有"返本开新"的必要性。最有说服力的事例是将民主、自由、平等、法治紧密结合为一体的现代政治理念。在世界古代史上,包括西欧古代史上,找不到这种类型的政治理念。即使在古希腊、古罗马,也没有这种类型的政治理念。近代以来，中华民族从西方引进这一类政治理念并赋予中国特色，使之成为融民主、自由、平等、公正、法治为一体的核心价值观。即使古代文化有一些相关因素，我们也没有必要再去费力不讨好地“返本开新”，何况这一类“返本开新”大多不具有可能性和应然性。实际上，凡是在当今中国乃至当今世界广泛流传的各种优秀文化，凡是可以随手拈来的，都没有必要舍近求远、舍新求旧、舍易求难地去中国古代“返本开新”。

一般说来，凡是现代人自主创新的成果都没有“返本开新”的必要性。无论利用了古今中外的何种资源，只要是现代人创造出来的前所未有的新理念、新技术、新工艺、新知识、新事物，都不必“返本开新”。最有说服力的是科学技术领域的创新，这一类创新堪称前所未有，都不具有“返本开新”的可能性。实际上，更为典型的例证是中国特色现代化道路及其理论。经过数代人前赴后继的奋斗，中国走出了一条前所未有的现代化之路。中华民族这一原创性的成就堪称亘古未有。由于无法依据古今中外既成的理论予以解释乃至违背既成的理论，“北京共识”和“中国模式”甚至被一些西方学者称作“颠覆性的案例”。颠覆性创新并非凭空而来，通常也是有所本的，却显然没有“返本开新”的必要性。新的就是新的，刻意为“旧”所没有的“新”贴上“旧”的标签，这种做法要么是荒诞愚蠢的，要么是别有用心的。

近年来，热衷于“返本开新”的著述越来越多，而确有真知灼见和卓越贡献的犹如凤毛麟角。许多作者强调“返本开新”的重要性，却忽略了一个极其重要的问题，即并不是所有具有可能性和应然性的“返本开新”都具有必要性。例如，现代世界及现代中国的法治理论远比中国古代任何一种法治理论都高明得多。如果经过一番“返本开新”，其成果不能超越或补充现代法治理论，那么充其量只是回顾了思想演化的历程，并没有达成“返本开新”的初衷，在“创造性转化”方面甚至可谓劳而无功。眼前就有的，随手拈来就可以了，何必舍近求远地“返本开新”！已经被创造出来且四处流传了，何必还要再花一番“创造性转化”的功夫！有些不恰当的“返本开新”甚至会添乱。例如，一些学者主张将古代的“以法治国”与“德主刑辅”结合在一起，却不知道“德主刑辅”原本就是一种反对“以法治国”的命题。这种道德至上的传统治国理论将“德治”及道德置于“法治”及法律之上，曾经长期阻滞中国向法治国家迈进，乃是导致中国古代文明被西方现代文明超越的重要原因之一。用弘扬儒学的方法，促进现代法治国家建设，这无异于缘木求鱼。

无论在学术旨趣上，还是在学术实践中，“返本开新”的倡导者都将“返本开新”与“创造性转化”相提并论，甚至与“创新性发展”相互连接。针对当下众多盲目地“返本开新”与“创造性转化”所导致的乱象及弊端，我主张在坚持实事求是这个总原则的前提下，确立“返本开新，创造性转化”所应当遵循的基本原则。比较重要的有以下五项基本原则。

第一项基本原则是确认必要性。凡是当下已有的且质优的思想文化要素都不必徒劳无功地再去“返本开新”，更不需要“创造性转化”。如果一种契合现代社会的新观念、新思想、新文化已经形成，何必还要从原本没有这种新东西的旧东西中开新、转化，另作一番创新的功夫？

第二项基本原则是选择优质资源。确实有必要“返本开新”与“创造性转化”的，应当慎重选择返本对象，优先选用品质最佳的传统文化资源。这是“弘扬优秀传统文化”这个正确指导思想的题中之义。选择优质资源也会降低创造性转化的难度。例如，倘若以孝为主题，应当选择《墨子》兼爱之孝和《庄子》自然之孝，不应选择《孝经》君父专制之孝。倘若以平等观念为主题，应当选择《庄子》的“平均”、无君论者的“无君”及“平等”等反对君父专制的思想素材。

第三项基本原则是选择晚近资源。在坚持选择优质资源原则的前提下，通常应当选择晚近资源，就近取材，大可不必舍近求远。对于同一类传统文化资源，民国有的，不必选晚清的；明清有的，不必选宋元的；宋元有的，不必选汉唐的；汉唐有的，不必选先秦的。在思想文化演化的历程中，晚近的资源通常积极因素会更多一些，也与现代社会更贴近一些。例如，清初黄宗羲的“天下为主，君为客”显然比先秦孟轲的“民为贵，社稷次之，君为轻”更高明。客观公正地说，就连清乾隆皇帝的“民贵君轻”之论，也比孟轲的论述更恰当一些①。

第四项基本原则是将学术研究与思想创新适度区隔。大体说

① 参见张分田：《中国古代君主与“民贵君轻”观念》，《政治学研究》2007年第2期。

来,“返本”以历史文化研究为主,“开新”以思想文化选择为主,在工作过程中,二者分属于两个不同的阶段。如果说“返本开新”属于比较客观的学术研究范畴,那么“创造性转化”属于主观性很强的思想创新范畴,在本质属性上,二者有显著的差异。当下最常见的学术弊端是许多学者不能自觉地适度区隔阶段和性质明显不同的学术工作,导致学术阐释缺乏应有的条理性,要么作者将古人的思想与个人的见解混淆在一起,要么读者将古人的思想与作者的见解混淆在一起。一些学者甚至公开倡导将个人思想创新与历史问题研究扭结为一体的学术方式,其学术阐释往往具有极强的主观色彩,甚至存在主观臆断的现象。正确的“返本开新”与“创造性转化”,理应适度区隔学术研究与思想创新,用清晰明确的表述将古人发明的与自己发明的区别开来,既不应将自己创造性的新说法记在古人的功劳簿上,更不应打着古人的旗号推销自己的见解。

第五项基本原则是不为创新成果贴陈旧符号。创新只有第一,没有第二。创新是对前人的超越乃至否定。前人没有的,才叫创新。“创造性转化”和“创新性发展”的提法本身就意味着所转化或创新的成果的核心要素是旧事物所没有的。因此,创新成果理应重新命名,以便与旧事物相区别。一般说来,凡是导致特有属性发生改变的创造性转化成果均应重新命名,否则就会导致形式逻辑的混乱。例如,从其他剧种引进了诸多戏曲元素特别是引进了大调(七声音节)的黄梅剧,是对黄梅调(五声音阶)创造性转化的产物。黄梅戏来自黄梅调,也借重黄梅调,却不是黄梅调,故改称黄梅戏。虽仅一字之差,却足以区分大调黄梅与小调黄梅这两种特有属性有所不同的新旧事物。源于徽班进京的“京剧”一名也属于同类情况。一旦产生了导致本质属性巨变的思想创新成果,那就必须重新命名了,否则不仅会导致张冠李戴、指鹿为马的形式逻辑悖谬,甚至会造成极其严重的思想混乱。当下众多学者滥用“儒家”一词,为其乱贴现代标签,使许多人误以为儒家及儒学既有民主的也有不民主的,甚至将“现代新儒家”及“现代新儒学”误认为真儒家及真儒学,这便是典型例证。弘扬优秀历史传统的根本目的不是引导人们向后看,号召人们回归历史传统,而是要求人们向前看,在改造历史传统的伟大进程中,保留历史传统的优秀成分,并使之成为新的历史传统的重要组成部分。改造历史传统是“弘扬优秀传统文化”这个方针的题中之义。弘扬优秀传统文化的实质不是翻新旧物的“返本开新”，而是弃旧布新的“开新创始”。惟有“开新创始”，才是名副其实的“创造性转化”和“创新性发展”。因此，不为创新成果贴陈旧符号，这是“返本开新”与“创造性转化”必须坚持的一项基本原则。

五　历史造假与文化造假是“返本开新，创造性转化”的大忌

“实事求是”这四个字乃是一切学术研究所必须遵循的总原则，因而研究传统文化必须实事求是，弘扬优秀传统更要实事求是，不应搞半点“假语村言”。隐去真相的“弘扬国学”，弄虚作假的“文化传承”，主观臆断的“创造性转化”，名不副实的“创新性发展”，对民族与国家的根本利益和长远利益的损害甚大。篡改历史及作伪文化是对历史和文化的最大不敬。因此，无论是传承历史传统，还是研究传统文化，历史造假与文化造假都是最大的禁忌。

历史造假的主要特征是：以篡改历史或伪造历史的方式，美化某一种“本”或虚构某一种“本”，使不明底细的人误以为这种“本”既能够，又应当，且必须“返本开新”。文化造假的主要特征是：将从国外引进的思想文化因素，或现代中国人新创的思想文化因素，说成是某一种“本”所固有的或直接生成的，为某一种“本”贴上虽光鲜却虚假的文化标签，使不明底细的人误以为这种“本”原本就是好东西，必须予以弘扬。人世间既不存在没有文化的历史，也不存在没有历史的文化。历史，既是文化的，又是历史的；文化是既是历史的，又是文化的。历史造假是文化造假的一种重要手法；文化造假是历史造假的一种重要手法。篡改或伪造历史的目的是为文化造假提供虚假的历史依据；为某种思想现象贴上虚假的文化标签又势必导致篡改或伪造历史。因此，历史造假与文化造假往往交织在一起。

将传统文化研究与优秀文化传承、历史传统改造结合为一体的“返本开新，创造性转化”是一件难度极大的学术工作，一个极其艰巨的思想过程，既要求对所选定的“本”有客观、全面、准确的评估，又要求“新”确实是从“本”开掘出来、转化出来的。换言之，

"本"必须史上实有、能够开新也应当开新,"新"必须实属直接承继"本"而获得的创新成果。在各种主观因素和客观因素的影响下,致力于"返本开新,创造性转化"的学者往往不知不觉之中便跌入历史造假与文化造假的泥淖。那些盲目弘扬传统文化、弘扬国学者,特别是那些怀有特定意识形态目的"弘扬儒学"者甚至有意识地弄虚作假。现代伪儒学鼓吹的"返本开新,创造性转化"便是典型例证。

在现代中国流行的"儒学"鲜有名副其实的儒学,大多应当被判定为伪儒学。作为产生于特定时代的社会思潮,现代伪儒学是一种错综复杂的思想现象及学术现象。自一百年前产生以来,现代伪儒学有诸多演化类型,其共性是致力于为儒家及儒学涂抹现代油彩,特别是添加民主思想。被人们称作"现代新儒家"的一些学者堪称现代伪儒学的典型代表。正是这一类型的代表人物最先提出并宣扬"返本开新",并为其设定了特定的内涵。他们所谓的"本"特指儒家及儒学;他们所谓的"新"主要指民主、民权、民治及与之相关的各种现代政治理念;他们的共同主张可以概括为:返回原初本始的儒学,开创倡导民主的现代儒学,使儒学继续发扬光大,成为现代中国文化的主体。

现代伪儒学鼓吹"回到孔孟去",通过"返本开新",开出现代中国急需的"儒家自由主义"、"儒家民主主义"、"儒家宪政主义"、"儒家社会主义",然后用这种"创造性转化"出来的"新儒学"去"重建中华道统",在现代中国"继承发扬儒家的核心价值观",乃至"儒化中国","推行儒家宪政","重建儒教社会"。这种做法全面违背了"返本开新,创造性转化"所应当遵循的基本原则。

第一,违背确认必要性原则。在当今世界,民主观念及理论可谓遍布各国、尽人皆知。就连绝大多数普通人所掌握的民主理论,都比孔孟之道高明得多。这就是说,即使孔孟之道确实富含民主思想因素,也没有"返本开新"的必要性。何况事实并非如此。只有刻意"弘扬儒学"的人,才会挖空心思、不厌其烦地搞这一类欺世盗名的"返本开新"。

第二,违背选择优质资源原则。中国古代文化确实蕴含一些与现代民主相似的积极因素。但是,主张"天无二日,民无二王"的孔孟之道显然不是优质资源之所在。现代伪儒学之所以选择孔孟之道，不是为了弘扬优秀传统文化，而是旨在“弘扬儒学”。

第三，违背选择晚近资源原则。即使执意选择儒学“返本开新，创造性转化”，也应当选择以黄宗羲为代表的一批晚近名儒的思想。清初政治批判思潮所蕴含的积极因素，比先秦儒学、汉唐经学、宋明理学要多得多。现代伪儒学之所以舍近求远，选择孔孟之道，不是为了承继优秀传统，而是要打着孔孟的旗号“重建中华道统”。

第四，违背将学术研究与思想创新适度区隔原则。现代伪儒学的作品大多将孔孟的思想与作者的演绎混淆在一起，以达到为孔孟之道涂抹现代色彩和借助孔孟之道宣扬个人主张的目的。现代伪儒学之所以采用这种手法，是为了证明他们的“返本开新，创造性转化”可以成立。

第五，违背不为创新成果贴陈旧符号原则。绝大多数现代崇儒者承认孔孟的民本之论与现代的民主之论不可同日而语。许多人明知古今“三统”非一脉相承，且“道不同”，依然主张以“引进民主宪政要素”的方式，“弥补古典儒家的不足”。正是由于执意要将“开新”的成果打上“儒学”的标签，进而为“儒学”打上“民主”的标签，他们才将“返本开新”美化成“创造性转化”乃至“创新性发展”。他们将专制的儒学“创造性转化”成民主的“新儒学”，而所谓“创新性发展”出的观念都是世界各国早就拥有、当今中国尽人皆知的。如果不是刻意要“弘扬儒学”，何必采用这种瞒天过海的手段。

无论从历史事实及社会现实的角度看，还是从历史辩证法及历史经验的角度看，现代伪儒学所谓的“返本开新，创造性转化”都是一个伪命题。这个伪命题建立在臆想性“返本”与伪造性“创新”的基础之上，这就必然将历史造假与文化造假结合在一起。

在对儒家本质属性的判断上，现代伪儒学的“返本开新，创造性转化”大体分为两大类型：一种类型以历史造假为主，属于从“孔孟民主”论出发的“返本开新”。这一类型的学者坚称四书五经有“民约遗意”，孔孟大儒“反专制”，“讲民权”，“儒家思想有最高民主精神”，乃至是“世界民主论之先驱”。简言之，民主宪政思想为儒家及儒学所固有。然而，只要大致翻检一下四书五经，就不难发现“孔孟民主”论违背历史事实，就连“民贵君轻”也是一个专制主义理论命题[①]。“孔孟民主”论来自对历史的臆断，故可以归入臆断性“返本”类型。另一种类型以文化造假为主，属于为儒学添加民主思想的“返本开新”。这一类型的学者承认孔孟之道与现代民主思想不可同日而语，却坚称有必要以“返本开新”的方式，使之“创造性转化”成倡导民主宪政的“新儒学”。然而，只要大致翻检一下这一类人的著作，就不难发现所谓的“创造性转化”其实就是为儒家及儒学贴现代标签。这无异于用作伪的手法无中生有，用讹变的方式变黑成白，将儒学转换成与其本质属性截然相反的东西。“重建民主儒学及中华道统”论纯属文化造假，故可以归入伪造性“开新”类型。

必须看到，大多数致力于“返本开新，创造性转化”的学者并不赞成现代伪儒学的主张，甚至反对现代伪儒学思潮。但是，或者由于弘扬传统的做法过于简单操切，或者由于不具备足够的鉴别能力和思辨能力，他们的“返本”没有揭示本质，“开新”未见展示新意，一些“创造性转化”甚至有曲解、粉饰某些劣质传统文化之嫌。有鉴于此，我主张研究中国传统思想文化的学者放弃“返本开新”的提法，不搞牵强附会的“创造性转化”，回归质朴严谨的学术研究，将主要精力投放在客观、全面、准确地认识历史传统上，以期为探索弘扬中华优秀传统的正确途径提供优质的学术资源。

① 参见张分田：《思想体系分析法的构成要件及具体运用——以揭示“民贵君轻”专制本质的学术路径为例证》，《天津社会科学》2017 年 1 期。

第七章　统治思想研究的若干方法

深化中国古代统治思想研究的几点思考

《深化中国古代统治思想研究的几点思考》一文发表在《天津师范大学学报(社会科学版)》2007 年第 3 期。

在思想文化史研究中,“统治思想”研究占据至关重要的地位。这一研究有助于深化对各种具体的思想文化现象的认识。本文围绕全面、系统、深入地研究中国古代统治思想谈几点想法。

一　中国古代统治思想研究亟待改进与深化

迄今为止,关于中国古代统治思想研究的总体状况可以概括为两句话:一是成果繁多,二是相当薄弱。

广义而言,《尚书》《诗经》等中华元典、先秦诸子百家之作、历代经学的注疏义证、绝大多数著名思想家的论著和历朝历代统治者的言行等,都是研究统治思想的重要史料。在这个意义上,相关研究,特别是政治思想史、社会思想史研究大多属于“统治思想研究”范畴。其中,有相当一部分著作明确涉及“统治思想”这个关键词。由此可见,如果用“汗牛充栋”来形容其成果之繁多,亦不为过。

但是,这一研究依然相当薄弱。主要体现在两个方面:一是专题性的研究成果数量不多,系统深入的研究成果实属罕见,通观一代乃至中国古代的研究成果尚未问世。二是研究视野偏窄,存在一些盲点、空白乃至误区。因此，不仅具体的实证研究尚需大力开拓，而且对象、范畴与方法等理论问题也有待于深入探讨。

在现有成果中，对“统治思想”的把握方式主要有两种。一种以“统治者的政治思想”来定义统治思想，侧重通过考察最高统治者的思想观念来研究统治思想的特点及其演变过程。这方面的论文比较多，许多帝王传记涉及相关内容，也有一些专题研究性的专著。另一种侧重通过考察主流学术、官方学说来研究统治思想。但是，这两种把握方式都不足以全面审视统治思想的内容、特点和性质，也引发了许多争议。例如，关于汉代的统治思想究竟是以今文经学为代表，还是以古文经学为代表，抑或二者都是统治思想的代表，学术界有不同观点。关于清朝的统治思想，学术界也有“程朱理学”说与“乾嘉汉学”说之争。

关于秦朝统治思想的比较流行的点评与定性，集中暴露了这两种把握方式的缺陷。许多学者依据秦朝重视法治的施政特点和秦始皇赞赏《韩非子》，便断定法家学说是秦朝的统治思想。许多学者依据秦二世公开标榜“极欲”、“独制”，便断言秦朝的统治思想毫无理性可言。这类见解在很大程度上偏离了历史事实。实际上，秦朝的统治思想来源众多，内容丰富，几乎囊括了先秦诸子百家的特色学说，其总体特征和主要构成与战国、汉初的统治思想大体相似，显然不是“法家”二字所能包容的。章太炎、郭沫若等早就指出了这一点。在《秦始皇传》（人民出版社，2003 年）中，笔者也考诸史实，用“偏爱法家的杂家”来加以定性与描述。

对秦朝统治思想的简单化的评点，直接影响到对秦汉之际统治思想演化过程的认识，致使许多学者划出了一个大幅度跳动的变化曲线，即由“法家”，到“道家”，再到“儒家”。更有甚者，一些学者夸大先秦儒学与两汉儒学的差异，进而断言后儒曲解了孔丘，朝廷利用了儒学。实际上，从战国到汉初，统治思想的基本结构和主要内容并没有太大的变化。战国秦汉的统治思想也没有本质的差别。在核心政治价值观方面，先秦儒学与后世儒学大体一脉相承。

笔者认为，研究一个朝代的统治思想必须有广阔的视野，采用多角度、多层次的分析方法。全面、系统、深入的统治思想研究不能仅仅局限在思想层面和理论形式。统治思想的存在形式是多种多样的。国家实行的制度、学者提出的理论、治者构思的方略、政府制订的政策、社会传承的习俗和大众认同的价值等，都是统治思想重要的存在形式。统治思想研究必须综合考察统治思想各种重要的存在形式及其相互关系。这就需要将制度、惯例、政策、方略、心态、行为的研究纳入视野。

二 “统治思想”的基本特征

统治思想，广义而言，即占统治地位的思想；狭义而言，即统治者的思想。中国古代统治思想研究必须兼顾广义、狭义及二者之间各个层次的思想，比较全面地审视与关键词“统治思想”密切相关的各种历史现象。

统治思想的基本特征是对现存秩序的基本模式和主要法则做出合理性解释、规范性定义、操作性指导、理想性展示和永恒性论证。统治思想是一个包罗万象的观念体系，它的核心是政治思想。

以中国古代为例，最基本的秩序模式是专制君权与宗法社会，最主要的社会政治法则是王权至上，君父至尊。对此，作为统治思想集中代表的儒者之学提供了系统的理论说明和文化支撑。儒者之学提供的合理性解释包括等级制度符合“天经地义”和君主制度源于“天作君师”等。儒者之学做出的规范性定义包括总体性规范“君父一体”、“臣子一体”和“忠孝一体”等；各种对待性规范，如君臣之间的“君礼臣忠”、父子之间的“父慈子孝”、夫妻之间“夫唱妇随”等；各种具体的角色规范，诸如君主“作天下之父母”、官僚“忠君爱民”和民众“敬上顺长”等；各种抽象的和具体的道德规范，如“仁义礼智”、“三纲五常”和“君君、臣臣、父父、子子”等。儒者之学设计的操作性指导可以概括为“圣王之道”和“礼治仁政”，具体而言，包括修身、任贤、纳谏、重民等。儒者之学描绘的理想性展示是以尧舜之治为范本的大道行而天下公的“大同”世界。儒者之学张扬的永恒性论证有“天不变，道亦不变”（汉代经学）和“纲常千万年不灭”（宋明理学）等。

顾名思义，统治者即掌握国家权力、实施政治统治的人。加塔诺·莫斯卡指出：“在任何时候，在所有人类团体中，总是有少数的统治者和多数的被统治者。”[①]统治者通常是一个或大或小的群体，他们只占整个社会群体中很小的一部分。

依照在政治结构中的等级地位，中国古代统治者群体内部大体可以分为三个层次。第一个层次是最高统治者，即君主；第二个层次是君主的辅弼之臣，即朝廷要员、封疆大吏及其他亲信，他们处于权力中枢，与君主共同构成统治集团或统治集团的核心；第三个层次包括其他各级官吏，他们也直接参与政治统治的实施。因此，统治者的思想又可以从最高统治者的思想、统治集团的思想和统治者群体的思想这三个层次来把握。

统治者群体是统治阶级的政治代表。它们只是统治阶级内部直接掌握政权并参与政府事务的那一部分。统治阶级是一个在社会上处于优势地位的社会群体，其优势地位集中体现在生产关系上。它的规模比统治者群体的规模更大。

统治阶级，即在经济上、社会上、政治上、文化上占据统治地位的阶级。政治地位和社会地位是判定一个社会集团或社会成员是否属于统治阶级的最直接的尺度，而经济地位则是判定一个社会集团或社会成员是否属于统治阶级的最根本的依据。一般说来，统治阶级的思想文化在社会上也占据统治地位。

在中国古代社会，占主流地位的生产关系主要依据土地占有权或所有权构成。在各种具体经济关系形式中，人身依附乃至人身支配普遍存在，其中“地主”与“佃农”的关系最具一般意义。此外，类似“奴隶主”与“奴隶”的生产关系一直在不同程度上存在。一般说来，凡是在生产关系、劳动关系、分配关系中处于支配地位、主导地位、优势地位的社会成员，都属于统治阶级范畴。

君主及官僚、贵族可以明确无误地划归统治阶级。许多学者把掌握最高权力的专制君主视为统治阶级和国家地主的总代表，这个看法是正确的。一般说来，身处政权体系之中的官僚、贵族通常拥有较多的土地，并以当时通行的生产方式经营地产，收取地租。其俸禄也来自国家征收的租税的再分配，或多或少包含着地租的成分。在经济、社会、政治、文化等几个方面，君主及官僚、贵族都符合统治阶

---

① [意]加塔诺·莫斯卡：《统治阶级》，贾鹤鹏译，译林出版社，2002年，第2页。

级的定义。

庶民中的一部分人，如平民地主及其他经济地位、社会地位大体相当的人，也应归属于统治阶级。他们虽然没有政治身份，但拥有较多的地产等生产资料，在当时的生产关系、劳动关系和分配关系中处于支配、主导地位。这种优势地位及相关的基本秩序模式得到各种社会规则、风俗习惯和道德规范的认可，并受到国家政令、法律的保护。因此，他们是国家政权最基本的社会基础，在经济上、政治上、观念上都属于统治阶级范畴。其余绝大多数庶民则属于被统治阶级。

关于广义的统治思想与统治阶级的关系，马克思和恩格斯有一段精彩的论述："统治阶级的思想在每一个时代都是占统治地位的思想。这就是说，一个阶级是社会上占统治地位的物质力量，同时也是社会上占统治地位的精神力量。"[①]如果说统治阶级的基本属性最能体现一种社会形态的本质特征与主要风貌，那么统治阶级的思想的基本特征就最能体现一个时代的主流精神。统治阶级是占统治地位的思想的社会基础和主要创造者。他们通常把自己的特殊利益说成是全社会的共同利益，把自己的价值观说成是惟一永恒合理的"普遍价值"，从而赋予统治阶级的思想以普遍性的形式。在通常情况下，这类"普遍价值"也会成为大多数社会成员的共同信条。一般说来，统治阶级的思想必然成为占统治地位的思想。反之，占统治地位的思想通常也是统治阶级的思想。

统治阶级是占统治地位的思想的主要创造者、宣扬者和维护者。这并不是说思想文化的创造者只能来自这个阶级。参与思想文化创造的主体具有广泛性。社会大众的思想文化也会通过一些途径与占统治地位的思想文化发生互动关系，并成为主流文化的重要来源和组成部分。但是，思想文化的性质、形式、分配始终受到统治阶级的支配。由于种种原因，统治阶级通常把自己的利益说成是全社会的利益，非统治阶级的社会成员认同、遵守乃至维护统治思想基本信条的现象亦可谓司空见惯。在广大下层民众的文化意识不够自觉、不够鲜明的传统农业社会，这种现象尤为明显。统治阶级的思想之所以能够成为占统治地位的思想，其社会根源就在于此。因此，在研究

---

① 《马克思恩格斯选集》第1卷，第52页。

统治思想时，下层社会的社会政治观念也是必须深入分析的重要材料。

统治思想的基本特征提示我们：广义的统治思想与主流政治文化是同义词，其核心内容是被精英总结的、被国家肯定的、又被大众认同的全社会的价值共识。因此，一切体现主流政治文化的特征，特别是体现全社会价值共识的思想文化现象，都应纳入统治思想研究的视野。

三　全面研究统治思想的各种主要载体及其相互关系

如果依据各种相关精神现象的创造者划分类别，统治思想研究至少应涉及最高统治者的思想、统治集团的思想、官方学说的思想、统治阶级思想家的思想、统治阶级的思想和全社会普遍认同的思想等不同层次的思想现象。以下几种统治思想的主要载体及其相互关系是统治思想研究的重点。

(一)最高统治者的政见和政治倾向

在中国古代，最高统治者是“天下”之帝王和“国家”之君主。他们是王权帝制的人格化身，统治阶级的最高代表。这一特殊地位决定了他们是统治思想的创造者、倡导者与主要载体之一。

从现存文献看，中国古代统治思想的基础框架和主要资源是由一批操持最高权力的人创造的。《尚书》等中华元典出自一批先王、先公的手笔。周公姬旦是典型代表人物。一些皇帝颇具思想家的风采，诸如魏武帝、唐太宗、清康熙帝等。他们为统治思想的理论发展做出过重大贡献。还有许多帝王通过采择、整合和实践各种政治学说，丰富、完善了统治思想。

最高统治者居于发号施令的地位，他的意志往往以国家意志的面目出现。他的思想一旦提出，必然直接或间接地付诸实践。他所倡导的官方学说一经指定，必然得到大力的推广。汉武帝尊儒术、汉章帝钦定《白虎通》等行为显然具有为统治思想确定基调和发展方向的作用。为了实现政治统治，最高统治者往往围绕权力的分配、行使、巩固与强化而形成比较系统的政治见解，并寻求相应的对策与手段。最高统治者的言论、著作及其对各种政治思想流派和各种具体政见的好恶、取舍，也是判定统治思想属性、构成和特点的最直接的证据。

但是，最高统治者的采择往往具有多样性、随意性，其施政理念也往往不稳定、不系统，有关的历史记载也很难做到全面、准确。处于不同政治情境中的统治者会从自身利益出发，对同一类政治现象做出不同的认识与判断，采取不同的对策和手段。生活经历、知识教养与个人性格也会使统治者具有不同的情感、经验和能力，从而产生富有个性特征的政治观念与统治行为方式。一些君主往往屈己从众，顺应多数臣民的意见，其决策未必完全符合本人的意志。例如，汉章帝颇为看重属于古文经的《左传》和《古文尚书》，而其钦定的《白虎通》则主要依从当时大多数人所偏好的《公羊传》之义。有些暴君的思想言行还会明显偏离社会公认的规范，甚至违背官方学说所宣扬的宗旨与规则。在这方面，昏聩颟顸的秦二世最为典型。尽管这些现象为研究统治思想的流变、结构、特质及其微妙之处提供了重要的线索，但仅仅依据最高统治者一时的好恶、采择与言行去全面评说一个朝代的统治思想却是不太可靠的。

（二）统治集团的思想

君主与朝臣、亲信共同构成统治集团。广义而言，以各种形式参与朝政的官吏也可以算作统治集团的成员。特殊的权力地位使这些辅弼之臣、亲信之臣、参政之臣成为统治思想的创造者、倡导者与主要载体之一。

在统治集团中往往汇聚着一些政治经验丰富、办事能力干练、文化素质很高的人。其中一些人颇具思想家的风采，有敏锐的政治洞察力和很强的思辨能力。诸如魏文侯的辅臣李悝、秦孝公的辅臣商鞅、汉高祖的辅臣陆贾、蜀汉父子两代皇帝的辅臣诸葛亮、明万历皇帝的辅臣张居正等。他们都结合现实政治的实际需要，提出了系统的切实可行的政治方略，并著书立说加以阐释论证。他们的著作都是政治思想史上的著名篇章。他们的政见与作为也是研究统治思想的可靠材料。君臣议政、言官进谏及由此而形成的诏旨政令、章表奏议等也是研究统治集团思想的重要材料。统治集团的思想大多不是坐而论道，它对现实政治具有重要的指导作用。统治集团内部的政见之争，也为认识统治思想的内涵与外延提供了重要的线索。

统治集团的思想虽然比最高统治者的思想要丰富得多，却也有类似的局限性。在研究一个时代的统治思想的时候，不应将视野限定在统治集团的思想。

(三)各种政治习俗、政治惯例的理据

统治思想中的许多内容以政治习俗、政治惯例及其理据的形式存在。作为一种习惯势力，作为一种经验性的行动指南，它们长期传承，具有较高的稳定性，是统治思想的重要载体和表达方式之一。

政治习俗，即习俗化、习惯性的政治规范、政治行为。政治惯例，即某一典型政治行为的范式化、惯例化。政治活动是否能够习俗化，政治先例是否能够惯例化，最终取决于政治共同体成员的集体选择和价值认同。习俗有广泛的影响，习惯有很大的势力。习俗一经形成，惯例一经成立，其所默示或标示的价值、准则和规范便不得任意超越和否定。政治习俗、政治惯例是具有政治自律和范式作用的不成文的准则，有的甚至形成例行制度并具有习惯法效力。一些传承久远的政治制度往往植根于源远流长的政治习俗，而一些新的政治制度往往来源于具有创新性的政治惯例。

依据传承情况，政治惯例大体可以分为两类：一类是一朝一代通行的政治惯例，即所谓“祖宗之法”、“祖宗故事”、“祖宗成式”、“祖宗家法”。它常常奠定一个王朝政治的规模与取向，形成一定的统治风格。例如，据《汉书·元帝纪》记载，汉宣帝自称“汉家自有制度”，坚持“霸王道杂之”[①]的政治方略。又如，所谓“太宗风”，即唐太宗的施政理念与行为，对有唐一代的政治有深刻的影响。另一类政治惯例、政治习俗世代传承，历久不衰，通常被称为“先王之道”、“先王之训”、“先王之制”。它们体现着若干古代通行的法则，其理据不属于一朝一代，更不属于一家一派。例如，据《史记·礼书》记载，秦朝的礼制“悉内六国礼仪，采择其善”，而汉代“大抵皆袭秦故”[②]。后世虽对许多惯例“颇有所增益减损”，而其“尊君卑臣”的基本原理和主体框架却“依古以来”。这些惯例、习俗及其理据通常比最高统治者的思想和统治集团的思想更具稳定性。

---

① 《汉书》卷9《元帝纪》，第195页。

② 《史记》卷23《礼书》，第1024—1025页。

（四）官方学说

官方学说是统治思想最重要的载体。它是法定的居于主导乃至统治地位的学说体系，通常以正统思想的面目出现，在很大程度上决定着统治思想的形式和基调。官方学说往往打着某一学派的旗帜，具有很强的学术性，形成系统的更具一般性、稳定性的政治原则，甚至可以达到高度哲理化的程度。这些特点都为比较准确地认识统治思想的思维方式、表述形式、主要特征、基本取向和重要构成提供了便利。

但是，有些朝代并没有明确宣布以哪家哪派为官方学说，在汉武帝尊儒术之前基本处于这种状态。有些朝代崇尚的学说并非一家一派。例如，在唐朝，道者经典与儒者经典同样受到官方的崇奉。即使明确宣布独尊一家一派的王朝，其统治思想也或多或少包含着其他学派的主张。“尊儒术”之后的汉唐经学显然不足以包容统治思想的全部内容。单凭官方学说不足以全面认识统治思想。因此，全面、准确地把握一个朝代的统治思想还需要进一步拓展视野。

（五）统治阶级思想家的思想

统治阶级思想家是统治思想的主要创造者和主要载体。他们是统治阶级内部最积极、也最有洞察力和概括力的那一部分。他们关于现存秩序的理论化乃至哲理化的剖析、解释与论证，为优化现存秩序而设计、描绘的政治理想，不仅为本阶级，而且为全社会，提供了具有普遍性的价值体系。他们的理论个性与独到见解也为丰富与完善统治思想提供了宝贵的思想资源。其中有些人是一个时代的思想精英、统治思想的代言人、官方学说的代表人物。有的甚至可以成为统治思想的文化符号，诸如“孔孟之道”。

统治阶级思想家的思想常常以政见之争、学术之争的形式表达，从而为统治思想的丰富与发展提供了重要的学术资源。许多思想家提出与官方学说有所差异的思想学说。有的还会激扬文字，抨击现实。因此，与官方学说相比，统治阶级思想家的思想更为丰富多彩。不同学派、不同政见、不同阶层的思想精英的思想差异与共性，为全面认识统治思想提供了重要的历史材料。

从以往的研究成果看，学者们大多强调诸子百家的差异，对共性，特别是政治价值共识的研究相对薄弱，这既不利于全面认识统治思想，也不利于恰当评价诸子百家的思想。

（六）占统治地位或影响广泛的社会政治思潮

占统治地位或影响广泛的社会政治思潮是统治思想的重要来源和主要载体之一。各种社会政治思潮与统治思想的关系最为直接、最为明显。它们常常互为因果，甚至亦此亦彼。一方面，大多发端于民间的社会思潮往往是统治思想的重要来源和推动统治思想演变的主要动力之一；另一方面，统治思想对各种社会思潮往往有深刻的影响，许多统治者的政治选择还会为其推波助澜。

社会思潮大多围绕重大社会政治问题而形成与展开。这类思潮比某个思想家、某个学派的影响要广泛得多，深刻得多，它们往往会造就主流政治文化或时代性比较稳定的政治观念。以春秋战国时期的思想为例，当时的学派虽号称百家，而在政治上可以概括为三大思潮，即法治思潮、礼治思潮和无为而治思潮。三大思潮共同铸就了“大一统”理论，实行君主专制制度是其共同的取向。法术之士的特色思想是法治刑名论，儒者之学的特色思想是礼治仁政论，道者之学的特色思想是无为而治论，而这并不意味着法术之士、道者之学不讲礼治，儒者之学、道者之学不讲法治，儒家、法术之士不讲无为而治。就绝大多数思想家而言，不是要不要法治、礼治和无为而治的问题，而是以何宗本和主导的问题。这就必然在纷纭的争论中，形成若干普遍性的共识。这些共识是超越学派的。在先秦著名思想家的著述中都有“虚静无为”的思路，便是典型事例。无论某个王朝、某个君主青睐哪一个学派的政见，统治思想中都会包含礼治、法治、无为而治的内容。这些思潮所形成的共同的政治文化成果，才是统治思想的基础和主调。

在中国古代，许多起自民间、学界的社会思潮与官方思想虽然有差别，而其核心价值却大同小异。这种现象也需要通过研究更广泛的历史资料，做出深度分析。

（七）现行制度与政策的基本原理和基本原则

制度是观念的物化，政策是观念的操作。制度与政策都是某种观念获得统治者乃至社会大众认可的产物。以制度化、政策化形式存在的思想、学说体现着更具根本性的政治原则。物化为制度，规定为政策，并以制度、政策为载体而存在的理论、思想、观念、意识，可以同时影响甚至规范社会存在和社会意识。它比个别人一时的好恶、取舍，比以思想形式存在的学说流派，比流行一时的思潮，都更具一般性、稳定性和规定性。因此，制度与政策是统治思想的重要载体。制度与政策的原理是分析统治思想的重要材料。在考察统治思想的继承关系的时候，这一点尤为重要。

以分析秦汉统治思想为例，秦汉两朝的基本制度几乎一模一样，所谓“汉承秦制”。由此可以推定它们所依据的基本原理和基本原则是一样的。秦始皇与汉武帝的区别主要在于前者更偏爱法术之士及法治学说，后者更欣赏儒者之学及礼治学说，而法治学说与礼治学说在政治思想上的分歧主要不在基本制度层面上，而在于一些具体制度和政治方略上。“汉承秦制”的思想根源是制度的基本原理和基本原则沿而未革，统治思想最根本的内容与最基本的逻辑没有太大变化。

（八）社会大众普遍认同的政治观念乃至政治信仰

一种思想只有获得社会大众的广泛认同乃至普遍认同，形成社会各阶层的价值共识，才能成为名副其实的占统治地位的思想。统治者的思想、官方学说和某些统治阶级思想家的思想之所以可以成为一个社会、一个时代或一段时间的占统治地位的思想，是由于它们可以通过各种途径转化成社会大众普遍认同的政治观念乃至政治信仰。这类观念和信仰也是统治思想的重要来源和主要载体之一。

社会大众普遍认同的政治观念、政治信仰具有大众性和相对稳定性，它是任何一个朝代赖以实现其统治的社会心理基础。其中有些观念和信仰是在统治思想的影响下形成的。统治者也大多是虔诚的信奉者、宣扬者。社会大众普遍认同的政治观念、政治信仰必然与统治思想有一个互动的关系。获得社会各阶层普遍认同的信仰、信条、信念、心态，归根结底来源于同质的社会结构、类似的生活体验和共同的文化传统。社会各阶层的普遍意识，特别是获得广大社会一般成员认同的政治意识、社会意识，往往是社会风尚、习俗、信仰的主体性支配因素，由此而形成的普遍化的社会人格和“意识—行为”模式最能体现某一历史时期社会的基本特征和全社会的精神风貌。在分析一个朝代的统治思想的时候应当予以充分的重视。

四　适当淡化“儒家”、“道家”、“法家”等学派概念

略，具体内容参见本书《〈中国帝王观念〉一书的修订原则》一文的相关部分。

在统治思想研究中，简单化地使用这类概念的现象很常见，它是导致认识偏差的重要原因之一。许多误读、误解、误判与此相关。汉唐以来，这类错误陈陈相因，积非成是，很难调整。学派概念已经成为惯用名词，也有一定的适用性，很难弃之不用。但是，能不用就不用，尤其不要简单地贴上某种标签，形成符号化的历史认识。在研究历朝历代的统治思想的时候必须充分注意到这一点。

儒家的经典思想与帝制的根本法则

本文原名《儒家的民本思想与帝制的根本法则》，发表在《文史哲》2008年第6期。修改题目旨在强调其方法论意义，即将制度研究与制度原理研究结合在一起，亦即将政治思想研究与政治制度研究紧密结合在一起。“儒家的经典思想”也是论文中原有的提法。

大量的历史事实表明，现代学术界所说的“民本思想”始终是中国古代统治思想的重要组成部分。甚至可以说，中华帝制的政治原理是以民本思想为基础框架而精心构筑的庞大的思想体系。儒家的经典思想对历代王朝的官方学说、帝王观念、大众心态有极其深刻的影响，是政治制度、政治程式和政治规范的重要理据。甚至可以说，儒家的经典思想是中华帝制的根本法则。

一　作为“国家宪章”的儒家经典

民本思想是儒家经典思想的重要组成部分，甚至可以说是儒家政治学说的主旨、代称。汉唐以降，被视为“大经大法”的儒家经典是官方学说的主要载体和朝堂议政的权威依据。这就意味着帝制的官方学说包括了民本思想的核心理念、基本思路和主要命题。

中华帝制没有现代意义上的宪法，集中体现为没有严格意义上的宪法性法律。所谓“宪法”，其更一般、更具普适性的核心词义是“国家根本法则”。国家根本法则规定了一个国家的社会政治制度以及各种社会政治角色的基本权利和义务。一般说来，任何时代、任何地区、任何性质的国家政权都会有以某种形式存在的国家根本法则。现代社会的宪法则是具有宪政属性和法律形式的国家根本法则。为了与现代意义上的宪法相区别，可以将国家根本法则称为“国家宪章”。中国古代有“国家宪章”这个术语，亦称“国宪”。在帝制条件下，儒家经典同时具有国家根本法则的三个主要特征，即效力的最高性、内容的根本性和作用的稳定性。在这一点上颇似宪法。因此，被历代王朝钦定为“经典”的各种儒家文献具备“国家宪章”的属性。

儒家经典具有效力的最高性，主要体现在四个关键词：圣贤、经典、钦定、公认。“圣贤传授”是儒家经典具有最高效力的文化依据。据说，这些经典来自圣王事迹或圣人制作，是“圣道”、“王道”、“道统”的载体。“经典依据”是儒家经典具有最高效力的学术依据。经，可以训为道、理、法、常、纲纪、典诰等；典，可以训为经、典章、经籍、常法、法则等。儒家经典是获得广泛认同的“大经大法”和“取道之原”。“钦定宪章”是儒家经典具有最高效力的政治依据。帝制的宪章是钦定的。历代皇帝一再用诏书法令的形式奉孔子之言、经典之文为官方学说。这就使儒家经典的最高权威地位得到国家法律的确认。“公认价值”是儒家经典具有最高效力的社会依据。国家根本法则之所以有最高权威，是因为它体现了一个社会的基本价值。汉唐以来，儒家政治价值经由各种途径深入社会大众的心中，甚至达到“百姓日用”的地步。这种以“普遍意志”形式存在的全社会的价值共识是统治者的个人意志所无法撼动的。它势必成为普遍适用的政治规范和道德规范。

儒家经典具有内容的根本性，集中体现为它是帝制的法理之源，规定了君主制度最基本、最重要的社会关系及相关的一系列基本政治原则。最重要的有五点：一是以儒家经义为核心的法制原则。《洪范》的“惟皇作极”、《中庸》的“非天子，不议礼，不制度，不考文”[①]等，赋予君主立法、定制、决策的权力。儒家经典是立法的主要依据，《唐律疏议》是典型例证。甚至经典本身也具有法律效力，汉代的“经义

① 《礼记·中庸》，郑玄注、孔颖达疏：《礼记正义》卷53，第1700页。

决狱”是典型例证。二是政治权力一元化原则。《吕刑》的“一人有庆，兆民赖之”，《礼记·坊记》的“尊无二上”，《孟子·万章上》的“民无二王”[①]等，确立了以“大一统”为核心的君主专制权力结构、中央与地方国家机构的设置及其活动的基本原则。三是治权在君原则。权力归属（来源与性质）是一切国家根本法则的核心。《泰誓》的“天佑下民，作之君，作之师”[②]，《洪范》的“天子作民父母，以为天下王”[③]和《论语·季氏》的“礼乐征伐自天子出”[④]等明确规定：君主制度由天设定，君权的终极依据是天命，国家一切最高权力属于君主，而君主必须受天下、社稷、臣民的制约。四是维护等级特权原则。儒家经典明确规定：君臣、父子、夫妇、兄弟的等级关系是“天秩”、“天序”，并从政治、经济、道德等各个层面充分肯定最高统治者的特权，如《洪范》的“惟辟作福，惟辟作威”[⑤]，《诗经·小雅·北山》的“率土之滨，莫非王臣”[⑥]，《中庸》的“尊为天子，富有天下”[⑦]等。五是规定臣民的基本义务与权利。如《孝经》的争臣、争子义务与《论语》的“以道事君”权利等。儒家经典明确要求被统治者恪守“君臣大义”，而统治者切实履行“民主”、“君师”、“天下父母”的责任和义务，倾听民意，照顾民利，安定民生。这就在维护君主权威和等级特权的前提下，为广大民众的利益提供了一定程度上的保护。

儒家经典作用的稳定性，集中体现为它的官方学说地位长期保持稳定及其核心政治价值的高度稳定性。汉唐以来，儒家经典的范围、文本、权威性注释和各种经典的主次关系都发生过变化。官方儒学中论证君权与制约君权的因素都不断得到强化。君为政本与民为国本是儒家经典两个最基本的价值法则。因此，民本思想始终是官方学说必备的内容。宋元以来，依据“民贵君轻”议论朝政的现象明显增多。认同“民贵君轻”的皇帝也并非罕见。导致这种现象的主要

---

① 《孟子·万章上》，朱熹：《四书章句集注》之《孟子集注》卷 9，第 306 页。

② 《尚书·泰誓上》，孔安国传、孔颖达疏：《尚书正义》卷 11，第 323 页。

③ 《尚书·洪范》，孔安国传、孔颖达疏：《尚书正义》卷 12，第 369 页。

④ 《论语·季氏》，朱熹：《四书章句集注》之《论语集注》卷 8，第 171 页。

⑤ 《尚书·洪范》，孔安国传、孔颖达疏：《尚书正义》卷 12，第 370 页。

⑥ 《诗经·北山》，毛亨传、郑玄笺、孔颖达疏：《毛诗正义》卷 13，第 931 页。

⑦ 《礼记·中庸》，郑玄注、孔颖达疏：《礼记正义》卷 52，第 1676 页。

原因是《四书》地位的提升，强化了《孟子》的民本思想在国家根本法则中的地位与作用。

大量事实表明，中华帝制明确无误地将“以民为本”作为统治思想。其根本原因就在于儒家的“以民为本”，一方面论证了帝制的政治制度和社会法则，保证了统治阶级在政治上、等级上、经济上、法律上、道德上的特权，并使君主得以以民众利益代言人的名义实行统治，另一方面又为广大臣民提供了一定限度的利益和权利的保障。实际上，任何一种政治制度的根本法则都必须具有这样的特征。因此，具有特定内涵的“以民为本”不仅可以纳入帝制的国家宪章和统治方略，而且可以在一定程度上得到实现。唯其如此，统治阶级才能实现其统治。

以儒家经典为国宪有一个明显的弱点，即它不是以根本大法的形式存在，而是以圣人之道的面目出现，因而颇有点约定俗成的意味，更像是道德规范。主要通过儒家经典来规范最高统治者，并调整他与臣民的政治关系，势必出现两类问题：一是人们对经典的理解有差异，有时分歧很大，这就使政治规范有某种随意性。即使皇帝诚心诚意按照儒家经典中的某类规范去做，也会招致批评。二是由于缺乏刚性的手段，特别是程序性手段，皇帝并未受到切实有效的规约。如果皇帝一意孤行，他人又奈何不得。

政治制度是国家本质的重要表达形式和统治法则的主要实现方式。作为国家宪章的儒家经典是中国古代政治制度的理论体现。确保国家宪章的各项基本原则实现的主要途径，是将其贯彻到各种具体的制度中去。因此，儒家经典还为帝制一系列具体的制度、规范、程式、惯例提供了理论依据。

二 “立君为民”：君主制度的本原和君主权位的传承法则

“立君为民”是民本思想的基本思路和理论基础。儒家的“天为民立君”思想的主要经典依据，是《泰誓》的“天作君师”命题。《孟子·梁惠王下》引《泰誓》：“天降下民，作之君，作之师。惟曰其助上帝，宠之四方。”[①]这个命题有两个不可分割的基本涵义：一是天立君治民，二是天为民立君。前者着重于论证君权，即政制天定，君权天

---

① 《孟子·梁惠王下》，朱熹：《四书章句集注》之《孟子集注》卷2，第215页。

赋，代天牧民；后者着重于规范君权，即敬天保民，为民父母，政在养民。这个命题的主旨是论证君主制度的本原和君权的神圣性，而以民为本则是其重要的引申之义。《荀子·大略》："天之生民，非为君也。天之立君，以为民也。"[①]汉唐以来，以董仲舒、孔颖达、朱熹为代表的历代大儒皆有天为民立君之说，其经典依据之一就是"天作君师"。这类思想为帝制的一切制度、法律和规范提供了终极意义上的合理性论证，并将君主描绘成皇天上帝的替身、大众利益的代表和多数民意的载体，因而成为官方学说的理论基础之一。在历代诏书中，特别是那些涉及"设君之道"与"为君之道"的诏书中，这类命题最为常见。相关史料比比皆是。

政治制度由何而来，为何而设？最高权力应当如何获得，又应当如何转移？怎样使少数统治与多数原则结合在一起？这是一个超越时代的政治课题。以立君为民为理论基础的民本思想，集中代表了在特定历史条件下华夏先民对这类问题的思考与解答。依据儒家的民本思想，一个王朝、一位君主的合法性，归根结底取决于是否代表大众利益（是否符合天立君为民的"设君之道"），是否赢得大众拥戴（是否遵行代天牧民的"为君之道"）。这种观点获得绝大多数人的认同，因此，民本思想成为与君权、民意相关的各种制度的重要理据。与此相关的重视民意的执政理论对帝制与皇权的运行过程有深刻的影响。

君位宗祧继承制度是帝制最基本的政治制度。《尚书》《诗经》等儒家经典为这种制度的正当性提供了经典依据，即开国之君，功高德厚；上帝赐命，万民拥戴；功德越大，卜年越久；子孙承继，传祚百世。最先明确地用民本思想为君位宗祧继承制度提供理论依据的是孟子。《孟子·万章上》引述《泰誓》的"天视自我民视，天听自我民听"，认定"天与子，则与子"[②]，只要符合天命民心，君位父子相继无可厚非。"继世以有天下，天之所废，必若桀纣者也。"如果一个王朝依然享有天命，即使伊尹、周公、孔子等圣贤大德也不能剥夺天子法定继承人的君位继承权，更不能取而代之。简言之，一个王朝得天下的正

---

① 《荀子·大略》，王先谦：《荀子集解》卷19，第504页。

② 《孟子·万章上》，朱熹：《四书章句集注》之《孟子集注》卷9，第308页。

当性，也就是君位宗祧继承的正当性。于是，天命与民心既是论说民为国本、政在养民的依据，也是论证君位传承法则的依据。在历代传位诏书中，这类经典依据常常被引用，而传位诏书是确认新君的权力合法性的最重要的法律文件。

儒家的民本思想不仅用天命与民心证明了君位世袭的必然性、合理性，还用它阐释了王朝更替的必然性、合理性。在通常维护君位世袭制度的前提下，儒家经典为现实中各种最高权力转移模式提供了周全的理论依据。根据儒家经典，限定君位宗祧继承的条件有二：一是开国君主的德行，二是在位君主的德行。前者决定天命传承的世代，后者决定天命是否终止。儒家一再指出：在位之君不能依恃天命，胡作非为，否则将会招致革命。《诗经·大雅·文王》的"天命靡常"，《康诰》的"惟命不于常"，《论语·尧曰》的"四海困穷，天禄永终"等都是这类思想的经典依据。《尚书》《诗经》《周易》《礼记》《孟子》中的"尧舜禅让"论、"汤武革命"论对王朝更替的原因、条件、形式做出理论阐释。在通常情况下，历代统治者认同这类说法。因此，皇帝们一方面祈求子孙世袭，传祚久远，另一方面又满足于卜世若干，卜年若干。许多皇帝为了避免招致丧失天命与民心，还会自觉地依据民本思想做出策略与政策方面的调整。

一般说来，凡是出现不合常规的君位传承现象的时候，总会有人抬出儒家经典中的民本思想命题作为理据。末代皇帝的禅位诏书都有本朝天命已绝、理当选贤禅代的说法。开国皇帝的即位诏书，多有吊民伐罪、顺天应人、天下为公、选贤与能的说法。在发生重大政治变故时，也会有人依据民贵君轻、社稷为重，主张另立新君，选立长君，而不必恪守常理。靖康之变而群臣拥立宋高宗，土木之变而群臣拥立明代宗等，都是典型事例。

通过什么样的制度实现以民为本的政治？儒家的回答是：天为民作君作师。什么人有资格做君主？儒家的回答是：享有天命的王者。什么人可以获得天命？儒家的回答是：天帝惟德是辅，天命依据民心确定。什么样的人可以赢得民心？儒家的回答是：有大德大功的人。为什么伊尹、周公、孔子等圣贤大德没有登上天子之位？儒家的回答是：他们没有获得天命。一旦以"天立君为民"论证了君主制度的正义性，从"天心民意"中引申出君位世袭的合理性，从"大德必受命”中引申出“德及子孙”的正当性，也就意味着君位不必总是“惟德是举”。儒家学说的精彩之处在于内蕴一切权力来自人民的因素，从而为规范君权和调整政治提供了依据；儒家学说的要害之处在于它用最高权力来自天命限定了各种可能危害现存秩序的思想导向，从而为维护既定的君臣关系提供了依据。于是，无论选贤与能的“禅让”、吊民伐罪的“革命”，还是宗祧继承的“世及”、变置庸君的“易位”，最高统治者的产生都无须经由任何民主程序，甚至无须经由形式上的多数裁定。儒家的民本思想为现实中各种最高权力转移模式提供了周全的理论依据，从而使君主成为虚构的“天与人归”的大众利益代表。

作为帝制的制度原理，有关民情、民意、民生的内容是民本思想最具有实践意义的部分。如果说以“天与人归”论证获取最高权位的正当性和行使最高权力的合法性或多或少有虚拟的成分的话，那么以“令顺民心”论证直接关系巩固政权和实现统治的调查民情、采集民意、顺应民心、关照民生等，则具有实实在在的作用。“天与人归”和“令顺民心”，既体现制度原理，又制导政治过程。从政治制度的角度看，二者规范国家政权的核心部分，形成稳定的政府结构；从政治过程的角度看，二者构成政治运作的主要内容，制导动态的操作程序。

中华帝制有一系列与关注民生、体察民情、采集民意相关的惯例、制度、机制和程式，其理据主要来自儒家经典。《酒诰》的“当于民监”思想主张统治者从民众的意愿与行为中考察政治得失，及时调整政策，以避免国家危亡。《周易·观卦》的“省方观民”思想主张统治者通过行政机构采集民风，展示民俗，了解民情，考察民意。《诗经·大雅·民劳》的“询于刍荛”思想主张统治者主动向平民百姓咨询政务，听言不计较进谏者的身份等级，决策注意采纳下层民众的意见。《洪范》的“谋及庶人”思想主张统治者在决策时不仅要听取朝臣卿士的意见，还要广泛征求广大民众的意见。《左传·襄公三十一年》的“庶人传语”思想主张统治者尊重舆论，倾听民意，允许批评，疏导民怨，将民意表达视为政情的监视器和社会的减压阀。《诗经·大雅·民劳》的“是用大谏”思想主张统治者借助广大臣民的聪明智慧，在广泛咨询的基础上决断政务。在朝堂议政中，这些经典依据常常被人们引据，它们对政治制度和政治过程有重大影响。各类言路官的设置都与这类思想有关。相关的制度涉及朝议、言谏、监察、臣民上书等。

无论政治理论、政治制度、政治过程、政治实践，决策控制权的归属都是一个至关重要的因素。儒家的制度设计属于典型的“圣王之制”模式。其要害有二：一是以“天命”排除了通过民主程序产生国家元首的可能性，二是以“圣治”将立法权和公共政策的决策权赋予君主。这正是儒家的民本思想可以成为帝制的统治思想的重要原因。

三 “与民更始”与各种政治程式的理论依据

帝制的许多政治程式与民本思想密切相关。主要有应答天谴的“禹汤罪己”程式、维新变法的“与民更始”程式、禅让大位的“天与人归”程式等。这些政治程式涉及政治调整，都以立君为民、以德配天、汤武革命、与民更始等命题为主要理论依据。它们对帝制的政治过程有深刻的影响。

天谴修政是一种程式化的政治惯例。其基本思路是：天立君为民，君代天养民。如果君主无德，民生困苦，天就会以各种灾异来警示、告诫、谴责他。君主畏惧谴告，革新政治，灾异便会消失。否则天就会降下更严厉的谴告，直至改变天命。《尚书》《诗经》《春秋》《论语》《公羊传》《穀梁传》等儒家经典都为这类说法提供了经典依据。天谴修政还有一个重要理据，即拥有最高权力的最高统治者也肩负着最高政治责任，他必须对人世间的一切罪恶现象负责。《汤誓》的“万方有罪，在予一人”、《论语·尧曰》的“百姓有过，在予一人”是其经典依据。与此相关的“禹汤罪己”是著名的圣王故事。翻检一下历代文献就不难发现，表示遵循敬慎、罪己的为君之道的皇帝不胜枚举。

天谴修政的主要理据来自民本思想，相应的政治调整通常也涉及具体的治民政策。例如，汉文帝二年十一月癸卯，发生日食。汉文帝当即发布罪己诏。立君为民、政在养民是这篇罪己诏立论的主要依据，即“朕闻之，天生民，为之置君以养治之……天下治乱，在予一人”。天降大的灾异，表明君主的政治严重违背了立君以“治育群生”

的宗旨。君主必须请罪于天，治国治民的政策也应有所调整，“因各敕以职任，务省繇费以便民”[①]。谷永劝谏汉成帝的一段论述意蕴更为完整。大致可以分为六个层次：一是立君为民，即“天生蒸民，不能相治，为立王者以统理之，方制海内非为天子，列土封疆非为诸侯，皆以为民也”。二是天下为公，即“垂三统，列三正，去无道，开有德，不私一姓，明天下乃天下之天下，非一人之天下也”。三是王者重民，即“王者躬行道德，承顺天地，博爱仁恕，恩及行苇，籍税取民不过常法，宫室车服不逾制度”。四是天谴无德，即“峻刑重赋，百姓愁怨”招致“上天震怒，灾异娄降”。五是及时修政，即“终不改寤，恶洽变备，不复谴告，更命有德”。六是政在养民，即“王者必先自绝，然后天绝之”，因此必须依据民本思想实行政治调整，诸如“勿许加赋之奏”、“振赡困乏”、“遣使者循行风俗”、“敕劝耕桑”、“毋夺农时”等[②]。这个思路具有典型意义，在历代名臣奏议中很常见。

还有一类罪己诏专为政治失误而发，可以称之为政事罪己诏。政事罪己的起因不是自然灾异，而是人为过错，自责的意味更浓烈一些，调整的力度也更大一些。自汉武帝发布著名的轮台罪己诏，效仿者代有其人。诸如唐德宗为朱泚之乱、唐代宗为藩镇之乱难以平定、宋徽宗为金兵入侵而发布的罪己诏。清顺治帝临终也发布罪己诏。政事罪己的依据与天谴罪己大体相似。其基本思路是“皇穹以朕为子，苍生以朕为父”，理应“劳怀罪己之念，延想安人之策”。而今“刑政不修，惠化未洽”，有违天心民意，不符合“人主之用心”。因此必须做出政治调整，“弘敷在宥之泽”[③]。政事罪己侧重于人事。它表明帝王罪己的主观动因之一是认同儒家经典中的立君为民、民为国本、政在养民等命题。

“与民更始”也是一种涉及政治调整的程式化的政治惯例。可以分为两大类：一类是朝代更替导致的“新王改制”，一类是本朝的自我革新。这类言行大多与“天命”、“更命”、“革命”观念直接相关。《康诰》的“作新民”，《诗经·大雅·文王》的“其命维新”，《大学》的“在明

① 《汉书》卷4《文帝纪》，第84页。

② 《汉书》卷85《谷永传》，第2575、2578页。

③ 《旧唐书》卷11《代宗纪》，第188页。

明德，在亲民，在止于至善”等，都是“与民更始”的经典依据。历代皇帝宣称“与民更始”的诏书均以儒家的民本思想为重要依据，都会提及立君为民、顺天应人等民本思想命题。

禅让大位的“天与人归”程式也是在《尧典》《孟子》等儒家经典指导下形成的程式化的政治惯例。禅让是改朝换代的重要形式。由于最高权力转移以和平方式完成，故称之为“让”。《孟子·万章上》的“天与之，人与之”、《礼运》的“天下为公”是禅让的经典依据。历代禅位诏书及相关文告可被视为全面阐释民本思想的议论文。开篇都要讲立君为民、天下为公的道理，诸如“元气肇辟，树之以君，有命不恒，所辅惟德。天心人事，选贤与能，尽四海而乐推，非一人而独有”①。禅让的具体程序深受《孟子》所描述的尧舜禅让模式影响。新君都要迫使前朝末帝颁布一道禅位诏书，营造天子“荐之于天”，“天受之”，“民受之”的气氛，然后导演一场标榜天与人归的戏剧性的仪式。这就使禅让程式成为礼仪化的张扬民本思想的文化符号。中华帝制正是借助这一类的文化符号，完成了一次又一次最高权力的转移，并使新的皇帝得以用合法的形式取得统治权。

应答天谴程式、与民更始程式、禅让大位程式往往流于形式，但是它们并非毫无实际意义。从政治文化的角度看，它们一再向社会各阶层宣示作为统治思想的民本理念，使之成为全社会有关最高权力合法性的政治价值共识。从政治过程的角度看，它们或多或少会带来一些政策性的调整，有时还会导致幅度较大的政治调整。正是这些历久而不衰的政治程式、政治惯例构成了朝堂政治生活的重要景观。它们是儒家的民本思想对帝制及其政治过程有重大影响的重要证据。

四 “以民为本”与以重民为饰词的礼乐制度

《礼记·经解》：“安上治民，莫善于礼。”儒学以重视礼制、倡导礼治为特色。在儒家经典中，礼是一个兼具哲学、社会、政治、法律、道德等多重属性的范畴，上则足以经天纬地，中则用于齐家治国，下则指导洒扫庭除。在儒家看来，礼是宇宙、社会、国家的根本大法，又是包括国家政体、官僚制度、法律制度在内的一切制度的总称。围绕国

---

① 《隋书》卷1《高祖纪上》，第8页。

家基本制度还形成了一整套仪式性很强的礼乐制度。作为"礼义"的制度化,"礼仪"被赋予价值和意义,是一种既重要又常见的文化符号。各种礼仪性制度也大多用"以民为本"作为理据或饰词。这里仅以名号制度、国家祀典、宫廷乐舞为典型事例。

名号制度是礼乐制度的重要构成之一。其中帝王尊号(含尊号、谥号、徽号等)是显赫的文化标签。帝王尊号颇具概括性、形象性,是有关帝王及相应的社会政治体系的最重要的文化符号。它们实际上都是整个社会群体给"君主"下的定义,主要的文化功能是标示帝王的地位、权势和职能,同时为帝王角色注入规范性的因素。作为统治思想的民本理念也在其中。

直接承载民本理念的帝王尊号主要有元后、王、天子、皇帝等。它们先后在夏、商、周、秦成为最高统治者的尊号,并一直沿用下来。"后"的本义是生育,后来成为标示宗法权威的文化符号。《泰誓》的"元后作民父母",《洪范》的"天子作民父母,以为天下王"等一直是民本思想的主要理据之一。《周书》诸篇使用天作君师、天选民主、以民受命、以德配天、天命靡常、王者革命等一系列相关命题诠释最高统治者权威的来源、依据和特征。这类观念既是"天子"尊号产生的文化依据,又为天子尊号注入丰富的民本思想因素。自孔子、孟子以来,历代大儒借助《尚书》等经典,反复阐释天子尊号的文化意义,使之成为民本理念的重要载体。《穀梁传·庄公三年》:"其曰王者,民之所归往也。"历代大儒大讲"王天下"的礼治仁政之道,于是为"王"注入了赢得民意、天下归心的文化意蕴。秦始皇创造"皇帝"尊号的主旨是标榜功德。在《史记·秦始皇本纪》中,不难找到与元后、王、天子有直接继承关系的政治观念,如"忧恤黔首,朝夕不懈"等。历代皇帝标榜"代天理民"、"为民父母"的言行也充斥于史册。

谥号是已故帝王的尊号,徽号是在位皇帝的尊号,都属于价值评定的文化符号。从《史记正义·谥法解》等文献记载看,谥法用字大多与民本理念和治民绩效直接相关。例如,民无能名曰神、靖民则法曰皇、慈惠爱民曰文、绥柔士民曰德、刑民克服曰武、安民立政曰成、安乐抚民曰康等。徽号可以多次累加。例如,唐玄宗的徽号是"开元天地大宝圣文神武证道孝德皇帝"。徽号用字是作为帝王形象表象的文化符号。这些文化符号又都是王道论、道德论中最崇高的字眼。

其文化意义,简言之,即最合乎道统的帝王。这种观念本身就包含着民本思想因素。皇帝的谥号、徽号多为誉美之辞,而它毕竟承载着为官方学说和社会大众所公认的政治价值。在这些政治价值中,又以民本理念最为显眼。

国家祭祀制度是帝制的基本制度之一。旨在“事神治民”的国家祭祀,特别是对天地、宗庙、社稷的祭祀,直接关乎王朝的合法性、君权的合法性以及对神祇、国家、君主、人民之间关系的设定与调整。因此,民本思想也是国家祭祀制度的主要原理。儒家经典对祭祀的对象、目的、原则、礼仪、功能有系统论述。如《礼记・祭法》将“有功烈于民者”作为设置国家祀典的原则,《礼记・月令》将“为民祈福”作为国家祭祀的目的,《君陈》将“明德惟馨”视为国家祭祀的要旨。儒家经典对祭祀的目的与功能的论证包括治民(神道设教)与为民(为民祈福、为民请命)两方面的内容,这也是民本思想的典型特征之一。儒家经典反复强调国家祭祀为民而设,《孟子》的“民贵君轻”实际上也是沿着社稷为民而设、君主为社稷而设的思路推导出来的。

从《二十五史》的相关记载看,历代王朝国家祭祀制度大体符合儒家经典的设计。国家祭祀对象主要有四大类型。一是主宰宇宙、生化万物、庇护人民的皇天地祇。帝王尊事天地的各种具体制度与天作君师、受命于天、顺天应人等民本思想命题密切相关。二是关系国计民生的社稷、名山大川、日月星辰、山林川泽、风伯雨师等。这类国家祭祀旨在为国家、君主和人民祈福消灾。三是祖宗神和先王。历代王朝大多将祖宗描绘成有功德于万民的圣哲贤王。四是有德于民的古代帝王和先贤。诸如三皇、五帝、先农、孔子等。显而易见,民本思想是历代王朝确定国家祀典的重要依据。历代统治者也一再宣称:尊天重民,修祀为民。

依据儒家的政治设计,乐是帝制的根本制度之一。儒家乐论将礼乐、君德、治民紧密连接在一起,认为诗言志、歌咏声、舞动容,歌舞并非娱乐耳目的小事,而是关乎生民的大政。从《二十五史》的相关记载看,历代王朝都遵循儒家设定的“立乐之方”以建立相关的制度。

历代宫廷乐章多属歌功颂德之作,比较全面地展示着统治思想的总体特征,因而也含有民本思想因素。一些篇章旨在阐释立君为民的经典之义。例如,《宋书・乐志三》记载的《天地间》有曰:“天地间，人为贵。立君牧民，为之轨则。”[①]许多篇章旨在标榜“顺天应人”，宣扬王朝统治的合法性。例如，《晋书·乐志上》记载的《正旦大会行礼歌》有曰：“圣皇君四海，顺人应天期。”[②]民本思想始终与最高权力转移及其合法性息息相关。因此，凡是涉及这类问题的场合，都会有援引民本思想的现象。宫廷乐舞亦然。靠“禅让”篡夺政权的王朝多颂扬本朝受命犹如“尧舜禅让”。例如，《南齐书·乐志》记载的《圣主曲》有曰：“圣主受天命，应期则虞、唐。升旒综万机，端扆驭八方。盈虚自然数，揖让归圣明。”[③]靠“革命”夺取政权的王朝多颂扬本朝受命犹如“汤武革命”。例如，《明史·乐志三》记载的“十二月按律乐歌”中的《万年春》有曰：“奉天承运秉黄麾，志在安民除慝。”[④]宫廷乐舞的一些篇章旨在歌功颂德，因而多有标榜王道仁政、敬天勤民、济民育物、为民请命、附亲万民的词语。许多歌词还涉及治民政策原则。有些皇帝制作的歌词还会涉及批判性的内容。例如，《宋书·乐志三》记载的《度关山》，颂扬、憧憬古代圣王的德政，批判后世君主多有违背王道的行为，其词有曰：“嗟哉后世，改制易律，劳民为君，役赋其力。”[⑤]

宫廷乐舞制度名为以礼乐治天下，实为歌功颂德。乐舞的歌词遂成为帝制的修饰。但是，这一类的修饰并非毫无意义。作为统治思想的载体，这类歌词标示了公认的政治价值，乃至成为这些政治价值的文化符号。其传唱也是统治思想传播的手段与途径之一。这表明，至少在形式上最高统治者承认君主必须体认“立君为民”的政治原则，躬行“敬天勤民”的为君之道，以实现“万民亲附”，“天与人归”。礼乐制度的政治功能及其与民本思想的密切相关性再次证明，民本思想既是帝制的制度原理，又是大众性的政治观念。

五 “设官为民”与官僚制度的基本原理

设官治民与设官为民是官僚制度的基本原理。这个原理是从立

① 《宋书》卷21《乐志三》，第402页。

② 《晋书》卷22《乐志上》，第442页。

③ 《南齐书》卷11《乐志》，第130页。

④ 《明史》卷63《乐志三》，第1043页。

⑤ 《宋书》卷21《乐志三》，第402页。

君之民与立君为民中引申出来的。设官为民与立君为民的终极依据是同一的,即上帝为民立君,君主为民设官。作为君主的辅佐者,官僚的职责是协助君主,治理民众,亲近百姓,安抚邦本。《周礼》天、地、春、夏、秋、冬六官开篇皆有"设官分职,以为民极"。贾公彦疏:"一日人无主,不散则乱,是以立君治之。君不独治也,又当立臣为辅。极,中也。言设官分职者,以治民,令民得其中正,使不失其所故也。"[①]《皋陶谟》的"在知人,在安民",《咸有一德》的"臣为上为德,为下为民",《论语》《孟子》的任贤治民思想等,也是这类思想的经典依据。

在经典注疏、政论文章和官方学说代表作中,设官为民的思想很常见。例如,《白虎通》大讲社稷为天下而立、设官立制为民的道理,设置三公九卿旨在"典民",封建诸侯旨在"象贤重民","子养百姓","故列土为疆非为诸侯,张官设府非为卿大夫,皆为民也"[②]。在《四库全书》中,可以检索到许多论证"设官为民"、"为民设官"、"为民立官"、"代君治民"、"代君牧民"、"为国牧民"的文字,且多见于儒家经典注疏和历代名臣奏议。这类思想对官僚制度的影响涉及设官、分职、选任、考课等各个方面。通晓并遵守民本思想是重要的官僚角色规范和选任官僚的条件。

在儒家经典注疏、官箴类著作和历代朝堂议政中,论说"以民为本"、"为民父母"、"爱民如子"等官僚规范的文字极其常见。许多皇帝亲撰包含民本思想的官箴。如武则天的《臣轨》,五代后蜀主孟昶的《令箴》,明宣宗的《官箴》等。流传最广的当属《令箴》的"尔俸尔禄,民膏民脂。下民易虐,上天难欺"。宋太宗取此十六字箴言,颁行天下。宋高宗将黄庭坚所书此箴颁行州县,立刻石于衙门公案之侧,故又称其为"戒石铭"或"戒石箴"。元朝右丞相脱脱监修的《辽史·能吏传》引用孟子的"民贵君轻"论官僚规范也是典型事例。这类官僚规范都是民本思想与帝制相匹配的重要证据。

中华帝制的成功之处在于通过制度化的方式,将研读经典与选任官吏(政治社会化与政治录用)有机地结合在一起,从而造就了一

---

① 《周礼·天官冢宰》,郑玄注、贾公彦疏:《周礼注疏》卷1,第6页。

② 《白虎通·封公侯》,陈立:《白虎通疏证》卷4,第133、141页。

个庞大的以通晓民本理念、掌握治民技能为基本特征的官僚群体。从现存的历代策问或科举的试题、试卷及考生备考资料看，民本思想与重民政策是重要的考试内容。无论每一次考试是否问及相关的问题，准备应举的士子都必须做好应对这类试题的准备。典型例证有：董仲舒的“贤良对策”；《南齐文纪》保存的齐武帝御制的几篇策问；《唐大诏令集》《文苑英华》等保存的唐代科举试题；白居易的《策林》所体现的备考内容；韩愈、欧阳修、司马光、王安石等历代名儒文集所保存的科举试题；宋高宗曾以“治道本天，天道本民”策士；宋度宗咸淳七年殿试的御制试题出自儒家经典的民本思想命题；明朝第一位状元吴伯宗的答卷引用儒家经典的天立君为民之说；万历丙戌会试第二场策论以张载的“帝天之命，主于民心”为题等①。

就笔者读书所见，被一些学者判定为“民主”、“反专制”、“与专制制度有内在冲突”的各种儒家经典中的民本思想命题都可以明确无误地在科举考试的试题和试卷中找到。诸如被说成“反专制”的“天民相通”、被说成“人民主体”的“民心即天心”，被说成“非程序民权”的“汤武革命”，被说成“肆无忌惮”的“民贵君轻”，被说成“民主思想”的“天下为公”等。最为典型的例证莫过于清乾隆帝下令编纂的《钦定四书文》。入选的篇章皆为明清两代脍炙人口的科举制文名稿。在这些范文中，明明白白地写着立君为民、天下为公、民为国本、国依于民、民贵君轻、民事甚重、富民足君等民本思想的重要命题。涉及民本思想的话语更是不胜枚举。其中明末举人艾南英所作的《民为贵》是一篇曾经广为流传的阐释“民贵君轻”的八股文。

上述事实表明，在通常情况下，历代王朝都期待官僚群体具备这样的精神特征：精通将“君为政本”与“民为国本”有机结合在一起的儒家经典，从而具备忠君爱民的政治道德，知晓尊君重民的政策原则，掌握理国治民的政治技巧。只有既懂得尊君，又懂得重民的儒士才是最理想的官僚。

使用科举考试试题与试卷提供的素材研究统治思想及政治制度有其便利之处。它们可以贯通经典文本、主流学术、官方学说、皇帝

① 详细内容参见张分田：《科举考试制度与儒家民本思想的大众化》，“中唐以来思想文化与社会演进国际学术讨论会”，2006 年 8 月。

意旨和现实政治等诸多层面的历史现象。如果试题来自儒家经典的民本思想命题,而试卷的阐释符合这个命题的基本思路,就可以有把握地推定:这个命题属于官方学说范畴。它不仅没有遭到统治者的排斥或篡改,反而受到以皇帝为代表的统治集团和以考官为代表的众多朝臣的认可乃至赞赏。这类现象不是仅仅用"虚假认同"所能圆满解释的。如果皇帝们张扬民本思想只是为了装装样子,又何必一而再、再而三地将它作为旨在选拔官员的科举考试试题?

六　以民本思想为重要内容的帝王、储君教育制度

在《大学》《学记》等儒家经典指导下,帝制形成了一套帝王、储君教育制度。至迟自汉代以来,通过自我研读和大臣讲授修习儒家经典就是帝王、储君教育的惯例。其中一种制度化的帝王教育叫"经筵"。经筵是皇帝讲究文治的隆重大典,其目的是通过讲读儒家经典,研讨治国方略。它有一个从政治惯例到正式制度的演化过程。经筵可能萌芽于西汉。东汉始有"侍讲"之名,唐代成为正式职衔。宋朝形成制度,有常设的讲官、例行的讲期和固定的讲筵所。明代又创立经筵日讲之制,又称"小经筵",由学士轮流担任每日的讲读官。

作为一种政治制度,经筵从一个侧面展示着帝制及其统治思想的特点,即最高统治者必须学习一系列规范性的为君之道,而民本思想等一批政治调节理论是其主要内容。因此,皇帝们通常知晓爱民、重民的为君之道和戒慎、畏民的君主规范。汉唐以来,许多皇帝主张"以民为天"并援引民本思想以确定治国方略和治民政策,许多皇帝高度赞赏写有"民贵君轻"的儒家文献,一些皇帝著有申说"民惟国本"乃至张扬"民贵君轻"的著作。唐太宗著有《民可畏论》;元英宗依据"民重君轻"议论治国理民;明成祖下令编纂《四书大全》;清康熙朝编纂的《日讲四书解义》系统阐释"民贵君轻";清乾隆帝吟诵"藐予小子知君轻"[①]的诗句等,都是具有典型性的例证。

在通常情况下,这样的培训从储君教育开始。储君教育不仅学习文化,坐而论道,还要有一些模仿、预演、实习朝政的活动。其文化

---

① 清高宗:《御制诗集》2集卷38《春仲躬祭社稷坛》,《景印文渊阁四库全书》,第1303册,第691页。

教育以研读儒家经典及重要历史典籍为主。许多皇帝还亲自教导储君，传授统治经验和施政技巧。唐太宗著《自鉴录》，以舟水之训教导太子是典型事例。实际上，只要证实储君必须系统地读经，就可以认定儒家的民本思想是储君教育的必备内容。这里再举一个储君启蒙读物的例证。

《养正图解》是明清两代培养皇太子的通俗性启蒙读物，由明代万历朝翰林修撰焦竑撰文，宫廷画家丁鹏云配图。它涉及众多的君主规范和治国之道，一些条目与民本思想有关。例如，“振贷贫民”一条讲述周文王与吕望关于“为天下若何”的问答，用“王国富民，霸国富士，仅存之国富大夫，亡道之国富仓府”，阐述了“上溢而下漏”的道理，教导储君通晓王者开仓放粮“以振鳏寡孤独”的必要性。这就以讲故事的形式向储君灌输了《大学》提出的一个重要的思想：“德者本也，财者末也。外本内末，争民施夺。是故财聚则民散，财散则民聚。”[①]此外，“善言格天”讲述的是宋景公深知无君则无民，甘愿独自承担天罚的故事。“爱惜郎官”讲述的是馆陶公主为子求郎，汉明帝重视亲民官员的选拔而婉言谢绝的故事。“乐受格言”讲述的是宋太祖赞赏“治世莫若爱民，爱身莫若寡欲”的故事。“常读论语”讲述的内容是李沆为相，主张终身诵读《论语》，“节用而爱人，使民以时”[②]。清乾隆帝的《御题养正图诗》和清嘉庆帝的《御题养正图赞》也论及民本思想。

正是由于帝王、储君教育制度具有上述特征，所以凡是具备一定文化修养的皇帝都通晓民本思想的基本常识。就连一些原本不是读书人的开国皇帝，也会从不同渠道获取这方面的知识。实际上，朝堂议政是皇帝获得并深化民本理念的重要渠道。这个渠道具有思想与制度、理论与实践相结合的特点。在朝议中，在奏章中，在诏书中，民本思想诸命题大多与各种现实政治问题结合在一起。这方面的丰富史料告诉我们：在通常情况下，皇帝们认同民本思想的基本思路及相关的各种君主规范。

由于一些不恰当的主观预设的影响，许多学者断言儒家的民本

---

① 《礼记·大学》，郑玄注、孔颖达疏：《礼记正义》卷60，第1869—1870页。

② 焦竑编著：《养正图解》，海南国际新闻出版中心，1997年，第9、207、223页。

思想与君主专制制度有内在的矛盾。然而,如果认真检索历代重要文献,系统考察民本思想的方方面面,不难得出这样的结论:如果从思想的角度研究政治理论,可以发现所有的政治思想流派都将民本思想置于重要的理论地位。如果从文化的角度审视政治心态,可以发现上至帝王,下至平民,普遍认同民本思想的基本思路。如果从制度的角度作静态的分析,可以发现民本思想影响着各个层面的具体制度。如果从实践的角度作动态的分析,可以发现民本思想贯穿政治过程的各个主要环节,经常性地影响着人们的政治行为和朝堂的政治决策。

为什么皇帝们通常并不讳言立君为民、天下为公、民为国本、民贵君轻?其根本原因只能从这类命题的本质属性、内在逻辑和历史内涵的角度去探究。儒家的民本思想与帝制的政治制度、官方学说和帝王观念的密切相关性提示我们:现代学术界所说的"民本思想",包括"民贵君轻"之类的命题,实际上是一种与君主制度相匹配的精神现象。它具有规范君权、调整政治的功能,却并不具有反专制的属性。

开展统治思想与民间政治观念互动研究

《开展统治思想与民间政治观念互动研究》一文发表于《天津社会科学》2004年第3期。这里使用的是我撰写的原稿，删去了他人在论文开头一段增添的文字。

统治思想与民间政治观念的关系是一个很值得研究的重大课题。这个研究对深度分析、全面解读统治思想或民间政治观念的成因、演化、特点、本质及其相互关系具有重大意义。但是，这方面的研究尚待大力开发与推进。本文仅就统治思想与民间政治观念互动这个课题的研究思路，谈一点意见。

一　应当进行精神与实体的综合性研究

思想与社会本是一个有机的整体。然而由于学科的分化，人类社会的主要领域被分割，诸如政治、经济、社会、文化的区隔；人类社会的精神与实体被分割，诸如思想与社会的区隔；人类社会的精神现象也被分割，诸如政治思想与社会思想的区隔等。为了提高研究的专门化程度，人们可以将本来浑然一体的历史现象分割给不同的学科。但是，切忌因此而忘记事物本身的客观整体属性。就像缺乏整体关切的政治史很容易变成“断烂朝报”一样，缺乏整体关切的社会史也很容易变成“片段家常”。因此，在按照学科适当分割，并加以专门化的研究之后，必须以综合性的研究来还原并解读事物的整体。

在各种学科分工中，历史学肩负着整体研究的学术使命。思想与社会互动研究的目的之一就是在这方面下功夫，即综合思想史与社会史的资源、对象、思路、方法，撰写更全面的思想史和社会史。

统治思想与民间政治观念关系研究是思想与社会互动研究的切入点之一。其主要目的是强化问题意识，对学科分工细化引起的思想与社会、上层与下层、官方与民间、经典与民俗、精英与大众、政治思想与社会思想的区隔等，作一种补充和整合。依照历史现象之间固有的内在联系，确定研究对象，拓展研究视角，设计研究思路，对各种社会政治观念进行综合性解读。

统治思想属于"上层文化"，民间政治观念属于"下层文化"，二者之间又相互对流，甚至互为因果。它们之间的分化、互动、影响与交融，既是一种重要的思想现象，又是一种重要的社会现象。官方与民间、精英与大众既有差别，又有联系。无论从发生还是从发展的角度看，都很难把思想发明权简单地归于一方。就具体历史现象而言，有的非此即彼，有的亦此亦彼，有的介乎二者之间。这两个层次社会意识的共同内容和本质最能体现一个社会的共同价值与信仰。凡是被精英总结的、被国家肯定的、又被大众认同的思想，其影响力更为深远。如果将它们截然相分，使之二元对立，是不符合历史现象的本然状态的。

从现有学术成果看，许多学者将统治思想与民间学说、经典思想与庶民信仰、精英思想与大众心态简单二分，进行二分研究。这无疑是必要的，也取得了可观的成绩。但如果过分夸大其差别，看重其区隔，忽略其相互涵摄关系，会导致片面性。迄今为止，对中国历代统治集团社会政治思想的研究、历代社会思潮的研究、统治思想与各种社会思潮关系的研究、官方意识形态与民间信仰互动关系的研究等，都比较薄弱，有的甚至是空白。这与过分的"二分法"有直接的关系。在进一步研究中，必须从思想与社会互动关系入手，在研究方法上把"从上往下看"与"从下往上看"结合起来，多层次、广视角、整体性地考察社会普遍意识发展变化的历史。在对统治思想、经典思想、精英思想、社会思潮、民间信仰和大众心态分别进行系统研究的基础上，考察它们之间的相互关系，对全社会普遍意识发展史做出深度分析和系统描写。

二　统治思想与民间政治观念互动的基本形式

统治思想与民间政治观念关系研究的一个重要的思路和特点是：将各种民间的精神现象特别是政治观念作为主要研究对象，在深入剖析这些精神现象的基础上，解读经典思想、精英思想和统治者的思想，进而深化对统治思想、主流文化和全社会普遍意识的认识。

统治思想，即一个社会、一个时代占统治地位的思想。全面研究统治思想必须从统治者的思想、统治集团的思想、官方学说、统治阶级的思想、社会主流文化和社会普遍意识等几个层面入手。以往的研究视野大多有所局限，即使涉及民间的政治观念，也往往将其作为统治思想的社会背景或对立物看待，很少从社会普遍意识的层面审视统治思想。这种研究显然是有所缺失的。

民间政治观念，即民间的、庶民的、大众的政治观念。民间政治观念通常以非官方的面目出现，它与统治思想的关系比较复杂。就内容而言，有的被官方采纳，有的来自官方的灌输，有的获得官方的认可，有的与官方保持一定距离，有的与官方格格不入。就过程而言，民间政治观念与统治思想之间存在着极其复杂的互动关系。

统治思想与民间政治观念互动的基本形式有三种：

第一种形式是自下而上，即民间的许多社会观念、政治诉求和文化资源通过各种途径向统治思想输入。从发生学的角度看，通常大众文化、民间学说在前，统治方略、官方学说在后，统治思想是在不断采择、吸收、加工、整合各种大众文化、民间意识、私家学说的基础上形成与演变的。先秦百家争鸣与秦汉统治思想、宋代理学思潮与元明清统治思想的关系是最有代表性的例证。有时统治者还会直接依恃各种大众信仰实施统治，诸如所谓“神道设教”之类。

第二种形式是自上而下，即统治思想通过各种途径向社会大众输出。一旦某种统治秩序及其统治思想形成，统治者就会借助各种手段向社会大众灌输统治思想。其中最重要的手段是设置制度规范，弘扬官方学说，表彰道德楷模，惩处违规行为。这些手段对民间政治观念的影响极其广泛而又深刻，在一定程度上甚至可以实现统治思想的民俗化。两汉以来儒家社会政治观念的广泛传播是典型事例。在这种情况下,许多大众文化现象实质上承载着统治思想的内容和精义。

第三种形式是上下共享,即在统治思想与民间政治观念长期的互动过程中,产生若干稳定的、共享的社会价值、文化资源,进而形成社会主流文化。与此相关的社会政治观念往往属于全社会普遍意识范畴。在这种情况下,许多思想文化现象既是官方的,又是民间的。诸如“天下有道”的政治期盼、“平均天下”的社会理想、“天地君亲师”等社会权威崇拜以及各种大众社会文化符号等,都属于这一类。

上述历史现象提示人们,国家的与社会的、官方的与民间的、上层的与下层的、精英的与大众的往往存在明显差异,将它们大体区分,分别研究,这种做法是成立的、可行的、必要的。但是,在民间与官方之间,许多思想文化现象往往或同源,或互摄,或共享。有的既不能仅仅依据出自民间而判定非官方,也不能仅仅依据出自官方而判定非民间。有的既是民间的,也是官方的,甚至是全社会共享的。如果这类现象没有研究透彻,那么不仅不能准确地认识根由、共性与本质,也不能深刻地认识来源、个性与特质。

有鉴于此,无论研究一个朝代的统治思想还是研究一种民间政治观念,都必须有广阔的视野,采用多角度、多层次的分析方法。其中统治思想与民间政治观念之间互摄、交叉、结合、共享的部分最值得深入研究。

三　若干研究课题

统治思想和民间政治观念的来源和构成很复杂,它们之间的互动关系也很复杂,因此统治思想和民间政治观念的关系研究可以从不同的角度、不同的层面、不同的对象入手,可供选择的具体课题很多。这里仅列举若干课题,以示其要。

(一)历代统治集团的社会政治思想与各种社会思潮的关系研究

这一课题以各种社会思潮为主要研究对象。社会思潮与统治思想的关系最为直接、最为明显。它们常常互为因果,甚至亦此亦彼。一方面,发端于民间的社会思潮往往是统治思想的重要来源和推动统治思想演变的主要动力之一；另一方面，统治思想对各种社会思潮往往有深刻的影响，许多统治者的政治选择还会为其推波助澜。

社会思潮比某个思想家、某个学派的影响要广泛得多、深刻得多，它们往往会造就主流文化乃至全社会的普遍意识。以春秋战国时期的思想为例，当时的学派虽号称百家，而在政治上可以概括为三大思潮，即法治思潮、礼治思潮和无为而治思潮。就大多数思想家而言，争论的焦点不是要不要法治、礼治和无为而治，而是三种治道与方略以何为主。这就必然在纷纭的争论中，形成若干普遍性的共识。这些共同的政治文化成果是超越学派的。无论某个王朝、某个最高统治者偏爱哪一个学派的政见，统治思想中都会包含礼治、法治、无为而治的内容。

与各种社会思潮相关的研究成果很多，而对于许多社会思潮与统治思想的关系尚缺乏全方位、广视角、多层次的系统研究和深度分析。这里仅以无为而治思潮为实例，探讨深化有关研究的一些思路。

社会思潮的形成与发展往往具有上下互动的特点，无为而治思潮亦然。许多历史记载和相关研究成果提示人们，无为思想有悠久的历史渊源和广泛的社会基础。据现存文献，无为而治的系统理论最早见于《老子》，然而一种高度思辨、相当系统的政治哲学不可能突兀而生，它理应有一个较长的积累、提炼过程。应当指出的是，一种影响广泛的思潮不可能局限于思想家的书斋，它理应植根于深厚的社会大众文化。在这个意义上，作为社会思潮弄潮儿的思想家们更像是一个中介者。许多思想学说是沟通上下、提炼精华、发挥演绎的产物，其基本文化价值的归属很难简单地判定是上层的还是下层的，是官方的还是民间的，是精英的还是大众的。许多相关研究有待深入和改进。

大多数影响广泛的社会思潮具有超越学派、通贯阶层的特征。例如，“无为”就是一个超越学派的命题，中国古代重要的政治思想流派及众多著名政治思想家都有精到的论述。它甚至可能源于某些全社会共享的传统文化资源。许多学者已经指出，无为思想与楚文化有密切关系。在《史记·秦本纪》中，也可以找到与“无为”相关或相似的政论。汉唐以来，为数众多的学派、思想家和政治家论说无为，明清皇家殿堂上也高悬“无为”的匾额。显而易见，无为而治是一个影响广泛的社会思潮，不能简单地判定其学术渊源和学派归属。许多相关研究一遇到“无为”这个概念就简单地与道家挂钩，这是值得商榷的。把这类现象称之为“儒道互补”也是不准确的。

许多重大的社会思潮有极其广泛而又深远的历史影响，无为而治思潮就是其中之一。在研究无为而治思潮的影响时，不宜拘泥“无为”这个特定的概念，而应着眼于基本的哲理、思路和价值。如果用这种眼光去审视历史，就会发现“无为”的社会影响相当广泛，几乎所有重要的思想流派和思想家都以自己的方式阐述过相关的思想。

在中国古代，许多起自民间、学界的社会思潮，与官方虽然有别，而其核心价值却又与统治思想大同小异。这种现象也需要通过研究更广泛的历史资料，做出深度分析。

(二)君主政治体系与各种社会权威崇拜的关系

这一课题以各种社会权威崇拜为主要研究对象。社会权威崇拜大多与社会大众广泛认同的社会观念、政治信仰有关。这类观念和信仰具有大众性和相对稳定性，是任何一个朝代赖以实现其统治的社会心理基础。

社会权威崇拜与君主政治体系的关系极其密切。各种获得官方认可、大众认同的社会权威崇拜属于与古代社会政治权力体系和社会结构相匹配的观念体系。这些社会权威崇拜通常是在传统文化和统治思想的影响下形成的。它们也具有全社会共享的属性。其中“天地君亲师”崇拜最具典型性。

天地君亲师，是中国古代社会五种最重要的绝对权威。分而言之，天地是天人体系中的绝对权威，君是政治体系中的绝对权威，亲是宗族体系中的绝对权威，师是学术体系中的绝对权威。总而言之，天地君亲师又是互拟、互类、互证关系，它们集中代表着各种绝对权威的基本属性和特点。参透了这五个字的来源、意义和作用，也就把握了中国古代权威主义政治文化的真谛。

天地君亲师崇拜的基本文化要素很可能是与文明的曙光一同降临中华大地的。早在以甲骨刻写卜辞，以钟鼎记述铭文的时代，人们就已把天神地祇、祖宗神灵、先王先哲奉为绝对权威而顶礼膜拜了。在春秋战国的百家争鸣中，上帝的权威、帝王的权威、宗法的权威、师长的权威之间就存在着互拟、互类、互证的关系。荀子的“礼三本”说最有代表性。在汉代，董仲舒的“王道三纲”、《白虎通》的“三纲六纪”和《太平经》的“天地君父师”等，进一步发挥了这种思想，并将其散播到社会各阶层。人们普遍认为君、亲、师皆如天，天、父、师皆如君，天、君、师皆如父，天、君、亲皆如师。天命、君命、亲命、师命皆不可违。宋明理学将有关思想抽象为天理，归结为心性，推广于宇宙，散布于人事。于是“天地君亲师”的牌位高踞于每一个家庭的供桌之上，成为社会风俗文化的一道风景线。与这类崇拜相关的社会政治观念显然是一种社会普遍意识。

天地君亲师联为一体的绝对权威崇拜，归根结底，是绝对权威遍布社会各个层次这一现实在观念形态上的体现。在中国古代，与君主制度、等级制度及各种人身依附关系相适应，一切在上者，无论虚拟的天神、地祇、道理，还是实在的君、亲、师，以及嫡、长、夫、主等，都是主宰者。这类权威大多以“君”为文化符号，诸如宇宙的“天君”、国家的“君王”、家庭的“家君”等。这就以帝王权威为核心，构成了一种泛化的君崇拜。泛君崇拜与帝王崇拜互为因果、相互支撑。它是一种更具基础性、普遍性的社会意识。作为一种精神枷锁，它为权威主义的社会政治秩序提供着文化依据。

中国古代社会权威崇拜的来源与类型很多，诸如与宗教信仰有关的佛祖、菩萨、弥勒、玉皇、天尊，与政治理念有关的圣王、圣人、清官。各种社会权威崇拜都是研究统治思想与民间政治观念关系的重要历史材料。

(三)官方意识形态与民众社会理想的关系

这一课题以民众社会理想为主要研究对象。社会理想是社会思想的一种表达方式。各种社会理想是考察思想与社会互动的最重要的研究对象之一。

依据现代学科分类，“政治思想”被划归政治学，“社会思想”被划归社会学。但是，政治思想与社会思想很难截然两分。例如，“大同”理想既可以作为“理想社会模式”写入社会思想史，也可以作为“政治理想”写入政治思想史。古代思想家通常对社会与政治做一体化的思考。“三纲五常”、“天地君亲师”等命题都将哲学思想、政治思想、社会思想冶于一炉。围绕这一类的题目可以写一部“社会政治思想史”。

一般说来，由于社会地位和处境不同，各个阶层的社会理想存在差异，有些内容甚至相互对立。但是，有些内容又可能为全社会所共享。在中国古代，“天下为公”、“平均天下”的若干基本思路就获得普遍认同。形形色色的均平理想是这方面的典型例证。

“平”在中国古代社会政治观念中占有重要的位置。平、均、齐、同大体是同一类概念，人们喜欢以这些字眼论治家、治国。治理家族称“齐家”，治理天下称“平天下”，国家大治则称“天下太平”。论赏罚则言“公平”，论田土则言“均平”，论理想则言“大同”。“平均天下”是理想的政治，“天下太平”是政治的理想。

均平理想的形成有四个重要渠道：一是统治者调整各种社会关系的政治方略。在现存文献中，最先明确提出均、平、齐、同的是统治者。诸如《尚书·洪范》的“王道平平”。二是思想家的相关理论。诸如老子的“损有余而补不足”、孔子的“不患寡而患不均”、庄子的“平均”、《礼运》的“大同”等。三是宗教信仰的理想境界。诸如道教的“万年太平”、佛教的“众生平等”。四是下层民众基于“同恨人间路不平”而凝成的生活向往。在制度化的等级社会结构中，贵贱等级中的贱者、贫富差别中的贫者面临着种种不公正的待遇，向往平、均、齐、同的理想社会是一切贫贱者自发的政治倾向。上述四种不同来源的均平思想互相影响，形成了若干全社会的共识，即理想社会的特征之一是“平”。

形形色色的均平理想是有差别的，然而它们在形式上多有相似之处，在内容上多有共同的成分，又与同样的社会问题相联系，因此往往纠缠在一起，不易区别。例如，《太平经》社会政治观念的基本思路与汉代统治思想大体相似，而许多学术著作却简单地从民间与官方二元对立的角度解释《太平经》的“太平”，认为它鼓吹社会平等、财产共有。这类见解严重背离了《太平经》的基本思维逻辑。只有深入研究官方意识形态与民众社会理想的关系，才能避免这类偏颇之见。

（四）宗教的社会政治观念与主流文化的关系

这类参考课题以宗教的社会政治观念为主要研究对象。宗教信仰以一种特殊的形式体现着广大信徒的社会政治观念、社会权威崇拜和社会理想。许多宗教在社会各阶层都拥有信徒，贯通上层与下层，其社会政治观念应列为研究统治思想与大众心态关系的重要资源。

宗教通常属于与国家权力有别的社会力量。古代统治者对于社会大众信奉的宗教有相背的选择，但也往往予以顺应，加以利用。有的时候他们本人也是虔诚的信奉者，甚至尊某种宗教为国教。以宗教信仰形式存在的社会政治观念必然与统治思想有一个互动的关系。以政治性很强的道教为例，在道教经典中包含着丰富的社会政治思想。这些思想既是社会思潮的产物，又以宗教说教的形式向社会各阶层的信徒灌输、强化特定的价值观念。道教不仅在社会各阶层拥有众多的信徒，还曾在许多朝代被奉为国教，其社会政治观念很值得深入研究。

宗教大多初起于民间，有一个由下层走向上层，再由上层走向下层的历史过程。这个过程的重要内容之一，是宗教的社会政治观念与主流文化的互动。道教在这方面也很典型。道教社会政治思想主流的变化曲线与历代统治思想的变化曲线大体同步。《太平经》的思想与汉代经学有千丝万缕的联系；魏晋唐宋的一批著名道教学者大搞援儒入道；明清一批著名道士力求与宋明理学有所契合等。有些道教著名学者的政治思想甚至可以看成是统治思想的一种宗教化的解释版本。然而我们又不能依据这个现象就断言这些思想只属于社会上层。研究这个现象有助于认识统治思想与各种社会思潮、民间信仰的互动关系，而这方面的研究又恰恰是当前中国政治思想史研究的一个薄弱点。

道教政治思想通常被列入非主流文化。然而种种迹象表明问题并非这么简单，有时甚至可以说它是主流文化的一个部分或一种存在形式。道教经典常常可以以政治教科书的身份登入最高统治者的殿堂，有时还会成为培训科举考试应试者的必读教材，通常又可以影响众多平民信徒的政治意识。在道教政治思想的创造者、宣扬者中，既有帝王将相和思想精英，还有普通道士和草莽英雄。其影响贯通思想和社会的各个层次，不仅同时塑造着“主流文化”与“非主流文化”、“上层文化”与“下层文化”、“雅文化”与“俗文化”，而且可以成为二者之间互动的重要中介。道教社会政治思想及其社会影响的复杂性也为认识思想与社会的复杂关系提供了极好的素材。

（五）钦定的经典思想与大众社会文化符号的关系

这一参考课题以各种大众社会文化符号为主要研究对象。大众社会文化符号是指大众化的、与社会组织形式相关的，特别是与等级、名分、礼仪等关系密切的文化符号。钦定的经典思想与大众社会文化符号之间存在着复杂的互动关系。许多大众社会文化符号被注入了丰富的思想内容，可以被称为“非文本的思想”。有的大众社会文化符号甚至演化成重要的概念、范畴，可以被称为“理论化的文化”。对它们的研究可以深化我们对经典思想的认识。

中国古代统治者和思想家大多重视教化的作用，讲究“人文化成”，即从影响老百姓的日常生活入手，以人伦序列“化成天下”。他们善于演绎经典思想，发挥各种与等级、名分、礼仪相关的文化符号的意义，为纲常名教提供理论依据，为礼乐教化提供通俗的手段。诸如男女、夫妇、父子、君臣之类的“名分”都被注入特定的文化价值。在这个背景下，各种名分、礼仪乃至衣食住行皆有文章，从而形成许多符号性很强的事物或概念。以穿衣着装为例，由于衣着与等级、名分、礼仪密切相关，所以产生了一系列与衣着有关的文化符号，如“衣钵”可以标示传承，“衣冠”可以标示精英，“缙绅”可以标示功名，“衮衣”可以标示君主等。这类现象表明，大众社会文化符号既是社会现象、文化现象，又是思想现象，很值得深入研究。

从现有研究成果看，许多政治思想史的研究者没有将各种大众社会文化符号作为重要研究对象。例如，对于秦始皇发明“皇帝”尊号，许多学者往往单纯从秦始皇的心态、欲望及“皇”字和“帝”字字义的角度予以评说。可是由于没有引入大众社会文化符号这个研究视角，所以对秦始皇帝王意识成因、构成和特点的解读还有待进一步深化。

实际上，君主称谓具有很强的符号属性。从夏之后、商之王、周之天子，到秦之皇帝，历代帝王尊号的更替，生动地记述了中国古代王权观念的发展史。数以百计的君主称谓从不同角度标示着君权的来源与构成。诸如后及君宗、宗子、君父等宗法称谓，负载着家国一体、君父一体的君权观念。王及一人、元首、太上、至尊、民主、人君、政长、辟、万乘、国家、社稷等权势称谓，负载着帝王独尊、王权至上的君权观念。天子及皇、帝、天、龙、凤等神化称谓，负载着君权天赋、帝王神圣的君权观念。皇帝及圣人、君师、君子、大人、宗极等圣化称谓,负载着君主圣明、与道同体的君权观念。皇帝、衮衣、陛下、皇舆、万岁等礼仪称谓,负载着尊君抑臣观念。早在先秦,宗法、权势、神化、圣化、礼仪等五大类君主称谓所标示的君权观念就大体整合在一起。先秦诸子经常将各类君主称谓作为政治概念使用。儒、道、墨、法等思想流派都提出了各自的圣王论。以圣化为主,兼备权势、神化、宗法的君权观念显然很早就是社会普遍政治意识。秦始皇的功劳只是为它找到了一个最佳的文字符号。由此可见,皇帝尊号是在各种君主称谓的基础上,经过意义的不断叠加而形成的。它是社会大众群体性的政治取向与秦始皇个性化的政治选择相结合的产物。

(六)统治思想与各种民间社会文化典型的关系

这一课题以各种民间社会文化典型为主要研究对象。文化典型是一种人格化乃至偶像化的文化现象。其形成的主要特点是在各种类型的历史故事中筛选最具有典型意义的人物,经过人为的文化加工,使之成为某种社会理念的载体,进而衍化成标示某种特定人格典型的文化现象。文化典型依托历史,升华现实,借助范例,树立典范,它们生动形象,亲切感人,很容易获得社会各阶层的信仰。

人格化是文化典型区别于其他文化现象的主要特征。任何一种文化最终都归结为一种人格。在同一社会群体中,多数成员往往具有某些共同的心理特征和性格特征。它是共同的基本经验和生活方式的产物,由特定的社会环境铸模而成。这种群体性人格特质可以被称为社会人格。社会人格包含着许多为社会公认的价值、品格、规范和公德,是社会普遍意识的一种载体和存在形式。一种文化体系总是把与之相适应的社会人格提升为理想人格,把最接近理想人格的人树为全社会的人格典范,甚至将其符号化、偶像化。反之,它总是把反社会人格看成是一种社会病态,并选择乃至制造若干极端化的人物作为相应的文化典型。正反两方面的文化典型在铸模人的灵魂,调节社会生活,建立公共秩序方面有着重大作用。

依据其特点与功能,各种文化典型可以大体分为文化偶像和文化鉴戒两大类。文化偶像是正面的文化典型;文化鉴戒是负面的文化典型。文化偶像以颂扬典范的方式体现着获得广泛认同的理想人格、角色期待和行为模式,而文化鉴戒则以惩戒失范者的方式警示世人。例如，“尧舜”是圣王的代词，属于文化偶像；“桀纣”是暴君的代词，属于文化鉴戒。它们常常相提并论，成对出现，相反相成。

无论文化偶像，还是文化鉴戒，都不是对历史原型的忠实摹写。剪裁历史，增删事实，修饰形象，注入意义，唯其如此，文化典型方堪称文化符号。在这方面，最为典型的莫过于“尧舜”与“桀纣”。作为历史人物，尧舜即唐尧、虞舜；桀纣，即夏桀、商纣。尧舜是盛世之王；桀纣是亡国之君。前者的成功令人艳羡，后者的失败遭到唾骂。正反两方面的经验教训，成为诸子百家论说帝王之道最有力的证据。于是尧舜成为公认的圣君典型，桀纣成为公认的暴君典型。人人言尧舜，个个道桀纣，于是一切褒扬之辞和贬斥之辞分别向两极凝聚。前者成为完善无缺的治者与人格的象征，后者成为一无是处的君主与人格的代称。这就使“尧舜”与“桀纣”在很大程度上背离了历史原型。作为一种文化符号，“尧舜”与“桀纣”都是某类文化典型的抽象。前者可以泛称圣王贤君乃至所有完人；后者则可以加诸独夫民贼乃至各种恶人头上。尧舜，凝集了古代文化的一切理想；桀纣，汇聚了古代文化的一切禁忌。它们以一种背反的极化结构概括着中国古代文化的精义。

文化典型是在特定社会政治结构及相应的社会政治观念中诞生的，因而其构成和特点与之完全相符。例如，在中国古代，帝王是公认的最重要的社会角色，君、臣、民是三个最基本的政治等级，而圣贤主义又是社会文化最突出的特征。与此相应，在一批圣人文化偶像中，圣王偶像数量最多，类型也最完备；圣人偶像明显地分为圣王、圣臣、圣民三大层次。作为一种最重要的文化现象，圣人偶像也是研究各种社会思潮（特别是圣化思潮）、社会权威崇拜（特别是圣王崇拜、圣人崇拜和神圣崇拜）、社会理想（特别是圣王理想、圣贤人格）的重要对象。

文化典型大多具有强烈的道德色彩。各种文化偶像是人格理想、角色模范、行为典范的集合体。中国古代讲究三纲五常、忠孝节义。与此相应，文化偶像都是自觉遵守社会角色规范的道德楷模，且大多以某种具体的社会角色的面目出现，诸如明君、慈父、忠臣、孝子、节妇、义仆等。这类文化偶像几乎遍及各种主要社会角色，可以排成系列，诸如圣王偶像尧舜、圣臣偶像周公、圣贤偶像孔子、贤相偶像诸葛亮、清官偶像包拯、忠义偶像关公、义仆偶像李善以及二十四孝等孝子偶像。它们实质上是获得社会普遍认同的各种角色规范、角色期待的人格化的文化符号。

在中国古代，许多文化偶像获得全社会的崇拜和敬仰，对人们的精神世界有深刻的影响。其中关公偶像最为典型。武圣关帝不是思想家，且与历史原型有很大距离，然而附加在这个文化偶像身上的忠义价值及各种文化意义，却深刻影响着人们的思想，特别是广大“愚夫愚妇”的政治观念和道德理念。这类文化典型为全社会所共享，贯通上层与下层、官方与民间、精英与常人。越是获得官方推崇、民众敬仰的文化偶像，越具有普遍意义。

各种文化典型的形成都经历了自下而上、自上而下的互动过程。有多种文化因素参与了这个复杂的演变过程。例如，关公偶像的原型是蜀汉的败军之将。关羽横死，遂被一方民众作为冤魂厉鬼而顶礼膜拜。后来僧人借用民众信仰使之成为佛教护法神。儒家又将其收归门下，树立起手捧《春秋》、恪守忠义的模范。在民众崇拜、帝王敕封和某些行业添加意义等各种因素作用下，关公不仅作为武圣而与文圣孔子平起平坐，还被说成是协天大帝、伏魔大帝、武财神，从而获得广泛的信仰。在关公形象演变过程中，各种宗教信仰、民间政治观念、经典思想、官方学说和统治者的意志都起了重要的作用。在不同社会群体中，对这个偶像的文化意义的理解也有异有同，有取有舍。其他文化偶像的形成与意义也有类似的情形。因此，有必要从统治思想与民间政治观念关系的角度，对其成因、内涵、主旨、功能、影响以及不同社会群体取舍与解读的异同等做深入系统的研究。

此外，相关的研究课题还有很多，如统治思想、经典思想与各种蒙书、劝善书和职业性行规的社会意识的关系。各种蒙书、劝善书，诸如《三字经》《弟子规》等，大多是经典思想的通俗解读本，在统治思想、经典思想和精英思想大众化、民俗化的过程中发挥着重要的作用。这类研究也有助于认识中国古代的价值体系。

从思想史学科的角度看，深入研究统治思想与民间政治观念的关系，是为了更全面、更准确、更具体地解读官方意识形态以及相关的经典思想、精英思想。它不仅没有背离思想史研究的宗旨和目的，而且扩充了思想史研究的领域、资源、对象和视野。有关的探索既可以弥补以往的思想史研究的明显缺失，又可以为丰富思想史的研究方法、改进思想史的研究范式开辟新的途径。

第八章　若干重要政治思想现象研究的方法示范

论中国古代的亦主亦奴社会人格

本文发表在《南开学报(哲学社会科学版)》八十周年校庆专刊(1999年10月),其内容是我即将出版发行的学术专著《亦主亦奴:中国古代官僚的社会人格》(浙江人民出版社,2000年1月;台湾星定时文化出版公司,2002年)的核心论点及其简要论证。专著及论文都是我独立完成的。

《亦主亦奴:中国古代官僚的社会人格》一书动笔于1988年。当时河南人民出版社请刘泽华先生组织一套丛书,官僚意识和臣民心态是选题之一。我承担了这个选题,设定的书名是《争臣·奴才·隐逸》,写作提纲共分九章,每章各五节。基本论点是:一般说来,中国古代官僚群体具有共同的政治心理结构,奴才意识、诤臣意识和隐逸意识同蕴于每一位臣民的心中。1989年写成六章,因故停笔,搁置数年。1994年续成全稿,出版社因人事变动而违约,《奴才·诤臣·隐逸》一书未能面世。又过数年后,应浙江人民出版社之约,刘先生主编"中国政治文化丛书"。于是我以《奴才·诤臣·隐逸》一书第三章的名称"官僚角色与主奴意识的泛化"为主题,重新组织和扩充书稿,重点分析官僚群体的"主奴综合意识",设定书名为《亦主亦奴:中国古代官僚的社会人格》,1998年交稿,2000年1月出版。研究结论是:一般说来,在中国古代社会,主奴综合意识寄寓在每一个成年的社会个体的灵魂深处,上至帝王,下至奴婢,概莫能外。在中国古代社会，专制制度不仅是一种社会结构、政治体制，而且是一种社会理想、文化秩序，这就注定了亦主亦奴是最具普遍意义的社会人格。

我的学术见解获得刘先生的高度认可。征得我的同意后，由他单独署名在《南开学报(哲学社会科学版)》发表《论中国古代的亦主亦奴社会人格》一文，以便纳入他的论文集《中国的王权主义》(上海人民出版社，2000 年)，这样可以充实他的论证体系。在包括《中国的王权主义》在内的一批著作中，刘先生均注明《论中国古代的亦主亦奴社会人格》一文是与我合作的。

许多赞扬者，包括刘先生在内，认为提出“亦主亦奴社会人格”是重要的学术贡献。这里必须强调的是：我始终不同意这种观点。严格的讲，我的学术贡献不是提出了具有原创性的命题，而是更系统地论证了一个前人提出的命题，并得出更具普遍意义的学术判断，还使用了可读性很强的写作方法。

实际上，“亦主亦奴社会人格”是“主奴根性”的改写。大约是 1988 年，我在浏览《新华文摘》的时候，读到文学界一次学术会议综述中提到的“主奴根性”一词。在我的印象中，“主奴根性”一词产生于新文化运动，国民性问题是当时的一个热点话题。当时我正在思考帝王观念和臣民心态问题，映入眼帘的“主奴根性”启发了我，当即决定用“亦主亦奴”概括中国古代的臣民心态。“社会人格”是社会心理学的一个学术概念，我最初是在《今晚报》刊登的一篇姓潘的社会心理学家的短文中获得相关知识的，随之又阅读了一批社会心理学的专著。具有普遍意义的“主奴根性”是一种社会人格，于是我将“主奴根性”改换成“亦主亦奴社会人格”。一些信奉西方政治学的学者认为政治文化是指价值、意识、心态层面的现象，不是指哲学、理论、思想层面的现象。我并不赞成这种狭隘的学术观点，而为了避免不必要的争议，我使用了“主奴意识”、“主奴综合意识”和“主奴综合症”的提法。由此可见，“亦主亦奴社会人格”及“主奴综合意识”和“主奴综合症”是都是“主奴根性”一词的同义词，提出并论说“主奴根性”也是很早便有的事，我不能贪天之功，掠人之美，仅仅因改换了提法，便宣称是我的原创。在我看来，正确评估自己的学术贡献既是一种极其重要的学术方法，也是一种重要的学术伦理。

社会人格，是指一定社会群体共同的人格特质。它是由社会环境铸模而成的，是一定社会群体共同生活方式和基本经验的产物，是人们将社会的文化的规范与要求内化于心的结果，埋藏在个体人格的深处。由于社会人格包含着许多为社会公认的精神品格、行为规范和道德信条，因此，它属于典型的"文化的主观方面"。社会人格既是社会形态和文化体系的产物，又是社会形态的一种存在形式和文化体系的一种载体，因而在维护公共秩序、调节人际互动方面发挥着重要的作用。本文所说的亦主亦奴人格是中国古代社会人格中最重要且最具普遍意义的一种。

一 "官僚"的主奴综合性格

一般说来，帝王、官僚、庶民构成中国古代三大社会政治等级。官僚介于帝王与庶民之间，是主与奴、贵与贱统于一体的典型。相对于君，他们是下，是奴，是臣子；相对于民，他们是上，是主，是父母。他们出则舆马，入则高堂，一呼百诺，权势炙手，但在君主和长官面前则必须俯首帖耳，惟命是从。其实"官僚"称谓本身就生动刻画出这种政治角色的双重地位。

在中国古代，官僚既有官、管之称，又有僚、宦之称。"官"，本义为官府、官衙，引申为官吏，是权力者、管理者的称谓。《广雅·释诂》："官……君也。"[①]官，是一种君主称谓。官又多用为天子以下一切国家公职人员的泛称。如《礼记正义·王制》孔颖达疏："其诸侯以下，及三公至士，总而言之，皆谓之官。官者，管也。"[②]官是权贵，是主子。而作为君之从属的官又被称为"僚"、"宦"。如为官称"为宦"，官场称"宦海"，仕途称"宦途"。称官为僚、君僚、僚属的例子则更为常见。故官又称"官宦"、"官僚"。然而推其本义，宦与僚原本皆为奴仆之称。"宦"即家奴。甲骨文中的"宦"字是房屋下臣隶仆妾的象形。"僚"又作"寮"，最初也是仆隶、属下之称。《诗·大东》"百僚是试"之僚是指操劳杂务的奴仆。《左传》将人分为十等，其中"隶臣僚，

① 张揖：《广雅》卷1，第1页。

② 《礼记·王制》，郑玄注、孔颖达疏：《礼记正义》卷11，第388页。

僚臣仆”，僚的地位极其卑贱。《说文》：“官，吏事君也……犹众也。”[①]官形同君之众仆、属下，故僚亦可用于称呼官、官署。如毛公鼎、令彝等有“卿事寮”、“大史寮”等，指君主属下的大官。从历史过程看，将官与僚结合在一起，是君主制度的产物。在中央集权政体形成过程中，君主将家相、群僚提升为官，大量使用身份卑贱者为公卿将相，又将诸侯、卿大夫贬抑为僚属，使之成为官僚制度中的臣。这就造就了官僚，造就了亦主亦奴、亦贵亦贱的群体。“官”与“僚”从此粘连一体，成为这一群体的文化标识。

作为文化符号，“官僚”一词既形象，又贴切。它准确地揭示着官僚群体的实际地位和人格特征。官，本为君之称，后来一直用于称呼拥有政治权势的支配者；僚，本是奴之称，后来一直用于称呼处于从属地位的被支配者。官与僚连缀在一起，就使官长与僚属、支配者与被支配者这两类文化意义复合于一体。这一称谓的内涵是：亦君亦臣、亦上亦下、亦主亦奴。

官僚的地位、角色、规范、称谓共同铸就了这一群体的精神世界，亦主亦奴成为官僚群体普遍的人格模式。这里着重看一看宰相意识和宦官意识的主要特点。宰相与宦官处于等级式职官体系的最高层和最低层，因而最具典型性。

宦官的主奴综合意识可以概括为八个字：身为下贱，口含天宪。宦官是地地道道的皇室家奴。大多数宦官终身从事贱役，无权无势，任凭驱使责罚。然而权力塔尖上的奴仆毕竟有与众不同之处。内宦多有官职品阶，他们肩扛着官的头衔，故称之为“宦官”。这一群体历来不乏位高秩重者，有的甚至出将入相、封侯。宦官的奴才意识显而易见，大凡贱奴、劣奴的种种心态多可以在这个群体中找到。这里着重揭示这一群体的主子意识。

宦官既是帝王的贱奴，又是帝王的鹰犬。他们一旦获得帝王的宠幸，便“窃持国柄，手握工爵，口含天宪”[②]。其权势重者竟能使宰相公卿、封疆大吏敬之畏之，歌之颂之，甚至拜倒在他们脚下，自称门生、义子，尊之为“九千九百岁”。专权的宦官以一种极端的形式展示

---

① 《说文解字·自部》，段玉裁：《说文解字注》卷27第14篇上，第730页。

② 《后汉书》卷43《朱穆传》，第992页。

着骄横、酷虐、野蛮的主子意识。他们弄权朝堂，仗势欺人，巧取豪夺，骄奢淫逸，“举动回山海，呼吸变霜露。阿旨曲求，则光宠三族；直情忤意，则参夷五宗”[①]。这类角色许多朝代都曾大批涌现，明代的魏忠贤最为典型。“口含天宪”的宦官与仗势欺人的豪奴属于同一类，而其主子是帝王，故为害尤为酷烈。

帝王是主子的极致，而权阉主子意识的极致却表现为凌驾于帝王之上。他们竟然奴恶欺主，玩帝王于股掌之中。齐国的竖刁幽闭齐桓公，使一代霸主饿死宫中。秦朝的赵高公然在朝堂之上“指鹿为马”，愚弄皇帝，欺压公卿，终将秦二世置于死地。汉唐一批权阉擅废立，作威作福。李辅国拥立唐代宗，竟欲代行君权，对代宗说：“大家但内里坐，外事听老奴处置。”[②]鱼朝恩公然威逼皇帝，政令不合己意便大怒称：“天下事有不由我者邪！”[③]欲以家奴、宠臣之身凌驾于天下之心溢于言表。杨复恭拥立昭宗，以“定策国老”自居，把天子视为“门生”[④]。明代群阉更为嚣张，魏忠贤号称“九千岁”，其甚者竟有谋夺帝位之心。

宦而为官，官而为宦。宦官角色主与奴双兼，甚至以家奴之身而行无冕君王之实，令至尊的皇帝自叹受制于家奴。这就集至卑与至尊于一体。“宦官”意识与“官宦”意识相通、相同。

宰相的主奴综合意识也可以概括为八个字，即“一人之下，万人之上”。宰相号称“百官之长”。“宰相门子七品官”的俗语，以及历代权相专横跋扈的故事，集中体现着这批人的主子地位、主子权势和主子气焰。然而“一人之下”又注定他们在帝王面前可怜得很。这里着重揭示宰相群体的奴才意识。

古代文献谓“宰相”“燮理阴阳”，“辅相君王”，“宰制万端”。然而“宰”与“相”最初都是卑职。《说文·宀部》：“宰，罪人在屋下执事者。”[⑤]这本是家奴或家奴总管的称谓。后来，宰相又被称为“司徒”、“司空”、“司马”等，而它们本也是为主人服役的卑微家臣的头衔。后

---

① 《后汉书》卷 78《宦者列传》，第 1695 页。

② 《旧唐书》卷 184《宦官传》，第 3240 页。

③ 《资治通鉴》卷 224《唐纪四十》代宗大历五年春正月条，第 7210 页。

④ 《新唐书》卷 108《宦者传》，《二十四史》简体字本，中华书局，2000 年，第 4498 页。

⑤ 《说文解字·木部》，段玉裁：《说文解字注》卷 14 第 7 篇注下，第 340 页。

来又称“尚书”、“侍中”、“仆射”等，寻根溯源，当初也都是卑微小臣的称谓。即使作为最高文官头衔的太师、太傅、太保，最初也只是王者或储君的保姆的称谓。宰相仍属臣的范畴。君之相犹如家之宰，国之百官总长犹如家之奴仆总管。宰相之所以权势炙手，是因为其主子非同寻常，乃普天之下的至上君王。所谓“百官之长”其实不过是幕僚长。就连这些位居人上的权贵们也必须头顶着卑微的冠冕，匍伏在帝王脚下，俯首称“臣”，甚至自称“奴仆”、“奴才”。这就以极端的形式展示着古代官僚尊与卑、主与奴双涵的角色、规范和人格。

或许许多人忘记了“宰相”等称谓的本义。然而他们直面这类权贵时，仍能准确无误地指出：贵为宰相亦不过是君之奴耳！《续玄怪录》有一则故事。这则故事的主人公是唐卫国公李靖。据说他年轻时曾帮助过一位神龙夫人。为了答谢李靖，神龙夫人召来两个家奴，“一奴从东廊出，仪貌和悦，怡怡然。一奴从西廊出，愤气勃然，拗怒而立”。她对李靖说：“山居无物，有二奴奉赠。总取亦可，取一亦可，唯意所择。”李靖选取了“拗怒而立”者。后来李靖“以兵权静寇难，功盖天下而终不及于相”。故事记述者认为，两奴分别象征相与将。将相虽位极人臣，而毕竟仍属臣仆范畴，“所以言奴者，亦臣下之象”①。其实在古代政论中，以“臣”、“下”、“仆”界定宰相确属常见。人们普遍认同这一政治定位和文化定位，宰相们亦不例外。宰相们的臣属意识是奴才意识的一种表现形式。

奴才意识在“奸相”们的身上以一种极其丑恶的形式外显。依据传统观念，奸相属于“小人得志”。他们有的颇有几分智略，善于先意逢君，献媚取宠，秦相赵高、唐相李林甫属此类典型；有的平庸卑劣，“无他才略，唯一意媚上”②，宋相蔡京、明相严嵩属于此类典型；有的更为卑劣，专以阿比权臣、谄谀宦官为能事，甚至认权阉为父祖师长，甘作奴才的奴才，明代首辅顾秉谦是此类典型。这类奸相与“佞幸”无异，道德人格无足称道，政治品质极其恶劣，且集主子意识之恶与奴才意识之恶于一身。

奴才意识在多数宰相身上以一种卑顺、平庸、苟且的形式外显。

---

① 牛僧孺、李复言：《玄怪录 续玄怪录》，浙江古籍出版社，1999年，第217页。

② 《明史》卷308《奸臣传·严嵩传》，第5300页。

汉武帝的丞相石庆最为典型。这个人靠着恭谨卑顺的世传家风而位极人臣。在任太仆时，一次他为武帝驾车出行，武帝问：车上套了几匹马？御驾六马，一目了然，可是石庆还要一、二、三、四地数一遍，才敢报告皇帝，可谓恭谨有加。位居丞相之后，他在政治上毫无建树，"在位九岁，无能有所匡言"，故"君子讥之，为其近于佞也"[①]。多数宰相有类似的意识和行为。《明史》记载了一批首辅、阁老的言与行，史家对他们的评价是："外畏清议，内固恩宠，依阿自守，掩饰取名，弼谐无闻，循默避事。"[②]这类史评在历代宰相传记中实属常见。人们为这类"太平宰相"起的绰号也很说明问题：唐代的杨再思人称"两脚狐"、苏味道人称"模棱手"；宋代的王珪人称"三旨宰相"、李邦彦称"浪子宰相"；明代的夏言等人称"青词宰相"；清代的曹振镛人称"琉璃球"。这类绰号勾画出宰相们一幅幅委琐的图像，他们实为奴在心者。

奴才意识在贤相身上多以忠臣的形式外显。贤相上忧其君，下忧其民，有所匡助，有所建树，其人格与功业都有令人称道之处。然而他们都是将臣道规范内化于心中的人。他们认同君尊臣卑、君主臣从，自我归属于下僚、贱类，在君主面前自称"待罪宰相"[③]，任凭帝王驱使责罚。他们认同名分观念和忠孝规范，尽心所事，忠诚不贰，愿为君之"耳目"、"股肱"，甚至自比为"犬马"、"爪牙"。这种依附性政治意识只能归属于奴才意识。

宰相的奴才意识是专制主义政治法则和文化观念共同铸模而成的。这种法则与文化注定就连"一人之下"的权贵也必须恪守臣道。他们必须有奴性，才能安稳地待在这尊荣者的领地。他们必须有奴性，才能从帝王那里分享权与利，而对他人颐指气使。他们必须有奴性，才能辅佐君王而建功立业。在这一点上，宰相与宦官的境遇并没有太大的差别。不能始终顺应这种法则与文化的人，很难循着权力的阶梯上行。志为忠臣良相的却极易从权力的高塔上跌落。因此，跻身高官显贵的臣子们，尽管其中不乏贤良才能之士，却又不能不自

① 《史记》卷103《万石张叔列传》，第2136页。

② 《明史》卷218《申时行王锡爵沈一贯方从哲沈潅传》，第3845页。

③ 《史记》卷56《陈丞相世家》，第1644页。

居卑贱，自甘平庸，自称罪过，不能不认作奴才。一旦无才无德或有才无德的人靠着奴才之身与奴才之心登上高位，一位兼备奴才之恶与主子之恶的奸佞、恩幸便应运而生了。这就是专制主义秩序与文化为包括宰相在内的官僚群体所注定的宿命。

类似的地位与心态在官僚群体的各个层次中都可以发现。如地方官中普遍存在"为一人分忧，为万民作主"的心态。前者是一种臣属意识，后者是一种主宰意识，两种地位与意识共时性地寓于一体。小小县令，称其卑则云"七品芝麻官"，道其尊则说"灭门县令"。"拜迎官长心欲碎，鞭挞黎庶令人悲。"唐代著名诗人高适《封丘作》中的这两句诗，揭示了八品县尉的卑与尊及由此而产生的矛盾心态和精神苦闷。

官僚、官宦的本质是奴仆，故主奴意识的根本是奴性。这一点体现在官僚称谓上就是这批权贵统称为"臣"。《说文解字・臣部》："臣……象屈服之形。"[①]以仆役之"臣"，界定君、臣、民之"臣"，这是对官僚地位、角色、规范、人格的最具根本意义的文化界定。有权有势，又位居属僚，扮饰奴才，恪守臣道，这就是官僚。

二　主奴综合意识的社会根源和文化根源

如果把视野进一步拓展开来，就会发现以奴为本、亦主亦奴的地位与人格特征具有更为普遍的意义，它并不局限于官僚群体内。尽人皆奴的社会结构和泛化的绝对权威崇拜是亦主亦奴人格的社会根源和文化根源。

中国古代社会结构属于"权力—依附"型结构。这种结构广泛存在于社会生活的各个层面。在生产关系上，生产资料占有者与生产者之间有绝对的（主人与奴隶）或较强的（主人与部曲，主户与客户）隶属关系。人与人之间的经济关系是主奴或近乎主奴的关系。在政治关系上，帝王、官僚、庶民之间等级分明，君支配臣，臣支配民。官僚队伍内部也等级分明，形成上对下的支配、下对上的依附。在宗法关系上，大宗与小宗、父家长与其他家庭成员以及长辈与晚辈、兄与弟、夫与妻、嫡与庶，都属于支配与被支配关系。其中父与子的隶属

---

① 《说文解字・臣部》，段玉裁：《说文解字注》卷6第3篇注下，第118页。

关系更具绝对性。在其他各种社会关系中，类似的“权力—依附”关系普遍存在。如师与徒之间犹如君与臣、父与子。总之，几乎一切人与人之间的纵向关系都有明确的序位，并依序位构成“权力—依附”式的等级关系。这就使除帝王以外的一切社会角色都在不同程度上具有“奴”的属性。“尽人皆奴”是生产关系、社会关系、政治关系及相应的文化观念所共同构建的社会现实。

与普遍化的“权力—依附”型社会结构相适应的，是普遍化的绝对权威崇拜。中国古代社会权威崇拜的特点是：几乎一切社会权威，无论虚拟的还是实在的，都被视为绝对权威，即具有较强的支配性、强制性和不可违逆性；每一种权威总是由一个未经民主程序认定的个体来体现，并尊之为绝对主宰；为了维护这类权威，总是力图剥夺服从者的人格独立乃至一切权利和自由；权威者与服从者的关系实质是人身依附关系，即主奴关系。这类权威又大多染以神圣的油彩，以致成为全社会的信仰。

例如：“天地君亲师”，这是中国古代五种最重要的社会权威。分而言之，它们分别代表不同体系、不同关系中的绝对权威。天地是天人体系中的绝对权威。无论将其视为天神、地祇，还是将其视为义理、自然，人们总是奉“天经地义”为一切事物的终极依据，甚至认为普天之下，万类万物，皆为天地之子女、臣民，就连人世间至尊至贵至圣至明的帝王也必须对天地称臣。君是政治体系中的绝对权威。人们大多认同“君命无贰”、“君要臣死，臣不敢不死”的道德律条。许多仁人志士主张“以道事君”、“格君心之非”，主张作诤谏辅拂之臣，甚至主张对无道之君实行“革命”。这一切虽为统治思想和主流文化所认可，然而“君臣之义”又是凛然不可犯的，“君有不明，臣不可以不忠。岂有君可叛者乎？”[①]亲是家族体系中的绝对权威。在观念上，父母对子女的支配最具绝对性。孔孟大儒以“无违”概括孝道。他们虽然也倡导子谏父，然而必须谏而“不暴父恶”，必须“谏而不听，号泣而随之”[②]，父要子死，子不敢不死，小杖则必须受之，充其量允许“大

① 黎靖德编：《朱子语类》卷79《尚书二·西伯戡黎》，第2038页。

② 《礼记·曲礼下》，郑玄注、孔颖达疏：《礼记正义》卷5，第175页。

杖走”[1]。总之，“事亲有隐而无犯”[2]。师是学术体系的绝对权威。“师长，君臣之纪也”[3]。师的权威属性类同于君臣、父子。天地君亲师的绝对权威还受到法律的保护。据说孔夫子有言：“五刑之属三千，而罪莫大于不孝。要君者无上，非圣人者无法，非孝者无亲，此大乱之道也。”[4]总而言之，天地君亲师都是“君”，五者之间是互拟、互类、互证关系，它们集中代表着各种绝对权威的基本属性和特点。

天地君亲师崇拜的实质是一种泛化的君崇拜。在古代文献中不乏“天，君也”、“父，君也”、“师，君也”之类的说法与注疏。此外，在三纲、五伦、六纪中还有许多类似的“君”。如三纲中的夫与妇、五伦中的兄与弟、六纪中的长与幼，都被认为具有君臣、父子属性。对此，《白虎通》等有详细的论述，其基本思路为历代大儒所继承，并获得全社会的广泛认同。这就是说，一切居尊居长者都是“君”，一切居卑居幼者都是“臣”。因此，在宗教中，天是百神之大君，“天道”亦可称“帝”。在政治上，天子为君宗、大君，诸侯为邦君、国君，卿大夫为封君，某些长官为使君、郡君、府君。在家庭中，子女称父母为严君、君父，媳妇称公婆为君，妻妾称丈夫为君子、夫君、君父，偏妾称嫡妇为君。在学校中，学生事师长如君父。在观念上，位高德重堪为治者则称为“君子”。一切权力者都被赋予君的属性，这就形成了一种泛化的君崇拜。天地君亲师及其他形形色色的绝对权威，分而言之，各有其分野、领域；总而言之，又互相比附，连为一体。这就织就了一张遍布天人体系、政治体系、宗法体系、学术体系的绝对权威支配之网。无论人们处在哪一个体系中，都将面临一个似曾相识的无上权威。这个权威大网又有梯级配置。人们在学尊师，在家尊亲，在国尊君，在天下尊天地。天至高无上，然而毕竟是虚拟的。因此，这张绝对权威大网的核心和真正支配者是政治之君。人们称君主为“天子”、“帝王”、“君父”、“君师”，将各种权威属性奉献给他。政治之君在观念上是至上的，但在实际上却难真正支配一切，因而必须借重天地、神圣、

---

① 李昉：《太平御览》卷518《宗亲部·子》，中华书局，1960年，第2355页。

② 《礼记·檀弓上》，郑玄注、孔颖达疏：《礼记正义》卷6，第196页。

③ 《白虎通·三纲六纪》，陈立：《白虎通疏证》卷8，第375页。

④ 《孝经·五刑章》，李隆基注、邢昺疏：《孝经注疏》卷6，第47—48页。

父母、师长及其他各种类君角色。君主居于社会政治体系之巅，兼握天地君亲师，而其他各种权威崇拜的最终导向是君权崇拜。因此，君主才是名副其实的至上权威。

泛化的君崇拜为一切等级的上下关系都注入了支配与被支配的属性，使人与人之间的关系大多类似于主子与奴仆的关系。

应当指出的是，在中国古代文化观念中，君臣、父子、夫妇、师徒等都有“义交”的成分，即所谓“道义之交”、“朋友之道”。于是又有相对性的要求，如君礼臣忠，父慈子孝等。这又为在下者提供了人际互动中的某些变通，如君臣相正，诤谏君父。这类观念不是对绝对权威的否定，而是为维护绝对权威而设；它包含着能动的调整成分，具有现实性、合理性，却从不具有彻底否定君、父、夫、师的支配权的意义。

尽人皆奴的社会结构和泛化的绝对权威崇拜，把各种社会角色明确分为两大类：主子与奴仆。前者有男、夫、父、长、兄、主、上、君等；后者有女、妇、子、弟、奴、下、臣等。古代人又分别将两大类角色概括为阳与阴。阳又称乾，属天道；阴又称坤，属地道。阳尊阴卑、阳主阴从、阳刚阴柔、阳完善阴缺损……总之，居阳者永远支配居阴者，居阴者永远是被动者。阴居阳上，不能待倡而和，则属反常，属悖戾。

尽人皆奴和泛君崇拜铸就了遍布社会的奴性，同时也就铸就了遍布社会的主性。道理很简单：层层为奴必定层层为主，其分别只在上下之间，即凡相对居上者皆为主，相对居下者皆为奴。上与下皆相对而言，凡是处于等级金字塔中间的人必然亦上亦下，亦主亦奴。当一个人既作他人的奴仆，又作另外一批人的主子时，他就必然兼备主奴两种角色与相应的精神。由主奴双重地位、规范铸模成的人格特质，就是主奴综合意识，亦可称之为亦主亦奴人格。

三　主奴意识的泛化

庶民百姓、部曲奴婢是否有主子意识？皇帝老子是否有奴才意识？答案是：一般说来，在中国古代社会，主奴综合意识寄寓在每一个成年社会个体的灵魂深处，上至帝王，下至奴婢，概莫能外。

在中国古代社会，几乎一切社会个体都会历时性或共时性兼备主奴双重角色。主要原因有以下几点：

其一，金字塔式的社会政治等级结构注定除位于塔尖的帝王和塔底的奴婢、贱民以外，绝大多数人处于中间阶层，他们往往身兼上与下、尊与卑、主与奴双重角色。这一事实显而易见，故不赘述。

其二，角色转换注定大多数社会个体，包括帝王与奴婢在内，都可能历时性地兼备主奴两角色。“多年大道熬成河，多年媳妇熬成婆。”生命历程和社会经历总会使许多人发生角色转换，或化主为奴，或化奴为主。中国古代等级制度的多元性和成员的流动性更使角色转换，特别是政治角色的转换成为一种很常见的现象。在家庭中，子孙变成父祖、媳妇熬成婆婆、卑幼跻身尊长、偏妾扶为正室等；在社会中，徒弟熬成师傅、佃户变成东家等；在政治上，庶民变成官僚、僚属升迁官长、大官贬为小官、权贵沦为刑徒等，这些都属正常的转化或常见的现象。俗语说“十年财东轮流坐”，“朝为田舍郎，暮登天子堂”，“皇帝轮流坐，何时到我家”。总之，“一朝权在手，便把令来行”，除夭折者外，一生不发生角色转变的几乎找不到。

其三，角色丛使社会中的很多人同时兼备主奴两种角色。在日常生活中，他们一会儿遵行主子规范，一会儿恪守奴才规范，两种角色与意识共时性兼备于一身。角色丛，是指一个个体同时所承担的角色的总和。在实际生活中，大多数个体都是各种社会身份复合于一体，兼具主奴。如既是父，又是子，既是上，又是下。还有这样一种情况：某些个体身为奴才却得以行主子之威。如许多权势者的“豪奴”倚仗主子的权势欺压良善，甚至在某些官员面前也趾高气扬，专横跋扈。这种现象表明，亦主亦奴人格的形成是整个社会环境培育的结果。学习做奴才，也就习得了如何像主子一样行事；反之亦然。因此在相当频繁的角色转换中，大部分人相当顺畅自然，亦不需要修习新角色的规范，其原因就在于此。当然，两种角色兼备具有强化主奴综合意识的作用，因为这会使人们对两种角色与规范都有切身的体验。

上述几种情况综合在一起，必然使亦主亦奴具有普遍意义。

或问：帝王有主奴综合意识吗？我们的回答是肯定的。从历史材料看，除少数夭亡的童稚皇帝外，所有的帝王都有奴才意识，其来源大体有三个途经：一是角色转换与角色丛，二是文化体系对帝王的特殊要求，三是权力法则对帝王的支配作用。

首先，一切帝王都经历过由臣而君的过程，他们曾经为子为臣并遵守忠孝规范。开国之君都有长期为臣为民的经历。世及之君也要经历为子为臣的阶段。他们与先皇是父子、君臣的双重关系。储君的启蒙教育是学习臣子规范，所谓“知为臣，然后可以为君；知为子，然后可以为父也”[①]。父皇对他们的教诲是：“为臣贵于尽忠，亏之者有罚；为子在于行孝，违之者必诛。”[②]许多嗣君在即位前所蒙受的苦难和屈辱并不比普通臣民少。

其次，传统思想文化专门为帝王设置了一套特殊的臣子规范，主要有三条：其一曰事天如君，其二曰天子之孝，其三曰以师臣为父。在观念上，天帝至上，主宰一切。君为天子，必须父天母地，对天俯首称臣。天子不仅要孝敬天地、祖宗、父母，而且要“父事三老，兄事五更”[③]，如此才能感天动地，垂范臣民，“以孝治天下”。帝王还要尊崇师臣，“事师之犹事父”[④]。在现实中，许多帝王未必认真遵守这些规范，然而这些规范写入君道，又获得公众赞同，它们对帝王的人格还是有一定影响的。再次，权力法则常常迫使一些帝王面对强权而卑躬屈膝，身心形同臣仆。如汉代一批傀儡皇帝受制于母后、外戚、权臣。他们在称尊享御时，更像一个摆设，在受制于人时，无异于臣仆。许多大权在握的皇帝也有类似的境遇。唐文宗哀叹受制于家奴，后晋高祖愿为儿皇帝，宋高宗甘为大金之臣，都是典型事例。这类帝王的政治意识中不可能只有惟我独尊，而无卑微心态。

上述事实表明，帝王也有主奴综合意识。至尊尚且有奴性，等而下之者还能例外吗？

在任何一种社会形态中，一种广泛适用的规范必然被视为理所当然，一种普遍具备的人格必然被理想化。这种规范和人格又必将被抽象为一般法则和最高典范。在中国古代，最能体现文化的一般性的是“圣人”。圣人能够超然于社会的、文化的、人格的亦主亦奴的罗网之外吗？当然不可能。

---

① 《抱朴子·崇教》，杨明照校笺：《抱朴子外篇校笺》卷 4，中华书局，1991 年，第 151 页。

② 《旧唐书》卷 76《太宗诸子·李泰传》，第 1794 页。

③ 《春秋公羊传·桓公四年》何休注，何休解诂、徐彦疏：《春秋公羊传注疏》卷 4，第 95 页。

④ 《吕氏春秋》卷 4《孟夏纪·劝学》，第 37 页。

四 圣人:理想化的亦主亦奴人格

何谓圣人?诸子异说,而异中有同:圣人人格是理想人格,这种人格具有原生性、自然性、完善性、彻底性。儒家所说的圣人大体有二大类:一类是历史上的人格典范,如周文王和孔子。另一类是文化体系的人格理想。人格理想是人格典范的抽象,人格典范是人格理想的范例。现实中的"圣人"与文化化的"圣人"是一种互证关系,有时很难将其分开。圣人无论被描述得如何神妙,毕竟植根于那个时代、那个社会,并凝集着生活于那个社会结构和文化环境的群体的理想。作为尽人皆奴社会结构所需要的人格典范,中国古代主流文化体系,特别是儒家文化体系中的圣人,正是亦主亦奴社会人格的最高抽象。

被儒家奉为圣人的历史人物依据其政治身份可分为圣王与圣臣。

最为儒家推崇的圣王当数尧、舜、周文王。他们都被奉为最理想的王,自然也是为主者的人格典范。然而妙就妙在圣王之所以为圣,是由于他们又是奴才人格的最优载体。孟子说:"圣人,人伦之至也。欲为君尽君道,欲为臣尽臣道,二者皆法尧舜而已矣。"[①]他又说:"尧舜之道,孝弟而已矣。"[②]这就是说,孝悌为人伦之本、圣道之至,圣王之为圣,首先是因为他们是为子为臣的模范。儒家编造的尧舜故事也堪为这一认识的注脚。在他们看来,舜兼备民的模范、臣的模范、子的模范、兄的模范、夫的模范、君的模范、父的模范于一身。周文王最受孔孟之徒赞美,其最优之处就在于"三分天下有其二,以服事殷。周之德,其可谓至德也已矣"[③]。文王以王者之资而恪尽臣道,既是为君之典范,又是事君的样板,故为"圣德"之人。

商汤与周武王也是获得广泛认同的圣王。人们在论说革命论时常以"汤武革命"为样板。然而无论人们如何为"奉天伐暴",诛"独夫民贼"的汤与武修饰、开脱,实行"革命"毕竟是以臣犯君。因此,自孔

---

① 《孟子·离娄上》,朱熹:《四书章句集注》之《孟子集注》卷7,第277页。

② 《孟子·告子下》,朱熹:《四书章句集注》之《孟子集注》卷12,第339页。

③ 《论语·泰伯》,朱熹:《四书章句集注》之《论语集注》卷4,第108页。

子以来，许多人就对这两位圣王颇有微词。孔子盛赞文王为“至德”，武王则“未尽善”。朱熹对此的解释是：“汤、武是吊民伐罪，为天下除残贼底道理。”尽管恪守君臣之义与诛伐独夫民贼二者“道并行而不相悖”，“但其间不无些子高下”，因为“君臣大义”更根本、更重要，“毕竟人之大伦，圣人且要守得这个”[①]。泰洲学派创始人王艮非议“汤武革命”的依据就是：“君臣大伦，岂一日可忘？”[②]纣可伐，而天下不可取，武王应迎立商王族中的贤人为君，自己老老实实地继续作臣子。这就是说，汤武虽圣，而臣道未尽，毕竟算不得圣中之圣。惟有圣王与圣臣都作得尽善尽美方为“尽伦”。

最为儒者推崇的圣臣当数伊尹、周公和孔子，其中“孔子之谓集大成”[③]。圣而为臣，其圣质主要显现于对臣道的契合。“上则能尊君，下则能爱民，政令教化，刑下如影……是圣臣也”[④]。这与官僚“为一人分忧，为万民作主”的心态正好合辙。圣臣必须兼备臣属与治者双重品格，这不正是亦主亦奴人格吗？据说，伊尹、周公和孔子均堪为王者。孔子为后儒奉为“素王”。儒家推崇这三位圣人的主要理由是：他们既是圣臣，又堪为圣王，集最优秀的君与最优秀的臣这双重品格于一身。

在儒家的政治道德论中，圣贤都是最优秀的治者、最理想的王者，因为他们与道同体，具备理想治者的一切人格素质，可以“赞天地之化育”。然而亦主亦奴社会人格是以奴性为核心人格特质的，圣人作为这种社会人格的最高抽象和文化典范，又恰恰是以奴性为核心人格特质的。圣人之道，概言之，孝悌而已。孝悌本是专为在下者设置的道德义务，却又用来概括一般道德信条。这种思维方式本身就内蕴着意味深长的文化意义：如果“奴”的规范得到普遍的认同与全面的贯彻，那么亦主亦奴的社会结构就会稳如泰山。圣中之圣的孔夫子不也正是恪守奴规范的典范吗？孔子的道德论中的确有许多人

---

① 黎靖德编：《朱子语类》卷35《论语十七·泰伯篇·泰伯其可谓至德章》，第909、910页。

② 王艮：《王心斋全集·答宗尚宗思恩》，江苏教育出版社，2001年，第45页。

③ 《孟子·万章下》，朱熹：《四书章句集注》之《孟子集注》卷10，第315页。

④ 《荀子·臣道》，王先谦：《荀子集解》卷9，第248页。

格尊严的思想,如“三军可夺帅也,匹夫不可夺志也”[①]。这类思想在人的自我完善中曾经充当过善良的导师,造就过许多古代的仁人志士,其中也的确包含着民族文化的精华。然而作为旧时代的人格典范,奴性仍是孔子人格的主流与本质。请看《论语·乡党》的一段描述:“孔子于乡党,恂恂如也,似不能言者。其在宗庙朝廷,便便言,唯谨尔。朝,与下大夫言,侃侃如也;与上大夫言,誾誾如也。君在,踧踖如也,与与如也。”又:“入公门,鞠躬如也,如不容。立不中门,行不履阈。过位,色勃如也,足躩如也,其言似不足者。摄齐升堂,鞠躬如也,屏气似不息者。”[②]这种身份感、分寸感极强的言与行,在等级制度、君主制度下,只能出在一位奴在心者的身上。儒家所谓的圣贤正是这样的人格典范:一切言与行都从礼的角度认真对待,使其与自己的等级、角色、身份完全相符,尽善尽美而无可挑剔。在那个时代,这种道德论、圣贤观只能造就亦主亦奴、以奴为本的人格。

儒家之圣集圣王与圣臣于一体,其本质特征是“不勉而中,不思而得,从容中道”[③]。做主子是最好的主子,做奴才是最好的奴才。“道者,天下万世之公理,而斯人之所共由者也。君有君道,臣有臣道,父有父道,子有子道,莫不有道。惟圣人惟能备道,故为君尽君道,为臣尽臣道,为父尽父道,为子尽子道,无所处而不尽其道。常人固不能备道,亦岂能尽亡其道?”[④]在旧时代的现实生活中,理想化的圣人绝无仅有,兼备主奴意识的角色却尽人皆是。所谓圣人,正是这种社会人格的文化化、理想化。“圣人”是专制主义社会精神的最高抽象。

以圣为信仰的人必然是奴在心者,因为他们认同臣道、子道、妇道、仆道。以圣为信仰的人必然是主在心者,因为他们认同君道、父道、夫道、主道。这种人为人下人时,必定卑身自贱,奴颜婢膝,而一旦为人上人,便会自命为他人之天,摆出一副至尊的架势。绝对权威总是造就绝对服从,绝对服从总是造就绝对权威,因为二者犹如一枚

---

① 《论语·子罕》,朱熹:《四书章句集注》之《论语集注》卷5,第115页。

② 《论语·乡党》,朱熹:《四书章句集注》之《论语集注》卷5,第117、118页。

③ 《礼记·中庸》,郑玄注、孔颖达疏:《礼记正义》卷53,第1689页。

④ 《陆九渊集》卷21《论语说》,第263页。

硬币的两面，相互依存，彼此相通。

奴性与主性都是不平等、不民主的产物。主奴根性归根结底是等级制度和等级观念在人格上的反映。君主专制制度既需要主性，也需要奴性，更需要主奴根性的综合。这种制度铸模着这种人格，这种人格也最适合这种制度。主奴综合意识是专制主义秩序得以维系的社会心理基础。

今人有娓娓道孔学之妙者，直欲以“内圣外王”引为今日中国富强、民主之灵丹，浑然忘却礼教杀人那一笔旧帐，更不能或不敢揭破圣之质中的主奴根性。鲁迅先生曾怒斥此辈为“现在的屠杀者”。言辞虽激烈，却切中肯綮。我们持这样的观点：千万莫将旧时训练主子与奴才的“内圣外王”，借来为现代民主政治开路。

帝王观念的“尊君—罪君”政治文化范式

本文原名《从民本思想看帝王观念的文化范式》，发表在《天津师范大学学报(社会科学版)》2004 年第 1 期。

帝王观念与民本思想原本是一回事，却被众多著名学者分割为两件事，将其对立起来，导致大量研究民本思想的著作走向歧途，形成了一批违背历史事实却影响极其广泛的错误观点。总的说来，自梁启超创造“民本思想”这个学术概念以来，绝大多数研究者都误入歧途。这篇论文是我在系统研究帝王观念之后，正在着手研究民本思想之时，应约稿而作。其方法论特点是：依据历史现象的本来面貌，将被许多学者对立起来的帝王观念与民本思想作为同一种历史现象来研究，从而使民本思想与专制主义关系的研究回归正确途径。

帝王观念，即各种有关帝王的理论、思想、心理、情感、态度、信仰的总和。各种帝王论，即思想家有关君主的政治思维，则是理论化、个性化、典型化的帝王观念。

在中国古代，帝王是全社会政治认识的主要对象。著名思想家普遍把帝王论作为其整个学说体系的核心。在人们的心目中，君主制度亦即国家制度，为君之道亦即治国之道。与此相应，帝王观念形成具备论证、规范、制约、评价等多种政治功能的完整的文化体系。

其主要文化要素可以分割为四个相对独立、相互沟通的组成部分，即君权观念、设君之道、为君之道、道高于君。本文以民本思想为主要例证，揭示由此而形成的特定的理论结构和文化范式。

一 “君为民主”与囊括各种社会权威的君主权势观念

权势观念是帝王观念的主要构成之一。在帝王观念的四大类文化要素中，它最先形成完整的意蕴、系统的理论，并成为整个帝王观念体系的纲领和基本前提。

研究帝王权势观念可以从不同层次、角度入手。本文着重分析各种君主称谓的意蕴。君主称谓是最具概括性、形象性的有关帝王权势的文化符号。它们实际上都是全社会给“帝王”下的定义。

中国古代的君主称谓大体可以分为五类：宗法称谓、权势称谓、神化称谓、圣化称谓和礼仪称谓。其中宗法称谓主要标示君主的宗法权力；权势称谓主要标示君主的政治权力；神化称谓主要标示君主对神权的操持；圣化称谓主要标示君主的功德、睿智和教化权力。它们分别代表着中国古代王权的四个主要来源和组成部分。礼仪称谓则与各种尊君卑臣的礼仪制度息息相关。这些称谓绝大多数产生于先秦，定型于秦汉，一直沿用到近代。

夏朝之“后”，就其本义而言，是一个宗法称谓。属于宗法称谓的还有标示家国一体的“君宗”、标示宗主身份的“宗子”、以父拟君的“君父”等。其最基本的文化意义是：家国一体，君父一体，王者为天下宗主。即《尚书・洪范》所说的“天子作民父母，以为天下王”[①]。

商朝之“王”，就其本义而言，是一个权势称谓。属于权势称谓的还有标示惟我独尊的“一人”、标示无上等级的“元首”（太上、至尊）、标示主宰者的“民主”（御、主、人主、臣主、人君、君人者）、标示号令者的“君”、标示行政权的“政长”（官、令、长、正）、标示立法权的“皇极”、标示刑赏大权的“辟”、标示军赋权的“万乘”、标示君国一体的“国家”（天下、社稷、宗庙、县官、京师、官家、天家、一家）等。其最基本的文

① 《尚书・洪范》，孔安国传、孔颖达疏：《尚书正义》卷12，第369页。

化意义是：天下之大，帝王独尊，王权至上。即“贵为天子，富有天下”①，“礼乐征伐自天子出”②。

周朝之“天子”，就其本义而言，是一个神化称谓。属于神化称谓的还有皇、帝、天、天王、太阳（日、六龙、六飞）、乾、九五之尊、宸极、龙（真龙天子）、凤等。其最基本的文化意义是：君权天赋，帝王神圣，独断乾纲。即“唯天子受命于天，天下受命于天子”③。

秦朝之“皇帝”，就其主要意义而言，是一个圣化称谓。属于圣化称谓的还有标示教化权力的“君师”、标示道德化身的“君子”、标示高贵完美的“大人”、标示至善至智的“圣人”、标示至神至圣的“宗极”等。其最基本的文化意义是：君主圣明，与道同体，功德无量，教化臣民。即“天降下民，作之君，作之师”④。

“皇帝”又是与名号制度有关的礼仪称谓。属于礼仪称谓的还有与宫廷制度有关的“大家”（宅家、官里、老爷子）、与卤簿制度有关的“皇舆”（乘舆、车驾等）、与冠冕制度有关的“衮衣”、与朝贺制度有关的“万岁”、与避讳制度有关的“陛下”（执事）、与陵寝制度有关的“山陵”、与宗庙制度有关的“庙”（祖、宗）等。其主要功能旨在“尊君抑臣”⑤。

从夏之“后”、商之“王”、周之“天子”，到秦之“皇帝”，最高统治者正式尊号的演变是帝王权势观念发展过程的生动写照。皇帝称谓将各种君权观念整合在一起，它既可以与后、王、天子以及皇、帝、陛下等其他君主称谓并用，又作为最高统治者的正号而凌驾于一切君主称谓之上，从而将君权至上观念发展到极致。

一般说来，与各种称谓相关的君权观念获得绝大多数人的认同。如果说人们的君权观念有什么差别的话，也只是在宗法、权势、神化、圣化等四种君权观念要素中更突出某一些成分而已。这些称谓还成为思想家经常使用的政治概念，其所负载的政治文化意义因而上升到理论层面。以三代的“元后作民父母”和孔子的

---

① 《史记》卷6《秦始皇本纪》，第201页。

② 《论语·季氏》，朱熹：《四书章句集注》之《论语集注》卷8，第171页。

③ 《春秋繁露·为人者天》，苏舆：《春秋繁露义证》卷11，第319页。

④ 《孟子·梁惠王下》，朱熹：《四书章句集注》之《孟子集注》卷2，第215页。

⑤ 《史记》卷23《礼书》，第1024页。

“礼乐征伐自天子出”为核心，还逐步形成了系统的“大一统”论。儒、法、道、墨等主要的政治思想流派都为“大一统”论做出了各自的理论贡献。这一套观念与理论将各种社会权威凝聚于帝王一身，其基本导向是尊君。

二　“天为民立君”与理论化的设君之道

君主制度由何而来，因何而设？这个问题涉及到帝王观念的理论基础。在中国古代，人们称这一类理论为“设君之道”。

如果说帝王权势观念侧重描绘“是什么”，那么设君之道主要回答“为什么”。各种关于设君之道的具体观点大体可分为四组，并分别回答不同层面的问题。

第一组从形而上的角度探讨君主制度的终极依据。主要有神立君说、天立君说、道立君说、自然立君说等。

神立君说产生最早，影响也最为广泛。其中墨家堪为典型。在墨子看来，政长体系由“上帝鬼神”设立，王是上帝“福之，使立为天子”[①]。儒家是天立君说的典型。孟子等反复论证《尚书》的“天作君师”说，使之成为影响最大的理论命题。道家是道立君说的创造者。《老子·六十二章》提出“立天子，置三卿”[②]的依据是道，君主制度是道的派生物。阴阳家、法家也有类似的说法，如《管子·四时》认为“道生德，德生正(政)”[③]。《韩非子·扬权》认为“道无双，故曰一”[④]，这就注定了人类必然实行一而不二、君臣有别的政治制度。从此以后，一切认同“大道为本”的思想家都持依据道义立君说。“天道自然”或“道法自然”，于是许多儒家、道家、法家以及玄学、道教思想家又以“自然之理”论证君主制度的合理性。《周易》认为君臣政治制度本于自然，“天尊地卑”是贵贱等级的法象。这些论点广为引证，可以称之为自然立君说。

这组观点的共同特点是：认为君主制度的本源和依据来自某种超然于人类的力量，或是上帝天神，或是天道物理，或是自然法则。

---

① 《墨子·法仪》，孙诒让：《墨子间诂》卷1，第23页。

② 《老子·六十二章》，王弼：《老子注》，第38页。

③ 《管子·四时》，黎翔凤：《管子校注》卷14，第857页。

④ 《韩非子·扬权》，王先慎：《韩非子集解》卷8，第46页。

简言之,君主制度是宇宙普遍法则在人类社会的体现,它的产生和存续是不以人的意志为转移的。这就为君主制度的必然性、合理性提供了哲学依据。

第二组试图从人类社会的内部寻找君主制度产生的根源。主要有宗法立君说、为养民立君说、为止争立君说、为教化立君说、为公利立君说等。

为什么人类社会必须实行君主制度?君主制度的职能是什么?这是思想家们普遍关注的问题。一个获得广泛认同的思路是:立君的目的是为了养育教化民众、制止社会纷争、维护公众利益。自三代以来,上帝作君作师以治理百姓、教化民性是获得广泛认同的设君之道。老子的立天子教化“不善之人”说、孔子的立君利民说、墨子的立政长尚同说、慎子的立君维护正义说、商鞅的立君制止纷争说、荀子的圣人“化性起伪”说、《吕氏春秋》的立君为天下说,以及董仲舒的“天立王以成民性”说、朱熹的立君师“以复其性”说等,都是很有代表性的论点。“天佑助下民,为立君以政之,为立师以教之”,“众民不能自治,立君以治之。立君治民乃是天意”①。这些说法的影响也极其广泛。一般说来,天下为公,立君为民,是中国古代公认的设君之道。就连隋炀帝、唐太宗、清雍正帝等许多皇帝也有所阐述。

这组观点的共同特点是:着重从人类社会内部矛盾和维护社会秩序需要的角度,论证君主制度的职能,认为君主制度是人情事理使然,君主是社会正义和秩序的化身。

第三组主要回答君主制度的历史起点问题。有历史进化说、与天同生说等。

《墨子·尚同》《商君书·开塞》《吕氏春秋·贵公》都认为,君立制度是社会矛盾发展到一定阶段的产物。许多著名思想家赞成这种说法。还有许多人认为君主与天地同生。其根据是:天、道、理等宇宙本体本身就内蕴着伦埋、等级等社会法则,开天辟地之初,甚至天地未生之前,君主制度或君臣之理已然存在。例如,孔颖达认为,礼产生于“天地未分之前”,因此“三才既判,尊卑自然而有,但天地初分

① 《尚书·泰誓上》,孔安国传、孔颖达疏:《尚书正义》卷11,第323—324页。

之后,即应有君臣治国"[①]。朱熹认为,"未有君臣,已先有君臣之理"[②],因此君主制度与人类社会共生同在,经轮回,历千古,永恒不灭。

第四组主要回答谁是创立君主制度的主体问题。有圣人立君说、强者自立说、众立君说等。

绝大多数人持圣人立君说,其基本思路是:圣人遵循大道,法象天地,创造文明。君主制度则是圣人为拯救人类、化冶人性、建立秩序而进行的一系列创造中最重要的一项。在诸子百家的著作中,这种观点很常见。

中国古代所有重要的政治思想流派都提出过各自的设君之道。这些理论千姿百态,各有特点。一般说来,每一种严整的设君之道都包含四个层次的内容,即在上述四组问题中各选一个或几个观点,然后按照一定的思维方式加以排列组合。这就从宇宙法则、社会需要、历史演变和文化主体等四个角度,全面地回答了立君的根由。程颐的观点很有代表性:"天之生民,必有出类之才起而君长之,治之而争夺息,导之而生养遂,教之而伦理明,然后人道立,天道成,地道平。"[③]这就把天立君说、道立君说、圣人立君说、为止争立君说、为养民立君说、为教化立君说交织在一起,即立君的主体是天、道、圣,立君的目的是养育民众。有了圣王,才有了社会文明。有了君主制度,民众才得以休养生息,安居乐业。

在纷纭多变的理论现象和错综复杂的文化观念中,不难发现一种占主流地位的文化取向:人们普遍认为君主制度是圣人体察天道、人情而设立的。天、道、圣是古代文化尊奉的三大绝对权威。人情事理又令人们感到事实胜于雄辩。正是这四种权威性证据的结合,铸就了历经数千年而难以动摇的信仰:君主制度是正义的,治权在君是合理的,君主是政治之本。

三 "以民为本"与系统化的为君之道

规范性思维很发达是中国古代帝王观念的显著特点之一。在世

① 郑玄注、孔颖达疏:《礼记正义》卷首,第 5 页。

② 黎靖德编:《朱子语类》卷 95《程子之书一》,第 2436。

③ 程颐:《春秋传序》,朱熹、吕祖谦编:《近思录》,中州古籍出版社,2008 年,第 176 页。

界古代史上，中国的君主规范内容最宽泛，标准最严格，设计最周到，有关的思想也最富于思辨色彩。这一点又集中表现为关于君道、君德（为君之道）的思考，既在内容上具有广泛性、系统性、实践性，又在理论上具有哲理性、思辨性、理想性。

君道，即君主规范。它的主要来源和成因有：组织社会的客观需要，各种传统、信仰、习俗、礼仪和习惯势力，各种尊君观念的引申，对各种客观制约因素的深刻理解，政治经验教训的总结，历代思想家的深刻思辨等。

规范君主的观念理应与君主制度一同产生。现存《夏书》的一些思想材料就涉及到君主规范。《周书》的主要内容是君德。尽管论证西周王权的合法性是这些诰命的宗旨，却又总是点题之后，立即将笔锋移向君主规范，诸如敬天、保民、无逸、慎罚等。民本论、天谴论、革命论的基本思路就产生在这个时期。在先秦诸子那里，君主规范以系统化、理论化的形态出现。诸子百家的圣王论都将重点投放在君道上。儒家围绕礼治仁政、道家围绕无为而治、墨家围绕兼爱尚同、法家围绕以法治国、阴阳家围绕天人配合等，分别提出过系统的君主规范，从而形成了若干重要的、哲理化程度很高的政治调节理论。

以民本论为例，思想家普遍主张“以民为本”。法家有“以人为本”[①]说，杂家有“宗庙之本在于民”[②]说，道家将其抽象为“贵以贱为本”[③]，《论语》《孟子》《荀子》及其他儒家文献的民本论更为突出。与此相应，民本论的基本命题均已提出，形成了完整而又系统的理论框架。《左传》引述的民惟邦本说和利民则利君说、《国语》记载的君不可与民争利说、老子的以百姓心为心说、孔子的富民足君说、墨家的君民交相利说、慎子的民养君说、孟子的民贵君轻说和得民为君说、荀子的立君为民说和君舟民水说、《吕氏春秋》的天子养民说、《穀梁传》的民为君之本说等，都有深远的影响。

秦汉以后，分别讨论君与天、君与国、君与臣、君与民、君与法、君与礼、君与谏的关系的革命论（含天谴论），公天下论，民本论，君臣一

---

① 《管子·霸言》，黎翔凤：《管子校注》卷9，第472页。

② 《吕氏春秋》卷13《有始览·务本》，第133页。

③ 《老子·三十九章》，王弼：《老子注》，第25页。

体论，内圣外王论，纳谏论等，都形成系统的理论。以董仲舒、孔颖达、朱熹、王阳明为代表的历代统治思想代言人都曾为此做出过重要贡献。其基本思路获得社会各阶层的广泛认同。就连包括暴君隋炀帝在内的许多皇帝，也在理论上否定“独治”，大讲“天下为公”、“平均天下”、“民惟邦本”、“君臣师友”、“天下之法”、“以德治国”、“广开言路”。一些皇帝不仅言，而且行，君主无为、与民休息、因应民心、不竭民力、先富后教、以农为本、为民做主等治民政策的基本原则在一定程度上付诸实践。显而易见，这一套都是统治思想的重要组成部分。其中许多相关理论的原创者、发挥者和宣扬者就是帝王或统治思想代言人。

君道是君主施政的行为规范。它是建立在对现实社会政治关系和各种制约因素的清醒认识之上的。这类思想都或多或少为君权的存在设定了条件，为君权的行使划定了范围。

一种很流行的说法认为，中国的王权是不受任何限制的绝对权力。这是不够准确的。至少在观念上、理论上，中国古代人群不仅普遍认为王权是有条件、有限定的，而且提出了形形色色的君主规范。这些思想还在不同程度上指导或影响着君主政治的实际过程，有的还制度化、法制化。

四　“道高于君”与哲理化的罪君思想

有规范必然有品评，有批判。规范越严格，批判越激烈。中国古代帝王观念极富批判精神，具体表现在五个方面：

一是批判方法运用的普遍性。中国古代思想家，无论属于哪家哪派，无论是帝王、士大夫还是平民，在论述一种君道时，往往先以批判历史上或现实中的弊政开道。这种理论方式为各家各派所共有。

二是批判内容的广泛性。自先秦以来，每一个时代的思想家都曾把批判的矛头指向君主政治的方方面面。只要把孟子与唐太宗、朱熹与黄宗羲的言论仔细比较一下就不难发现：在抨击暴君暴政所涉及的内容方面，他们之间的差异并不像想象的那么大。

三是批判言辞的激烈程度。周公姬旦等人斥责不合格的君主为“狂”、“僻”。孟子指斥暴君为“率兽食人”之辈。商鞅责骂现实中多“乱世之君”。董仲舒认为春秋以来惟有“苟简之政”。唐太宗把历代暴君比作“猛兽肆毒，蝨螟为害”。朱熹认为千百年来只有“霸道”，没有“王者”。其实上述言辞在各阶层的思想家中都很常见。包括法家在内的许多思想家都有过这样的评价：治世少，乱君多。在非议君主的意义上，人们喜欢使用“罪”字，诸如“罪逾桀纣”。君主自责通常也称为“罪己”，如“禹汤罪己”、“罪己诏”。不仅如此，人们批评暴君暴政，往往言辞激烈，偏好使用暴、虐、残、贼、酷、不道、无德等形容本性丑恶、罪孽深重的字眼，乃至有洪水滔天、毒蛇猛兽的比喻，有罪恶累累、罄竹难书的形容，有天诛地灭、可逐可诛的诅咒，有不共戴天、愿与偕亡的誓词。

四是批判精神的深刻性。许多思想家一针见血地指出：各种弊政的根源在于君主无道。就连皇帝唐太宗、大儒朱熹也曾尖锐地指出：重大政治失误应归咎于君主。一旦庶民大规模地揭竿而起，其矛头指向势必是当朝皇帝。这与世界其他地区也有明显的不同。民本论、革命论、公天下论等都是在深刻的反思中不断发展的。

五是批判尺度的哲理化。在中国古代，“道”是公认的价值尺度，“天下有道”是公认的政治理想，“道高于君”是公认的政治信条。符合道，则为“有道之君”；违背道，便是“无道之君”。道无疑是一个具有高度概括性的概念。与此相关，有关圣与王的关系的内圣外王论、有关王道与霸道关系的王霸之辨、有关道统与君统关系的道统论等，也都颇具思辨色彩。

道高于君是有关道与君的关系的思辨成果。它是帝王观念的有机构成之一。孔子主张“以道事君”，孟子提倡“格君心之非”，荀子明确提出“从道不从君”。其他学派的思想家也有类似的观点。就连鼓吹强化君权的韩非也曾谆谆告诫君主要懂得这样一个道理：“战战栗栗，日慎一日，苟慎其道，天下可有。”[①]他主张君主“因道全法”[②]、“以道正己”[③]，否则“天子失道，诸侯伐之”[④]。大量事实证明：道高于君是中国古代群体性的政治信条，它并不专属于一家一派。

道高于君又是一个具有强烈罪君色彩的命题。历代忠臣义士都

---

① 《韩非子·初见秦》，王先慎：《韩非子集解》卷1，第11页。

② 《韩非子·大体》，王先慎：《韩非子集解》卷9，第210页。

③ 《韩非子·观行》，王先慎：《韩非子集解》卷8，第197页。

④ 《韩非子·难四》，王先慎：《韩非子集解》卷16，第381页。

曾高举道义的旗帜，与暴君暴政进行不屈不挠的斗争。人们动辄称君主为“无道”、“桀纣”、“昏君”、“残主”、“暴虐”乃至“独夫”、“民贼”、“强盗”、“禽兽”。就连《韩非子》之类的著作也指斥一批背离道的君主为“无道之君”。

一般说来，这种罪君观念并不意味着否定君主制度。道高于君这个命题本身就是把道与君紧密地联系在一起的。道，指一般原则；君，指具体君主。所谓道高于君，即君主制度的一般原则凌驾于现实中的一切君主。这个思路必然形成一而二、二而一的理论结构：“有道理想”与“道高于君”。如果说有道理想着重论证君主制度的合理性、绝对性，那么道高于君则着重论证君主的行为规范及其权位的相对性。就主要政治功能而言，天下有道的政治信仰势必导向皈依王权，憧憬圣王；而道高于君的政治信条则势必导向规范王权，抨击暴君。显而易见，以道罪君是由以道尊君中派生出来的。道与君主制度相合是本质，道与具体君主相分是现象。无论维护道义的士人与时君、时政有多大冲突，都不具有在理论上否定君主制度的意义。维护道统的士人必定是君主制度的同路人。这就是历代统治者尊奉道统的化身——孔老夫子及其传人为圣为师的根本原因。道高于君这个命题是“尊君—罪君”理论结构的典型代表。

五　“尊君—罪君”理论结构和文化范式的普遍性①

实际上，道是君主制度基本政治原则的高度概括。君权观念、设君之道、为君之道、道高于君等帝王观念的四个组成部分是相互贯通、相互支撑的关系。因此，有关道的思维逻辑在各种政治调节理论中具有普遍意义。

以着重讨论君民关系的儒家民本论为例，它将帝王观念的四组文化要素融为一体，形成特定的理论结构。帝王有何权力？民本论认定帝王犹如父母，是民之主。为什么治权在君？民本论答以立君

① 用“尊君—罪君”概括中国古代政治学说的理论结构和帝王观念的文化范式，是笔者主要研究心得之一。由此而形成的研究思路，笔者称之为分析组合命题，剖析理论结构，揭示文化范式。这种研究思路的形成及学术观点的提出，深受马克思主义经典作家注重分析思想体系的典范做法的影响。事实依据和具体论证参见笔者的《中国帝王观念：社会普遍意识中的“尊君—罪君”文化范式》，中国人民大学出版社，2004 年。

为民，帝王“代天牧民”。何以为君？民本论宣扬得民心者得天下，失民心者失天下，主张帝王“以民为本”，“政在养民”。如何评判帝王？民本论认为重民则为有道明主，虐民则为无道昏君。君无道则可以革他的命而另立新君。这就分别解答了帝王观念的重大问题。其中君为民主、天赋君权以尊崇君权为主要导向，着重论证君主制度的绝对性和治权在君的合理性；以民为本、虐民无道以规范君权为主要导向，着重论证君权有限定、有制约、有条件。然而它们之间又可以相通。既然帝王为民父母，他就必须关爱民众，既然立君为民，他就必须养育庶民，否则他就辜负天命，违背道义，失去了为君的条件。这样一来，尊君观念导出了罪君观念。要确保“以民为本”，必须有一位有道之君，要实现“天下有道”，必须有一位圣王。有必要时可以以推翻暴君的方式，另立新君来为民做主。这样一来，罪君的观念又可以导出尊君的观念。显而易见，民本论有一个“君为民主—民为国本”的理论结构。

由民本论的特点不难发现：帝王观念的各种文化要素依其主要功能可以分为两大类：一类以论证君主为主，另一类以规范君主为主。论证君主与规范君主是同一文化体系的两个基础构件，它们一而二，二而一，相辅相成，互依互证，无法完全分割开来。尽管两类文化要素的基本导向都是维护君主制度，但各种规范君主的文化要素毕竟为君权的存续与行使设定了条件与范围，进而为制约乃至非议君主提供了尺度。如果说论证君主的主要功能是尊君，那么规范君主则有罪君的导向。当尊君观念与罪君观念出自同一文化体系时，它们就共同构成了这一文化体系最基本的结构与功能。“尊君—罪君”是帝王观念诸要素相互组合的基本方式。

一般说来，各种政治调节理论均由若干相互关联、相辅相成、功能有异、取向一致的组合命题构成，并形成与民本论类似的理论结构。诸如道统论以“道中有君—道高于君”为基本结构，革命论以“天命—革命”为基本结构，公天下论以“以一人主天下—不以天下奉一人”为基本结构，君臣一体论以“君主—臣辅”为基本结构，法治论以“君主立法—法为天下之法”为基本结构，礼治论以“以礼治人—以礼治己”为基本结构，谏议论以“独断—兼听”为基本结构等。

各种与帝王观念相关的理论有一个共同的特点：它们一方面认

为君权是有条件、有限定的，另一方面又把希望最终寄托在君王圣明之上。历代著名思想家都没有能从这个政治思维方式中解脱出来。

以清初的黄宗羲、唐甄为例，黄宗羲斥责三代以降“君为天下之大害”，唐甄痛骂“自秦以来，凡为帝王者皆贼”，他们都是富有批判精神的思想家。但是，黄宗羲的基本主张是：立君为天下，帝王养万民。君主应有“王者之心”，像三代圣王一样大公无私，立“天下之法”，使“民养于上”①。唐甄则说“天下之主在君，君之主在心”②。实际上，他们的思路具有普遍意义。

承认君权是相对的、有条件的，就应当否定治权在君；看到治世少，乱君多，乃至君为大害、帝王皆贼，就应当摒弃君主制度。然而除少数无君论者外，历代思想家的政治思维总是沿着两条看似自相矛盾的思路展开：一方面把各种权威奉献给圣王、君主，树立起一种理想化的绝对权威；另一方面又为这个权威设置了极严格的规范，还往往对其进行激烈的抨击乃至斥之为罪恶。

唐甄说：“治天下者惟君，乱天下者惟君。”③其实这个思路至迟可以追溯到《尚书》《诗经》。朱熹阐释孔子的思想，凝练百家的君为政本论，提出“一心可以兴邦，一心可以丧邦”④，其实这也是一个具有普遍意义的思路与命题组合。惟君是瞻，可以称之为“尊君”；惟君是责，可以称之为“罪君”。乍看去似乎水火不相容的“尊君”与“罪君”，不仅不是对立的关系，反而相辅相成，形成一种自我圆融的理论结构，这岂不是一种最奇特、最典型的组合命题吗？笔者将这种普遍存在的现象称之为“尊君—罪君”文化范式。

六　基本结论与若干思考

“尊君—罪君”理论结构和文化范式的广泛存在提示人们：严格地说，在中国古代著名思想家中，既没有一味鼓吹绝对君权的人，也没有步入民主范畴的人。以尊君为主要特色的思想家都在理论上为君权设定了存在条件、活动范围和行为规范，并据此对不合格的君主

① 参见黄宗羲的《明夷待访录》《孟子师说》《破邪论》等。

② 唐甄：《潜书》上篇下《良功》，第 52 页。

③ 唐甄：《潜书》上篇下《鲜君》，第 66 页。

④ 《论语·子路》，朱熹：《四书章句集注》之《论语集注》卷 7，第 141 页。

进行过激烈的抨击。因此在中国古代政治思想史上,找不到无条件尊崇君权的思想家。以罪君为主要特色的思想家,除无君论者外,都认同由一人执掌最高权力的政治制度和圣化的政治权威。他们不仅从来没有提出过治权在民的政治理念,反而在抨击暴君暴政的基础上设计理想化的“圣王之道”。所谓圣王之道,又以治权在君作为一般法则。这就无法将他们的理论体系归入民主范畴。仅就基本前提和思维方式而言,在尊君与罪君问题上,各类思想家只有程度上的差异,并无本质上的区别。所谓绝对君权论者和相对君权论者也仅是比较而言,不能将其绝对化。这就是本文的基本结论。

笔者专注于中国古代政治思想史的研究十有余年,悟出一个道理:中国古代政治思维以及相关的帝王论具有很强的规范性和批判性,甚至达到将制约君权思想系统化、理论化乃至哲理化的地步。一般说来,古代文献中的“内圣外王”、“天下为公”、“天下之法”、“革故鼎新”、“民惟邦本”、“民贵君轻”、“载舟覆舟”、“君臣师友”、“广开言路”、“兼听则明”、“以道事君”、“抗君之命”等,都有其特定的思维逻辑和具体的历史内容。它们都不具备民治理念,都可以被统治思想所包容,甚至可以说它们共同构成帝王观念的核心内容与理论基础。因此,当看到这些说法的时候千万不要轻易下“反专制”或“民主”的断语。这些思想对历代王朝的统治方略、施政原则及实际政治过程有深刻的影响。从其影响的深度和广度来看,如果把统治者的有关言行统统简单地斥为“挂羊头卖狗肉”式的招摇撞骗和“挂金字招牌”式的粉饰统治,是无法合理地解释中国古代史上许多重大政治现象和思想现象的。

一般说来,主张治权在君的中国古代政治思维属于专制主义范畴,它与现代民主思想体系在若干基本点上是相悖的。但是,中国古代思想家的政治思维很不简单,其现实的态度、缜密的构思、周详的规范、精巧的设计和理性的关切,在世界古代史上无人可与匹敌。在总体上,中国古代“专制主义”所包含的理性成分之多、所体现的批判精神之强、所容许的调整维度之大,都超过古代地中海地区一度存在的相当粗糙的“民主思想”。因此,在一定的历史条件下,其有效维护政治安定、保持社会和谐、促进经济发展、推动文明进程的能力也远远超过任何一种古代文明。在中世纪,中华文明的发展程度更是无人可望其项背，而它的政治基础恰恰是中华帝制及其政治思维。如何合理地解释、全面地评价这种历史现象？这是很值得深入研究的重大课题。

中国古代的政治发展曾一度创造辉煌。与此相应，在帝王观念中，规范、制约、调整君权的思想极其丰富，政治批判色彩相当浓烈。有些政治调节思想还逐步政策化乃至制度化，成为中华帝制的重要构成之一。这表明，中国古代专制主义政治理论体系有其精致、周到之处，甚至包含着许多具有普遍价值的政治思维。以往的思想史研究对这个特点关照得不够，因而对尊君的思想缺乏深入、系统的分析，对罪君的思想更是缺乏全面、深刻的认识。在今后的研究中，这是需要改进的。

关于深化民本思想研究的若干思考

本文发表在《江西社会科学》2004年第1期，是对2003年度国家社会科学基金重点项目申请书“课题设计论证”部分的进一步阐释。

在2003年度国家社会科学基金的《课题指南》中，“中国古代专制主义与民本思想的关系”被列为重点课题。根据学院安排，我以“民本思想与中国古代统治思想的关系研究”为题申报了这个项目，获得立项。

我使用的研究方法是历史研究最具基础性和常规性的方法，即广泛收集前人提出的各种论点及论据，然后有针对性地收集相关史料，一一鉴别前人观点与历史事实的契合程度，进而提出自己的学术判断，并主要用罗列事实的方式完成阐释体系。我在广泛检索文献的基础上，按照时间顺序，逐一分析各个朝代、各重要学派、各著名思想家、各著名皇帝、各著名命题以及典型案例，引用文献的范围涉及“二十五史”及其他史学名著；“四书五经”及其重要注疏；中国古代重要思想流派的代表作；历代著名政治思想家的著作；历代著名皇帝的著作；各种重要的类书等等。大量的研究素材取自国家文告、帝王著述、朝堂议政、名臣奏议、科举试卷，乃至各种史籍笔乘、宗谱家范、宗教文献、笔记小说、诗词歌赋、通俗劝善书、占卜用书等等。凡是有可能引起争议的典型个案，我都一一探寻究竟，诸如秦始皇、秦二世、隋炀帝是否认同“民本”之类。

项目最终成果的字数超过一百万字。结项时间2007年6月,鉴定等级优秀。2009年收到全国哲学社会科学规划办公室通知,项目的最终成果《民本思想与中国古代统治思想》将被纳入国家哲学社会科学成果文库。但由于书稿已由学校统一提交南开大学出版社,最终由南开大学出版社在当年出版。先后获天津市第十二届社会科学优秀成果(专著)一等奖、教育部第六届高等学校科学研究优秀成果奖(人文社会科学)二等奖。

在国家社会科学基金2003年度课题指南中,“民本思想与中国古代专制主义的关系研究”被列为历史学科的重点项目。经国家社科基金评审组评审,全国哲学社会科学规划小组审批,笔者申报的“民本思想与中国古代统治思想的关系研究”获准立项(批准号03AZS002)。本文以基金项目申请书“课题设计论证”部分有关选题意义、基本思路、研究方法和主要观点的论述为基础,着重从方法论的角度,介绍笔者关于深化民本思想研究的若干思考。

一　从各种学术争鸣中发现的一个瓶颈式研究课题

重民,是中国古代政治思维的重要特征。从盘庚的“重民”、周公的“保民”、孔子的“爱民”到孟子的“民贵君轻”、荀子的“君舟民水”,再到汉唐以来的形形色色的民本论,民本思想不断被充实、丰富。仅就古代思想材料而言,世界上没有哪个国家像中国一样拥有这么多关于民的富于哲理的圣贤古训。

“民惟邦本,本固邦宁”是民本思想的核心理念。这类思想又有国以民为本、君以民为本、官以民为本、政以民为本等不同层次的表述形式。立君为民,民为国本,政在养民,是形形色色的民本论所共有的基本思路。凡是核心理念、表述形式和基本思路符合上述特征的政治思想都属于民本思想范畴。

民本思想是中国古代最重要的政治学说之一,因而它也是学术界最为关注的研究对象。自梁启超撰写《先秦政治思想史》以来,所有政治思想史通史、断代史著作都必然论及民本思想,有的还把民本思想作为贯穿中国古代政治思想史的基本线索之一。许多思想史、哲学史、文化史、儒学史著作和思想家评传也都论及民本思想。国外许多研究中国思想史的学者也很重视民本思想这个研究对象，如日本学者沟口雄三的《中国前近代思想之曲折与展开》专门评述了"从'民本思想'脱胎而来的反君主思想"。论及民本思想的学术论文数以千计，其中仅篇目中有"民本"二字的就有数百篇之多。还有专著出版。这些研究几乎涉及民本思想的方方面面，也引发了经久不息的学术争鸣。

最大的争鸣围绕民本思想与专制主义的关系展开。有四大类不同的观点：第一类是民主主义说。刘师培、孙诒让等国粹派和倡导"儒家民主主义"的现代新儒家是其典型代表。第二类是反专制思想说，即认为它与民主思想有相通、相近或类似之处。许多学者或者认为它来自"原始民主遗存"，或者认为它"以天威压制君威，又用民有偷换'天有'"，或者认为它是"启蒙思想"，从而断定民本思想不属于专制主义思想体系。侯外庐等一批著名学者持这类观点。第三类是不同时期、不同思想家的民本思想分别属于民主、反专制或尊君思想说。学者们的具体判断又因人而异。第四类是尊君思想说，即认为它与现代民主思想有质的区别。如梁启超、萧公权指出它不讲民治。韦政通认为它充其量是民主前奏。萨孟武等人认为，在孔孟学说中，尊君与民本看似矛盾，却交融成一个极吊诡的整体。刘泽华等判定它属于专制主义思想体系。

实际上，上述分歧只是关于中国古代有没有民主思想的学术争鸣的一个组成部分。人们一踏入中国古代政治思想史研究领域，立即会发现这样一种现象：对同一研究对象，学者们的价值判断有很大分歧。有关争论涉及一批中华元典中的思想材料、一批重要学派的特色学说以及一批重大的理论命题。对于"汤武革命"、"天下为公"、"君臣师友"、"民贵君轻"之类的说法究竟属于民主思想体系，还是属于专制思想体系，人们各执一端，聚讼不已。关于这类争鸣所涉及的研究对象、主要分歧及其成因，在拙著《中国帝王观念》（中国人民大学出版社，2004 年）的导论中有比较详细的介绍。

价值判断是思想史研究中难度最大的一个环节，而"民主"与"专制”又是最重要、最常用的价值尺度。民主乎？专制乎？下不同的断语意味着历史价值的重大差异乃至天壤之别。由此不难看出，关于民本是不是民主的争论将一个瓶颈式的研究课题摆在人们面前。它不仅涉及到对某一个学派、某一个思想家或某一类思想命题的定位、定性，更涉及到对中国古代政治思想史一些带有根本性的问题的认识。对这个问题的解答直接关系到对中国古代思想文化基本特征的把握，关系到对一批经典著作、思想流派和著名思想家的价值判断，关系到对以孔孟为代表的儒家学派基本属性的估计。甚至可以说，如果不能得出更接近历史事实的论断，就无法总体性地提高中国政治思想史研究的学术水平。

笔者认为，解答这类课题必须坚持历史与逻辑的统一，以历史学的研究方法为主，借鉴政治学、社会学、文化学的方法和范畴，通过收集、整理、分析更广泛的历史材料，对民本思想进行全方位、多视角、深层次的系统研究。其中研究民本思想与中国古代统治思想的关系是准确判断民本思想与专制主义的关系的主要途径，而目前尚没有系统研究这个问题的成果问世。

我们的初步设计是：在充分借鉴前贤，寻找盲区与空白，提出新的方法、视角与思路的基础上，从八个角度入手，研究民本思想与统治思想的关系，即民本思想发生发展的历史过程；各个重要政治思想流派的民本思想；民本思想与大众政治意识；民本思想与社会政治批判；民本思想与君主规范和治民方略；民本思想与传统政治哲学；民本思想与中国古代政治学说；民本思想的理论结构与政治功能。

本课题的预期价值有四：

第一，在民本思想研究方面，可望扫清若干盲区，填补若干空白，提出若干新的认识。

第二，将提出系统研究中国古代统治思想的新思路，有助于深化对中国古代统治思想及主要政治思想流派、著名思想家和重大思想命题的研究，使中国政治思想史研究上一个新的台阶。

第三，内容的系统性、方法的综合性以及视野的开拓和新思路、新视角的引入，具有学术创新的意义。

第四，研究成果有助于总体把握中国古代思想文化的基本属性和主要特点，揭示中华帝制及其意识形态的精致之处，并认知某些具有普遍价值的政治思维。它对认识当代中国也具有参考意义。

二　从历史过程层面考察民本思想与中华帝制的关系

许多前辈学者提出，思想史的研究必须坚持历史与逻辑的统一、思想与社会的统一、具体与抽象的统一。笔者认为，评说历史上任何一种思想命题，不能脱离其所归属的思想体系和基本思维逻辑，不能脱离当时的社会背景（特别是当时的社会普遍意识），不能脱离这个命题的具体历史内容，更不能望文生义而任意演绎。这是严肃的思想史研究所必须遵循的基本原则。要确认历史上的某种思想现象的属性，必须系统研究其演变的社会背景、政治情境、基本脉络、主要特点和基本功能。民本思想是一种历史上的思想现象。因此，只有全面考察其发生发展的历史过程，特别是民本思想与统治思想的历史联系，才能准确地判定其本质属性。

在治学中，笔者发现一种很值得深入研究的历史现象，即规范性、制约性、批判性思维很强是中国古代政治思想的一大特色，而相关理念通常都是统治思想的重要组成部分。甚至可以说，规范性很强这个特点正是经过历代统治思想代言人孜孜不倦的努力，才逐步形成、发展并广为扩散的。民本思想便是典型例证之一。

民本思想的发展演变始终与中华帝制及其统治思想的发展演变息息相关。其具体表现有以下几点。

其一，最早提出民本思想核心理念和基本思路的是统治者。

从现存史料看，最早提出“重民”、“保民”、“敬民”的是夏、商、西周的帝王。对于如何恰当使用《夏书》《商书》等史料，学术界有争议，这里姑且不论。至迟到西周初年，民本思想的核心理念和基本思路已经形成。提出这些思想的周公等人都是执掌最高权力的人（一说周公曾经称王）。《周书》《诗经》（包括先秦文献引用的当时的思想材料）中的上帝“作君作师”说、天选择“民主”说、天子“代天牧民”说、“元后作民父母”说以及“民惟邦本”说等，都见诸统治者的诏诰、政论、颂歌。它们显然属于统治思想的范畴。这类思想经天子诏诰天下和诗歌民谣传诵，逐渐获得广泛的认同。春秋以降，民本理念在统治思想中的地位日益凸显。各国君主以民本思想指导政治的嘉言懿行不胜枚举。《左传》《国语》《战国策》《史记》等多有记载。这表明，民本思想的基本思路很早就是一种统治思想。

其二，将民本思想理论化乃至哲理化的是统治思想代言人。

在春秋战国时期，民本理念理论化，而这个时期恰恰又是中华帝制逐步形成的时期。在民本思想理论化乃至哲理化的过程中，儒家扮演着极其重要的角色。孔子、孟子、荀子等都曾是政权体系中地位较高的成员。他们的政治主张在一定程度上反映着统治思想发展演变的特点。自汉武帝"尊儒术"以来，《五经》等儒家经典一直被奉为官方学说代表作。经汉唐，到两宋，儒家民本论逐步达到高度哲理化的程度，而这个发展过程又恰恰与中华帝制步入鼎盛相呼应。以汉代的董仲舒、唐代的孔颖达、宋代的朱熹、明代的王守仁为代表的历代大儒都是统治思想代言人，他们所尊奉、所注释的《五经》与《四书》则是历代王朝统治思想的主要载体。这表明，民本思想的基本思路一直是统治思想的重要构成。

其三，大多数皇帝认同乃至宣扬民本思想的基本思路。

除秦二世等极其愚蠢的皇帝公然以虐民极欲为施政方略外，大多数皇帝至少在口头承认民本思想的核心理念和基本思路，其中包括一些声名狼藉的暴君。依据《史记》的有关记载分析，秦始皇很可能认同民本思想的基本思路，并一度推行过相关的政策。据《隋书·炀帝纪》记载，隋炀帝宣称："民惟国本，本固邦宁。"又表示："非天下以奉一人，乃一人以主天下。"[①]丘濬著《大学衍义补》，认为君主的职责是"平均天下"，应当将"民惟邦本"奉为座右铭，而君主"劫夺"庶民则违背"天立君之意"。明神宗对这本书给予高度评价，称其"揭治国平天下新民之要"。许多皇帝标榜仁政爱民政治原则。清朝的"敬天、法祖、勤政、爱民"堪为典型。许多皇帝还撰写过阐发民本思想的文章。唐太宗的《民可畏论》堪为典型。

其四，民本思想对中华帝制及其政治运作有深刻的影响。

---

① 《隋书》卷3《炀帝纪上》，第43页。

大量的历史事实表明，民本思想对历代王朝的制度设置、统治方略、施政原则及实际政治过程有深刻的影响。诸如在历代王朝的政治体制中都有负责采集民意的机构；“文景之治”、“贞观之治”、“康乾之治”等王朝盛世都与民本思想的贯彻有一定的关系；在朝堂议政和国家政令中，民本思想经常被引用；许多君主规范（君道）、官僚规范（臣道）与民本思想有关等等。从其影响的深度和广度来看，如果把统治者的有关言行统统简单地斥为“挂羊头卖狗肉”式的招摇撞骗和“挂金字招牌”式的粉饰统治，是无法合理地解释中国古代史上许多重大政治现象和思想现象的。

上述现象表明，民本思想是统治阶级思想家反省意识的产物。推动民本思想发展演变的主要原因是统治经验的不断丰富和君主政治的现实需要。如果简单地认定“民本”是“反专制”的，那么就会引申出一个荒唐的结论：在中国古代史上几乎找不到不“反专制”的人，就连许多专制暴君也将跻身于“反专制”的行列。因此，深化民本思想研究的一个重要途径是以民本思想与中华帝制的关系为着眼点，考察民本思想对统治思想、政治制度、政治规范、政治过程、政治操作、政策及统治者政治行为层面的影响，进而揭示其本质属性、主要功能和历史价值。

三　从社会普遍意识层面考察民本思想的广泛影响

以往的民本思想研究基本上局限在经典思想、精英思想的层面。许多研究者仅限于解读经典和文集中的一些提法与思路，因而对各种历史上的思想现象缺乏更全面、更准确、更深入的理解。有些学者甚至排斥具体的实证研究，从而跌入主观预设性解读、附会性解读、割裂性解读、片面集萃式解读的泥潭。最典型的例证莫过于将孟子的“民贵君轻”说轻率地定性为“民主”。有鉴于此，笔者主张着眼思想与社会互动的角度，把研究的视野从局限于经典著作、精英思想，拓展到全社会各个阶层的意识、行为。其具体途径之一是引入社会普遍意识的视角，从研究社会大众群体性的政治观念入手，深化对民本思想的认识。

社会普遍意识，即在某一社会群体中广泛存在的共同的信仰、信条、信念、心态。全社会各阶层成员的普遍意识，特别是获得广大社会一般成员认同的政治意识、社会意识，往往是社会风尚、习俗、信仰的主体性支配因素，由此而形成的普遍化的社会人格和意识—行为模式最能体现某一历史时期社会的基本特征和全社会的精神风貌。

作为一种影响广泛且相对稳定的政治观念，全社会的普遍政治意识又是体现历史传统的所谓“经典思想”和体现时代精神的所谓“精英思想”的最重要的社会背景和文化背景。越是影响广泛的精英思想，越不可能孤悬在社会普遍意识之上。因为它是时代的产物，在社会大众心态中植有深根。无论是统治思想，还是诸子百家的特色学说，其产生与传播，都必须借助某一社会群体的普遍意识乃至全社会的普遍意识。这些思想的产生与传播又会成为一个社会、一个群体普遍意识变动的先兆和新鲜的源泉。因此，任何朝代的统治思想都是在全社会普遍政治意识的基础上构建的、存在的和传延的，它又反过来深刻影响全社会普遍政治意识。作为主流文化的代表，占据统治地位的思想又集中体现着全社会普遍政治意识。全社会普遍政治意识是所谓“大传统”与“小传统”、“精英思想”与“民众思想”、“统治思想”与“大众心态”的结合点和相通之处，它比某个学派的学说体系、某个思想家的政治倾向和某个统治者的好恶取舍更具有普遍意义，也更具有稳定性。如果把某个个体的精神现象放到全社会普遍意识的平台上解剖，就可以更准确地把握个体的观念、意识、行为与一个时代、一种社会政治形态的相互关系。所以分析全社会普遍政治意识是解读一个学派的理论体系、一个思想家的政治学说、一个朝代的统治思想和一个统治者的政治观念的重要途径之一。

揭示普遍意识的内涵、结构、特点，必须首先分别系统研究统治思想、社会思潮、各种类型的精英思想及社会各阶层的心态，然后通过仔细的比较，找出其共同的内容、结构和逻辑。换句话说，必须研究社会各个层面、各种类型的思想与意识，并在这个基础上揭示其共同的取向、思路和范式。这就需要在研究方法上把“从上往下看”与“从下往上看”结合起来，把分析个性与探寻共性结合起来，多层次、多视角、整体性地考察社会普遍意识发展变化的过程。一般说来，社会普遍意识的研究视角更加重视对共性（普遍性）的探寻和诠释，更加重视宏观的、总体性的把握，它具有超越并驾驭个体、个案，排除偶然性、随机性的特点。

如何从社会普遍意识的视角深化民本思想研究？这是一个有待深入探讨的课题，需要在研究实践中不断论证，不断充实，不断完善。这里先提出两个思路。

其一，“以民为本”是百家共识，这表明民本理念不属于一家一派，而是一种社会普遍政治意识。

有一种说法颇为流行，即民本思想专属于儒家。尽管一些学者已经指出这种说法的错误，但是仍有许多学者坚持此说，有的还将其作为“儒家民主主义”的论据。

早在先秦，思想家们便普遍主张“以民为本”。属于法家文献的《管子·霸言》有“以人为本”[①]说。《吕氏春秋·务本》有“宗庙之本在于民”[②]说。《老子·三十九章》将其抽象为“贵以贱为本”[③]说。道教、玄学等也赞同民本思想的核心理念和基本思路。“以民为本”显然是一个超越学派的命题，应属于全社会普遍政治意识范畴。

可能会引起争议的是：法家是否主张民本？法家鼓吹君主独断，多有“弱民”、“胜民”、“制民”之说。因此，许多学者认定法家只讲君本，不讲民本。其实不然。在法家学说体系中具备最基本的民本思想资源，即不仅有“以人为本”的明确提法，而且有符合民本思想基本思路的言论。例如，《慎子·威德》提出“立天子以为天下，非立天下以为天子也”[④]。《商君书·修权》表达了同样的思想。天下，即天下臣民众庶。立君为天下是立君为民的一种表达方式。在规范君权方面，它比“民贵君轻”更进一步。《商君书·靳令》认为“重刑少赏”是真正的“爱民”[⑤]。《韩非子·问田》则说：“立法术，设度数，所以利民萌，便众庶之道也。”[⑥]立法为民是政在养民的另一种表达方式。把严刑酷罚与爱民利民相提并论，正说明民本思想影响之广泛。《商君书·垦令》关心如何使官僚“不及为私利于民”[⑦]。《慎子·民杂》认

① 《管子·霸言》，黎翔凤：《管子校注》卷9，第472页。

② 《吕氏春秋》卷13《有始览·务本》，第133页。

③ 《老子·三十九章》，王弼：《老子注》，第25页。

④ 《慎子·威德》，第3页。

⑤ 《商君书·靳令》，蒋礼鸿：《商君书锥指》卷3，第80页。

⑥ 《韩非子·外储说右下》，王先慎：《韩非子集解》卷17，第396页。

⑦ 《商君书·垦令》，蒋礼鸿：《商君书锥指》卷1，第6页。

为“多下之谓太上”，主张“大君因民之能为资”[①]。《管子·君臣下》说：“国之所以为国者，民体以为国。”[②]由此可见，法家诸子普遍认识到民是国家政治的基础。

既然“以民为本”是中国古代思想家的共识，儒、道、墨、法以及道教、玄学等，都为民本思想的传播做出过贡献，那么不管一位帝王青睐哪个学派，他都会或多或少受到民本思想的影响。这就意味着，无论哪家哪派成为官方学说，民本思想都会在一定程度上纳入统治思想。

其二，“以民为本”是大众政治意识，这表明民本理念不属于某一个阶级或阶层，而为全社会所共有。

就笔者读书所见，民本理念影响着社会各个阶层的政治意识。《墨子》《太平经》在一定程度上反映下层民众的要求，而在这类著作中都可以找到民本思想的基本思路。在实际政治生活中，民本思想常常被用来批评现实政治，然而有类似言行的人来自包括帝王将相在内的社会各个阶层。各种基于民本思想的政治批判，无论依据异端思想，还是依据正统思想，无论来自在野派，还是来自统治者，其基本思路并无本质的差异。换句话说，它们都属于同一种意识—行为模式。

通过考察民本思想在社会大众中的广泛影响，特别是考察各种在野派思想与统治思想的异同，笔者提出并将系统论证这样一个观点：至迟自战国以来，民本思想就是一种社会普遍政治意识，属于居主流地位的政治文化。一般说来，各种异端思想的有关认识都不属于民主范畴。

四　从思维方式层面剖析民本思想的特点与本质

避免跌入主观预设性解读、附会性解读、割裂性解读、片面集萃式解读的泥潭的又一条途径是从思维方式层面剖析民本思想的特点，进而揭示其本质。这方面有许多课题有待深入研究。这里先列举一二。

---

① 《慎子·民杂》，第4页。

② 《管子·君臣下》，黎翔凤：《管子校注》卷11，第569页。

其一,深入研究民本思想与传统政治哲学的关系。

中国古代有许多特有的政治哲学命题,诸如"天人合一"论、"汤武革命"论、"天下为公"论、"内圣外王"论、道统论、王霸论等。它们都与民本思想有着密切的联系。研究民本思想与各种政治哲学之间相互交叉、相互支撑、相互包容的关系,有助于进一步认识中国古代政治思想体系的性质与特点。

以"天人合一"论为例,它是民本思想的哲学依据之一。《孝经·圣治章》说:"天地之性人为贵。"[①]这种说法在文献中很常见。有关的思想观念更是源远流长。其中儒家之论影响最大,其基本思路是:天、地、人同为万物之本;天人同类,人得天地之精华,乃万物之灵;人能够仿效天地之道,结成社会,驾驭万物,创造历史;人之所以有别于禽兽,在于人具备道德良知。在这套哲理的基础上,儒家同时推导出君为政本与民为国本这两个并行不悖的结论。在儒家看来,王是天(上帝或天理)为民所特设的。人得天地之精华,而王者尤为精粹;众民不能自治,必须立王以治之;天地之性人为贵,而广大民众无法自成其性,必须立王以教化民性;天地之间人最灵秀,而能贯通天地人的是王者,故作为人之主的王可与上帝、天地相匹敌。显而易见,人为贵、王为大、民为本,是一个系列化的思想体系。在这种思维方式制导下,无论把民本渲染到何种程度,也不会提出解构王政的主张。

再以"天下为公"论为例,它显然是从民本思想中派生出来的。从立君为民到立君为公、立君为天下;从社稷重于君主,到民贵君轻,再到天下为公;从政在养民到"不以天下奉一人";从"王道乐土"到小康、大同,这个思想发展的历史过程清晰可见。如果说民本思想侧重讨论君与民的政治关系,那么天下为公侧重讨论君与天下的政治关系。在中国古代,"天下"既可以作为国家范畴使用,又可以泛指天下民众。"天下"、"国家"、"社稷"等还可以用于称谓君主。因此民本论与天下为公论常常彼此交织在一起。在君国一体观念的制导下,这两种政治理论都不具有超越君主制度的意义。

其二,剖析民本思想的理论结构与政治功能。

每一位思想家都曾提出过包括民本理念在内的比较完整的政治

---

① 《孝经·圣治章》,李隆基注、邢昺疏:《孝经注疏》卷5,第33页。

构思。民本思想既作为一个组成部分而从属于这个完整的构思，又有其自身的逻辑论证方式。这就决定了比较系统的民本思想由一系列相关的思想命题，依据特定的政治构思与思维逻辑，相互组合而成。以现代新儒家为典型代表的许多学者往往将思想家的完整政治构思及其特定的思维逻辑置于一旁，单独提取出某一个命题加以演绎、评说。有鉴于此，笔者主张通过分析有关命题及其组合方式，认识民本思想的理论结构、思维方式、价值取向、实际功能和本质属性，进而回答它与专制主义的关系问题。

以孟子的民本思想为例，许多学者将孟子及其后学的“民贵君轻”、“得民为君”、“汤武革命”解读为“民主主义”。可是只要将作为思想家的孟子和作为帝王的唐太宗的有关言论稍加比较，就不难发现，他们的民本论属于同一思想体系。唐太宗宣称天命在躬，孟子认为君权“天与之”①；唐太宗认为民众无能力参政，孟子则说“无君子莫治野人”②；唐太宗指令臣子事君以忠孝，孟子则说“无父无君，是禽兽也”③；唐太宗榜标王道，孟子倡行仁政；唐太宗痛斥秦汉暴君为毒蛇猛兽，孟子怒骂横征暴敛之君是率兽食人之辈；唐太宗表示要因民之心，孟子主张王“与民同乐”④；唐太宗惊呼“君无道，人叛之”⑤，孟子警告“天子不仁，不保四海”⑥。他们提出的具体治民政策也是大同小异。实际上孟子的“民为贵，社稷次之，君为轻”与唐太宗的“君依于国，国依于民”⑦相比较，一个是思想家激越的倡言，一个是政治家清醒的自诫，口气分寸有所不同，但表达的却是同义命题。如果孟子属于民主主义者，那么唐太宗及众多持同样思想的帝王属于什么主义？诚然，“民贵君轻”之类的思想的确包含着许多积极因素，然而在孟子的思想体系中，它们又从不具有否定治权在君的意义。原因很简单：孟子主张实行“天无二日，土无二王，家无二主，尊无二

① 《孟子·万章上》，朱熹：《四书章句集注》之《孟子集注》卷 9，第 307 页。

② 《孟子·滕文公上》，朱熹：《四书章句集注》之《孟子集注》卷 5，第 256 页。

③ 《孟子·滕文公下》，朱熹：《四书章句集注》之《孟子集注》卷 6，第 272 页。

④ 《孟子·梁惠王下》，朱熹：《四书章句集注》之《孟子集注》卷 2，第 213 页。

⑤ 吴兢：《贞观政要》卷 10《灾祥》，第 291 页。

⑥ 《孟子·离娄上》，朱熹：《四书章句集注》之《孟子集注》卷 7，第 277 页。

⑦ 《资治通鉴》卷 192《唐纪八》高祖武德九年条，第 6026 页。

上”的社会政治制度。

笔者曾经浏览过中国古代著名政治思想家的著作,几乎无一遗漏。由此得出的印象是:形形色色的民本论者,包括那些具有浓烈的社会政治批判色彩的思想家,都没有提出过“治权在民”的主张。换句话说,他们都主张“治权在君”。因此,严格地说,一切与民本论有关的思想命题都无法归入民主范畴。

孟子及其后学从立君为民、民为国本的角度推导出“民贵君轻”,又从土无二王、治权在君的角度推导出“君之心,政之本”。将民为国本与君为政本相提并论势必形成特定的理论结构,即“君为民主—民为国本”。笔者将这种现象称之为“组合命题”,即有关理论由若干相互关联、相辅相成、功能有异、取向一致的命题构成。依据其主要功能,这些命题大致可以分为论证君主与规范君主两大类。在同一个思想体系中,两大类命题彼此相依,不可分割。

在中国古代,这种命题组合式的思维方式具有普遍意义。因此,类似的理论结构到处可见,诸如道统论以“道中有君—道高于君”为基本结构,革命论以“天命—革命”为基本结构,天下为公论以“以一人主天下—不以天下奉一人”为基本结构,君臣一体论以“君主—臣辅”为基本结构,法治论以“君主立法—法为天下之法”为基本结构,礼治论以“以礼治人—以礼治己”为基本结构,谏议论以“独断—兼听”为基本结构。尽管思想家们主要讲后者,却又自觉或不自觉地以前者制导、限定后者。中国古代著名思想家都没有能从这个结构中解脱出来。具有这种思维方式的政治理论绝对不会把人们引向否定君主专制制度。

五　从现代政治学的视角发掘民本思想具有普遍价值的思想因素

包括民本思想在内的中国古代政治思维属于政治学范畴,很有必要从现代政治学的视角全面审视其理论与价值。笔者在撰写《中华文化通志·学术典·政治学志》(上海人民出版社,1998年)的时候,对此就深有感触,并做了若干初步的尝试。但是,迄今为止尚未发现从这个视角系统研究民本思想的研究成果。

某些政治学的著作和教材有这样一种推定:在西方,“政治”一词源于古希腊语的“城邦”一词。在中国古代，“政治”则主要指布政治事，所谓“政者事也”，“治者理也”。由此可见，西方自古就有关注国家与政体等政治的根本问题的传统，而中国古代只关注治国之道等行政问题。

这种推定方式至少犯了两个严重的错误：一是技术性错误。它忽略了这类词语用法上的差异完全是由于移译概念时遣词用字所造成的。中国古代的“政治”一词通常指行政，即礼乐刑政之“政”。它与西方的“政治”一词本不是意义对等的概念。自翻译者用前者翻译后者以来，人们通常对“政治”一词的理解已经与中国古代的“政治”一词的本义有了相当大的差别。严格地讲，现代政治学的“政治”与中国古代的“政治”是两个涵义不尽相同的概念。如果据此推定中国古代政治思维没有关于国家与政体问题的系统论述，就难免失之偏颇。二是事实性错误，即在没有对历史事实进行全面考察之前，便轻率地下了结论。依据笔者的研究心得，可以确认这样一个事实：中国古代政治思维正是以国家与政体问题为中心，兼及各种政治现象，提出系统政治主张的。在这一点上，与西方古代政治学和现代政治学大体相同。以儒家政论为例，儒家以“礼”概括其政治学说，而所谓礼（礼法）首先是国家根本大法乃至宇宙根本大法，礼的核心问题是社会政治结构、国家政体及相应的社会政治规范、治国之道。我们不能因为中华先人没有使用各种现代政治学的概念和方法，便断言他们没有思考、解答过许多相关的问题。

如果从现代政治学的视角研究中国古代政治思维，就不难发现，民本思想并不是一种单纯评说君臣关系的命题，而是一种涉及政治学一系列基本问题的系统的政治学说。仅从字面上看，“民惟邦本，本固邦宁”就是一个典型的政治学命题。它着重从“民”（社会大众）这个政治范畴讨论“邦”（国家政治）的问题。民本思想的核心理念和基本思路势必从不同层面、角度思考和解释国家政治的若干重大问题，并把政治思维的触角引向现实政治的方方面面。

以儒家民本论为例，它对下列重大政治问题都有确切的回答：国家政治由何而来？答曰：上帝（天、天道、天理）确立人类社会的法则，圣人效法天地创立各种制度。君主制度因何而设？答曰：众民不能自治，“天作君师”以治之。国家政体的基本法则是什么？答曰：“土无二王”，王权“大一统”。国家元首如何产生？答曰：“天心”依据民心选择“民主”。国家最高权位如何承继或更替？答曰：“天与贤，则与贤；天与子，则与子”[①]，暴君丧失天命、民心则会导致“革命”。政治权力合法性如何确定？答曰：君权“天授人予”，获得“帝命”、“民心”便是“真命天子”。国家主要职能是什么？答曰：君主“代天牧民”，国家主要职能之一是以礼乐刑政治民、养民、教民，维护社会秩序。政治的基本目的是什么？答曰：立君为民，立君为天下，故“政在养民”。国家、君主、官僚与民众的基本关系和规范是什么？答曰：“君臣民一体”；国以民为本，君以民为本，官以民为本；君出令，臣出令，民从令等。依据上述国家政治的基本原理，儒家推导出一系列的施政原则。

因此，很有必要按照现代政治学的范畴，剖析以民本论为基点的国家论、政体论、君主论、政治关系论等，发掘民本思想具有普遍价值的政治思维，进而认识中国古代政治学说的特点及其对帝王观念的影响。

一般说来，主张治权在君的民本思想属于专制主义范畴，它与现代民主思想体系在若干基本点上是相悖的。但是，中国古代有关的政治思维很不简单，其现实的态度、缜密的构思、周详的规范、精巧的设计和理性的关切，在世界古代史上无可与之匹敌。在总体上，中国古代“专制主义”所包含的理性成分之多、所体现的批判精神之强、所容许的调整维度之大，都超过古代地中海地区一度存在的相当粗糙的“民主思想”。其中社会以人为本、国家以民为本的思想具有超越时代的普遍价值。在中世纪，中华文明的繁荣昌盛和发展程度无人可望其项背，而它的政治基础恰恰是中华帝制及其政治思维。如何合理地解释、全面地评价这种历史现象？这是很值得深入研究的重大课题。

---

① 《孟子·万章上》，朱熹：《四书章句集注》之《孟子集注》卷 9，第 308 页。

统治思想视野的中国传统理想政治模式理论

《统治思想视野的中国传统理想政治模式理论》一文发表在《天津师范大学学报(社会科学版)》2010 年第 2 期。本书增补了“2011 年度课题指南”这个随后发生的情况。

2006 年底,我草拟课题设计以备用,核心理念是:“中国传统理想政治模式理论是围绕‘太平盛世’的政治目标而形成的理论体系的总称,它是当时社会建设理论的基础。从理论与实践、思想与社会互动的角度,审视传统理想政治模式理论,在揭示本质、分析利弊、评价得失的基础上,取其精华,弃其糟粕,有助于客观、全面、准确地认识中国古代政治文明,为政治发展和社会建设提供可资借鉴的传统文化资源。”这个课题设计于 2007 年通过正常征集渠道提交,被全国哲学社会科学规划办公室采纳,并连续四年写入课题指南。我个人也获得 2008 年度立项,课题名称是“统治思想视野的中国传统理想政治模式理论研究”。最终成果 75 万多字,项目于 2013 年 2 月结项,鉴定等级优秀。

在完成一系列重要课题的过程中,笔者意识到全方位、多视角、深层次地研究占统治地位的传统理想政治模式理论,有助于客观、全面、准确地认识中国古代文明及“帝制”、“儒学”等相关历史现象。于是在 2006 年,底结合个人的学术关注点撰写了课题设计以备用。国家社科基金2008年度、2009年度、2010年度、2011年度的课题指南都列有“中国传统理想政治模式理论研究”。笔者也于2008年获得立项。这里简要介绍相关的学术思考。

一　设定研究对象的四个关键词

这一课题的研究对象是在中国传统社会占统治地位的理想政治模式理论。“理想政治模式理论”、“中国传统社会”、“统治思想”和“社会普遍意识”是设定研究对象的四个关键词。

“理想政治模式理论”是理论化的政治理想。政治理想是对理想化的社会政治模式的憧憬、描绘和论说，而理想政治模式理论则是政治理想的一种系统化、哲理化、价值化的表述方式。所谓系统化，即全面阐释政治的基本问题及各项重大问题，涵盖一种政治思想体系应当具备的各种要素，形成丰富的范畴体系、完整的理论结构和系统的政治设计。所谓哲理化，即超越感性与经验的层面，从自然、社会、人生一般原理的角度为理想蓝图提供理论依据，以一批具有概括性的政治命题阐释实现政治理想的途径、方略及相关的基本原则，进而形成与之相匹配的世界观、人性论、矛盾观、历史观等，从而使相关的政治设计和价值规定达到高度哲理化的程度。所谓价值化，即通过设定具有超越性的社会政治价值理想目标和论证具有现实性的最高政治行为准则，形成兼容政治价值的理想形式与现实内容的价值规定，并将目的性价值与工具性价值紧密结合在一起，为现实社会提供统一的、绝对的价值体系。具有上述特征的理想政治模式理论是一种政治学说的基干及其核心价值的主要载体。

中国古代政治学说具有浓烈的理想主义倾向。每一位创立学说体系的思想家，在论证其政治主张的同时，几乎无一例外地要描绘一幅理想人生、理想社会和理想政治的蓝图。他们还从世界观、人性论、矛盾观、历史观等哲理性思维的高度予以系统论证。每一种理想政治模式理论都集中反映了某种政治学说体系设定的最高政治目标、核心政治价值和基本政治原则，并由此引申出一系列实际政治价值、治国方略和政策原则，以及完善或改造社会的具体方案。因此，理想政治模式理论既是一种学说体系的精要之所在，又是思想家阐释各种社会政治问题的理论依据。

设定理想政治模式的目的是建设某种理想社会，而加强社会建设又是构建理想政治模式的必由之路。因此，理想政治模式理论与社会建设理论密切相关，水乳交融。一般说来，理想政治模式理论为各种具体的社会建设理论提供了纲领、依据与基础，而各种社会建设理论则贯通理想政治模式理论的重要组成部分。系统研究、全面评估、恰当借鉴各种社会建设理论必须从深入研究理想政治模式理论入手。反之，研究理想政治模式理论必然涉及各种社会建设理论的主要内涵。

在中国古代，绝大多数思想家都围绕"理想政治"这个主题展开其论述，几乎找不到与政治问题无关的哲学思想、社会思想、宗教思想等，就连关于自然、生命的思想与信仰也大多与政治问题息息相关。如果脱离"政治"这个核心去探究"天人合一"之类的哲学命题、"孝慈悌友"之类的道德准则、"天下太平"之类的社会理想或宗教信仰等，就很容易得出偏离事实的结论。因此，理想政治模式理论研究在中国思想史研究中居于核心地位。

"中国传统社会"大体上是"中国古代社会"的同义词，这里主要指春秋战国以来可以概括为"帝制"的社会形态，其基本特征是以传统农耕生产方式为主体的经济模式、以宗法等级关系为主轴的社会结构、以君主集权为主旨的政治体制以及与之相匹配的文化观念体系。

构建理想社会是人类永恒的追求，而构建理想政治模式是实现社会理想的关键。因此，中国古代思想家对相关的理论问题有深入的探讨。从现存文献看，华夏先民最初是通过把先王理想化的形式来勾画理想政治蓝图的。《尚书》《诗经》等中华元典中记载的许多历史材料表明，华夏先民将一批古代君主奉为政治典范。在关于"王道皇极"，即为君之道的最高准则和基本规范的讨论中，"先王之制"、"先王之礼"、"先王之道"成为理想政治原则的代词。严格地说，系统化、哲理化、价值化的政治理想产生于春秋战国。在君主集权政体逐步形成的过程中，先秦诸子提出各自心目中的理想政治模式，并将政治哲学、政治方略、政策原则与政治理想交织在一起，从而使关于"天下有道"的阐释超越了理想先王式的经验性、直观式的狭隘范式。其中，儒家以礼治仁政为宗旨的“天下为公”、道家以无为而治为宗旨的“天下平均”和法家以依法治国为宗旨的“天下公平”都是最具原创性、典型性、实践性和影响力的理想政治模式理论。它们集中体现了传统政治思维的类型、特质和主要内容。其他形形色色的理想政治模式理论大多深受这三种“天下有道”论的影响。秦汉以后，在继承、综合、阐发先秦诸子的政治思想的基础上，历代思想家面对社会现实，又提出过许多风格与取向各异的理想政治模式理论。一般说来，“天下有道”的太平盛世是思想家们的共同追求。

中国传统理想政治模式理论是围绕“太平盛世”的政治目标而形成的理论体系的总称，涉及“天下有道”的本体依据、历史范本、制度设计、政治主体、秩序法则、核心价值、实现途径、操作艺术、主要景观等理论要素。如何实现“天下有道”、“天下公平”、“天下和平”是思想家们普遍关注的重大理论问题。在儒家经典、历代史籍、诸子著述、政论文集中多有相关论述。在政论中，这类思想常常被引为权威性理据，对政治设置、帝王观念、官方学说、大众心态和实际政治有重大影响。由此而形成的获得社会各阶层普遍认同的核心政治价值实质上是属于社会文化观念形态范畴的价值规定体系的基干与主体。

“统治思想”即占统治地位的思想，涉及最高统治者的思想、统治集团的思想、官方学说的思想、统治阶级思想家的思想、统治阶级的思想和全社会普遍认同的思想等不同层次的思想现象。在一种社会形态中占统治地位的思想实质上是统治阶级的思想，因而其基本特征是对现存秩序的基本模式和主要法则做出合理性解释、规范性定义、操作性指导、理想性展示和永恒性论证。作为一种意识形态，统治思想是一个包罗万象的观念体系，相关的各种思想观念与价值规定基于特定的政治体系展开，并涉及整个社会体系的各个部分、各个层面。因此，统治思想的核心是占统治地位的政治思想体系及相应的政治价值体系。在一定意义上，统治思想可以作为主流政治文化的同义词或近义词使用，而统治思想或主流政治文化的精要是获得社会群体广泛认同的核心价值体系。

“统治思想视野”研究的主要关注点不是思想家们提出的各具特

色的理想政治模式理论，而是作为普遍价值主要载体的理想政治模式理论。这种占据统治地位的理想政治模式理论获得社会各阶层的普遍赞同乃至广泛信仰，代表着一种被思想精英总结的、被国家政权肯定的、又被社会大众认同的核心政治价值体系，属于社会普遍意识范畴。

“社会普遍意识”，即在某一社会群体中广泛存在的共同的信仰、信条、信念、心态。全社会各阶层成员的普遍意识，特别是获得广大社会一般成员认同的政治信条、文化观念和价值准则，往往是社会风尚、习俗、信仰的主体性支配因素，由此而形成的具有普遍意义的社会人格和“意识—行为”模式最能体现某种社会形态的基本特征和全社会的精神风貌。

社会普遍意识是一种相对稳定且影响广泛的文化观念。它是体现历史传统的“经典思想”和体现时代精神的“精英思想”的最重要的社会文化背景。越是影响广泛的经典思想、精英思想，越不可能孤悬在社会普遍意识之上。无论统治思想，还是诸子百家的特色学说，其产生与传播，都必须借助社会群体的普遍意识。这些思想的产生与传播又会成为一个社会、一个群体普遍意识变动的先兆和动因。因此，任何时代的统治思想都是在社会普遍意识的基础上构建的、存在的和传承的，又反过来深刻影响社会普遍意识。社会普遍意识比某个学派的学说体系、某个思想家的思想取向和某个统治者的好恶取舍更具有普遍意义。

占统治地位的理想政治模式理论既是社会普遍意识的重要表达方式，又是社会普遍意识的主要成因。全面认识这种政治理论及其核心政治价值，是正确解读一个朝代的官方学说、一种学派的学说体系、一位思想家的政治主张和一则政治命题的主要内涵的必要手段和重要途径之一。这类解读又可以为全面认识主流文化及相关的政治制度和统治理念提供基础性的学术资源。因此，仅从对象设定看，“统治思想视野的中国传统理想政治模式理论研究”就具有重大的学术价值。

二　推进相关研究的主要思路

在中国传统政治思维中，理想政治模式理论占据极其重要的地位。经、史、子、集中保存的相关研究素材可谓俯拾皆是。因此，在中国思想史研究领域，相关成果数量很多。哲学史、文化史、政治史、社会史、法制史等相关学科的成果也多有论及。这为进一步的研究提供了学术资源。但是，这方面的研究还有诸多需要完善、开拓、推进、深化之处。一个重要途径是：从统治思想的视野，超越学派、专题、个案的局限，围绕“天下有道”等一批命题，综合运用更广泛的历史资料，全面解析、恰当评估传统理想政治模式理论及其政治实践。这一研究直接关系到对中国古代政治文明若干根本性问题的认识。

从现有相关成果存在的不足、缺失和偏差看，这一研究至少应当在以下几个方面做出推进性、开掘性、创新性的学术尝试。

一是大力拓展史料的取材范围。

事实依据是一切“学术研究”的基础。事实依据越充分，研究成果的可靠性就越大，这本应是常识。但是，为数众多的相关论著，包括许多著名学者的学术观点，在事实依据方面存在明显偏差。这种情况相当严重。例如，由于历史信息的结构性缺失，有一种错误的整体性事实判断很常见，即民本思想遭到历代统治者的排斥、打压，将其发扬光大的思想家更是寥若晨星。然而，只要仔细地翻检一下历史文献，就不难发现，事实恰恰相反。民本思想的基本思路，不仅明明白白地写在各种经典文献中，写在诸多重要政治思想流派的著作中，写在中华帝制的官方学说中，写在许多皇帝亲著或钦定的政治文献中，而且见诸许多糟糕得无法再糟糕的帝王们的言论中、文告中、著述中。从历史过程看，君主政体越完善，“以民为本”的理论也就越发达；君主权力越集中，“民贵君轻”的思想也就越普及。许多皇帝不仅赞同这类说法，并据以讲学、评史、议政，还要求参加科举考试的人必须通晓“民贵君轻”的道理。由此可见，现代学术界所说的“民本思想”始终是中国古代统治思想的重要组成部分。甚至可以说，中华帝制的政治原理是以民本思想为基础框架而精心构筑的庞大的思想体系。任何背离这一重大历史事实的学术观点都是无法令人信服的。

有鉴于此，笔者决定超越以往研究在史料来源上的局限，搜集更广泛的研究素材，特别是针对朝堂议政和具体政治过程所提供的丰富的历史素材，广泛采择，系统梳理，深入分析，使研究结论建立在更扎实的事实基础之上。

二是更加关注理论结构的剖析。

理想政治模式理论包含众多的理论要素，深入考察这些要素的基本思路、主要取向、具体设计和本质属性，有助于进一步认识不同类型的理想政治模式理论的差异与共性。以往的研究在这方面有明显的不足。

现有成果大多属于个案、类型、专题研究。这类成果无疑具有先导性和基础性。但是，许多研究者往往“见木不见林”，难免导致各种片面性。尤为严重的是，许多学者出于个人好恶或特定目的，以极其简单的方式评说历史上的思想现象，有的甚至仅依据只言片语便大发议论，因而在属性与价值判断方面出现明显偏差。例如，许多学者将“民贵君轻”视为“异端”、“绝唱”、“无人企及”，判定为“民主”或“反专制”思想。一些人甚至认定，就连那些崇拜孟子的后儒也都是些念错了经的歪嘴和尚。但是，只要认真剖析组合命题和理论结构就不难发现，主张“民无二王”、斥责“无父无君”的孟子并没有提出任何与君主专制制度背道而驰的主张。孟子的思想与历代统治思想代言人的思想并无本质性的差异。正是由于这个原因，孟子的思想可以长期居于统治思想的地位。

有鉴于此，笔者决定进一步强化结构与要素分析，对“天下有道”的理论结构、重要命题、基本要素和核心价值进行综合性、通观性、系统性的研究，在全面剖析理论结构的基础上，着力于研究具有实践意义的各种要素，以期全面认识传统政治思维的本质属性、理论特点和价值取向。

三是着力于价值共识的揭示。

以往的中国思想史研究有一个明显的薄弱点，即对诸子百家的共性，特别是政治价值共识，缺乏全面深入的研究。个性、特点、差异、分歧、争论等无疑是评说历史的最佳切入点。但是，许多学者有意无意地夸大差异，从而导致一系列似是而非的评说。其中最具典型性的做法有三：一是夸大“儒家”与“法家”的差异，甚至把这两个概念标签化，将其判分为善恶两极。二是夸大在朝思想家与在野思想家的差异，对两类思想家的同类思想做出性质截然相反的评价。三是夸大孟子思想的特异性，千方百计地将“民贵君轻”之类的思想与“专制主义”区隔开来。实际上，在君主制度的一系列基本问题上，

“儒家”与“法家”、“民间儒学”与“官方儒学”存在广泛的共识。许多争论和分歧是低层次的乃至枝节的。以理想政治模式理论为例，经过比较不难发现，大多数思想家的共性可以概括为“道”、“公”、“平”、“和”、“革”、“圣”这六个字。“天下有道”、“天下为公”、“平均天下”、“天下和平”、“革故鼎新”、“内圣外王”共同构成传统理想政治模式理论的六大命题。它们涵盖理想政治模式的基本思路，集中展示着传统政治文化的主要特征和社会大众的共同追求。因此，有必要通过更深入的研究，揭示华夏先民群体性的价值共识，进而为全面认识诸子百家的思想特色提供一个与历史事实更贴近的学术平台。

有鉴于此，笔者决定强化典型与类型、特点与共性分析，在全面剖析典型、展示类型和揭示特性的同时，探求各种理想政治模式理论在基本思路上的共性。在此基础上，揭示传统主流政治文化的来源、构成、特征及其核心价值体系。

四是引入统治思想的视野。

这个视野的研究存在许多空白、盲点和误区，各种简单化的评说可谓司空见惯。例如，许多学者夸大先秦儒学与后世儒学、儒士与朝臣、儒生与皇帝的差异，千方百计地将先秦儒家的一些思想(诸如“民贵君轻”之类)与君本、尊君、专制、暴政等区隔开来，唯恐玷污了传统政治文化的精华。一些人甚至认定：要寻觅中国传统文化的底蕴与精华，只能回到先秦去，回到孔孟去。这种错误做法已经延续了数十年，当今依然大有市场。只要稍加仔细地检索一下历史文献，就不难发现这个判断是错误的，甚至可以说是大错特错。就笔者读书所见，被学者们判定为“民主”、“反专制”、“与专制制度有内在冲突”的儒家思想命题，诸如被说成“反专制”的“天民相通”，被说成“人民主体”的“民心即天心”，被说成“非程序民权”的“汤武革命”，被说成“肆无忌惮”的“民贵君轻”，被说成“民主思想”的“天下为公”等，不仅常常出现在统治思想代言人的著作和言论中，而且常常出现在朝堂议政和政府文告中。它们对官方意识形态和实际政治生活有重大影响。这种现象是无法仅仅用“篡改”、“利用”、“虚假认同”等来解释的。由此可见，这类思想原本就不具有与帝制相抗衡的属性与品格，而帝制的统治思想也的确包容着丰富的限定、规范、调整君权的成分。只有从统治思想的视野深入考察传统理想政治模式理论对帝王观念、官方学说、大众心态影响的广度与深度，才能准确地认识其本质特征和价值取向。

有鉴于此，笔者决定深入研究各种理想政治模式理论与统治思想的关系，以期恰当地评说中国古代统治思想的性质、特征、历史价值和现代意义，进而为恰当地评说"儒家"、"法家"、"道家"等相关思想现象提供必要的学术基础。

五是注重政治实践的研究。

儒家理想政治模式理论曾经长期占据主流学术乃至官方学说的地位。其主要政治命题，如《尚书》的"天作君师"、孔子的"天下有道"、孟子的"王道乐土"、荀子的"立君为民"、《礼运》的"天下为公"、宋明理学的"内圣外王"和历代名儒的"唐虞之治"等，特别是与社会建设、政治实施相关的制度准则、路径设计、操作规范和景观摹写，对官方学说、政治制度、施政方略、政策取向和政治过程有极其深刻的影响，而学界从统治思想及其政治实践的视角的研究却相当薄弱，有许多领域尚待开掘拓荒。

有鉴于此，笔者决定运用各种与统治思想和社会普遍意识密切相关的历史资料，深入研究儒家政治理想对中华帝制的统治思想、政治运作和社会建设的影响及实际效力，特别是相关的制度设置、政策理念、政策原则、政策制定、政策矛盾、政策实施等，进而深化对其基本属性和历史价值的认识。

上述思路都是在借鉴前贤，特别是一批深受马克思主义经典作家影响的前辈学者的研究思路及成果的基础上形成的。但是，这一研究以中国古代政治思想体系的经典文本、理论基础、核心内容和主流价值为研究对象，在构思、方法、视角、内容、取材、评述等各方面都可望取得超越前贤的学术进展，从而为推进中国政治思想史研究做出贡献。

三　全面评估"中国古代专制主义"的历史价值

这一课题设计还有一个兼具重大学术价值和现实意义的学术关切，即致力于在客观分析、全面考察、准确认识、公正评价以中华帝制及其统治思想为代表的"中国古代专制主义"方面，尝试一些新的探索，形成一些新的视角，提出一些新的思路，做出一些新的判断，为恰当地评价诸子百家的思想提供重要学术依据，进而为深入研究中国传统社会建设理论提供基础性的学术支撑，为以适当方式借鉴传统文化资源提供必要的学术指导。

在完成国家社科基金重点项目“民本思想与中国古代统治思想的关系研究”的过程中，笔者参阅了大量的相关成果，有一个感触颇为深切：我们中国学者很容易落入一种可以称之为“民主幼稚病”的学术弊端。其主要成因是深受西方主流学术所谓“普世价值”的误导，简单化地以“民主与专制”判定善恶，乃至被一些不恰当的主观预设屏蔽了学术视野，阻滞了学术思路，影响了学术判断。

堪称“民主幼稚病”的典型的是现代新儒家。为了证明孔孟大儒为“民主政治思想根源之所在”，他们千方百计地将孔孟之道与专制制度区隔开来，甚至只摘取历史记载的片断，而不对历史做全面、系统、深入、扎实的研究；只选取对自己的主张有利的历史证据，而将不利的历史证据置于不顾；只将有关的文献资料做有利于自己主张的诠释，而将真实的历史逻辑抛在一边。他们有时也承认孔孟思想的局限性，却又坚持认为通过“道统之肯定”、“政统之继续”、“学统之开出”，可以开创民主体制和意识。

这类学术观点的最大困境是价值判断的自我混乱。大量文献记载表明：凡是被一些学者认定为“民主”、“民权”的孔孟思想，包括“民贵君轻”、“天下为公”等，都无一例外地被纳入中国古代统治思想，成为帝制的官方学说。在对这类思想的论证方面，以董仲舒、孔颖达、朱熹、王守仁为代表的历代统治思想代言人，并不逊色于孔子、孟子。孔孟都没有明确提出“立君为民”，而自董仲舒以来，这个命题在官方学说的理论体系中始终占据重要地位。一些皇帝的相关论述也不乏优于孔孟之处。以清乾隆帝为例，他所敕令编纂的《四库全书》收入大量论说“民贵君轻”的著述；他敕令编纂的《钦定四书文》选用了一批阐释“民贵君轻”、张扬“立君为民”、强调“天下为公”的科举制义；他还撰写文章肯定“民贵君轻”之论适用于天子，并指出将过失推诿给社稷的做法是不恰当的，其责任应由君与民承担。试想，如果孟子的“民贵君轻”可以判归“民主思想”，那么皇帝的“民贵君轻”又当如何定性？现代新儒家也曾力图突破这种困境，诸如强调后儒“篡改”、官方“阉割”、君主“利用”之类。于是他们又自创了一种困境，即“儒学”被判分为善恶两大类，一类是“民主儒学”，一类是“专制儒学”。不仅如此，归入“民主”一类的寥若晨星，不绝如缕，而归入“专制”一类的比比皆是，世代传承。难道除了屈指可数的几个“圣贤”外，华夏先民都那么低能弱智吗？为了抬高孔孟，不惜贬低上下两千年数以千百计的思想家和政治家。这种看似旨在“弘扬传统文化”的学术，实在是大大贬低了中华民族的聪明才智和创新能力。将孔孟思想精华与主流文化区隔开来的做法实际上也大大贬低了儒学的历史价值。

在中国古代，作为一种与君主集权政体相伴而生、同步演化的思想现象，“儒家”始终与“专制”有不解之缘，乃至作为钦定的经典思想而繁荣了两千多年。以皇帝制度为代表的制度专制主义和以儒家学说为代表的价值专制主义，对中国历史产生过长期而深远的影响。在实质上与主体上，占统治地位的理想政治模式理论就是儒学与帝制高度结合的产物。无论理想化的原理，还是历史化的实态，这种政治模式都与现代文明有本质差别，然而它又是中国古代文明的政治基础。在世界古代史上，无与伦比的中华文明及一系列王朝盛世就是在这种理想政治模式理论的指导下缔造的。在这个意义上，帝制与儒学既是传统文化之悖谬的集中体现，又是传统文化之精华的主要载体。如果认真考察就不难发现，与帝制相匹配的理想政治模式理论不仅以规范、制约、调整、评价君权为主要导向和重要功能，而且包含着若干超越时代的政治价值。这表明，中国传统政治思维很不简单，其现实的态度、缜密的构思、周详的规范、精巧的设计和理性的关切，在世界古代史上无人可与匹敌。在总体上，其所包含的理性成分之多、所体现的批判精神之强、所容许的调整维度之大，都远远超过古代地中海地区一度存在的相当粗糙的“民主”思想。甚至可以说，在中国古代专制主义政治理论体系中，很早就蕴含着许多在现代社会依然适用的政治法则。

笔者认为，与其违背事实地将孔孟之道与专制制度区隔开来，不如本着实事求是、尊重历史的态度，适度超越“民主与专制”的主观预设，明确提出“借鉴中国古代专制主义政治理论”的课题。严格地说，主张圣王在上、治权在君的儒家理想政治模式理论不属于民主范畴。但是，它的许多思路和主张具有普适性，诸如人本主义的政治精神、国家政权为人民大众而设的政治本体论、人民大众是国家根本的政治哲学、政治权力归根结底来自人民大众的权力观念、施政为民的治国理念和具有普遍意义的执政规律和执政艺术等。在任何时代、任何政治制度下，这类思想因素都会有重要的现实意义。中国古代的“天下为公”、“以德治国”、“以法治国”、“兼听博纳”、“吏为民役”等，也都具有同样的本质特征、历史价值和现代意义。在这个意义上，中国古代专制主义政治理论的许多政治智慧和政治理念具有毋庸置疑的现代价值。就连中华帝制的某些原理、机制、制度、做法也会在一定程度上具有现代价值。诸如现代文官制度就借鉴了科举制度的许多做法。简言之，中国古代专制主义政治理论和政治制度中一切具有普适性的因素都可以成为构建中国现代政治文明的传统文化资源。

自冲破传统社会的躯壳以来，中华民族一直面临着重建新的文化体系和价值观念体系的历史使命。在民族复兴的历史进程中，如何强化文化自觉，完成文化重构，实现文化复兴，这不仅是一个重大的学术课题，也是一个重大的实践课题。面对关系到文化选择的课题，学者们见仁见智，这是很正常的事。但是，当下正在泛滥的“复兴儒学”思潮和颇具盲目性的“国学热”，虽不无合理成分，也不乏良好愿望，却难免鱼龙混杂、泥沙俱下、良莠不辨之讥。一时间“回到孔孟去”的陈词滥调、“少儿读经”的愚蠢主张和“重建儒教社会”的荒谬说教趁势而起，打着“文化复兴”、“文化自觉”的旗号招摇过市。“弘扬中国传统文化”、“儒学现代化”甚至成为一些无能学者沽名钓誉的招牌和无德文人欺世盗名的幌子。对这种不正常的现象必须予以坚决的抵制。

任何夸大“儒学”现代意义的说法都将被历史进程所证伪。因此，历史洪流中夹杂泥沙这不足为虑。令人惋惜的是，许多学者也不能免俗，纷纷以简单化的方式“弘扬传统”，制造了大量的只能斥之为“学术垃圾”的东西。就连一些令人尊敬的著名学者的有关“天人合一”、“阴阳和谐”、“以人为本”、“民贵君轻”的著述，也有意无意地忽略了重大的负面成分。追本溯源，许多被大加宣扬的“重新发现”的“儒学要义”、“民主精华”，其实是儒学原本所没有的。这类“学术研究”极易误导人们的历史认识，甚至引出不恰当的政府行为。

能否正确地弘扬传统文化直接关系到国家的前途和民族的命运。在这个问题上，我们既要积极，又要慎重，必须时刻保持清醒的头脑，努力避免形形色色的幼稚病和盲动症。笔者之所以选中“统治思想视野的中国传统理想政治模式理论研究”这一课题，是因为占统治地位的传统理想政治模式理论既是传统文化的精要之所在，又是传统文化的悖谬之所在。以严谨的学术态度深入研究这一精华与糟粕的集合点，有助于在揭示本质性谬误、结构性偏差和时代性糟粕的基础上，探究其历史合理性及其实际功效，探究其所包含的超越时代的普适价值。相关成果可以从客观、全面、准确地认识中国古代政治文明的角度，重新评估中国传统文化在人类整体思维成果中的贡献及其历史局限，提升文化自觉，反思文化缺陷，进而为文化选择、文化重构和文化创新提供学术资源。

征引文献

一　传世文献

(一)二十四史

《史记》,《二十四史》简体字本,中华书局,2000 年。
《汉书》,《二十四史》简体字本,中华书局,2000 年。
《后汉书》,《二十四史》简体字本,中华书局,2000 年。
《晋书》,《二十四史》简体字本,中华书局,2000 年。
《魏书》,《二十四史》简体字本,中华书局,2000 年。
《宋书》,《二十四史》简体字本,中华书局,2000 年。
《南齐书》,《二十四史》简体字本,中华书局,2000 年。
《陈书》,《二十四史》简体字本,中华书局,2000 年。
《隋书》,《二十四史》简体字本,中华书局,2000 年。
《旧唐书》,《二十四史》简体字本,中华书局,2000 年。
《新唐书》,《二十四史》简体字本,中华书局,2000 年。
《宋史》,《二十四史》简体字本,中华书局,2000 年。
《金史》,《二十四史》简体字本,中华书局,2000 年。
《元史》,《二十四史》简体字本,中华书局,2000 年。
《明史》,《二十四史》简体字本,中华书局,2000 年。

(二)其他史籍

(唐)杜佑著:《通典》,中华书局,1984 年。

(唐)刘知幾著,刘虎如选注:《史通》,商务印书馆,1929 年。

(唐)吴兢编著:《贞观政要》,上海古籍出版社,1978 年。

(唐)许嵩撰:《建康实录》,中华书局,1986 年。

(唐)长孙无忌等撰,刘俊文点校:《唐律疏议》,中华书局,1983 年。

(宋)司马光编著,(元)胡三省音注:《资治通鉴》,中华书局,1956 年。

(元)马端临:《文献通考》,浙江古籍出版社,1988 年。

(明)王鏊:《姑苏志》,《景印文渊阁四库全书》,第 493 册,台湾商务印书馆,1986 年。

(明)王世贞:《弇山堂别集》,《景印文渊阁四库全书》,第 410 册,台湾商务印书馆,1986 年。

(明)徐纮:《明名臣琬琰续录》,《景印文渊阁四库全书》,第 453 册,台湾商务印书馆,1986 年。

(明)张原:《玉坡奏议》,《景印文渊阁四库全书》,第 429 册,台湾商务印书馆,1986 年。

(清)刘统勋等:《评鉴阐要》,《景印文渊阁四库全书》,第 694 册,台湾商务印书馆,1986 年。

黄怀信、张懋镕、田旭东撰,黄怀信修订,李学勤审定:《逸周书汇校集注》,上海古籍出版社,2007 年。

徐元诰撰,王树民、沈长云点校:《国语集解》,中华书局,2002 年。

台北"中研院"历史语言研究所校印:《明实录》,上海古籍出版社,1983 年影印本。

(三)子书

(战国)慎到撰,钱熙祚校:《慎子》,中华书局,1985 年。

(战国)尹文:《尹文子》,中华书局,1991 年。

(汉)高诱注:《吕氏春秋》,上海书店,1986 年。

(汉)高诱注:《淮南子注》,上海书店,1986 年。

(汉)贾谊撰,阎振益、钟夏校注:《新书校注》,中华书局,2000年。

(汉)刘向撰,向宗鲁校证:《说苑校证》,中华书局,1987年。

(汉)严遵著,王德有点校:《老子指归》,中华书局,1994年。

(汉)扬雄撰,(晋)范望注:《太玄经》,上海古籍出版社,1990年。

(三国魏)王弼:《老子注》,上海书店,1986年。

(三国魏)何晏集解,(南朝梁)皇侃疏:《论语集解义疏》,中华书局,1985年。

(三国魏)王肃注,廖名春、邹新明校点:《孔子家语》,辽宁教育出版社,1997年。

(晋)葛洪撰,杨明照校笺:《抱朴子外篇校笺》,中华书局,1991年。

(晋)葛洪著,王明辑校:《抱朴子内篇校释》,中华书局,1985年。

(唐)欧阳询撰,汪绍楹校:《艺文类聚》,中华书局,1965年。

(唐)释道世著,周叔迦、苏晋仁校注:《法苑珠林》,中华书局,2003年。

(唐)王冰撰:《黄帝内经素问》,商务印书馆,1931年。

(宋)陈淳著,熊国祯、高流水点校:《北溪字义》,中华书局,1983年。

(宋)陈显微:《周易参同契解》,《景印文渊阁四库全书》,第1058册,台湾商务印书馆,1986年。

(宋)黎清德编,王星贤点校:《朱子语类》,中华书局,1994年。

(宋)李昉等撰:《太平御览》,中华书局,1960年。

(宋)俞琰:《周易参同契发挥》,《景印文渊阁四库全书》,第1058册,台湾商务印书馆,1986年。

(宋)张君房纂辑,蒋力生等校注:《云笈七签》,华夏出版社,1996年。

(宋)张行成:《皇极经世观物外篇衍义》,中州古籍出版社,1992年。

(宋)朱熹、吕祖谦编:《近思录》,中州古籍出版社,2008年。

(宋)朱熹撰,朱杰人、严佐之、刘永翔主编:《朱子全书》,上海古籍出版社、安徽教育出版社,2002年。

(宋)朱熹编辑:《二程外书》,《景印文渊阁四库全书》,第 698 册,台湾商务印书馆,1986 年。

(宋)真德秀著,朱人求校点:《大学衍义》,华东师范大学出版社,2010 年。

(元)刘埙:《隐居通议》,中华书局,1985 年。

(明)方以智:《通雅》,中国书店,1990 年。

(明)焦竑编著:《养正图解》,海南国际新闻出版中心,1997 年。

(明)丘濬著,蓝田玉、王家忠、许山河、刘剑三、黎辉亮校点:《大学衍义补》,中州古籍出版社,1995 年。

(明)孙一奎:《赤水玄珠》,《景印文渊阁四库全书》,第 766 册,台湾商务印书馆,1986 年。

(清)陈立撰,吴则虞点校:《白虎通疏证》,中华书局,1994 年。

(清)郭庆藩辑,王孝鱼整理:《庄子集释》,中华书局,1961 年。

(清)孙诒让撰,孙启治点校:《墨子间诂》,中华书局,2001 年。

(清)唐甄著,吴泽民编校:《潜书》,中华书局,1963 年。

(清)王聘珍撰,王文锦点校:《大戴礼记解诂》,中华书局,1983 年。

(清)王先谦撰,沈啸寰、王星贤点校:《荀子集解》,中华书局,1988 年。

(清)王先慎撰,钟哲点校:《韩非子集解》,中华书局,1998 年。

(清)允禄等:《钦定协纪辨方书》,《景印文渊阁四库全书》,第 811 册,台湾商务印书馆,1986 年。

蒋礼鸿撰:《商君书锥指》,中华书局,1986 年。

黎翔凤撰,梁运华整理:《管子校注》,中华书局,2004 年。

王利器撰:《新语校注》,中华书局,1986 年。

王明编:《太平经合校》,中华书局,1960 年。

王明校注:《无能子校注》,中华书局,1981 年。

杨伯峻:《论语译注》,中华书局,1980 年。

(四)经学典籍

(汉)孔安国传,(唐)孔颖达疏:《尚书正义》,《十三经注疏整理本》,北京大学出版社,2000 年。

(汉)韩婴撰,许维遹校释:《韩诗外传集释》,中华书局,1980年。

(汉)何休解诂,(唐)徐彦疏:《春秋公羊传注疏》,《十三经注疏整理本》,北京大学出版社,2000年。

(汉)毛亨传,(汉)郑玄笺,(唐)孔颖达疏:《毛诗正义》,《十三经注疏整理本》,北京大学出版社,2000年。

(汉)赵岐注,(宋)孙奭疏:《孟子注疏》,《十三经注疏整理本》,北京大学出版社,2000年。

(汉)郑玄注,(唐)孔颖达疏:《礼记正义》,《十三经注疏整理本》,北京大学出版社,2000年。

(汉)郑玄注,(唐)贾公彦疏:《仪礼注疏》,《十三经注疏整理本》,北京大学出版社,2000年。

(汉)郑玄注,(唐)贾公彦疏:《周礼注疏》,《十三经注疏整理本》,北京大学出版社,2000年。

(汉)郑玄著:《论语郑氏注》,(清)马国翰辑:《玉函山房辑佚书》,上海古籍出版社,1990年。

(汉)郑玄著,(宋)王应麟辑,(清)惠栋撰补,(清)孙堂补遗:《郑氏周易注》,商务印书馆,1939年。

(三国魏)何晏注,(宋)邢昺疏:《论语注疏》,《十三经注疏整理本》,北京大学出版社,2000年。

(三国魏)王弼注,(唐)孔颖达疏:《周易正义》,《十三经注疏整理本》,北京大学出版社,2000年。

(晋)范甯集解,(唐)杨士勋疏:《春秋穀梁传注疏》,《十三经注疏整理本》,北京大学出版社,2000年。

(晋)杜预注,(唐)孔颖达疏:《春秋左传正义》,《十三经注疏整理本》,北京大学出版社,2000年。

(晋)郭璞注,(宋)邢昺疏:《尔雅注疏》,《十三经注疏整理本》,北京大学出版社,2000年。

(唐)李隆基注,(宋)邢昺疏:《孝经注疏》,《十三经注疏整理本》,北京大学出版社,2000年。

(唐)陆德明撰:《经典释文》,上海古籍出版社,2013年。

(宋)陈经:《尚书详解》,中华书局,1985年。

(宋)陈则通:《春秋提纲》,《景印文渊阁四库全书》,第159册,台湾商务印书馆,1986 年。

(宋)程颐:《伊川易传》,上海古籍出版社,1989 年。

(宋)冯椅:《厚斋易学》,《景印文渊阁四库全书》,第 16 册,台湾商务印书馆,1986 年。

(宋)黄伦:《尚书精义》,中华书局,1985 年。

(宋)林之奇:《尚书全解》,山东友谊书社,1992 年。

(宋)沈该:《易小传》,《景印文渊阁四库全书》,第 10 册,台湾商务印书馆,1986 年。

(宋)史浩:《尚书讲义》,《景印文渊阁四库全书》,第 56 册,台湾商务印书馆,1986 年。

(宋)魏了翁:《周易要义》,山东友谊出版社,1991 年。

(宋)卫湜:《礼记集说》,《景印文渊阁四库全书》,第 117 册,台湾商务印书馆,1986 年。

(宋)杨万里:《诚斋易传》,《景印文渊阁四库全书》,第 14 册,台湾商务印书馆,1986 年。

(宋)袁燮:《絜斋家塾书钞》,《景印文渊阁四库全书》,第 57 册,台湾商务印书馆,1986 年。

(宋)张栻:《癸巳孟子说》,《景印文渊阁四库全书》,第 199 册,台湾商务印书馆,1986 年。

(宋)张栻:《癸巳论语解》,中华书局,1985 年。

(宋)张载:《横渠易说》,《景印文渊阁四库全书》,第 8 册,台湾商务印书馆,1986 年。

(宋)朱熹撰,黄珅点校:《四书或问》,上海古籍出版社、安徽教育出版社,2001 年。

(宋)朱熹撰:《四书章句集注》,中华书局,1983 年。

(宋)朱熹注:《诗经集传》,中国书店,1994 年。

(元)胡震:《周易衍义》,《景印文渊阁四库全书》,台湾商务印书馆,1986 年。

(元)李简:《学易记》,《景印文渊阁四库全书》,第 25 册,台湾商务印书馆,1986 年。

(明)胡居仁:《易像钞》,《景印文渊阁四库全书》,第 31 册,台湾商务印书馆,1986 年。

(明)魏濬:《易义古象通》,《景印文渊阁四库全书》,第 34 册,台湾商务印书馆,1986 年。

(明)朱载堉:《乐律全书》,《景印文渊阁四库全书》,第 213 册,台湾商务印书馆,1986 年。

(清)陈法:《易笺》,《景印文渊阁四库全书》,第 49 册,台湾商务印书馆,1986 年。

(清)陈奂撰,滕志贤整理:《诗毛氏传疏》,凤凰出版社,2018 年。

(清)郝懿行:《尔雅义疏》,商务印书馆,1983 年。

(清)胡煦:《周易函书约存》,《景印文渊阁四库全书》,第 48 册,台湾商务印书馆,1986 年。

(清)黄宗羲:《孟子师说》,《景印文渊阁四库全书》,第 208 册,台湾商务印书馆,1986 年。

(清)李道平撰,潘雨廷点校:《周易集解纂疏》,中华书局,1994 年。

(清)毛奇龄撰:《辨定祭礼通俗谱》,《景印文渊阁四库全书》,第 142 册,台湾商务印书馆,1986 年。

(清)牛钮等撰,李升召标点注释:《日讲易经解义》,海南出版社,2012 年。

(清)秦蕙田:《五礼通考》,《景印文渊阁四库全书》,第 135 册,台湾商务印书馆,1986 年。

(清)苏舆撰,钟哲点校:《春秋繁露义证》,中华书局,1992 年。

(清)魏荔彤:《大易通解》,《景印文渊阁四库全书》,第 44 册,台湾商务印书馆,1986 年。

清高宗:《钦定礼记义疏》,《景印文渊阁四库全书》,第 124 册,台湾商务印书馆,1986 年。

康有为著,楼宇烈整理:《论语注》,中华书局,1984 年。

薛治点校:《日讲四书解义》,华龄出版社,2012 年。

(五)文字学文献

(三国魏)张揖:《广雅》,中华书局,1985 年。

(隋)陆法言撰本,(宋)陈彭年等重修:《覆宋本重修广韵》,中华书局,1985 年。

(清)毕沅:《释名疏证》,中华书局,1985 年。

(清)段玉裁:《说文解字注》,上海书店,1992 年。

(清)钱绎撰集,李发舜、黄建中点校:《方言笺疏》,中华书局,1991 年。

(清)朱骏声:《说文通训定声》,武汉古籍书店,1984 年。

(六)古代文集

(南朝梁)萧统编,(唐)李善等注:《六臣注文选》,上海古籍出版社,1993 年。

(唐)韩愈:《韩昌黎全集》,中国书店,1935 年。

(唐)皇甫湜:《皇甫持正集》,《景印文渊阁四库全书》,第 1078 册,台湾商务印书馆,1986 年。

(唐)李世民撰,吴云、冀宇编辑校注:《唐太宗集》,陕西人民出版社,1986 年。

(唐)牛僧孺、李复言撰,苏道明选译 :《玄怪录 续玄怪录》,浙江古籍出版社,1999 年。

(宋)程颢、程颐著,王孝魚点校:《二程集》,中华书局,1981 年。

(宋)李昉等编:《文苑英华》,中华书局,1966 年。

(宋)陆九渊撰,钟哲点校:《陆九渊集》,中华书局,1980 年。

(宋)陆九渊著:《陆象山全集》,中国书店,1992 年。

(宋)梅尧臣:《宛陵集》,《景印文渊阁四库全书》,第 1099 册,台湾商务印书馆,1986 年。

(宋)宋敏求、曾巩等编:《李太白文集》,巴蜀书社,1986 年。

(宋)苏轼著:《苏东坡全集》,中国书店,1986 年。

(宋)王安石著,中华书局上海编辑所编:《临川先生文集》,中华书局,1959 年。

(宋)王柏:《鲁斋集》,《景印文渊阁四库全书》,第 1186 册,台湾商务印书馆,1986 年。

(宋)王炎:《双溪类稿》,《景印文渊阁四库全书》,第 1155 册,台湾商务印书馆,1986 年。

(宋)王质:《雪山集》,《景印文渊阁四库全书》,第 1149 册,台湾商务印书馆,1986 年。

(宋)卫宗武:《秋声集》,《景印文渊阁四库全书》,第 1187 册,台湾商务印书馆,1986 年。

(宋)徐铉撰,(宋)吴淑编:《骑省集》,《景印文渊阁四库全书》,第1085册,台湾商务印书馆,1986年。

(宋)颐藏主编集,萧萐父、吕有祥点校:《古尊宿语录》,中华书局,1994年。

(宋)周南:《山房集》,《景印文渊阁四库全书》,第1169册,台湾商务印书馆,1986年。

(宋)朱熹编:《河南程氏遗书》,商务印书馆,1935年。

(宋)朱熹:《朱文公文集》,《景印文渊阁四库全书》,第1143册,台湾商务印书馆,1986年。

(元)程文海:《雪楼集》,《景印文渊阁四库全书》,第1202册,台湾商务印书馆,1986年。

(元)方回:《桐江续集》,《景印文渊阁四库全书》,第1193册,台湾商务印书馆,1986年。

(元)谢应芳:《龟巢稿》,《景印文渊阁四库全书》,第1218册,台湾商务印书馆,1986年。

(元)张昱:《可闲老人集》,《景印文渊阁四库全书》,第1222册,台湾商务印书馆,1986年。

(明)程敏政编:《明文衡》,文渊阁四库全书,第1373册,台湾商务印书馆,1986年。

(明)陆深:《俨山集》,《景印文渊阁四库全书》,第1268册,台湾商务印书馆,1986年。

(明)汪广洋:《凤池吟稿》,《景印文渊阁四库全书》,第1225册,台湾商务印书馆,1986年。

(明)王艮著,陈祝生主编:《王心斋全集》,江苏教育出版社,2001年。

(明)王慎中:《遵岩集》,《景印文渊阁四库全书》,第1274册,台湾商务印书馆,1986年。

(明)王世贞:《弇州四部稿》,《景印文渊阁四库全书》,第1279册,台湾商务印书馆,1986年。

(明)王祎撰,(明)刘杰、刘同编:《王忠文集》,《景印文渊阁四库全书》,第1226册,台湾商务印书馆,1986年。

(明)吴伯宗:《荣进集》,《景印文渊阁四库全书》,第1233册,台湾商务印书馆,1986 年。

(明)朱右:《白云稿》,《景印文渊阁四库全书》,第 1228 册,台湾商务印书馆,1986 年。

(清)董诰等编:《全唐文》,中华书局,1983 年。

(清)方苞等编:《钦定四书文》,《景印文渊阁四库全书》,第 1451 册,台湾商务印书馆,1986 年。

清圣祖:《圣祖仁皇帝御制文集》,《景印文渊阁四库全书》,第 1298 册,台湾商务印书馆,1986 年。

清高宗:《御制诗集》,《景印文渊阁四库全书》,第 1304 册,台湾商务印书馆,1986 年。

顾学颉校点:《白居易集》,中华书局,1979 年。

屈万里编:《明代登科汇编》,学生书局,1969 年影印本。

吴云、冀宇校注:《唐太宗全集校注》,天津古籍出版社,2004 年。

张寿镛辑:《四明丛书》(第 9 册),广陵书社,2006 年。

二 专著

《陈独秀文章选编》,生活·读书·新知三联书店,1984 年。

邓小军:《儒家思想与民主思想的逻辑结合》,四川人民出版社,1995 年。

冯天瑜:《人文论衡》,武汉出版社,1997 年。

金耀基:《中国民本思想史》,台湾商务印书馆,1993 年。

荆门市博物馆编:《郭店楚墓竹简》,文物出版社,1998 年。

李广柏:《〈明夷待访录〉解读之商榷》,《艺衡》第五辑,国家图书馆出版社,2011 年。

鲁迅:《中国小说史略》,上海古籍出版社,1998 年。

《鲁迅书信集》,人民文学出版社,1976 年。

陆宗达:《〈说文解字〉通论》,北京出版社,1981 年。

《马克思恩格斯文集》,人民出版社,2009 年。

《马克斯恩格斯选集》,人民出版社,1972 年。

马克思:《摩尔根〈古代社会〉一书摘要》,人民出版社,1965 年。

马王堆汉墓帛书整理小组编:《马王堆汉墓帛书〈经法〉》,文物出版社,1976 年。

牟宗三:《中国文化的省察——牟宗三演讲录》,台湾联合报社,1983 年。

南怀瑾:《论语别裁》,复旦大学出版社,1990 年。

钱穆:《中国文化史导论》(修订本),商务印书馆,1994 年。

钱穆:《国学概论》,商务印书馆,1997 年。

钱剑夫:《中国古代字典辞典概论》,商务印书馆,1986 年。

任继愈主编:《中国哲学发展史(秦汉卷)》,人民出版社,1985 年。

商国君:《先秦儒家仁学文化》,陕西师范大学出版社,1998 年。

田广清:《和谐论——儒家文明与当代社会》,中国华侨出版社,1998 年。

王保国:《两周民本思想研究》,学苑出版社,2004 年。

王得后:《鲁迅新解》,浙江文艺出版社,1996 年。

《王国维全集》,浙江教育出版社,2010 年。

王惠言:《当代政治学基本理论》,高等教育出版社,2001 年。

韦政通:《中国的智慧》,中国和平出版社,1988 年。

萧楚:《春秋辨疑》,中华书局,1985 年。

萧公权:《中国政治思想史》,辽宁教育出版社,1997 年。

《新约全书》,中国基督教协会印发,1989 年。

臧克和:《〈说文解字〉的文化说解》,湖北人民出版社,1995 年。

《张岱年哲学文选》,中国广播电视出版社,1999 年。

张分田:《民本思想与中国古代统治思想》,南开大学出版社,2009 年。

张分田等:《中国政治思想通史·隋唐卷》,中国人民大学出版社,2014 年。

张分田:《中国帝王观念:社会普遍意识中的"尊君—罪君"文化范式》,中国人民大学出版社,2004 年。

张鸿:《〈太平经〉政治思想研究》,南开大学出版社,2017 年。

赵诚:《甲骨文字学纲要》,中华书局,2005 年。

朱义禄,张劲:《中国近现代政治思潮研究》,上海社会科学出版社,1998 年。

[日]沟口雄三:《中国前近代思想的演变》,索介然、龚颖译,上海人民出版社,1997 年。

[意]加塔诺·莫斯卡:《统治阶级》,贾鹤鹏译,译林出版社,2002 年。

[美]L·S·斯塔夫里阿诺斯:《全球通史——1500 年以前的世界》,吴象婴、梁赤民译,上海社会科学出版社,1988 年。

[德]罗曼·赫尔佐克:《古代的国家——起源和统治形式》,赵蓉恒译,北京大学出版社,1998 年。

[美]孟德斯鸠:《论法的精神》,张雁深译,商务印书馆,1961 年。

[美]乔·萨托利:《民主新论》,冯克利、严克文译,东方出版社,1993 年。

三　论文

陈启智:《孟子民本思想述评》,谢祥皓编:《孟子思想研究》,山东大学出版社,1986 年。

陈胜粦:《民本主义论纲》,《学术研究》1991 年第 3 期。

愤民:《论道德》,《克复学报》第 2、3 期,1911 年 8、9 月。

何兆武:《"学"不应有中西之分》,《中国教育报》2007 年 3 月 8 日,第 7 版。

胡波:《20 世纪中国民本思想研究评述》,《学术月刊》2001 年第 5 期。

汪琴鹤:《五百年前的一份白话公文》,《档案工作》1990 年第 8 期。

袁小虎:《一直被误解的四句名言》,《天津老年时报》2009 年 8 月 19 日。

张分田:《论"中国古典模式"的政治学说体系》,《天津师范大学学报(社会科学版)》2013 年第 3 期。

张分田:《"天行健"及"地势坤"不是中华优秀传统文化》,《天津师范大学学报(社会科学版)》2015 年第 1 期。

张分田:《从命题组合看〈孟子〉民本思想的本质属性》,《天津师范大学学报(社会科学版)》2009 年第 1 期。

张分田:《儒家的民本思想与帝制的根本法则》,《文史哲》2008

年第 6 期。

张分田:《“民贵君轻”再解析——略论“民贵君轻”是中国古代统治思想》,《天津社会科学(社会科学版)》2005 年第 6 期。

张分田:《中国古代君主与“民贵君轻”观念》,《政治学研究》2007 年第 2 期。

张分田:《“民贵君轻”是帝制的统治思想》,《光明日报》2010 年 1 月 21 日。

张分田:《政治文化符号视角的“民”字核心词义解读》,《人文杂志》2007 年第 6 期。

张分田:《儒典、子曰与纲常》,《天津师范大学学报(社会科学版)》2016 年第 5 期。

张分田:《思想体系分析法的构成要件及具体运用——以揭示“民贵君轻”专制本质的学术路径为例证》,《天津社会科学》2017 年 1 期。

张分田:《统治思想视野的中国传统理想政治模式理论研究》,《天津师范大学学报(社会科学版)》2010 年第 2 期。

张分田:《“专制”问题论纲——关于“重建中国思想史知识体系”的若干思考》,《天津社会科学》2011 年第 3 期。

张分田:《“现代新儒家”不是真儒家》,《中国社会科学报》2016 年 2 月 25 日,第 8 版。

张分田:《科举考试制度与儒家民本思想的大众化》,“中唐以来思想文化与社会演进国际学术讨论会”会议论文,2006 年 8 月。